es 1422

edition suhrkamp

Neue Folge Band 422

Merkwürdig: Ein welthistorisches Ereignis, über dessen umwälzende Bedeutung Freund und Feind sich einig sind, gerät alsbald in Vergessenheit, die Erinnerung daran versickert buchstäblich in den Unmengen bedruckten Papiers, auf denen es beschworen wurde. Dolf Oehler, der das Gros jener Textmassen gehoben hat, zeigt, daß die Verdrängung der Juni-Massaker literarisch keineswegs glatt verlief. Für Oehler sind die dem Juni 1848 gewidmeten Texte eine Passage ins 19. Jahrhundert: in dessen antiquierteste Schichten wie in seine modernsten. An Hand dieser vielfältigen Texte beschreibt der Verfasser den Juni erstmals literarhistorisch als den Moment, an dem die traditionellen Bilder, mit deren Hilfe das 19. Jahrhundert die eigene Geschichte erklärt, als Täuschungen erscheinen. Die literarische Moderne in ihrer antibourgeoisen Spielart tut sich nach dem Zusammenbruch der Hoffnungen von 1848 nicht so sehr durch eine Kritik an den Verhältnissen als durch eine an der Sprache hervor, mit der jene beglaubigt werden sollen. Aber so sehr sie den Kitsch, der die »schöne Revolution« erfunden und die »häßliche« herbeigeschwafelt hatte, auch denunziert: Er behält das letzte Wort, und heute, da die kritische Moderne verstummt ist, vollendet sein Triumph die Verdrängung all der Erfahrungen, aus denen zu lernen die Alte Welt versäumt hat.

Dolf Oehler lehrt Romanistik und Vergleichende Literaturwissenschaft an den Universitäten Frankfurt und Orléans. In der edition suhrkamp erschienen seine *Pariser Bilder I (1830–1848). Antibourgeoise Ästhetik bei Baudelaire, Daumier und Heine* (es 725).

Dolf Oehler

Ein Höllensturz der Alten Welt

Zur Selbsterforschung der Moderne nach dem Juni 1848

Suhrkamp

edition suhrkamp 1422
Neue Folge Band 422
Erste Auflage 1988

Erstausgabe

Satz: Hümmer, Waldbüttelbrunn
Druck: Nomos Verlagsgesellschaft, Baden-Baden
Umschlagentwurf: Willy Fleckhaus
Printed in Germany

1 2 3 4 5 6 – 93 92 91 90 89 88

Inhalt

Vorwort 7
Einleitung 10

Erster Teil

Krise der Zeichen: Zur Semantik des Juni 1848 und ihrer Kritik durch die literarische Moderne

Einmaligkeit, Unvergleichbarkeit des Ereignisses – Barbaren und Bestien/ Ungeheuer, Dämonen – Die Hölle, Satan / Das Böse, le Mal – Heilige und Märtyrer / Gott / Jesus Christus – Sozialisten / Utopisten / Kommunisten / Anarchisten – Traum / Träumer / Rausch / Berauschte – Wahnsinn / Raserei – Dummheit – Bourgeoisie / Kleinbürgertum / Volk, Proletariat – Guerre sociale / Klassenkampf versus Brüderlichkeit / Kain und Abel – Haß – Misanthropie / Pessimismus – Natur – Extermination / Vernichtung / Ausrottung – Tod / Ende der alten Welt / Apokalypse oder Neugeburt – Paris – Frankreich / Franzosen – Europa – Republik – Frauen-Bilder / Rolle der Frauen – Verzeihen / Vergessen / Verdrängen versus Nie Vergessen / Erinnern – »Juni«: Magie des Datums – Historische Analogien – Dramenmetaphern – Koinzidenzen und Correspondances 23

Zweiter Teil

Literatur über ein verdrängtes Trauma des 19. Jahrhunderts

I. Verschollene Hiobsbotschaften: Hippolyte Castille 153

Zwei Pamphlete: *»Le dernier Banquet de la Bourgeoisie«* und *»La Place publique«* – Exkurs: Ernest Cœurderoys satanischer Anarchismus – Die Mona Lisa des Barrikadenkämpfers: Versuch eines sozialistischen Feuilleton-Romans – Der Juni des Konvertiten 153

II. Die (Vogel-)Welt, wie sie ist und wie sie sein sollte: Alphonse Toussenels *Ornithologie passionnelle* 191

Der Traum vom Verschwinden der Elster – Elementarübungen im Bestimmen der sozialen Vogelwelt – Judenhaß von links. Sartre anhand Toussenels kritisert 191

III. Das Unglück des Wissens: Alexander Herzen 212

Der russische Jeremias auf den Barrikaden des Juni – *»Ein Familiendrama«:* Herzens *»Education sentimentale«* – Philosophie der Revolution – Epilog auf Europa 212

IV. Letzte Worte – Die Lektion aus der Matratzengruft 239

Der andere Lazarus: Über Heines Spätlyrik – *»Eine höllische Reklame«:* Heines letzte Pariser Annoncen 239

V. Leseanweisungen für den Text der Moderne: Charles Baudelaire 267

Ankündigungen und Titel – Exkurs über den Prozeß gegen die *»Fleurs du Mal«* – Motti – Die Widmung – *»Au lecteur«* – Revolte-Notiz und Verwandtes – Projets de Préface 267

VI. Aufklärerischer Wahnsinn: Über drei Prosagedichte des *Spleen de Paris* 290

Ironisches Spiel mit dem Bösen – Gewalt als Kunststück im *»Mauvais Vitrier«* und in *»Assommons les Pauvres!«* – *»Le Gâteau«* oder die Sprache des Hungers 290

VII. Kritik des reinen Konsums – Flauberts besondere Ursachenforschung zu den Junimassakern 312

Anmerkungen 346
Literatur 411
Abbildungsnachweise 439

Vorwort

> Geschichte schreiben heißt, Jahreszahlen ihre Physiognomie geben.
>
> Walter Benjamin, *Das Passagen-Werk*

> Les journées de Juin 48 me révélèrent l'état véritable de l'Europe.
>
> Alexander Herzen, *Lettres de France et d'Italie*

Dieses Buch will einen – trotz Lukács, Benjamin und Sartre – bislang noch weitgehend unbekannten Aspekt des Zusammenhangs von Sozial- und Geistesgeschichte im 19. Jahrhundert beleuchten. Es soll die systematische Darstellung der Beziehungen eines der großen verdrängten Gegenstände der jüngeren europäischen Geschichte – das Scheitern der Revolution von 1848, das in den blutigen Pariser Juniereignissen kulminierte – zu einer zwar sattsam bekannten, da inzwischen kanonisierten, aber nach wie vor in ihrem kritischen Gehalt umstrittenen literarischen Moderne unternommen werden. Anders ausgedrückt: gefragt wird nach dem Anteil der traumatischen Erfahrung des Jahres 1848 an der Neuorientierung jener Autoren, die die romantische Literatur revolutionierten und die kritische Moderne begründeten. Die Komplexität des Gegenstands und der Methode, die zu seiner Darstellung zu entwickeln war, der Reichtum des zu sichtenden und im Lauf meiner Forschungen zutage geförderten historischen wie literarischen Materials sind verantwortlich für die langwierige Arbeit an diesem Projekt, das ursprünglich als Fortsetzung meiner *Pariser Bilder 1 (1830–1848)* gedacht war und das in gewissem Sinne auch ein neuer Band von *Pariser Bildern* geworden ist, in dem die Problematik der »Antibourgeoisen Ästhetik« auf einer anderen Reflexionsebene aufgegriffen wird.

Zeitgenossen haben die Junitage 1848, jenen ersten massiven Aufeinanderprall der liberalen Republik mit dem aufständischen Proletariat in Paris, als sozialen Genozid aufgefaßt, als beispiellosen Versuch der Ausrottung einer ganzen Klasse der Gesellschaft. Um seiner Ungeheuerlichkeit willen fiel jenes Ereignis rasch der Verdrängung anheim, und mit ihm die Literatur, die es noch irgend zur Sprache bringen wollte. Keineswegs war die Literatur insgesamt Komplizin oder gar Vorbereiterin der Verdrängung der Greuel von 1848, vielmehr wurde sie selbst ein Opfer jener Verdrängung und zwar genau in dem Maße, wie sie versucht hatte, sich ihr zu widersetzen. Auch erschöpfte sich der literarische Protest gegen das Vergessen nicht im Insistieren auf der historischen Schuld der bürgerlichen Gesellschaft. Die kritische Moderne nach 1848 wies dem Geschehen seine Stelle im Kontext des Jahrhunderts zu, verwandelte die zeitgeschichtlichen Reminiszenzen in dialektische Bilder im Sinne Benjamins, Bilder also, in denen zugleich mit dem Vergangenen die eigene Gegenwart aufscheint.

Um nun aber die dialektischen Bilder der literarischen Pariser Moderne zu verstehen, bedarf es nicht zuletzt einer Vertrautheit mit der Sprache und der Vorstellungswelt, auf die sie sich kritisch-ironisch bezieht. Aus diesem Grund wird hier die Verbindung zwischen Literatur und Geschichte durch die motivisch geordnete Präsentation der sozialen Semantik des 19. Jahrhunderts anhand einer »Juni-Literatur« im weitesten Sinne hergestellt, einer Literatur, die von den mehr oder minder apokryphen, noch nie im Zusammenhang präsentierten Zeugnissen der Junitage selbst – Proklamationen, Zeitungsartikeln, Chansons, Briefen und Tagebüchern u.a. – über die großen politischen Kommentare von Blanqui, Proudhon, Marx/Engels, Tocqueville etc. zu den Autoren fortschreitet, welche die literarische Erforschung der Pathologie der Moderne im Zeichen der Katastrophe der 48er Revolution am weitesten vorangetrieben haben: den beiden Exilanten Alexander Herzen und Heinrich Heine einerseits, den eigentlichen Begründern der europäischen Moderne, Baudelaire und Flaubert, andrerseits. Daß dennoch Sprünge bleiben zwischen den plan diskursiven Texten und den ironisch verschlüsselten, liegt in der Natur der Sache, rührt aber auch von der bewußt in Kauf genommenen Verkürzung oder Unvermitteltheit her, mit der im Ersten Teil gewisse poetische Texte in bestimmte Motivzusammenhänge eingebettet werden, ohne daß die dem jeweiligen *rapprochement* zugrundeliegende Deutung des fraglichen Textes jedesmal eigens mitgeliefert würde. Die Heine-, Baudelaire- und Flaubert-Zitate des Ersten Teils präludieren den systematischeren Ausführungen des Zweiten. Indem sie in den semantischen Kontext von 1848 gestellt werden, soll ihr historischer Verweisungscharakter zwar absehbar werden, nicht aber bereits mit zwingender Stringenz bewiesen. (Ohnehin kann ein bestimmtes Verständnis literarischer

Texte immer nur plausibel gemacht, niemals unwiderlegbar nachgewiesen werden.)

Vielleicht ist es nicht ganz überflüssig zu betonen, daß die hier vorgetragene Situierung der Pariser Moderne nur einen Aspekt – einen allerdings wesentlichen – jener Literatur herausarbeitet und daß sie keinerlei exegetischen Totalitäts- oder Alleinvertretungsanspruch erhebt. Gelegentliche Polemiken gegen divergierende Interpretationen sollen diese nicht um ihrer bloßen Verschiedenheit willen treffen, sondern wegen ihrer Tendenz, die Möglichkeit eines kritisch-historischen Verständnisses der von ihnen als *autonom* angesehenen Kunst grundsätzlich in Abrede zu stellen.

Angesichts der Vielzahl fremdsprachiger Zitate habe ich mich dazu entschlossen, diese in meinen Text in deutscher Übersetzung aufzunehmen und die Originalstellen im Anhang nachzuweisen, so daß der Leser sie auffinden kann. Da es auf wörtliche, einheitliche Übersetzung ankam, habe ich auch die Zitate neu übersetzt, die den bekannten, vielfach übersetzten Franzosen entnommen sind.

Bleibt mir noch, allen Freunden, Kollegen, Bibliothekaren, Studenten und Institutionen zu danken, die zum Zustandekommen dieses Buches beigetragen haben. Der Deutschen Forschungsgemeinschaft danke ich für die Gewährung eines zweijährigen Stipendiums, das mir, nach Ablauf meiner Frankfurter Zeitprofessur, die Fortsetzung meiner Forschungstätigkeit in Paris ermöglichte. Stellvertretend für die vielen, deren Anteilnahme an der Arbeit mir eine Hilfe war, nenne ich den selbstlosen Freund und Benjamin-Interpreten Pierre Missac, der im Oktober 1986 verstorben ist, sowie Susanne und Leo Löwenthal, Marthe Robert, Karl Heinz Bohrer, Ross Chambers, Michel Delon, Gerhard Goebel-Schilling, unter dessen Ägide das Habilitationsverfahren 1986/87 in Frankfurt durchgeführt wurde, Youssef Ishaghpour, Hans Jörg Neuschäfer, Fritz Nies, Claude Duchet und die Equipes »Flaubert« und »Heine« des Institut des Textes et Manuscrits Modernes am Centre National de la Recherche Scientifique.

Mein innigster Dank aber gilt Ulrike.

Paris, den 23. Juni 1988

Einleitung

> ... l'art moderne a une tendance essentiellement démoniaque. Et il semble que cette part infernale de l'homme, que l'homme prend plaisir à s'expliquer à lui-même, augmente journellement...
>
> Charles Baudelaire, *L'Art romantique*

Selten sind Literatur und Politik eine innigere Verbindung eingegangen als während der Revolution von 1848. Was Victor Hugo, einer ihrer Zeugen und Akteure, von ihrer Hauptstadt Paris gesagt hat: ihr besonderer Rang bestünde darin, daß sie durchaus literarischen Wesens sei, ließe sich auch von der 48er Revolution selbst behaupten. Man weiß, daß ein Dichter, Lamartine, ihr Sprecher wurde, daß die Provisorische Regierung der Zweiten Republik sich hauptsächlich aus Literaten und Publizisten zusammensetzte – deren Wahl überdies auf die Einflüsterungen eines Verlegers zurückgehen soll –, daß die Schriftsteller in der Nationalversammlung, wie im Frankfurter Paulskirchenparlament, überproportional vertreten waren. Dies trug mit dazu bei, daß die Revolution von 1848 in erster Linie eine Revolution der schönen Worte wurde. Womit natürlich das Urteil über sie bereits gesprochen ist, und dies nicht nur in politischer Hinsicht, sondern auch in literarischer. Es ist etwas anderes, ob eine Stadt literarisch genannt wird oder eine Revolution; das Epithet, das die eine, wenn man Hugo folgt, »krönt«[1], bezeichnet bei der anderen sicherlich den Pferdefuß. Bedeutet, daß sie literarisch ist, im Falle der Stadt eine Transfiguration ihrer Wirklichkeit, so trifft im Falle der Revolution das genaue Gegenteil zu: eine literarische Revolution ist keine wirkliche, sondern eine eingebildete, nicht Idee, sondern Lüge, weil in ihr Literatur das Leben nicht auf eine höhere Stufe gehoben, sondern eine solche Aufhebung nur vorgetäuscht hat. Die Geschichte der *schönen* Februarrevolution: ihr Einmünden in die *häßliche* Revolution des Juni 1848 und zumal in die blutigen Metzeleien, die diesem Arbeiteraufstand ein Ende machten, erscheint denn auch im nachhinein als eine zwangsläufige. »Lamartines Leuchtkugeln haben sich verwandelt in die Brandraketen Cavaignacs«[2]: Die bittere Feststellung des jungen Marx, der eine erste Bilanz der Pariser Ereignisse zieht, enthält die Einsicht einer Epoche, die

Einsicht in den Kausalzusammenhang von poetisch-forensischer Exaltation und revolutionärem Bankrott. Dies brachte aber nicht etwa nur die schlechte, in Gemeinplätzen schwelgende Literatur, sondern die Literatur schlechthin in Verruf. Das Wort, mit dem der Arbeiter Marche einmal die Suada Lamartines unterbrochen hatte, »Schluß mit der Leier!«, wurde für eine Weile zu einem geflügelten, auch von den Feinden der Republik zitierten: so sehr waren alle Parteien der schönen Worte, die die einen hinters Licht geführt und die andern in Angst und Schrecken versetzt hatten, überdrüssig.[3] Das Schicksal des fortschrittsverherrlichenden, scheußlichen Gemäldes, das der Bankier Dambreuse in Flauberts *Education sentimentale* gerade so lange in seinem Hôtel ausstellt, wie Grund besteht, vor der Revolution zu zittern, das aber, sobald die rote Gefahr gebannt und die Ordnung wiederhergestellt ist, in der Versenkung verschwindet, ist ein für die Literatur und Kunst der Republik des Februar beispielhaftes. Solange es galt, eine ungebärdige, nach Volksherrschaft rufende Öffentlichkeit hinzuhalten, hatte die Literatur, die bekanntlich immer auch *promesse de bonheur* – und als kitschige sogar mehr als bloßes Glücksversprechen: nämlich Glücksvorgaukelung – ist, ihren Sinn; und die heimlichen Konservativen, die der Monarchie nachtrauerten und Lippenbekenntnisse für die Republik abgaben, fanden sich zähneknirschend ins vorerst Unabänderliche, also auch darein, daß Dichter und elende Skribenten in der neuen Gesellschaft den Ton angaben. In dem Moment jedoch, wo die Gefahr eines wirklichen politisch-sozialen Erdrutsches gebannt ist, das aufmüpfige Volk von Paris besiegt und dezimiert, der Belagerungszustand verhängt, die Republik gespalten und ihres Charismas beraubt, braucht auch die Literatur nicht länger als notwendiges Übel geduldet zu werden: sie wird ohne weiteres abgedankt, auf Kirche und Moral eingeschworen und, wo sie dem Zugriff der Behörden sich entzieht, mit Zensurdekreten von der politischen Szene verbannt.

Es ist nicht so sehr die geschichtliche Bedeutung des Juni 1848, die den unmittelbaren Gegenstand dieser Arbeit abgeben soll, als die literatur- und geistesgeschichtliche, über die eine zusammenhängende Untersuchung bislang noch aussteht, und dies, obwohl der Juni 1848 auch in der Literaturkritik und -wissenschaft, jedenfalls soweit sie historisch-soziologisch orientiert ist, als ein einschneidendes Datum gilt. So unterschiedliche Autoren wie Georg

Lukács, Walter Benjamin, Jean-Paul Sartre und selbst der frühe Barthes, der sich noch nicht für eine ebenso kategorische wie bequeme Trennung von Literatur und Geschichte ausgesprochen hat[4], bringen dies Datum mit dem Beginn der im emphatischen Sinne modernen Literatur in Verbindung, falls sie es nicht gar als deren eigentlichen geschichtlichen Ausgangspunkt ansehen. Freilich, an Gründen für das Fehlen einer derartigen Untersuchung herrscht kein Mangel. Denn nicht nur stellen die Junitage des Jahres 1848 eines der peinlichsten Daten der Geschichte des 19. Jahrhunderts dar, einen »Sündenfall der Bourgeoisie«[5] (Sartre), der die französische Nation in zwei Lager gespalten hat, und dessen Verdrängung – im Unterschied zur vergleichbaren der Geschichte der Pariser Commune – niemals wirklich überwunden worden ist, es wurden auch die literarischen Zeugnisse über den Juni auf diese oder jene Weise verdrängt: vergessen, ignoriert, aus dem Zusammenhang gerissen, mißdeutet. An dieser Verdrängung waren und sind die Institutionen ebenso beteiligt wie das Lesepublikum, das nach wie vor – und Sartres provokative Thesen über die von den Junimassakern ausgelöste, langwierige Erkrankung der kollektiven Psyche haben daran nichts geändert[6] – wenig Neigung zeigt, sich über jene heiklen Zusammenhänge Klarheit zu verschaffen. Hinzu kommt, daß das geschichtliche Substrat der kanonischen Texte (Heine, Baudelaire, Flaubert) sowohl von den Autoren selbst verschlüsselt als auch durch die Rezeptionsgeschichte verschüttet worden ist, und daß die Texte, die ein neues Licht auf den Juni selbst wie auf die klassische Literatur zum Juni hätten werfen können, bislang so gut wie verschollen waren.

Wenn ein so bedeutender Schriftsteller wie der Russe Alexander Herzen, der wie kaum ein anderer Augenzeuge von den Pariser Junikämpfen aufgewühlt worden ist, der mit einer zähen Leidenschaftlichkeit über ihre Bedeutung nachgegrübelt hat und der zeitlebens an dieses Datum, das er als das Todesdatum der alten Welt ansah, fixiert blieb, wenn selbst Herzen niemals als ein Denker des Juni 1848 gelesen worden ist, so belegt das eindringlich die geistesgeschichtliche Verdrängung des Juni. Nicht einmal das Vorhandensein der Literatur über diesen Gegenstand ist bislang registriert worden. Ein Hauptgrund dieses »Übersehens« dürfte in den Produktions- und Rezeptionsbedingungen dieser Literatur liegen. Es wurden etliche vom Juni inspirierte Texte, etwa die der Anarchisten Joseph Déjacque und Ernest Cœurderoy, die des

Blanqui und Proudhon nahestehenden Louis Ménard sowie viele politische Chansons entweder polizeilich beschlagnahmt, zerstört und verboten oder in mehr oder minder obskuren Exilverlagen, nicht selten auf Kosten der Verfasser selbst, gedruckt. Wenn diese Texte, Jahrzehnte später, ausgegraben und neu aufgelegt wurden, dann stets vereinzelt, losgelöst aus ihrem thematisch-historischen und literarischen Zusammenhang. Andere Texte waren – wiewohl nicht dem Titel nach, denn die Kataloge der Bibliotheken verzeichneten ihre Existenz – als Texte über die Juniereignisse *de facto* verschollen: das gilt für die Schriften des hier ausführlich vorgestellten Job le Socialiste alias Hippolyte Castille, dessen literarisches Werk über dem historiographischen in Vergessenheit geriet und der, ähnlich wie Herzen, sein Leben lang auf das Trauma des Sommers 1848 zurückgekommen ist, unbeschadet der vielen Wechsel seiner Gesinnungen und Schreibweisen. Bei dem fourieristischen Naturforscher Alphonse Toussenel ist schwer zu entscheiden, ob man ihn eher der Kategorie der vergessenen oder derjenigen der unerkannten Juni-Autoren zurechnen soll. Für das letztere spricht eine Schreibweise, die man als einen sich selbst erläuternden Hermetismus kennzeichnen könnte – und deren Studium hier in dem Kapitel über die *Ornithologie passionnelle* als Vorschule der Klassiker der literarischen Bourgeoiskritik nach 1848 empfohlen wird – sowie vor allem der Tatbestand, daß Toussenels *Esprit des Bêtes* niemals als eine, ins Tierreich transponierte, zeitgeschichtliche Satire gelesen worden zu sein scheint, wenigstens konnte ich in der Rezeptionsgeschichte Spuren eines solchen Verständnisses nicht entdecken.

Die prominentesten literarischen Opfer der Verdrängung des Juni sind zugleich die beiden Leitfiguren der literarischen Moderne: Baudelaire, der heute als der Begründer der modernen Lyrik, und Flaubert, der als derjenige des modernen Romans angesehen wird. Opfer der Verdrängung sind diese beiden Autoren – und in gewissem Sinne auch ihr Vorläufer, der späte Heine – insofern, als eine konformistische Lektüre ihren Texten den kritischen Gehalt genommen hat. Der schlagendste Beweis dafür ist die Tatsache, daß das Geschehen des Juni 48 für das herkömmliche Baudelaire- und Flaubert-Verständnis unerheblich ist. Zu Recht kennzeichnet Walter Benjamin, der bekanntlich das traditionelle Baudelaire-Bild gründlich revidiert hat, die literaturkritischen Untersuchungen, die die Bedeutung der historischen Erfahrungen des Jahres 1848 für die Konstitution der Moderne entschlossen ignorieren, als »erweiterte Feuilletons«.[7] Die paradoxe Pointe einer eher verfehlten Rezeptionsgeschichte liefert ausgerechnet Jean-Paul Sartre nach: er, der so energisch und methodisch wie niemand sonst den Zusammenhang zwischen der Genese der literarischen Moderne und der Geschichte des Scheiterns der 48er Revolution bzw. der Wirkungsgeschichte der Junimassaker herzustellen sich bemüht hat. Dem Verfasser des *Idiot de la famille* gelingt es, Flaubert auf Hunderten von Seiten als den Romancier zu interpretieren, der, weil er das Rendezvous von 1848 verfehlt und die Massaker des Juni verschlafen habe, (aus Gründen, die ihn schon vorher durch eigene Entscheidung zum Misanthropen und Neurotiker werden ließen) in *Madame Bovary* den geistig-ideologischen Bedürfnissen der Nach-Juni-Bourgeoisie entgegenkomme, ja diese gleichsam vorwegnehme; er, Sartre, übersieht dabei nur, daß Flauberts gesellschaftskritisches Romanwerk auf eine epochale Auseinandersetzung mit dem Trauma des Juni 48 hinausläuft. Ist doch die *Education sentimentale* eine einzige Reflexion über die Vor- und Nachgeschichte der gescheiterten Revolution, eine Reflexion über die ökonomischen, sozialen und mentalitätsgeschichtlichen Bedingungen der Möglichkeit des Umschlagens der Brüderlichkeits-Euphorie des Februar in die Massaker des Juni 48, die derjenigen Sartres selbst an analytischer Schärfe und engagierter Kritik nichts nachgibt, allerdings ungleich tiefer in die Komplexität des Geschehens eindringt als der bei aller Ingeniosität seiner biographischen Nacherfindungen oft recht pauschale – und besonders, wo es um Flauberts Verhältnis zur Bourgeoisie geht, pauschale – Existenzphilosoph. Sartres Fehleinschätzung der *Education*, die so monumental ist wie die Monographie selber, deren literarhistorische These sie stützen soll, wäre kaum zu begreifen ohne den Einfluß des überkommenen Flaubert-Bildes, dem Sartre, ein zwar eigenwilliger Leser, aber keiner, der, wie Benjamin, die Literaturgeschichte gegen den Strich bürstet, unfreiwillig und ahnungslos die wertvollsten Einsichten opfert.[8]

Eine Lektüre gegen den Strich kann jedoch ihrerseits, um hieb- und stichfest zu sein, ohne eine Rekonstruktion des semantischen Kontextes, in welchem die Einzeltexte bzw. -werke stehen, schwerlich auskommen. Eine solche Rekonstruktion unterbleibt nicht nur bei Sartre, der, was das literaturhistorische Material anbelangt, von großartiger Genügsamkeit ist und der sich bei der Beschreibung dessen, was er die infolge der Junimassaker und ihrer Verdrängung aufbrechende »névrose objective« der französischen Gesellschaft nennt, fast ausschließlich auf seine spekulative Phantasie verläßt. Seine Arbeitshypothese, derzufolge die Verdrängung der Junigreuel die Existenz literarischer Zeugnisse oder Stellungnahmen schlechterdings undenkbar mache, scheint Sartre nie ernstlich überprüft zu haben. Eine semantische Rekonstruktion unterbleibt aber auch bei dem anderen großen Modell der historischen Exegese der Pariser Moderne, beim Benjamin der Baudelaire-Essays und der Fragmente zum *Passagen-Werk*; und dies wegen des hermeneutischen Postulats, die Texte müßten, um zur eigenen Gegenwart des Interpreten in eine fruchtbare Spannung zu treten, aus ihrem internen Zusammenhang herausgelöst werden. Wenn Benjamins Kommentare den Texten dennoch keine Gewalt antun, wenn sie meist nicht nur um ihrer Originalität, sondern auch um ihrer Stringenz willen in Erstaunen versetzen, so liegt das zum einen daran, daß Benjamin den historisch-literarischen Kontext des 19. Jahrhunderts zwar unsystematisch, aber mit unvergleichlicher Intensität, studiert hat, und zum anderen liegt es daran, daß er, selbst noch ein Kind jener Epoche, deren Sprache wie eine Muttersprache beherrscht. Inzwischen aber hat jene Sprache längst ihre Selbstverständlichkeit verloren, auch wenn wir uns dessen nicht immer bewußt werden.

Nun besteht eine wesentliche Neuerung der literarischen Moderne nach 1848 gerade darin, daß sie zur Sprache ihres Säkulums auf Distanz geht. Der Abkehr des Publikums von der Literatur entspricht eine Abkehr der Literatur von der Phrase, anders ausgedrückt: Die moderne Literatur zeichnet sich dadurch aus, daß sie jegliche Komplizität mit dem Zeitgeist aufkündigt. Doch kommt diese Absage nicht in jedem Falle und unbedingt dem Bestreben nach einer Reinigung der Sprache durch den Rückzug aus der Welt, in der sie gesprochen wird, gleich. Im Gegensatz zu den Vertretern des *l'art pour l'art* oder der *poésie pure* – einem Leconte de Lisle, dem Gautier der *Emaux et Camées*, einem Mallarmé – lassen Baudelaire und Flaubert sich bewußt, obschon angewidert, auf die Prosa ihrer Epoche ein, um sich an ihr »abzuarbeiten«. Ihr Schreiben lebt aus der *idée fixe*, daß jene Prosa in Kunst zu verwandeln sei: eine alchimistische Operation, bei der die Ironie als

Katalysator dienen soll. Das aber bedeutet, daß die Kenntnis des semantischen Kontextes nirgends so unentbehrlich ist wie gerade bei den Vertretern dieser kritischen Richtung der literarischen Moderne.

Auf der Suche nach Anschauungsmaterial für jenen Kontext bietet wiederum das Jahr 1848 sich an, denn die Sprache von 1848 ist der vielleicht reinste Ausdruck des Geistes, von dem die kritische Moderne sich lossagen will: des Geistes des sentimentalen 19. Jahrhunderts in seiner ganzen unbewußten Widersprüchlichkeit von humanistischem Anspruch und industriellem Fortschrittswillen. Daß die 48er Literatur im engeren Sinne eine mißlungene, heute schlechterdings ungenießbare ist, tut ihrer historischen Aussagefähigkeit keinerlei Abbruch. Die Einbuße an ästhetischer wie gedanklicher Qualität, die die schreibenden Achtundvierziger dadurch in Kauf nahmen, daß sie bedenkenlos das für Schriftsteller nicht häufige Glück, aktuell zu sein, auskosteten – ein Glück, das die Revolution ihnen perfiderweise übers Medium der Presse antrug –, diese Einbuße wird in gewissem Sinne durch einen Zugewinn an Repräsentativität ausgeglichen. Sagte ich eingangs, daß Literatur und Politik im Jahre 48 sich aufs innigste verschränken, so kann ich nunmehr hinzufügen: 1848 ist der einmalige welthistorische Augenblick der Verbrüderung nicht nur des Volkes mit der Bourgeoisie, sondern auch der Literatur mit der Öffentlichkeit. Das Hauptmedium dieser letzteren Verbrüderung ist die Presse. Im Juni 1848 tritt die Problematik sowohl der einen als auch der andern Fraternität zutage; der Juni reißt einen Graben zwischen den beiden Klassen der modernen Gesellschaft auf; er bewirkt aber auch, daß Schriftsteller und Künstler, deklassiert und marginalisiert, sich als eine gesonderte Klasse, eine Klasse zwischen den Stühlen sozusagen, empfinden.[9] Diese Außenseiter trachten danach, in Opposition gegen die »überfliegenden Phrasen« (Marx) von 1848, gegen die Phrasen der Zeitgenossen schlechthin, eine eigene, konsistentere Sprache zu entwickeln, was manche ihrer Angehörigen in die Nachbarschaft des Anarchismus, Blanquismus oder auch des Marxismus rückt, selbst wenn sie, spätestens nach dem Staatsstreich Louis-Bonapartes, das Volk als den unmittelbaren Adressaten ihrer Literatur nicht mehr einbezogen, sofern sie es überhaupt jemals als mögliches Publikum anvisiert haben. Die Resignation bezüglich des Volkes aber heißt nicht, daß alle diese Literaten, wie Sartre es un-

Daumier, *Der Aufstand*, um 1850

terstellt, an der Verdrängung des Juni teilhätten. Vielmehr konfrontiert die Radikalität ihres Widerstandes gegen den Zeitgeist sie früher oder später mit jener Verdrängung, und es ist keineswegs zufällig, daß die bedeutendsten Schriftsteller des Zweiten Kaiserreiches zugleich diejenigen sind, die über die Tragweite der Juniereignisse am tiefsten nachgedacht, ja die den Juni in die Textur ihres Schreibens selbst aufgenommen haben. Dabei ist die sonderbare, durch die Zensur allein gewiß nicht hinreichend erklärbare, Feststellung zu treffen, daß die Intensität der *literarischen* Auseinandersetzung mit dem Trauma des Juni in dem Zeitraum zwischen 1848 und 1871 mit zunehmender Entfernung von dem Ereignis größer wird. Im Gegensatz zur politischen Publizistik, wo der markanteste Text über den Juni – ein Text, der zugleich einen hohen literarischen Rang besitzt – Marx' in der *Neuen Rheinischen Zeitung* veröffentlichter Artikel *Die Junirevolution*, unter dem ersten Eindruck des Geschehens geschrieben wurde und wo die Literatur in dem Maße farbloser wird, wie die Erinnerung an das Ereignis verblaßt – bis die an die Commune sie wieder, wie bei V. Marouck, auffrischt –, stammen die wichtigsten poetischen oder fiktionalen Denkmäler der Juni-Literatur aus den Jahren zwischen 1855 und 1869. Die Schriftsteller brauchen Zeit, um sich von den Stereotypen abzulösen, mit deren Hilfe die Bürger von 1848 sich selbst über das Novum des Juni hinwegzusetzen dachten. Und da dieser Ablösungsprozeß zugleich ein Prozeß ist, den sie der Sprache von 1848 machen, liegt eine systematische Gegenüberstellung der Semantik von 1848 und derjenigen ihrer modernen Kritiker nahe, die im Ersten Teil dieser Arbeit unternommen wird.

Die Ergiebigkeit des besagten Ablösungsprozesses läßt sich auf dialektischem Wege auf die zwangsweise Entpolitisierung der Literatur nach 1850 zurückführen. Weil es den Schriftstellern nunmehr für lange Zeit verwehrt ist, Partei zu ergreifen, die restaurative Gesellschaft und das neue Kaisertum offen zu attackieren, ihre Trauer um die verlorene Freiheit, ihr Mitgefühl mit dem besiegten, elenden Volk noch offen zu äußern, sind sie, sofern sie im Lande bleiben und ihre literarische Karriere fortsetzen wollen, buchstäblich auf sich selbst, auf die eigene Privatheit zurückgeworfen. Und nun entdecken diese Bourgeois-Verächter, daß die Melancholie der Ohnmacht zur literarischen Produktivkraft werden kann, zum Movens eines ästhetischen und intellektuellen Rigorismus, der, sich ostentativ auf die Innenwelt isolierter Subjekte konzentrierend, die geheimen Beziehungen oder Correspondances, die zwischen dem verschwiegen Persönlichen und dem zu verschweigenden Politischen obwalten, offenzulegen vermag. (Es verschlägt wenig, daß diese Entdeckung ästhetisch schon vorbereitet war:

erst in der Zeit nach 1848/51 wird sie literaturpolitisch bedeutsam.) Die Selbstanalysen dieser *Heautontimoroumenoi* zeugen keineswegs, wie Sartre behauptet, von einem wirklichkeitsfernen »überfliegenden Bewußtsein«, ist doch die Erotik, das Vor- und Unbewußte, die Sprache, der Alltag, kurz: das moderne Leben, das sie zergliedern und als der Lüge verfallen anprangern, eben die Erotik, das Vor- und Unbewußte, die Sprache, der Alltag, also das Leben einer Gesellschaft, wider die sie, mit einer die Zeitgenossen an die Kälte des Photoapparates erinnernden Grausamkeit, Zeugnis ablegen. Man hat übersehen, daß die Anklageerhebung gegen die Bürger mittels eines Romanhelden oder eines lyrischen Ich nach 1850 einen historischen Bezugspunkt hat: die Junimassaker von Paris. Wenn Marx in der letzten Nummer der *Neuen Rheinischen* schreibt, die Juni*revolution* sei die Seele seiner Zeitung gewesen[10], so gilt für die hier vorzustellenden bzw. neu zu analysierenden Autoren – in der Hauptsache also die sechs Schriftsteller, denen die monographischen Kapitel des Zweiten Teils gewidmet sind –, daß die Juni*niederlage* bzw. die Massaker des Juni im Zentrum ihres Schreibens stehen, jedenfalls, was dessen zeitgeschichtliche Dimension anbelangt. Eine Akzentverlagerung, die anzeigt, daß der Blick auf den Juni hier nicht so sehr der des zukunftsweisenden Vordenkers der Massen ist, der den Metzeleien einen Sinn abzugewinnen sucht, indem er sie dialektisch-eschatologisch deutet, als »Bluttaufe des Proletariats«, »Geburtsstunde der sozialen Revolution« etc. Eher ist dieser Blick der des betroffenen Intellektuellen, der von der Erinnerung an den Juni heimgesucht wird wie von der an ein kollektives Verbrechen, an welchem er, wie zerworfen mit seiner Klasse auch immer, doch eine Mitschuld trägt. Bieten aufgeschreckte Achtundvierziger wie Ménard, Toussenel oder Castille mit ihren Texten in der ersten Empörung sich dem Volk als Zeugen in dem politisch-moralischen Prozeß an, den die demokratische Presse, die alsbald geknebelt wird, gegen die siegreiche Ordnungspartei anstrengt, so betreiben Baudelaire und Flaubert, in gewisser Hinsicht in der Nachfolge Heines und Herzens, aus größerer Distanz eine neuartige historische Gewissenserforschung und Selbstbeschuldigung des Bürgers. Ihr Durchdringungsvermögen verdankt sich nicht zuletzt der artistischen Subtilität als dem, was Nietzsche einmal den »Pariser Ernst *par excellence*« nennt, einer nie dagewesenen »Leidenschaft in Fragen der Form«.[11] Vom Einleitungsgedicht der *Fleurs du Mal* bis zur *Éducation sentimentale* und den, gleichfalls im Jahr 1869 erstmals in Buchform erschienenen Prosagedichten des *Spleen de Paris* tauchen, leitmotivisch eingesetzt, bei den avanciertesten Vertretern der antibourgeoisen Moderne stets ironische Reminiszenzen an den Juni 1848 auf, die eine geheime Affinität zwischen der verdrängten historischen und der alltäglichen Erfahrung des an Langeweile laborierenden einzelnen suggerieren.[12] Die Technik der Correspondances, wie besonders Baudelaire und Flaubert, aber auch Heine, sie handhaben, besteht u. a. darin, das Dunkel der Vergangenheit mit Hilfe dessen zu illuminieren, was Ernst Bloch »das Dunkel des gelebten Augenblicks« nennt, und umgekehrt: eine opake Gegenwart mit Hilfe der finsteren Vergangenheit zu erhellen. So kann denn das im zivilisierten 19. Jahrhundert gänzlich unvorstellbar erscheinende Geschehen der Junitage als Paradigma des modernen Lebens, als die ebenso ungeheuerliche wie natürliche Ausgeburt des Bürgeralltags begriffen werden. Jedoch nicht von denen, die – übereinstimmend mit Geist und Ton des Zeitalters – unheilbar optimistisch bleiben. Gegen deren Diskurs, der, meist salopp und mitunter pompös allegorisch, die rapide Technifizierung als den unaufhaltsamen Aufstieg der Kräfte des Guten feiert, protestieren die Vertreter der ästhetischen Moderne mit ihrer Ironie und ihrem Kult der semantischen Differenz. Weil aber die Sprache der Zeit – wie ihre Rhetorik – nicht mehr ohne weiteres verständlich ist, droht auch jener Einspruch, der von den befangenen Zeitgenossen schon nicht zur Kenntnis genommen wurde, zunehmend unverständlicher zu werden. Wem, der heute über die Place Saint-Michel geht, sagen die von Bier- und Coca-Cola-Dosen umschifften Figuren des gleichnamigen Brunnens überhaupt noch etwas, wer wäre fähig, jene Touristen-Allegorie historisch zu entziffern, zu erkennen, daß der schwertschwingende Erzengel auf dem Rücken des Satans zu seiner Zeit den Sieg der bürgerlich-kaiserlichen Ordnung über die Revolution repräsentieren, an den Triumph des Guten über das böse Volk des Juni 1848 erinnern sollte?[13] Wenn niemand je auf den Gedanken kam, die 1860 eingeweihte Brunnengruppe versuchsweise einmal mit dem imaginären Denkmal aus Versen zu konfrontieren, das Baudelaire zur selben Zeit, beim gleichen Anlaß, auf der Place du Carrousel, einem andern strategischen Punkt der Metropole, für seinen visionären Schwan errichtete, dann gewiß deshalb, weil der Schlüssel zum Verständnis beider Kunstwerke – der allegorische

Code der Epoche – verlorengegangen war. Ohne Kenntnis der historischen Semantik der beginnenden Moderne wird man begreiflicherweise versucht sein, die Unentschlüsselbarkeit der Allegorien für ein Kennzeichen des modernen Allegoriengebrauchs anzusehen, wie Jauß oder de Man, jeder auf seine Weise, es taten.[14] In einer die historische Semantik beachtenden Perspektive hingegen wird es möglich, das große Gedicht Baudelaires *Le Cygne* als die Gegenfigur zum Saint-Michel zu lesen, als ein *Zeichen* (*signe*) dafür, daß die verordnete Zukunftsgläubigkeit des Haussmannschen Paris mit dem Widerstand der Melancholie zu rechnen hatte und daß letztere mit den Besiegten des Juni solidarisch ging. Vielleicht gibt es keine schönere Verdichtung des Gestus der Pariser Moderne nach 1848 als eben jenes Gedicht. Es ist der Einspruch der Melancholie gegen den Jubel, die dunkle Erinnerung an das Böse, an alles, was für überwunden galt, und was meist da am unerträglichsten sich manifestiert, wo es am wütendsten verdrängt wird.

Erster Teil

Krise der Zeichen: Zur Semantik des Juni 1848 und ihrer Kritik durch die literarische Moderne

> Geht einmal euren Phrasen nach bis zu dem Punkt, wo sie verkörpert werden.
>
> Büchner, *Dantons Tod*

> L'âme dort maintenant, ivre de paroles entendues.
>
> Gustave Flaubert an Louise Colet (1852)

> Jamais on n'a été plus bête qu'en 48! Cette époque est féconde; mais on ne peut pas tout dire, hélas!
>
> Gustave Flaubert an Emile Zola (1878)

> ... he was genuinely incapable of uttering a single word that was not a cliché ...
>
> Hannah Arendt, *Eichmann in Jerusalem*

Einmaligkeit, Unvergleichbarkeit des Ereignisses

> Jamais, depuis que le monde est le monde, on n'avait vu une pareille tuerie.
>
> Joseph Déjacque, *La question révolutionnaire*

»Die Junirevolution bietet das Schauspiel eines erbitterten Kampfes, wie ihn Paris, wie ihn die Welt noch nicht gesehen«, schreibt am 28. Juni 1848 Friedrich Engels in der *Neuen Rheinischen Zeitung*.[1] Marx hatte tags zuvor von der »größten Revolution, die je stattgefunden« gesprochen und hinzugefügt: »Den riesenhaften Umrissen dieser *Junirevolution* genügen nicht drei Tage wie der *Julirevolution* und der *Februarrevolution*.«[2] Wer denkt, nur die heißspornigen Kommunisten aus Köln hätten in dem Aufstand, den sie eilig zur Revolution erklären, die »größte geschichtliche Krise« gesehen, »die je eklatiert hat«[3], ist im Irrtum: Auch Beobachter aus andern Lagern heben die gänzliche Unerhörtheit des Ereignisses hervor. Alexandre Dumas, nachmals ein Bonapartist,

Erstürmung der Barrikade am Petit Pont

der in den Junitagen als Redakteur und Reporter seiner »überparteilichen« Zeitschrift *Le Mois* von Barrikade zu Barrikade eilt, meint, mit diesem Kampf verglichen seien sowohl der Bastillensturm als auch der, blutig niedergeschlagene, Royalistenaufstand des 13. Vendémiaire 1795 – hier waren erstmals Kanonen in Paris eingesetzt worden – ebenso reine Kinderspiele gewesen wie die Julirevolution von 1830 und die Februarrevolution von 1848.[4] Proudhon – Theoretiker, Volksvertreter und Journalist in einer Person – notiert in seinem Tagebuch: »Diese Insurrektion ist für sich genommen schrecklicher als alle andern zusammen, die sich in den letzten 60 Jahren ereignet haben.«[5] Mit anderer Akzentsetzung, aber doch vergleichbar, formuliert der berüchtigt spießbürgerliche *Constitutionnel*, das Sprachrohr des Adolphe Thiers: »Aber noch nie hatte das Vaterland traurigere und bejammernswertere Tage in seinen Annalen zu verzeichnen«[6] und, zwei Tage später, am 27. Juni, als der Sieg der Ordnung feststeht: »Vergeblich sucht man in den Annalen anderer Völker nach Beispielen für eine ähnlich bedingungslose und mörderische Auseinandersetzung«, also ganz dieselbe Einschätzung wie die eingangs zitierte von Engels, mit dem Unterschied, daß das reaktionäre Blatt dem Aufstand den Ehrentitel »Revolution« verweigert und ihn als »Emeute« verunglimpft. Bei aller Gegensätzlichkeit der Bewertung sind sich die Zeitungen Europas, von den großen Pariser Blättern über die *Indépendance belge*, den Londoner *Telegraph*, den *Northern Star* der Chartisten, die *Neue Rheinische Zeitung*, die Wiener *Presse* bis zu den Organen der Provinz einig in der grundsätzlichen Anerkennung der einmaligen Dimension der Junischlacht. So schreibt die liberale *Freie Zeitung Wiesbaden* am 3. VII. 48: »... der Kampf, um den es sich heute handelt, ist ein weit furchtbarerer, weit mehr weltgeschichtlicher als der, welcher vor Guizots Hotel sich (...) in den Thronsaal der Tuilerien wälzte« – gemeint ist die Februarrevolution –; oder der Korrespondent des *Frankfurter Journals* nennt »diese Empörung (...) die furchtbarste, (...) verzweifeltste, die noch je hier vorgekommen« (3. VII. 48).

Nun könnte man vermuten, daß es sich um Augenblickseindrücke der Zeitgenossen gehandelt habe und das Ereignis aus größerer Distanz mit anderen Maßstäben gemessen worden sei. Das ist jedoch nicht der Fall, es sei denn, man habe die Junitage des Jahres 1848 vollkommen aus dem Gedächtnis verloren: nur als verdrängtes verliert dieses Schlüsseldatum der Moderne an Bedeutung. Der spanische Konservative Donoso Cortés, den Carl Schmitt als einen der luzidesten Geschichtsdenker, einen der großen »Totgeschwiegenen des 19. Jahrhunderts«[7] rehabilitieren wollte, bezeichnete in einer berühmt gewordenen Rede vor dem Madrider Parlament im Januar 1849 die Junischlacht als die blutigste, die die Jahrhunderte jemals innerhalb der Mauern einer Stadt erlebt hätten.[8] Im selben Jahr nennt der Prager Jungdeutsche Alfred Meißner »jene ungeheure Schlacht des Proletariats« das »größte und großartigste Ereignis der neuen Zeit«.[9] Der liberale Alexis de Tocqueville qualifiziert in seinen *Souvenirs* die Juniinsurrektion als »die größte und sonderlichste, die sich je in unserer Geschichte und vielleicht in der Geschichte schlechthin ereignet hat«.[10] Zehn Jahre später urteilt Victor Hugo in den *Misérables*, der Juni sei »die größte Straßenschlacht, die die Geschichte erlebt hat«[11], »ein Ausnahmeereignis, das von der Philosophie der Geschichte kaum einzuordnen ist«.[12] Die republikanischen Romanciers Erckmann-Chatrian nennen die Junischlacht »tausendmal schrecklicher als die von Waterloo«[13], und noch Tomasi di Lampedusa läßt den Helden seines *Gattopardo* kurz vor Ausbruch der sizilianischen Revolution mit der Überlegung sich beruhigen, daß alle Revolutionen binnen kurzem sich in Komödien verkehren und daß selbst in Frankreich, »wenn man den Juni des Jahres 48 ausnimmt«[14], eigentlich nie etwas Ernsthaftes geschehen sei. Bei Herzen, Baudelaire, Flaubert und auch bei Heine bedarf es der Superlative nicht; die einzigartige Bedeutung, die sie den *Journées de Juin* beimessen, erhellt aus Tenor und Struktur ihrer Texte selbst, was in Teil II näher zu beleuchten sein wird.

F. Pardigon, ein Student der Rechte, der als Aufständischer und Gefangener die Greuel der Junitage miterlebt hat, unterscheidet zu Beginn seines Berichts, der bei Erscheinen Aufsehen machte, zwischen einer sichtbaren und einer unsichtbaren Geschichte jener »in den revolutionären Annalen einzig dastehenden Periode«[15]: die eine verzeichne, was auf den Straßen, die andere, was in den Kellern, die als Gefängnisse dienten, und hinter den Festungsmauern geschehen sei.[16] Letztere, die wohl nie restlos aufgehellt werden könne, sei die eigentliche Geschichte der Junimassaker. Es bleibt festzustellen, daß die Zeitgenossen, wenn sie die Junitage des Jahres 1848 als etwas Ein- und Erstmaliges bezeichnen, meist entweder mehr den einen oder den anderen Aspekt des Juni im Auge haben: die Straßenschlacht oder das Gemetzel, das sich anschloß. Zunächst war es gewiß der Aufstand, der Kampf selbst, der die Beobachter als ein Novum frappierte. Zum ersten Male stehen »Volk« bzw. »Proletariat« und »Bourgeoisie« einander im Bürgerkrieg gegenüber, spricht die Öffentlichkeit von *»guerre sociale«* oder *»guerre servile«*, wohl auch von einem »Kampf der Klassen« bzw. der »Kasten«. Auf Dauer allerdings dürfte die Wirkungsgeschichte des Juni letztlich mit derjenigen der Massaker identisch sein. Es ist wohl nicht übertrieben zu behaupten, daß die blutige Repression des Sommers 1848 die Entwicklung der französischen Gesellschaft bis hin zur Fünften Republik beeinflußt hat, und dies nicht obwohl, sondern gerade weil sie verdrängt und niemals aufgearbeitet worden ist. Darüber hinaus beeinflußte jene Repression die bürgerliche wie die sozialistische Theorie- und Ideologiebildung – weit über die Grenzen Frankreichs hinaus –, und schließlich markiert sie einen entscheidenden Wendepunkt in der Geschichte der modernen Literatur.

Barbaren und Bestien / Ungeheuer, Dämonen – Die Hölle, Satan / Das Böse, le Mal

Im Februar 1848 hatten Volk und Bourgeoisie einander mit verliebten Augen angeblickt. Binnen weniger Monate, ja Wochen war jene Stimmung umgeschlagen, hatte die soziale Wahrnehmung sich entscheidend verändert: Die alten, für überwunden gehaltenen Feindbilder tauchten wieder auf. Ihre demagogische Verwendung durch die Presse hat zu dem katastrophalen Verlauf der Repression beigetragen, welche ihrerseits Sieger wie Besiegte in ihren Klassenphantasmen nur bestätigte. Auf diese Weise konnten die Geschehnisse des Juni 48 einen in Frankreich bereits vorhandenen sozialen Manichäismus dauerhaft verstärken.

Die Formel der »neuen Barbaren«, auf das Proletariat angewendet, stammt aus dem Jahr des ersten Lyoneser Seidenweberaufstandes 1831.[17] Der *Constitutionnel* und mit ihm sämtliche Gegner der Insurgenten wie der Sozialisten warnen im Juni 48 dringender denn je vor den »Barbaren des 19. Jahrhunderts«[18] als der handgreiflichsten Gefahr für die Zivilisation. Ob es sich um die *Kölnische Zeitung* handelt[19], oder um die großbürgerliche *Revue des Deux Mondes* (»Welch Raffinement in der Barbarei!«[20]) oder um das *Frankfurter Journal* (»jene ausgespitzten Taten wilder Barbarei, die von den Aufständischen verübt wurden«[21]): Wer immer um die Ordnung bangt, empfindet die Arbeiter, sobald sie Forderungen stellen und für diese auf die Straße gehen, als Barbaren – oder tut doch so. Die Barbarenmetapher stellt bei unzähligen Zeitgenossen und keineswegs nur bei Journalisten wie von selbst sich ein: Balzac spricht von dem »langen Zweikampf zwischen der Barbarei der Hand in Paris und der Zivilisation des Kopfes«.[22] Lamartine tauft die Aufständischen »die Barbaren der Republik«[23], Tocqueville fühlt sich schon im Februar, Musset hingegen erst in den Junitagen an »Vandalen« erinnert[24]; die geistige Elite wie der Durchschnittsbürger rekurriert mit erschreckender Bereitwilligkeit auf Formeln wie diese oder die, gleichfalls nicht mehr als metaphorisch empfundene, Tierbezeichnung für den sozialen und ideologischen Gegner. Ist der Barbar theoretisch noch zu retten, da zivilisierbar – wenn er freilich hordenweise auftritt, verringert sich diese Möglichkeit erheblich –, so ist die Bestie in jedem Falle unverbesserlich: der reine Feind, die böse, für Vernunftgründe unzugängliche Natur, getrieben einzig von »Instinkten« und »schlimmen Leidenschaften«. Ein Prototyp der Epoche wie Eugène Pelletan, 1848 Anhänger Lamartines, spricht eine verbreitete Meinung aus, wenn er die Arbeiter »die finstere Klasse, die zwar Leidenschaften und Instinkte, niemals aber Ideen besitzt« nennt[25], und nicht nur er formuliert die Arroganz des Bourgeois im Juni mit solcher Unverhohlenheit. Jedem »anständigen Bürger« drängen sich in jenen Tagen Tierbezeichnungen auf Lippen und Federn, und das unbeschadet seines Bildungsgrades; Mérimée, Musset oder Berlioz reden und schreiben ebenso selbstverständlich von den Aufständischen als von wilden Tieren, tollen Hunden, Tigern, Hyänen, Wölfen, schmutzigem Ungeziefer etc. wie der erstbeste Schmock, Feuilleton-Romancier oder Philister. Auch wird kein nennenswerter Unterschied mehr zwischen privaten Äußerungen und öffentlichen Reden gemacht. Berlioz sieht Frankreich als »einen Wald, worin unruhige Menschen und tollwütige Wölfe hausen«[26], Mérimée fragt eine Freundin, ob sie imstande sei, »diese Tollwütigen« zu begreifen und befindet alsbald selber: »In den Melodramen lernen sie ein paar Brocken Heldentum, und dabei haben sie sämtliche Instinkte der wilden Bestie.«[27] Ein andermal lobt er einen Bekannten aus der Provinz dafür, daß dieser auf die Arbeiter gezielt habe, als handle es sich um die Karnickel seines Landgutes[28]; dann wieder frohlockt er ob der Denunziationen unter der Arbeiterbevölkerung: »Wissen Sie, es ist ein gutes Zeichen, wenn die Wölfe einander zerfleischen.«[29] Keineswegs ungewöhnlich war es, und auch dem Republikaner Cavaignac wurde dies nachgesagt, vom Volk als der »Kanaille« zu reden, die abgeschossen werden müsse, sobald sie mit den Zähnen fletsche. Folianten mit einschlägigen Zitaten ließen sich zusammenbringen, Zitate, die natürlich nicht auf den einen Moment des Juni 48 eingeschränkt sind, sondern überhaupt zum festen Bestand gegenrevolutionärer Rhetorik gehören und in Krisensituationen besonders florieren. Es scheint, als würde auf die Bestialisierung des Gegners um so bedenkenloser zurückgegriffen, je stärker Konflikte sich zuspitzen, was erklärt, daß dieses Phänomen in der neueren Geschichte Frankreichs nie häufiger zu beobachten ist als zur Zeit der Großen Revolution, im Sommer 1848 und während der Pariser Commune. (Der Mai 68 war auch in dieser Hinsicht ein Nachklang.)

Nun ist aber die Bestialisierung, als Reflex wie als Instrument von Demagogen, nicht alleiniges Privileg der Reaktion. Zu Recht erinnert Carl Schmitt einmal gelegentlich Donoso Cortés' an die Ideologen des revolutionären Terrors als an diejenigen, »die sich der Idee der absoluten Humanität bedienen, um jeden Gegner zur Bestie zu erklären«[30], ohne daß er jedoch der Rolle gedächte, welche die Bestialisierung im Terror der europäischen Reaktion, zu deren Sprecher Donoso Cortés bekanntlich im nachhinein aufstieg, gespielt hat. Wenn die Junikämpfer und die, die für sie eintreten, sich ihrerseits zur Bestialisierung der Gegner hinreißen lassen, so hat das bei ihnen etwas mehr Reaktives, aus der Empörung Geborenes, als etwas jakobinisch Doktrinäres. Entscheiden, welche Empörung echt, welche geheuchelt ist, welche berechtigt und welche nicht, hieße, für die eine oder andere Seite Partei ergreifen. Beschränken wir uns darauf festzuhalten, daß Proudhon in einem Juni-Brief äußert: »Die siegreichen Bourgeois sind wild wie die Tiger«[31], daß Baudelaire demselben Proudhon im August 48 anrät, vor den »entfesselten Eigentums-Bestien« auf der Hut zu sein[32], daß Alexander Herzen, als er im Sommer 1850 von der neuerlichen Parlamentsdebatte über die Deportationen der Junigefangenen berichtet, die Kammermajorität »diese Kannibalen der Religion, diese Schakale der Sittsamkeit und des Familienlebens«[33] nennt und diese Bilder noch um den Vergleich mit Hyänen und Riesenschlangen erweitert.[34] Dem Sarkasmus solcher Auslassungen ist anzumerken, daß es sich um bewußte, wiewohl leidenschaftliche, Umkehrungen der landläufigen antiproletarischen Tiervergleiche handeln dürfte. Selbst im Arbeiterlied wirkt der Tiervergleich für »Tyrannen«, »Aristokraten«, »Reiche« oder »Bourgeois« weniger unreflektiert als in konservativen Zeitungstexten oder in den spontanen Äußerungen der Gebildeten. Wenn etwa Eugène Pottier die »Bourgeois« mit Bestien, Ratten und ähnlichem Getier vergleicht, wird stets deutlich, daß er nichts anderes will, als die Diffamation mit der Diffamation zu vergelten. Das trifft selbst auf den, vielleicht bösartigsten, Bestialisierungs-Topos, den des Blutsäufers, zu. In dem Chanson *Les buveurs de sang,* datiert »Juin 1848«, wird dieser mörderische Ehrentitel ausdrücklich an seine Erfinder zurückgegeben: »Buveurs de sang! c'est le nom qu'on nous donne / Quand nous montrons pour but l'Egalité. / Buveurs de sang! ceux-là qu'on emprisonne, / Ceux qu'on fusille! Est-ce là un nom mérité? / Riche aveugle, vois, pour emplir ton verre, / Sous le pressoir un peuple agonisant. / L'or que tu bois, c'est le sang de ton frère: / Les buveurs d'or sont des buveurs de sang.«[35] (»Blutsäufer! lautet der Name, den man uns gibt, / Wenn wir die Gleichheit unser Ziel nennen. / Blutsäufer! die, die man einkerkert, / Die, die man erschießt! Haben sie diesen Namen verdient? / Verblendeter Reicher! sieh, um dein Glas zu füllen / Ein Volk unter der Kelter verschmachten! / Das Gold, das du säufst, ist das Blut deines Bruders: / Die Goldsäufer, das sind die Blutsäufer.«) Sehr viel unmittelbarer wirkt da eine Briefäußerung George Sands unter dem Eindruck der *Journée* des 16. April 1848, während der erstmals Todesdrohungen gegen die »Kommunisten« aus den Kehlen der bürgerlichen Nationalgarde kamen: »(...) dies war eine Horde blutrünstiger Bestien.«[36] Dennoch, mögen sie auch durch die Erfahrung des Unrechts und der Unterdrückung noch so verständlich sein, erscheinen auch die reaktiven Bestialisierungen als zu einem universellen Syndrom gehörig, das sich als Sozialrassismus charakterisieren ließe und das nicht erst seit 1848, ja nicht einmal erst seit der Revolution existiert. Besonders verräterisch in dieser Hinsicht ist die für die Geschichte der Arbeiterbewegung so verhängnisvolle Verbindung von Antikapitalismus und Antisemitismus (s. u. Teil II, Kap. II). Auch im Sommer 1848 ist diese wirksam: »Der Müßiggänger, diese häßliche Natter, / Soll uns nicht länger nach Belieben anfressen«[37], wünscht ein Arbeitersänger, V. Rabineau, der in einem andern Lied die Reichen als Schakale und Juden beschimpft[38], womit er sich nicht allzu weit von gewissen Ansichten Fouriers oder Proudhons entfernt. Letzte Konsequenz auch dieses Rassismus ist die Idee der Extermination, auf deren Bedeutung für die Geschichte des Juni 1848 noch einzugehen sein wird. Bei einigen Revolutionären bzw. Sozialisten ist der Vernichtungswille diffus gegen Juden und Bourgeois gerichtet. Proudhon, der behauptet, die Juden hätten die Bourgeoisie ganz Europas nach ihrem Bilde geformt, fordert lapidar: »Der Jude ist der Feind des Menschengeschlechts. Diese Rasse gehört nach Asien zurückgedrängt – oder aber ausgerottet.«[39] Baudelaire spielt einmal mit dem gleichen Gedanken: »Eine hübsche Verschwörung wäre zu organisieren: zur Ausrottung der Jüdischen Rasse.«[40] Von hier wiederum ist es nicht weit zu seinen Tierbezeichnungen für die »Race d'Abel«, die von Gott verhätschelte Rasse der Besitzenden, als deren letzter Abkömmling der moderne Bourgeois erscheint. Dieser war, seit er sich 1830 auf den Thron geschwungen hatte, Gegenstand der Bestialisierung gewesen[41], nur, daß manche seiner Kritiker vor den Junitagen noch streng unterschieden zwischen den Mittelklassen, die sich noch bewähren konnten, und den erwiesenermaßen blutrünstigen »Kapitalisten«. Das Schimpfwort *épicier* meinte anfangs eher diese letzteren, und vom *épicier* glaubte man zu wissen, daß er »wilder (sei) als das wilde Tier und unerbittlicher als der Tod«, wie W. G. Belinski es drastisch, aber nicht eben originell, ausdrückt.[42] Nach den Juniereignissen wurden vielfach auch die Mittel- und die Kleinbürger in dieses Urteil einbezogen.

Die Kritiker der Sieger des Juni knüpfen teils an die Tradition der Bourgeoiskritik an, teils kehren sie, wie gesagt, den gegen das aufständische Volk gerichteten Bestienvergleich nur um. Eine Umkehrung liegt auch vor, wenn die Bourgoisie der Barbarei geziehen wird. »Die Mittelklasse ist barbarischer geworden als die Arbeiter«, faßt der *Londoner Telegraph* den Eindruck vieler neutraler Beobachter in Europa zusammen.[43] Entschiedener brandmarkt die Linke, allen voran die *Neue Rheinische Zeitung*, das »barbarische« Vorgehen allein der Bourgeois, und selbst Victor Hugo, der doch gegen die Barrikaden marschiert war, erschaudert insgeheim vor »dieser Zivilisation, die, angegriffen vom Zynismus, mit Barbarei sich zur Wehr setzt«.[44] Tocqueville bringt sein Unbehagen über den Fanatismus der Ordnungsverteidiger auf eine witzige Formel, welche die schlimmere Bestialisierung der anderen Seite stillschweigend voraussetzt: denn indem er die mordlüsternen Nationalgardisten »tollwütige Schafe«[45] nennt, nimmt er sie zugleich in Schutz gegen die tollwütigen Wölfe oder Hunde und deren Sachwalter.

Die forensisch-publizistische Bestialisierung ist nicht immer von der literarisch-satirischen scharf zu trennen. Nicht nur das Arbeiterlied, das seinem Wesen nach Gebrauchsliteratur ist, das gesungen und beherzigt sein will, auch die gehobene, »bürgerliche« Literatur ermutigt die Fraktion der Gesellschaft, für die sie jeweils Partei ergreift, dadurch, daß sie die Vertreter der Gegenseite bestialisiert. Die ästhetische Qualität solcher Texte hängt wesentlich vom Grad der Reflektiertheit der einschlägigen Metaphern, von der Originalität ihrer Kontextualisierung ab. E. Prarond und G. Le Vavasseur, zwei Freunde Baudelaires, aber mehr noch lyrische Freunde der Ordnung, vergleichen in ihrem merkwürdigen Versband *Dix mois de révolution* Blanqui mit einer Hyäne, die Demokraten insgesamt mit Giftschlangen und legen den Insurgenten des Juni den folgenden, in jeder Hinsicht verräterischen, Slogan in den Mund: »Laßt uns brüllen und beißen, beißen und brüllen / wie entfesselte Löwen!«[46] Das mag einen Begriff vom Niveau der gereimten Tiraden geben, die damals in Mode kamen. Dagegen lassen sich die wütend antibourgeoisen Verse von Baudelaires *Abel et Caïn* stellen, die neben den Gedichten Louis Ménards zum Radikalsten gehören, was die Juniniederlage an Lyrik hervorgebracht hat. In ihnen werden die Tiervergleiche zwar ebenfalls demagogisch, aber doch nicht ohne Kunstverstand eingesetzt: »Race de Caïn, dans ton antrel / Tremble de froid, pauvre chacal! / Race d'Abel, aime et pullule! / Ton or fait aussi des petits. (...) Race d'Abel, tu croîs et broutes / Comme les punaises des bois!« (»Rasse Kains, in deiner Höhle / Zittre vor Kälte, armer Schakal! / Rasse Abels, Liebe und mehre dich! / Auch Dein Gold heckt noch Junge. (...) Rasse Abels, du wächst und frißt / Alles kahl, wie die Baumwanzen!«)[47] Diese, noch von der Erbitterung inspirierte, Bestialisierung weicht später bei Baudelaire einer sehr viel subtileren Verwendung der Tiermetapher, die nicht so sehr der Polemik als der Analyse dient: man denke an das Einleitungsgedicht der *Fleurs du Mal*, worin die Fauna der Klassenkämpfe als »die niederträchtigste Menagerie unserer Laster« wiederkehrt, das heißt als Projektionsfiguren der Psyche einer ganzen Gesellschaft: der bürgerlichen des Nach-Juni.

Zu erwähnen bleibt außerdem das positive Gegenstück zur Be-

Daumier, *Proudhon*, Januar 1849 (mit Rattenemblem als geschworener Feind des Eigentums und Heiligenschein als Apostel des Sozialismus)

stialisierung des Volkes, seine Emblematisierung. Als Emblem ist das Volk vor allem Löwe, aber auch Elefant, (gallischer) Hahn oder christliches Lamm. Eine kuriose Verschränkung von Emblem und Bestienmetapher findet sich in den *Misérables*, an der Stelle, wo Hugo zwei Juni-Barrikaden charakterisiert: als »wildes Tier« und »Eber« die eine, die andere als »Drachen« und als »Sphinx«.[48]

Der Polemik und Analyse zugleich dienen die Bestialisierungen des späten Heine, der, wie die volkstümliche und speziell die Arbeiterlyrik, mit Vorliebe auf Tiere der Märchen- und Fabeltradition zurückgreift[49], gleich gern aber auch vom politischen Sprachgebrauch der Zeit sich inspirieren läßt – klar zu trennen ist beides ohnehin nicht – und sein satirisches Spiel mit ihm treibt, am virtuosesten vielleicht in den *Wanderratten*, wo sämtliche reaktionären Stereotypen über die »rohe Menge«, die »Kommunisten« und »Wühler« zu einer farbig grotesken Untergangsvision, die sich in ihrer hysterischen Übertriebenheit selbst als spießbürgerlich entlarvt, montiert werden: »Der sinnliche Rattenhaufen, / Er will nur fressen und saufen, / Er denkt nicht, während er säuft und frißt, / Daß unsere Seele unsterblich ist. (...) Die Wanderratten, o wehe! / Sie sind schon in der Nähe....«[50] Ernsthafter, aber noch immer ironisch genug, ist der Ton eines der *Romanzero*-Gedichte, *Im Oktober 1849*, in welchem die »Anständige(n) Bestien«, die die revolutionären Ungarn »ganz honett« überwunden hätten, eine Antithese bilden zu den »Wölfen, Schweinen und gemeinen Hunden«, unter deren Joch der Poet und die, mit denen er sich einig weiß, geraten seien, wobei durch die Anwendung der synonymen Attribute »anständig« und »honett« auf den österreichischen Ochsen und den russischen Bären eine ironische Beziehung zwischen den Mächten der europäischen Reaktion und den Vertretern der »honetten« französischen Republik hergestellt wird. Daß solcherlei Sprachspiele heikel sind und ihm Scherereien eintragen können, verrät Heine in den Versen, mit denen das Gedicht abbricht: »Doch still, Poet, das greift dich an – / Du bist so krank und schweigen wäre klüger.« Damit ist einer der Gründe berührt, weswegen die »Gegenbestialisierung« bei denen, die auf seiten der Besiegten stehen, im allgemeinen minder krude ausfällt als die Bestialisierung durch die Sieger: Die Zensur läßt nur die Wahl zwischen Schweigen und Raffinesse. Unter solchen ihm sattsam vertrauten Bedingungen ist Heine in seinem Element, und es bereitet ihm ganz offensichtlich noch in der Agonie der Matratzengruft ein geradezu diebisches Vergnügen, die einen hinters Licht zu führen und den andern eines aufzustecken. So beschwört er die gefürchteten insurrektionellen Bestien aus tabuierten Zeiten – »der Wolf und der Geier / Haifische und sonstige Meerungeheuer«[51] –, um sie gegen die »viel grimmere(n), schlimmere(n) Bestien« des neuen, befriedeten Paris des Dritten Napoleon förmlich auszuspielen. In Gedichten wie *Babylonische Sorgen* (1854) wird Lyrik unter dem Druck der Verhältnisse zum tiefsinnigen Rebus, das aufzulösen wohl nur die Eingeweihten fähig sind. Der Preis für so geistreiche Kunst ist ein hoher: sie wird unverständlich für viele und mißverständlich für die meisten. Das betrifft auch die Ironie, mit der Heine den Ikonoklasmus-Vorwurf gegen das Proletariat, der einen Sonderfall des Barbaren-Klischees darstellt, aufgreift. Weil man diese Ironie und dieses, nicht nur für den einzigen Heine bezeichnende, Verfahren der Umkehrung eines ideologischen Verdikts durch parodistische Übersteigerung nicht durchschaute, hat man die entsprechenden Passagen bei Heine – wie bei Baudelaire – kurzerhand als antidemokratische Geständnisse aufgefaßt.[52]

Flaubert, der in diesem Zusammenhang nicht unerwähnt bleiben sollte, macht sich in seinen Vorstudien zur *Education sentimentale* Notizen auch zur Sprache des Juni 48 und hält wiederholt den Topos der Barbaren fest, hingegen fehlt jeder Hinweis auf die, doch mindestens ebenso gebräuchliche, Praxis der Bestialisierung. Im Roman selbst findet sich die großartig suggestive Beschreibung der tierähnlichen Felsen im Wald von Fontainebleau, die sich urplötzlich zu bewegen scheinen und dem vor dem Aufstand in die Natur geflüchteten Liebespaar ein Schwindelgefühl verursachen. An einer der raren Stellen, wo der Autor Flaubert sich selbst als Kommentator einschaltet, unterläuft ihm ein (angesichts des analytischen Niveaus seiner Geschichtsdarstellung besonders auffälliger) Lapsus; hier meint man, den bärbeißigen Briefschreiber anstelle des distanzierten Romanciers zu vernehmen: »(...) und trotz dem Siege (...) trat die Gleichheit in Erscheinung, eine Gleichheit von tierischen Bestien, ein gleiches Niveau von Abgefeimtheiten«.[53] Der allgemeine Degout, den Flaubert sonst nur an seinem Helden *darstellt*, während er sich hier davon anstecken läßt, ist eine, besonders unter Intellektuellen verbreitete, Reaktion auf die *funestes journées*.

Während es, abgesehen von der Emblematisierung, keine wirklich positive Bestialisierung gibt, kann das Klischee vom barbarischen Volk durchaus mit einer positiven Einschätzung desselben einhergehen. In diesem Fall ist sie stets Bestandteil der »großen Parallele«, die Carl Schmitt zufolge »den geistesgeschichtlichen Kern des letzten Jahrhunderts bildet«[54], Ausdruck der Überzeugung, ein neues Weltalter breche an und das Volk bzw. Proletariat – oder auch junge außereuropäische Völker – seien dazu berufen, die gleiche Rolle zu spielen wie zu Beginn unserer Zeitrechnung die Christen oder die Germanen. Diese Vorstellung ist, mit jeweils spezifischer Akzentsetzung, in den verschiedensten Lagern beheimatet: Proudhon äußert sie ebenso wie die utopischen Sozialisten, Quinet ebenso wie Ozanam, Bruno Bauer ebenso wie David Friedrich Strauß, Heine ebenso wie Michelet, Renan ebenso wie Nietzsche etc.[55] Renan verbreitet sich in seinen

Juni-Briefen ausführlich über jene Parallele und nennt in zeittypischer Zuversicht die neuen Barbaren »den Keim der neuen Blume«.[56] Anders als Renan, der selbstverständlich voraussetzt, daß das barbarische Volk sich auf Dauer zivilisieren werde, besteht ein Denker wie Alexander Herzen schroff auf der Unvereinbarkeit der alten Welt mit der künftigen, wenn er die Junisieger fragt: »Oder seht Ihr nicht die neuen Christen, die kommen, um aufzubauen, die neuen Barbaren, die kommen, um niederzureißen?«[57]

Barbaren – Bestien – Dämonen: eine hierarchische Trias sozialer Feindbilder des 19. Jahrhunderts. Der Barbar wird als abzuwehrende Bedrohung und nur ausnahmsweise als willkommener Agent der Erneuerung aufgefaßt, die Bestie bedeutet in jedem Fall einen Feind, der verjagt oder besser noch zur Strecke gebracht werden muß; beide Feindbilder implizieren die Notwendigkeit eines Sich-zur-Wehr-Setzens gegen hereinbrechende rohe Naturgewalten. Im Bild des Dämons nun tritt das eschatologische Moment dieses Kampfes in den Vordergrund; man denkt an die Tradition der christlichen katholischen Vorgehensweise gegen Ketzer oder Heiden. Der soziale oder ideologische Gegner, der Andersdenkende und Anderswollende, wird unumwunden zu einem Geschöpf, Werkzeug oder Diener des Teufels erklärt: »Werd' ich das Übermaß eurer Barbarei beschreiben, / Ungeheuer, die in ihrer Raserei / Die Hölle scheint hervorgebracht zu haben?«[58], apostrophiert ein gewisser F. de Boullaye in einem Kurzepos *Les Journées de Juin* die Aufständischen, die drei Hauptmotive der Verfemung beispielhaft miteinander verquickend. In diesen Vorstellungskreis gehört auch das beliebte Bild von der »Hydra der Anarchie«, dessen die *Education* Flauberts einmal anspielungsweise gedenkt.[59] Ironisch verknüpft werden Bestialisierung und Dämonisierung am schönsten in den schon zitierten *Wanderratten* Heines oder in Baudelaires *Au Lecteur.*

Einer verbreiteten religiösen Deutung zufolge war die französische Revolution von 1789 eine Auflehnung des Volkes gegen Gott und dessen irdischen Stellvertreter, den Monarchen.[60] Diese Vorstellung wird im 19. Jahrhundert erneuert: Die Mächte der Finsternis, das sind nach konservativem Verständnis die Radikalen, Demokraten, roten Republikaner, Sozialisten, Kommunisten und

Anarchisten, die Wühler, Heuler und Umstürzler. Sie bringen das an sich gute Volk vom rechten Weg ab und führen es in die Irre. Jeder Volkstribun – ein potentieller Antichrist. 1848 trifft ein solches Anathem nacheinander Cabet – am 16. April –, Blanqui, Barbès und Raspail – nach dem 15. Mai – und den Bürger Proudhon im Anschluß an die Junitage. Die Hölle, in der all diese Teufel ihr Wesen treiben, Paris, ist die verdammte Stadt, das Anti-Rom.

Auf diese Verteufelung gibt es wiederum eine einfache und eine komplexe Antwort. Die einfache besteht in der, meist mit einer Retourkutsche versehenen, Zurückweisung der Diffamierung. So läßt Job le Socialiste in einem Dialog zweier Juniopfer den ehemaligen Soldaten der Ordnung erklären, wie man sie damals gegen die Arbeiter aufgehetzt habe: »Ihr wurdet uns als Horden von Schurken geschildert, als Anhänger barbarischer Lehren, die alle nur denkbaren Verbrechen predigen; als fremdartige Sekten wurdet ihr dargestellt, als Kinder des Teufels, welche die Erde mit Blut besudeln, die Gesellschaft zerstören und den endgültigen Zusammenbruch der Menschheit herbeiführen wollen.«[61] Herzen geht weiter, wenn er den Spieß umdreht und die angeblich so gemäßigten Parlamentarier der Zweiten Republik als »achthundert Mann, die wie (...) eine einzige Ausgeburt der Hölle handeln« schildert.[62] Die komplexe Antwort hingegen besteht entweder im »satanischen« Annehmen des Urteils: Man bekennt sich trotzig zu Satan, feiert ihn als den Lichtbringer, den Befreier und Schutzpatron, spielt ihn aus gegen den ungerechten Gott der Bibel, den Vater der Reichen etc. – so verfährt Baudelaire im Zyklus *Révolte* der *Fleurs du Mal* –, oder sie besteht in einem ironischen Spiel mit der Höllenangst vor den Roten, wie Heine es liebt, der sich in der Vorrede zur *Lutetia* rühmt, den Teufel des Kommunismus schon lange vor 1848 an die Wand gemalt, »ihm eine höllische Reklame« gemacht zu haben oder gesteht, »vielleicht nur diabolische(n) Einflüsterungen«[63] zugunsten des Kommunismus erlegen zu sein, mit dem, eher diabolischen als strikt Danteschen Zusatz, daß der Teufel ein Logiker sei, der von den *Wanderratten* hohnreimt: »So eine wilde Ratze, / Die fürchtet nicht Hölle nicht Katze« oder über die Auferstehung blasphemiert: »Der Himmel dem Schäfchen fromm und brav, / Dem geilen Bock die Hölle!« usw. Denn nicht erst für Heines sarkastische Repliken, schon für die konservativen Angriffe auf die »infernalischen Bataillone« (Heine) der Revolution ist die Kontamination des Politischen mit dem Sexuellen kennzeichnend.[64] Angeblich empfahl die schamloseste der Losungen der Juniaufständischen die Vergewaltigung der feinen Damen. Jedenfalls setzten einige Pariser Zeitungen, um zu demonstrieren, wie sehr Eigentum und Familie gefährdet waren, damals das Gerücht in die Welt, die Fahnen auf den Barrikaden trügen Inschriften wie »Plünderung und Vergewaltigung«, vervollkommnet durch die Aufforderung zur Brandstiftung, die ja die höllische Herkunft des Aufstandes in elementarer Form augenfällig machen konnte. Baudelaires »Si le viol, le poison, le poignard, l'incendie, / N'ont pas encor brodé de leurs plaisants dessins / Le canevas banal de nos piteux destins, / C'est que notre âme, hélas! n'est pas assez hardie« (»Wenn Notzucht, Gift, Dolch, Brandstiftung / Noch nicht mit ihren vergnüglichen Mustern / den banalen Stickgrund unserer jämmerlichen Lebensläufe verziert haben, / Dann nur, weil es unserer Seele, leider! an Kühnheit gebricht...«) ist ebenso zweifellos eine späte Reaktion auf die »teuflische« Verleumdungskampagne des Juni wie die gleichzeitig, im Jahre 1855, erschienene französische Vorrede zur *Lutetia.* Auch in der *Education sentimentale* wird ihrer noch gedacht an der Stelle, wo ausgerechnet die ehebrecherische Bankiersgattin auf ihrer Soiree darum bittet, die Lüsternheit der Insurgenten mit Rücksicht auf anwesende junge Damen nicht zum Gegenstand der Unterhaltung zu machen.

Noch in anderen Kontexten begegnet 1848 das Bild der Hölle: zunächst in dem situationsbezogenen der schrecklichen, in Paris und Frankreich herrschenden Zustände und sonderlich im Hinblick auf die verübten Grausamkeiten und erlittenen Qualen – bei der Schilderung der Massaker wird unweigerlich die Hölle oder Dantes Inferno assoziiert –, sodann in bezug auf die Folgen des Ereignisses. Das reicht von Mérimées simplem: »Sicher ist allein, daß wir alle zum Teufel gehen werden!«[65] bis zu dem »Chaque jour vers l'Enfer nous descendons d'un pas, / Sans horreur, à travers des ténèbres qui puent« (»Jeden Tag tun wir einen neuen Schritt zur Hölle hinab, / Ohne Grauen, Finsternisse durchquerend, die stinken«) von Baudelaires Gedicht *Au Lecteur.* Schließlich hat die Höllen-Metapher ihren festen Platz in den Beschreibungen der *condition ouvrière* generell, war das in der Juni-Literatur verschiedentlich begegnende Wort von der »Hölle der Proletarierexistenz« bereits 1848 ein Topos der Sozialkritik. Daß indessen das Leben, war das Volk einmal aus seiner Hölle ausgebrochen, für die Begüterten zur Hölle werden würde, entsprach einer weitverbreiteten Überzeugung, die sich etwa in De Molènes Bemerkung, Paris und vor allem das Arbeiterviertel Saint-Antoine seien in den Wochen vor der Junischlacht »die Hölle der Besitzenden« gewesen, kundgibt.[66]

Das 19. Jahrhundert tendiert dazu, die geschichtliche Bewegung in theologisch-moralischen Kategorien zu denken; eine seiner fixen Ideen ist das Böse, *le Mal*. Für Konservative wie für die Sachwalter des Fortschritts und selbst die der Revolution stellen Geschichte wie Aktualität sich als ein Kampf zwischen Gut und Böse, den Mächten des Lichts und denen der Finsternis dar. Der Juniaufstand erscheint den Zeitgenossen als der absolute Höhepunkt dieses Kampfes, etlichen gar als *die* Entscheidungsschlacht: »Der Aufruhr, den die Hölle uns zum Bösen schickt«[67], dichtet ein Panegyriker der Ordnung wie Dügge, der sich in dieser Einschätzung mit dem biederen Republikaner aus Lyon[68] ebenso begegnet wie mit den großen Sprechern Frankreichs und Europas, einem Victor Hugo, einem Thiers oder einem Donoso Cortés. »Kommunismus« und »Sozialismus« werden zu Synonymen des Bösen, und gesellschaftskritische Schriftsteller und Publizisten gelten als dessen Wegbereiter. »Daraufhin zogen die ernsthaften Leute über die Zeitungen her«[69], heißt es in der Beschreibung der Soirée bei den Dambreuse, womit eine Aufzeichnung aufgenommen wird, in der Flaubert den konservativen Volksmund zitiert hatte: »Alles Böse kommt von der Presse.«[70] Als weitere Brutstätten des Bösen gelten Philosophie und Literatur, wobei nicht einmal nur engagierte Autoren wie Leroux, Lamennais, Sand oder Sue, sondern selbst unverdächtige wie Balzac, Lamartine, Musset, Dumas, Hugo und andere als Ausstreuer einer bösen Saat, die im Juni aufging, hingestellt werden.[71] Der in roten Lettern auf dem Umschlag prangende Titel *Les Fleurs du Mal* läßt sich durchaus als vieldeutige Bestätigung jener Meinung auffassen, und es dürfte vorauszusehen gewesen sein, daß ein Gedichtband, der versprach, *»le mal«* wiederaufzuwecken, als Provokation aufgefaßt werden und den Argwohn der Behörden erregen würde. Auch sind die Anklagepunkte in den Literaturprozessen der fünfziger Jahre nicht grundsätzlich verschieden von denen in den Nach-Juni-Prozessen gegen Proudhon, Ménard oder Déjacque. Recht verstanden ist der Prozeß gegen den »Realismus« nur eine, allerdings bedeutsame, Episode im langen Kampf des konservativen 19. Jahrhunderts gegen »das Böse«.

Doch auch den »Neuordnern« der Gesellschaft ist es darum zu tun, »das Böse« aus der Welt zu schaffen. Unverdrossen empfiehlt Cabet noch in seiner Broschüre über die Juniinsurrektion seine Form des Kommunismus als Heilmittel gegen *le Mal.* Im Sprachgebrauch der Zeit ist dieses »Mal« zumeist beides: das Böse und das Übel, an dem die Gesellschaft krankt. Für die einen besteht *le Mal* im Egoismus der herrschenden Klassen, was bedeutet, daß sie implizit oder explizit die ungerechten sozialen Verhältnisse auf die Lasterhaftigkeit der Privilegierten zurückführen, für die andern wiederum besteht es im sprichwörtlichen »Neid der Besitzlosen«[72] oder, wie Tocqueville es vornehmer umschreibt, in der »Unruhe des Geistes« als der »meistverbreiteten Krankheit des Jahrhunderts«.[73] Etliche Reformer und Revolutionäre appellieren auch nach 48 noch an die Gesellschaft, es doch einmal mit ihren Rezepten gegen *le Mal* zu versuchen. Rückschauend auf die Kämpfe von 1848 und 1851 empfiehlt G. Sand: »Möge die Bourgeoisie dem Volk aufrichtig die Hände reichen.«[74] Ausgehend von seinen Erfahrungen in der Assemblée nationale kommt Proudhon in seinen *Confessions d'un Révolutionnaire* zu dem Schluß: »Die Angst vor dem Volk ist das Übel all derer, die zur Autorität gehören.«[75] Der Junigefangene Charles Guerre versucht mit Hilfe eines Chansons das große sozialistische Postulat von 48, das Recht auf Arbeit, den Siegern schmackhaft zu machen, wobei er verspricht: »Und Ihr vermögt den Abgrund des Bösen zuzuschütten / Dank dem Recht auf Arbeit (...).«[76] Dasselbe, nur weniger naiv, sagt Heine, wenn er in den *Geständnissen* den Hunger für die »Bosheit« des Volkes verantwortlich macht und rät, zu »sorgen, daß das souveräne Volk immer zu essen habe«.[77] Die Ansicht, daß die eigene Gesellschaft von einem tödlichen Übel befallen sei – das unterschiedlich bestimmt wird: bald als das Elend der vielen, bald als die Herrschaft des Volkes, einmal als Atheismus, dann wieder als Gläubigkeit und Aberglauben etc. –, ist überall verbreitet. Mehr oder minder stark glauben alle Parteien, im ideologischen Gegner einen Vertreter des *Mal* vor sich zu haben.

Cabet nennt die Armut, *la Misère,* »das große Übel, das Urübel schlechthin«[78]; Herzen spricht ironisch vom demokratischen Prinzip als einem die alte Welt von innen her verzehrenden Krebsgeschwür[79]; Ultramontane wie Cortés, Montalembert, Veuillot,

Barbey d'Aurevilly beklagen die Gottlosigkeit als *das* Übel des Zeitalters, Baudelaire stellt in listiger Mimikry ihrer Rede fest: »Sur l'oreiller du mal c'est Satan Trismégiste / Qui berce longuement notre esprit enchanté« (»Auf dem Kissen des Bösen wiegt Satan Trismegistos / Sanft unsern verzauberten Geist ein«), übertrumpft andrerseits mit der Aufforderung an die Rasse Kains, in den Himmel zu steigen und Gott auf die Erde zu schleudern, noch Proudhons Blasphem: »Gott ist das Böse.« Es gibt in der 48er Literatur auch eine dialektische Anerkennung des Bösen als einer letztendlich segensreichen Kraft. Das reicht von der Ermunterung J.-P. Gérômes, eines anderen Junigefangenen: »Begreifen wir nun diese ewige Wahrheit: das Gute erwächst stets aus dem Überschuß des Bösen«[80] bis zur ästhetisch-satanischen Rehabilitation des Bösen bei Baudelaire, der nicht müde wird, an Paris, der »verruchten Kapitale«, den »goût de l'infini / Qui partout, dans le mal même, se proclame« (»Durst nach Unendlichkeit / Der sich überall, selbst im Bösen, kundtut«) *(Projet d'Epilogue)* zu rühmen. Selbst Marx und Engels haben insofern teil an dieser Rhetorik des Bösen, als sie den moralischen Verunglimpfungen der Revolutionäre eine umgekehrte Version entgegenhalten und auch bei ihnen das Bild des Proletariats bisweilen stark in die Nähe des Christusbildes gerät: Wenn Engels den Sold der Mobilgarde, dem Geschmack des Tages folgend, mit den 30 Silberlingen in Verbindung bringt[81] oder Marx die »Plebejer« als Märtyrer einer entfesselten Bourgeoisie präsentiert, stellt sich unter der Hand beim Leser die Vorstellung von Golgatha ein, auch wenn Marx nicht von der Dornenkrone, sondern vom Lorbeer spricht, den die demokratische Presse den Plebejern »um die drohend finstre Stirn zu winden«[82] das Vorrecht habe. 1871 wird Marx seine manichäische Antwort auf den Manichäismus der Reaktion noch akzentuieren und das heitere Arbeiter-Paris der Commune als ein wiedergefundenes Eden gegen das »buhlerische Paris«, das »Pandämonium« der »Bluthunde der ›Ordnung‹« ausspielen: »ganz Wahrheit« das neue, »ganz Lüge« das alte[83]. Was bei Heine scherzhaft klingt: Paris als »die Hölle der Engel, der Teufel Paradies« *(Babylonische Sorgen)* ist in Wahrheit der blutige Ernst der Klassenkämpfe des letzten Jahrhunderts. Und die Hölle, die Teufel – das sind jeweils die anderen.

In Michelets Manuskripten findet sich eine Eintragung über ein Projekt: »die Märtyrer und die Helden von 1848«.[84] In der Tat kennt die republikanische Mythologie nicht nur ihre Helden, sondern auch ihre Märtyrer und ihre Heiligen. Der Volksvertreter Alponse Esquiros publiziert 1851 eine *Histoire des Martyrs de la Liberté,* die mit Prometheus beginnt und mit den Gebrüdern Bandiera, Lamennais und Robert Blum endet.[85] Adolf Stahr berichtet, wie er auf einem der roten Bankette des Nach-Juni von einem alten Arbeiter »zum Anstoßen auf das Gedächtnis aller Märtyrer der Freiheit« aufgefordert worden sei: »Seid getrost, Citoyens! Die Brüderlichkeit ist eine Religion, und eine jede Religion bedarf der Märtyrer. Im Juni haben wir Märtyrer zu Tausenden gehabt, und mein einziger Sohn war unter ihnen!«, habe der Mann ausgerufen.[86] Alexandre Dumas hingegen ereifert sich über die Unsitte, daß auf den sozialistischen Banketten Trinksprüche »Auf die Märtyrer der Revolution« ausgebracht würden.[87] Im Arbeiterlied, insbesondere dem nach der Juniniederlage, werden die Märtyrer immer wieder aufgerufen und verherrlicht: der Proletarier heißt dort »Märtyrer der Arbeit«, der Junikämpfer »Märtyrer der Republik«, die Frau des Deportierten ist ein »Engel des Erdballs« und anderes mehr.[88] »Von Tag zu Tag wächst / die Heldenliste unserer Märtyrer an«[89], singt A. Dalès, Gustave Leroy feiert die »heilige Sache der Soldaten der Verzweiflung«[90], Ménard prophezeit den Siegern, sie würden eines Tages »jede Stelle küssen, wo das Blut der Märtyrer floß« und wünscht, er hielte »Das fühllose Messer der heiligen Rache« in Händen.[91] Denn nicht immer ist die Märtyrer-Metapher verbunden mit dem Gedanken an Vergebung, oft kommt die Berufung auf die Märtyrer einem Schrei nach Rache gleich; so in Charles Gilles: »Und die Märtyrer bringen die Rächer hervor!«[92] Am Vorabend der Insurrektion hatte Pujol den Märtyrern der Freiheit Unsterblichkeit versprochen[93], doch die Opfer der Junirepression sind namenlos geblieben. Gegen die Vertuschungspolitik der Sieger protestierend, wirft Herzen die Frage auf, warum man »dem Volk nicht das Recht gegeben (habe), seine Märtyrer zu kennen«.[94]

Eine satanische Spielart des Märtyrer-Topos stellen die Verse aus Baudelaires *Reniement de Saint-Pierre* dar, die einen sadistisch spießbürgerlichen Gott zeigen, in dessen Ohren das Schluchzen

Der gute Hirte, Monseigneur Affre versucht auf dem Bastillenplatz die Aufständischen zum Einlenken zu bewegen, hinter ihm die Julisäule mit dem Genie der Freiheit

der Märtyrer Himmelsmusik ist: »Les sanglots des martyrs et des suppliciés, / Sont une symphonie enivrante sans doute, / Puisque, malgré le sang que leur volupté coûte, / Les cieux ne s'en sont point encore rassasiés!« (»Das Schluchzen der Märtyrer und Gefolterten / Ist gewiß eine berauschende Symphonie, / Denn trotz dem

Blut, das ihre Wollust kostet, / Haben die Himmlischen noch immer nicht genug davon!«), wobei gerade dieses »point encore« als Anspielung auf die Massaker der jüngsten Vergangenheit zu verstehen sein dürfte. Dieser Evokation eines grausamen, absurden Blutvergießens[95] entspricht in der radikalen Arbeiterlyrik eine hoffnungsvolle Deutung des Martyriums der Junikämpfer, welcher der gleiche Gedanke zugrunde liegt wie Marxens berühmtem: »Erst in das Blut der Juniinsurgenten getaucht, wurde die Trikolore zur Fahne der europäischen Revolution – zur *roten Fahne*!«[96]: »Und dank dem Blut, das unsern Wunden entströmte, / Wird der Sozialismus zum Licht des Universums.«[97] Auch Proudhon hat diesen Trost für die Besiegten: »Euer Martyrium hat euch größer gemacht«[98]; er vergleicht sie im übrigen mit Galilei und Giordano Bruno[99], die auch in Esquiros' republikanischem Martyrologium figurieren[100], und teilt den Glauben, sie trügen »das Märtyrertum, das allen großen Neuerern zuteil ward«.[101]

Auf der Gegenseite, bei den Siegern, hat man gleichfalls seine Märtyrer, von denen einige, Generäle, Abgeordnete, der Erzbischof von Paris, große Namen tragen.[102] Das Lieblingsmotiv der Juniillustratoren ist der Tod von Monseigneur Affre, dem das Attribut »der heilige Märtyrer« oder »der erhabene Märtyrer« verliehen wird. Den Geist dieser »Kunst« resümieren Titel wie *L'Emeute et les Martyrs*[103] oder *Martyrs morts pour l'Ordre*[104], die über den Lithographien und Kurzepen prangen. Nicht allein der Erzbischof, »le bon pasteur«, auch General Cavaignac, dem doch kein Haar gekrümmt wurde, erhalten in diesen Darstellungen messianische Züge. Meist geht der Dank an die »Märtyrer« mit der Verfluchung ihrer »Mörder« einher, so im gereimten Begleittext zu einer *Vie civile, politique et militaire du Général Duvivier* überschriebenen Bilderfolge, der seinerseits den Titel trägt *Chant funèbre sur les Martyrs* und in dem es heißt: »Ach! ein einziges Blutbad ist Paris; / Aber unsere Märtyrer werden von Gott gesegnet werden. / (...) / Gemeine Aufrührer, euch verflucht Frankreich!«[105], so bei Prarond/Le Vavasseur, Dügge oder Alexandre Dumas. Aus den zeitgenössischen Texten geht hervor, daß Flauberts Schilderung der Soirée Dambreuse, auf der Cavaignac als Retter, Affre und Bréa als Märtyrer gefeiert und zugleich Tötungswünsche gegen die Linke und ihre Führer ausgestoßen werden, nur den Sprachgebrauch der Reaktion protokolliert und in keiner Weise satirisch überzeichnet sein dürfte.

Erwähnt sei noch, daß einige der Akteure von 1848 geneigt sind, sich selbst als Märtyrer darzustellen und ihre tatsächlichen Taten oder Leiden romantisch zu verklären. Victor Hugo, dessen »heldenhafter« Einsatz für die Ordnung gebührende Anerkennung fand, überhöht sich selbst in einem Gedicht der *Châtiments, Ce que le Poète se disait en 1848,* als einen besseren Affre. Lamartine empfindet sich ebenso als ein Märtyrer des Juni wie Cabet oder Louis Blanc. Für den jungen Renan ist diese Rolle ein für alle Mal mit der Vertrauten seiner Juniängste, seiner Schwester Henriette, besetzt.[106] Heine versucht zwar stets, seine Lamentationen ironisch zu verfremden, doch scheint auch er fasziniert von der Idee des Märtyrertums und zutiefst überzeugt von der Unausweichlichkeit des Opfergangs. Das eigene Leid wird ihm zum Symbol für das kollektive; doch ist im Lazaruston stets ein Akzent der Revolte und des Spottes gegen die »tierisch rohen Mächte« vernehmbar, denen »der Held nach altem Brauch« unterliegen muß, wie es im *Romanzero* heißt.[107] Nicht nur die realen Helden der Junitage, auch die Romanhelden werden als Märtyrer oder Erlöser dargestellt; das gilt für den Popularroman – Sues *Lebrenn,* H. Castilles *Noël Toussaint* – ebenso wie für den bedeutendsten Roman der 48er Revolution überhaupt, dessen revolutionärer Held Dussardier ursprünglich auf den Junibarrikaden hatte sterben sollen, als ein Verteidiger der Ordnung malgré lui.[108]

Über Kierkegaard schreibt Carl Schmitt: »Er wußte, daß im Zeitalter der Massen nicht Staatsmänner, Diplomaten, Generäle, sondern Märtyrer die geschichtlichen Ereignisse entscheiden.«[109] Dieser Glaube an die Sendung der Märtyrer ist aber keineswegs für Kierkegaard allein charakteristisch, er kennzeichnet die eigentümliche Religiosität von 1848 insgesamt, die Flaubert, bei der Arbeit an der *Education* und an *Bouvard et Pécuchet*, immer von neuem in Erstaunen versetzte.

Gott gehört in der Mitte des letzten Jahrhunderts noch wesentlich zum Erleben der Geschichte, die sich im Gefühl der Parteien unter den Augen Gottes abspielte. Wenn Hugo in den Briefen des Juni der Überzeugung Ausdruck verleiht, Gott sei mit den Guten und Gerechten[110], so spricht er stellvertretend nicht nur für die Sieger, sondern auch für das Gros der Besiegten, die selbst durch die Niederlage in ihrem Gottvertrauen nicht wankend wurden. Denn obwohl man damals in der Abschwächung des religiösen Gefühls eine der Hauptursachen der Unbotmäßigkeit, der revolutionären Ungeduld des Volkes erblicken wollte[111], war doch der Atheismus in den unteren Gesellschaftsschichten noch wenig populär; antireligiöse Töne kommen hauptsächlich aus den Reihen der intellektuellen Eliten. So schreibt Louis Ménard in dem an die Juniopfer gerichteten Gedicht *Gloria Victis*: »Ihr verlaßt vor uns die verfluchte Erde, / Wo Gott stets auf Seite der Stärkeren steht«[112], und Baudelaire verstärkt diesen Gedanken systematisch in seinen *Revolte*-Gedichten, wo er der Rasse Kains empfiehlt, ihr Werk dadurch zu vollenden, daß sie in den Himmel steigt und Gott auf die Erde schleudert.[113] Das wird, in abgemilderter Form, noch einmal im *Cygne,* der großen Elegie auf die gescheiterte Revolution von 1848, aufgenommen durch das Symbol des dürstenden Vogels, der den Hals zum Himmel emporreckt, »Comme s'il adressait des reproches à Dieu!« (»Als richte er Vorwürfe an Gott!«) Doch das Aufbegehren gegen den Schöpfer scheint 1848 eben das Vorrecht der geistigen Elite der Revolution gewesen zu sein. Reboul, ein aus dem Volk aufgestiegener Handwerkerdichter und legitimistischer Abgeordneter der Zweiten Republik, wendet in einem während der Junitage geschriebenen Gedicht fast mit der Schwanengeste sich an Gott, nicht, weil er ein Gewitter herabrufen, sondern, weil er um gut Wetter bitten will: »Ach! warum hast Du mich in diesen Sturm geworfen, / Mich, den schwachen Vogel, der ich einen Spalt im Fels suche? / Selbst dem Adler würde der Mut sinken / Und nicht wagen würde er, diesem brennenden Himmel sich zu nähern.«[114] Heine kommentiert in einem Brief an seinen Verleger die Ereignisse des Juni mit einer Mischung aus Entsetzen und Galgenhumor: »das ist... sichtbar gewordener Gotteswahnsinn! Der Alte muß eingesperrt werden, wenn das so fort geht. – Das haben die Atheisten verschuldet, die ihn toll geärgert.«[115]

Anders die Arbeiterlyriker: Pierre Dupont, der Liebling des Proletariats, beginnt den Refrain seines Trauergesangs *Les Journées de Juin* lammfromm: »Weihen wir Gott das Blut der Toten...«[116], und selbst die militanteren Gustave Leroy und Charles Gille vertrauen, noch in der Hoffnung auf Vergeltung, auf Gott: »Vorwärts! Platz für die Nemesis! / Gott, erhör unsere Klage! / Du brauchst es nur zu wollen, / Beschütze die heilige Sache / Der Soldaten der Verzweiflung!«[117], ruft Leroy, und Gille empfiehlt die Brüderlichkeit als die Ordnung Gottes, welcher die Tapferen schütze, ja antreibe: »Gott schürt den Orkan mit seinem

Odem«[118], ein Optimismus, der in einem auffälligen Widerspruch zu Baudelaires Schwanenemblem steht.

Man sieht: die Verse aus Heines *Wanderratten*, denen zufolge die radikale Rotte nichts von einem Gott wissen soll, entsprechen trotz Blanqui, Proudhon und Marx eher bürgerlichen Ängsten als der sozialen Wirklichkeit von 1848. Das Gottvertrauen teilen die Arbeiterdichter mit George Sand, die an einen von ihnen schreibt: »Gott wird uns beistehen, zweifeln Sie nicht daran; und unsere scheinbar so vergeblichen Mühen werden in naher Zukunft Früchte tragen.«[119] Und eine der meistzitierten Devisen der Republik von 48 lautete: *Vox populi, vox Dei.*

Seit der Großen Revolution war Jesus ein Gegenstand kontroverser Interpretationen gewesen: für die Konservativen der Garant der Ordnung, für die Republikaner und Freiheitsfreunde das nachahmenswerte Vorbild – 1792 der erste Sansculotte, 1848 *le Christ Républicain, le Peuple Christ,* »der erste Proletar«, Barrikadenheld, Sozialist, Kommunist oder Anarchist, je nach Geschmack[120], ein Motiv, das sich bis ins 20. Jahrhundert gehalten hat. In einer Flut von Publikationen wurde 1848 das Volk als neuer Jesus oder umgekehrt Jesus als der erste Vertreter des Volkes gefeiert. Frankreich war einmal mehr der »Christus der Nationen«, Paris das »neue Jerusalem«, etliche Frühsozialismen präsentierten sich, wie der Saint-Simonismus, als Neues Christentum. Die Neuerer beriefen sich, wie jener Redner in Flauberts *Club de l'intelligence,* mit Vorliebe auf »den Gründer des Sozialismus, unser aller Herr und Meister, Jesus Christus!«.[121] Aus dieser Analogie ergaben sich verschiedene, zum Teil widersprüchliche Konsequenzen: Glaube an eine Zeitenwende, an die Erlösung der alten Welt, an die Gewaltlosigkeit, an die Notwendigkeit des Martyriums bzw. des Kreuzestodes, ja des Verrats als Voraussetzung des Heils. Die Republikaner des Februar warfen den Juniaufständischen ein Abweichen vom Wege Christi vor, diese wiederum oder ihre Verteidiger konnten sich darauf berufen, daß ja auch Christus bereits als Empörer und Aufwiegler behandelt worden war: »Kurz, was Christus den Menschen seiner Zeit predigte: Barmherzigkeit, Bruderliebe, erscheint heute als eine Brandrede, und wenn Jesus wieder unter uns erschiene, die Nationalgarde würde ihn als Anführer und Anarchist verhaften!«[122], wie G. Sand, noch ehe der Juniaufstand ausbrach, es in ihrem Brief an Giuseppe Mazzini formulierte. Baudelaire trägt in das Album eines Freundes den Aphorismus ein: »Stiege J(esus) Ch(ristus) ein zweites Mal auf die Erde nieder, so würde Frank-Carré sagen, er sei rückfällig geworden.«[123] Wobei man wissen muß, daß Frank-Carré sowohl 1839 im Prozeß gegen Barbès und Blanqui als auch nach den Aprilmassakern von Rouen 1848 als Chefankläger fungierte.[124] Das Motiv der Rückfälligkeit Christi bildet den Ausgangspunkt einer mehrfach aufgelegten Broschüre des Fourieristen Victor Meunier *Jésus-Christ devant les conseils de guerre,* die anhand zahlreicher Zitate aus dem Neuen Testament und den Kirchenvätern nachweisen will, daß die Lehren, um derentwillen die Juni-Sozialisten angeklagt und deportiert werden, christlichen Ursprungs sind. Besonders den antikapitalistischen Impuls Christi hebt die Linke von 1848 gern hervor, indem sie sich auf die Austreibung der Händler aus dem Tempel beruft. Ein sozialkritisches Motiv, das, wie die meisten anderen auch, nicht erst im Revolutionsjahr erfunden wurde; Heine etwa hatte bereits im *Wintermärchen,* rückblickend auf den Weg, den das Juste-milieu seit der Julirevolution zurückgelegt hatte, gespottet: »Geldwechsler, Bankiers, hast du sogar / Mit der Peitsche gejagt aus dem Tempel – / Unglücklicher Schwärmer, jetzt hängst du am Kreuz / Als warnendes Exempel!«[125] Diese Ironie wurde nach dem Juni 48 brandaktuell, sie findet sich, sanfter freilich, in Meuniers Feststellung: »derselbe Haß gegen den Handel sticht bei allen Anarchisten ins Auge (...). Jesus hatte ihnen ein Beispiel gegeben, als er die Händler, Wechsler und Bankiers wie Diebe behandelte (...). Welch ein Skandal, Citoyen! und welch ein Aufrührer!«[126] Heines implizites Plädoyer für eine kritische Nachfolge Christi wird in Baudelaires erstem Révolte-Gedicht radikalisiert, indem der mit Gewalt gegen das Händlerpack vorgehende Christ auf Kosten des Gottergebenen, der sich widerstandslos festnehmen und kreuzigen läßt, gelobt wird: »Rêvais-tu de ces jours si brillants et ci beaux / (...) / Où, le cœur tout gonflé d'espoir et de vaillance, / Tu fouettais tous ces vils marchands à tour de bras, / Où tu fus maître enfin?« (»Träumtest du von jenen so strahlenden und schönen Tagen / (...) / Wo du, die Brust von Hoffnung und Mut geschwellt, / All jene elenden Händler hinausprügeltest, / Wo du endlich der Gebieter warst?«). Am Ende des Gedichts steht eine feierliche Lossagung vom gehorsamen Gottessohn: »Puissé-je user du glaive et périr par le glaive! / Saint-Pierre a renié Jésus (...) il a bien fait!« (»O daß ich mit dem

Schwert dreinfahren und durch das Schwert umkommen könnte! / Der Heilige Petrus hat Jesum verleugnet... er hat gut daran getan!«), womit sich Baudelaire ausdrücklich gegen eine Position wie die seines Freundes Pierre Dupont stellt, der die revolutionäre Gewalt wiederholt entschieden verurteilt, einmal auch unter Berufung auf das Jesus-Wort zu Petrus: »Als Jesus zum Heiligen Petrus sagte: / Das Schwert soll in der Scheide ruhen... / Weshalb sehen wir dann, wie sein Stellvertreter / Und seine Kardinäle es mit Blut besudeln?«[127] Die Hinwendung zum Antichrist als dem besseren Schutzpatron der Enterbten ist die logische Folge der Baudelaireschen Position. Konsequenter jedenfalls als die Umdeutung der Heilsgeschichte bei Ménard, der das Bild des Gekreuzigten dazu benutzt, um die Rache für die Junimassaker blasphemisch zu begründen: »Und aus Angst man würde meinen, daß dieses höchste Gesetz [das der Talion] / Nur ein einziges Mal in Vergessenheit geraten könne, /Hat der Mensch geglaubt, daß Gott selber, um den Himmel loszukaufen, / An einem Kreuz sterben müsse.«[128] Dies, um eine Vorstellung von den artistischen Verrenkungen zu vermitteln, zu denen die Beibehaltung der Christus-Analogie bisweilen Anlaß gab. Bei einem Staatsmann wie Thiers hat das Symbol des Gekreuzigten, am Ende seiner Eigentumsschrift zitiert, natürlich die klassische Funktion, den Armen vor einer »frevlerischen Raserei« zu bewahren, »die sich gegen ihn kehren würde«[129], wie es in frommer Anspielung auf den Juni heißt, ihm die Kraft zu geben, sein schweres Los mit Geduld zu tragen. Was der große Vorzug des Christentums vor allen anderen Religionen sei, fragt Thiers, um selber zu antworten: »Sein Vorzug (...) besteht darin, daß es dem Leiden einen Sinn verliehen hat.«[130]

Die Allgegenwart der Christus-Figur in der Vorstellungswelt der Epoche ist übrigens auch in der Selbsteinschätzung der Zeitgenossen, und nicht einmal der Protagonisten allein, zu beobachten. Es gibt kaum einen Dichter oder Philosophen, der nicht zumindest sporadisch mit der Idee liebäugelte, man müsse in ihm einen neuen Messias sehen. Ob Hugo, Heine, G. Sand oder Baudelaire, ob Saint-Simon, Fourier, Lamennais, Proudhon oder Auguste Comte, ein jeder neigt zu einer, manchmal schon pathologisch wirkenden, Selbstverwechslung mit dem Erlöser.[131] Die messianische Attitüde geht bis zum Schmierenkomödiantentum im Stile Lamartines oder Delmars, in dem man eine Lamartine-Karikatur Flauberts sehen kann, und es entspricht nicht nur der beliebten

Gleichsetzung des Volkes mit Christus, sondern überdies noch den transindividuellen Zwangsvorstellungen des Zeitalters, wenn am Ende der *Education* der Kommis Dussardier in der Haltung des Gekreuzigten auf dem Pflaster liegt: der einzige Held des Romans, der keinen Ehrgeiz kennt, hatte es seinerseits darauf angelegt, ein Christus zu werden.

Sozialisten / Utopisten / Kommunisten / Anarchisten

Diese Termini werden von konservativer Seite im Sommer 48 recht wahllos, stets pejorativ und als mehr oder minder synonyme Schimpfworte verwendet.[132] Baudelaire hatte sich schon 1846 über die Gleichsetzung von Republikanern mit Ikonoklasten und Anarchisten mokiert[133], nach der Journée des 15. April 48 verwahrte sich der Arbeiterdichter Lachambeaudie in einem berühmt gewordenen Lied gegen den Ruf »Nieder mit den Kommunisten!«, von dem an jenem Tag die Straßen der Hauptstadt widergehallt hatten.[134] Anfang Juli vermerkt der Pariser Korrespondent der *Neuen Rheinischen Zeitung*, daß das Wort »›Socialist‹ den Grimm der Bourgeois geradeso ausdrückt wie vor 2 Monaten ›Kommunist‹«.[135] Flaubert erwähnt in einer Juni-Szene der *Education* den Haß des Bankiers Dambreuse gegen alle Politiker, die auch nur den Anschein von Radikalismus erwecken, angefangen bei Lamartine bis zu Lamennais: »all diese Feuerköpfe, all diese Sozialisten«.[136] In den Aufzeichnungen zur *Education* findet sich eine damals offenbar gebräuchliche etymologische Erklärung des Worts Sozialismus: »die sich an der sozialen Ordnung vergreifen«.[137] Heines *Wanderratten* sind eine virtuose Zusammenfassung der bürgerlichen Ängste vor Sozialisten, Kommunisten, Wühlern und Umstürzlern in Form einer parodistischen Schauerballade oder -fabel von den radikalen Rotten, die ohne Gut, Geld, Glauben und Moral die Welt aufs neue zu teilen wünschen. Daß diese Parodie kaum übertrieben ist, stellt man nicht nur bei Lektüre der »gemäßigten« Presse von 1848 fest; selbst ein so kluger Liberaler wie Tocqueville verfügt über eine abenteuerliche Vorstellung von den Sozialisten, die er meint, täglich in seiner Umgebung verifizieren zu können: sie sind die »Aufteiler«, *les partageux*, die die Hühnerschenkel der Reichen verzehren und ihre schönen Kleider anziehen wollen, Sozialisten ob ihrer Gier und Haltlosigkeit. Seinem versoffenen Türschließer, der im Juni damit prahlt, daß er ihn umbringen wolle, empfindet Tocqueville darum als den »geborenen Sozialisten«.[138]

Daniel Stern glaubt sich in ihren *Lettres républicaines* dafür entschuldigen zu müssen, daß sie das Wort Sozialismus nicht uneingeschränkt negativ verwendet: »In diesen verhängnisvollen Tagen, wo die Erregung den Siedepunkt erreicht hat, traut man sich kaum, ein Wort auszusprechen, das als Synonym von Anarchie und Bürgerkrieg gilt«[139] und unterscheidet drei verschiedene Sozialismen: einen harmlosen, aber weltfremden, den Sozialismus der »Utopisten«, einen gefährlich-brutalen, den der »Sektierer« und schließlich einen nützlich-reformerischen Sozialismus der »Staatsmänner«, was auf eine verbreitete Unterscheidung hinausläuft, die Victor Hugo in seiner Jungfernrede über die Nationalwerkstätten oder Flauberts Altrepublikaner Arnoux auf der Soirée Dambreuse vertreten: die zwischen einem *guten* und einem *schlechten* Sozialismus, einem vernünftig am Machbaren orientierten und einem entweder versponnen oder bösartig auf Umsturz bedachten. Der schlechte Sozialismus ist dieser Unterscheidung zufolge stets ein utopischer, »eine Utopie, die zum Verbrechen wird, sobald sie sich verwirklichen will«[140], wie Marx einmal bitter anmerkt.

Die Repression des Juni, aber auch die ihr entsprechende Sprachregelung bewirken, daß sich eine sozialistische Partei, ein sozialistisches Bewußtsein überhaupt erst entwickeln.[141] Für dieses Bewußtsein ist es wichtig, daß der Aufstand als *sozialistisch* – und nicht etwa als bonapartistisch, royalistisch oder als vom Ausland angezettelt – verstanden wird, wie es u. a. Proudhon, Marx/Engels, Herzen und, – auf Proudhon sich berufend, – der Baudelaire des *Représentant de l'Indre* tun. Doch auch von manchen Konservativen wird unumwunden zugegeben, daß der Aufstand sozialistisch war, oder, wie Tocqueville es vornehm ausdrückt, daß er aus den sozialistischen Ideen hervorging »wie der Sohn aus der Mutter«[142], und dies, um sich eine Handhabe gegen die theoretischen Rädelsführer zu verschaffen, um zu einem »Kreuzzug gegen die sozialen Häresien«[143] aufbrechen zu können. Proudhon nimmt hier, wie so oft, eine merkwürdige Zwischen- oder Sonderstellung ein, er betont vor der Untersuchungskommission: »alles, was sozialistisch ist, hat sich auf die Seite der Insurgenten geschlagen«, doch um hinzuzufügen, »die man als unglückliche Opfer der Ideen dieser Zeit zu betrachten hat«[144], was er in seinen Bekenntnissen dahingehend erläutert, daß die Junikämpfer »von verderblichen Utopien«[145] geführt worden seien. Mithin nutzt Proudhon die Gelegenheit, um, mit bürgerlicher Stimme sprechend, seinen sozialistischen Gegnern, insbesondere den Fourieristen, »eins auszuwischen«; denn als Opfer sozialistischer Provokationen wurden die aufständischen Pariser Arbeiter ja gerade von den Siegern hingestellt. In diesem Licht ist wohl auch Proudhons, von Victor Hugo zitierter, Ausruf zu verstehen, als er als Sozialist bezeichnet wird: »Ich, ein Sozialist! Na so etwas!«[146] Gleichwohl sagt auch Proudhon wie Blanqui[147], Herzen oder Marx: Wer sich zum Juniaufstand bekennt, bekennt sich zum Sozialismus und umgekehrt. Nach dem Juni kann die Revolution nicht mehr republikanisch bleiben, sie muß sozialistisch werden.

Traum / Träumer / Rausch / Berauschte

Den Sommer 1848 erleben nahezu alle Beteiligten als den Moment des großen Erwachens; nach dem »Alptraum der vier Tage«[148] ist der »Traum der Republik« zu Ende. Die Junischlacht nennt Granier de Cassagnac »das schreckliche Erwachen (...) als Ergebnis der Träume des Februar«.[149] Ein wenig bitterer noch spricht man von der »Ernüchterung« nach dem »Rausch des Februar«. Im allgemeinen ist die Vorstellung des Traums sarkastisch gemeint: die Gegner sind die Träumer. Ihr Traum, ihre Chimäre, ihr Wahn, das war die mit der Republik begründete neue Welt universeller Eintracht und Harmonie. In erster Linie kommt also der Spott über die Träumer, Schwärmer, Phantasten, Berauschten etc. von rechts; aber er kommt nicht nur von dort. Auch Proudhon bezeichnet, wie gesagt, die Junikämpfer als Opfer von »Utopisten«, und Marx spricht von der »Betäubung« der Republikaner, »weil ihre Illusionen im Pulverdampf zerrinnen«[150], von dem »großmütigen Fraternitätsrausche«, in dem das Pariser Proletariat nach dem 24. Februar geschwelgt habe[151] usw. Ähnlich urteilt Herzen über die Montagne: »Ihre Republik ist der letzte Traum, eine poetische Halluzination der alten Welt.«[152]

Der Vergleich mit Träumern und Berauschten kann auch selbstkritisch verwendet werden, so bei Herzen[153], in Baudelaires berühmter Notiz »Meine Trunkenheit von 1848«, bei Vallès oder, mehr implizit, bei Flaubert, der seinen Frédéric Moreau im Juni dem falschen Traum der großen Liebe nachhängen läßt. Das Motiv, daß alles »nur ein Traum« gewesen sei, kommt einer nachträglichen Entwertung der Hoffnungen von 48 gleich; es gibt aber auch ein Bedauern darüber, daß der Traum zerstört worden ist, meist verbunden mit einer Anklage gegen diejenigen, die ihn zerstört haben, so bei George Sand, wenn sie einer Freundin schreibt, diese wisse, wie sehr sie unter einem »solchen Ende unseres Traums von einer brüderlichen schönen Republik«[154] leide. Die Tatsache, daß sie zerstört wurde, ist nicht unbedingt ein Beweis gegen die Utopie, eher gegen die Welt, weshalb Baudelaire droht, er wolle eine Welt verlassen, »wo die Tat nicht die Schwester des Traums ist«[155], oder aber den Traum mit Gewalt verwirklichen.

Als hämische meint die Bezeichnung »Träumer« den politischen Gegner. Liberale und Republikaner spotten über die Monarchisten als über rückwärtsgewandte Träumer.[156] Für die Parteigänger der Ordnung träumen alle »Roten« von einer nicht zu verwirklichenden Zukunft. Im Juni ist die Assoziation des Revolutionärs oder Sozialisten mit dem Träumer ein konservativer Reflex, stellvertretend sei hier ein Zitat aus dem *Constitutionnel* vom 24. VI. 48 angeführt: »Die Träume, die Extravaganzen (...), die stolzen Hirngespinste haben ihre Früchte getragen.« Gemäßigte Beobachter unterscheiden immerhin noch zwischen harmlosen und gefährlichen Träumern, z. B. den utopischen Sozialisten, die ihre Ziele gewaltfrei verwirklichen wollen und den Blanquisten, die »zu anderen Zeiten eine Bartholomäusnacht angezettelt hätten«[157], aber alle geben der Neigung nach, die Vertreter der radikalen Linken als überspannte Träumer, die den braven Arbeitern den Sinn verwirrt hätten, anzuklagen. Nicht selten wird dieser Vorwurf verbunden mit dem der teuflischen Abgefeimtheit, des Barbarentums, des Wahnsinns oder der Bestialität. So sagt Hugo über das von »schlechter Lektüre« verdorbene, einst so schöne Volk des Februar: »Manche unter ihnen hängen ich weiß nicht welchen finsteren Träumen von Plünderei, Massaker und Brandstiftung nach« und fügt hinzu, die Pamphletisten hätten aus denselben Männern, aus denen Napoleon Helden geformt hätte, Wilde gemacht.[158] Und wie Hugo tönt die gesamte bürgerliche Presse, tönt die panegyrische Juni-Literatur der Prarond/Le Vavasseur, de Boullaye, Dügge, tönen die privaten Äußerungen der obskursten Spießer aus der Provinz, wie jenes Vachez aus Lyon, der in einem Brief die Redensart vom »Gift der sozialistischen Träume« verwendet.[159] Das Urbild des infamen Träumers ist in konservativer Sicht wiederum Satan, weshalb der Baudelaire des Révolte-Zyklus ihn blasphemisch über den friedlichen Träumer Christus gestellt: »Gloire et louange à toi, Satan, dans les hauteurs / Du Ciel, où tu régnas, et dans les profondeurs / De l'Enfer, où vaincu, tu rêves en silence!« (»Ehre und Preis sei dir, Satan, in den Höhen / Des Himmels, wo du regiertest, und in den Tiefen / Der Hölle, wo du, besiegt, still deinen Träumen nachhängst!«)[160] Bliebe noch die allgemeine, nicht mehr auf den konkreten historischen Anlaß bezogene Verwendung des Traum-Motivs zu erwähnen, die in der Desillusionsliteratur nach 1848 – man denke nur an *Madame Bovary*, den *Romanzero* oder die *Fleurs du Mal* insgesamt – eine so bedeutende Rolle spielt.

Wahnsinn / Raserei

Vieles von dem, was vom Thema des »Traumes« und der »Träumer« gesagt wurde, trifft auch auf dasjenige von »Wahnsinn« und »Rasenden« zu. Auch der Wahnsinns-Vorwurf ist ein wechselseitiger: »Wahnsinn des Volkes und Wahnsinn der Bourgeoisie«[161], wie Baudelaire aus der Entfernung einiger Jahre anmerkt. Jedoch ist das Motiv des Wahnsinns enger noch als das des Traumes an das Junidatum gebunden. Der Traum: das war 1848 insgesamt. Der Wahnsinn: das ist der Juni mehr als alles andere, selbst wenn etlichen Betrachtern die Revolution von Anfang an als ein allgemeiner Wahnsinn erscheint, worüber Heine mit dem: »Just in den Tagen des allgemeinen Wahnsinns kam ich wieder zur Vernunft«[162] seiner *Geständnisse* sich lustig macht. »Das Jahr 1848, ein verrücktes und verhängnisvolles Jahr. Da alle Welt außer Rand und Band ist, nutze ich die Gelegenheit, um meinerseits ein paar Torheiten zu begehen«[163], notiert Sainte-Beuve rückblickend. Wie gesagt, der Juniaufstand galt als der Gipfel des Wahnsinns und der Raserei. Der großen Mehrheit erschienen die Insurgenten, einer Minderheit die Bourgeois als Wahnsinnige. In der extremsten demagogischen Form spricht man von der »blutdürstigen Raserei« der Aufständischen – aber auch der Sieger –, oder gar, meist auf bürgerlicher Seite, von den Arbeitern als von »tollwütigen Hunden« oder »Wölfen«, so Berlioz und Mérimée in ihren Briefen[164], eine Bezeichnung, die den systematischen Totschlag legitimiert. Gerade darin aber, in dieser fanatischen Hetze der Ordnungspartei gegen die Arbeiter, die die Hetzjagd oft erst in Gang brachte, erblicken Kommentatoren wie Renan, Herzen oder Flaubert den eigentlichen Wahnsinn der Junitage. Louis Blanc erinnert sich jener Wut der Reaktion: »Es schien, als werde Paris nur noch von wütenden Narren bewohnt«[165], und selbst Du Camp sagt über die Panikstimmung der Bourgeoisie: »Ganz Paris hatte einen Wahnsinnsanfall erlitten«[166], ohne daß er allerdings, wie sein Freund Flaubert, die Konsequenzen der *grande peur* des Juni 48 namhaft machen würde: die an den Aufständischen und Gefangenen verübten Massaker. Nicht immer werden die Insurgenten in böser Absicht wahnsinnig gescholten, manchmal wird ihr »Wahnsinn« als eine bloße »Verirrung« begriffen, die sie vor drakonischen Vergeltungsakten schützen soll. Oft sind es gemäßigte Republikaner, manchmal auch gläubige Katholiken, die bitten, den Arbeitern mildernde Umstände zuzubilligen: »Erbarmen mit den Verrückten, die in den Irrtum treibt/Der Sturmwind der Leidenschaften!«[167] Auch der »Chansonnier du Peuple« Louis Festeau nennt die Junikämpfer »diese Rasenden«[168], worin ihm Pierre Dupont[169], Martin Nadaud[170] und später Victorine B... beipflichten, die den Aufstand auf eine durch den Hunger mitverursachte kollektive Geistesverwirrung der Pariser Arbeiterschaft zurückführen, wobei Victorine B... Pujol, den sie einen »Diktator im weißen Hemd« nennt, vorwirft, die Arbeiter in eine Falle gelockt, sie »bis zur Raserei« aufgereizt zu haben.[171] Der Hugo der *Misérables,* der den Aufständischen im nachhinein ein gewisses Verständnis entgegenbringt, billigt ihrem »Wahnsinn« sogar einiges Recht zu: »denn selbst der Irrsinn kann stets ein gewisses Recht für sich in Anspruch nehmen«.[172] Aber schon nach dem Junikampf gab es so etwas wie eine Geste der Bereitschaft, auf die Besiegten zuzugehen, was jedoch voraussetzte, daß man sie zur Räson gebracht zu haben meinte: »laßt uns die von einer Kainsstimme in die Irre geführten Menschen zu uns rufen«[173], fordert Balleydier, der Historiker der Mobilgarde, in der Einleitung seines Buches.

»Wahnsinn. Repressalien. Gesetz der Talion« überschreibt Cabet einen Abschnitt seiner Juni-Broschüre.[174] In den Entwürfen zum Kapitel über die Soirée Dambreuse notiert Flaubert: »Alle sind verrückt vor Angst und Egoismus«[175], was er in der *Education* selbst dann entsprechend ausgestaltet. Dort wägt er an einer berühmten Stelle die Raserei der Reaktion gegen die »Rasereien der Bedürftigen« ab, um auf Gleichheit der Bestialität zu befinden.

Das besondere Interesse dieser Passage jedoch liegt weniger in ihrer kuriosen Ausgewogenheit als in der Schlußsentenz, die der anhaltenden Nachwirkungen der Junimetzeleien gedenkt: »Die öffentliche Vernunft war gestört wie nach großen Naturkatastrophen. Leute von Geist blieben für ihr ganzes Leben idiotisch.«[176] Die Angst, angesichts des Grauens der Ereignisse den Verstand zu verlieren, findet sich bei vielen Zeugen des Juni. Renan spricht Mitte Juli in einem Brief an die Schwester davon, daß seine Seele zutiefst erschüttert sei und allein der Gedanke an seine Staatsprüfung ihn an einer Selbstzerfleischung hindere.[177] Am 1. August schreibt G. Sand an Charles Poncy: »ich war etliche Tage lang krank und geradezu blödsinnig. Mein Befinden bessert sich, doch mein Herz ist für immer gebrochen, denn für die Zeit, die mir zu leben bleibt, habe ich keine Hoffnung mehr.«[178] Knapp zehn Jahre später schreibt sie den Junitagen eine vergleichbar traumatische Wirkung auf den Helden ihres Romans *La Daniella* zu, der sich, im Unterschied zur mütterlichen Ich-Erzählerin, nicht mehr von ihnen erholen konnte, weil er sie fast noch als Knabe erlebt hatte.[179] Alexander Herzen schildert im Abschnitt *Nach dem Gewitter* seines Buchs *Vom anderen Ufer* eindrucksvoll seine Stimmung, als er, »die Hände im Schoß«, in seiner Pariser Wohnung saß und die »Schüsse, Kanonendonner, Schreie, Trommelwirbel« hörte, wohl wissend, »daß hier ganz in der Nähe Blut fließt, gehauen und gestochen wird, daß nebenan jemand stirbt – davon kann man sterben, wahnsinnig werden. Ich bin nicht gestorben, aber gealtert, ich muß mich von den Junitagen erholen wie von einer schweren Krankheit.«[180] In der Folge entscheidet sich dieser Philosoph der Junirevolution gegen die »Seligkeit des Wahnsinns«, worunter er den Besitz eines Glaubens versteht, und für das »Unglück des Wissens«, mithin die reine Hoffnungslosigkeit[181], die aus tiefster Skepsis geborene, radikale Negation der »alten Welt«. Diese Luzidität wiederum werde, wie Herzen betont, von den meisten als Wahnsinn angesehen werden, doch könne der Wahnsinn auf ein hohes Vorbild verweisen – auf Christus.[182] Michelet ruft in seinem *Journal* aus: »Und der 15. Mai, und der 24. Juni (das Herz zerrissen, gebrochen)?« und: »Nun sind wir der Gefühlsduselei ledig, allerdings ist unser Herz gebrochen.«[183] Selbst der nicht eben zimperliche Mérimée registriert Anfang Juli einen langen Anfall von Spleen, doch in welchen Worten: »ich werde mir selbst ein Greuel, gern hätte ich Feuer an die

Republik gelegt, ja an den ganzen Erdball«.[184] Aber nicht nur das Erleben der Junitage, auch schon die Erinnerung daran kann um den Verstand bringen. Ein der Montagne nahestehender, mit den Junikämpfern sympathisierender A. Eude-Dugaillon versichert: »Wenn ich unsere Unglücksstunden, unsere Verbrechen erzählen soll, / Dann verlier ich den Verstand ...«[185] Ungleich kunstvoller verbindet Baudelaire, der den Helden seines ersten Nach-Juni-Gedichts, *Le Vin de l'assassin,* hatte ausrufen lassen: »Nous sommes tous plus ou moins fous!« (»Wir sind alle mehr oder minder verrückt!«), in der *Cloche fêlée (Geborstenen Glocke)* die Idee einer seelischen Beschädigung mit der Erinnerung an die Junimassaker, wobei der Vergleich der versagenden Dichterstimme mit dem Röcheln eines auf den Tod Verwundeten ein Kausalitätsverhältnis impliziert: »Moi, mon âme est fêlée, et lorsqu'en ses ennuis / Elle veut de ses chants peupler l'air froid des nuits, / Il arrive souvent que sa voix affaiblie / Semble le râle épais d'un blessé qu'on oublie / Au bord d'un lac de sang, sous un grand tas de morts, / Et qui meurt, sans bouger, dans d'immenses efforts.« (»Was mich angeht, so ist meine Seele geborsten, und / Wenn sie in ihrem Überdruß / Die kalte Luft der Nächte mit ihren Gesängen bevölkern will, / Geschieht es leicht, daß ihre schwache Stimme / Dem schweren Röcheln eines Verwundeten ähnelt, den man vergessen hat / Am Rande eines Sees aus Blut, unter einem Berg von Leichen, / Und der, ohne sich zu bewegen, unter gewaltigen Anstrengungen stirbt.«)[186] An seinem Schwan schließlich, den ich als ein Bild des aufständischen Juni-Volkes wie auch des Dichters selbst verstehe, hebt Baudelaire mit schmerzhafter Zärtlichkeit »seine verrückten Gebärden« hervor: eine Art Sublimierung des Wahnsinnsvorwurfs von 1848. Auch im Arbeiterlied begegnet das Motiv des Wahnsinns: hier sind es die Opfer der Reaktion, die vor Schmerz den Verstand verlieren. Dabei kommt es zur melodramatischen Ausschmückung von Faits divers, wie in Déjacques *La femme de l'insurgé (Die Frau des Aufständischen)*[187], oder zur prophetischen Halluzination, wie in Leroys *Les soldats du Désespoir* die mit den Versen beginnen: »Gestern sah ich in meinem kranken Hirn, / Das noch ganz erfüllt ist von Kämpfen / (...) / Soldaten vorbeimarschieren ...«[188]

Hervorstechend ist die Bedeutung des Themas schließlich auch beim späten Heine. In dem schon zitierten Brief an Campe charakterisiert er den Juni als »sichtbarlich gewordene(n) Gotteswahnsinn«, und in den Lamentationen des Sterbenden kehrt, mehr oder minder humorvoll verbrämt, leitmotivisch eine Befürchtung wieder, deren letzte historische Ursache die Niederwerfung des revolutionären Paris durch das bürgerliche sein dürfte, eine Befürchtung, die Heine in den *Babylonischen Sorgen* wie folgt umschreibt: »In meinem Hirne rumort es und knackt, / Ich glaube, da wird ein Koffer gepackt, / Und mein Verstand reist ab – o wehe – / Noch früher als ich selber gehe.«[189] Obschon der Dichter seine Angst vor dem Wahnsinn zugleich privatisiert und rationalisiert, sie für eine bloße Begleiterscheinung der Agonie ausgibt, erscheint sie doch der in gewissen von Baudelaires *Tableaux Parisiens* ausgesprochenen zu verwandt, um nicht als ein Zeichen der Zeit erkennbar zu werden. So erinnert die »Gespensterfurcht« von Heines *Affrontenburg* seltsam an diejenige der *Sept Vieillards*, und es steht zu vermuten, daß die beiden Gedichten zugrundeliegende Erfahrung in einer Bemerkung wie der (für sich gelesen recht dunkel anmutenden) von Heine zu suchen wäre: »Der Wahnsinnige – will nicht in den Tuilerien spazierengehn – sieht die Bäume zwar schön grün, aber die Wurzeln in der Erde blutrot –«.[190]

Ganz kurz sei noch die Rolle von Traum, Trunkenheit und Wahnsinn als zentrale Themen der Baudelaireschen Poesie umrissen. Auch hier ist wieder zwischen einer kritischen, einer selbstkritischen, einer apologetischen und einer provokativen Verwendungsform zu unterscheiden: einerseits rückt Baudelaire ab von den Träumen – den eigenen oder den fremden –, andrerseits beharrt er auf ihnen. Er denunziert, in *Au Lecteur*, den großen Wahnsinn des Ennui, den Traum der Weltzerstörung, den jener träumt; er kritisiert, in *Les Plaintes d'un Icare (Die Klagen eines Ikarus)*, die eigene Utopie des »Alles oder Nichts« – »Quant à moi, mes bras sont rompus / Pour avoir étreint des nuées« (»Was mich betrifft, so sind mir die Arme gebrochen, / Weil sie Wolken umfangen haben«) –; er setzt sich dem Wahn aus, um desto besser hinter dessen Ursachen zu kommen, wie in *Les sept Vieillards, Les Chimères, Mademoiselle Bistouri*; er verspottet den Fortschrittstaumel der »Humanité bavarde, ivre de son génie« *(Le Voyage)* und wird nicht müde, die Trunkenheit, die Träume, die Scheinwelt der Kunst oder der Künstlichkeit als einziges Heilmittel gegen eine tödliche Wirklichkeit anzupreisen *(La Voix, L'Etranger, Enivrez-vous!)*.

Nicht wenige Zeugen der Junitage zeigen sich zuallererst frappiert von der Dummheit des ganzen Geschehens. Etwa der nonchalante Nationalgardist Prosper Mérimée: »Mitten in dem Schmerz, der mich quält, fühle ich vor allem die Dummheit dieser Nation. Sie ist ohnegleichen.«[191] Die Neigung, sämtliche Akteure der Revolution als dumm anzusehen, die Revolution selbst als eine einzige Dummheit zu erklären, scheint 1848 besonders unter den *artistes* verbreitet gewesen zu sein. Sainte-Beuve etwa spricht von den »Dummheiten und Armseligkeiten der Gegenwart«[192], die er vergessen wolle. Dabei richtet sich das Verdikt jedoch weniger gegen das Volk, selbst das aufständische – dieses erschien wie gesagt »rasend« oder »wahnsinnig« –, als gegen die Bourgeoisie und das Kleinbürgertum, welche man als stupid empfand. Freilich war die Assoziation nicht mehr allerjüngsten Datums, sie gehörte zum Repertoire der Kritik am »Bourgeois«, deren Lieblingsgegenstand, die als »garde bourgeoise« verhöhnte Nationalgarde, im Juni durch einen problematischen Heroismus von sich reden machte. Daß Mérimée zu ihnen gehörte, hindert ihn nicht daran, sich über seine »zahlreichen honetten, aber leider auch sehr dummen Mitbürger!«[193] ebenso lustig zu machen wie ein Daumier oder ein Flaubert, wobei letzterer sich allerdings nicht mit der bloßen Karikatur der dummen Nationalgarde zufriedengibt, sondern anhand der Gestalt des Père Roque zeigt, wie weit ihr Eigentumsfanatismus während der Junitage ging. Doch karikiert Flaubert auch die Sottise der Demokraten, am witzigsten vielleicht in der Schilderung einer Sitzung des revolutionären *Club de l'Intelligence*. Eine derartige Kritik jedoch stempelt ihn deshalb noch nicht zum Reaktionär, so wenig wie die Vergötterung des Volkes und seiner Unfehlbarkeit für eine unbedingt fortschrittliche Gesinnung spricht. Gegen diesen Irrtum wendet sich Heine in einer oft mißverstandenen Passage der *Geständnisse*, in der er die Beweihräucherung des Volkes als eine gefährliche Dummheit bezeichnet und die ketzerische Behauptung wagt: »Das Volk (...), es ist fast so bestialisch dumm wie seine Günstlinge«[194], womit er, soweit dies Frankreich betrifft, sowohl die Montagne und die Sozialisten vom Schlage Louis Blancs als auch die Bonapartisten meinen dürfte.

Indessen wird die Dummheit zumeist als ein Attribut der Gegen-

Daumiers Karikaturen der Junisieger (1): *Der Nationalgardist Rifolard* (ein aus Zensurgründen verharmloster Verwandter von Flauberts Roque), November 1848 bis Januar 1849. *(Der Nationalgardist Rifolard, der während der fünf Junitage hübsch zuhause geblieben war, vermag dem Wunsch, sich endlich zu zeigen, nicht länger zu widerstehen: trotz der Tränen von Frau und Kindern greift er zum Gewehr, um zu einem Bankett in der Provinz zu eilen)*

revolution angesehen: In Freiligraths Neufassung des Gedichts *Trotz alledem!*, das Anfang Juni 1848 in der *Neuen Rheinischen* erschien: »Trotz alledem und alledem / trotz Dummheit, List und alledem, / wir wissen doch: die Menschlichkeit / behält den Sieg trotz alledem!«[195], ebenso wie in den *Fleurs du Mal,* die mit dem verräterischen Terminus einsetzen: »La sottise, l'erreur, le péché, la lésine / Occupent nos esprits et travaillent nos corps« (»Dummheit, Irrtum, Sünde, Knausrigkeit / Beschäftigen unseren Geist und verformen unsere Leiber«) und mit einem ironisch Du Camp gewidmeten Tableau der ewigen Dummheit schließen, die mithin in die gleiche Richtung zielen wie das Fazit von Herzen am Ende seines Lebens: »es ist endlich Zeit, mit der Dummheit als mit einer gewaltigen Macht zu rechnen«.[196] Derselbe Herzen hatte in einem Juni-Brief die Bourgeoisie und dieses »stupide Europa« verflucht und die französische Bourgeoisie als den dümmsten Teil der europäischen Bevölkerung bezeichnet.[197] Auch sein Freund und Widersacher Bakunin spricht im Zusammenhang mit der Bourgeoisie des Juni 48 von der »ebenso dummen wie zahlreichen Klasse der Krämer«, welche »wirklich tierisch« sei: »Was den Krämer so wild macht, ist neben seiner verzweifelnden Dummheit die Feigheit, die Angst und seine unersättliche Habgier.«[198] Kaum anders, wenngleich ironisch gebremst, äußert sich Dostojewski in seinem *Versuch über den Bourgeois,* der ja ebenfalls auf den Juni zurückblickt. Und der späte Heine liebt es, die unfähigen Politiker der bürgerlichen Revolution diesseits und jenseits des Rheins als Schafe, Ochsen, Esel usw. darzustellen[199]; ähnlich satirische Töne gibt es bei Marx und Engels und in der zeitgenössischen Karikatur. Doch auch selbstkritisch zeiht man sich der Dummheit oder, wie Baudelaire, der feigen Unterwerfung unter »l'énorme Bêtise, / La Bêtise au front de taureau« *(L'Examen de Minuit).* Weitschweifig erzählt Proudhon, wie es zu seiner Verblendung in den Junitagen kommen konnte, wie er ebenso »blödsinnig« reagieren konnte wie die reaktionäre Nationalversammlung, von der er nolens volens angesteckt worden war: »Mein parlamentarischer Stumpfsinn erklärt, wieso ich meiner Pflicht als Volksvertreter nicht nachkam.«[200] Gustave Lefrançais schließlich urteilt über die Mär, der Juniaufstand sei von den Bonapartisten angezettelt worden: »Sie bemäntelt die Dummheit der Einfältigen wie die Infamie der Schurken.«[201]

Das Nachdenken über den Juni kommt in vielen Texten einem Nachdenken über Wesen und Rolle der Bourgeoisie gleich. Jean-Paul Sartre nennt, ganz im Sinne ihrer damaligen Kritiker, die Junimassaker ihren »Sündenfall«: »Im Juni zerreißen die Schleier: das Bürgertum erfährt sich durch ein Verbrechen in seiner Klassenrealität: es verliert seine Allgemeinheit und definiert sich in einer gespaltenen Gesellschaft durch Kräfteverhältnisse zu den andren Klassen.«[202] Diese Sicht stützt sich auf Marx, für den der Juni 48 genau der Moment ist, wo sämtliche Fraktionen der Bourgeoisie sich gegen das Proletariat verbünden und die »beiden Klassen, welche die moderne Gesellschaft spalten«[203], einander erstmals ohne Illusionen gegenüberstehen. Der Pariser Korrespondent der *Neuen Rheinischen Zeitung* spricht am 24. VI. vom »Todeskampfe« der Bourgeoisie, Engels legt in seinen Artikeln den Akzent auf die *barbarische* Brutalität, mit welcher die Bourgeoisie einen »Vernichtungskrieg« gegen das Volk führt, wobei er sich einige Spötteleien über das »Heldentum« der Lions und Börsenwölfe in der Nationalgarde gestattet.[204] Besonders entsetzt über den Fanatismus der Ordnung zeigt sich Alexander Herzen; als geradezu hassenswert empfindet er das »Parlament von wildgewordenen Krämern«, im Vergleich mit dem die politische Polizei Österreichs und Rußlands »Waisenknaben« seien, sowie die Nationalgarde in ihrer »wilde(n), stumpfsinnige(n) Bosheit«[205] und das Kleinbürgertum insgesamt. In den *Briefen aus Italien und Frankreich* stellt er den tragischen Terror der Jakobiner gegen den niederträchtigen Bourgeois-Terror des Juni.[206] Leitmotivartig kehrt bei Herzen die Versicherung wieder, der Juni habe ihn der letzten Illusionen über den Charakter der Bourgeoisie, die sich selbst für das Endziel der Geschichte halte[207], beraubt. Bakunin deutet den Juni als den Moment, in dem »die bürgerliche Klasse offen auf die Religion ihrer Väter Verzicht geleistet«[208] habe; nach den Junimassakern konstatiert er – und darin könnte er der direkte Gewährsmann Sartres sein – nicht nur ein »schlechtes Gewissen der Bourgeoisie«, sondern eine »Lähmung«, welche sie dazu gebracht habe, »sich mit Leib und Seele der vollständigen Reaktion zu ergeben«.[209] Die bis zum Abscheu, zum Haß gesteigerte Betroffenheit über die »Verbrechen der Bourgeoisie« des Juni ist bei so verschiedenen Temperamenten wie George Sand, die allerdings stets für eine Versöhnung der Klassen eintreten wird, Cabet, Renan, Castille, Ménard, Jules Vallès, dem Böhmen Alfred Meißner oder Dostojewski zu beobachten. Oft verstärkt das Juni-Erlebnis eine vorher vorhandene Abwehrhaltung gegen die Bourgeoisie, so bei Heine oder bei Baudelaire, der in *Abel et Caïn* eine blanquistische Vision des Klassengegensatzes entwirft. Flauberts Galerie der Juni-Sieger und ihrer Verbündeten in der *Education sentimentale* ist, obwohl ideologisch nicht festgelegt, von bestechender sozialer Schärfe; wie kein zweiter Autor zeigt der Romancier den Anteil der bürgerlichen Privatheit an den Junimorden.

Für gemäßigte Republikaner wie Eugène Sue ist der Adel, nicht die Bourgeoisie schuld an der Repression. Erckmann/Chatrian konfrontieren eine gute republikanische Bourgeoisie mit einer böse reaktionären, die es mit dem Jesuiten De Falloux hält. Zwischen Großbourgeoisie und Kleinbürgertum wird nur von den wenigsten Autoren klar unterschieden. Allem Anschein nach ignoriert Proudhon auch diesen Unterschied, ihm erscheint die Bourgeoisie im Juni als getäuscht von der »Reaktion«. Die Nationalgarde, so vermutet er in seinen *Carnets,* »weiß nicht, daß die Sache der Insurgenten ihre eigene ist«.[210] Zugleich aber ist es die Zeitung Proudhons, die eine Polemik gegen die »Malthusianer« lanciert und damit dem Sozialismus des Nach-Juni ein wichtiges Stichwort liefert.[211] Nach den Ereignissen des 15. Mai und besonders nach den Junitagen werden die Angriffe auf die *République bourgeoise* im politischen Lied heftig bis zur Unversöhnlichkeit, bis zur Erklärung eines Kriegs der Klassen. Bezeichnend für eine bestimmte Form von Versöhnlichkeit ist die Argumentation des gemäßigt republikanischen *Charivari,* der in einem Artikel vom 28. VI. 48 die Arbeiter als Opfer einer sozialen Donquichotterie hinstellt: sie hätten »die Bourgeoisie« bekämpfen wollen; doch nach Einführung des allgemeinen Wahlrechts gebe es keine Bourgeoisie mehr, diese sei bloß noch eine Vogelscheuche: »ein Gespenst, das man stets vor sie hinstellt, um ihnen Angst einzujagen«.[212] (Umgekehrt bezeichnen viele zeitgenössische Kommentatoren die Hetze gegen »Kommunisten« und »Sozialisten« als ein Aufrichten von »Vogelscheuchen«.) Neben der soziologisch-politischen Kritik der Bourgeoisie gibt es eine überwiegend moralische, die von dem Gedanken ausgeht, die Bourgeoisie sei keine Klasse oder »Kaste«, sondern eine Geisteshaltung. Ein herausragender Vertreter dieser Sehweise ist der junge Ernest

Renan, der in seinen Juni-Briefen die Tugenden – Intelligenz, Bildung, Geist und Unternehmungsgeist, Ordnungs- und Familiensinn – und die Untugenden der Bourgeoisie – Mangel an Originalität und Kreativität, an Glauben, Idealen, Liebe zur Menschheit, an sozialem Einfühlungsvermögen etc. – gegeneinanderhält, um daraus die Forderung abzuleiten, daß das Volk sich mit der Bourgeoisie verbinden und dank seiner besonderen Gaben jene bürgerlichen Defekte wettmachen solle[213], was an die Thesen Michelets, G. Sands und anderer über die notwendige Erneuerung der ausgelaugten Bourgeoisie durch die frischen Naturkräfte des Volkes gemahnt. Vielleicht ist diese Haltung die für den Februar 48 typische; der Ruf nach Versöhnung zwischen Volk und Bourgeoisie verstummt aber ganz auch nach dem Juni nicht, nicht einmal in der dezidiert republikanischen und in der Arbeiterliteratur, allerdings erhält er einen neuen Klang, etwas Verzweifeltes schwingt nicht selten in ihm mit.

Das Motiv der Überalterung der Bourgeoisie wird gern verbunden mit dem der Dekadenz Europas oder der »alten Welt«. In zugespitzter Form ist von Fäulnis und Verwesung die Rede. Bekannt ist Flauberts Diktum in einem seiner Briefe an G. Sand: »Moderne, französische Bourgeois abkonterfeien, heißt für mich, einen merkwürdigen Gestank in die Nase bekommen.«[214] Bakunin sieht, recht stereotyp, einen Zusammenhang zwischen bürgerlicher Ethik und dem Verfall des alten Kontinents: »Diese Bourgeois (..) kennen die Scham nicht mehr. Bevor sie tot sind, sind sie schon vollständig verfault. Und nicht nur in Frankreich, Genossen, ist die Bourgeoisie verfault (...), sie ist dies überall in Europa.«[215] Manche Gedichte der *Fleurs du Mal* wie *Une Charogne (Ein Aas)* oder *Les Métamorphoses du Vampire* lassen sich als Allegorien einer solchen Sicht der Gesellschaft lesen, wobei Benjamins Beobachtung zu bedenken ist, Baudelaire sehe die Leiche auch von innen.[216] Den Baudelaireschen Beschwörungen des verwesenden Gesellschaftskörpers wiederum korrespondieren Motive der Heineschen Spätlyrik, das Lazarus-Thema sowohl wie das fabelhafte der *Launen der Verliebten*: »Reib mich mit Rosenessenzen, und gieße / Lavendelöl auf meine Füße, // Damit ich gar nicht stinken tu, / Wenn ich in des Bräutgams Armen ruh' ...«[217] Wie Baudelaire verschränkt Heine das Fäulnis-Motiv mit dem der Bestien, am virulentesten in den *Wanderratten*, wo das Bild der proletarischen Allesfresser an die Vorstellung eines faulenden

Daumiers Karikaturen der Junisieger (2): *Eisenbahnaktionäre, sich über Dividende unterhaltend*, 28. Juni 1848 (Das Blatt evoziert die Stimmung am Vorabend des Aufstands, die Entschlossenheit, *ein Ende zu machen*.)

Staatskörpers gebunden ist. Im Vorgriff auf den Abschnitt »Vergessen« sei schließlich noch erwähnt, daß – gerade im Zusammenhang des Juni, aber auch des Dezember 51 – wiederholt die Vergeßlichkeit der Bourgeoisie hervorgehoben wird. Bei Baudelaire, Dostojewski und Flaubert finden sich die ironischsten Kennzeichnungen des Bourgeois als eines Wesens ohne Gedächtnis, eines Menschen, der die Schuld der Vergangenheit mehr oder minder erfolgreich verdrängt hat.

Soweit man den *petit-bourgeois* um 1848 überhaupt ausdrücklich vom *bourgeois* unterschied – was die wenigsten Zeitgenossen taten, im allgemeinen blieb es bei impliziten Unterscheidungen, und die Spottgestalten des *épicier* oder *boutiquier* konnten als Karikaturen der Bourgeoisie insgesamt aufgefaßt werden –, stellte man ihn als einen schlimmeren Bourgeois dar, dessen sprichwörtliche Dummheit, Feigheit und Niedertracht die seines Vorbildes noch beträchtlich übertraf. Marx, der schon im *Manifest* diese neue Klasse als die zwischen Bourgeoisie und Proletariat schwankende charakterisiert hatte, stellt dies ihr Schwanken in den *Klassenkämpfen in Frankreich* in dem satirischen Tonfall dar, den man seit der Julimonarchie anschlug, sobald die Rede auf die *Krämer* kam: »Niemand hatte fanatischer in den Junitagen gekämpft für die Rettung des Eigentums und die Wiederherstellung des Kredits, als die Pariser Kleinbürger – Cafewirte, Restauranten, marchands de vins, kleine Kaufleute, Krämer, Professionisten usw. Die Boutique hatte sich aufgerafft und war gegen die Barrikade marschiert, um die Zirkulation herzustellen, die von der Straße in die Boutique führt. Aber hinter der Barrikade standen die Kunden und die Schuldner, vor ihr die Gläubiger der Boutique. Und als die Barrikaden niedergeworfen und die Arbeiter ekrasiert waren und die Ladenhüter siegestrunken zu ihren Läden zurückstürzten, fanden sie den Eingang verbarrikadiert von einem Retter des Eigentums, einem offiziellen Agenten des Kredits, der ihnen die Drohbriefe entgegenhielt: Verfallener Wechsel! Verfallener Hauszins! Verfallener Schuldbrief! Verfallene Boutique! Verfallener Boutiquier!«[218] Unerhört in dieser Kleinbürgerverhöhnung ist die sarkastische Differenzierung der ökonomischen Interessen zwischen Besitzbürgertum und Kleinbürgertum. Für Marx haben die Kleinbürger durch die Niederschlagung des Aufstandes sich ihren Bourgeois-Gläubigern ausgeliefert und gelangen erst durch »massenhaften Bankerott« zur Besinnung und damit zu der Einsicht, daß ihre wahren Interessen in einem Zusammengehen mit dem Proletariat liegen. Diese Einschätzung berührt sich paradoxerweise mit derjenigen Proudhons, der freilich selbst nicht zu wissen scheint, daß er das Kleinbürgertum meint, wenn er »Bourgeoisie«, und die Finanzbourgeoisie, wenn er »Reaktion« sagt. Anders Herzen: er hält die Kleinbürger für grundsätzlich unbekehr- und -belehrbar: »der Kleineigentümer ist der schlimmste Bourgeois von allen«.[219] Im Frühjahr 1849 schreibt Herzen: »Die Kleinbürger sind satt, ihr Eigentum ist gesichert, und so haben sie ihr Interesse an Freiheit, an Unabhängigkeit aufgegeben.«[220] Für ihn ist das Kleinbürgertum Inbegriff weniger des Schwankens als einer rapide um sich greifenden Stagnation, ja Fäulnis, er spricht von »dem kleinlichen und schmutzigen Milieu des Spießers (...), das ganz Frankreich wie mit grünem Moder überzieht«[221] und konstatiert das Verschwinden von Schönheit und Grazie aus den Sitten: »alle haben Angst, alle leben wie die Krämer, die Sitten des Kleinbürgertums sind zu allgemeinen Sitten geworden, niemand läßt sich auf die Dauer nieder: alles ist auf Zeit, ist zu mieten, ist schwankend«.[222] Auch bei Herzen findet sich also die Idee des Schwankenden, aber nicht in bezug auf das politische Verhalten des Kleinbürgertums selbst, sondern im Hinblick auf die Grundstimmung des kleinbürgerlich gewordenen neuesten Frankreich.

Im Flaubert der *Education* begegnet sowohl die Darstellung des Schwankens des Kleinbürgertums zwischen Volk einerseits und Großbourgeoisie andrerseits, als auch, damit verbunden, die Kritik seiner moralischen Niedrigkeit. Allerdings korrigiert Flaubert, ohne ihn zu kennen, Marx insofern, als er zeigt, daß kein wirtschaftlicher Einbruch, nicht einmal der vollständige Bankrott, den Kleinbürger der Ordnung abspenstig macht, im Gegenteil: der Republikaner Arnoux wird, nachdem er sich wiederholt für die honette Republik geschlagen hatte, ohne seine Geschäftslage dadurch zu bessern, am Ende zum Devotionalienhändler, und der intellektuelle Junikämpfer Sénécal zum Polizisten Bonapartes. Die kleinbürgerliche Künstlerboheme der *Education* schwenkt im Juni geschlossen auf den Kurs der Reaktion ein, wobei manche ihre antibourgeoisen Allüren frech beibehalten. Pellerin, der Maler, wie Hussonnet, der Journalist, dienen sich, ganz wie Frédéric selbst, auf der Soirée Dambreuse der Ordnungspartei an, Hussonnet verfaßt sogar eine antisozialistische Hetzschrift, *L'Hydre,* was sie nicht hindert, sich – »womöglich aus kindischem Neid auf diese Bourgeois, die gut getafelt hatten«[223], wie der Erzähler einflicht – über die Nationalgarde zu mokieren und den »Spießer auf der Barrikade« zu mimen.[224] Die typisch kleinbürgerlich groteske Verkennung der eigenen Situation verrät sich in dem Urteil, das Flauberts Held eines Tages über seine eigene, die 48er Generation fällt: »Der zündende Funke fehlte! Ihr wart bloße Kleinbürger und die besten unter euch – Pedanten!«[225]

Wie Hussonnets Parodie des Spießers auf der Barrikade ausgesehen haben mag, kann man sich vorstellen, wenn man die Briefe Renans liest, der sich auch zwischen zwei Parteien gestellt sieht, die er gleichermaßen hassen muß und der, als Augenzeuge der Junischlächtereien, weiß: »Die Krämer werden all die töten, die sie für Feinde ihrer Läden halten.«[226] Nicht bohemianisch, sondern durchaus militant, sind die Ausfälle gegen das »Händlerpack«, die sich bei Baudelaire und bei Ménard finden. Erinnert sei noch einmal an die in den *Fleurs du Mal* imaginierte Austreibung der Händler aus dem Tempel; Ménard schmäht das Kleinbürgertum in seinen *Iambes* über den Juni folgendermaßen: »Und ihr, üble Geschäftemacher, niedrige und kriecherische Rasse, / die ihr in jenen Unglückstagen / Die brüllende Horde der gedungenen Mörder / Trunken machtet mit Gold und Wein: / Hinweg mit euch! Ihr verpestet die reine Luft des Vaterlandes!«[227], wobei nicht ganz klar ist, ob nicht die Bourgeoisie insgesamt mit den eher dem Kleinbürgertum zukommenden Attributen angesprochen sein soll.

Die soziale Wahrnehmung der 48er ist im allgemeinen dualistisch, und dies im Juni ebenso wie im Februar, nur noch um einiges eindeutiger. Neben einer simplen, nicht immer naiven Verherrlichung des Volkes steht dessen simple Abqualifizierung. Diesen Schematismen zufolge erscheint das Volk entweder als schön, gut, fleißig, weise oder als häßlich, gemein, gefährlich, verworfen. Nicht viel differenzierter ist die Vorstellung vom Volke, in der beide Ansichten nebeneinander Platz haben: die Schönheit des Volkes und seine Häßlichkeit, seine Güte und seine Lasterhaftigkeit erscheinen einem solchen Verständnis als zwei Seiten einer Medaille, als eine Doppelgestalt, die man historisch oder moralisch-soziologisch erklären will: es gibt das schöne Volk des Februar und das häßliche des Juni, es gibt ein gutes Volk, das arbeiten will, und ein schlechtes, das sich nach Nichtstun sehnt. Das gute, fleißige Volk ist das wirkliche Volk, das andere hingegen ist die »Kanaille«, der »Pöbel«, die »gemeine Menge«. Mit dieser handlichen Unterscheidung wird erklärt, wie es zum Juniaufstand kommen konnte: er war die Bewegung nicht des »Volkes«, sondern des »Pöbels«. Dieser Lesart widerspricht ein Charles Gille:

»Dieser Februar, den man uns als göttlich hinstellt, / Ist ein Sohn des Volkes, und auch der Juni kommt vom Volk!«[228] Die gutbürgerliche Einschätzung des Volkes verfügt über eine rudimentäre Psychologie der Armen: sie weiß von ihrem Neid und Haß gegen die Reichen, ihrem Hang zur Faulheit, zum Suff, zur Kriminalität, kurz von ihren »schlimmen Leidenschaften«, die sie in Tier- und Teufelsnähe rücken und für die Einflüsterungen der Sozialisten und Utopisten anfällig machen.[229] Dergleichen »Erklärungen« sind keineswegs nur in der Tagespresse und -literatur oder bei den Erzbourgeois wie Thiers und Véron beliebt, auch Lamartine[230] und Victor Hugo greifen auf sie zurück, Hugo in *Choses vues*[231] zunächst ganz naiv, später dann in den *Miserables,* wo er davon spricht, wie »die Kanaille« dem »Volk« eine Schlacht geliefert und das Volk gegen sich selbst aufbegehrt habe[232], kunstvoll ausgeschmückt.

Diesem Manichäismus entgegengesetzt ist ein anderer, der im »Volk« oder »Proletariat« – hier wird terminologisch nicht streng unterschieden – den neuen Erlöser feiert. Das Volk ist der große Leidende, der Enterbte *(le déshérité)* und Geächtete *(le proscrit)* und um seiner Leiden willen unendlich edler, schöner als die genießenden Klassen. Gerade nach dem Juni 48 sind Gegenüberstellungen des schönen Arbeiters und des häßlichen Bourgeois, wie sie bereits die Karikatur des Bürgerkönigtums kannte, wieder im Schwange, und nicht immer lassen sie es bei so harmlosen Oppositionen bewenden wie Alfred Meißner: »Es ist ein edler Typus von Menschen, dies Arbeitervolk von Paris, ein Geschlecht voll Bildung und Tatkraft, voll Herz und Verstand (...) So albern und unwissend in Paris der Bourgeois, der kleine Kapitalist ist, so gescheut und gebildet ist der Arbeiter, ein Drang nach dem Edlen, nach dem Fortschritt und dem Ideal, das dem Bourgeois geradezu verhaßt ist, lebt in seiner Brust (...) Manchmal ist man versucht zu glauben, daß diese beiden Typen zwei verschiedenen Volksstämmen angehören.«[233] Das könnte ein Kommentar zu Daumiers im Jahr 1848 entstandenen Blatt *Ouvrier et Bourgeois*[234] sein, das den Bildungsdurst des ersteren mit der in Blick, Handeln und Korpulenz deutlich ausgeprägten Freßlust des letzteren konfrontiert, und dies wiederum in Umkehrung des konservativen Vorwurfs, »das Volk« gehorche allein seinen Trieben, oder, wie Heine es ironisch formuliert: »Der sinnliche Rattenhaufen, / Er will nur fressen und saufen.« Es klingt aber auch wie eine undramatische

Version der Baudelaireschen Antithese der satten Abels- und der hungrigen Kainsrasse, in welcher die Erregung des Junikampfes nachschwingt. Denn für die Sympathisanten des »Volkes« ist der Juni der Augenblick, wo die Reaktion nicht nur sich ins Unrecht setzt, sondern vor allem »das Volk« ins Recht. Die besondere Schönheit und Größe des Volkes rührt aus seiner Niederlage – der Sammelname *Les Vaincus* als Synonym des Volkes, besonders des in der Junischlacht unterlegenen, hat etwas zugleich Kultisches und Zärtliches –, wie die besondere Häßlichkeit der Bourgeoisie auf ihrem Triumph beruht, auf der Entsetzlichkeit der Massaker. Diesem Empfinden kann sich selbst der um Unparteilichkeit und *impassibilité* bemühte Flaubert nicht verschließen. Auch bei ihm erhält das Volk eine Art höherer Weihe durch die Juniniederlage und die Grausamkeit der Sieger – Flaubert haßt den Anblick der Sieger, wer immer sie seien, doch mehr als alles den Anblick der siegreichen Bourgeois –, seine Darstellung der Junisieger ist wie gesagt so unnachsichtig wie die von Ménard, Herzen, Marx oder Engels. Doch auch bei Flaubert findet sich ein Rest jener Aufspaltung des Volkes in ein gutes, welches die Republik verteidigt und ein böses, welches sie bekämpft – aber in reflektierter, in der Konstruktion der Romanfabel aufgehobener Weise. Denn Dussardier, in dem man wohl den *guten* Volkshelden sehen darf, selbst wenn er kein ausgesprochener Arbeiter ist, marschiert im Juni gegen die Barrikaden, und Sénécal, der Typ des *bösen* Revolutionärs, befindet sich unter den Aufständischen. In der Folge jedoch erweist sich, daß Dussardier versehentlich zum Ordnungshelden wurde, daß also das getäuschte Volk nicht unbedingt einzig dasjenige war, das sich erhob, sondern auch das, welches sich zur Niederschlagung des Aufstandes überreden ließ. Umgekehrt ist Sénécal nicht der Repräsentant des schlechten Juni-Volkes, sondern des trüben Elements, das in ihm ja auch vorhanden war und das bedenkenlos von der äußersten Linken zur äußersten Rechten überwechseln konnte. Es dürfte einen Zugewinn an darstellerischer Wahrheit bedeuten, daß Flaubert sich entschloß, von seinem ursprünglichen Plan, demzufolge Dussardier als Junikämpfer auf den Barrikaden fallen sollte, abzuweichen und ihn statt dessen irrtümlicherweise für die Ordnung kämpfen zu lassen: so verfällt der Text nicht dem Mythos der Reinheit und wird nicht zur Hagiographie des besiegten Volks.

Doch bei der *Education* von 1869 handelt es sich um einen Roman, der die Geschichte von 1848 bereits aus einer gewissen Distanz reflektiert. Im zeitlichen Umkreis des Revolutionsjahres selbst ist neben der Volksverdammung und der Idolatrie des Volkes noch eine dritte, abwägende Haltung zu beobachten, die Schwächen und Tugenden bei den Mittelklassen wie beim Volk sieht und für ein Zusammengehen, eine Verschmelzung beider plädiert: das unverbrauchte, schöpferische Volk soll der gebildeten, aber aus sich selbst heraus nicht mehr erneuerungsfähigen Bourgeoisie neue Kräfte zuführen. In diesem Sinne äußert sich Renan in seinen Briefen, und Michelet, Comte und G. Sand denken nicht anders. Letztere betont, auch das ein Topos der Zeit, die Unreife des Volkes, das noch erwachsener Ratgeber bedürfe und un- oder falsch beraten viel Geschirr zerschlage.[235] Ähnlich wie die Frauen seien die Proletarier keine Verstandeswesen, sie handelten aus Instinkt und Leidenschaft (überflüssig zu betonen, daß dies gleichsam eine ins Positive gewendete Version des Topos der Animalität des Volkes ist) und seien zumeist, aber nicht immer, den Gebildeten »über«, um wie der alte Briest zu reden. Dementsprechend setzen die Sozialisten von 1848 ihre Hoffnung in die Frau und den Proletarier, oder auch in den Bauern bzw., wie Herzen, in den russischen Muschik.

Infolge der Erfahrung des Juni treten einige Demokraten der 1848 üblichen naiven Verherrlichung des Volkes entgegen; als erster wohl Alexander Herzen, der den Widerspruch zwischen dem liberal-romantischen Kult des Volkes und der Niedermetzelung des Proletariats durch seine liberalen Verehrer wiederholt sarkastisch in Erinnerung gebracht hat[236], wobei er bereits einen Ton anschlägt, der beim spätesten Heine, dem der *Geständnisse* und der französischen *Préface* zu *Lutetia*, wiederkehrt. Auch Heine verspottet in jenen späten, als volksfeindlich mißverstandenen Texten – die eine ausdrückliche Bezugnahme auf die jüngste Vergangenheit vermeiden – sowohl die Schönfärberei der Volksfreunde als auch den hysterischen Haß der Gemäßigten gegen die »schofle Menge«. Wie Michelet besteht er auf der Notwendigkeit der Erziehung des Volkes, das er mit Vorliebe den »großen Waisenknaben« nennt. Ähnlich sind Baudelaires Äußerungen zu Beginn des Prosagedichts *Assommons les Pauvres!* zu bewerten, wo die Doktrinäre von 1848, die den Armen einreden wollten, sie seien allesamt abgesetzte Könige – Louis Blancs »Vous êtes les rois de l'époque!« klingt da nach –, ebenso als Demagogen abgetan wer-

Darstellungen der Kanaille (1): *Types d'Insurgés.* Aus der Serie Erinnerungen an die Junitage des Jahres 1848, Le Charivari, Juli 1848

den wie ihre Gegenspieler, die ihnen rieten, sich versklaven zu lassen.

Zu erwähnen bleibt noch die humanitäre oder philanthropische Betrachtungsweise des Volkes, die den Aufstand als Ergebnis der Misere versteht. So bittet der republikanische Bildhauer Etex um Verständnis für das unbotmäßige Juni-Volk, indem er die Not, die in den proletarischen Familien herrscht, schildert.[237] An das Mitleid appellieren etliche sozialistische Texte und Chansons, etwa die von Pierre Dupont. Dementsprechend fallen die Emblematisierungen des Volkes aus: außer Christus ist das Volk Hiob, Lazarus, Sisyphus oder Tantalus, während es in der militanten Allegorik Spartacus, Löwe, Blitz, Meer o. ä. ist. Die Allegorisierung des Volkes geht unweigerlich mit einer moralisierenden Konzeption der Klassengegensätze einher, der selbst Marx und Engels, bei aller Verachtung des Moralisierens[238], nicht immer ausweichen.

Guerre sociale / Klassenkampf versus Brüderlichkeit / Kain und Abel

Bekanntlich sehen Marx/Engels in der Junirevolution von Anfang an den offenen Ausbruch des »Krieg(es) der Arbeit und des Kapitals«[239], »die erste große Schlacht (...) zwischen den beiden Klassen, welche die moderne Gesellschaft spalten«[240], und damit die Bestätigung ihrer im *Kommunistischen Manifest* vorgetragenen Theorie des Klassenkampfs. Mit ihrer Deutung stehen sie nicht allein da, jedoch hat der Terminus »Klassenkampf« bei andern Autoren, die ihn gleichfalls verwenden, etwas weniger Systematisches, mitunter beinahe Zufälliges. Und dies insofern, als zwar der Aufstand selbst *ein* Kampf der Klassen genannt, aber als isoliertes Phänomen angesehen wird, das mit dem Triumph der Ordnung aus der Welt geschafft sei und nicht den Beginn *des* modernen Klassenkampfs, im Marxschen Verstande, bezeichne. So sind die Analysen eines Tocqueville[241] oder eines Lorenz von Stein[242], in denen dieser Begriff vorkommt, derjenigen von Marx/Engels weniger nahe als andere, »voranalytische« Texte, in denen er nicht begegnet und wo nur von einem »sozialen Krieg« *(guerre sociale)* die Rede ist. Dieser letzte Terminus dürfte sinngemäß dem Marxschen »Klassenkampf« am nächsten kommen, namentlich dann, wenn, wie in der militantesten Arbeiterdichtung, den Siegern die Folgen ihres Tuns in Form einer Kriegserklärung verdeutlicht werden: »Erzittert! Erzittert! an diesen Tagen nahm / Der soziale Krieg seinen Anfang.«[243] Am Vorabend des Aufstandes hatte der *Aimable faubourien*, die Zeitung, an der Baudelaires späterer Verleger Poulet-Malassis mitarbeitete, erklärt: »Von heute an ist Frankreich bloß noch in zwei Lager aufgespalten: in Ausbeuter und Ausgebeutete, Räuber und Beraubte.«[244] Der Gedanke eines sozialen Krieges zwischen zwei Klassen lag in der Luft, und selbst politisch nicht übermäßig interessierte Schriftsteller wie Mérimée, Sainte-Beuve, Balzac oder Ponsard greifen ihn auf. Mérimée vertraut Jenny Dacquin Anfang Juli an, er glaube nicht, »daß der Bürgerkrieg oder genauer: der soziale Krieg, beendet ist«[245]; Sainte-Beuve befürchtet ebenfalls, man könne sich am Beginn »eines andauernden Kampfes« befinden, da fürderhin »ein Kastenhaß« in allen Menschen schwele[246], Balzac nennt die Junischlacht »eine Wunde in dem langen Zweikampf (...) zwischen der Barbarei der Hand in Paris und der Zivilisation des Kopfes«[247] und der klassizistische Dramatiker Ponsard benennt die neuen Widersacher schmucklos: »Proleten (...) gegen Kapitalisten oder, anders ausgedrückt, Arbeiter gegen Bourgeois«.[248] Philarète Chasles schließlich, Dandy und Literaturkritiker, tritt Ende Juli 48 mit einem großen Artikel *De la guerre sociale* an die Öffentlichkeit, in dem er Reformvorschläge zur Verhinderung eines solchen Krieges unterbreitet.[249]

Die Idee eines sozialen Krieges zwischen den Klassen wurde von den verschiedenen Parteien verschieden bewertet und ausgefüllt, auch in dem Sinne, daß die Gegner und Ziele verschieden bestimmt wurden. Was bei Marx auf das »Sturz der Bourgeoisie! Diktatur der Arbeiterklasse!«[250] hinausläuft, stellt sich bei Konservativen wie Donoso Cortés als ein Kampf der armen gegen die reichen Klassen dar, der notfalls mit Gewalt entschieden werden müsse[251], bei Republikanern wie George Sand oder Sue hingegen als ein Kampf des Dritten und Vierten Standes gegen Königtum und Kirche, der nur durch eine Versöhnung des Volkes mit der Bourgeoisie zu gewinnen sei. Sues *Geheimnisse des Volkes* rekonstruieren eine exemplarische jahrhundertelange Auseinandersetzung zwischen einer bretonischen Proletarierfamilie und einem gleichfalls bretonischen Adelsgeschlecht, die in den Pariser Junitagen 1848 vorläufig endet, ohne daß ein anders gelagerter Kampf sie ablösen würde. Proudhon ermuntert nach dem Sommer 48 die Bourgeoisie zur Fortsetzung ihrer revolutionären Tradition: es gelte, die »Reaktion« zu besiegen, zu deren Komplizin sie sich im Juni gemacht habe, und mit dem Volke sich aufs neue zu verbünden.[252] Ähnlich argumentiert George Sand in ihrem Tagebuch vom Dezember 1851. Baudelaire, im Februar 1848 kurzfristig Parteigänger eines solchen Bündnisses, verfaßt nach dem Juni zahlreiche Texte, die ihn als Befürworter des kompromißlosen Kampfes zwischen der *Race d'Abel* und der *Race de Caïn* – er gebraucht die Termini *ouvrier* oder gar *prolétaire*, besonders den letzteren, auffällig selten – erscheinen lassen. Heine hatte sich schon unter Louis-Philippe weidlich über den bürgerlichen Alptraum einer Machtergreifung des Proletariats mokiert und verstärkt seinen Spott nach dem Juni, wo der Alptraum beinahe Wirklichkeit geworden wäre, in den schon mehrfach erwähnten Spättexten, in denen derselbe Fanatismus der Ordnung parodistisch vorgeführt wird wie in Flauberts Kapitel über die Soirée Dambreuse.

Nicht wenige Zeitgenossen versuchen die soziale Bedeutung des Juniaufstandes zu schmälern, sei es, daß sie die Insurgenten als eine kriminelle Minderheit, sei es, daß sie sie als »Pöbel« verunglimpfen. Damit verbunden ist meist eine ausdrückliche Verwahrung gegen den Terminus »guerre sociale«. So bei Lamartine, der dem Ereignis den Titel »Sklavenkrieg« *(guerre servile)* zugesteht.[253] Bei Tocqueville steht derselbe Ausdruck unverbunden neben dem an Marx anklingenden »combat de classe«.[254] Andere Beobachter sprechen vorsichtiger von einem »Bürgerkrieg« *(guerre civile)* oder, pathetisch, von einem »Krieg unter Brüdern«, einem »brudermörderischen Krieg« *(guerre fratricide)*. Noch im Widerschein der Katastrophe führt Marx solche Ausdrucksweisen sarkastisch einer Deutung zu: »Die Fraternité, die Brüderlichkeit der entgegengesetzten Klassen, von denen die eine die andere exploitiert, diese Fraternité, im Februar proklamiert, mit großen Buchstaben auf die Stirne von Paris geschrieben, auf jedes Gefängnis, auf jede Kaserne – ihr wahrer, ihr unverfälschter, ihr prosaischer Ausdruck, das ist der – *Bürgerkrieg*, der Bürgerkrieg in seiner fürchterlichsten Gestalt, der Krieg der Arbeit und des Kapitals. Diese Brüderlichkeit flammte vor allen Fenstern von Paris am Abend des 25. Juni, als das Paris der Bourgeoisie illuminierte, während das Paris des Proletariats verbrannte, verblutete, verächzte.«[255]

Die Brüderlichkeit war, wie Marx treffend bemerkt, »das eigentliche Stichwort der Februarrevolution« gewesen, und nicht nur das Proletariat, alle, die nicht allzuviel zu verlieren hatten, schwelgten im Frühjahr 1848 in einem »großmütigen Fraternitätsrausche«.[256] Es schien, als ob alle Welt diesen Rausch teilen wollte. Die Junimassaker bedeuten unwiderruflich das Ende der Trunkenheit und der »Phrase« (Marx) von der Brüderlichkeit. Hinfort wird sie, von der Linken wenigstens, nur noch mit Bitterkeit beschworen, oder aber auf die *fraternité ouvrière* bzw. *socialiste*[257] eingeschränkt. Proudhons Eintragung vom 27. Juni vermittelt einen Eindruck von dem Zusammensturz eines Glaubens, an dem man trotz allem festzuhalten versuchte: »Brüder gegen Brüder, eine neue Thebais..., grauenhaft, grauenhaft!«[258] Es wird üblich, von der *fraternité bourgeoise* zu reden, die sich im Brudermord verwirkliche. Ein Juni-Lied von Joseph Déjacque, das darstellt, wie das Volk Opfer einer heuchlerischen Brüderlichkeitsrhetorik geworden sei, ist denn auch *La fraternité, c'est le fratricide* (Brüderlichkeit heißt Brudermord)[259] betitelt. In einem lakonischen Text aus dem Jahr 1850 legt Blanqui dar, wie gewisse Wölfe im Schafspelz die Stimme der Brüderlichkeit annähmen und das Volk durch den Gebrauch eines fortschrittlichen Vokabulars hinters Licht führten. »Brüderlichkeit heute: das heißt Heuchelei, Hinterlist, Dolchstoß! Die Brüderlichkeit Kains!«[260] An die Stelle der Bilder republikanischer Verbrüderung treten nunmehr die Erinnerungen an feindliche Brüderpaare wie Kain und Abel. Allerdings wird dies biblische Vorbild unterschiedlich interpretiert: für die Rechten ist immer Abel das unschuldige Opfer, für die Linken ist es nicht selten eher Kain, der zwar den Mord begeht, jedoch als der von Gott grob Benachteiligte, das Urbild des Enterbten und Verfluchten, des *paria maudit*. Bezeichnet Blanqui im obigen Zitat die offiziell republikanische Brüderlichkeit als diejenige Kains, so kehrt er nur den in der konservativen Juni-Literatur häufig anzutreffenden Vorwurf um, die rebellischen Arbeiter inspirierten sich am Beispiel Kains.[261] Konsequenter erscheint hier die andere Auslegung, die sich in die Tradition der Kainskinder stellt und damit sowohl die revolutionäre Gewalt als auch den Atheismus gutheißt. Baudelaires Gedicht *Abel et Caïn* darf als die klassische Formulierung dieser Position angesehen werden, die damals, zumindest unter Intellektuellen, verbreitet war. So beginnt Alphonse Esquiros seine *Histoire des Martyrs de la Liberté* mit der überaus bezeichnenden dreifachen Antithese: »Solange die Welt steht gibt es nur zwei Sorten Menschen: Abel und Kain, Kaiphas und Jesus, Radetzky und Robert Blum.«[262] Der Abbé Constant alias Eliphas Lévi, ein typischer Mystiker des 48er Sozialismus, preist »den humanitären Kain«, den er mit Abel versöhnen will so wie Luzifer mit Jesus.[263] Castille nennt die Proletarier »Söhne Kains«, sie seien dazu verdammt, unter den »Despoten von Thron und Geld-

(25 JUIN.)

RÉPUBLIQUE FRANÇAISE.

Liberté, Égalité, Fraternité.

AUX INSURGÉS.

AU NOM DE L'ASSEMBLÉE NATIONALE,

LE GÉNÉRAL CAVAIGNAC, DÉLÉGUÉ AU POUVOIR EXÉCUTIF.

CITOYENS,

Vous croyez vous battre dans l'intérêt des ouvriers, c'est contre eux que vous combattez, c'est sur eux seuls que retombera tant de sang versé. Si une pareille lutte pouvait se prolonger, il faudrait désespérer de l'avenir de la République dont vous voulez tous assurer le triomphe irrévocable.

Au nom de la patrie ensanglantée,

Au nom de la République que vous allez perdre,

Au nom du travail que vous demandez et qu'on ne vous a jamais refusé, trompez les espérances de nos ennemis communs, mettez bas vos armes fratricides, et comptez que le Gouvernement, s'il n'ignore pas que dans vos rangs il y a des instigateurs criminels, sait aussi qu'il s'y trouve des frères qui ne sont qu'égarés et qu'il rappelle dans les bras de la patrie.

Paris, 24 juin 1848.

***Signé* Général CAVAIGNAC.**

IMPRIMERIE NATIONALE. — Juin 1848.

Cavaignacs Appell an die »verirrten Brüder«, ihre »brudermörderischen Waffen« niederzulegen und sich der Güte des Vaterlands anzuvertrauen.

schrank« zu leiden.[264] Dumas berichtet Anfang 1849 von einem Bankett sozialistischer Frauen, während dessen ein männlicher Teilnehmer einen Toast auf Robespierre, »diesen Kain der Brüderlichkeit«, ausgebracht habe.[265] Die Beispiele ließen sich häufen.

Vielleicht kann man sagen, daß der schon von Byron aufgegriffene und im Frühsozialismus vielzitierte Mythos von Kain und Abel die Konzeption des Klassenkampfs *in nuce* enthält, wegen seiner Fixierung auf die Idee Gottes und des Bösen allerdings meist davor stehenbleibt. In Texten wie Baudelaires *Abel et Caïn* oder mehr noch in dem späten Prosagedicht *Le Gâteau* wird die erste Fixierung zwar aufgegeben, die zweite jedoch bleibt weiter bestehen.

Der sozialistischen Absage an das Ideal der Brüderlichkeit entspricht die konservative. Nicht nur das, auch der im allgemeinen gegen die Sieger, die Bourgeois erhobene Vorwurf der *Heuchelei* wird, etwa von der *Revue des Deux Mondes*, an die Prediger der Brüderlichkeit gerichtet, von dem des Egoismus und Karrierismus begleitet: »Soweit haben uns also die schönen Reden jener hochtrabenden Intriganten, jener verbrecherischen Sophisten gebracht, die seit dem Februar unaufhörlich an die Macht streben, wobei sie ihren elenden Egoismus unter dem Mantel der Brüderlichkeit verbergen.«[266] Dieser Satz könnte wörtlich bei einem Vertreter der Gegenseite, bei Blanqui, Proudhon, Herzen oder Baudelaire, stehen, aber auch bei Renan oder G. Sand. Wichtig hierbei ist nicht nur die Tatsache, daß die Politiker der 48er Republik und besonders die Anführer der Provisorischen Regierung mit Lamartine an der Spitze – »Lamartines Äolsharfe erzitterte unter weichklingend philanthropischen Weisen, deren Text die Fraternité (...) war«, höhnt Marx[267] – ins Kreuzfeuer der Kritik gerieten, sondern auch, daß diese z. T. gleichlautende Kritik oftmals von entgegengesetzten Voraussetzungen ausging. So hätte die damals in ganz Europa verbreitete Polemik Donoso Cortés' gegen die Republik in langen Passagen von seinen Widersachern Proudhon oder Herzen unterschrieben sein können: »schließlich (...) hat man im Namen der Brüderlichkeit die heidnische Brüderlichkeit wiedereingeführt, die von Eteokles und Polyneikes; und die Brüder haben einander zerfleischt in den Straßen von Paris, in der gigantischsten Schlacht, welche die Jahrhunderte jemals innerhalb der Mauern einer Stadt gesehen haben«.[268]

Zwar zog die Reaktion nach dem Juni offen gegen die republikanische Brüderlichkeit zu Felde, doch blieb ihre politische Rhetorik eine zweideutige; unmißverständlich wurde man erst, wenn man unter sich war, weshalb Flaubert in der *Education* die Intimität der Bourgeoisgesellschaft darstellt und zeigt, wie der Häme

Daumier: Bourgeois und Arbeiter bei der *Lektüre der Proklamationen* (eine 48er Karikatur, die unpubliziert blieb, also vermutlich der Zensur zum Opfer fiel)

gegen die Brüderlichkeit eine geradezu rauschhafte Mordlust und Lebensgier entspricht: »›Ah! Wir wollen nur hoffen, daß die Herrn Republikaner uns gestatten, zu Abend zu speisen!‹ – ›Trotz ihrer Brüderlichkeit!‹ setzte der alte Roque geistreich hinzu.«[269] Sein ganzes Gewicht erhält dieser Scherz erst, wenn man sich erinnert, daß Roque kurz zuvor einen Junigefangenen umgebracht hatte, der nach Brot verlangte. Doch kritisiert Flaubert nicht allein die Verstöße der *bien-pensants* gegen die Brüderlichkeit: er macht aus dem Brudermord die letzte Pointe des Pathos der 48er – und das in einer grotesken wie in einer tragischen Variante. Am Ende der *Education* sind es die beiden Hauptpropagandisten der Fraternité, die ihre Brüder verraten: der eine, Deslauriers, indem er Frédéric die Braut mitsamt der Pfründe, die Roques Erbin in die Ehe einbringt, buchstäblich vor der Nase wegschnappt, der andere, Sénécal, indem er seinen treuen Kampfgefährten Dussardier im Dezember 1851 niedersticht. Deslauriers wie Sénécal sind engagierte Demokraten und Fürsprecher der Emanzipation des Volkes, ohne selbst dem Volk anzugehören: ihre Brüderlichkeit ist die ambivalente des Kleinbürgertums.[270]

Freilich gibt es nach dem Juni so etwas wie ein verzweifeltes Mahnen an das Brüderlichkeitsgebot, meistens von seiten der Altrepublikaner, die Verständnis sowohl für Cavaignac als auch für die von ihnen als »verirrte Brüder« *(frères égarés)* angesehenen Arbeiter aufbringen – diese Position reicht von Daniel Stern oder Michelet bis zu den gemäßigten Chansonniers wie Festeau oder Dupont. Weiter geht G. Sand: sie nennt die Repression Cavaignacs einen »Brudermord«, den die Bourgeoisie durch eine besondere Anstrengung dem Volk gegenüber gutmachen müsse.[271] Auch die Erkenntnis, daß die zu ihrer Zeit vorherrschende Form von Brüderlichkeit die von Kain und Abel sei, bringt manche nicht von ihrem Vorhaben ab, Kapital und Arbeit zu versöhnen.[272] Renan, der 1848 gleichfalls für eine Verschmelzung des Dritten und Vierten Standes eintritt, betont hingegen, daß die Bourgeoisie die Freiheit durchaus, die Gleichheit teilweise verstehe, »mais elle ignore complètement la fraternité«.[273] Wie er urteilt Dostojewski in seinem *Versuch über den Bourgeois,* allerdings mit der Besonderheit, daß er der »westeuropäischen Persönlichkeit« schlechthin bescheinigt, sie sei, im Gegensatz zum russischen Menschen, zur Brüderlichkeit unfähig.[274]

Haß

Fast könnte man sagen: was die *Brüderlichkeit* im Sprachgebrauch des Februar 48 war, sei der *Haß* in dem des Juni geworden: das Alpha und Omega des Aufstandes, und dies einmal mehr für alle

Beteiligten. »Ich begriff, daß der Haß die Saat der Brüderlichkeit aufgezehrt hatte«[275], sagt der Held von G. Sands Roman *La Daniella,* eine Äußerung, wie sie zeittypischer kaum möglich ist. Die Verteidiger der Ordnung sind frappiert von dem Haß des Volkes, vom ewigen Haß der Armen gegen die Reichen, der noch geschürt werde durch die Hetze sozialistischer Demagogen; sie sprechen von der »Hefe aus Groll und Feindseligkeit, welche beklagenswürdige Predigten ins Herz der arbeitenden Klassen eingesenkt haben«[276], von einer Atmosphäre, so überhitzt, daß sie sogar ein harmloses Gemüseweib in eine Furie verwandeln könne, wovon Tocqueville sich mit eigenen Augen überzeugt haben will.[277] Infolgedessen empfand man die Barrikaden als »Konstruktionen des Hasses«, wie es noch in den *Misérables* heißt.[278]

Auf der Gegenseite konstatiert Friedrich Engels den »fanatische(n) Haß der Bourgeois gegen die aufständischen Arbeiter«[279], einen »gewaltsam losbrechende(n) Haß, eine kalte Wut«[280], nennt ein Sänger die Junirepression »fünf Tage der Rache und des Hasses«.[281] Aber auch unparteiische Beobachter sind über das Ausmaß des Hasses vor allem der Besitzenden betroffen und reagieren ihrerseits mit Haß oder fühlen sich doch zumindest in Versuchung, gehässig zu werden. Herzen beschreibt das Gefühl eines, der ohnmächtig mitanhören muß, wie die Exekutionskommandos ihre Salven abfeuern: »Für solche Minuten haßt man zehn Jahre lang, denkt man sein ganzes Leben nur an Rache. *Wehe dem, der solche Minuten verzeiht!*«[282] Renan hindert seine Besonnenheit daran, ähnlich zu reagieren: Was er als Augenzeuge von Junimassakern gesehen habe, versichert er seiner Schwester, würde »ewigen Haß« in seiner Seele zurücklassen, wenn er sich nicht auf seine Vernunft besinnen und dies in ihm auflodernde spontane Gefühl unterdrücken würde.[283] »Wie schwer es doch fällt, zwischen zwei Parteien zu leben, die einen dazu verurteilen, sie beide gleichermaßen zu hassen!«[284], ruft er ein andermal aus. Flaubert verwendet, besonders im schon mehrfach zitierten Kapitel über die Soirée bei den Dambreuse, eine ingrimmige Sorgfalt auf die Darstellung dessen, was er den »Fanatismus der Interessen«[285] nennt; würde der Autor der *Education,* so wie Baudelaire in einigen seiner Gedichte es tut, auch noch die Opfer dieses Bourgeoishasses verherrlichen, so wäre seine Position mit der der radikalsten Arbeiterdichter vergleichbar, z. B. der eines Adrien Delaire, der in seinem *Chant des Martyrs de Juin* den Siegern zuruft: »Doch jene Helden, die euer

Haß beleidigt, / Achteten die Stadt weit mehr als ihr.«[286] Die Arbeiterdichter sind es auch, die, soweit sie nicht für Versöhnung eintreten und im Junikampf eine Katharsis der Republik sehen, den Siegern unversöhnlichen Haß als Folge ihrer Grausamkeiten prophezeien: »Ihr beseitigt den Haß nicht / Der sich in allen Gemütern eingenistet hat«[287], heißt es beispielsweise in Leroys *Les Soldats du Désespoir.* Bürgerliche Beobachter sind sich dieser Konsequenzen nicht minder bewußt. So stellt Sainte-Beuve fest: »Die Herzen sind fürderhin mit Haß erfüllt, mit Kastenhaß.«[288] Doch gerade deswegen ist man gegen alles empfindlich, was den Haß schüren könnte, gerade deswegen werden bekannte und weniger bekannte Schriftsteller und Publizisten – Proudhon, Ménard, Déjacque, Sue, Baudelaire u. a. – angeklagt, mit gewissen ihrer Juni-Texte (man erklärte nicht immer unbedingt, daß es um den Juni ging) »zum Haß gegen eine Klasse der Gesellschaft aufreizen« zu wollen, wie die Gesetzesformel lautete. Aus Angst vor einer Anklage in diesem Punkt haben zahlreiche Autoren geschwiegen, z. B. Erckmann-Chatrian, die Mitte der sechziger Jahre einen Roman über die Junitage erscheinen lassen wollten.[289] In diesem Zusammenhang ist auch Heines Bemerkung zu verstehen, es sei »die Stimme des Hasses«, die in seiner Brust zugunsten des Kommunismus spreche[290], eine tollkühne und 1854 beinahe »erschießliche« Bemerkung, selbst wenn der Autor der *Geständnisse* anschließend nur ein eher zweitrangiges Teilobjekt seines Hasses für das ganze ausgibt, den deutschen Nationalismus. So wenig wie Heine ist Baudelaire bereit, die Stimme des Hasses zu ignorieren, unaufhörlich widerlegt er – wie in seinem *Tonneau de la Haine (Das Faß des Hasses)* – die Illusion, man könne sich nunmehr in Frieden und Sicherheit wiegen: der gemeine Rausch findet ein Ende, anders der Rausch der Gewalt: » – Mais les buveurs heureux connaissent leur vainqueur, / Et la Haine est vouée à ce sort lamentable / De ne jamais pouvoir s'endormir sous la table.« (»Doch die glücklichen Trinker haben einen, der sie besiegt, / Während dem Haß das jämmerliche Los zuteil wird, / Daß er niemals unterm Tische einschlafen kann.«) Es entbehrt nicht der Ironie, daß ausgerechnet der von Baudelaire insgeheim beneidete, weil überaus populäre Pierre Dupont – aber auch andere seiner Freunde – das Versöhnungsprogramm der republikanischen Bourgeoisie formulierten. Dupont wünscht im Refrain seines Juni-Liedes: »Und mögen Haß und Zwietracht / In ihre (der Junitoten)

Gräber eingeschlossen werden«[291], und Prarond/Le Vavasseur in der Conclusio ihrer gereimten Geschichte der 48er Revolution: »Laßt uns auch den Haß noch zähmen/Und das Gewitter an die Kette nehmen«[292], womit sie nicht nur auf Lamartines berühmten Ausspruch anspielen, er habe mit den Radikalen konspiriert wie der Blitzableiter mit dem Blitz, sondern vor allem die für die Zeit bezeichnende Hoffnung zum Ausdruck bringen, der technische Fortschritt werde *per se* einen sozialen nach sich ziehen. Der Hugo-Jünger Paul Meurice etwa erklärt in seinem Drama *Paris* (1855), das die Wunden der jüngsten Vergangenheit schließen zu helfen bestrebt ist, den Haß zum Anachronismus im Zeitalter der Industrialisierung: »Was vermag schon der Haß mitsamt seinen Entzweiungen, / Wo doch der elektrische Draht zwanzig Nationen verbindet?«[293] Demgegenüber insistieren Republikaner wie G. Sand darauf, daß zunächst die Gesellschaft selbst Anstrengungen unternehmen und ihrem Haß abschwören müsse, um das Volk, dem sie Unrecht tat, versöhnlich zu stimmen.[294]

Den Beschluß dieses Abschnitts möge ein bemerkenswertes Zitat des von Benjamin wiederentdeckten Sigmund Engländer bilden: »Hier können wir höchstens durch einen Vergleich eine entfernte Vorstellung von dem Eindrucke geben, den diese Insurrection hervorrief. Die naive, mystische, mittelalterliche Kunst stellte die Gottheit durch ein Auge dar, das von einem Heiligen-Schimmer umgeben war. (...) Auf dieselbe Weise könnte man die Juni-Revolution auch durch das Symbol eines Auges darstellen, und zwar nicht durch ein friedliches, erhebendes Auge wie jenes, welches die Gottheit symbolisiert, sondern durch ein schreckliches Auge, in dem Haß, Erbitterung und Leidenschaft sich ausspricht, durch einen Blick, der an Bürgerkrieg, an Umwälzung aller gesellschaftlichen Verhältnisse und an den Beginn von neuen, unerhörten Zuständen erinnert. Die Bourgeoisie fühlte das Auge der socialen Revolution auf sich lasten und erschrak davor auf das Tiefste.«[295]

Misanthropie/Pessimismus

Sartre hat im *Idiot de la famille* ausführlich beschrieben, wie die Verleugnung des Klassenhasses, der der französischen Bourgeoisie nach den Junimassakern entgegenschlug, zu einer neuen bürgerlichen Lebensanschauung geführt hat, die nicht mehr auf dem optimistischen Humanismus der Aufklärung, sondern auf Pessimismus und Menschenfeindschaft beruhte. Der Mensch nach 1848 sei, so Sartre, ein Mensch des Hasses geworden. In der Tat gehört die pessimistisch-gehässige Sicht der Welt und des Menschen, die sich sowohl auf christliche, als auch auf stoische, buddhistische sowie romantische Traditionen berufen kann, zu den hervorstechendsten Merkmalen der Nach-Juni-Literatur. Das Manko der Sartreschen Ausführungen ist, daß sie sich praktisch nur auf einen Autor stützen, den langweiligsten überdies, dessen Juni-Erfahrung an Texten kaum wirklich nachzuweisen ist: Leconte de Lisle. Ein genaues Studium des Materials vermag die abstrakte These Sartres erheblich zu konkretisieren und sichtbar zu machen, wie schon im Augenblick des Aufstandes, ja seit dem April 1848, die Zeitgenossen in eine gegenaufklärerische Ideologie zurückflüchten, wie sie sich beeilen, die Schrecken jener Tage als ein Dementi von Hoffnungen zu begreifen, zu denen sie oder ihre Umwelt einmal in bodenlosem Leichtsinn sich verstiegen haben. In beispielhafter Deutlichkeit findet sich eine solche Rückbesinnung bei Sainte-Beuve formuliert: »Das Herz ist einem auf lange Zeit hinaus gebrochen, abgetötet jeder Gedanke an Glück oder Freude in diesem Leben. Man hat keinen Glauben an die Menschheit mehr«[296], schreibt er am 28. Juni an Octave Lacroix und, am gleichen Tage, an Ondine, die Tochter von Marceline Desbordes-Valmore: »Seit 50 Jahren leben wir mit einer verkehrten Philosophie, mit einer Politik, die die wahre moralische Natur des Menschen gänzlich außer acht läßt.«[297] Diesen Briefstellen wiederum kann die folgende Notiz seiner *Cahiers* als Kommentar dienen: »Alle meine politischen Ideen haben sich geändert von dem Tage an, da mir jene moralische Erfahrungstatsache aufging: Die Menschen sind eine ziemlich bösartige und platte Gattung von Lebewesen!«[298] Zu dieser »Einsicht« bekehrte der Juniaufstand einen Gutteil der Republikaner von 1848. Die konservative Presse tat das Ihre, sie der Öffentlichkeit einzubleuen. Wie könne man, fragte die *Revue des Deux Mondes*, angesichts der barbarischen Grausamkeiten der Aufständischen noch zukunftsgläubig sein: »Und wie soll man noch vom Fortschritt der Menschheit reden, wenn man sieht, wie stets die gleiche Bestie am Grunde des Menschen sich regt, immer gleich hemmungslos: sei es nun in der Zivilisation oder in der Wildnis!«[299] Philarète Chasles stößt wenig später ins gleiche Horn: »Der Mensch bleibt sich gleich; und der

Teufel hat sich nicht vom Engel abgelöst: was diese unglückselige Stadt, die wir durchqueren, nur allzu deutlich beweist«.[300] Beinahe ekstatisch berichtet Renan, wie er beim Gang durchs zerstörte Paris der wahren, unverhüllten Menschennatur ansichtig geworden sei: »Man muß das gesehen haben, (...) um sich eine Vorstellung von den großen Szenen der Menschheit machen zu können (...), eines jener Schauspiele von erhabener Originalität (...), wo der Mensch dem Menschen nackt und nur mit seinen ursprünglichen Instinkten entgegentritt. Nie ertönt die Menschennatur reiner, als in solchen Augenblicken; hier muß man sie suchen, um sie ohne jenen künstlichen Schleier anzutreffen, der sonst das Leben verhüllt.«[301] Was Renan und so viele andere gesehen zu haben glauben, ist das durch keine Zivilisation auszutreibende *Böse* im Menschen, *sa perversité naturelle,* wie Baudelaire, der nach dem Juni verstärkt unter den Einfluß De Maistres und Edgar Allan Poes gerät, es nennen wird. Der Verfasser der *Fleurs du Mal* ist nicht der einzige, der seinen Glauben an den Fortschritt und die Zukunft der Menschheit verliert und dennoch den Besiegten des Juni verbunden bleibt, bei Herzen gibt es eine verwandte Skepsis, und dessen: »Ich bin einfach entsetzt über den Menschen unserer Zeit«[302], entspricht einem verbreiteten Empfinden. Auch die Ontologisierung dieses Entsetzens begegnet in zahllosen Texten der Linken. So ruft der Citoyen Auguste Caunes, Verfasser einer Broschüre *Le Massacre de Juin ou le Tombeau de la Liberté (Das Massaker des Juni oder das Grab der Freiheit)*, aus: »Nein, ich hätte geglaubt, die Menschengattung habe eine bessere und minder verderbte Natur (...), das einzig Wirkliche ist die menschliche Perversität.«[303] Zu den Arbeitern, die nach der Juniniederlage sich freiwillig für die Emigration nach Algerien melden, gehört der junge Norbert Truquin; es ist so rührend wie symptomatisch, mit welchen Worten er seinen Entschluß, ein proletarischer Saint-Antoine zu werden, begründet: »Bis zum 23. Juni war ich frohen Sinnes; (...) doch seit den Erschießungen und Zwangsverschickungen (...) fragte ich mich, wie die Menschen so barbarisch sein können und ihresgleichen mit solcher Grausamkeit behandeln. Ich hatte bloß noch einen Wunsch: mich in eine Wüste oder auf eine Insel zurückziehen und da fern von den Menschen leben, die sich für zivilisiert ausgeben und deren Herz doch schwärzer ist als das Federkleid der Raben.«[304] Den Republikanern, die an ihrem Ideal festhielten, wie G. Sand, erschien die

Misanthropie wie eine geschichtliche Anfechtung: »wenn man nicht länger weiß, ob man die Menschheit noch liebt, bleibt einem allein noch die Familie ..., und in ihr sucht man Zuflucht«.[305]

Flaubert, den Sartre als Sonderfall einer bereits vor 1848 konstituierten Misanthropie betrachtet, zeigt in seiner *Education* die Menschenfeindlichkeit als einen Erklärungsfaktor der Repression, denn Frédéric, der in Fontainebleau über »das ewige Elend von allem« sowie darüber meditiert, daß man dem Nächsten nicht trauen könne[306] und dabei zum Mitschuldigen der Massaker wird, ist gewiß nicht das Sprachrohr Flauberts, eher schon sein erbarmungslos entblößtes schlechteres Ich. Nihilismus und Misanthropie stellen für Flaubert Versuchungen dar, denen er schreibend begegnet, im Gegensatz zu einem Leconte de Lisle, der sie in seiner Dichtung regelrecht ausagiert. In seiner gehässigen Erstarrung ist der Parnassien – und insofern hat Sartre ihn zu Recht angeprangert – der Vertreter einer unter damaligen Intellektuellen nicht eben seltenen Weise, mit dem Fehlschlag von 1848 sich abzufinden. Lacaussade findet in seinem Gedicht *Les Soleils de Juin (Die Sonnen des Juni)* eine treffende Formel für diese verlorene Generation: »cœurs morts«, »tote Herzen«.[307]

Natur

Der Gedanke an die Natur ist ein Randmotiv der Juni-Texte und oft genug Ausdruck der Misanthropie. Das reicht von einer harmlosen Briefbemerkung Hugos an den Freund Ulric Guttinguer, er beneide ihn, eingeschlossen im tobenden Paris, um die Bäume und Blumen[308], bis zur Fontainebleau-Idylle der *Education*, deren Held ja auf perfide Weise die »ewige Natur« sowie Kunst und Liebe gegen das erbärmliche Treiben, die *agitations*, der Menschen ausspielt. Paul de Molènes, Dichter, Dandy und Offizier der Mobilgarde in einer Person, erinnert sich seinerseits beim Rückblick auf die Schrecken des Jahres 48 jener »Natur, deren Gesetze Gott über unsere tollen und mörderischen Einfälle zu stellen geruhte. Gleichwohl hatte selbst die Heiterkeit der Felder etwas bohrend Melancholisches für ein Gemüt, das von dem Unglück seiner Zeit schmerzlich bewegt war« etc.[309] Viele Juni-Texte gedenken des schneidenden Kontrasts zwischen der sommerlich lachenden Natur und dem furchtbaren Pariser Geschehen, wobei die Erinnerung an das Blau des Himmels, die Sonne, Vogelgezwitscher, einen vor den Barrikaden herumtaumelnden Schmetterling o. ä. bisweilen förmlich wie eine Deckerinnerung zu wirken scheint. Bei Baudelaire wird ein halb domestiziertes Naturwesen, der Schwan, zum Symbol des aufständischen Volkes selber. Der Arbeiterschriftsteller Gilland, ein Junigefangener und Schützling G. Sands, widmet ein zum Zeitpunkt seiner Gefangennahme verfaßtes Gedicht – jedenfalls hat er es auf den 26. Juni 1848 datiert – einer *Petite Marguerite.*[310] Beliebt sind damals sentimentale Chansons, in denen liebende Frauen an potentielle oder wirkliche Junikämpfer die Mahnung richten, Paris zu meiden, im Schoß der Natur zu verharren oder dorthin zurückzukehren.[311] Das Thema des erwähnten Junigedichts von Lacaussade ist der Versuch eines Jünglings, eines »traurigen Kindes der großen Städte«[312], sich in einem Walde von einer lebensbedrohenden Enttäuschung zu erholen. Andere Autoren werfen die Frage auf, ob diese geschichtliche Katastrophe nicht Natur und Kosmos selbst in Mitleidenschaft gezogen habe: »Schwanken denn sämtliche Sterne durch den Himmel? / Wandert die verfinsterte Sonne sorgenvoll / Wie ein zum Sterben verurteilter Greis am Rande des Abgrunds?«[313], dichten Prarond/Le Vavasseur. Dumas merkt minder rhetorisch über den Abend nach der Junischlacht an: »Die Sonne scheint in einem See von Blut untergegangen zu sein«[314], was schon auf Vallès' Vision des Himmels von Paris nach der *Semaine sanglante* des Mai 1871 vorauszudeuten scheint: »Er ist von einem grellen Blau, mit roten Wolken durchsetzt. Er gleicht einer großen, blutgetränkten Arbeiterjoppe.«[315] In entgegengesetzte Richtung wie bei Prarond/Le Vavasseur geht die Anthropomorphisierung der Gestirne bei Heine, der keineswegs, wie die Verfasser von *Dix Mois de Révolution,* seinen eigenen Menschheitsüberdruß in die Sterne projiziert. Zwar lobt er sie für die Klugheit, mit der sie sich »in sichrer Ferne / Von dem bösen Erdenrund, / Das so tödlich ungesund (...) Vom fatalen Erdentreiben, / Von dem Klüngel und Geruddel, / Von dem Erdenkuddelmuddel« halten, gleichzeitig aber distanziert sich Heine mit Hilfe des Sternen-Vergleichs von jeder Tendenz zur Unempfindlichkeit, zu dem, was Sartre *le survol* genannt hat, und plädiert für eine Kunst der *goldnen Tränen* (und das mit dem ihm eigenen, hintergründigen Humor): »Mitleidsvoll aus ihrer Höhe / Schaun sie oft auf unser Wehe; / Eine goldne Träne fällt / Dann herab auf diese Welt.«[316] Erwähnt sei schließlich die kuriose Vorstellung des »mystischen Heiden«

Louis Ménard, daß die Sterne mit Jahrhunderten Verspätung der Verbrechen ansichtig würden, die auf unserm Planeten begangen werden, und daß die Stimme des ewigen Gewissens ein: »Oh, Mörder!« durch den Raum spreche: »Zu jeder Stunde, für ewige Zeiten wird das Echo jener Stimme im Raume widerhallen.«[317] Obschon Ménard von Verbrechen im allgemeinen spricht, scheint dieser Gedanke unverkennbar von dem Erlebnis der Verdrängung der Junimassaker inspiriert.

Extermination / Vernichtung / Ausrottung

Das besondere Grauen der Junitage hängt mit der Devise des »Il faut en finir!« (»Dies muß ein Ende haben!«) und mit der Art zusammen, wie sie aufgefaßt wurde. Ein Fanatismus der Extermination spukt in den Köpfen, sei es als aktives Exterminieren-Wollen, sei es als Gefühl einer radikalen Bedrohtheit durch den politischen Gegner bzw. die Vertreter der anderen Klasse. Naturgemäß sind es vor allem die Opfer der Repression, die sich als Objekt eines Ausrottungsfurors fühlen, und so gesehen ist der Vorwurf, die Bourgeoisie wolle das Volk oder die Arbeiterklasse bzw. die Sozialisten ausrotten, nur das Pendant der Anschuldigung, die Roten wollten Eigentum, Familie, Religion zertrümmern. Der Gedanke, die Bourgeoisie wolle das Proletariat liquidieren, stützt sich auf alte und neueste Erfahrungen mit der Reaktion insgesamt oder einzelnen ihrer Vertreter. Bezeichnend für solche Extrapolationen ist der Bericht des Korrespondenten der *Neuen Rheinischen* vom 27. Juni aus Paris: »Ein feiner Mann im Café de France (rue Bussy) beteuerte, die Ouvriers müßten sämtlich tot gemacht werden, und da man ihm bescheiden bemerkte, Ouvriers seien gewissermaßen doch notwendig, ward er sehr verdrießlich.«[318] Vorher schon hatte Friedrich Engels betont: »Die Bourgeoisie führt mit klarem Bewußtsein einen Vernichtungskrieg gegen sie (i. e. die empörten Arbeiter, D. O.)«[319] und sich zur Erhärtung seiner These auf die *Indépendance Belge* berufen, »die selbst ein Bourgeoisblatt ist«.[320] Am 1. Juli zitiert er dann aus einem weiteren »Bourgeoisblatt«, dem *London Telegraph*: »Die unwissende, wenn nicht böswillige Regierung (...) hat zuerst die Arbeiter gegen die Mittelklasse gehetzt und ist jetzt *der letzteren behilflich, die (...) wütend gewordenen Arbeiter von der Erde zu tilgen.*«[321] Baudelaire hatte am Vorabend des Aufstands vor konservativen *agents provocateurs* gewarnt, deren Manöver auf den Bürgerkrieg hinausliefen, »auf den entsetzlichsten, blutigsten Vernichtungskrieg, den die Geschichte jemals zu verzeichnen gehabt haben wird«.[321a] Tatsächlich sind es keineswegs nur die Angehörigen der äußersten Linken, die der Reaktion unterstellen, das Volk exterminieren zu wollen, auch Renan etwa räumt implizit eine solche Absicht ein, wenn er bemerkt, »das einzige Heilmittel gegen das schreckliche Übel, das den Gesellschaftskörper befallen hat, besteht darin, jene Klasse, von der den Reichen ewiger Krieg droht, zu vernichten, (...) nicht etwa durch Massaker – denn das wäre zugleich schrecklich und unmöglich –, sondern durch moralische Erziehung und ausreichenden Wohlstand«.[322] Zwar hält sich der Vorwurf in etlichen Formulierungen noch im Irrealis des »Als ob«, so auch bei Cabet, der feststellt, die Reaktionäre benähmen sich, »als wollten sie, daß die Arbeiter samt und sonders getötet würden«[323], bei Fanny Lewald, die in ungläubigem Entsetzen ausruft: »Kann man denn die Hälfte der Menschheit todtschießen?«[324] oder bei Charles Gille, der bloß an der Durchführbarkeit der dem Gegner unterstellten Absicht zweifelt: »Kann man einem ganzen Volk das Grab schaufeln?«[325], doch wiegt er darum nicht minder schwer. In seinem Chanson *Juin 1848* dürfte Eugène Pottier die schwarze Erbitterung der Pariser Arbeiter nach ihrer Niederlage getroffen haben, wenn er ihnen die Aufforderung in den Mund legt: »Ihr Erzmörder, führt Euren Feldzug zu Ende! / Mag unsere ganze Rasse mit uns untergehen!«[326] Einen ähnlichen Tonfall hat die lapidare Feststellung aus einem jener Artikel des *Représentant du Peuple*, mit denen Proudhon nach dem Juni 48 die Öffentlichkeit wachzurütteln versuchte: »Den Proletarier gibt es nicht länger. Man hat ihn auf den Schindanger geworfen.«[327] Und Herzen beschließt das Juni-Kapitel seines *Vom anderen Ufer* mit einer fast satanischen Provokation: »Und deswegen lebe das Chaos und die Extermination! Vive la mort! Platz der Zukunft!«[328] Denn der Russe gebraucht die Termini *Extermination* und *Chaos* als eine trotzige Antwort auf die konservative Behauptung, dies seien die Zielsetzungen der »Anarchisten«. Allerdings ist diese Verwendung von *Extermination*, als Synonym von *destruction*, zumindest mißverständlich, weshalb die Ausgabe von 1858 verbessert: »Es lebe das Chaos und die Zerstörung!«[329]

Im Rückblick auf den Juni warnt Blanqui aus dem Gefängnis

Daumiers prophetische Erinnerungskunst (1):
Die Statuen der Zukunft, April 1868
(Auf den Denkmälern posieren drei ideale Helden
der Extermination)

heraus die Linke wiederholt vor einer nachgiebigen Politik gegenüber einer »erbarmungslosen Kaste, die keine andere Weise kennt, mit dem Volk umzugehen, als es auszurotten!«[330] Noch bei den Wahlen von 1863 will er die Pariser daran erinnern, daß der für die liberale Opposition gegen das Empire kandidierende Eugène Pelletan im Juni 48 als Redakteur der *Presse* und des *Bien Public* »einer der Hohepriester der Extermination«[331] gewesen sei. Auch Marouck ist davon überzeugt, daß die Presse zu einem Ausrottungsfeldzug gegen die Roten aufgerufen habe, in seiner Monographie apostrophiert er die »Jésuites« der Journale: »dank euer und eurer Umtriebe war die gesamte Bevölkerung ausgerottet worden«.[332] In subtilerer Form kommen die *Fleurs du Mal* auf den Exterminations-Vorwurf zurück. Baudelaire rückt ihn, ohne den Terminus, der allzu verräterisch wäre, selbst zu verwenden, ins Zentrum seiner Beschreibung der gesellschaftlichen Befindlichkeit der Moderne. Die Allegorie des Ennui selbst ist es, von der im Einleitungsgedicht gesagt wird, daß sie von Schafotten träume, daß sie die Erde liebend gern in ein Trümmerfeld verwandeln und die Welt in einem Gähnen verschlingen würde, wobei die vorausgehenden Verse auf wahrhaft kunstvolle Weise Motive der hysterischen Kampagne der Juni-Presse gegen das aufständische Proletariat anklingen lassen. Und *La Destruction (Die Zerstörung)* evoziert wie in einer Halluzination »Des vêtements souillés, des blessures ouvertes, / Et l'appareil sanglant de la Destruction!« (»Blutbefleckte Kleider, offene Wunden / Und die blutige Apparatur der Zerstörung!«) Der Band endet mit einem Hymnus auf den Tod, einer Verfluchung des Lebens, worin der Wahlspruch des Juni »Brot oder Tod« variiert wird. Nun lautet die Forderung: ein Leben ohne Langeweile oder der Tod! Mithin erscheint der Despotismus des Ennui als die Fortsetzung der Schreckenserfahrung des Juni 48.

Bei Flaubert ist das Exterminations-Motiv ähnlich diskret in den dritten Teil der *Education* eingeschrieben, recht deutlich klingt es im Moment des Ausbruchs der Februarrevolution an, wo der Leichtsinn des verliebten Helden wie folgt begründet wird: »denn es gibt Situationen, in denen selbst der unaggressivste Mensch den andern derart fernsteht, daß die ganze Menschheit umkommen könnte, ohne daß sein Herz lauter schlagen würde«.[333] Diese erstaunliche Bemerkung, die dem teilnahmslosen Erzähler am Übergang zum Revolutionsteil des Romans gleichsam entschlüpft, erweist sich in der Folge als Schlüssel zum Verständnis der falschen Idylle, die Frédéric während der Junischlacht an der Seite Rosanettes im Wald von Fontainebleau erlebt und in der Flaubert den unschuldig sentimentalen Aspekt einer Unerbittlichkeit entdeckt, über deren ökonomische Hintergründe er so wenig Zweifel läßt wie ein typischer Vertreter des 48er Sozialismus, H. Castille, der das, was Flaubert kompositorisch zu verstehen gibt, in seinem Popularroman drastisch ausspricht: »Was macht es schon, wenn die eine Hälfte der Welt die andere abschlachtet (...), solange nur die Rente nicht fällt.«[334] Doch auch bei Flaubert fällt schließlich das Schlüsselwort der Klassenkämpfe der Zweiten Republik und das in der elliptischen Schlußszene, die dem Staatsstreich Louis-Bonapartes gewidmet ist und wo die Ursachen der Inaktivität von Volk und Bourgeoisie in zwei Nebensätzen namhaft gemacht werden. Ein Arbeiter antwortet Frédéric auf die Frage, ob man sich nicht schlagen wolle: »Wir sind doch nicht so blöd und lassen uns für die Bourgeois abmurksen! Mögen sie sehen, wo sie bleiben!« Woraufhin ein feiner Passant murmelt, »indem er den Bewohner der Vorstädte finster ansah: ›Sozialistenhunde! Könnte man sie doch dieses Mal ausrotten!‹«[335] Flaubert bestätigt damit implizit den Korrespondentenbericht der *Neuen Rheinischen Zeitung*, er zeigt überdies, daß der Exterminationswunsch, der im Juni nicht restlos in Erfüllung gegangen war, ungebrochen fortbestand und nur auf die Gelegenheit lauerte, sich äußern zu dürfen.

Tod / Ende der alten Welt / Apokalypse oder Neugeburt

Nicht nur aus Flauberts *Education* und Baudelaires *Fleurs du Mal*, aus der 48er-Literatur insgesamt spricht etwas Apokalyptisches. Allenthalben wird die Frage gestellt, ob nunmehr das Ende der Welt gekommen sei. Diese Endzeitstimmung, vorübergehend, aus der Panik des Augenblicks geboren bei den einen und wie weggeblasen durch den Sieg der Ordnung – ein Zitat für viele von Xavier Doudan: »Die edelsten und die schlimmsten Gefühle der Menschennatur haben einander vier Tage lang bekämpft wie in jenen Schlachten des Himmels, von denen die Apokalypse spricht. Dieses Mal ist der Teufel nicht Sieger geblieben, aber noch fletscht er entsetzlich mit den Zähnen«[336] –, verfestigt sich bei den anderen, die sich durch den späteren Geschichtsverlauf in ihrem Pessimismus bestätigt sehen. Sie kann die Form einer globalen Verzweiflung annehmen wie bei Leconte de Lisle, sie kann aber auch gerichtet sein, dann ist es die »alte Welt«, deren Ende sie vorhersagt. Nicht immer sind beide Formen von »Untergangsliteratur« – wie man damals sagte – klar voneinander zu trennen, einmal, weil die Autoren selbst nicht immer recht wissen, ob sie das Weltende eher befürchten oder herbeisehnen sollen – der Prototyp dieser

Ambivalenz scheint mehr noch als Heine Baudelaire zu sein –, zum anderen, weil sie teilweise ihre schadenfrohen Voraussagen vom Ende des bürgerlichen Zeitalters in entweder sehr allgemein gehaltene oder ironisch entstellte Visionen kleiden. Heines Spätwerk, Baudelaires Lyrik einschließlich seiner Prosagedichte, unter denen ein Text mit dem Titel *La Fin du Monde* hätte figurieren sollen[337], Herzens Schriften aus Frankreich und in gewissem Sinne auch die Romane Flauberts haben nicht zuletzt das Gemeinsame, daß sie sich als »Apotheosen des Todes« (Herzen) lesen lassen. In ihnen erscheint der Tod als Zufluchtsort vor einer unerträglich gewordenen Wirklichkeit, als deren Negation, als das, was diese letztendlich zerstören wird, aber auch als deren Inbegriff, der im Gefühl des Ennui sich unverkennbar manifestiert. Wenn Herzen empfiehlt, »den *Tod* als frohe Botschaft der nahenden Erlösung«[338] zu predigen, so verquickt er die Vorstellung von einem Opfertod des Volkes im Juni 48 mit seiner Überzeugung, daß der Tod der alten Welt durch den Sieg der Ordnung nähergerückt sei, nicht zuletzt deshalb, weil alle romantischen Illusionen der bürgerlichen Revolution durch dieses Ereignis vernichtet worden seien. Trotzdem müsse jeder Sozialist darauf achten, daß er alle Spuren der alten Welt in sich selber tilge, er müsse zum ständig wachsamen Fouquier-Tinville in bezug auf die eigene Verhaftetheit ans Alte werden. Es gehört zu den Ungereimtheiten von 1848, daß Herzen dieses Postulat in einem kirchlichen Motto zusammenfaßt: »*Den Tod mit dem Tod besiegend.* (Aus der Frühmesse des Ostersonntags.)«[339]

Selten wird, wie bei Herzen, das Schema von Tod und Neugeburt in einer Perspektive der Selbstkritik verwendet, meist dient es zur metaphorischen Beschreibung einer historischen Dialektik, der man gewiß sein zu dürfen glaubt. So bei Marx, der die Juniniederlage als »die mörderischen Todeswehen der alten Gesellschaft«[340] begreift. Der Arbeiterdichter Rabineau verwendet ein Bild, das an das Marxsche von der Trikolore erinnert, die in das Blut der Juniinsurgenten getaucht, zur roten Fahne geworden sei: »Man wähnt sie [die soziale Republik] tot, doch wird ihr Grab / Zu ihrer Geburtsstätte.«[341] Alfred Meißner schöpft aus demselben Allegorienfundus, wenn er »die neue Zeit (...) eine kreisende Riesin«[342] nennt. Proudhon urteilt, erst durch die Repression sei die Revolution aus einem Gespenst zu einer Realität geworden, »ein lebendiger Körper, ein Riese, der sie [die Repression] bei der ersten Bewegung zertreten kann«[343], was wiederum Baudelaire in *Assommons les Pauvres!* illustriert, wo eine böse Tracht Prügel auf einen hinfälligen Greis als Jungbrunnen wirkt, der den Mißhandelten in einen potentiellen Spartacus verwandelt.

Doch sind es nicht nur die Revolutionäre, die sich auf eine solche Dialektik berufen: ihre bürgerlichen Gegner begrüßen den blutig erkämpften Sieg der Ordnung mit ähnlichen Bildern wie die Linke die Niederlage des Proletariats. »Dieser entsetzliche Kampf, (...) die letzten Wehen, aus denen die neue Welt hervorgeht: die heilige Freiheit ist da«[344] schreibt der gemäßigt republikanische *Charivari*, und das liberale *Frankfurter Journal* nennt die Junischlacht »eine grauenhafte, aber gewiß nur heilsame Bluttaufe«[345] der Republik, weshalb Herzen über diese Republikaner bemerkt: »Sie werden die Todesqualen des Sterbenden für die Wehen halten, die einer Geburt vorausgehen.«[346] Zu diesem Typus dürfte auch der junge Renan zu rechnen sein, der weder durch den Anblick der Massaker noch durch die Weltuntergangsstimmung seiner konservativeren Schwester von seiner Zuversicht abzubringen ist: »Man darf dieses riesenhafte Kreißen der Menschheit nicht aus der Nähe sehen.«[347] Des Fortschritts nicht ganz so sicher ist der Schweizer Amiel, der am 29. VI. 48 in sein Tagebuch notiert: »Eine neue Gesellschaft muß kommen (...). Wird die gegenwärtige Gesellschaft von allein gebären können oder wird der Embryo die Mutter zerreißen?«[348] Auch für Lorenz von Stein steht die alte Welt nach dem Juni am Scheideweg: »Eine Epoche, die entweder den Anfang einer glücklichen und harmonischen Weltordnung, oder das Absterben Europas enthält, beginnt.«[349]

Paris

In seiner Parlamentsrede vom 20. Juni 48 hatte der Abgeordnete Victor Hugo die Notwendigkeit eines festen Vorgehens gegen die Arbeiter der Nationalwerkstätten mit der welthistorischen Rolle von Paris begründet.[350] Die Junischlacht war für ihn eine Verteidigung der Zivilisation und ihrer Hauptstadt Paris. War Paris gerettet, so war es die Zivilisation, ja die gesamte Menschheit. Folglich sieht Hugo, wie das ganze offizielle Frankreich, nach dem Sieg der Ordnung Grund aufzuatmen. Anders Mérimée, für den die Juniereignisse einen kaum zu tilgenden Makel auf der Stadt zurückließen. Blasiert schreibt er an eine Freundin: »Das also ist es, Gnädigste, was in diesem Hort der Zivilisation namens Paris gesprochen und getrieben wird.«[351] Für ihn ist die Stadt nicht mehr zu retten, es sei denn, man entschlösse sich, sie abzureißen: »Was mich angeht, halte ich es für ausgeschlossen, daß in Frankreich jemals wieder Ordnung herrscht, es sei denn, man raffte sich dazu auf, ganz Paris dem Erdboden gleichzumachen.«[352] Sainte-Beuve gehört zu denen, die durch den Gang der Ereignisse zu dem Schluß kommen, »daß nichts anderes übrigbleibt, als die verfluchte Stadt zu verlassen und anderswo ein Unterkommen zu suchen«.[353] Ein Exodus von Literaten, Künstlern und Intellektuellen setzt ein, und zwar sowohl von solchen, die aus Entrüstung über die zu lasche Regierung Paris und oft auch Frankreich verlassen (Sainte-Beuve, Balzac u. a.)[354], als auch von solchen, die wegen der Brutalität der Repression an der Republik und an Paris verzweifeln. Zur Gruppe der letzteren gehört George Sand, die sich bereits nach dem 15. Mai auf ihr Landgut nach Nohant zurückzog und die Ende Juli an ihren Schutzbefohlenen, den gefangenen Arbeiterdichter Gilland schreibt, in solchen Zeiten vergesse man beinahe sein eigenes Unglück, »um über Jerusalem zu weinen«.[355] Andere Liebhaber des »neuen Jerusalem«, die mit der Stadt chiliastische Hoffnungen verbunden hatten, wenden sich entsetzt von ihr ab oder weinen wie Jeremias über ihren Trümmern.[356] »Paris! Wie lange hat dieser Name den Völkern als Leitstern geleuchtet, wer hat es nicht geliebt, verehrt? Aber seine Zeit ist vorüber, möge es denn von der Bühne abtreten. In den Junitagen hat es einen gewaltigen Kampf begonnen, mit dem es nicht fertig werden wird. Paris ist alt geworden und Jünglingsträume stehen ihm nicht mehr zu Gesicht (...) Paris hat ohne Urteil füsiliert... Was wird aus diesem Blut hervorgehen?... Wer weiß es...«[357] Mit diesen Worten sagt sich Alexander Herzen von der Stadt los, die er geliebt hat, wie nur ein ausländischer (aus einem Land, in dem die Knute herrscht) gekommener Revolutionär Paris lieben konnte. Pathetisch schildert er den Abschiedsblick, den er im Moment des Ausbruchs der Insurrektion, am Nachmittag des 23. Juni, über das Panorama von Paris schweifen ließ: »Ich habe Paris in diesem Augenblick heiß geliebt; es war der letzte Tribut an die große Stadt: nach den Junitagen ist sie mir widerwärtig geworden.«[358] Doch im Gegensatz zu vielen seiner russischen Freunde kann Herzen sich zunächst nicht entschließen, Paris zu verlassen. Erst im Sommer 1850, als er wegen seiner politischen Aktivitäten ausgewiesen wird, übersiedelt er nach Nizza. Ein Hauptgrund seiner Entschlußlosigkeit liegt wohl darin, daß es keine wirkliche Alternative zu Paris mehr gab. Nachdem deren Leitstern verloschen war, erging es den Freunden der Freiheit so, wie Heine in dem Gedicht *Jetzt wohin?* des *Romanzero* es schildert. Auch er, krank wie er war, trug sich nach dem Zusammenbruch der Revolution mit Auswanderungsgedanken: »Traurig schau ich in die Höh, / Wo viel tausend Sterne nicken – / Aber meinen eignen Stern / Kann ich nirgends dort erblicken.«[359] Mit dem Fall von Paris wurde ihnen die Welt zum Labyrinth oder, wie Heine in einem Brief schreibt, zum »Weltkuddelmuddel«[360], ein Ausdruck, der, leicht abgewandelt, in dem oben zitierten Gedicht wiederkehrt, das die Sterne ob ihrer Klugheit lobt, sich »Vom fatalen Erdentreiben / (...) / Von dem Erdenkuddelmuddel« fernzuhalten. Und die Verse über das zertrümmerte Jerusalem aus den *Hebräischen Melodien* des *Romanzero* könnten mit Blick auf das Nach-Juni-Paris geschrieben sein, denn Jehuda ben Halevy ist ganz offenbar ein alter ego des sterbenden Liebhabers der Lutetia: »Auch Jehuda ben Halevy /Starb zu Füßen seiner Liebsten, / Und sein sterbend Haupt, es ruhte / Auf den Knien Jerusalems.«[361]

Wie schon angedeutet jammerten auch die Ordnungsfreunde über Paris. Hector Berlioz beklagt es, daß er nach seinem Gastspiel in London wieder »in diese Hölle Paris«[362] zurück müsse, Henriette Renan ist außer sich vor Verzweiflung: »Unglückseliges Paris! ... Armes Frankreich! ... Nun ist alles zu Ende für es; wir haben die letzten Tage seiner Größe erlebt (...), ein andermal wird die Gewalt triumphieren und dann wird das letzte Wort gesprochen sein: von Paris, jenem Wunderwerk des modernen Europa, wird nur noch ein Trümmerfeld übrigbleiben«[363], schreibt sie aus ihrem polnischen Exil an den Bruder und will ihn dazu überreden, dieser Stadt des Unheils unverzüglich den Rücken zu kehren. Ihre Lamentationen sind nicht etwa typisch weiblich, eher schon typisch provinziell, aus ihnen spricht die Angst der Provinz vor dem revolutionären Paris, welche auch den hysterischen Eifer erklärt, mit dem die Nationalgarden der Provinzen sich an der Niederschlagung des Aufstandes und mehr noch an der »Bestrafung« der Insurgenten beteiligten. Aus echt provinzieller Sicht begreifen Prarond/Le Vavasseur die Junischlacht als einen Auf-

Barrikade Rue Ménilmontant

stand von Paris gegen Frankreich und die Repression als eine Züchtigung der stolzen Metropole, die dem Land schon allzu lange ihren republikanischen Willen aufgezwungen hatte: »Paris, hast du diese erste Lektion richtig verstanden, / Die dein angestammter Übermut an diesem Tag erhalten hat? / Der Übermut, der dir bis dahin so oft zum Guten ausgeschlagen war? / Jetzt wissen wir, wohin deine breiten Straßen führen: / Alle die Übel, die du uns schickst, / können sich eines Tages auch gegen dich kehren.«[364] G. Sand hat in ihrem Vorwort zu *Cadio* dem Haß der Provinz auf Paris, der in den Junitagen ausbrach, ebenso ein Denkmal gesetzt wie Flaubert in der *Education* – durch die Gestalt des Père Roque[365] – und in *Bouvard et Pécuchet* durch die Beschreibung der Hysterie, von der die Bourgeois von Chavignolles in den Junitagen oder kurz danach ergriffen wurden, als es galt, Jagd auf flüchtige Aufständische zu machen. Der deutsche Sonderbotschafter von Raumer stand mit seiner Ansicht: »Eine Hauptstadt wie Paris ist ein natürliches, aber nicht zu bezweifelndes Unglück«[366], keineswegs alleine da – es war dies die Überzeugung fast aller Konservativen in Frankreich wie in Europa.

Andere Zeugnisse betonen nicht so sehr den Gegensatz zwischen Paris und Frankreich als vielmehr den Riß, der quer durch die Hauptstadt selbst verläuft. Nie zuvor war so deutlich geworden, daß es zwei Paris gab: ein Paris der Reichen und eines der Armen. Sehr eindrucksvoll erläutert Castille diese »topographie sociale« anhand des Plans von Paris während der Junitage[367], Reisende wie Alfred Meißner haben den Kontrast zwischen dem vornehmen, leuchtenden Paris der Boulevards, dem »Ballsaal der Welt« und der »Metropole des Elends«, der im Sommer 48 bombardierten östlichen Hälfte der Stadt, plastisch dargestellt[368], Marx, in seinem großen Artikel *Die Junirevolution,* hat ihn in einem einzigen Bilde konzentriert, in der schon zitierten Evokation der Siegesfeiern vom 25. Juni, »als das Paris der Bourgeoisie illuminierte, während das Paris des Proletariats verbrannte, verblutete, verächzte«.[369] Der Kontrast zweier Paris-Ansichten wurde häufig auch chronologisch-moralisch gefaßt im Sinne einer Gegenüberstellung des schönen Februar- und des häßlichen Juni-Paris (denn Paris kann zum Synonym des Volkes, der Republik, der Freiheit werden). So in dem Projekt gebliebenen Epilog zu den *Fleurs du Mal*: »Tes petits orateurs, aux enflures baroques, / Prêchant l'amour, et puis tes égouts pleins de sang, / S'engouffrant dans l'enfer comme des Orénoques« (»Deine kleinen Redner, die barock schwülstig / Liebe predigen, und dann deine Rinnsteine, in denen das Blut schwimmt, / Die, jeder ein Orinokos, in die Hölle hinabstürzen«)[370], in der *Education sentimentale* oder schon beim jungen Engels: »Ich hatte Paris wiedergesehen in dem kurzen Rausch der republikanischen Flitterwochen, im März und April (1848), wo die Arbeiter, die hoffnungsvollen Toren, der Republik mit der sorglosesten Unbedenklichkeit ›drei Monate Elend zur Verfügung stellten‹ (...). Ich kam (...) im Oktober wieder. Zwischen dem Paris von damals und von jetzt lag der 15. Mai und der 25. Juni, lag der furchtbarste Kampf, den die Welt je gesehen, lag ein Meer von Blut, lagen fünfzehntausend Leichen. Die Granaten Cavaignacs hatten die unüberwindliche Pariser Heiterkeit in die Luft gesprengt (...) Aber Paris war tot, es war nicht mehr Paris. Auf den Boulevards nichts als Bourgeois und Polizeispione (...) kurz, es war wieder das Paris von 1847, aber ohne (...) das Feuer und das Ferment, das die Arbeiter damals hineinbrachten. Paris war tot, und diese schöne Leiche war um so schauerlicher, je schöner sie war.«[371]

In der Literatur des Second Empire verschiebt sich der chronologische Kontrast – es sei denn, es ginge um die Vergegenwärtigung der Geschichte des Jahres 1848 selbst – und es wird pauschal das neue Paris Napoleons III. mit dem alten, vorhaussmannschen Paris verglichen, wobei eine Partei den Fortschritt und »la Fée Industrie«[372] feiert, die andere hingegen ins alte, bevölkerungsmäßig noch nicht entmischte, noch nicht strategisch verschönerte Paris der Aufstände und Revolutionen sich zurücksehnt. Der Heine der *Babylonischen Sorgen* gehört, wie der Baudelaire des *Cygne*, zu jenen, die das »singende, springende, schöne Paris« des Kaisers, das durch die Junischlacht vorbereitet wurde, ablehnen und die Zeiten, in denen noch kein sozialer Friede herrschte, herbeiwünschen. Da es aber unmöglich war, solche Wünsche unverhüllt auszudrücken, verkleidet Heine sie ironisch, indem er dem neuen amüsiersüchtigen Paris eine durch wilde Bestien und Unwetter verunsicherte Landschaft gegenüberstellt, in der das revolutionäre Paris metaphorisch aufgehoben ist.[373] Baudelaire erinnert sich angesichts des *nouveau Louvre* eines seinem Käfig entwichenen, Blitz und Donner herbeirufenden, Gott selbst herausfordernden Schwanes, der verzweifelt im Staube badet: das allegorisch-metaphorische Verweisungssystem des Gedichts legt es nahe, in dem Vogel ein Emblem des aufständischen Juni-Volkes zu sehen. Was seine Kritiker dem neuen Paris absprechen, das ist Echtheit; »der Charakter der Stadt ging in dem Maße verloren«, sagt Herzen, »als

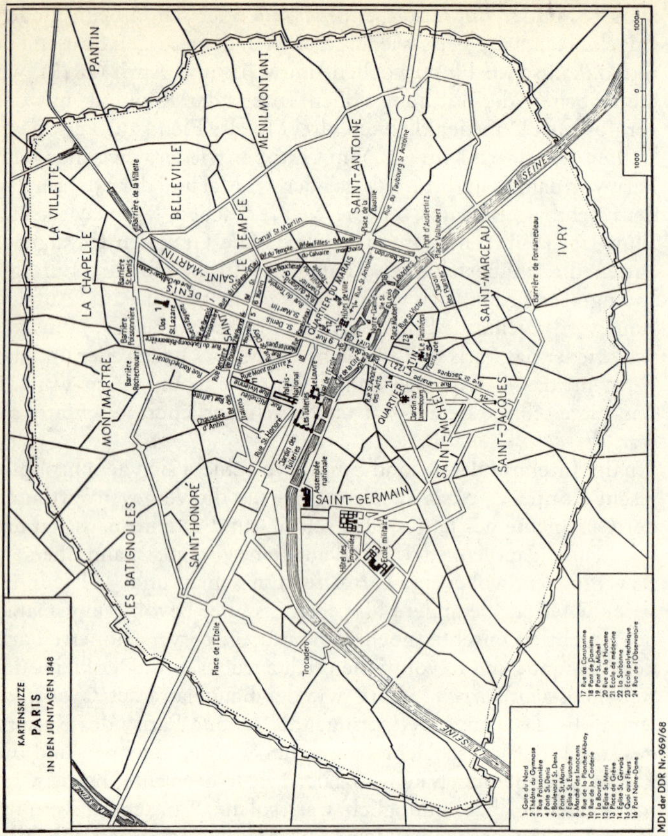

Kartenskizze von Paris in den Junitagen 1848

sie in den Ruf geriet, ein Welthotel zu sein, eine Karawanserei, und dabei hat sie ihre ursprüngliche Persönlichkeit, die heiße Liebe wie brennenden Haß (...) einflößte, eingebüßt«.[374] Langeweile und, was fast dasselbe ist, Amüsierwut haben die hohen Leidenschaften von einst verdrängt. Der Preis, den Paris dafür zu entrichten hat, ist, daß es zur Attrappenhauptstadt geworden ist, was nirgends schlagender demonstriert wird als in Jacques Offenbachs Operetten. Paris ist das Phantasma eines Provinzlers vom Sündenbabel geworden, in Wirklichkeit aber ist es tot wie die finsterste Provinz, weshalb es Heine – freilich verdeckt wie fast immer – mit Krähwinkel[375] und Dostojewski mit Heidelberg[376] vergleicht.

Erschien das *neue Paris* vielen Betrachtern als eine bloß noch scheinlebendige Stadt, ja als eine Art Ausgeburt des Todes, so wurde das Paris der Junischlacht und des anschließenden Belagerungszustandes häufig als Nekropole beschrieben. Einen breiten Raum in der Juni-Literatur nimmt die Schilderung bzw. die Evokation des unheimlichen, des geradezu gespenstischen Anblicks ein, den die Stadt während der Junitage und unmittelbar danach Bewohnern wie Touristen bot. Ohne zu übertreiben, darf man behaupten, die Stadtbeschreibungen aus jenen Tagen und Monaten bilden ein wichtiges, bislang übersehens Kapitel in der Geschichte der Gattung der *Tableaux parisiens.* Solche Beschreibungen finden sich in Briefen, Zeitungsartikeln, Zeitschriftenaufsätzen, Reiseberichten bzw. Pariser Studien, in historischen Darstellungen, Tagebüchern, Memoiren oder Autobiographien von Angehörigen aller Klassen, namhaften wie anonymen, sie finden sich in Romanen und in der Lyrik, der bürgerlich gehobenen wie dem Arbeiterlied. Dabei verdienen die vergessenen oder übersehenen Beschreibungen, etwa von Renan, Dumas, Philarète Chasles, Castille, de Molènes, Vallès oder Marouck, nicht weniger Beachtung als die bekannteren von Herzen, Tocqueville, Hugo oder Flaubert. Aus der Zusammenschau all dieser Texte wird deutlich, wie tief das Bild des Juni-Paris in der Folge die Wahrnehmung der Stadt geprägt haben muß. Baudelaire war keineswegs der einzige, dessen *mémoire involontaire* die Stimmung jenes unheilvollen Paris der Junitage in sich aufnahm, welche dann wie eine Widerlegung des blendenden, neuen Paris bei entsprechender Gelegenheit wieder aufsteigen konnte. Unter den Texten über das Paris des Sommers 48 finden sich aber auch erste Zeugnisse eines Katastrophen-Tourismus, jener frivolen Schaulust am Entsetzlichen, die die Kommentatoren der *Semaine sanglante* des Mai 1871 so sehr empören sollte. Einer von denen, die sich beeilten, Schauer-Promenaden mit »Sehenswürdigkeiten« für die Herrschaften aus den westlichen Vierteln zusammenzustellen, also mit Ansichten besonders stark in Mitleidenschaft gezogener Plätze, Bauten oder Straßenzüge, ist Alexandre Dumas. Sein Artikel, der mit der leichtsinnigen Pirouette schließt: »So sind wir nun einmal: Vor drei Tagen tat es noch weh, heute dient es der Unterhaltung«[377], verdient als Muster seiner Art all jenen Texten an die Seite gestellt zu werden, die gerade das Unauslöschliche am Anblick des Juni-Paris hervorheben, wie es die *Neue Rheinische Zeitung* am 3. Juli tut: »Unvergeßlich wird aber jedem der Anblick der Stadt in den letzten drei Bluttagen bleiben: kein Wagen, kein Zivilreiter, kein Hund, kein Kind auf den Gassen, alle Fenster und Türen zu, kein Boot auf der Seine, kein Handwerksgeräusch, kein laufendes Brunnenwasser, fast kein Schornsteindampfen.«[378] Es ist dies die Stimmung der Radierungen Méryons, die nach dem Wort Baudelaires »die schwarze Majestät der unheimlichsten aller Kapitalen«[379] wiedergeben. Stärker wohl als je zuvor nimmt die Wahrnehmung von Paris nunmehr etwas Irreal(isierend)es an. Den Herrschaften, die durchs Lorgnon die von den Kanonen der Republik in den Arbeitervierteln angerichteten Verheerungen betrachten, erscheint, was sie sehen, als Schauspiel. Aber auch die Prachtbauten und -straßen des napoleonischen Paris haben etwas Unwirkliches, zumindest für die Gegner des Regimes, die hinter der Fassade des kaiserlichen Paris nach dem wahren fahnden, dem unwiederbringlich Verlorenen.

Frankreich / Franzosen

»Frankreich, oh mein Vaterland, (...) nun sind die schwärzesten Tage deiner Geschichte gekommen! Möge Gott dich schützen!«[380] Wie Balleydier, der die Geschichte der Mobilgarde schrieb, haben damals Millionen Franzosen gedacht und gebetet. Frankreich erschien vielen als der eigentliche Märtyrer von 1848. Hugo erblickt in ihm den neuen Heiland: »Erbarmen fürs Vaterland, das am Kreuz der Revolution blutet«[381], doch bleibt er zuversichtlich: »Frankreich wird gerettet werden«[382], auch wenn es ihm unfaßbar scheint, wie die Bürger einer Nation einander umbringen können: »Söhne desselben Frankreich und desselben Paris«.[383] Entschiedene Reaktionäre lösten dies Dilemma, indem sie den Insurgenten das Franzosentum absprachen und sie mit Beduinen, Barbaren oder wilden Tieren auf eine Stufe stellten: »Sagte ich ›Franzosen‹?/ Wie? werde ich bei diesem heiligen Namen / Die nennen, deren vatermörderische Stimme / Zum abscheulichen Kampf einlädt?/ (...) / Frankreich, behaupten sie, läge ihnen am Herzen: / (...)/ Wahnsinnige! in eurem Rasen ...« etc.[384] oder sie doch zumindest

Beaumont/Cicéri: *Rue de Charenton, 25. Juni 1848*

als mißratene Kinder bezeichneten: »Undankbare Söhne Frankreichs, / Vom Wege abgewichen durch den Irrtum, verdorben durch das Leiden ...«[385] Sainte-Beuve versucht, das ganze Hin und Her von 1848 als eine einzige Kinderei abzutun: »Oh, ihr Menschen und vor allem ihr, Franzosen! Kinder seid ihr!«[386] Anders Pierre Dupont: er dichtet nach dem Juni eine neue, pathetische Version der republikanischen Allegorie von der Mutter

Frankreich, in der sie nicht, wie etwa in dem Gemälde Daumiers, ihre Kinder nährt und unterweist, sondern mit ihren Söhnen blutet: »La France est pâle comme un lis, / Le front ceint de grises verveines; / Dans le massacre de ses fils, / Son sang a coulé de ses veines. / Ses genoux se sont affaissés / Dans une longue défaillance. / O Niobé des temps passés, / Viens voir la douleur de la France!« (»Frankreich ist wie eine Lilie so bleich, / Die Stirn mit grauen Verbenen bekränzt; / Bei dem Massaker ihrer Söhne / Floß das Blut aus ihren Adern. / Ihre Knie sind eingeknickt / In einer langen Ohnmacht. / Oh Niobe der Vergangenheit, / Komm, betrachte den Schmerz Frankreichs!«)[387] Diese so charakteristische 48er Allegorie kehrt dann, traumhaft entstellt, im *Cygne* wieder: »Andromaque, je pense à vous!« Duponts mit Niobe kontaminierte Frankreich-Figur betont den Schmerz der Mutter um ihre Söhne, Baudelaires Gedicht eher den Schmerz des Sohnes über den Fall der Mutter, die eines lächerlichen Tyrannen Beute wurde. Wie ein Bindeglied zwischen den Allegorien von Dupont und Baudelaire wirkt diejenige Alfred Meißners, der 1849 schreibt: »Bleich, krank, elend, vom Blute seiner Kinder besprengt, arm wie eine Bettlerin liegt das Land da, das einst das stolzeste und blühendste war, und aus dem Besitze des Afrikaners Cavaignac ist es in den Besitz eines Idioten übergegangen, dessen ganzes Verdienst darin besteht, der Schatten eines Namens zu sein.«[388]

Auffällig, daß Dupont der Allegorie des Nach-Juni-Frankreich etwas von Heiligen- oder Kreuzigungsbildern verleiht, wo es einem Großteil der Öffentlichkeit für ausgemacht galt, daß Frankreich nunmehr und womöglich für immer entehrt, mit Schande bedeckt sei. »Soweit hat das geistreichste und zivilisierteste Volk Europas es nun also gebracht«[389]: ein Gestus wie der Mérimées war damals gang und gäbe, der Ekel vor Frankreich und den Franzosen nicht allein Sache der Gesellschaftsschicht oder der politischen Überzeugung. Ausgesprochene Gallophile fühlen sich gründlich kuriert von ihrer Vorliebe, die einen wegen des Aufstandes, die andern wegen der Art seiner Niederschlagung. Herzen z. B. entsinnt sich, daß die Franzosen von jeher im Ausland als brutale Unterdrücker aufgetreten seien, »aber das ist gar nichts verglichen mit ihrem Benehmen im Bürgerkrieg: da werden sie zu wilden Bestien, zu Schlächtern der Bartholomäusnacht, Septembriseurs, zu den Mitrailleuren der Junitage«.[390] Amiel befindet, die Franzosen respektierten weder das Recht noch das Individuum, sie seien despotisch usw., kurz: »Für die Republik haben sie wenig Eignung und keine Reife.«[391] Henriette Renan, Erzieherin in einer polnischen Adelsfamilie, meint, ihrer Umgebung recht geben zu müssen, die bloß noch Mitleid für das in Fäulnis begriffene Frankreich übrig hat, wofür sie eine scharfe Rüge Ernests einstecken muß, der zu denen gehört, die trotz aller Greuel nicht am Fortschritt, an der Menschheit, an Frankreichs Sendung verzweifeln wollen: »und selbst wenn ich die Menschheit in Fetzen und Frankreich in den letzten Zügen daliegen sähe, würde ich immer noch behaupten, die Geschicke der Menschheit seien göttlich, und Frankreich werde an der Spitze derer stehen, die sie dereinst verwirklichen werden«.[392] Gerade der Juni beweise, daß Frankreich nach wie vor die Avantgarde der Völker bilde, »wie immer sind wir es, die für die Kosten der frühesten Experimente einstehen. Für die Ausländer ist es ein Leichtes zu lachen oder die Achseln zu zucken, wenn wir auf neuentdeckten Pfaden straucheln, wobei sie es sich gleichwohl vorbehalten, sie, wenn die Wege erst einmal geebnet sind, gleichfalls einzuschlagen.«[393] Es dürfte deutlich sein, daß diese Hoffnung nicht dasselbe beinhaltet wie die, die aus dem Satz Alfred Meißners spricht: »Der Geist von Paris ist noch nicht gebändigt.«[394] Renans Hoffnung gilt einem gemäßigten, »zur Vernunft gekommenen« Frankreich, die des Radikaldemokraten Meißner hingegen der sozialen Revolution, in welche »Frankreich als fortgeschrittenstes Land«[395] mit dem Juni eingetreten sei.

Aus einigen der hier angeführten Zitate geht hervor, daß die Besitzenden im Juni 48 den alten Anspruch, die Interessen Frankreichs wie der Menschheit allein und ausschließlich zu vertreten, mit zuweilen zynischem Nachdruck erneuerten. Den Zynismus unterstreichen z. B. Erckmann – Chatrian, wenn sie ihren Pfahlbürger Gaspard Fix den Vorwurf, er freue sich über das Unglück, das Frankreich getroffen habe, mit den folgenden Worten zurückweisen lassen: »Von Frankreich? – Frankreich, ist das etwa die Kanaille, sind das die Sozialisten, Kommunisten, Aufteiler, diese ganze Hunderasse? Frankreich ... Ho, ho! Das bin ich, das sind alle, die mir ähnlich sind, alle, die etwas besitzen!«[396] Hierin erkennt man eine plumpere Fassung des Kompliments wieder, das Thiers in Brechts *Tagen der Commune* am Ende der Versailler Gesellschaft, die mit Operngläsern der Zerstörung von Paris zu-

Daumiers prophetische Erinnerungskunst (2): *Nun, Herr Réac, reicht das vielleicht immer noch nicht?* (Die allegorisch dargestellte Hauptstadt Frankreichs zerrt den Bourgeois an die Massengräber von 1848 und 1851, das Blatt entstand wenige Wochen vor der *Semaine sanglante*), März 1871

sieht, macht: »Frankreich, das ist – Sie, Mesdames et Messieurs.«[397] Mehr denn je wird nach dem Juni 48 die Spaltung Frankreichs in zwei »Nationen« bewußt, die in dem Verbrüderungsrausch des Februar überwunden schien.

»Überall ward der Junikampf der Wendepunkt der europäischen Geschichte (...) Der Belagerungszustand von Paris ward ein europäischer Belagerungszustand. Der Sieg der Contrerevolution in Paris ward ein Sieg der Contrerevolution in Europa«[398], stellt Meißner 1849 bilanzierend fest. Das Bewußtsein der europäischen Dimension des Ereignisses, das die drei Monate zuvor gleichfalls von Paris ausgegangene revolutionäre Flutwelle zum Halten brachte, ist unter den Zeitgenossen ein allgemeines. Nur die Bewertung hängt vom jeweiligen Standpunkt des Betrachters ab. Den einen schien Europa in Paris noch einmal gerettet worden zu sein, die andern betrachteten die Pariser Vorgänge als Symptom der »Agonie der alten Welt«, deren Vormachtstellung auf Amerika und Rußland übergehen müsse. Zu letzteren gehörten weltanschauliche Gegner wie Donoso Cortés und Alexander Herzen. Die Wortführer der militanten Arbeiterklasse, allen voran Marx und Engels, die freilich in Frankreich selbst noch kein Publikum hatten, werteten die Juniniederlage als entscheidend für die Herausbildung eines proletarischen Klassenbewußtseins. Marx war sogar überzeugt davon, daß die französische Arbeiterklasse sich binnen kurzem neu formieren, erheben und damit eine militärische Reaktion Englands provozieren würde, »das mit seinen Riesenarmen die ganze Welt umspannt hält«[399] – was wiederum einen Weltkrieg unvermeidlich machen würde. »Revolutionäre Erhebung der französischen Arbeiterklasse, Weltkrieg« – lautete denn auch die »Inhaltsanzeige des Jahres 1849«, die Marx in der Neujahrsnummer der *Neuen Rheinischen* als logische Konsequenz der Juniniederlage verkündete.[400] Wichtiger noch als diese Fehlprognose ist, daß Marx Cavaignacs Triumph als das Signal eines systematischen Vorrückens der europäischen Reaktion gegen die nationalen Befreiungsbewegungen wertet, und in dieser Deutung stimmt er mit den französischen Sozialisten einschließlich der Montagne überein, für die der Name Robert Blums nach dem Fall Wiens geradezu das Charisma des Juni erhält, welcher ja nur namenlose Opfer kannte.[401]

Das Jahr 1848 schuf, wenn auch vorübergehend, eine gesamteuropäische Solidarität der revolutionären wie der gegenrevolutionären Kräfte, und die Junischlacht, so unvergleichlich sie auch war, erschien gleichwohl in einer Reihe mit den Entscheidungsschlachten der Revolution im übrigen Europa, mit den Kämpfen um Mailand (Juli/August 48), Wien (Oktober 48), Dresden (Mai 49), wie mit der Niederwerfung Ungarns und Roms im Sommer 1849. Wenn also nach der Verschärfung der Zensur ein Schriftsteller in Frankreich an den Juni erinnern wollte, so konnte er, ohne gerichtliche Verfolgung befürchten zu müssen, von ausländischen Verhältnissen reden und den Namen Paris durch Wien oder Mailand ersetzen, den Cavaignacs durch Windischgrätz oder Radetzki. Der Dichter, der diese indirekte Redefreiheit des Rochierens am besten zu nutzen verstand, war zweifellos Heinrich Heine. Alle seine Invektiven gegen die Unterdrücker ausländischer Revolutionen sind zugleich Stellungnahmen zu französischen Zuständen und die *Erinnerungen aus Krähwinkels Schreckenstagen* beispielsweise ebensogut auf eine deutsche Großstadt anwendbar wie auf Paris oder auf die entlegenste Provinz, die unterm »europäischen Belagerungszustand« zu leiden hatte.[402]

Doch begnügt sich Heine nicht mit dieser Form des taktischen Stellungswechsels, er sucht und findet seine Analogien zur gegenwärtigen Misere überall: in allen Weltteilen und allen Weltaltern – daher *Historien, Hebräische Melodien* etc. –, in Religion und Geschichte, in Sage, Märchen, Fabel, in Kunst und Literatur wie in der eigenen Biographie. Ob er von den Metzeleien in Montezumas Mexiko spricht, wie in *Vitzliputzli,* oder von dem verwünschten Schloß *Affrontenburg*: überall lauern Anspielungen, Assoziationen, Reminiszenzen an das Trauma, an den »sichtbarlich gewordenen Gotteswahnsinn« des Sommers 1848. Was Freiligrath in seinem poetischen Manifest *Die Toten an die Lebenden* von den toten Opfern der Reaktion dichtete: »Oh, alles, alles hörten wir mit leisen Geisterohren!«[403], gibt nun die Chiffre nicht nur der dichterischen Produktion ab, die eben jene Wahrnehmungen der Toten für die Lebenden übersetzt, sondern auch die der Aufnahme: der Leser selbst hat mit »leisen Geisterohren« den unterirdischen Sinn der Texte zu erlauschen. An die Stelle des schmetternden Hornstoßes im Stile des Freiligrathschen: »Ihr von des Zukunftsdranges Sturm am weitesten Getragnen! / Ihr Juni-Kämpfer von Paris! Ihr siegenden Geschlagnen!«[404] oder des »Race de Caïn, ta besogne / n'est pas faite suffisamment«, tritt allmählich, in der Literatur wie in der Malerei, ja selbst in der Karikatur, jene *sorcellerie évocatoire,* die den Leser nicht zum Mit-

Die Verfassung von 1848 (Anonyme Lithographie)

streiter, sondern zum Mitdenker und Komplizen machen will. Die eisernen Lerchen haben die Reaktion von 1848 nicht lange überdauert.

La République hieß eines der Zauberworte der 48er Revolution. Die Republik war der schöne Traum des Februar, aus dem Frankreich trotz zahlreicher Enttäuschungen im Frühjahr 48 so schnell nicht aufgeschreckt sein wollte. Der Juni bedeutet das böse Erwachen, und George Sands Sprachlosigkeit angesichts »eines solchen Ausgangs unseres schönen Traums von einer brüderlichen Republik«[405] ist bezeichnend für die Verfassung der gutgläubigen Republikaner im Bürgertum wie im Volke. Als blanker Hohn wurde, angesichts der Erschießungen und Deportationen ohne Urteil, das Versprechen der überall in Paris angeschlagenen Proklamation vom 25. VI. empfunden, welche die Insurgenten einlud: »Kommt zu uns! Kommt als reuige, vor dem Gesetz sich beugende Brüder, und die Republik ist willens, euch in die Arme zu schließen.«[406] Gegen die Reaktion wird der Vorwurf laut, sie habe sich nur zum Schein zur Republik bekannt und durch ihre Doppelzüngigkeit naive Republikaner dazu gebracht, gegen die Barrikaden zu marschieren. Flauberts Dussardier, der nach dem Junisieg begreift, daß die Sieger alles andere sind als aufrichtige Freunde der Republik, steht für alle von der offiziellen Republik getäuschten Republikaner. Wie wahrheitsgetreu Flaubert den Desillusionierungsprozeß Dussardiers schildert, mag die Reaktion eines Mannes zeigen, der ebenfalls als Republikaner den Sieg der Ordnung begrüßte und der am 26. Juni in seinem Tagebuch vermerken muß: »bekümmert muß ich feststellen, daß der Ruf ›Es lebe die Republik!‹ kaum einmal zu hören ist«.[407] Von nun an wird unterschieden zwischen der *République honnête,* die ihre Anhänger mit Überzeugung, ihre Gegner mit Spott »honnête« nennen und der *République démocratique et sociale*: »république honnête – dies ist der funkelnagelneue Titel, durch den unsere frischgebackene *jeunesse dorée* den garstigen Ausdruck: république démocratique et sociale zu verdrängen strebt«[408], meldet der Korrespondent der *Neuen Rheinischen* am 30. VI. aus Paris. Doch die Anhänger der *République rouge* oder der *Sociale,* wie sie kurz genannt wurde, hatten schon vor dem Juni vor der *République bourgeoise* gewarnt, so Charles Gille in dem gleichnamigen Chanson, dessen Refrain lautete: »Du schläfst, Brutus, und Rom liegt in Ketten / Der bourgeoisen Republik!«[409] Zu den ersten Warnern vor royalistischen Verschwörungen gegen die Republik gehört Blanqui, dessen Ausdrucksweise besonders bildmächtig ist. Keiner hat wie er vor den Wortspielereien und sprachlichen Taschenspielertricks mit Termini wie Republik u. a. gewarnt. Was Herzen zufolge bereits am 26. Februar, dem Tag der Zurückweisung der roten Fahne, die Führer der nicht-konservativen Parteien verstanden hatten: »daß diese Republik ein Wortspiel war«[410], das wird nach dem Juni zum Topos der Kritik an den Siegern. Wenn Herzen jedoch im Dezember 48 behauptet: »Das Volk glaubt jetzt nicht mehr an die Republik«[411], so wäre zu präzisieren, daß es die *vernünftige, bürgerliche, trikolore* Republik ist, an die das Volk nicht mehr glaubte. Denn letztere hat sich, um es mit einem Bild aus dem Schreiben der Arbeiter der Nationalwerkstätten an den Minister Goudchaux auszudrücken, als Stiefmutter *(marâtre)* erwiesen[412], statt als die ideale Mutter, als die man sie in der ersten Begeisterung begrüßt hatte. (Bezeichnenderweise blieb Daumiers schon erwähntes Gemälde *La République nourrit ses enfants et les instruit [Die Republik nährt und unterrichtet ihre Kinder]* unvollendet.) Das Mißtrauen gegen die Republik des *National* oder später die des Präsidenten Louis-Bonaparte läßt sich jedoch durchaus mit dem »Kult der Republik« vereinbaren, den Meißner auf einem roten Bankett beobachtet[413] und der aus zahlreichen Arbeiterliedern der Zeit spricht. Marx nennt die Juniniederlage »die wirkliche Geburtsstätte der bürgerlichen Republik«[414] und gebraucht die dialektisch zugespitzte Formulierung: »Indem das Proletariat seine Leichenstätte zur Geburtsstätte der *bürgerlichen Republik* machte ...«[415] Die Republik des Februar erhält von Skeptikern wie Marx den Beinamen »die phantastische«[416], die des Juni dagegen wird als traurig-groteske empfunden. Eine zeitgenössische Lithographie zeigt diese neue Republik als ein allegorisches Mischwesen, halb Frau, halb Freiheitsbaum, in Fesseln geschlagen, der Arme beraubt, mit militärischen Insignien und Dekorationen verunstaltet, von Parasiten zerfressen, auf einem Gräberfeld stehen.[417]

Die Verbindung des Erotischen mit dem Makabren ist charakteristisch für die allegorischen Darstellungen der unglücklichen Zweiten Republik nach dem Juni 48: auf Schritt und Tritt begegnet man in der Ikonographie wie in den Texten Vorstellungen von der Versklavung, Vergewaltigung, Vampirisierung der Republik bzw. – hier unterscheidet die Allegorie so gut wie gar nicht – von La Liberté oder La France. »Horcht, Söhne Frankreichs, horcht! / Hört ihr diesen langen Notruf? / Um eurer erhabenen Göttin Gewalt anzutun / Haben die Lüstlinge sich im Dunkel zusammengerottet; / Ein jeder sinnt auf geile Umarmung. / Werdet ihr dulden, daß in schändlichen Kämpfen / Ihr Schwert zerbrochen wird, ihre Reize geschändet? / Republikaner, rettet die Republik!«[418] beginnt ein Lied von Louis Festeau, das kurz vor dem Juni komponiert sein dürfte, und Louis Ménard klagt nach dem Juni »die Vampire, die sie aussaugen und die Inkuben, die sie vergewaltigen«[419] an. Es ist üblich, entweder die Gegner oder sich selbst als unfähige Liebhaber der Freiheit/Republik zu verspotten, wie es drastisch Alexander Herzen – »eine schwachgewordene Generation von Kastraten«, »Revolutionäre, die vor der Freiheit erschraken«, »Politische dumme Jungen, Hanswurste der Freiheit«[420] –, poetisch verklausuliert Baudelaire in *A une Passante* oder im *Cygne* und Flaubert in der *Education* getan haben.[421] In der Arbeiterdichtung bestehen verschiedene Einstellungen zur Republik nebeneinander: Dupont und Festeau halten die Republik durch die Junischlacht für gerettet. Einen leisen Tadel allerdings erlaubt sich Dupont doch, wenn er der Republik das Attribut »mit der Stimme aus Erz«[422] verleiht. Gille hingegen gießt schon vor dem Juni seinen Spott über die *République bourgeoise* aus. Dalès unterstreicht in dem Lied *Les Pontons de la République* die Widersinnigkeit der Geschichte von 48: »Deine Stützen, arme Republik / Sind im Exil auf den Pontons!«[423] Rabineau gibt nach der Juniliederlage das trotzige Losungswort aus: »Die soziale Republik / Wird niemals ein Waterloo erleben.«[424] Beachtung verdient schließlich die Tatsache, daß in den beiden radikalsten und intensivsten Juni-Chansons, dem von Gustave Leroy und dem von Charles Gille, der Name Republik nicht mehr vorkommt.

Frauen-Bilder / Rolle der Frauen

Fast gleichrangig mit der sozialen trat 1848 die Frauenfrage ins Bewußtsein der Öffentlichkeit. Auch der Junikampf drängte sie nicht in den Hintergrund, zum einen deswegen, weil die Frauen der Insurgenten aktiv am Aufstand beteiligt waren, was etliche Kommentatoren zum Anlaß nehmen, sich in dieser oder jener Weise über Charakter und gesellschaftliche Stellung der Frauen auszulassen, zum andern, weil unmittelbar nach der Juniniederlage die Frauenbewegung sich anzuschicken schien, die revolutionäre Rolle der geschlagenen Arbeiterschaft zu übernehmen.

Patrioty, *Republik, von der die ehrlichen Leute nichts wissen wollen* (Allegorie der roten Republik, in die das Feindbild der Kanaille im allgemeinen, der militanten Frau im besonderen eingearbeitet ist)

Schließlich haben Frauen einen bedeutenden Anteil sowohl an der Amnestie-Kampagne des Nach-Juni als auch an der historischen und literarischen Aufarbeitung der Juniereignisse gehabt.

Ein Arbeitsvorhaben Michelets trägt die Überschrift: »les femmes de 1848, héroïnes et martyres de toute nation«.[425] Als Heldinnen und Märtyrerinnen werden die Frauen des Juni von der engagierten Literatur während des Aufstandes wie danach dargestellt. Friedrich Engels berichtet am 28. Juni von den »zwei junge(n), schöne(n) Grisetten«, die als beherzte Bannerträgerinnen des Volkes auf der Barrikade der Rue de Cléry von den »Lions und Börsenwölfe(n) der zweiten Legion« der Nationalgarde niedergemacht wurden.[426] Derselbe Vorfall hört sich im *Constitutionnel* ganz anders an, doch einen Rest Heldentum beläßt auch das Blatt von Thiers den beiden Frauen[427]; bei Hugo wird er förmlich zu einer Umkehrung von Delacroix' *Liberté sur les Barricades.* Seine Schilderung der beiden »Freudenmädchen« betont das Anrüchige der Szene, sie hätten, erzählt er, den Rock bis zum Bauch hochgelüpft und der Nationalgarde Obszönitäten zugerufen, die man nicht wiedergeben könne. Der Anblick dieses »Heroismus der Verworfenheit«[428] wirkt auf Hugo wie eine Offenbarung: plötzlich versteht er den Sinn des gesamten Aufstandes oder besser, er meint, ihn verstanden zu haben. Die Dämonisierung der Frau wird vollends trivial bei dem spießbürgerlichen Verseschmied Charles Dügge, der die Weiber der Aufständischen als »jene schamlosen Weiber mit dem langen, zottigen Haar«[429] beschimpft und unter den geistigen Rädelsführern des Juni auch einen pflichtvergessenen Blaustrumpf ausmacht: »George Sand hat, indem sie die Größe der Ehe herabsetzte, / Die Scham im Herzen der Gattin zerstört.«[430] Doch selbst die Geistreicheleien eines Mérimée bewegen sich kaum auf einem höheren Niveau von Misogynie: »Ich habe eine Person zur Abbaye abgeführt, die vorgab, von Ihrem Geschlecht zu sein: sie hatte gerade einem verwundeten Offizier der Mobilgarde mit einem Küchenmesser den Kopf abgeschnitten«[431], berichtet er galant einer seiner Damen. Der nüchterne Tocqueville begnügt sich damit, den Furor eines alten Gemüseweibes und die Putzsucht eines jungen Bauernmädchens als Indikatoren für den Wahnsinn der Epoche anzuführen.

Wie zwischen einem guten und einem bösen Volk, so unterschied man auch zwischen den Megären, die den Aufstand so besonders blutrünstig machten, und den Frauen, die mit Mannesmut für die Ordnung eintraten. In der Presse zirkulierten unzählige Geschichten einerseits von grausamen, meist als Männern verkleideten Weibern, die heimtückische Attentate auf Verteidiger der Ordnung verübt hatten, sexuelle Verstümmelungen inbegriffen, andrerseits von aufopferungsvollen Marketenderinnen, frommen Nonnen, unerschrockenen Greisinnen etc., die entweder selbst in den Kampf eingriffen und den Aufständischen Waffen oder Fahnen entwanden oder die Arbeiter durch ihr Dazwischentreten an weiteren Greueltaten hinderten. Die *Traits de courage d'une jeune vivandière* oder der *Sœur Rosalie* (*Heldenmut einer jungen Marketenderin* oder *der Schwester Rosalie*) waren Lieblingsmotive der Juni-Grafik.[432]

Auf der Gegenseite werden die Mitkämpferinnen wegen ihres Mutes verherrlicht, die weiblichen Angehörigen der Deportierten – Frauen, Bräute, Mütter, Schwestern – als neue Märtyrerinnen gefeiert; fliegende Blätter, die Teil der Amnestie-Kampagne sind, malen die Leiden dieser Frauen aus, überhöhen sie ins Allegorisch-Sakrale. So wird bei Déjacque die *Femme de l'Insurgé*, die, den Säugling an der Brust, barfuß sich nach Le Havre und von dort nach Brest aufmacht, um ihrem Manne ein letztes Lebewohl zu sagen, zum Bild der Republik, zum weiblichen Christus: »Wie eine Feuerscheibe strahlt der Opfermut / Auf der Stirn der Frau, dieses Engels der Menschenwelt!«[433] Kämpferischer droht Leroy den Siegern: »Doch bedenkt: eine jede Mutter / Erblickt in ihrem Sohn den Rächer. / Das ist ihr gutes Recht... das macht ihr Ehre!«[434], ein Topos, der noch schwach im *Cygne* nachklingt. Ménard kehrt den sattsam bekannten Vorwurf um, die Aufständischen seien allesamt Sexualverbrecher und ihre Frauen Hyänen gewesen, indem er an die Vergewaltigungen erinnert, die an den »Töchtern des Volkes« verübt wurden und an die Begeisterungsstürme, mit denen die Damen der guten Gesellschaft die blutrünstige Mobilgarde bei ihrem Triumphzug durch Paris begrüßten: »Unterm Beifall der Frauen fielen auf den Plätzen / Die Leichen zu Tausenden; / Und als die Schlächter, deren Arme müde waren, / Drei Tage lang gemordet hatten, // Da bekränztet ihr ihnen die Stirn, und eure so hochmütigen Frauen / Klatschten in die Hände...«[435] Noch weiter geht Victor Marouck, der mit genüßlichem Abscheu die Orgien der »keuschen Bourgeois-Damen« ausmalt, die sich wie entfesselt in die Arme der Mobilgarden gestürzt hätten: »Diese geilen Weibchen fanden gewiß einen zusätzlichen Reiz in dem schweren Alkohol- und Blutgestank, den die Schlächter ausschwitzten. ›Wissen Sie, meine Beste, mein *kleiner Mobilgardist!*... Vier Gefangene, sagt er mir, habe er umgebracht! Ist er nicht reizend!‹ – ›Na, und meiner erst! Fünf Arbeiterweiber hat er vergewaltigt und zwei ihrer Kinder in Stücke gehauen!‹ – Oh, welche Ungeheuerlichkeit!«[436] An anderer Stelle, wo er auf die sexuellen Anschuldigungen der Bourgeois-Presse gegen die Aufständischen eingeht, läßt Marouck es nicht bei der Ehrenrettung der Sozialisten und ihrer «tapferen und guten Frauen, dieser aufopferungsvollen Gefährtinnen« bewenden, er speit aus vor »euern vornehmen Dämchen (...), die angefault sind von Frömmelei und von lesbischen Praktiken verkrebst«.[437] Dieser Fanatis-

Daumier, *Die Scheidungsvorkämpferinnen*, 4. August 1848

mus dürfte nur zum Teil mit dem Klassenhaß und der Erbitterung des Autors über die Diffamierungen der Proletarierfrauen im Juni 48 und während der Commune zu erklären sein: er läßt auf eine Haltung zur Frau schließen, die sich nicht wesentlich von der rückständigst kleinbürgerlichen unterscheidet und die bekanntlich auch bei Proudhon und selbst bei Marx nicht zu verleugnen ist.

Die mit der Februarrevolution ans Licht getretene Frauenbewegung hat nach dem Juniaufstand die Rolle der Arbeiterbewegung fortgeführt. Darauf deutet das erste Blatt der Serie *Les Divorceuses* hin, die Daumier noch unter dem Belagerungszustand veröffentlichte: es zeigt eine Rednerin auf der überfüllten Tribüne eines voll besetzten Frauenklubs, die, mit der typischen Arm- und Handbewegung der Emeute, den Frauen in dem brodelnden Saale zuruft: »Citoyennes! Es heißt, das Recht auf Scheidung solle uns in Bälde verweigert werden! ... Laßt uns daher in Permanenz tagen und den Notstand des Vaterlands ausrufen!«[438] Es ist zu vermuten, daß Daumier, der sehr viel raffinierter ist als man gemeinhin annimmt, hier eine Frau sagen läßt, was die Stunde geschlagen hat und nicht nur das: zugleich dürfte er unter der Maske des Spötters seine von empfindlichen Feministinnen übersehene Sympathie für die Frauenbewegung zum Ausdruck bringen.[439] Die Hoffnung vieler Neuerungswilliger jener Jahre ruhte ja nicht selten auf der Emanzipation der Frau so sehr wie des Proletariats: *die Frau* und *der Proletarier,* das war das sakrosankte Paar der frühsozialistischen Vorstellungswelt. So zählt Auguste Comte, der am 25. Juni 1848, inmitten des Kanonenlärms, die dritte seiner *Confessions annuelles (Jährlichen Geständnisse)* an die verstorbene Seelen-Gemahlin Clotilde de Vaux richtet, für den »endgültigen Kult der Menschheit« in erster Linie auf die Frauen und auf die Arbeiterklasse. Die überspannt wirkende Frauenverehrung Comtes, sein »Kult (...) des liebenden Geschlechts, das die schönste Personifizierung des großen Wesens darstellt«[440] erklärt sich gewiß nicht nur aus seiner saint-simonistischen Lehrzeit oder seiner privaten Pathologie, sie ist durchaus zeittypisch und findet sich, mit jeweils andern Akzentsetzungen, bei Michelet, Renan und selbst bei Herzen, von den Schülern Fouriers und Saint-Simons ganz zu schweigen. Sobald der sonst so ehrliche und scharfsinnige Herzen auf seine Gattin zu sprechen kommt, verfällt er in einen schwärmerischen Tonfall, der sich kaum von dem eines Auguste Comte unterscheidet. Rückblickend verklärt er die Natalie des Sommers 1848 zur trauernden Liberté, zur Madonna der Junigefallenen: »Das war die Trübsal einer Schwester, das Wehklagen einer Mutter auf dem traurigen Felde einer soeben geschlagenen Schlacht. Bei ihr war tatsächlich vorhanden, was bei der Rachel in ihrer ›Marseillaise‹ nur erlogen war. (...) Sie litt – und ich reichte ihr statt eines heilenden Trankes nur die bittere Schale des Skeptizismus.«[441] Beim Lesen des *Familiendrama* überschriebenen Rechenschaftsberichts seiner Ehe – das Drama fällt praktisch mit den Junitagen zusammen, Geschichte und Privatbiographie färben aufeinander ab – kann man sich kaum des Eindrucks erwehren, daß Herzen auch den Ausbruchsversuch Natalies mit Herwegh noch überhöht, daß er beim besten Willen die wirkliche Frau in ihrer realen Not der Abgrenzung und Selbstfindung nicht begreifen kann. Dieser Revolutionär wirkt schwärmerisch wie Frédéric Moreau und bedauernswert wie der verwitwete Charles Bovary. Er, der so klar durchschaut hat, worauf die Idealisierung des Volkes hinausläuft, bleibt ganz und gar romantisch in seiner Idealisierung der Frau, zumal seiner eigenen.[442]

Ein anderer Frauenbefreier von 1848 ist Ernest Renan. Er predigt die Emanzipation ausgerechnet seiner konservativen Schwester, die er zugleich – wie Comte Clotilde, Herzen Natalie oder Frédéric Moreau Madame Arnoux – als Heilige verehrt: »Henriette, bist Du nicht selbst ein trauriges Opfer dieses beklagenswerten Gesellschaftszustandes, den wir ändern wollen?«[443] Seine Verehrung für die Schwester aber beruht auf deren Opferbereitschaft, die seine eigene Karriere überhaupt erst ermöglichte; einmal spricht er von ihren »seltenen und ganz männlichen Eigenschaften«.[444] Auch hat es den Anschein, als entspringe sein Mitleid mit Arbeiterinnen und Huren einer geheimen Identifikation solcher Frauen mit Henriette[445], einer allerdings sentimentalen Identifikation, die weiter keine Auswirkungen auf seine Lebenspraxis hat. Renans Geständnis, er sei zwar »einigermaßen kühn im Gedanklichen«, jedoch »in der Praxis schüchtern und skrupulös bis zum Exzeß«[446], charakterisiert trefflich den spezifischen Unternehmungsgeist der Männer von 48, besonders im Hinblick auf die Frauenfrage. Ein knappes Jahrzehnt später konnte *Madame Bovary* als erbarmungslose Darstellung der Männer guten Willens und pathetisch-kritische der Frau, die noch nicht weiß, was sie eigentlich will, zum repräsentativen Roman der Epoche werden. Doch einen Moment lang sah es ganz danach aus, als würde, nachdem das Volk mundtot gemacht worden war, die »Stimme der Frauen« sich Gehör verschaffen können; auch unterm Belagerungszustand agitierten die Frauen weiter: für die Ausweitung ihrer Rechte und zuallererst für das Scheidungsrecht, aber auch für die Amnestie. Mit sichtlicher Anteilnahme berichtet der Korrespondent der *Neuen Rheinischen Zeitung* schon am 29. Juni aus Paris: »Diesen Vormittag hat eine Frauen-Revolution begonnen. Etwa fünfhundert Arbeiterinnen der Nationalwerkstätten hielten im Garten des Palais-Exroyal eine vorläufige Versammlung ab, in welcher es sehr stürmisch herging (...) In der Tat schlägt sich unser weibliches Proletariat nicht minder tapfer als das männliche.«[447] Monatelang bestimmte die Kampagne für die Amnestie der Junideportierten das politische Leben der Deuxième République. Marx erwähnt in den *Klassenkämpfen* die große Demonstration an der Porte St. Denis, als »Tausende von Frauen und Kindern der Insurgenten eine Amnestiepetition vorbereiteten«[448] – den Kleinbürgern der Nationalversammlung sei sie als »wiedererstandenes Junigespenst« erschienen. Gewiß waren es Demonstrationen solcher Art, bei denen Lieder wie die der Marie Latouche oder der Ciolina[449] gesungen wurden, die die Entbehrungen und Nöte der Familien der Deportierten schilderten und die Begnadigung der Familienernährer forderten. Die Zeitungen der Zeit sind voll von, meist höhnischen, Berichten über Bankette republikanischer oder sozialistischer Frauen. Alexandre Dumas z. B. witzelt im *Mois* über ein Frauen-Bankett des Winter 48/49, auf dem eine Mme Côme Amnestie gefordert und einen Trinkspruch auf Lagrange – den unermüdlichen Fürsprecher der Amnestie im Parlament – ausgebracht habe. Sie habe sogar damit gedroht, die Frauen würden Gewalt anwenden, um ihre »Brüder« zu befreien. Dumas' Kommentar: »Der arme Herr Côme!«[450]

Doch auch Frauen der höheren Gesellschaft griffen in die Amnestie-Debatte ein, etwa Marie d'Agoult, die Mutter Cosima Wagners, die sich mit ihren *Lettres républicaines* im August an Cavaignac und im Dezember an die französischen Frauen wandte, um für die Insurgenten einzutreten. Um ihrer Bitte Nachdruck zu verleihen, ließ sie, die, wie George Sand, unter einem männlichen Pseudonym – Daniel Stern – publizierte, die Maske insoweit fallen, daß sie ihre weibliche, wenn auch nicht ihre persönliche Identität preisgab. Zugleich ergriff sie die Gelegenheit, der Frauenbewegung, den »angeblichen *freien Frauen*«, ihre Grenzen aufzuweisen. »Dem weiblichen Genius obliegt die göttliche Arbeit des Herzens, die Versöhnung der verfeindeten Klassen, die Besänftigung wechselseitigen Hasses, die endliche Wiedergutmachung des Unrechts, die Propagierung der Brüderlichkeit durch Wort und Tat, im beständigen und unwiderstehlichen Apostolat der Mutter, Gattin, Tochter oder Schwester«; Wissenschaft und Politik, »die Organisation der sozialen *Freiheit* und *Gleichheit*« müßten jedoch dem »génie masculin« vorbehalten bleiben.[451] Eine solche Position war das Äußerste, was die Reformer von 1848 noch duldeten: was darüber hinaus ging, verfiel dem Gelächter. Flauberts in jeder Hinsicht abstoßende Emanze Mademoiselle Vatnaz, ein literarisches Pendant zu den Karikaturen sozialistischer Frauen und Vésuviennes, wie die satirische Presse sie liebte, in gewisser Weise auch die Kokotte Rosanette Bron, die ihrem Liebhaber während der Junitage Einzelheiten aus ihrer proletarischen Lyoneser Kindheit verrät, zeugen von dem tiefen Mißtrauen der 48er gegen die Frauen, und es ist nur verständlich, daß die Feministin Amélie Bosquet bei Erscheinen der *Education* ihrem Ärger über diese tendenziöse Darstellung der Frau in einem Verriß Ausdruck verlieh und mit ihrem Freunde Flaubert brach.[452] Jenes Mißtrauen ist fast unweigerlich verbunden mit einer Idealisierung der Frau, die von Flaubert selbst weniger mitvollzogen als in allen ihren Konsequenzen dargestellt wird.

Selbstverständlich war die Reaktion, die im Juni triumphierte, auch auf ein Eindämmen der Frauenbewegung aus. Daher ist es kompositorisch gerechtfertigt, daß im Juni-Kapitel von Erckmann – Chatrians *Gaspard Fix* die Diskussion über die Wiederherstellung einer männlichen Erbfolge sowie die Schilderung des Lakaienstatus der Frau in der bürgerlichen Familie besonderes Gewicht erhält. Die obrigkeitliche Straffung der Sexualmoral, die eine Arbeitsnotiz Flauberts schon für Mitte Juli 1848 belegt[453] – er verzeichnet eine strafrechtliche Verurteilung von Aktmodellen in Paris –, und deren spätere Auswirkung sich im Siegeszug dessen dokumentiert, was Baudelaire als die *Littérature honnête* angeprangert hat, war Teil jener Fortsetzung des Junikampfes auf geistiger Ebene, jenes »Kreuzzugs gegen die sozialen Häresien«, zu welchem Cavaignac die Mitglieder der *Académie des Sciences Morales et Politiques* und darüber hinaus alle Denker des Landes aufgefordert hatte. Im Lichte dieser Situation sind die Prozesse gegen Flauberts *Bovary* und die *Fleurs du Mal* (deren Apologie der lesbischen Liebe ein erotisches Pendant zur Politik des Révolte-Zyklus darstellt) zu verstehen. Der Kommunismus war nicht das einzige Gespenst, das in Europa umging; die Frauenemanzipation war ein anderes, das man gern mit dem *spectre rouge* verwechselte und nicht minder verbissen auszutreiben bemüht war.

Verzeihen / Vergessen / Verdrängen versus Nie Vergessen / Erinnern

Die Amnestie ist, wie gesagt, die Hauptforderung des Nach-Juni – sie ersetzt in gewisser Weise den Ruf nach dem Recht auf Arbeit –, und vor allem die nicht-klassenkämpferische Linke ist es, die sie erhebt. Ménard zufolge war es Proudhon, der als erster für ein Amnestiegesetz plädiert hat.[454] Aber auch Cabet fordert die Regierenden in seiner Broschüre sehr eindringlich zur Amnestie, zu Aussöhnung und Brüderlichkeit auf.[455] Amnestie verlangen Pierre Leroux, Lagrange, Lamennais, G. Sand, Daniel Stern, Pierre Dupont und zahlreiche Sprecher des Volkes. Amnestie fordert selbst die *Réforme,* als am 16. Oktober zum ersten Mal der Entwurf eines Amnestiegesetzes in der Nationalversammlung vorgelegt wurde, worauf Marx in der *Neuen Rheinischen* vom 22. X. eigens hinweist.[456] Er macht aber auch darauf aufmerksam, daß diese Forderungen das Parlament stets in Harnisch brachten.[457] Auch die liberale Presse nimmt sie eher gereizt zur Kenntnis: »... der unvermeidliche Lagrange (...) war einmal mehr zur Stelle, um die Amnestierung der Juniaufständischen zu beantragen«[458], knurrt A. Dumas in *Le Mois* gelegentlich eines der vielen Vorstöße des Lyoneser Abgeordneten. Die Fürsprecher der Amnestie teilten sich in zwei Lager: im einen ermahnte man zu wechselseitiger Vergebung – wie G. Sand es tat, die auch den »pauvre Jacques« aufforderte, zu vergessen, wie es die Arbeiterdichter Dupont und Festeau taten –, dazu, »den Mantel des Vergessens über dieses schmerzliche Schauspiel«[459] zu breiten, im andern lehnte man die Idee einer Amnestie für die »Mörder der Ordnung« kategorisch ab und polemisierte, wie Louis Ménard in seinen *Iambes,* gegen die feigen Kompromißler, die den Besiegten zumuten wollten, auf Rache zu verzichten.

Die Verdrängung der Junigeschehnisse ist nicht erst von Baudelaire und Flaubert oder gar von Jean-Paul Sartre thematisiert worden, sie ist – obwohl der Begriff der Verdrängung noch nicht existierte und ihr Mechanismus den Zeitgenossen noch nicht bewußt war – ein implizites, manchmal auch ein explizites Thema der Juni-Literatur. Alexandre Dumas gesteht sie in dem oben zitierten Satz über die kurzfristige Verwandlung des Schreckens in Unterhaltung unbewußt zynisch ein. Henri Boucher – er war am

30. Juni 1848 als junger Student aus der Provinz eingetroffen – schreibt in seinen Erinnerungen: »Von der sorglosen Ruhe, die überall herrscht, macht man sich keine Vorstellung; es scheint, als gehörten die scheußlichen Junitage einer anderen Epoche an, wenn auch die Unterhaltungen mit Vorliebe darauf zurückkommen.«[460] Die beste Illustration dieser aus den Junitagen selbst stammenden Notiz ist Flauberts Schilderung der Soirée bei den Dambreuse, auf welcher ja, abgesehen von einigen fanatischen Ausfällen, über das soeben Vergangene nur noch gescherzt wird. Bouchers Erklärung für dieses Zurückstoßen des Juni-Traumas in eine graue Vorzeit – die légèreté und Vergeßlichkeit, die nun einmal dem Charakter der Pariser eigen sei –, dürfte allerdings nicht ausreichen, denn ganz Frankreich, ganz Europa beeilte sich, den Schock des Juni zu vergessen. Ungleich treffender ist hingegen der Vorwurf, der sich mit dem Stichwort Reue/Gewissensbiß (Remords) verbindet. Er findet sich sowohl in der Arbeiterlyrik wie in der gehobenen Literatur: »Ihr, die niemals Reue anwandeln wird«[461], schmäht Charles Gille die Sieger, und Eugène Baillet, der den Aufstand für einen Fehler hält, sagt, ans Volk gewendet: »Die Ordnung (...)/Zerschoß deine kalten Leiber ohne Mitleid, ohne Reue.«[462] George Sand betont in ihrem Vorwort zu *Cadio*, daß die Nationalgardisten ihres Provinzstädtchens keinerlei Gewissensbisse wegen der Bluttat, von der sie gut anderthalb Jahrzehnte später der Öffentlichkeit Kenntnis gibt, empfunden hätten; und was G. Sand nur berichtet, verwandelt ihr Freund Gustave Flaubert in Romanhandlung, dergestalt, daß es das Publikum unmittelbarer trifft: den kaltblütigen, dummen Mord des Père Roque an einem Junigefangenen, seinen Ausruf am Abend desselben Tages, als ihm unwohl wird: »Ich bin doch zu empfindsam!«[463], seinen Sarkasmus über die republikanische Fraternité wie seine Verehrung für den »sublimen« Opfergang des Erzbischofs von Paris, mit dem er sich bei den Dambreuse hervortut. Aber Flaubert konzipiert Roque als den Prototyp einer Gesellschaft, deren Verhalten sich bei den andern Romanfiguren in harmlosen, beinah komischen Gesten verrät: so läßt der Bankier, der sich natürlich nicht selbst die Hände beschmutzt hat, nach dem Sieg Cavaignacs Pellerins Revolutionsgemälde verschwinden, der Maler selbst verwirft seine Ästhetik des Fortschritts, Hussonnet begibt sich, im Sinne des neuen konservativen Losungsworts, an seine »geistigen Geschütze«[464] und lanciert ein reaktionäres

Pamphlet, und der Held der *Education* selbst, jene Verkörperung der empfindsamen Skrupellosigkeit, verdrängt, indem er sich aufs Land zurückzieht, die Ereignisse bereits *in statu nascendi*; nach dem Juni erwartet freilich auch er seinen Anteil am Profit, den der Triumph der Ordnung verspricht.

»Die Zivilisation verpflichtet die französischen Konservativen zu gar nichts; mit ihrer trügerischen Moral, ihren rhetorischen Phrasen, ihrer stereotypen Höflichkeit sind sie grausam und erbarmungslos, und die Reue ist ihnen fremd«[465], urteilt Alexander Herzen. Das wiederum entspricht beinahe schon einem Klischee der Besiegten. Minder krude resümiert Baudelaire die für die zweite Jahrhunderthälfte charakteristische Moral der Verdrängung zu Eingang der *Fleurs du Mal*: »Et nous alimentons nos aimables remords, / Comme les mendiants nourrissent leur vermine« (»Und wir nähren unsere liebenswürdigen Gewissensbisse / Gleich Bettlern, die ihr Ungeziefer füttern«), womit er ein Leitmotiv des Bandes anschlägt. Unmittelbarer noch hatten in der Zweiten Republik zwei seiner Freunde, jeder auf seine Weise, dem Gewissen und der Erinnerung der siegreichen Bourgeoisie nachzuhelfen gesucht, der eine, Ménard, indem er sich in seinem *Prologue d'une Révolution* zum Chronisten der Gemetzel machte und in den *Iambes* die Nemesis ausmalte – »das Verbrechen ist schnell, die Reue langsam«[466] –, der andere, Castille, indem er in der Traumvision eines Rekruten die Schatten zweier Juni-Gefallenen einander begegnen ließ: »Warum kommt mir dieser Schatten vor wie ein Gewissensbiß?«, fragt sich der für die Ordnung Gestorbene, und: »Erkennst du mich denn nicht? Du bist es, der mich getötet hat«[467], erhält er zur Antwort. Diese, im Fall Ménards durchs Exil, in dem Castilles durchs Pseudonym erkaufte Deutlichkeit war gleichwohl unterm Second Empire gänzlich undenkbar, so daß an die Stelle einer direkten Erinnerung eine verhüllte, insinuierende trat.

Zu Recht betont Sartre, daß das eigentlich zu verdrängende Vorkommnis des Juni 48 die *Massaker* waren und nicht die Junischlacht als solche. Das haben bereits die Zeitgenossen, soweit sie auch nur entfernt mit den Besiegten sympathisierten, lebhaft empfunden. Als symbolisch bewertet der Student F. Pardigon, der einzige Überlebende, der darüber berichtet hat[468], die eilige Beseitigung der Spuren des sogenannten *Massacre du Carrousel*, das damals für kurze Zeit ganz Frankreich den Atem verschlug und auch im übrigen Europa Aufsehen erregte. Bei diesem, durch ein Mißverständnis ausgelösten nächtlichen Gemetzel, das L. Gallois den »Epilog des großen Juni-Dramas«[469] nennt, kamen etwa fünfzig Junigefangene ums Leben, einige ihrer Bewacher wurden versehentlich mit erschossen. Am Morgen nach dieser Katastrophe, berichtet Pardigon, sei »dieser schicksalhafte Platz, den unser Blut rot gefärbt hat« von einer dicken Schicht Sandes bedeckt gewesen: »damit alsbald vom Erdboden das ausgelöscht würde, was aus unserer Erinnerung nicht so schnell zu löschen ist«.[470] Gegen derartige Versuche, die Tatorte selbst zum Schweigen zu bringen, wandte sich ein Pardigon, der seine *Episodes des Journées de Juin* – ein zu Unrecht vergessenes Buch, aber ein höchst bezeichnenderweise vergessenes – nach Leidensstätten innerhalb des Paris jener Tage einteilt, desgleichen ein Ménard, indem er in seinem Katalog der Erschießungen und Greueltaten topographisch, nach Straßen, Plätzen und Vierteln, vorgeht. Auch der Arbeiterdichter Adrien Delaire – Brochon nennt ihn den »wichtigsten Liedersänger unter den 12 000 Festgenommenen«, der Juni-Verhafteten also[471] – ruft die Zeugenschaft der Örtlichkeiten gegen »die Bourgeois« an: »Ich werde ein gewisses Kellergewölbe gegen euch anführen, / In dem ihr das Amt des Henkers trefflich ausgeübt habt; / Und auf der Place du Carrousel werde ich die Stelle bezeichnen, / Die alle Menschen eurer Rasse ewigem Abscheu überantwortet!«[472] Noch Jahre später und nachdem Napoleon III. einige Junikämpfer in den Genuß seiner Amnestie von 1859 hatte kommen lassen, kann Baudelaire, in seiner poetischen Würdigung dieser Amnestie und von Victor Hugos superber Zurückweisung derselben, es schlechterdings nicht wagen, derart unverblümt an jenes Blutbad zu erinnern; doch tut er es in dem evokativen Bilde des verdurstenden Schwans, den der Dichter, als das alte Paris noch nicht abgerissen war, auf der inzwischen bis zur Unkenntlichkeit entrümpelten Place du Carrousel seine Flügel aufgeregt im Staube hat baden sehen. Daß dieses Symbol bis über den Mai 68 hinaus unentschlüsselt blieb, zeigt einmal mehr, wie gründlich die Geschichte des Juni 48 aus dem kollektiven Gedächtnis verdrängt worden ist. Der gebildete Europäer behielt, wie der alte Stechlin, vom Juni allenfalls eine nebelhafte Erinnerung, die mit derjenigen an andere Revolutionsdaten in eines verschwamm: »Als anno siebzig die Pariser Septemberrevolution ausbrach, wußte man's in Amerika drüben um ein paar Stunden früher, als die Revolution überhaupt da war. Ich sagte: September. Es kann aber auch 'ne andere gewesen sein. Eine war im Juni, 'ne andre war im Juli, – wer nich ein Bombengedächtnis hat, muß da notwendig reinfallen.«[473] Ein »Bombengedächtnis« hat für Revolutionen nur, wer ihnen eine geschichtliche Notwendigkeit zubilligt, speziell auf die Junirevolution angewandt aber muß man, um sich ihrer erinnern zu können, bereit sein, auch der Massaker zu gedenken, die auf sie folgten: Wer nicht auf seiten der Besiegten stand oder doch ein kräftiges Ressentiment gegen die Sieger hegte, erinnerte sich bestenfalls noch des Schreckens, der die Gesellschaft im Juni einmal überkommen hatte. So besitzt der Gedanke, mit dem Tomasi di Lampedusa den Helden seines *Gattopardo,* den Fürsten Salina, am Vorabend der sizilianischen Revolution von 1860 sich beruhigen läßt, eine große historische Plausibilität: »Vielerei würde geschehen, aber alles würde Komödie sein; eine lärmende, romantische Komödie mit ein paar Flecken Blut auf dem Narrenkleid. Dies war das Land des gütlichen Übereinkommens, hier gab es keine französische Raserei; andererseits: auch in Frankreich, wenn man den Juni 48 ausnimmt – wann war dort je etwas Ernsthaftes geschehen?«[474]

Alle großen Zeitungen Europas hatten, wie entstellt auch immer, von den Junimassakern berichtet. Doch sollten diejenigen recht behalten, die vorausgesehen hatten, daß sie bald vergessen sein würden. Pardigon beschließt sein Juni-Buch mit der unbeholfenen Feststellung: »Die Erinnerung an jene schlimmen Tage wird immer schwächer, denn jeden Tag tritt die Vergangenheit weiter zurück, und alles nutzt sich in dieser Gesellschaft ab.«[475] Nicht erst heute weiß man, daß Massaker und Genozide leicht in Vergessenheit geraten. Die Faurissons, die die Existenz der Gaskammern in Abrede stellen, haben ihre Vorläufer in der von Flaubert aufgespießten Boheme, die über »den abgedroschenen Witz von der Bartholomäusnacht«[476] spotten zu müssen meint und für die auch die selbsterlebte Geschichte, wie tragisch sie auch immer gewesen sein mag, stets ein Anlaß bleibt, Witze zu reißen.

Es steht nur in einem scheinbaren Widerspruch zu dem eben Gesagten, daß die Unvergeßlichkeit der Junitage universell hervorgehoben wird. Häufig sind es Einzelheiten, die sich den Zeugen der Pariser Ereignisse unauslöschlich eingeprägt haben, Einzelheiten, die einmal bedeutsam, ein andermal nebensächlich oder belanglos

Daumiers Verschlüsselungskunst (1): *Nachteil, eine Zeitung zu kaufen, die die Neuigkeit zwölf Stunden vor den andern meldet*, 29. Juni 1848 (Spott über schnelle Vergeßlichkeit und mangelnde Weitsicht des Bourgeois)

wirken. Für Tocqueville faßt sich das Junigeschehen in dem Anblick der bewaffneten Nationalgardisten und Liniensoldaten zusammen, die einen Monat vorher, auf der Fête de la Concorde, vor den Abgeordneten der soeben geretteten Nationalversammlung vorbeimarschierten: »Das Schauspiel jener zweihunderttausend

Bajonette wird niemals mehr aus meinem Gedächtnis verschwinden (...). Sie bildeten für das Auge eine einzige spiegelnde, leichtgekräuselte Fläche, die, in der Sonne gleißend, das Marsfeld einem großen, mit flüssigem Stahl angefüllten See gleichen ließ.«[477] Hugo leitet seine virtuose Beschreibung der beiden Juni-Barrikaden in den *Misérables* mit der Bemerkung ein: »diejenigen, vor denen diese beiden entsetzlichen Meisterwerke des Bürgerkrieges sich unter dem leuchtend blauen Junihimmel in die Höhe türmten, werden sie nicht mehr vergessen«.[478] Während der Kämpfe selbst hatte er Juliette Drouet versichert: »Niemals werde ich all das Schreckliche vergessen, was ich seit vierzig Stunden mitansehen mußte.«[479] Daß seine Erinnerung eine von seinem Klasseninteresse getrübte war, daran erinnert Marx, in gewisser Hinsicht auch Baudelaire mit der ironischen Hommage seines *Cygne*[480], daran erinnert aber auch Hugo, ohne es zu merken, selbst, so in seiner *Histoire d'un Crime*, wenn er berichtet, wie er dem Arbeiter, der ihm am Morgen des Staatsstreichs erklärte, seine Kameraden würden nicht auf die Barrikaden gehen, weil ihnen der Juni eine Lehre gewesen sei – hinsichtlich der Solidarität der Bourgeois, versteht sich –, das Argument entgegenhält: »Im Juni war es, wo alles undurchschaubar war, heute aber ist alles klar!«[481]

Hugo verrät nirgends, ob er Zeuge von Massakern geworden ist. Von anderen Zeitgenossen wird dies, meist verschämt, angedeutet. Paul de Molènes z. B. erinnert sich merkwürdigerweise kaum mehr an das, was er sah, hingegen deutlich an das, was er hörte, was seine »braven kleinen Mobilgardisten« ihm, der einer ihrer Hauptleute war, in der Hitze des Gefechts zuriefen: »Sie hätten ihn sehen müssen, Herr Hauptmann! Blaß wie ein Leintuch war er und die Haare standen ihm zu Berge! Er rief uns zu: ›Bringt mich nicht um!‹ Da hat ihm der Feldwebel einen Bajonettenstoß versetzt. Jetzt wird er keine Barrikaden mehr bauen. Wie oft habe ich solche Sätze gehört! Einige unserer Gefangenen wahrten, trotz blutverschmierten Gesichtern und schwarzen Händen, stolz die Haltung, wobei sie aussahen wie die Dämonen des Aufruhrs.«[482] Molènes vielsagendes Geständnis, das die *Revue des Deux Mondes* ein halbes Jahr nach den Kämpfen veröffentlichte, zeigt die ungeheuerliche soziale Unbewußtheit der Sieger. Sensibler reagierte damals der junge Renan, der dem Gerücht von den Erschießungen im Jardin du Luxembourg nachgegangen war: »Ach! Es war nur zu wahr! Und wenn ich es auch nicht mit eigenen Augen sah, so sah ich etwas noch Scheußlicheres, etwas, das nie aus meinem Gedächtnis ausgelöscht werden kann, etwas, das in meinem Herzen einen ewigen Haß hinterließe, wenn ich nicht fähig wäre, mich zu einer allgemeineren Sicht der Dinge zu erheben.«[483] Ohrenzeuge der Erschießungen wurde Alexander Herzen, der sich freilich nicht sofort auf einen »allgemeineren Standpunkt« zu stellen vermochte: »Am Abend des 26. Juni (...) hörten wir regelmäßige Salven in geringen Abständen... Wir alle blickten einander an, alle hatten grüne Gesichter... ›Das sind doch Erschießungen‹, sagten wir wie mit *einer* Stimme und wandten uns voneinander ab. Ich preßte die Hand an die Fensterscheiben. Für solche Minuten haßt man zehn Jahre lang, denkt man sein ganzes Leben nur an Rache. *Wehe dem, der solche Minuten verzeiht!*«[484] Ähnliche Erfahrungen dürfte damals jedermann in Paris gemacht haben, doch kaum einer wagte, öffentlich an sie zu erinnern. Louis Ménard hat als einziger den Mut aufgebracht, den Schrecknissen der Junitage systematisch nachzuforschen und sie, zunächst in einer Artikelserie in Proudhons *Peuple,* später in Buchform detailliert zu beschreiben, was ihm eine dreijährige Gefängnisstrafe sowie eine hohe Geldbuße eintrug (er entzog sich der Bestrafung durch Flucht ins Ausland). Als er ihn zu Beginn dieses Jahrhunderts neu herausgab, nannte Charles Péguy Ménards *Prologue d'une Révolution* »ein Denkmal der ewigen Ausbootung des Volkes durch die Bourgeoisie, des ewigen Betrugs am Volke seitens der Bourgeoisie, der ewigen Massakrierung des Volkes durch die Bourgeoisie«.[485] Das entsprach ganz der Intention Ménards, der ja, besonders in seinen Juni-Gedichten, die Erinnerung an die Massaker mit dem Gedanken an Sühne und Vergeltung verbunden hatte.

Der Vorsatz, nicht zu vergessen, sich zu erinnern im Hinblick auf die spätere Revanche, kennzeichnet die Literatur derer, die sich kämpferisch in den Dienst des Proletariats stellen. »Ah! daß ihr es nur wißt: Wir gehören zu denen, die sich erinnern!«[486], ruft der erste Historiograph des Juni nach der Commune, Victor Marouck, voll Ingrimm aus. Das kollektive Gedächtnis der Besiegten ist eine Bedrohung für die Sieger; wenn erstere betonen, sie würden sich erinnern, so wollen sie damit sagen, daß sie die Lehren aus der Niederlage gezogen haben. In diesem Sinn gebraucht noch Rosa Luxemburg die Formel von den »ewig unvergessenen Junimassakern« bzw. »Junischlächtereien«.[487] Nach dem Willen der Ordnungspartei sollte die Repression von Aufständischen als

Lehre dienen. Diese Lektion, so geben die Sozialisten zurück, sei in der Tat gelernt worden. Dementsprechend kommentiert Marx die Zurückhaltung der Arbeiter im Juni 1849, als die Montagne sie in eine Aktion hineinreißen wollte: »Die Erinnerung an den Juni 1848 durchwogte lebendiger als je die Reihen des Pariser Proletariats (...) Die Pariser Arbeiter hatten gelernt in der blutigen Schule des Juni.«[488] Dieses Lernen beinhalte jedoch kein prinzipielles Abrücken von der Idee des gewaltsamen Umsturzes, sondern bloß Zurückhaltung gegenüber Provokateuren und Mißtrauen gegen die »demokratische Kleinbürgerschaft«. Der optimistischen Einschätzung von Marx und Engels steht in dieser letzteren Beziehung Blanquis ständige Klage über die Leichtgläubigkeit und Vergeßlichkeit des Volkes gegenüber; immer von neuem, so Blanqui, lasse sich das Volk von der demagogischen Rhetorik seiner angeblichen Freunde düpieren, »dieses Volk, das stets genarrt wird und doch stets bereit ist zu glauben, solange es unwissend und elend bleibt«.[489] Aus diesem Grunde müsse es unentwegt an die Junigreuel erinnert werden. »Nun, hat man vielleicht das Drama des Juni vergessen? Hat man vergessen, (...) wie Paris entwaffnet, gefesselt, geknebelt wurde, wie es zitterte, sich wand unter der Schmach, welche die fremdländischen Horden, als sie in seine Mauern einbrachen, ihr ersparten!«[490] Ein andermal ruft er aus: »Vergessen wir nicht die Rasse der Vampire; sie ist zugleich die der Chamäleons.«[491] Was er damit meint, geht aus seinen Aufzeichnungen zu den Wahlen von 1863 hervor, in denen er die politische Vergangenheit der demokratischen Kandidaten unter die Lupe nimmt: »wie gesagt: es ist ein neues Wunder der Jesuiten, daß der ehemalige Redakteur des *Bien Public*, einer der Hohepriester der Extermination, von den Söhnen der Exterminierten zu ihrem Mandatsträger gewählt wird. So vergeßlich wäre also das Volk! Doch ich irre. Denn um zu vergessen, muß man gewußt haben, und das Volk sieht nicht, hört nicht, liest nicht – wie sollte, wie könnte es dann wissen?«[492] Ähnlich argumentiert 1868 Vermorel in seinen *Hommes de 1848*, Bakunin 1870 in *Das knutogermanische Kaiserreich und die soziale Revolution* und Vallès im gleichen Jahr gelegentlich der Wahl Pascal Duprats, des Mannes, der 1848 den Anstoß zur Ausrufung des Belagerungszustandes gegeben hatte[493], worüber noch Marouck klagt: »Paris, das die Vergangenheit allzu gründlich vergessen hat«, habe einen Duprat zum Abgeordneten gewählt.[494]

Es ist also eine Koexistenz zweier Topoi auf seiten der revolutionären Linken zu beobachten: einmal wird die Hoffnung, ja Zuversicht ausgedrückt, daß die Erinnerung an den Juni das Proletariat auf Generationen hin erleuchten werde, dann wieder wird über das Ausbleiben der Erleuchtung geklagt und festgestellt, daß die Arbeiter für politische Mystifikationen so zugänglich seien wie eh und je. Immer ist die Erinnerung an den Juni ein Versuch, der Arbeiterklasse die Notwendigkeit der Selbstorganisation vor Augen zu führen, sie zu immunisieren gegen das, was man den »Sirenengesang« der Republikaner, der Liberalen oder der »Jesuiten« nannte. Vielleicht darf man sagen, daß der erste Topos, der optimistische, unmittelbar nach den Junikämpfen der verbreitetere war – ich erinnere an die schon mehrfach zitierten Chansons der Baillet, Gille, Leroy oder Delaire –, wohingegen der zweite, skeptische sich erst allmählich, nach den weiteren Enttäuschungen der Deuxième République und des Second Empire, durchsetzte.

»Juni«: Magie des Datums

Seit 1789 hatte die Revolution ihre Gedenk- und Feiertage, Tage, an denen das Volk oder einzelne seiner Vertreter sich ausgezeichnet hatten, als Helden oder als Märtyrer. In den *annales révolutionnaires* oder den *fastes révolutionnaires* waren solche *journées* heilige Tage des Andenkens an Triumphe oder an Niederlagen, und ihre bloße Evokation wirkte stimulierend, bestärkte in der revolutionären Entschlossenheit. Im Bewußsein des Volkes von 1848 war vor allem die Erinnerung an all jene *journées* noch präsent, die Paris seit den *Trois Glorieuses,* den Julitagen 1830, erlebt hatte. Darum läßt Flaubert zu Beginn des Dritten Teils der *Education,* am 24. Februar 48, einen republikanischen Veteranen mit phrygischer Mütze auftreten und beteuern: »Ich habe immer und überall meine Pflicht getan: 1830 so gut wie 1832, 34 und 39! Heute wird gekämpft! Also muß ich auch kämpfen!«[495] Aus der Tradition der republikanischen Gedenktage ergab sich jeweils im kritischen Moment der Imperativ revolutionären Handelns. Auch die Junikämpfer stellen sich in diese Tradition, und die berühmte Anekdote, nach der sie den alten Arago an der Place du Panthéon daran erinnerten, wie man im Juni 1832 gemeinsam Barrikaden aufgeworfen habe[496], zeugt von einem fast religiösen Vertrauen auf die mobilisierende Wirkung der Daten. Im Juni 48 ist die republikanisch-revolutionäre Tradition jedoch aufgesprengt. War der 24. Februar noch ein allgemein anerkannter Freudentag, so bestritten die Altrepublikaner vom Schlage Aragos, die Marx »Bourgeoisrepublikaner« nennt, die Vertreter der Bergpartei Ledru-Rollins wie auch die demokratischen Sozialisten Louis Blancs dem Volk jede republikanisch-insurrektionelle Legitimität, bezeichneten den Aufstand als Verbrechen oder günstigstenfalls als furchtbaren Irrtum. In den *Misérables* verleiht Hugo diesem Verdikt die Form einer Metapher: ihm erscheint die große Juni-Barrikade auf der Place de la Bastille als »ein Ossa auf Pelion sämtlicher Revolutionen: 1793 auf 1789, der 9. Thermidor auf dem 10. August, der 18. Brumaire auf dem 21. Januar, Vendémiaire auf Prairial, 1848 auf 1830«.[497] Der Juni wäre somit nicht die Fortsetzung der guten geschichtlichen Tradition, sondern deren chaotischer Abbruch. Bezeichnenderweise ist es denn auch der Juni 1832 – der Juni der Alt-Republikaner also – den Hugo glorifiziert[498] und nicht der Juni 48. Dieses Ersetzen des gefährlicheren Datums durch das minder umstrittene findet sich schon, allerdings in konträrer Absicht, rund ein Jahrzehnt vor den *Misérables,* in zwei vergessenen Popularromanen der Deuxième République, in Blouets *Le Mont Saint-Michel,* 1849 in Proudhons *Peuple* erschienen, und in Castilles *Les Ambitieux*: Die Autoren wollen, indem sie vom Juni 32 reden, die tabuierte oder doch wenigstens außerordentlich heikle Geschichte des Juni 48 satirisch verblümt zur Sprache bringen.

G. Sand, die 1867, im Vorwort zu *Cadio,* das Schweigen über die Junimassaker bricht und eine typische Bluttat der provinziellen Nationalgardisten erzählt, ruft sich gewissermaßen selber zur Ordnung und beendet ihren Bericht abrupt mit der Begründung, die Kunst habe unparteiisch zu sein und überdies seien »diese Dinge (...) noch zu nah, als daß man an sie rühren könnte, ohne Leidenschaften und Ressentiments wachzurufen«.[499] Erst am Vorabend der Revolution von 1870 mehren sich die Erinnerungen an die Schrecken des Juni, und Castilles separate Neuauflage der einschlägigen Kapitel seiner *Histoire de la Seconde République Française* legt 1869, im Jahr des Erscheinens der *Education sentimentale,* schon im Titel den Finger auf die Wunde: *Les Massacres de Juin 1848.*[500] Eine solche Direktheit wäre in der autoritären Periode des Zweiten Kaiserreichs undenkbar gewesen. So behalf man sich, indem man das Datum beschwor, sei es, daß man das Wort

»Juin« an exponierter Stelle plazierte – im Titel, zu Beginn eines Textes, im Datum eines Vor- oder Nachworts etc. –, sei es, daß man die Atmosphäre der Junitage evozierte, ohne jedoch das Datum selbst zu nennen. Die erste Form der Anspielung findet sich z. B. in Auguste Lacaussades Gedicht *Les Soleils de Juin,* in Vallès' Nachruf auf Cavaignac, der mit der Feststellung beginnt: »Solange es einen Monat Juni gibt, wird man sich an seinen Namen erinnern«[501] (gleich darauf erklärt der Verfasser, er könne sich über dies Thema nicht weiter auslassen: »Ich stöhne, weil ich schweigen muß und finde heute mein Metier reichlich traurig«[502]), oder in Heines Vorwort zur französischen Ausgabe seiner *Poèmes et Légendes,* datiert »Paris, ce 25 juin 1855«, was kaum auf Zufall beruhen dürfte, da Heine sowohl in dem Vorwort wie in einem Zyklus des Bandes selbst, dem *Livre de Lazare,* ausführlich auf die Erfahrungen des Jahres 48 zurückkommt.[503] Die zweite Form der Anspielung bevorzugen vor allem die Lyriker und unter ihnen wiederum in vollendeter Meisterschaft Baudelaire und Heine; doch auch Leconte de Lisles *Poèmes barbares* ließen sich als eine Beschwörung der blutigen Kämpfe der jüngsten Vergangenheit verstehen und wurden allem Anschein nach auch so verstanden, wovon, wieder anspielungsweise, eine Vallès-Rezension vom Oktober 1864 Zeugnis ablegt.[504]

Während der Zweiten Republik hatte die äußerste Linke noch einen offenen Kult mit dem Juni-Andenken getrieben. Alfred Meißner berichtet in seinen *Revolutionären Studien* von einem Bankett der roten Republik: »Auf einer Standarte, die ganz schwarz und von langen Trauerfloren umhangen war, las man in roter Schrift ein einziges Wort: *Juin 1848.*«[505] Der Juni wurde um so inbrünstiger angerufen, je mehr die Reaktion versuchte, ihn zu diffamieren. Charles Gille betont, in auffälliger Verteilung von Majuskeln und Minuskeln, die Kontinuität, ja die Steigerung vom Februar zum Juni: »Dieser Februar (février), den man uns als göttlich hinstellt, / Ist ein Sohn des Volkes, und auch der Juni (Juin) kommt vom Volk!«[506] Und Blanqui protestiert aus dem Gefängnis heraus mit einem verwandten, noch pathetischeren Bilde gegen die Verunglimpfung des Juni und der Junikämpfer: »Mitrailliert ruhig, ihr Herren, doch verleumdet nicht! Der 26. Juni ist einer jener verhängnisvollen Tage, welche die Revolution unter Tränen für sich beansprucht, wie eine Mutter, die will, daß man ihr den Leichnam ihres Sohnes herausgibt.«[507] Hier wird das Datum selbst zum Gekreuzigten und die Revolution zur Pietà. In der deutschen Erstausgabe von Herzens *Vom anderen Ufer* gibt es einen seitenfüllenden Zwischentitel: *23. 24. 25. 26. Juni.*[508] In der erweiterten postumen Ausgabe der *Lettres de France et d'Italie* schildert Herzen, mit welchen Gefühlen er 1850, bei seinem Grenzübertritt nach Italien, am Stempel in seinem Paß feststellt, daß er Frankreich auf Tag und Stunde genau »am schrecklichen Jahrestag des 23. Juni«[509] den Rücken kehrt. Derartige Vergegenwärtigungen haben den Charakter von Illuminationen. Manche Autoren passen die Jahrestage des Juni wie gesagt regelrecht ab, um dem Publikum durch die Datierung ein zusätzliches Licht aufzustecken: Pardigon setzt unter das Einleitungskapitel seines Buches: »Londres, ce 23 juin 1852«[510], Heines Datierung der Préface zu *Poèmes et Légendes* wurde bereits erwähnt, Marx' Vorwort zur Zweiten Ausgabe des *Achtzehnten Brumaire* mündet in ein lakonisches: »London, 23. Juni 1869«[511] und noch Charles Péguy läßt seine Neuauflage von Ménards *Prologue d'une Révolution* am 28. Juni 1904[512] erscheinen.

So sehr die »Linke« jede Gelegenheit wahrnimmt, an das fatale Datum zu erinnern, so sehr hütet die Gegenseite sich, daran zu rühren. Selbst in den *Petits Traités* der *Académie des Sciences Morales et Politiques,* die doch ausdrücklich zur Bekämpfung der Ideen, die zur Juniinsurrektion geführt hatten, zur Niederreißung der »Barrikaden des Irrtums« lanciert worden waren, wird es tunlichst vermieden, das Ereignis beim Namen zu nennen, es zu datieren. Statt dessen wird es durch Umschreibungen gekennzeichnet wie: »Unmengen von Blut werden vergossen, um die Regierung des Volkes zu stürzen – im Namen des Volkes«[513], »zur Not gesellt sich der Zorn, es (das Volk) tötet, läßt sich töten und verzehnfacht seine Leiden«[514], man spricht von »ein(em) Aufstand der Riesen gegen den Himmel«[515] oder einfach von »verzweifelte(r) Rache«.[516] Nur der merkwürdige Docteur Lélut, über den sowohl Blanqui wie Baudelaire gespottet haben[517], steht nicht an, im Vorwort seines *Traité de l'Egalité,* umständlich an den Jahrestag des Juniaufstands zu erinnern: »Fast auf den Tag genau heute vor einem Jahr hat der scheußlichste unter allen Kriegen, der Bürgerkrieg, Paris in Angst und Schrecken versetzt, es mit Blut überströmt.«[518] Soweit ich sehe, ist Lélut der einzige unter den moralischen Traktatschreibern, der seinen Text datiert: »Paris, 28 juin 1849«.[519] Aber dieses Datum ist gewiß nur als eine Hommage

Daumiers Verschlüsselungskunst (2):
Eine Pariser Soiree im Monat Juni Anno 1853
(Die vornehme Welt beschwört alles, nur nicht ihre Vergangenheit)

an den Auftraggeber, den General Cavaignac, gedacht, der ja am 28. Juni 48 die ihm vom Parlament anvertraute diktatorische Gewalt freiwillig niedergelegt hatte. Die gemäßigte, »honette« Republik tat alles, um die Erinnerung an das Juni-Datum aus dem Gedächtnis der Mitwelt auszulöschen, und das Zweite Kaiserreich setzte diese Politik konsequent fort. Es waren die Gegner der siegreichen Bourgeoisie, demokratische Sozialisten oder antibourgeoise Künstler, die die Erinnerung an den Juni wachhielten. So wurde der Juni 48 zugleich zu einer *Grande Date du Socialisme*, wie der Obertitel von Maroucks Monographie lautet, und zu einem Wendepunkt der künstlerischen Moderne, was Benjamin, Sartre und Peter Weiss mehr oder minder deutlich herausgestellt haben.

»Juni, Schreckensdatum! schaurige Schlacht!«[520] ruft Vallès im Juni 1865, ebenfalls in einem Nachruf auf einen der Protagonisten von 1848, Pierre-Joseph Proudhon, aus. Bereits eine solche Abbreviatur war damals eine Kühnheit, das Juni-Datum durfte allenfalls in einem apologetischen Kontext, in Verurteilungen des Aufstands oder des Kommunismus, genannt werden. »Man begreift (...), daß noch jetzt im französischen Arbeiter-Stande kein Wort eine solche Wuth oder Demüthigung hervorruft, als das Wort ›*Juin*‹. Denn *Juni* bedeutet die Erinnerung an alle Gräuel, welche damals die Bourgeoisie gegen das Proletariat verübt hat; das Wort erinnert den Proletarier daran, daß er gewaltsam danach gestrebt hatte, die Gesellschaft zu reformiren, daß er dadurch, wie er wähnte, zum freien Lebensgenuß gelangt wäre, und daß er dabei auf eine schmähliche Weise besiegt wurde.«[521] So erklärt Sigmund Engländer 1864 die Wirkung des Namens jenes Monats, in welchem »dem Socialismus der Giftzahn ausgerissen«[522] worden sei. Es waren die Ausländer, die so ausdrücklich auf die Magie des Datums und auf seine Tabuierung durch die offizielle Gesellschaft hinweisen konnten.

Wer in Frankreich selbst an den Juni erinnern will, versucht es – zumindest in den Jahren vor der Liberalisierung des Kaiserreichs – durch indirektes Datieren. Diese Verfahrensweise illustriert auf mustergültige Weise *Le Cygne*. In diesem Gedicht wird das Juni-Drama suggeriert durch das subtile Zusammenspiel einer konkreten Ortsangabe mit verschiedenen, poetisch wirkenden Zeitbestimmungen und einer höchst evokativen symbolischen Handlung. Baudelaire macht sich die Tatsache zunutze, daß in der republikanischen Tradition Ortsnamen häufig für Daten, für *journées* stehen (das Cloître Saint-Merry steht für die blutigen Kämpfe des Juni 1832, die Rue Transnonain für die Repression des April 1834, die Croix-Rousse für die Lyoneser Seidenweberaufstände usw.), um mit dem ironisch getönten Reizwort »le nouveau Carrousel« die Massaker des Juni 48 heraufzubeschwören, die ja, wie wir sahen, auf dem Karussell-Platz ihren letzten Höhepunkt gefunden hatten. Doch beläßt das Gedicht es nicht bei der Anspielung, sondern präzisiert durch eine Reihe raffiniert metaphorischer Zeitangaben den genauen geschichtlichen Moment der Schwanenbegegnung, dergestalt, daß eine Verwechslung, etwa mit dem Dezember 1851 oder dem Februar 1848, ausgeschlossen wird.[523] Im Ganzen läßt sich der *Cygne* als eine, meisterhaft durchkomponierte, poetische Deck- oder Ersatzerinnerung lesen, zugedacht all jenen, die sich als die Opfer der Verdrängung des insurrektionellen Paris durch das neue, bürgerlich-imperiale empfanden. Dieses bessere alte, im Juni 48 besiegte, von Haussmann wegrasierte Paris, dieses

Paris, das Benjamin ein »drohendes gefährliches Massiv, ein(en) immer tätige(n) Juni der Revolution«[524] nannte, wird in Baudelaires vielleicht schönstem Gedicht beschworen, und neben ihm erscheint das neue als Täuschung.

Die kunstvoll stilisierte Deckerinnung ist bei Baudelaire, wie auch beim Heine der *Babylonischen Sorgen* oder beim Flaubert der *Education,* eine ironische Nachahmung jener unwillkürlichen Ersatzerinnerungen der Zeitgenossen des Juni, von denen sich ebenfalls Spuren in der Tages- wie in der gehobenen Literatur finden. Eine verblüffende, aber naive Vorwegnahme der Verfahrensweise des *Cygne* scheint in dem in Briefform verfaßten Augenzeugenbericht vorzuliegen, den Améd-Bouis unmittelbar nach den Junitagen für eine amerikanische Zeitung verfaßte[525]; der Autor beginnt seine Reportage, indem er sich zunächst über ein Eichhörnchen, das er verlassen in seinem Käfig gesehen hatte, verbreitet, dann kommt er auf eine Szene des *Macbeth* zu sprechen, in welcher Banquo die Schwalben um die Schloßzinnen kreisen sieht, was ihn auf die Schwalben bringt, die während der Kämpfe am Panthéon über die Barrikaden flogen: »Während der Erstürmung des Pantheon glitten sie haarscharf über die Barrikaden hinweg und tauchten in die dichten Rauchschwaden ein, tausend Kapriolen schlagend ... Von weitem waren ihre Warnrufe zu hören, wenn sie die Bajonette der furchtbaren Mobilgarden streiften, denen der Anblick so vieler in Tränen aufgelöster Mütter nichts ausmachte. Arme, unschuldige Tierchen! ... Dasselbe blutige Blei, das soeben die Brust eines Menschen durchbohrt hatte, schlug in den Giebel jenes zu Ehren der großen Männer Frankreichs errichteten Riesentempels ein, eure Nester, eure Brut, eure teuerste Hoffnung dabei zerstörend!«[526] Die Bedeutung dieser Passage besteht darin, daß sie zeigt, wie im Augenblick des historischen Geschehens selbst dieses wegen seiner Grauenhaftigkeit metaphorisch entstellt wird. Wie im *Cygne* wird der konkrete Anblick der Massaker durch den symbolischen ersetzt, wird das Pathos in Figuren konzentriert, die sprachlose Randfiguren des eigentlichen Geschehens sind: in den Tieren vor allem, in den weinenden Müttern, in den Monumenten. Hinzu kommt im Zeitungstext wie im Gedicht die bedeutungsvolle literarische Reminiszenz. Der Unterschied zwischen dem Trivialtext des Sommers 48 und dem auf Napoleons III. Amnestie hin verfaßten Gedicht ist der, daß ersterer an dem Beginn eines historischen Verdrängungsprozesses steht, letzteres an

Andeutung und Verleugnung der Massaker in der Bildberichterstattung:
Die Erstürmung der Barrikade an der Place de la Bastille

dessen Höhepunkt – denn die Amnestie von 1859 ist der Triumph des neuen Frankreich über das alte –, daß der eine mit seiner Teil-Symbolisierung die Entwirklichung des Geschehens einleitet, während das andere diese Entwirklichung gerade dadurch rückgängig zu machen sucht, daß es die Verschlüsselung auf die Spitze treibt und das verfemte Datum restlos in der Geste des Tieres verschwinden läßt, kurz, daß es die Verdrängung der Massaker aufzuheben sucht durch die Mimikry der Verdrängung. (Und wie Benjamin in seinem Kafka-Essay so schön sagt, dienen Tiere oft »als Behältnisse des Vergessenen [...] als Chiffer einer rätselhaften Schuld«.[527])

Spuren von Verdrängungsarbeit, von Verschiebungen ins anderweitig Bedeutsame, rätselhaft Symbolische sind überall in der Juni-Literatur auffindbar. Die Aufmerksamkeit der Zeitgenossen klammert sich ans Nebensächliche, wo nicht gar ans Absurde, wie an einen rettenden Strohhalm, um die Massaker selbst nicht zu registrieren. In dieser Hinsicht besonders frappierend sind die bereits erwähnten Erinnerungen des Paul de Molènes, der keinen Hehl daraus macht, daß ihn die »caprice(s) obstiné(s)« seiner Wahrnehmung und seines Gedächtnisses während der Kämpfe selbst in Erstaunen versetzt haben. Eine Zeitlang seien ihm zwei Verse von Victor Hugo nicht aus dem Sinn gegangen, dann habe ihn der Anblick von Notre-Dame so stark beeindruckt, wie ihn gewiß nie mehr irgendein anderer beeindrucken werde, schließlich habe sich ein alberner Refrain, den sein Bataillon gesungen habe, in seinem Kopf festgesetzt: »Mystico, dar dar, tire lire / Cli, clo, cla, la lirette, la liron«.[528] Er habe oft und leidenschaftlich versucht, gesteht de Molènes, den Rest des Liedes wiederzufinden: offenbar weil die Essenz seiner Juni-Erfahrung in ihm enthalten war.

In der Erinnerung vieler Augenzeugen besteht eine Tendenz zur gänzlichen Ausblendung des Menschlichen – es sind *Dinge,* die in ihr allein noch aufscheinen: Barrikaden, Inschriften, von Kanonenkugeln zerfetzte Häuserfronten oder Theaterplakate, streunende Tiere, ein über die Straße flatternder weißer Falter, wie in den *Misérables*[529], »eine Wanduhr, der Stab eines Papageien, Kupferstiche«[530], wie in der *Education.* Tocqueville stellt fest, was ihn während der Junitage vielleicht am meisten beeindruckt habe, sei der Anblick der völlig leergefegten Rue Saint-Honoré gewesen.[531] Die Besiegten sind wie ausgemerzt aus dem Gedächtnis der Ge-

Meissonier: *Die Barrikade*

sellschaft, für die Opfer ist keine Stelle in der Geschichte vorgesehen. Was das offizielle Gedächtnis aufbewahrt: das erbauliche Andenken an die Helden der Ordnung. Diese Beobachtung wird durch die Juni-Ikonographie bestätigt, die ausdrucksstark nur dort ist, wo sie menschenleere Orte zeigt. Das Gemälde Meissoniers *La Barricade* stellt eine Ausnahme dar; aber selbst für Meissonier ist der Blick auf die Opfer erst möglich, nachdem sie durch den Tod verdinglicht sind. Meissoniers tote Junikämpfer haben nicht den Ausdruck der Menschen, die Delacroix in seinem *Massacre de Scio* gemalt hatte, noch haben sie, wie die ermordete Arbeiterfamilie des *Massacre de la Rue Transnonain* von Daumier, ein eindeutiges soziales Pathos. Um sich für diese Erschlagenen zu interessieren, muß man bereits wissen, wer sie sind, muß, wie Peter Weiss in der *Ästhetik des Widerstands*[532], einen Begriff von der Geschichte haben, zu der sie gehören. Andernfalls bleiben sie isoliert, ein grausiges Kuriosum wie das Gemälde selbst innerhalb des Œuvres dessen, der es schuf.

Historische Analogien

Die Tatsache, daß sie das Juni-Geschehen als neu und unvergleichlich empfanden, hinderte die Zeitgenossen nicht daran, nach historischen Analogien zu suchen oder auch, sie mehr oder minder spontan zu assoziieren. Solche Analogien haben freilich in den wenigsten Fällen einen wirklichen Erklärungswert, vielmehr sind sie Ausdruck des Entsetzens über einen unvermuteten Rückfall in Zeitalter, die man für überwunden hielt. Repräsentativ ist die Feststellung der *Revue des Deux Mondes*: »Wir sind mit einem Schlag ins finsterste Mittelalter zurückgefallen.«[533] Wegen der unerhörten Grausamkeit der Massaker – die meist jeweils der Gegenseite angelastet werden – zieht man die Religionskriege[534], die Kriege zwischen den Armagnacs und den Bourguignons[535], die Dragonnaden[536], die Jacquerie[537], oder den Terror der Großen Revolution, und nicht selten mehrere dieser Ereignisse in einem Atemzug, zum Vergleich heran. Die Parallele zur revolutionären Terreur ist besonders beliebt, und dabei sind es meist die Aufständischen und nur ausnahmsweise die Sieger, die als die schlimmeren Fortsetzer der Septembermörder verschrien werden. Gegen die Sieger wendet sich der einen Moment lang radikalisierte Ernest Renan: »die Klasse der Bourgeois hat bewiesen, daß sie zu allen Exzessen unseres einstiges Terrors fähig ist, mit einem Grad Vorsätzlichkeit und Egoismus mehr«.[538] Noch weiter geht Herzen, wenn er dem Schrecken von 1793 eine geschichtliche Notwendigkeit zuerkennt, die »Orgien« der »Boutiquiers« dagegen als Werk reiner Niedertracht verurteilt.[539] Gustave Lefrançais zieht eine

Verbindungslinie von der Reaktion des Prairial (20.–22. Mai 1795) zur Repression des Juniaufstandes.[540]

Ebenso verbreitet wie die Analogie der Terreur dürfte die der Bartholomäusnacht gewesen sein. Blanqui gehörte zu denen, die schon nach den Massakern von Rouen vor einer »an den Pariser Arbeitern verübten Bartholomäusnacht«[541] gewarnt hatten. Ähnlich wie das Jahr 1793 war die Bartholomäusnacht ein obsessioneller Fixpunkt im Bewußtsein der Franzosen des vorigen Jahrhunderts, vielberufen schon in den ersten bewegten Jahren der Julimonarchie, aber auch in der aufgeladenen Atmosphäre des Frühsommers 48. Der Vergleich der Junimassaker mit denen der Bartholomäusnacht bezieht sich im allgemeinen auf Größe und Grausamkeit des Gemetzels, wobei häufig das Empfinden geäußert wird, daß die Greuel der Gegenwart alles je Dagewesene, einschließlich der Schrecken von 1572, in den Schatten stellten. »Ich glaube, noch nie hat sich etwas Ähnliches abgespielt, nicht einmal in der Bartholomäusnacht«[542]: der Satz aus einem Brief Gustave Courbets hat, wie T. J. Clark zu Recht betont, ganz den Charakter eines Stereotyps[543], es ist einer jener negativen Vergleiche, mit denen man zugleich das Unfaßbare der Vorgänge und eine Sympathie mit den Opfern ausdrückt. Reflektierter und entschiedener ist die Art, wie Baudelaire 1855 und 1857 durch die Wahl des Agrippa d'Aubigné-Mottos für die *Fleurs du Mal* die Junimassaker implizit mit der Bartholomäusnacht in Verbindung bringt, womit er sich von Victor Hugo abgrenzt, der die Analogie ausschließlich für den Staatsstreich Louis-Bonapartes reserviert hatte.[544] Die Junitage als Wiederkehr der Bartholomäusnacht begreifen, das hieß einerseits, seine Empörung über die Massaker – und nicht etwa über den Aufstand selbst – zum Ausdruck bringen, andrerseits, sie als Fortführung der blutigen Repressionen deuten, die das Justemilieu sich 1832 und 1834 hatte zuschulden kommen lassen und die seinerzeit bereits mit der Saint-Barthélémy verglichen worden waren.[545]

Am 28. Juni 48, zu einem Zeitpunkt, an dem er von den Massakern noch keine Kenntnis besessen haben dürfte, schreibt Friedrich Engels in der *Neuen Rheinischen Zeitung*: »Die Geschichte bietet nur zwei Momente dar, die mit dem Kampfe Ähnlichkeit zeigen, der wahrscheinlich noch in diesem Augenblick in Paris geführt wird: der römische Sklavenkrieg und der Lyoneser Aufstand von 1834.«[546] Hier gründet die Analogie in dem aktiven

Grandvilles Prophezeiungen: *Du glaubst wohl, das hier ist für die Kosaken? Ein feiner Pariser bist du mir! Dir wird damit das Fell gegerbt werden, wenn Du mit der Regierung nicht einverstanden bist!*, 28. Juni 1833

Moment, dem Verhalten der Arbeiter, die ja selbst mit ihrem Schlachtruf an die Tradition der Seidenweber-Aufstände anknüpften: »Das alte Lyoner Motto ›Arbeitend leben oder kämpfend sterben‹ ist auch plötzlich nach vierzehn Jahren wieder aufgetaucht und auf die Fahne geschrieben worden.«[547] Kontinuität der insurrektionellen Tradition zum einen, Kontinuität der Repression zum andern: Proudhon wirft, ganz wie Blanqui es schon Anfang Mai 48 getan hatte, der Reaktion nach der Niederschlagung des Aufstandes vor, sie habe »an die verruchte Tradition von

Saint-Merri und der Rue Transnonain angeknüpft«.[548] Diesen Geschichtszusammenhang deutet Flaubert in der *Education* mit äußerster Behutsamkeit und vieldeutiger Ironie dadurch an, daß er Rosanette Bron, genannt »La Maréchale«, die in die Pariser Halbwelt aufgestiegene Tochter proletarischer Eltern, während des Liebesidylls im Wald von Fontainebleau an ihre Lyoneser Kindheit zurückdenken und ihrem weltvergessenen Geliebten erzählen läßt, wie sie von ihrer Mutter als junges Mädchen an einen feinen Herrn verkauft worden sei. Geht man der Chronologie dieser Erzählung nach, so stellt sich heraus, daß Rosanettes Prostituierung auf das Jahr 1834 zu datieren ist, und andrerseits der Moment, an dem sie dem Geliebten ihre Vorgeschichte beichtet, ausgerechnet auf einen jener Junitage fällt, die im Roman eigenartig verlängert, ja zu ganzen Ewigkeiten ausgedehnt zu sein scheinen und an denen in Paris die Schlacht zwischen bürgerlicher und roter Republik entschieden wurde.[549]

Vor allem auf das strategische Moment abgestellt ist eine Analogie, die sich etwa bei Engels[550] oder bei Sainte-Beuve[551] findet: die zur Eroberung von Saragossa durch die Truppen Napoleons (1809). Um eine Anschauung von der Größenordnung der Kämpfe zu geben, führt Engels überdies die Völkerschlacht von Leipzig zum Vergleich an[552], und etliche Berichterstatter heben hervor, daß während der Junitage mehr Generäle fielen als in irgendeiner Schlacht des Empire.

Neben den Analogien aus der französischen Geschichte stehen andere: Engels zitiert, wie gesehen, den römischen Sklavenaufstand, was damals nicht außergewöhnlich war; schon lange vor 1848 war Spartacus eine Symbolfigur des Volkes, er wird es verstärkt nach dem Juniaufstand. Hugo, Lamartine, Tocqueville bezeichnen, jeder mit einer andern Nuance, die Insurrektion als »guerre servile«. Es sollte keinem Zweifel unterliegen, daß auch so verschiedene Texte wie der 1849 publizierte Dialog *L'Esclave Vindex* des Ultramontanen Louis Veuillot, das dramatische Gedicht *Les Esclaves* (1855) des Republikaners Edgar Quinet und selbst Flauberts *Salammbô* (1862) mit diesem stereotypen Analogon in Zusammenhang gebracht werden müssen. Ein anderes Klischee greift Alexandre Dumas in seinem makabren *Catilina* auf, jenem verunglückten Theaterstück, das im Herbst 48 Aufsehen erregte, und das den Juni mit einer katilinarischen Verschwörung und die Rädelsführer des Aufstandes mit katilinarischen Existenzen vergleicht. Über die »große Parallele« habe ich gelegentlich des Stichworts »Barbaren« schon gesprochen, sie stellt eine weitere zentrale Analogie dar, die allerdings über das Ereignis des Aufstandes hinausreicht, ähnlich wie die vom Zerfall des byzantinischen Weltreiches.[553]

Durchgängig sind diese Analogien nicht etwa *ad hoc* gefunden, sondern schon bereitliegende zeittypische Erklärungsschablonen, die nur auf das jeweils neueste Ereignis angewendet werden, meist, um ein Vorwissen über den Geschichtsverlauf zu bestätigen und nur selten, um es zu korrigieren. Die Bedeutung des gelebten geschichtlichen Augenblicks erweist sich nicht durch die Qualität neuer Erklärungsmodelle, sondern durch die Intensität des Rückgriffs auf die schon vorhandenen alten. Signifikante, originelle Abweichungen von den klischeehaften Analogien sind unmittelbar nach dem Ereignis, das es zu erklären gilt, äußerst selten, kaum ein Autor hat einen Denkabstand zu den Gemeinplätzen der Epoche: im Moment des Juni 48 ist es wohl einzig Karl Marx, der über eine eigene Sprache verfügt, in welcher der Jargon der Zeit dialektisch aufgehoben ist, und der im Begriff steht, seinerseits ein System von Erklärungsschablonen auszubilden, de *créer un poncif*, mit Baudelaire zu reden. Die Aufarbeitung von 1848, wie sie später, jeder auf seine Weise, Heine und Herzen, Baudelaire und Flaubert geleistet haben, ist nicht zuletzt ein Sich-Abarbeiten an, ein Sich-Wegarbeiten von dem Jargon, der in jedem Fall und unbeschadet seiner ideologischen Zugehörigkeit Jargon ist. Baudelaires Révolte-Gedichte bezeichnen, mehr noch als Herzens *Briefe aus Italien und Frankreich* und sein *Vom anderen Ufer*, ein erstes, vergleichsweise naives Stadium dieser Arbeit, insofern als sie es, unterm Einfluß Proudhons, dabei bewenden lassen, die 48er Klischees bloß ins Paradox-Provokative zu verkehren, anstatt sie gänzlich zu verabschieden. Vermutlich ist die Selbstanzeige dieser Gedichte in der ersten Auflage der *Fleurs du Mal* als ein »Pastiche der Argumentationsweisen der Unwissenheit und der Raserei« mehr als nur ein Versteckspiel mit der Zensur, erschienen dem gereiften Dichter diese Stücke als noch zu stark in der Metaphorik und in den Illusionen der Revolution befangen; andrerseits waren sie ihm jedoch zu symptomatisch und wohl auch um ihrer Aggressivität willen zu lieb, als daß er sie spurlos hätte verschwinden lassen wollen. Und so wie diese Gedichte in Baudelaires Werk ein Durchgangsstadium darstellen, sind Herzens Schriften aus der

Zeit der Zweiten Republik nicht sein letztes Wort über die Erfahrungen des Juni: seine Auseinandersetzung mit der Revolution bleibt eine lebenslängliche. Auch bei Herzen gibt es jene Pietät den eigenen Jugendirrtümern gegenüber, die sich sehr gut mit unerbittlicher Selbstkritik verträgt.

Dramenmetaphern

Schon unter der Julimonarchie bzw. im Vormärz war es gang und gäbe, die Zeitgeschichte durch Dramenmetaphern zu charakterisieren: als Komödie, Farce, *bouffonnerie sanglante* (blutige Hanswurstiade), als Lust- oder als Trauerspiel.[554] 1848 wird die Dramenmetapher zum beliebtesten Mittel der Kennzeichnung des geschichtlichen Augenblicks; jedermann scheint sich als Held, Mitspieler oder Zuschauer des Dramas der Revolution zu empfinden. Unsicherheit und Uneinigkeit herrscht nur darüber, in welchem Akt, ja sogar: in welchem Stück man sich jeweils befindet. Handelt es sich um eine Tragödie oder nicht eher um eine Komödie, ein schlechtes Melodram, eine Parodie vorheriger wirklicher Revolutionen? Im Juni zumindest scheint die Gattungszuweisung einen Moment lang nahezu unkontrovers und das Empfinden, man wohne einer Tragödie bei, weitverbreitet. Die Meinungsverschiedenheiten über Gewicht und Tragweite des Erlebten spiegeln sich in oft unscheinbaren Varianten der Metaphorik wider, die überdies nicht einmal innerhalb der Texte der einzelnen Autoren selbst konsequent und stimmig verwendet wird. Hier ist der Aufstand eine, dort ist er *die* Tragödie, bald ist er nur ein Akt, nur eine Szene, tragischer Höhepunkt eines Dramas, das notwendig ein glückliches Ende finden wird usw.

Zu denen, die von der »Tragödie des Juni« sprechen, gehört Karl Marx. Er sieht die »blutige Tragödie zwischen der Lohnarbeit und dem Kapital«[555] eingebettet in die Komödie der Zweiten Republik, die eigentlich eine »Farce« sei, eine »Karikatur« der Tragödie der Großen Revolution.[556] Einen ihrer ersten Artikel über die »Junirevolution« hatte die *Neue Rheinische Zeitung* in den sonderbaren Befund einmünden lassen: »Mit diesem *zweiten Akt der französischen Revolution* beginnt erst die *europäische Tragödie*.«[557] Drei Tage später polemisiert Engels gegen das Herausgebergespann der *Kölnischen Zeitung*, weil es sich bei Beurteilung des Aufstandes im Register vergriffen habe: »Und du glaubst (...)

die Mitspieler, die Zuschauer des schrecklichen Dramas erhoben zu haben, indem du sie in die Kotzebuesche Bediententragödie hinabziehst!«[558] Wiederum drei Tage danach wendet er sich mit den folgenden Sarkasmen der preußischen Innenpolitik zu: »Nach der Tragödie die Idylle, nach dem Donner der Pariser Junitage das Getrommel der Berliner Vereinbarer.«[559] Das entspricht ganz den satirischen Gepflogenheiten der republikanischen Oppositionskunst und ihrer Antithese von bürgerlichem und proletarischem Heldentum. Schon bei Daumier und dem frühen Pariser Heine sind die Haupt- und Staatsaktionen des Juste-milieu grundsätzlich komisch, wird tragisch-heroisches Pathos zusehends mehr für die leidenden und kämpfenden Vertreter der unteren Volksschichten reserviert. In dieser Tradition steht Marxens keineswegs originelle Unterscheidung zwischen der Juni-Tragödie und der generellen Farce von 1848: Beinahe in Umkehrung der klassischen Regeln befindet man sich im hohen Stil, wenn das Volk zum Akteur des Geschichtsdramas wird, wogegen das Stück ins Lächerliche absinkt, sobald seine Helden von den Ober- und Mittelklassen gestellt werden. Bei konservativen Beobachtern hingegen stimmt die Metaphorik mit den Regeln der klassischen Poetik überein, denen gemäß ein Theaterstück, in dem Plebejer die Hauptrolle spielen, nichts Erhabenes haben kann.[560] Infolgedessen erscheint die Revolution ihren Gegnern von Anfang an als Farce oder Schauerstück. Zu dieser Sicht der Dinge bekehren sich im Juni auch die, die im Februar die Erhabenheit des Volkes bewundert hatten, die gemäßigten Republikaner wie de la Boullaye, der dichtet: »Horden von Plünderern / Erdreisten sich, jene zwei großen Wochen zu parodieren, / In denen das französische Volk zweimal seine Ketten zerbrach.«[561] Gegen derartige dramenmetaphorische Abwertungsversuche richtet sich die These Proudhons, der Sinn des Revolutionsdramas sei unabhängig von der Stilhöhe, auf der es sich bewege, ebenso wie von den Eigenschaften seiner Darsteller: »Ebensogut hätte das Schauspiel statt einer Tragödie ein Melodram sein können: der Sinn, die Moral des Stückes wären die gleichen geblieben.«[562] Das klingt zugleich wie eine Widerlegung des Ausrufs, mit dem der Nationalgardist Mérimée die Aufständischen glaubt unmöglich machen zu können: »Armes Volk, welches seine Ehrgefühle aus dem Ambigu-Comique-Theater bezieht«[563] und der nichts anderes ist als eine als Witz herausstaffierte Phrase, die jedem Halbgebildeten zu Gebote stand.

Auffällig auch, wie sehr die Antworten auf die Frage, an welcher Stelle des Dramas der Juniaufstand einzuordnen sei, voneinander abweichen. Wenn es nach dem Proudhon der *Confessions d'un Révolutionnaire* ginge, würde er im vierten und fünften Akt anzusiedeln sein, behauptet er doch, mit der Erklärung des Belagerungszustandes sei der Vorhang nach dem vierten Akt der Revolution gefallen.[564] Mithin hält er das gesamte Stück eben doch für eine Tragödie, was sowohl die schon zitierte Eintragung der *Carnets* – »eine neue Thebais« – als auch ein Satz des *Représentant du Peuple* vom 5. VII. 48 bestätigen: »Das entsetzliche Gemetzel, dem wir beigewohnt haben, glich jenen antiken Tragödien, worin die Pflicht dem Recht gegenübersteht und die Götter untereinander zerstritten sind.«[565] Für Herzen hat der »fünfte Akt der Tragödie« bereits »am 24. Februar begonnen«[566], Ménard und andere dagegen verstehen den Zeitraum zwischen Februar und Juni 48 als den »Prolog« einer Revolution: »Künftig wird nur noch das Volk die handelnde Person des Revolutionsdramas sein, und es wird erst spielen, wenn seine Zeit gekommen ist!«[567] prophezeit Ménard am Ende seiner Darstellung jener Monate. Daniel Stern schwankt zwischen zwei Erklärungsmöglichkeiten, die einander nicht unbedingt ausschließen: »Ist dies der letzte Akt einer politischen Revolution? Ist es der tragische Prolog eines sozialen Kampfes?« fragt sie in den *Lettres républicaines*.[568] Marx schreibt nach dem Fall Wiens: »In *Wien* ist soeben der zweite Akt des Dramas aufgeführt worden, dessen ersten Akt man zu Paris spielte unter dem Titel ›*Die Junitage*‹. (...) Zu *Berlin* werden wir bald den dritten Akt erleben.«[568a] Gemeinsam ist allen diesen Standortbestimmungen die Überzeugung, daß die gesellschaftliche Bewegung zwar dramatisch, aber letzten Endes doch gleichförmig vonstatten geht und daß die Geschichte Sinn und Ziel hat; die Tragödienmetapher läßt sich durchaus mit dem Glauben an den Fortschritt vereinbaren.

Epenmetaphern, vor allem Parallelen zu Dantes *Inferno*, betreffen meist das, was Pardigon die unterirdische Geschichte des Juni genannt hat, die Massaker im Gegensatz zu den Straßen- und Barrikadenkämpfen. Pardigon selbst schreibt: »Für das, was mir noch zu erzählen bleibt, bräuchte ich die Feder, mit der Dante Alighieri die neun Kreise der Hölle beschrieb«[569], ähnliche Aussagen finden sich bei Castille u. a. Bei Baudelaire und Flaubert werden diese Metaphern Struktur: der *circulus vitiosus* bezeichnet die Bewegung der *Fleurs du Mal,* welche zugleich durch die Folge ihrer Zyklen an eine Tragödie und durch die Hundertzahl der Gedichte an Dantes Epos gemahnen. (*Le Cygne* bezieht sich zugleich auf Vergils *Äneis* und Racines *Andromaque*.) Und auch Flaubert übersetzt die Dramenmetapher in Struktur, indem er den Juniteil der *Education* als Idylle anlegt, welche ironisch die geschichtliche Tragödie überlagert. In seinem Roman gibt es statt einer dramatischen oder auch nur romanhaften Entwicklung einzig noch die *coups de théâtre* der äußeren Wirklichkeit, die den Helden von Zeit zu Zeit aus seinen Träumen reißen, ohne daß er darum klüger würde. Das lyrische Ich des *Cygne* erkennt in visionärer Klarheit genau die Geschichte, die die Jugend von 1848, deren Prototyp Frédéric Moreau darstellt, verträumt hatte.

Koinzidenzen und Correspondances

Die merkwürdigen, oft ironisch gebrochenen Beziehungen, die sich in den großen Krisenmomenten der Geschichte zwischen dem Kollektivschicksal und dem Schicksal des einzelnen ergeben, haben die Zeitgenossen von 1848 so sehr frappiert, daß sie auf eine Art Kompositionsprinzip, eine systematische Entsprechung der Sphären des Öffentlichen und des Privaten schlossen, die mystisch-romantisch-frühsozialistischen Theoreme der *Correspondances* gleichsam säkularisierend und auf die eigene Situation in der Geschichte anwendend. Den Anlaß eines erneuten Nachdenkens über die möglichen Beziehungen bzw. Entsprechungen zwischen gesellschaftlicher Außen- und privater Innenwelt hatten all jene sonderbaren Zufälle gebildet, die im Revolutionsjahr 48 Geschichte und Einzelbiographien miteinander verquickten und die die Betroffenen selbst oft als schlechte Witze des Schicksals aufgefaßt haben. Geistreiche Schriftsteller wie Mérimée, Musset oder Heine parieren solche Witze ihrerseits mit Witz, die beiden ersten mit purer Boshaftigkeit gegen die zurückgebliebene Mitwelt, der letztere mit Galgenhumor bzw. dem Humor seines Lazarus. Mérimée spielt den Aufstand zum Scherz herunter, hinter dem sich Selbstmitleid versteckt, wenn er sich darüber mokiert, daß sein Namenstag am 25. Juni mit so vielen Kanonenböllern gefeiert worden sei.[570] Musset rächt sich für den Streich, den die Geschichte ihm dadurch spielte, daß sie ihm eine Premiere verdarb, mit einem makaber-heuchlerischen Scherz: Er gibt den Nachwuchsförderpreis, der ihm statt des erhofften Fauteuils der Académie française zuteil wurde, an die »Opfer des Juni« weiter, die honetten, versteht sich.[571] Viele Zeugnisse – Briefe und Erinnerungen – von 1848 geben Kunde davon, daß das Leben der einzelnen damals zur Geschichte in eine mehr oder minder schmerzliche Konstellation getreten ist, selbst dann, wenn sie nicht unmittelbar an den Ereignissen beteiligt waren. Kurios werden die Correspondances erst bei denen, die eigentlich nichts mit den Ereignissen zu tun haben: bei Renan, der seine Empörung über die Reaktion unterdrückt, weil er sich auf ein für seine Laufbahn entscheidendes Examen vorbereiten will; bei Auguste Comte, der sich ins innerste Zimmer seiner Wohnung zurückzieht, um, ungestört vom Schlachtenlärm, seinen jährlichen Rechenschaftsbericht verfassen zu können, den er dann der verblichenen Clotilde auf ihrem Grabe vorlesen wird[572]; bei Gustave Flaubert in Rouen, der einem Vetter anvertraut, er fürchte, sein geistesgestörter Schwager könne mit der Nationalgarde nach Paris aufgebrochen sein; bei Balzac und Sainte-Beuve, die, des Pariser Treibens müde, Sondierungsbriefe schreiben, um zu sehen, ob sie im Ausland ihre schriftstellerische Tätigkeit ungestört fortsetzen können; bei Berlioz, dessen Londoner Kapellmeisterkarriere zu Ende und der nunmehr gezwungen ist, ins infernalische Paris zurückzukehren. Aber als Entsprechungen werden diese Gleichzeitigkeiten meist erst im nachhinein reflektiert. (Eine Ausnahme ist der Tod Chateaubriands, der dazu dient, ebenso erbauliche wie bigotte Betrachtungen über das Ende nicht nur der Romantik, sondern der Literatur schlechthin anzustellen, als hätten die Juniaufständischen sowohl den Mann selbst, als auch das, was er verkörperte, ins Grab gestoßen.) Erst die großen Texte der Nach-Juni-Literatur verwandeln solche Zufallserfahrungen in stimmige Systeme von Correspondances, und dies unter Ausschöpfung der poetischen Möglichkeiten, die die Tropen von 48 überreichlich darbieten. So kann Heine, der am 25. Juni in einem Brief scherzte: »Mes jambes n'ont pas survécu à la chute de la royauté et je suis à présent cul-de-jatte«[573], im *Romanzero* als Lazarus zugleich für sich und im Namen aller Besiegten der europäischen Revolutionen klagen, Baudelaire der Liberté eine ketzerische Liebeserklärung machen, indem er eine beliebige Passantin des neuen Paris mit deren allegorischen Attributen ausstattet oder sein Verhältnis zur kaiserlichen Despotie als Hörigkeit decouvrieren[574], kann Flaubert in Madame

Arnoux und Rosanette die beiden Gestalten darstellen, in welche die Republik von 1848 sich aufspaltet: die unerreichbar ideale, von der man bis zum Sommer träumte und die dubios »honette«, die im Juni endgültig den Sieg über das Ideal davonträgt. Freilich sind Heines Lazarus, Baudelaires Passantin, Flauberts Madame Arnoux mehr als bloße Allegorien oder Symbole, in ihnen wird das einzelne nicht zur Durchgangsstation für das Allgemeine degradiert: das Allgemeine oder, wenn man so will, das Allegorische, ist die Aura, mit der der Künstler das einzelne umgibt, die er hinter ihm aufscheinen läßt. Doch die Correspondance zwischen beiden Sphären erschließt sich nur der Deutung, sie liegt nur ausnahmsweise offen zutage. Oft sind es die Dinge, die hier Interpretationshilfe geben, in ihnen scheint sich für die Zeitgenossen von 48 die Ironie der Geschichte förmlich zu konzentrieren: Gebäude und Örtlichkeiten verfügen über ein latentes Erinnerungsvermögen, verweisen heimlich auf Versäumtes, Verwirktes und Verdrängtes. Solange keine Zensur herrscht, wird dies offen ausgesprochen: »Doch seht! Ist es nicht der Palast der Könige, in dem die Republikaner, die Sieger des Februar und Besiegten des Juni, für ihren einstigen Sieg werden büßen müssen?«[575] fragt Pardigon, entrüstet angesichts der Tatsache, daß die Junikämpfer in die Keller der Tuilerien eingesperrt werden. Die *Neue Rheinische Zeitung* berichtet im Herbst 48 über die Konstitutionsfeier der Bourgeoisrepublik: »Unter dem Baldachin, unter welchem Marrast stand, hatte man die lächerliche Inschrift angebracht: Liebet Euch untereinander! Und gerade hinter dem Baldachin befindet sich der Souterrain des Tuileriengartens, in welchem die Garde mobile nach der Junischlacht drei Nächte lang die gefangenen Insurgenten durch Pelotonfeuer niedermordete.«[576] Die gleiche ironische Correspondance des Schauplatzes liegt aber auch Baudelaires *Cygne* zugrunde, der sie allerdings nur noch andeutet. Und jeder Leser der *Education* kennt die zahlreichen Ding-Correspondances, die das lügnerische Verhalten der Protagonisten signalisieren, etwa die alte Kutsche, die zuerst als trautes Liebesfahrzeug dient und dann, nachdem Frédéric von Dussardiers Verwundung gelesen hat, als Behelf für den eiligen Rücktransport nach Paris.

Die Bedeutung der Correspondances für Baudelaires Poetik ist bekannt; aber das berühmte Sonett bleibt reichlich allgemein, was die historischen Implikationen dieser Doktrin anbelangt. Sehr viel deutlicher wird Flaubert in einer Arbeitsnotiz für die *Education*:

»Zeigen, daß der Sentimentalismus (in seiner Entwicklung nach 1830) der Politik folgt und ihre Phasen nachzeichnet«.[577] Die klassische Formulierung der spezifischen 48er Erfahrung der Correspondances aber findet sich bei dem Manne, für den der Juni 48 die politische *und* die familiäre Katastrophe seines Lebens bedeutete, bei dem russischen Revolutionär Alexander Herzen, der in seiner Autobiographie resümierend feststellt: »Das, was wir auf der großen Bühne der staatspolitischen Ereignisse sehen, wiederholt sich mikroskopisch klein an jedem häuslichen Herd.«[578] Woraus folgt, daß das intimste Geständnis immer auch etwas Entscheidendes über die öffentlichen Verhältnisse aussagt. Nach 1848 wird denn auch das Bekenntnis zum beliebten Genre, zum Refugium der Schriftsteller, einem Fluchtort, von dem aus von Proskription bedrohte Autoren wie Proudhon und Heine, Baudelaire und Herzen neue Initiativen gegen die honette Gesellschaft ergreifen. Die Literatur zieht sich, da Polemik und Satire ihr verboten sind, zusehends mehr aufs Geständnishaft-Private, jenen »mode de confessionnal« zurück, den Jules Laforgue eine der wichtigsten Neuerungen Baudelaires nennt.[579] Die Selbstdarstellung, die bei Heine, Herzen und Baudelaire, in romanhafter Verkleidung auch bei Flaubert bis zur schamlosen Exhibition der eigenen Schwächen und Laster geht, ist gerade um ihrer Unnachsichtigkeit willen eine exemplarische, treffsichere Kritik des Allgemeinen; ihr besonderer Wert besteht in ihrer analytischen Wahrhaftigkeit, darin, daß sie mehr ist als bloß verschleierte Anklage: ein Lernprozeß des einzelnen über sich selbst wie über die Bande, die ihn an das historische und soziale Kollektiv fesseln, in das er hineingeboren wurde. Die Ehrlichkeit dieser Literatur aber bewährt sich darin, daß sie früher oder später der verdrängten Geschichte von 1848 ins Auge sieht.

Zweiter Teil

Literatur über ein verdrängtes Trauma des 19. Jahrhunderts

In der Aufführung der Laster hast Du die Blutgier mit der Sense vergessen ...

Alfred Rethel, *Briefe 1849*

... l'inéluctable vérité qui nous hante comme un démon ...

Charles Baudelaire, *Notes nouvelles sur Edgar Poe*

L'amour conserve de la décence, le fanatisme est gai, les massacres font sourire.

Gustave Flaubert, *Bouvard et Pécuchet*

I. Verschollene Hiobsbotschaften: Hippolyte Castille

... l'avenir s'écrit avec du sang, ses joies sont impies.

Joseph Ferrari, *Histoire de la raison d'Etat*

Zwei Pamphlete: »Le dernier Banquet de la Bourgeoisie« und »La Place publique«

Von allen Juni-Autoren der vielleicht am gründlichsten in Vergessenheit geratene ist Hippolyte Castille. Die Tatsache, daß er zum Freundeskreis Baudelaires gehörte[1], daß Flaubert in ihm den Prototyp des käuflichen Schreiberlings verabscheute[1a], hat ihn dem Vergessen ebensowenig entreißen können, wie die Qualität seiner historiographischen Arbeiten über die Zeit zwischen Julirevolution und Dezemberstaatsstreich oder wie der Umfang und die Vielfalt seines Werkes. Bezeichnend, daß Michel Butor in seiner sinnreichen Deutung des einzigen von Baudelaire überlieferten Traumes dem Problem der dreifachen Hervorhebung des Namens *Castille* in dem Traumtext mit einer bei ihm unüblichen Einsilbigkeit begegnet: ein Hinweis auf Castilles journalistische Tätigkeit und zwei Mutmaßungen über seine Funktion für Baudelaire, – das ist alles.[2] Weder Butor noch die akademische Baudelaire-Forschung, die Personen aus dem Umkreis des Dichters gewöhnlich besonderes Interesse angedeihen läßt, dürften Castille je gelesen haben. Dabei ist es keineswegs so, daß seine Schriften unauffindbar wären – der Katalog der Bibliothèque Nationale verzeichnet sie sämtlich, einschließlich derer, die unter Pseudonym erschienen sind –, doch sind sie schwer zu überblicken, zeigen weder eine Kontinuität der Schreibweise noch eine der Gesinnung. Louis Ménard, der einiges mit Castille gemein hat, machte eine vergleichsweise gradlinige Entwicklung durch: vom philosophischen Epiker und revolutionären Geschichtsschreiber der Junitage zum Hermetiker des Parnasse, zum *Paien mystique*, der seine immer noch subversiv gemeinte Literatur in eigenwilliger Orthographie wie eine Marotte weiterbetreibt. Castille hingegen wird vom engagierten Schriftsteller, der die Massen ansprechen will, zum elitären bonapartistischen Polygraphen. Was Baudelaire hartnäckig angedichtet wird, daß er seinen revolutionären Ideen abgeschworen habe und zum Befürworter des imperialen Despotismus geworden sei, trifft auf Castille tatsächlich zu. Aus diesem Grunde verlor der ehemalige Redakteur des Feuilletons der *Révolution démocratique et sociale* (deren Herausgeber, Charles Delescluze, auf den Barrikaden der Commune fallen sollte) in den späten fünfziger Jahren, als er sich immer stärker zum Propagandisten des Cäsarismus aufwarf, allen Kredit bei seinen einstigen Weggefährten und dem republikanisch gesonnenen Teil des Publikums: der ihm im *Grand Larousse du XIXe Siècle* gewidmete Artikel zeugt von jener Abkühlung des Verhältnisses der Opposition zu einem einst bewunderten Autor: »In seinen jüngsten Schriften hat dieser Apostel der brutalen Gewalt für die Freiheit, für das parlamentarische System (...) bloß noch beißenden Hohn und Verachtung übrig. Als gerechte Strafe gleichsam hat Castille deshalb seine besten schriftstellerischen Qualitäten verloren, weil er ein vielversprechendes Talent in den Dienst erbärmlicher Ideen stellte. Er bringt nichts anderes mehr hervor als literarische Totgeburten, die mit eisiger Gleichgültigkeit aufgenommen werden.«[3] Das sollte sich schlagartig ändern, als Castille 1869 eine neuerliche Kehrtwendung vollzog, als er unter dem Decknamen Alceste seine *Lettres de Paris*[4] publizierte, eine böse Verhöhnung des Regimes aus einer liberaldemokratischen Perspektive, und zugleich den Juni-Teil seiner *Histoire de la Seconde République française* unter dem kühnen Titel *Les Massacres de Juin 1848* wieder auflegte, wobei er sich nicht einmal hinter einem Pseudonym verbarg.

Letzter Kampf. Nach einem Gemälde von Tony Johannot

Werden die Arbeiten des Historikers Castille, vor allem seine brillante Studie über das Bürgerkönigtum *Les hommes et les mœurs en France sous le règne de Louis-Philippe (Menschen und Sitten in Frankreich unter der Herrschaft Louis Philipps)* (1853), noch hin und wieder erwähnt, so ist sein eigentlich literarisches Œuvre nicht einmal mehr den Titeln nach bekannt. Zugegeben, die voluminösen Romane aus der Frühzeit[5] besitzen wohl auch kein gesteigertes literarhistorisches Interesse, anders dagegen verhält es sich mit den Texten, die Castille in den Jahren der Zweiten Republik verfaßte und die Musterbeispiele der revolutionären Literatur der *école socialiste* von 1848 darstellen. Zwei dieser Texte erschienen wenige Monate nach dem Sieg der Ordnung unter dem Pseudonym Job le Socialiste, zunächst im Feuilleton der *Révolution démocratique et sociale,* dann als separate Broschüren. Zwar sind sie »Pamphlet« überschrieben, doch haben sie auch etwas vom Lehrgedicht, vom republikanischen Katechismus, zuweilen sogar vom Prosagedicht oder vom Kurzepos. Sowohl das erstmals zwischen dem 11. und dem 14. Dezember 1848, also in der Woche nach der Präsidentschaftswahl, erschienene *Dernier Banquet de la Bourgeoisie,* als auch *La Place publique,* das zwischen dem 13. Februar und dem 24. März 1849 in Delescluzes Blatt veröffentlicht wurde, sind militante *Tableaux parisiens,* in denen die sozialen Verhältnisse der Hauptstadt geschildert werden: mit entschieden gegen die Junisieger gerichteter Parteilichkeit. Der kürzere erste Text, der aus neun Abschnitten besteht[6], hat die Form eines Streitgesprächs zwischen einem »Helden« namens Lazare und verschiedenen Vertretern oder Zuarbeitern der triumphierenden Bourgeoisie. Leidenschaftliche, doch monotone Diatriben wechseln ab mit prophetischen Passagen, die die These des Titels verdeutlichen und mit propagandistischen, die darauf abzielen, den Herrschenden ihre Bundesgenossen – Soldaten, Domestiken, Intellektuelle – abspenstig zu machen. Es gibt Ansätze einer an der zeitgenössischen Karikatur geschulten Bourgeoissatire: die Hauptakteure der parlamentarischen Komödie treten, ohne namentlich genannt zu werden, jedoch unverkennbar, auf; ein Zwerg, der Thiers' Züge trägt, rezitiert eine Kurzfassung von *De la Propriété* (S. 4) und bringt am Ende einen Trinkspruch auf die Ungleichheit aus (S. 22)[7]; ein Redner, der unschwer als Lamartine zu identifizieren ist, empört sich über die »Materialisten«, die das Recht auf Arbeit fordern, und Cavaignacs dubioses Juni-Heldentum wird ebenso bissig verspottet wie Louis-Bonapartes Ansprüche auf die Kaiserkrone. Doch vor allem geht es um die Gegenüberstellung der Genußsucht einer hemmungslosen, vertierten Gesellschaft – »Diese kahle, wie Reptilien kaltblütige Rasse hat ein übergroßes Maul für sämtliche egoistischen Genüsse« (S. 3) – und der tugendhaften Not jenes Lazare, der für das Volk steht. Hierbei jagt ein Klischee das andere. Hiob der Sozialist ist kein Dulder wie sein Lazare, welcher die Haßtiraden der Bourgeoisie mit dem Gleichmut des Heiligen, des Märtyrers erträgt, er steht an giftiger Unversöhnlichkeit seinen Gegnern, den *ventrus*, nicht nach. Es ist die nackte, aber auch etwas gewollte, Empörung über die Ausschreitungen der Reaktion, die diesem Schriftsteller die Feder führt, der Fanatismus eines, der sich krampfhaft um Einfühlung in die Besiegten müht. Gerade deshalb dürfte der Abdruck des Pamphlets unmittelbar nach dem Wahldebakel der kleinbürgerlichen Montagne, deren Organ ja die *Révolution démocratique et sociale* gewesen ist, eine günstige Aufnahme bei dem demokratischen Kleinbürgerpublikum gefunden haben, das ja gleichfalls auf eine Wiedergutmachung und Aussöhnung mit dem in den Junitagen schmählich im Stich gelassenen Proletariat bedacht war. Jedenfalls übernimmt der Verfasser Anfang Januar 49 die Leitung des Feuilletons der *Révolution démocratique et sociale*, und schon am 11. Februar wird in derselben Nummer zugleich das Erscheinen von *Le dernier Banquet* in Buchform als auch der baldige Abdruck eines zweiten Pamphlets angekündigt:

»Nächste Woche beginnt der Abdruck von DER OFFENE MARKT, einem neuen Pamphlet HIOBS DES SOZIALISTEN, Verfasser des letzten BANKETTS DER BOURGEOISIE (sic).

Wir empfehlen diese herzhafte Satire gegenwärtiger Sitten und Institutionen der Aufmerksamkeit aller sozialistischen Demokraten. DER OFFENE MARKT ist dem Andenken

ROBERT BLUMs

gewidmet. Morgen bringen wir das Inhaltsverzeichnis der einzelnen Kapitel.«[8] Die Serie der Voranzeigen, doch nicht nur sie allein, deutet darauf hin, daß Castilles Ambitionen mit dem Erfolg seines ersten Textes erheblich gewachsen sind. Auch die Widmung an Robert Blum, die dann in der Buchausgabe fallengelassen wird, klingt ehrgeizig genug.« »Dies Buch ist gewidmet/ ROBERT BLUM,/ Der erschossen wurde, weil er die Sache des Volkes verteidigte,/ Als eine Hommage/ Zu seinem Gedächtnis und in Abscheu vor seinen Henkern,/ Von einem Bewunderer seines Opfermuts/ HIOB DEM SOZIALISTEN.«[9] Der Text selbst ist rund dreimal so umfangreich wie der frühere (in der Buchausgabe 64 Seiten gegenüber den 23 des *Dernier Banquet)* und ungleich sorgfältiger aufgebaut. Der Rahmen gemahnt zugleich an die *Divina*

Commedia, den Balzac der *Fille aux yeux d'or* und an den *Berger de Kravan*, Eugène Sues propagandistische Aufklärungsschrift für die rückständige Landbevölkerung, deren erster Teil im November 48 erschienen war; aber nur Dante wird ausdrücklich als Vorbild genannt. Trotzdem dürfte Hiob-Castille von Sue das Grundschema der didaktischen Unterhaltung zwischen einem Pariser Intellektuellen und einem Bauern aus der Provinz übernommen haben, das er allerdings überhöht, indem er die beiden Gesprächspartner Sulpicius und Stubs zu modernen Entsprechungen Vergils und Dantes und ihre Durchquerung des *enfer social* der Hauptstadt als eine zeitgemäße Wiederholung des Danteschen Höllenweges stilisiert. In 19 Kapiteln werden Gesellschaftsgruppen und Institutionen in Augenschein genommen, wird versucht, einer ahnungslosen, aber gesinnungstüchtigen Unschuld vom Lande »das Chaos der Zivilisation der Reichen« zu erklären: denn, so betont der Cicerone aus der linken Boheme, lehrreicher als jedes Buch – der Bauer hatte gebeten, daß man ihm die Klassiker des Frühsozialismus erläutere – sei der Anblick dieser Stadt.[10] Befremdlich, selbst wenn man nichts von Castilles weiterem Werdegang wüßte, wirkt, was der Schreiber Sulpicius eingangs über seine Jugendirrtümer und seine mittlerweile unerschütterliche politische Überzeugung sagt: »Ich bin kein reiner Mensch, Bürger Stubs. Ich begann das Leben wie die meisten Männer meines Schlags mit Stolz und Ehrgeiz, doch das Gerechtigkeitsgefühl behielt schließlich die Oberhand, und da das Unglück hinzukam, wurde ich ein Gerechter. Hinfort muß man mir schon sieben Mal alle Glieder zermalmen, ehe ich meinen Glauben verleugne.« (S. 5) Späteren Selbstzeugnissen ist zu entnehmen, daß es keiner Folter, sondern bloß des Anblicks eines Gefangenentransports und einer, dank der Schläue seines Dieners ergebnislos verlaufenen, Hausdurchsuchung bedurfte, um Castille zum Abschwören zu bewegen.[11]

Das Geständnis des Sulpicius zeugt vom schlechten Gewissen des Intellektuellen, der sich erst unterm Druck der Ereignisse und seines eigenen Ressentiments zu einem Engagement aufgerafft hat und nun mit einem förmlich zähneknirschenden Eifer seinen Mangel an revolutionärer Ursprünglichkeit auszugleichen versucht. Job le Socialiste ist der typische Vertreter einer Kleinbürgerjugend, die aus Haß gegen den Bourgeois einen Moment lang einem Revolutionspurismus huldigen möchte, insgeheim aber stets bereit ist, sich jedem Regime zu fügen, welches ihr gestattet, ihre antibourgeoisen Affekte in irgendeiner Form auszuleben – und sei es als Schadenfreude über eine politische Ausbootung. Hiob-Castilles Anklage der Schuldigen der Junimassaker scheint keineswegs unproblematisch, so wenig wie seine Empörung. Im Unterschied zu Heine, Herzen, Baudelaire und Flaubert, die gleichfalls für die Stimme des Hasses, des Bourgeois-Hasses zumal, empfänglich waren, ist Castille außerstande, diese spezifische Hellhörigkeit zu reflektieren; dieser selbsternannte Dante des Proletariats hat keinerlei Neigung zur Selbstkritik, vielmehr ist er allen Ernstes davon überzeugt, er und nur er – oder seine Partei – befinde sich im Besitz der Wahrheit, der reinen natürlich. Und er hält weder mit dieser Selbstgewißheit hinterm Berg, noch mit den Konsequenzen, die sich daraus für die revolutionäre Praxis ergeben: »In unseren Augen gibt es in den moralischen Wissenschaften so gut wie in den exakten eine Wahrheit; wir meinen, allein im Besitz dieser Wahrheit zu sein (...), was heißt, daß ein jedes Genie, ein jedes Talent, das in eine der unsrigen entgegengesetzte Richtung strebt, in unsern Augen gefährlich, verirrt oder verlogen ist.«[12] Man meint, Flauberts Sénécal zu vernehmen, dessen Laufbahn ja nur die handfestere Spielart von derjenigen eines Castille darstellt. Wie Sénécal zählt Castille zu den 48er Bewunderern Saint-Justs und Robespierres, die sich schließlich nicht scheuen, dem bonapartistischen Terror ihre Bütteldienste anzubieten.

Die doktrinäre Starre des unfehlbaren »geometrischen und wissenschaftlichen Republikaner(s)«, als welchen Sulpicius sich am Ende des Werkes (S. 64) bezeichnet, wirkt sich auf die ästhetische Gestalt der Castilleschen Texte aus: deren Satire erstirbt in einem grimassierenden Schwarzweiß, das, im Gegensatz zur Karikatur Honoré Daumiers, bei dem sie, wie gesagt, Anleihen macht, jeden Überraschungseffekts von Witz, Ironie und erst aufzufindender tieferer Bedeutung entbehrt. (Erst das spätere Werk über die Julimonarchie wird eine Galerie von Bourgeois-Porträts enthalten, die des Vorbilds Daumiers nicht ganz so unwürdig sind.) Die sowohl für die Satire als auch für die Gattung der *Tableaux parisiens* charakteristische Kontrasttechnik, eine Technik, in der die besten Vertreter der antibourgeoisen Ästhetik exzellieren, wird von Castille mit einer sturen Einfallslosigkeit angewendet, die das in der 48er Literatur Übliche noch zu übertreffen scheint. Anstelle von Phantasie, Geist und Formwillen hat Hiob-Castille nur soziale

Emotionen zu bieten, die aber in hektischer, schwülstiger Fülle. Als Beispiel sei ein Passus angeführt, der *Gegensätzliche Menschen und Dinge* überschrieben ist: »Männer mit hochmütiger Stirn, lässig vor Glanz und Gesundheit, begegneten hier ausgemergelten Unglücklichen, die eingeschüchtert waren und zerlumpt (...). Die einen besangen die Liebe, die süße Muße, die Herrschaft, das Gold und das Leben. Die andern psalmodierten über Hunger, Müdigkeit, Schmerz und Tod.« (S. 11) Denkt man angesichts solcher Phrasen an die Heinesche Berichterstattung aus der Hauptstadt des Juste-milieu oder die Prosagedichte Baudelaires, so wird deutlich, daß jene zwar das Rohmaterial sozialer Empörung mit diesen gemein haben, daß sie es aber, teilweise bis zur Unkenntlichkeit, verändern, wohingegen Castille es im Rohzustande beläßt, was ein religiöser Firnis nur mangelhaft zu kaschieren vermag. Der Tendenzpoet Hiob-Castille verleugnet die Distanz, die ihn vom Volk trennt, er verleugnet die eigene bürgerlich-intellektuelle Person, während sowohl Heine als auch Baudelaire bei aller Sympathie für die Unterdrückten ihre *différence*, ihr zusehends problematischer werdendes Künstlertum immer neu zum Ausdruck bringen, wodurch sie ein Spannungsfeld zwischen ästhetischer Subjektivität und politischer Erfahrung erzeugen, das ihre Texte erst lebendig macht. Heines und Baudelaires Kontraste sind meist in ein ironisches Zwielicht getaucht, Castilles soziale Antithesen sind so glatt und plakativ, daß sie nur dem Gläubigen oder Gutgläubigen noch etwas bedeuten können. Er zeigt die Reichen bei ihren vielen Ausschweifungen: an der Tafel, in der Börse, dem »temple de la Bourgeoisie«, im Bordell, im Theater, das dem Sittenstrengen nur ein besseres Freudenhaus darstellt, und solche kritischen Bilder wechseln mit andern ab, in denen er die Leiden der Armen ausmalt: in den Werkstätten, in ihren elenden Behausungen, Kellerlöchern oder Dachkammern, in Spitälern, Armenasylen, Gefängnissen usw. So schematisch sind diese Gegenüberstellungen, daß die konkrete Wirklichkeit darüber verschwindet. Bezeichnend, daß die Hauptstadt nur einmal bei ihrem wirklichen Namen genannt, sonst aber stets mit den mythischen Stätten der Verderbnis – Sodom, Babylon, Rom – assoziiert wird. Hiobs Pariser Bilder wirken wie die Kulissen eines sozialen Melodrams, sie sind noch weit entfernt von dem Ideal einer massenwirksamen neuen Parisliteratur, das damals aller Welt vorschwebte. Eine der gelungeneren Passagen ist noch die am Ende des vorletzten Kapitels, die, wie Baudelaires im Februar 1852 erstmals veröffentlichtes Gedicht, *Le Crépuscule du Soir* betitelt sein könnte:

»Die Nacht senkte sich auf das Seinetal hinab gleich einem Riesenvogel aus den Märchen des Orients. In ihren gleißenden Karossen fuhren die Reichen vorbei und bespritzten die Stirn des Proletariers mit Kot. Lüster und Kerzen wurden angesteckt, die Wohnungen erstrahlten, die Tafeln bogen sich unter dere Last duftender Speisen. Die Kurtisanen parfümierten ihr Lager mit Myrrhe und Zinnamon; die Vasen wurden mit Blumen gefüllt; in goldenen Räucherpfannen brannten orientalische Pastillen. Warm und schamlos standen die Theater offen. Aus den Ballsälen vernahm man in großer Ferne noch die ersten Takte einer mitreißenden Musik. Die Reichen schickten sich an, sich in ihre abendlichen Orgien zu stürzen. Nervöse Weichlinge eilten wütend und unersättlich zu dem trügerischen Vergnügen, das sie auffrißt.

Frohlockend begrüßte Sodom die hereinfallende Nacht und die Finsternis, jene beiden Freundinnen der Hurerei.

Unterdessen ließ der Arme – mager, frierend, hungrig, das Auge hohl und gerötet von Tränen, mit leerem Magen, unruhigen Sinnen, nassen Füßen – den Blick scheu umherschweifen, oder aber er heftete die Augen blödsinnig auf die rätselhafte Dunkelheit. Beim leisesten Lufthauch bog er sich wie ein Rohr und klapperte mit den Zähnen. Vom Wind gepeitscht, durchnäßt vom Regen, kotverschmiert, stahl er sich an den Mauern entlanggleitend wie ein Gespenst von dannen. Bald verzog er sich in irgendeine feuchte Allee, in ein entsetzliches Kellerloch, auf ein Lager aus Stroh, inmitten von Ratten und Ungeziefer und barg das Haupt in den Lumpen.

Wo nur soll der Blick Ruhe finden? Hier das unbändige Geheul der Wollust, dort das Zähneknirschen des Leidens. Ah! in jener engen Mansarde dort wird ein fleißiges Kind, die Tochter des Proletariers, bis zur Mitternachtsstunde arbeiten, während die einen mit ihrem Jubel das Elend beleidigen, das sie dafür verflucht; sodann wird sie unter den keuschen Strahlen ihrer Tranfunzel niederknien und in ihrem Gebet von Verzeihung und Versöhnung sprechen.«

Dieser Text hat immerhin Rhythmus, Stimmung und eine gewisse Bildkraft; aber man sieht auch, wie er von innen her ausgewaschen zu werden droht durch ein monotones Anschwappen der Antithesen, der Klischees, durch das ewige Auf und Ab von Klassenhaß und Sozialweinerlichkeit. Stellenweise wirkt Castilles Text wie ein prosaischer, stärker moralisierender Vorläufer des motivgleichen Baudelaire-Gedichts, in dem jedoch der Schlaf »dem gebeugten Arbeiter, der sein Bett aufsucht« eine Linderung seiner Qualen bringt, während hier die Hölle der Arbeiterexistenz kein Ausruhen kennt; nur das letzte Bild des emsigen, frommen Arbeiterkindes hat etwas Erbauliches, das aber gleich so massiv wie nirgends bei Baudelaire, der sich ja, selbst in seiner offen sozialistischen Phase, vor Epinalbildern hütet wie vor der Pest. Der Feierabend einer Arbeiterfamilie ist bereits vorher das Sujet eines der beiden Tableaux des 7. Kapitels *L'Atelier*, das den Proletarier zunächst in der Fabrik und dann daheim im Kreise seiner Familie darstellt:[13]

»Ein Mann in bescheidener Arbeitskleidung saß auf einem Schemel, mit sorgenumwölkter Stirn, starrem Blick, das Kinn auf die Hand gestützt.

In seiner Nähe rang eine Frau die Hände und tat immer wieder den, in seiner Naivität schrecklichen Ausruf: ›Wir waren nicht reich, doch hatten wir unser Bündel Stroh!‹

Mehrere abgemagerte Kinder mit heiseren Stimmchen spielten in der Asche. Doch das war noch nicht das Bedrückendste an diesem Bilde. Ein Mädchen, das in jenem Alter stand, wo die Phantasie die Rosen der Zukunft pflückt, in jener *primavera della vita*, ein blondes, rosiges Geschöpf mit Augen, bezaubernder als Kornblumen in reifem Getreide, kauerte in einem Winkel, gesenkten Hauptes, das Haar aufgelöst, seine Augen schwammen in Tränen wie die einer bleichen Niobe.«

Mit sozialromantischer Rührseligkeit will der Autor um Verständnis werben für den Hungeraufstand des Juni, der, wie überall in seinen Pamphleten, auch in diesem Text gegenwärtig ist: »Der Vater, der starr und stumm dastand, sah niemanden an. Gewiß dachte er an die soziale Ungerechtigkeit, an die Republik, die Gleichheit, an die Reichen, die vor Feistigkeit und Völlerei platzen und an die Barrikaden, wo man wenigstens die Hoffnung hat, durch einen Flintenschuß ums Leben zu kommen.« (S. 26) Die Einfühlung in den Arbeiter läuft bei Hiob-Castille unweigerlich auf Kitsch oder aufs Zähnefletschen gegen die Ausbeuter hinaus; die *impassibilité* des »Realisten« wie die ironische Distanz des Satirikers fehlen ihm gleichermaßen, und in seinen Tiraden ist von der Weisheit und Leidenschaftslosigkeit, die er seinem Schreiber nachsagt, den er bald zum Märtyrer der Freiheit, bald zum Dandy stilisiert[14], wenig zu entdecken. Die Erklärung für das Scheitern der Republik liegt für ihn in der Unvereinbarkeit zweier Klassenmoralen: Wurzel allen Übels ist für ihn der moderne Individualismus, der durchs Privateigentum an den Produktionsmitteln entscheidend gefördert werde. Gegen das *droit à l'assistance (Recht auf Unterstützung),* das die honette Republik in ihrer Verfassung an die Stelle des geforderten Rechts auf Arbeit setzte, polemisiert er mit Argumenten, die an gewisse Prosagedichte Baudelaires gemahnen: »O ihr wohltätigen Reichen, die ihr die Schnüre eures Säckels lockert, wann endlich werdet ihr statt für milde Gaben für gerechte Entlohnung sorgen? Schließt schnell, ganz schnell eure halbgeöffneten Hände; eure Gaben sind gemeiner noch als die Geheimnisse der Büchse der Pandora (...). Ah! Wenn der Arme wüßte: Er würde fühlen, wie die milde Gabe, nicht anders als der Lohn, ihm die Hände verbrennt!« (S. 28) Selbst Baudelaires Rezept zur Emanzipation der Armen findet sich, allerdings ohne die satanisch zugespitzte Demonstration, die im Mittelpunkt des Prosagedichts steht, als eher beiläufige Bemerkung in Castilles Text: »Der, dem man etwas abschlägt, empört sich und begehrt auf. Und bald fordert er als sein Recht das, was er zuvor in seiner Dummheit als eine Wohltat erbetteln wollte.« (S. 29) Unklar bleibt, ob Hiob-Castille ebenso wie der Baudelaire von *Assommons les Pauvres,* würde man ihn beim Wort nehmen, eine revolutionäre Mobilmachung der Armen bezweckt, oder ob er, allem Schäumen gegen den Bourgeois zum Trotz, nicht doch auf der politischen Linie der Montagne sich bewegt, indem er die subversive Gewalt als einen verzeihlichen Irrtum – wie Alkoholismus und Prostitution –, nicht aber als den einzig erfolgversprechenden Verzweiflungsakt der Notleidenden darstellt.[16] Denn gelegentlich läßt sich Hiob zu Drohgebärden hinreißen, die ihn als streitbaren Radikalen erscheinen lassen, so im Kapitel *La Bourse (Die Börse)* wo er ausruft: »Ah! Sollte das Geschützfeuer der Revolution diese Schandtore eines Tages zusammenschlagen, der Kanonendonner erklänge mir im Ohr wie eine süße Musik!« (S. 32) In diesem vielleicht wütendsten seiner Texte ist der Bourgeois-Haß kaum noch vom Judenhaß zu unterscheiden, und die Vorstellung einer Vivisektion »jener verfluchten Rasse, die vom Elend des Volkes lebt« (S. 33) sowie das Bild vom Vorbeimarsch der »wilden Bestien des Kontors und der Industrie« (S. 33) gipfeln in dem fatalen Ausruf: »Nieder mit den Juden!«[17] Hier ist der Höhepunkt des Sozialrassismus erreicht: »Ich wünschte, jedes meiner Worte würde, getränkt in dem Haß des Volkes, einem giftigen Dolche gleich eure Brust durchbohren. (...) Nur weiter so! Vergnügt euch! Windet euch nur noch eine Weile durch Berge von Gold wie Würmer durch einen Misthaufen. Weiter so, ihr Ruchlosen! Weiter, ihr Elenden! Weiter, ihr Verfluchten! Saugt euch voll, ihr Weinschläuche, ihr Geldsäcke, freßt nur weiter, solange bis die Hand des Volkes euch am Wanste packt und euch den Garaus macht!« (S. 33 f.) Worauf der Bauer Stubs versichert; »Dein kräftiger Haß auf das Kapital und die Wucherer hat den meinigen geweckt. Freund Sulpicius, die Proletarier auf dem Lande werden dich verstehen und deine Worte mit Beifall aufnehmen.« (S. 34)

Wenn eine Literatur den Tatbestand der Volksaufwiegelung erfüllt, dann diese. Der Sozialist steht nicht an, sich auf das Niveau der so verachteten reaktionären Presse zu begeben, und den ideologischen Gegner umstandslos zu bestialisieren: »das Volk zertritt euch unter seinem Fuß wie man ein elendes Ungeziefer zertritt« (S. 33). Nun kann sich freilich dieser Haß auf die Untaten der jüngsten Monate, die Massaker im Anschluß an die Junischlacht und die Existenz jener Bagnos berufen, »wo heute sozialistische Republikaner schmachten« (S. 33). Desto überraschender ist es, daß der auch ästhetisch bemerkenswerteste Text des Bändchens gerade derjenige ist, der die Junimassaker selbst thematisiert, statt sie nur anspielungsweise zu erwähnen. Die Phantasie, die Castille hier aufbietet, um seinem Gegenstand gerecht zu werden, ja, um ihn überhaupt behandeln zu können, hätte man ihm nach dem Vorhergehenden nicht zugetraut. Der fragliche Abschnitt, *La Caserne* überschrieben, beginnt in dem Tonfall, den der Leser aus den zwölf vorigen Kapiteln bereits gewöhnt ist: dem einer nicht eben subtilen Volksaufklärung, diesmal darüber, daß die Soldaten nichts Anderes seien als die verführten Brüder des Proletariats, die ihre eigenen Genossen für Bourgeois-Interessen unterdrücken hülfen usw. Doch unvermutet wird die Lektion von einer Art Handlung unterbrochen: Die beiden sozialistischen Flaneure beobachten durchs Fenster einer Kaserne, wie ein junger Rekrut aus der Runde der gröhlenden Soldaten sich erhebt und, leichenblaß, mit blutunterlaufenen Augen, zu Berge stehendem Haar, »der Eingebung eines Gottes gehorchend, die stärker ist als sein Wille« (S.43) von einem Alptraum zu reden beginnt, in dem er die Toten des Juni hat sprechen hören. Nach einer schauerromantischen Einleitung, die klingt wie einer jener Texte, welche Lautréamont in den *Chants de Maldoror* so virtuos parodiert – »Kameraden, reißt euch die Barthaare nicht einzeln aus! Ich komme zur Sache. – Rekrut, sagte ein Prätorianer, gewiß lähmt die Angst dir die Zunge, denn deine Rede ist träger als die Spindel einer achtzigjährigen Matrone«, (S. 43) – oder eher, wie eine Lautréamontsche Parodie selber, und die eine Vorstellung von den gewaltigen Hemmungen vermitteln soll, die derjenige zu überwinden hat, der das Schweigen über den Juni bricht, beginnt der Rekrut seine Traumerzählung mit der schrecklichen Pointe: »Ich stand am Rande des großen Massengrabs der Toten des Juni!« (S.43), eine Pointe, die auf die Zeitgenossen wie eine Art Enthüllung gewirkt haben muß.[18] Und noch einmal schaltet sich Hiob ein, indem er seinem Schreiber eine Bemerkung in den Mund legt, die dem Leser die ganze Fallhöhe dessen vor Augen führen soll, was folgen wird: »O Stubs, sagte der Schreiber Sulpicius, mir scheint, wir steigen in jenen Schmerzenskreis hinab, wo Dante und Vergil die Schatten Francesca da Riminis und ihres Geliebten vorübergleiten sahen. Meine Seele ist tief betrübt.« (S. 44) Zwei Trupps von Toten, fährt daraufhin der Rekrut in seiner Erzählung fort, hätten sich vor seinem Auge zusammengeschart: »auf der einen Seite sah ich die, welche noch die staatsbürgerlichen und militärischen Abzeichen trugen, und zu jenen stießen vereinzelte Schatten, die aus den benachbarten Grabmälern herbeieilten, während die andere, aus der Erde hervorgegangene Masse sich geschlossen und dichtgedrängt erhob, notdürftig in traurige Lumpen gehüllt« (S. 44) Diese beiden Gruppen hätten einander solange feindselig beobachtet, bis aus der einen ein Schatten vorgetreten sei:

»Allmächtiger Herrgott! Aus den Reihen der Insurgenten trat ein Schatten, dessen Anblick mir das Blut in den Adern stocken machte. Sein mageres, blutiges Antlitz wirkte zutiefst melancholisch; an seiner Seite klaffte eine tiefe Wunde. Sein übriger Körper war gezeichnet von tausend Schlägen. Mit solcher Wucht hatte man ihn geschlagen, daß seine gebrochenen Glieder kaum noch zusammenhielten. Der ganze Mann war eine einzige, schrecklich anzuschauende Wunde.

Alsbald wurde ich in tiefster Seele von einer tödlichen Traurigkeit ergriffen, und ich fühlte, wie mir die Tränen kamen ...«

Diese erste Erscheinung eines Opfers der Junimassaker wird

gleich darauf noch einmal geschildert – mit den Worten und aus der Sicht des »Zweiten Junitoten«, denn die Traumerzählung des Rekruten geht nunmehr über in eine Wiedergabe des Gesprächs zwischen dem Schatten des Opfers und dem des Siegers, das *Dialog der Toten des Juni* überschrieben ist. Der »Zweite Junitote« spricht zu sich selber:

»Himmel! ich gewahre einen Schatten, der fürchterlich aussieht! Hätte ich noch jenes Fleisch, das unterm Anhauch der Gedanken erschaudert, ich zitterte vor Entsetzen. Das ist eine einzige Wunde vom Scheitel bis zur Sohle; die Grausamkeit hat sich an ihm ausgetobt, er ist gänzlich entstellt. Was einmal sein Schenkelknochen gewesen ist, liegt offen zutage. Man meint, seine Glieder fielen zusammen. Unglückseligster!«

Ihren Höhepunkt findet die Wiedererkennungsszene zwischen den beiden Junitoten, als der gräßlich Verstümmelte den andern fragt: »Erkennst du mich denn nicht?«, um hinzuzusetzen: »Du bist es, der mich getötet hat«, worauf der Schatten des Henkers erwidert: »Ach! dich und andere außer dir! ... Die Züge derer, die man tödlich verwundet, bleiben ins Gedächtnis eingraviert zusammen mit dem letzten Blick des Sterbenden. Laß mich fliehen.« (S. 45) Jetzt aber dringt der Schatten des Ermordeten auf eine Erklärung: Er will erfahren, was in den Rängen der Armee vor sich gegangen sei, als sie einem Sturmwinde gleich über die Vorstädte niederbrach. Flehentlich bittet der Mörder, ihm diese Erklärung zu ersparen – »Erbarmen! erspare mir diese gräßlichen Einzelheiten!« –, wird aber von den zwei »Chören der Junitoten«, die die beiden umstehen, ermahnt, die »ganze Wahrheit« zu sagen, was ihn zu dem Geständnis bringt, daß die Soldaten einer beispiellosen Hetzkampagne zum Opfer gefallen seien, die ihnen die Aufständischen als blutrünstige Dämonen geschildert habe. Zerknirscht läßt er sich von seinem Opfer über die wahre Natur der Sozialisten, ihre Friedfertigkeit und Brüderlichkeit, aufklären. Aus der Traumszenerie ist unterderhand wieder ein Lehrdialog geworden, nicht unähnlich dem des *Berger de Kravan,* wo der Erzähler genau dieselben Vorurteile über die Junikämpfer bzw. die Sozialisten einem von ihrem Curé eingeschüchterten Kreis von Dorfbewohnern ausredet, ohne freilich die Sieger in die Hölle zu verdammen, wie Hiob-Castille.[19] Es stellt sich heraus, daß Opfer wie Henker beide wider Willen in den Bürgerkrieg hineingezogen worden sind, der eine, weil er und seine Familie darbten und ihm keine

Wahl blieb, als »unterm schwarzen Banner der Verzweiflung und des Hungers« auf die Barrikaden zu gehen, der andere, weil er eingezogen wurde und sein Dorf »vom Los gezwungen« verlassen mußte (S. 46). Daraufhin taucht, offenbar aus der Ferne kommend, ein weiterer Schatten auf, der gleichfalls deutliche Wundmale trägt. Er fordert die beiden toten Söhne des Volkes zur Versöhnung auf: »Wie ihr starb ich unterm Feuer der Soldaten; doch sind es nicht die, die mich exekutiert haben, denen mein ewiger Haß gilt; vielmehr sind es die Tyrannen, die ihnen befehlen. (...) Möge die Armee, die Tochter des Proletariats, die Augen öffnen und an dem Tage, da die Unterdrücker das Blut des Volks vergießen wollen, sich auf die Seite der Unterdrückten stellen!« (S. 47) Der Dialog der Junitoten und der Traum des Rekruten enden damit, daß die Chöre der Militärs und der Aufständischen miteinander verschmelzen und der fremde Tote auf die Frage, wer er sei, zur Antwort gibt: »Ich bin der Schatten Robert Blums!« (S. 48). Der nach der Einnahme Wiens im Oktober 1848 erschossene Führer der deutschen Linken wird also zum Schirmherrn einer Politik der Versöhnung zwischen den Junikämpfern und den republikanischen Kräften innerhalb der Bevölkerung ernannt: Was keine Erfindung Castilles ist, sondern durchaus der Rhetorik der Montagne im Winter 1848/49 entspricht.

In die »Wirklichkeit« zurücklenkend, schildert der Schlußabsatz den tiefen Eindruck der Traumerzählung auf die Soldaten wie auf die heimlichen Lauscher, die brutale Unterbrechung des betroffenen Schweigens durch Trommelrühren und das Kommando »Prenez vos armes«, die Verbannung des vorlauten Träumers in die Arrestzelle: Für jeden Tag, den der Aufstand dauerte, wird er einen Tag sitzen. Mit einer dantesken Geste führt der neue Vergil am Ende des Kapitels seinen Schutzbefohlenen, der in Minutenschnelle um Jahre gealtert ist, an einen anderen Ort weiter.

Da, wo er Lehrgedicht wird, wo er seinen Beitrag leisten will zur Agitationskampagne unter der Armee – Castilles Blatt vermeldet am 10. März 49 mit Befriedigung, daß ein Bankett der demokratisch-sozialistischen Unteroffiziere in Paris abgehalten worden sei[20] –, fällt der Text auf sein übliches Niveau zurück, eindringlich wird er nur in dem einen Moment, wo er den Anblick des Leichnams des zu Tode gefolterten Juniaufständischen beschwört und die beiden Schatten, des Erschlagenen und seines Peinigers, einander gegenüberstellt. Da beginnt das Bild zu leben, gewinnen die

Figuren ein von ihrer ideologischen Funktion unabhängiges Dasein, wird der Leser weniger indoktriniert als angerührt und erinnert. Die Bilder wenden sich an sein inneres Auge, der Text spricht gleichsam mit einer inneren Stimme, die erkennen läßt, was jene verleugneten Verbrechen gegen die Menschlichkeit bedeuten. Zahlreich sind die Zeugenberichte der Junigreuel – wer sich damals in Paris aufhielt, hatte sie in irgendeiner Weise miterlebt –, doch wenige unter ihnen sind von vergleichbarer Intensität. Es ist, als wäre durch die Transformation ins Traumartige das Entsetzen selbst Bild geworden. Nie und schon gar nicht in dem so unverhofften: »Erkennst Du mich denn nicht? Du bist es, der mich getötet hat«, gleitet der Dialog in jene unkontrollierte Gehässigkeit ab, die Hiob-Castilles Pamphlet so oft entstellt. Die meisten Erinnerungen an die Junimassaker sind entweder anekdotisch oder pauschal[21], sie vereinzeln die Opfer oder machen sie durch endlose Kataloge von Scheußlichkeiten, durch Statistiken o. ä. unsichtbar: Hier wird mit Hilfe eines Kunstgriffs, einer Verfremdung, das ganze Grauen der Junitage heraufbeschworen, wenigstens einen Augenblick lang. Es gibt vielleicht nur ein Kunstdokument aus jenen Nach-Juni-Monaten, dem Hiob-Castilles *Dialogue des Morts de Juin* an die Seite zu stellen wäre: Meissoniers *Barricade*.

Exkurs: Ernest Cœurderoys satanischer Anarchismus

Im allgemeinen sucht bei Hiob-Castille die Wut über eine historische Niederlage, in die man sich nicht schicken will, ebenso ungestüm wie unbeholfen nach Ausdruck und rettet sich, da sie ihn nicht findet, in die klischeereiche Verfluchung und ins soziale Dozieren. Nur selten schlägt er den Ton an, der den romantischen 48ern besonders vertraut war: den prophetischen. Selbst der Traum seines Rekruten bleibt in der Gegenwart, und dank dieser Zurückhaltung behält er seine Konsistenz. Eine der nächstliegenden Versuchungen für den Schriftsteller der Zeit aber war die Vision, der Verkündigungston des Propheten oder gar der Gestus des neuen Messias. Unter denen, die ihr erlagen, befindet sich der junge Arzt Ernest Cœurderoy, den Max Nettlau seinerzeit dem Vergessen entriß und als den ersten anarchistischen Internationalisten feierte.[22] Cœurderoy ist gewiß einer der ungewöhnlichsten jener Propheten von 1848, wohl auch einer der einsamsten. Seine

Bücher, Agitation, Theorie und Poesie in einem sind den Texten Hiob-Castilles nah verwandt, nur daß sie auch den Rest von Zurückhaltung noch abstreifen, den Hiob, aus welchen Gründen auch immer, sich auferlegt. Es ist, als habe ihr Verfasser nichts mehr zu verlieren, was durch die Tatsache, daß sie im Exil, in Belgien, England, Spanien und der Schweiz entstanden, nur zum Teil erklärt ist: Andere Exilautoren haben nicht mit dieser kalt verzweifelten Rücksichtslosigkeit geschrieben. Die Gewaltsamkeit seines Œuvres hat selbst einen Mann wie Herzen verschreckt und das, obwohl, oder gerade weil, Cœurderoy sich auf ihn berufen hatte. »Hin und wieder«, berichtet er im dritten Band seiner Memoiren, »bin ich übrigens Leuten begegnet, die von ihrem ausgetretenen Herdenweg abgewichen sind. Dafür aber schlugen in solchen Fällen die Franzosen, die sich einen Gedanken angeeignet hatten, der nicht zu den gängigen (...) gehörte, über die Stränge und gerieten dermaßen außer Rand und Band, daß derjenige, der ihnen diesen Gedanken eingeflößt hatte, selber entsetzt davor zurückprallte. Als Doktor Cœurderoy mir im Jahre 1854 aus Spanien seine Broschüre sandte, legte er einen Brief bei. Einen so erbitterten, gegen das heutige Frankreich und seine letzten Revolutionäre gerichteten Aufschrei habe ich selten zu hören bekommen. Das war die Antwort Frankreichs auf den so leicht überstandenen coup d'Etat. Er zweifelte am Verstand, an der Kraft, am »Blut« seiner Rasse, er rief die Kosaken herbei zur »Aufbesserung der entarteten Bevölkerung«. Er schrieb an mich, weil er in meinen Artikeln »dieselbe Anschauung« gefunden hatte. Ich antwortete ihm, daß ich nicht bis zur Korrektion durch Bluttransfusion ginge (...).«[23]

Die Verfluchungen der »alten Welt«, der Bourgeoisie, der Stadt Paris, die sich im Juni 48 für alle Zeiten schuldig gemacht habe, alles Dinge, die in *Vom anderen Ufer* zentral sind, wie in der radikalen Juni-Literatur überhaupt, kehren bei Cœurderoy wieder, doch in welcher Lautstärke! Die Philosophie aber schrumpft zu einer fixen Idee zusammen, die nunmehr ganz offensichtlich an Herzen anknüpft, wenn auch mit einer fast Baudelaireschen Wendung ins Sadomasochistische: zu jener These, daß das Heil der Revolution – nachdem die Franzosen es verwirkt hätten – einzig noch vom zaristischen Rußland kommen könne. Einem Fanfarenstoß gleich ist der Titel des Buchs, in welchem diese Lösung preisgegeben wird: *Hurrah!!!! ou la Révolution par les Cosaques.*

Unermüdlich wiederholt er die Diagnose aus Proudhons *Confessions d'un Révolutionaire*, daß Frankreich nurmehr ein Kadaver sei, ergeht er sich in seitenlangen, atemlosen Verwünschungen der Bourgeoisie – »diese blutarme Klasse, die letzte Frucht der Kopulation des Greises Monopol mit der feilen Dirne Europa«[24] –, der korrupten Gesellschaft, die noch ein letztes Mal davongekommen sei – »eine feige, aufgespaltene, ausgezehrte Gesellschaft: die Gesellschaft auf dem Floß der Medusa«[25] – sowie ihrer infamen Hauptstadt: »PARIS! (...) Das ist die bigotte und geschwätzige alter Jungfer, die ihre Falten übertüncht und ihre knochige Kälte unter riesigem romantischem Plunder verbirgt!! (...) Es ist die glühende Messalina, die ihre prallen Lippen im heiligen Weihwasserbecken kühlt, die am Sonntag ihre vom wöchentlichen Treiben noch unreinen Hände zum Gebet faltet! Es ist die Ladenbesitzerin, die Wucherin, das Weib, das verkauft, feilscht, kauft und rechnet, das Weib, das *Geld macht!* Auf dem menschlichen Körper wäre das eine Lepra, auf dem Kontinent ist es eine Schande!«[26] Doch vor allem malt Cœurderoy in umständlich grimmiger Schadenfreude aus, wie diese elende Bourgeois-Welt von den barbarischen Eroberern aus dem Osten in Schutt und Asche gelegt werden wird, und als echter Sektierer weiß er auch, daß die Apokalypse unmittelbar bevorsteht: »O du hochmütigste unter allen Babylons! Stadt ohne Treu und Glauben, so verteidige dich denn! (...) Da ist er, der Feind, nach dem ihr riefet; von weither kam er bis vor euere Mauern; seit dem frühen Morgen erwartet er euch zum blutigen Stelldichein! Spart nicht mit Kugeln; ruft das Volk der Vorstädte zu Hilfe und weckt auch noch die Toten auf, jene Toten, die ihr im Juni erschossen habt.«[27] Kein Wunder, daß Herzen erschrak, als ihm diese Literatur zugestellt wurde: ist sie doch ein Zerrbild seiner eigenen. Die sozialen Energien, die die große oppositionelle Literatur nach 1848 befeuern, geraten bei Cœurderoy, mehr noch als bei Hiob-Castille, tatsächlich »außer Rand und Band«. Es ist etwas von privatem Einklagen in Cœurderoys Polemik, Züge von Paranoia und Größenwahn sind bei ihm unverkennbar. Er selbst betont den Anteil seiner Kindheitserfahrungen – er ist der Sohn eines strengen, republikanisch gesonnenen Provinzarztes und einer offenbar schwer depressiven Mutter – an der Genese seines Anarchismus. Mit den Juniproletariern scheint er sich in ähnlicher Weise zu identifizieren wie mit den Irren der Salpêtrière, die er als junger Assistenzarzt betreute: als mit Parias, die auf die ungerechte Einrichtung der Welt schließen lassen. Der Juni ist diesem Romantiker gleichsam der archimedische Punkt, an dem er die Welt in der Theorie aus den Angeln heben zu können meint, der schlagende Beweis für die unverbesserliche Scheußlichkeit der Bourgeois-Realität, das Juni-Erlebnis befugt ihn zum feierlichen Anathem: »O, diese feiste Bourgeoisie, verflucht sei sie für alle Zeiten (...)!«[28] An anderer Stelle versichert er: »Ich gehe dahin, wohin die Leidenschaft mich treibt«,[29] und immer von neuem ruft er den Haß als seine Muse an: »Der Haß! der Haß! das ist meine einzige Liebe«[30] oder: »Liebe und Haß sind bei mir einen Ursprungs. (...) Ich hasse grenzenlos, weil ich rückhaltlos liebe!«[31] Im Unterschied zu Heine, Herzen oder dem ihm auch altersmäßig am nächsten stehenden Baudelaire, ist Cœurderoy nicht fähig, seinen Haß denkend und schreibend zu meistern: Es ist der Haß, der ihm die Feder führt, daher das Fiebrige seines Stils, das Herausschleudern und -brüllen der Sätze, eine Interpunktion die schon an Céline denken läßt usw. Cœurderoy ist eine der reinsten Ausprägungen desjenigen Schriftstellertypus, der nach 1848 förmlich fixiert blieb an die Juni-Bourgeoisie. Diese Fixierung dürfte mit seiner Unfähigkeit zur Arbeit, der analytischen wie der literarischen zusammenhängen. Stolz berichtet er, daß er auf die Frage, weshalb er keine Gedichte schreibe, zu antworten pflege: »zwar beseelt mich womöglich der Geist des Dichters, doch fehlt mir die Geduld des Verseschmieds«.[32] In Wirklichkeit hat er überhaupt keine Geduld: weder die des Dichters noch die des Revolutionärs. Und gerade dieser Mangel an Geduld bei einem Überschuß an Sehnsucht und Empörung kennzeichnet die labilen zornigen jungen Männer von 1848, deren *agitations* Baudelaire und Flaubert poetisch auf den Begriff bringen sollten.

Die Mona Lisa des Barrikadenkämpfers: Versuch eines sozialistischen Feuilleton-Romans

Der Roman, von dem hier die Rede sein soll, heißt *Les Ambitieux*, ein Terminus, der 1848 ein Synonym für »Revolutionsgewinnler« war. Ehrgeizig sind nicht nur seine – negativen – Helden, ehrgeizig ist auch der Autor, der sich diesmal nicht hinter einem Pseudonym verbirgt: Hippolyte Castille. Er darf seine Identität wohl preisgeben, nicht etwa, weil die Zeiten liberaler geworden wären – die erste Buchfassung erscheint 1851 in der Reihe der Romans populaires bei Firmin Didot als Auszug aus der Tageszeitung *La Semaine*[33] –, sondern weil er selbst eine sehr viel gemäßigtere Sprache spricht als im Winter 1848/49. Dennoch besteht sein Ehrgeiz nach wie vor darin, eine republikanisch-sozialistische Literatur zu verfassen und insbesondere den Feuilleton-Roman, der vielen als reaktionäres Genre galt – andern wiederum als das genaue Gegenteil –, von Grund auf zu revolutionieren: wenn schon nicht durch formale Neuerungen, so doch vorerst einmal durch inhaltlich-thematische. So ist *Les Ambitieux* der Versuch, das einzulösen, was der Redakteur des Feuilletons der *Révolution démocratique et sociale* in seinem Antrittsartikel, einem Manifest, das *La Révolution et la Littérature* überschrieben war, wie folgt postuliert hatte:

»Der Feuilletonroman war eine intellektuelle Orgie gewesen. Wäre es uns gestattet, ihn zu vernichten, wir würden nicht zögern; doch da wir ihn nun einmal nicht vernichten können, werden wir versuchen, das Beste aus ihm zu machen. (...) Diejenigen unter uns, die jung und intelligent genug sind, den neuen Weg zu beschreiten, werden der Romantik die Farbe entlehnen und die Naivität, dem Feuilletonroman das Arrangement, das lebhafte, dramatische Tempo (...). Gegenwärtig ist der Feuilletonroman ein Greis der Rechten, welcher intrigiert, Koalitionen bildet, von seiner Bank aus protestiert, über kurz oder lang jedoch von der neuen Generation hinweggefegt werden wird. Bis dahin wollen wir wenigstens den Inhalt verändern, wenn wir schon nicht den Rahmen ändern können.«[34]

Als Abhilfe gegen konservativen Verfall fordert Castille eine Literatur rigoroser Ehrlichkeit: »Lüge und Charlatanerie! Wir sind euch leid! Hinweg mit euch! Hinweg!«[35] Wer aber meint, Castille würde daraus die Konsequenz ziehen und die Hauptunehrlichkeit dieser Gattung, den Kitsch, aus dem Feuilleton-Roman verbannen, sieht sich enttäuscht: *Les Ambitieux* kultivieren den Kitsch, nicht viel anders als die Werke der Erfolgsautoren Sue, Dumas oder Soulié, die Castille mit verächtlichem Schweigen übergeht. Allerdings hat man wiederholt den Eindruck, es obwalte hier ein raffinierter, kein naiver Kitsch, als riefe der Autor die unglaublichen Tugenden, Wunder und Heldentaten, die bewirken, daß am Ende der Gute Sieger bleibt, nur als parodistisches Zugeständnis an die Usancen der Gattung ab. Auch treibt Castille die Ehrlichkeit nicht so weit, daß er den Roman tatsächlich dort ansiedelte, wo sein eigentlicher historischer Ort zu suchen ist: im Umkreis nämlich des Juni 1848; vielmehr ersetzt er listig das tiefrote Datum durch das auch von den trikoloren Republikanern anerkannte rosarote des Juni 1832, nicht ohne den Roman mit Anspielungen auf die aktuelle Geschichte zu spicken: Reminiszenzen und Zitaten aus der wütendsten Reaktionsperiode des Nach-Juni, *petites phrases* der Hauptakteure der honetten Republik, die er seinen Figuren in den Mund legt usw.[36] Am weitesten geht die Satire – denn dies ist der Roman, wie der Titel verheißt, in großen Partien – im ersten der insgesamt vier Teile, wo die Anspielungen auf die 48er Restauration sich häufen. Vieles deutet darauf hin, daß Castille zwischen der Absicht, einen Roman für die Massen oder einen für Kenner und Eingeweihte, für die Angehörigen der linken Boheme zu schreiben, unschlüssig hin- und herschwankt. Oder hoffte er, daß *Les Ambitieux* auf zwei Ebenen zugleich gelesen werden könne: als tugendhafte Agitationsprosa und als artistische Gesellschaftssatire? Auffällig ist jedenfalls ein Auseinanderbrechen der Sichtweisen und Stilhaltungen in dem Roman: Solange die Angehörigen der Mittelklassen geschildert werden, sind Blick und Stil des Autors geschult an der antibourgeoisen Literatur und Kunst der Julimonarchie; sobald aber vom Volk und dem Arbeitermilieu die Rede ist, verfällt er in den Sozialkitsch des Genres, das er doch ummodeln möchte. Um seine Bourgeois zu porträtieren, geht Castille auf die Karikaturen Daumiers und die Physiognomien-Literatur, wohl auch auf Balzac u. a. zurück; sein Volksheld mit dem superchristlichen Namen Noël Toussaint aber, dieser »Apostel der Gleichheit«, ist unverkennbar ein Abkömmling des Musterarbeiters Morel aus Sues *Mystères de Paris*.

Es würde zu weit führen, die verzwickte Romanhandlung im einzelnen wiederzugeben. Grob resümiert geht es um den Wettlauf von vier miteinander verwandten jungen Männern um die Hand einer legendär reichen Erbin. Diese vier Neffen repräsentieren vier Schichten oder Fraktionen der Gesellschaft. Der erste, Verriers, den Journalismus, der in die Politik drängt. Renaut, der zweite, den Kaufmannsstand, Chabert das Militär und Noël Toussaint den Handwerkerstand oder einfach das Volk. Ehrgeizig sind nur die drei Bürgerlichen, der junge Mann aus dem Volke kennt kein anderes Bestreben, als seiner Mitwelt nützlich zu sein. In den Augen der andern drei – Verriers, des potentiellen Ministers, der die Züge von Thiers trägt: bis hin zu seinen Aussprüchen und der Sammelleidenschaft, Renauts, des möglichen Millionärs und Chaberts, des künftigen Generals – ist er darum der harmloseste Rivale. Im Zeitraum zwischen 1818, wo das Testament in Gegenwart der vier Jünglinge eröffnet worden war, und 1832, wo die Bewerber sich bei der jungen Erbin einzufinden haben, damit sie einen unter ihnen erwählen könne, haben die vier unterschiedliche Karriere gemacht: integer ist, wie zu erwarten war, nur Noël Toussaint geblieben. Ein Zeichen dessen ist, daß er sich im Juni als Barrikadenchef auszeichnete, daß er dem fünften Neffen, einem italienischen Herzog, der außer Konkurrenz auch noch im Rennen um die Hand der Erbin ist, das Leben rettete und schließlich selbst lebensgefährlich verwundet wurde. Aber natürlich auch gerettet.Die Schilderung der Junikämpfe stellt den ersten Höhepunkt des Romans dar und gleichzeitig den Beginn der eigentlichen Romanhandlung. Sie ist auf drei Kapitel verteilt, deren Aufeinanderfolge durch eine gewisse Kunstfertigkeit in Erstaunen setzt. Das erste, *Wie man in einem Salon über einen Aufstand urteilt*[37], führt den Leser in einen Zirkel der feinen Welt, im Moment, da der Aufstand des 5. Juni losbricht. Nach einigen Vorbemerkungen über die Atmosphäre, die bei solchen Gelegenheiten in Paris zu herrschen pflegt (»Wer das aufständische Paris nicht erlebt hat, der weiß nicht, was ein Sturm ist« etc.[38]), beginnt die Wiedergabe der Konversation zwischen den verängstigten Gästen, in deren Verlauf mit einer Schärfe, die an Flauberts Schilderung entsprechender Situationen in der *Education sentimentale* erinnert, die Gemeinplätze der Reaktion – genau besehen die der Juni-Reaktion von 1848 – aufgespießt werden, nur daß, anders als im Abschnitt über die Soirée Dambreuse, Aufstand und Salongespräch nicht aufeinanderfolgen, sondern gleichzeitig stattfinden. Hier erlebt man die Panik der guten Gesellschaft mit, die nicht minder komisch ist als ihr Freudentaumel, aber eindeutiger erbärmlich. Hinzu kommt, daß die Sympathien des Autors unzweideutig den Aufständischen gehören. Und schließlich führt Castille immerhin *einen* aufrechten jungen Mann ein, der den konservativen Sophismen über die Armen, denen es im Grunde genommen besser geht als den Reichen (»Ihr Tag kommt, ohne daß sie sich ums Morgen kümmern müssen. Haben sie doch das Spital, das Armenhospiz, die Wohltätigkeitsbüros. ... An einer Dachkammer haben sie genug« etc.[39]), über die gott- und naturgewollte

Ungleichheit usw. (»So wie Gott Bäume und Tiere von verschiedener Größe und Kraft schuf, so will er auch, daß unter den Menschen die Ungleichheit herrsche«[40]) beherzt entgegentritt, während bei Flaubert allein noch die Lobhudler der Ordnungspartei übrigbleiben. Diese urkomischen Szenen, in denen fast beiläufig beschrieben wird, wie die Polizei gegen das unbewaffnete Volk vorgeht, kulminieren in der Beschreibung der Hektik, von der die vornehmen Herrschaften ergriffen werden, als es einen Moment lang so aussieht, als solle das Volk den Sieg davontragen. Sogleich wird das Losungswort ausgegeben, Lampions für die Sieger aufzuhängen, und auf den Einwand, man wisse doch noch gar nicht, wer siegen werde, antwortet eine Bankiersgattin treuherzig: »Was verschlägt das schon, (...) die Lampions werden in jedem Falle für den Sieger brennen«[41]: deutliche Anspielung auf die Illuminationen des Frühlings und Sommers 48. Suggestiv wirkt auch die Ermahnung der ehrgeizigen Gastgeberin an den Colonel Chabert, ihren Galan (er hat mit dem Balzacs nur Rang und Namen gemein), den Aufstand erst anschwellen zu lassen, damit er sich desto schönere Sporen bei dessen Niederschlagung erwerben und sie ihn schneller heiraten könne: Jeder Zeitgenosse erkannte die Taktik wieder, die Cavaignac nachgesagt wurde und die die rechten Ultras ihm eingeblasen haben sollten.[42] Darüber hinaus läßt Castille seine neue Lady Macbeth die Wiederkehr des Empire prophezeien, das notwendig geworden sei, weil die wankende Gesellschaft allein mit Waffengewalt aufrechterhalten werden könne: »Die alte Gesellschaft verschwindet: die Machthaber fallen. Inmitten der Auflösung hat nur noch eine Institution Bestand (...): die Armee. Ihr werdet die Prätorianergarden unseres neuen Ostrom stellen, die Generäle werden von ihren Soldaten zu Kaisern gekrönt werden.«[43]

Das nachfolgende Kapitel, in der Folio-Version von 1851 noch *Les Barricades* überschrieben, beginnt mit einer kleinen Abhandlung über die altehrwürdige Pariser Tradition des Barrikadenbaus, die in der Ausgabe von 1852 spurlos weggefallen ist. Im Gegensatz zu Victor Hugo, der ja in den *Misérables* gleichfalls die Kämpfe des Juni 1832 schildert, unterscheidet Castille nicht zwischen den Barrikaden des Volkes und denen der Canaille, zwischen Juni 32 und Juni 48; für ihn ist die Barrikade grundsätzlich der Ausdruck eines legitimen Aufbegehrens des Volkes gegen soziale Ungerechtigkeit: »Wenn das Volk von Paris unterm Gewicht der Abgaben, die seine Herren ihm auferlegen, zusammenzubrechen droht, wirft es sein Joch ab und führt zwischen sich und seinen Unterdrückern eine Art Wall auf, *Barrikaden* geheißen. Es ist dies eine Form von Rückzug aus einer Gesellschaft, die man nicht länger erträgt.«[44] Das folgende Zitat nun schreitet zur offenen Herausforderung an die Junisieger fort: »Unsere Söhne werden, nicht anders als ihre Väter, Barrikaden bauen, falls die Gesellschaft nicht milder mit ihnen verfährt als sie mit uns verfahren ist. Daran werden auch Gerichte, Polizei und Kanonen nichts ändern. Einzig gerechte und vernünftige Gesetze können dem sozialen Krieg ein Ende bereiten.«[45]

Was jedoch nicht bedeutet, daß Castille ohne weiteres an Gesetze und gesetzgebende Körperschaften glaubte; er mißtraut allen Regierungen, offenbar auch derjenigen der honetten Republik: »Die Regierenden sind blind. Die Geschichte scheint für sie ein Buch mit sieben Siegeln zu sein. Sie verfallen stets in die gleichen Fehler wie ihre Vorgänger. (...) Sobald sie die höchste Stufe der Macht erklommen haben, packt sie der Schwindel und sie stürzen einer nach dem andern in den Abgrund. Sie sind töricht genug, all ihr Vertrauen in die Macht der Waffen zu setzen, als ob das Volk nicht reich genug wäre, sich zehn Niederlagen zu leisten, als ob es jemals besiegt werden könnte (...)!«[46] Hier kündigt sich der Historiker an: Der Tonfall, wenn auch nicht die (noch von Proudhon beeinflußte) Doktrin, ist bereits der des Verfassers von *Les hommes et les moeurs* und der *Histoire de la Seconde République*. Zugleich gibt Castille zu verstehen, was ihn dazu veranlaßt hat, seinen Roman in die Jahre der *monarchie révolutionnaire* zurückzuverlegen: »Louis-Philippe hatte Marschall Bugeaud und die Munizipalgarde, Bugeaud, an den das Volk von Paris ewig mit Abscheu zurückdenken wird. Die Pressegesetze enthalten keinen Artikel über die Aufreizung zum Haß gegen Tote. Infolgedessen sind wir befugt, den verblichenen Helden der Rue Transnonain in Vers und Prosa zu hassen und brauchen die Pranke des Staatsanwalts nicht zu fürchten.«[47] Im Klartext heißt das: »Wir sagen Bugeaud und Juni 32, weil wir nicht Cavaignac und Juni 48 sagen dürfen.« Dank dieser provokativ simplen Sicherheitsvorkehrung bringt es Castille dahin, sogar die Junimassaker in seinen Feuilleton-Roman einzubeziehen, dies jedoch nicht in dem Barrikaden-Kapitel, sondern in dem folgenden, welches die unscheinbare Überschrift trägt: *Ile Saint-Louis, Quai de Béthune* –, es setzt mit einer Betrachtung über den trostlosen Anblick ein, den eine »große Hauptstadt, die eine Beute des Bürgerkriegs ward«[48], bietet; das hat zwar einen auffällig objektiven Tonfall, läßt aber trotzdem keinen Zweifel darüber bestehen, daß der Verfasser es ganz und gar mit den Aufständischen hält: »Dies Gemetzel an den Straßenkreuzungen, das an die Schlächtereien des Mittelalters gemahnt, scheint den Optimismus der Zufriedenen in großartiger Weise zu dementieren.«[49] In der Schilderung der Villen und Paläste der Ile Saint-Louis flackert etwas vom Haß Hiobs des Sozialisten auf, doch ist der Ausdruck dieses Hasses um einiges treffsicherer geworden: »Die geschlossenen Fenster verrieten den Egoismus jener alten Rentner, für die die Dinge dieser Welt nichts weiter sind als ein entweder amüsantes oder störendes Schauspiel. Was macht es schon, wenn die eine Hälfte der Erde die andere hinschlachtet, solange alle Gewalt bei der Regierung bleibt, die Rente nicht fällt und ihre Fensterläden sie vor dem Lärm der Erschießungen und den Schreien der Sterbenden schützen?«[50]

Nun geschieht aber das Wunderbare, daß inmitten des zugeknöpften Wohnviertels doch eine schöne Seele mitsamt Dienerschaft lebt, die Ohren hat für die Schreie der Sterbenden. Und das ist das Grundparadox des Romans und zugleich etwas, was für das Verständnis des kollektiven Unbewußten der 48er Generation nicht unwesentlich sein dürfte: Obwohl für ihn Kapital und Tugendhaftigkeit, Reichtum und Seelenunschuld sonst unvereinbar sind – dergestalt, daß er die Tugend allein bei den unteren Klassen sucht und findet – trägt der sozialistische Romancier keinerlei Bedenken, seine Freiheitsgöttin in der Person einer Millionenerbin zu verkörpern und ihr überdies noch das Aussehen der Mona Lisa zu verleihen. Mitten hinein in den Schlachtenlärm und noch ehe er schildert, wie eine Gruppe flüchtiger Aufständischer von wütenden Nationalgardisten und betrunkenen Soldaten gejagt, mit Bajonettstößen niedergemacht und in der Seine ersäuft werden, läßt Castille seine Heldin auftreten und von ihrem Anblick zu einem sonderbaren Hymnus sich begeistern, von dem man nicht recht weiß, wem er eigentlich gilt: der Vornehmheit des Adels, einem Meisterwerk der Malerei oder der Liberté:

Oberhalb des Klosters, wo jene neuen Märtyrer oder besser: jene Spartaner der Demokratie für eine neue Sache starben, hatte der Himmel soeben eine blutrote Tönung angenommen. (...) Der erstaunte Mond ging plötzlich über bläulichen Dächern auf.

Da ließ das junge Fräulein ihre Hände von ihrem Gesicht niedersinken und erhob sich langsam, indem sie sich gegen die Brüstung lehnte.

Tiefblaß vor innerer Bewegung erschien ihr ernstes und sanftes Gesicht zwischen zwei Orangenbäumen.

Sie war ein Mädchen von ungefähr neunzehn Jahren. Sie bot das lebende Abbild jenes bezaubernden Geschöpfs, das Leonardo da Vinci auf seiner Leinwand erblühen ließ.

Wo bist du, Mona Lisa? Welches Grab birgt den Staub deines so göttlich gestalteten Leibes? Hast du, gleich uns, auf dieser Welt ein kümmerliches Dasein inmitten von Schmutz, Blut und Tränen fristen müssen? Oder bist du nichts weiter als ein Traum, dem Hirn des Dichters entsprungen, um uns in einer stets heißeren, niemals zu stillenden Liebesglut zu halten, einer Liebe, ähnlich der, die wir für die körperliche, moralische und geistige Freiheit empfunden, um die wir unablässig ringen, ohne jemals unser Genügen zu finden.

Mona Lisa, du Schöne, die du voll von Geheimnissen bist wie die Amphore des trunkenen Mönchs, der die philosophische Schimäre schuf: *Gargantua, Pantagruel;* Mona Lisa, so voller Anmut und Huld, und dennoch, wie der Prediger Salomo sagt, schrecklicher als ein in Schlachtordnung aufgestelltes Heer; Mona Lisa, streng wie eine Heilige aus uralt christlichen Zeiten, wollüstig wie Laufella oder Medulline oder eine jener Kurtisanen am päpstlichen Hofe im Jahrhundert der Borgia; Mona Lisa, die du wie eine Frage das Mittelalter von der Neuzeit trennst; Mona Lisa, die du deinem Verehrer von jenseits der Klostermauern zuzulächeln scheinst ...

Ihr alle kennt die Mona Lisa. Wer hätte nicht ganze Stunden vor jenem Antlitz zugebracht, das so rund und blaß wie Phoebe ist, vor jenem an Schatten reichen Porträt, das Leonardo in kleinem Rahmen vor eine graue, bläuliche, von Flüssen und Felsen gesäumte Landschaft stellte. Ihr habt nicht dieses Lockenhaar vergessen, das ein Tuch bedeckt, welches an den Schleier einer Witwe oder einer Nonne erinnert? Sucht nur in euren Erinnerungen jene schöne und so einheitliche Stirn, jene gerade und feine Nase, jene Wangen, die so voll und süß sind wie die Frucht zwischen den Blättern, jenes bezaubernde Kinn, doch vor allem jene Schwingung des Mundes, die Unterlippe, die langwimprigen Lider. Und diese schönen Hände! dies zugleich keusche und aufreizende Kleid! und der Busen, den es verbirgt. Und ihr ganzer Ausdruck, der alles in einem ist: sanftmütig, wollüstig, streng, ernsthaft, launig, fein, tiefsinnig und vor allem geheimnisvoll, dieser Ausdruck, der aus ihrer ganzen Person spricht ... Sucht und ihr werdet das Bild des Mädchens gefunden haben, dessen ernstes und bewegtes Antlitz zwischen den Orangenzweigen der Terrasse erschien wie das Pistill einer neuen Blume.[51]

Dieses erstaunliche Frauenbildnis, das so unvermittelt in das Tableau des Bürgerkrieges eingelassen wird, wie eine Allegorie aus einer romantischen Kunstwelt über den Szenen von Gewalt und

Massakern schwebend, ist nicht allein mit dem Hinweis erklärt, Castille verwirkliche sein Programm, dem Feuilleton-Roman romantisches Kolorit zu verleihen. Vielmehr dürfte hier eher unfreiwillig eine Wunschfigur der 48er Phantasie sichtbar werden, eine Art erotischer *coincidentia oppositorum:* die Freiheitsgöttin mit dem Sphinxlächeln der Mona Lisa, keusch und lasziv in einem, unterdrückt und triumphierend, in stiller Anmut und in edlem Wohlstand lebend. Was für den Frédéric Moreau der *Education* auseinandertritt in die Figuren dreier einander befehdender Frauen, ist hier integriert in dem holden Bild, von dem zwar eingeräumt wird, es sei womöglich nicht mehr als ein unerfüllbarer Traum, das aber nichtsdestoweniger dank der Entschlossenheit, mit welcher der revolutionäre Feuilleton-Romancier aufs happy-end zusteuert, in diesem Fall als wirklich erscheinen darf: Louise Lebrun ist buchstäblich die märchenhafte Lustprämie, die dem Juniinsurgenten, nachdem alle seine Wunden verheilt und seine Leiden ausgestanden sind, zuteil wird – der Barrikadenkämpfer avanciert, da es allein nach Verdienst zugeht, logischerweise zum Gatten einer schwerreichen Dame, die zugleich eine Verkörperung der Liberté sein *und* den höchsten Ansprüchen der *artistes* von 1848 Genüge leisten soll. Nun ist es aber keineswegs so, als erzeugte die Gattung Feuilleton-Roman durch ihre Zwänge derartig krasse ideologische Widersprüche; eher ist das Gegenteil der Fall: treten dank der Gattungsregeln Widersprüche offen zutage, die in den Gemütern oder Gehirnen der Weltverbesserer selbst verborgen sind. Es sind dieselben Widersprüche, an denen die Figuren der *Education* zugrunde gehen. In seinem Lobpreis auf Louise-Mona-Lisa-Liberté setzt sich der Autor verzückt an die Stelle seines proletarischen Helden, der weder die Kunst noch den Reichtum kennt und sehr wohl mit einem Mädchen seines Standes hätte glücklich werden können, dem Castille aber dies begüterte Idol zugedacht hat, nicht, weil die Gattung, sondern weil sein eigenes Kleinbürger-Wunschdenken es so will, ein Wunschdenken, das sich für revolutionär hält und doch nichts Anderes träumen kann, als den Aufstieg »seiner Majestät des Ich« (Freud) in die höchsten Sphären der Gesellschaft, welcher Aufstieg, da er an einen Volkshelden delegiert wird, eine Art Vorgeschmack der neuen Welt bieten, den Beginn einer »Ära der Fröhlichkeit und Brüderlichkeit«[52] einläuten soll. Baudelaire tadelt, zur Zeit der *Ambitieux,* an der *école socialiste,* daß sie, nicht anders als die *école bourgeoise*, auf Biegen und Brechen Moral predige, wobei er an die Polemik Castilles gegen Balzac erinnert.[53] Die Phantasiegestalt einer *Liberté milliardaire*, so sorgfältig sie auch moralisch verbrämt ist, weist auf den unmoralischen Bodensatz eines gewissen Freiheitsverlangens hin. Der Gedanke liegt nahe, daß ein solcher Traum bzw. der ihn hegt, geradezu nach Bestrafung schreit, und daher ist es nicht weiter erstaunlich, wenn Castille nach dem Staatsstreich mit demselben Nachdruck das »autoritäre Prinzip« anpreist wie vorher Revolution und Sozialismus. Einstweilen aber endet noch alles ganz freiheitlich-republikanisch: denn als es zur Wahl zwischen den Freiern kommt, erweisen sich die Vorwürfe gegen Noël Toussaint, daß er im Juli »und auch, wie man munkelt, im Juni«[54] auf die Barrikaden gegangen, daß er ein »Feind der Ordnung«, ein »Anarchist«, ja ein »Kommunist« sei, als ebensoviele Gründe für die Erbin, ihn seinen bourgeoisen Mitbewerbern vorzuziehen: »wo immer ich Männern begegnet bin, die zu der Sekte gehörten, von der Sie sprechen (i. e. Kommunisten), zeichneten sie sich durch ihre Redlichkeit, ihren Arbeitseifer und die Reinheit ihrer Sitten aus«[55], erwidert der Mentor Louises auf alle diese Verleumdungen. Die Tatsache, daß das Fräulein dem Helden schließlich ihre Hand reicht, bedeutet denn auch nicht – jedenfalls nicht der ausdrücklichen Absicht des Autors zufolge – dessen bloßes Einheiraten in die höchste Gesellschaft, sondern die beispielhafte Aufhebung der sozialen Ungleichheit. In diesem Sinne versteht Noël selbst die Eheschließung: »Ich hätte nicht geglaubt, die Zeiten der Liebe und Gleichheit seien schon so nahe.«[56] Niemals würde sich dieser Held zu einer Religion des Genusses, wie Heine in den vierziger Jahren sie gepredigt hatte, versteigen, obwohl die materiellen Voraussetzungen zu ihrer Verwirklichung erfüllt sind; Castille versichert mit Bestimmtheit, daß sein Held auch als Krösus dem sittenstrengen Ideale republikanischer Austerität treu bleiben wird. »Möge (...) die Heirat der Erbin von Saint-Gall mit Noël, dem Sohn des Hammers und der Feile, uns die Heraufkunft jenes wohltätigen Zeitalters ankündigen, wo das Wappen des Stolzes und des Despotismus ersetzt werden wird von dem der Arbeit und der Brüderlichkeit!«[57] Mit diesem frommen Wunsche schließt der vierte und letzte Band des Romans, der bereits die Jahreszahl 1853 trägt. Sein Verfasser hatte sich unterdessen zu einer erstaunlichen Vernunftheirat durchgerungen: zum Bündnis der Revolution mit dem Kaiserreich.

Anders Eugène Sue und Victor Hugo, die ebenfalls an Popularromanen arbeiteten, in welchen 1848 und der Juni eine Rolle spielen. Bei ihnen, den Erfolgsautoren der Julimonarchie und Volksrepräsentanten der Zweiten Republik, gibt es nicht den antibourgeoisen Affekt der Generation Baudelaires, Ménards, Castilles, Flauberts und Cœurderoys; ihr Haß, der, besonders bei Sue, gleichfalls sozialrassistische Züge annimmt, wirkt zugleich anachronistisch, weil er einer Welt gilt, die die eigentlich zeitgenössische nicht ist – der des Adels bei Sue, der des restaurierten napoleonischen Imperialismus bei Hugo – und geringfügig im Vergleich mit ihrem unerschütterlichen Fortschrittsglauben, der – beim einen wie beim andern – alles überstrahlt. Bedeutet der Juni 48 (und sein Nachschlag, der Staatsstreich Louis-Napoleons) für die Generation der Jüngeren die *fêlure*, das Trauma schlechthin, das ihr weiteres Leben und Schreiben zutiefst beeinflußt, das ihre Wahrnehmungsweise verändert, so versuchen die Älteren den Juni als eine schreckliche Episode aufzufassen, ein finsteres Zwischenspiel der Geschichte, ein makabres Kuriosum, das weiter keine Folgen haben wird.[58] Den Juni zu thematisieren, das ist für Sue wie für Hugo eine Weise, ihm auszuweichen in die Erbaulichkeit des Fortschrittsglaubens »trotz alledem«. Der erstere bringt in den *Mystères du peuple* das Kunststück fertig, sich bei Siegern wie Besiegten gleichzeitig anzubiedern: Zu diesem Behuf versetzt er seinen Edelproletarier, den stoischen Tuchhändler Lebrenn – der bereits etwas von einem *Krämer* hat –, malerisch genug unter die Junigefangenen ins Bagno von Rochefort, um ihn alsbald von seinem ewigen altadeligen Widersacher, dem er im Februar edelmütig das Leben gerettet hatte und der zwischenzeitlich zum General der Republik aufgestiegen ist, auslösen und die höchst ehrenhafte Wahrheit über seine angeblichen Juniverbrechen ans Licht kommen zu lassen: Dieser in Ketten gelegte scheinbare Insurgent ist in Wirklichkeit ein Mann der Versöhnung und des Ausgleichs, der den Aufstand und das Blutvergießen hatte verhindern wollen und der nur einen Gegner kennt: die Monarchie. Und wie Lebrenns Verhaftung und Gefangenschaft ein Mißverständnis waren, war die Junischlacht selbst auch eines. Dies Mißverständnis einmal aus dem Weg geräumt – und die Welt ist wieder heil, Volk und Bourgeoisie wieder gut Freund wie im Februar. Mißverständlich ist allerdings auch das Motto, das Sue einer jeden Lieferung seiner *Mystères du peuple* voranstellt: »Es gibt nicht eine unter den sozialen, politischen oder religiösen Reformen, die unsere Väter nicht im Lauf von Jahrhunderten hätten erkämpfen müssen, um den Preis ihres Bluts und durch den Aufstand.«[59] Da dieses und einige seiner Fußnoten sich als Rehabilitation des Junigeistes auffassen ließen, wurde Sues Popularepos von Anfang an verfolgt; die Verurteilung von 1857 gilt freilich dem Republikaner schlechthin, dem militanten Gegner des Bonapartismus.

Das Erklärungsschema, das dem Juni-Kapitel der *Misérables* zugrundeliegt, ist dem Sues ähnlich; nur daß Hugo kein Feind von Adel und Geistlichkeit und sein Sozialismus noch um einiges patriarchalischer ist als derjenige des meistgelesenen Feuilleton-Romanciers der Epoche.[60] Hugos wahrhaft phantastische Beschreibung der Barrikade des Faubourg Saint-Antoine ist ein Versuch, dem Chaos, das der Aufstand für ihn darstellte, Gestalt zu verleihen: fasziniert vom Anblick des Materie gewordenen Volkszorns, überläßt sich der Autor der *Misérables* seinem Hang zur Mythisierung des Gegenständlichen so unbedenklich, daß die konkreten »Elenden« der Junitage vollkommen unsichtbar werden. Im übrigen findet Hugos Verständnisbereitschaft an seiner Ordnungsvorstellung, seiner Überzeugtheit von der Mission des Parlaments und nicht zuletzt seiner eigenen, ihre Grenze. Von den Massakern will er nichts hören: Er ist ein Fanatiker der Versöhnung.

Der Juni des Konvertiten

Nie schrieb Castille besser als während der ersten, finstersten Jahre des neuen Kaiserreichs: Es ist, als partizipiere der Schriftsteller Castille an der Autorität, der er sich politisch unterwirft. »Wer dient, verliert den freien Willen, und ohne Willen kein Talent. Anstelle des Stils: Wortklaubereien«[61], wird er gegen Ende des Second Empire, nachdem er ihm den Rücken gekehrt hat, schreiben; einstweilen ist von dem Verlust des Stils nichts zu spüren: Castille, einer der auffälligsten Mitarbeiter der 1852 wiederauferstandenen *Revue de Paris,* führt eine glänzende Feder, die sich zwar dem Regime gegenüber willfährig gibt, aber vor allen Dingen mit den »Männern von 1848«, dem Personal, das er für die Zerstörung der Republik verantwortlich macht, abrechnet: so bitter wie nur irgendein Parteigänger der Linken. Aus Haß gegen die Nationalisten, gesteht Heine in der Vorrede der *Lutetia,* könne er »schier die Kommunisten lieben«[62], aus Haß gegen die Bourgeois

Hippolyte Castille

küßten Männer wie Castille dem Empereur, über den sie sich vor dem Staatsstreich weidlich mokiert hatten, mehr oder minder aufrichtig die Stiefel, aus Bourgeois-Haß rief Cœurderoy nach der Revolution durch die Kosaken. Den Feind seines Feindes – und sei es auch nur den vermeintlichen – war man geneigt, als einen natürlichen oder dialektischen Verbündeten anzusehen. Für die einen war Louis-Napoléon der Mann, der die »Hydra des Sozialismus« besiegt hatte, Castille und seinesgleichen schätzten ihn als denjenigen, der die Bourgeoisie in ihren Läden zurückgejagt hatte, wo sie weit besser aufgehoben sei als auf dem offenen Markte.[63]

Weil er die Kanonade der vornehmen Boulevards vom 3. Dezember 1851 als eine verdiente Vergeltung für die Junimassaker und den neuen Napoleon als die Geißel der Liberalen begrüßt[64] – ein

Gutteil der Pariser Arbeiterschaft teilte ja bekanntlich diese Empfindungen –, darf Castille immer wieder und offenbar ungestraft auf die Geschichte des Juni 48 zurückkommen, und er ist wohl derjenige Autor des Second Empire, der das am ausgiebigsten und ausdrücklichsten getan hat. Nun spricht er aber nicht mehr als engagierter Literat, sondern als dandyistischer Historiker, der sich zwar ins Unvermeidliche schickt und das *fait accompli* anerkennt, aber dennoch für unabhängig genug hält, um die Schuldigen von 48 vor das Tribunal der Geschichte zitieren zu können. Dies geschieht in mehreren Etappen: Zuerst, in *Les hommes et les mœurs sous le règne de Louis-Philippe,* werden die Vorgeschichte der jüngsten Revolution mitsamt den Fraktionen, die das Scheitern der Republik wesentlich verantworten sollten, dargestellt, wobei das Niveau der Gesellschaftskritik zuweilen an das von Heines oder Herzens Paris-Berichterstattung heranreicht (etwa, wenn es darum geht, die Bedeutung eines Thiers oder eines Véron zu erfassen); daraufhin erfolgt die Hinwendung zur Geschichte der Zweiten Republik selbst, mit der Darstellung der Junitage als zweifellosem Höhepunkt des vierbändigen Werkes, das zwischen 1854 und 56 erscheint; und schließlich nimmt der Autor sich die Persönlichkeiten, die in irgendeiner Weise an der Repression von 48 maßgeblich beteiligt waren, einzeln vor und untersucht ihre Biographie in der wohlfeilen Reihe seiner *Portraits du XIXe Siècle,* deren erste Serie – Erscheinungsdaten 1856 bis 58 – vorwiegend eine kritisch-polemische Auseinandersetzung mit den Helden der »parlamentarischen Komödie« von 1848 bis 51 beinhaltet, wohingegen die zweite, mehr panegyrische – Erscheinungsjahre 1859 bis 62 – das Personal des Second Empire vorstellt.[65] Bereits das erste dieser Bücher, das über die Ära Louis-Philippes, enthält eine versteckte Selbstkritik Castilles: nicht nur, daß an die Stelle des Belferns aus der Zeit der *Révolution démocratique et sociale* ein sarkastisch-satirischer Ton getreten ist, der an den von Baudelaires frühen Salons erinnert, hier wird ganz ausdrücklich der Bousingo-Tradition, an die Hiob-Castille angeknüpft hatte, dem antibourgeoisen Lycanthropismus eines Petrus Borel, der Abschied gegeben. Der Hiob des Nach-Juni ist nicht mehr wiederzuerkennen, so gründlich hat ihn Bonaparte von seiner Schwäche für jene »tollwütige Literatur, die aus den Enttäuschungen des Juli geboren wurde«[66] kuriert. Was Castille aber auch weiterhin mit den Romantikern von 1830 verbindet, ist ein Gefühl des Ekels und der Verachtung, gegen eine Welt, die ihre Ideale verraten hat:

»Ironie der Lehren der Geschichte! Da waren Schafotte nötig, Erschießungen, Hungersnot und Krieg, Millionen Menschen, wie Ungeziefer auf Europas Boden zertreten, ein Strom von Tränen, ein Chor von Wehklagen, der die modernen Generationen immer noch erschauern läßt – um was zu begründen? Eine Klasse, die neu ist unter den bereits vorhandenen (...) und nicht minder grausam als die anderen. Ah! man begreift, daß es der Jugend vor Ekel den Magen umdrehte, daß sie die Vergangenheit ablehnte, die Götzenbilder zerbrach, daß sie Zuflucht suchte in der Einsamkeit und Melancholie des Ich, nicht etwa, um der Gier oder der Sinnlichkeit zu frönen, sondern, um im Stolz wie in der Verachtung einen undefinierbar bitteren Kampfesmut anzusammeln, den einzigen, der uns heute noch gegeben ist.«[67]

Wer fühlte sich angesichts eines solch dandyistischen Temperamentsausbruchs nicht an den poetischen Historiker der »Unruhen und Traurigkeiten der modernen Jugend«[68], an Charles Baudelaire erinnert? Tatsächlich wird sich Castille wenig später, im Zuge seiner Kontroverse mit Girardins *La Presse*, die eine vernichtende Kritik am ersten Band seiner *Histoire de la Seconde République française* veröffentlicht hatte, auf Baudelaire berufen und dies in einer höchst kuriosen Weise. Castille zitiert nicht den Schriftsteller, er erzählt eine Anekdote über den Flaneur, die den Sammlern von Baudelaire-Anekdoten bisher entgangen ist; doch ist diese Anekdote um so wertvoller, als sie ein grelles Licht auf die Problematik der Baudelaireschen Geschichtsphilosophie wirft – und nicht nur auf die derjenigen Castilles, der sie überliefert hat. Sie steht in einem vom 30. Mai 1854 datierten Brief Castilles an die Herausgeber der *Presse*, der im Anhang des zweiten Bandes seiner *Histoire de la Seconde République française* abgedruckt ist:

»Eines Tages spazierte ich in Begleitung eines Dichterphilosophen, Herrn Baudelaires, am Ufer der Seine entlang. Es hatte geregnet. Jedesmal, wenn er auf eine Schnecke stieß, zertrat sie der Dichter, indem er ausrief: ›Segne die Vorsehung, du Elende!‹ Tatsache ist, daß die Vorsehung es an jenem Tage nicht allzu gut mit den armen Schnecken meinte.«[69]

Der philosophische Flaneur scheint hier mit den Füßen demonstrieren zu wollen, daß es angesichts der bestehenden Einrichtung der Welt schlechterdings nicht möglich ist, wirksam auf der Seite der Schwachen zu stehen. Der zermalmte Revolutionär hat die

Lehre aus der Niederlage von 48/51 gezogen und zertritt nunmehr selbst in kalter Wut die Spottbilder seines eigenen elenden Ich. Er macht sich zum Doppelgänger einer Vorsehung, von der er sich selbst vernichtet fühlt, erfüllt sich, allerdings in der Art eines ohnmächtigen Knaben, den Traum, zugleich Henker und Opfer zu sein.[70] Die ironischen Verfluchungen der grausamen Gottheit, die im Révolte-Zyklus oder in *Les Phares* evoziert werden, reichen nicht immer aus, das politische Kastrationstrauma zu ertragen, und so identifiziert man sich selbst mit jener Schicksalsmacht, die die Kreatur mit Füßen treten kann. »Gewiß wäre es bequemer, Gott zu sein als Schnecke«[71], bemerkt Castille in seinem Kommentar zu dieser Anekdote und versucht im gleichen Atemzug dem Verdacht vorzubeugen, sein Ausweg aus der Aporie laufe auf ein: »Lieber treten als getreten werden« hinaus.[72] Gleichwohl ist der Schluß, hier solle dem besiegten Sozialismus der Eselstritt verpaßt werden, schwerlich von der Hand zu weisen; so, wenn Castille, in Umkehrung seiner einstigen Prophezeiungen (»das Volk zertritt euch unter seinem Fuß wie man ein elendes Ungeziefer zertritt«) und Baudelaires Geste gewaltsam überinterpretierend, folgert: »Aber nicht ganz so leicht ist es, das Geheimnis zu lösen, wie wir davon abzuhalten wären, einander zu unterdrücken (...). Der Sozialismus hat es versucht, doch ohne Erfolg. Man hat die Schnecke zertreten, und das ist in der Ordnung so. Wer in der Politik Experimente machen will, der hat die Pflicht zu reüssieren.«[73] Es ist wie gesagt fraglich, ob diese Interpretation sich noch auf Baudelaire berufen kann. Sein Gewährsmann vollzieht den Kompromiß mit dem providentiellen Staatsstreichhelden nicht so mit, wie Castille es möchte. Satanismus und Dandyismus sind für ihn vielmehr eine Weise, der realen Unterwerfung zu entgehen. Selbst wenn er sich symbolisch zum Henker macht, bleibt er noch der, freilich satanische, Aufklärer. Statt, wie Hugo, auf die philanthropische Einfühlung in die *Elenden,* setzt Baudelaire auf die philosophische Mimikry der Vorsehung, der jede Sentimentalität fremd ist. Hugos

Pleurez sur l'araignée immonde, sur le ver,
Sur la limace au dos mouillé comme l'hiver,
Sur le vil puceron qu'on voit au feuilles pendre,
Sur le crabe hideux, sur l'affreux scolopendre,
Sur l'effrayant crapaud, pauvre monstre aux doux yeux,
Qui regarde toujours le ciel mystérieux!

(Weint über die unreine Spinne, über den Wurm,/ Über die Schnecke, deren Rücken feucht wie der Winter ist,/ Über die schnöde Blattlaus, die man an den Blättern hängen sieht,/ Über die häßliche Krabbe, die scheußliche Assel,/ Über die furchterregende Kröte, das arme Ungeheuer mit den sanften Augen,/ Das immerfort den geheimnisvollen Himmel ansieht!)

aus *Ce que dit la Bouche d'ombre (Was der Schattenmund spricht)*, das Benjamin zufolge »den Bewußtseinsstand des Jahrhunderts sprengt«[74] (unverständlich, weshalb, ist es doch der reine metaphorische Ausdruck patriarchalischer Philanthropie, deren immerwährendes Pendant die Angst vor dem aggressiven Ungeziefer bildet, die sich in einem Gedicht wie *La Caravane* zu erkennen gibt[75]), dies larmoyante Mitgefühl mit dem harmlosen Kleinvieh, wird von Baudelaire mit der ganzen Brutalität der Wirklichkeit aus der Welt geräumt: für eine solche Fortschrittsfrömmigkeit ist kein Platz in seiner Moderne.

Doch so trostlos, wie man es meinen könnte, wenn man Castilles Anekdote für sich betrachtet, ist Baudelaires Geschichtsphilosophie wiederum nicht, schließt sie doch die Möglichkeit, daß die Getretenen sich irgendwann einmal aufrichten und sich gegen ein scheinbar schicksalhaftes Zermalmtwerden zur Wehr setzen, keineswegs aus. In der Geschichte von den zertretenen Schnecken liegt bereits der Keim zu jener Theorie, die gut ein Jahrzehnt später das Prosagedicht *Assommons les Pauvres!* veranschaulichen wird – einer Theorie, von der es heißt, der Dichter habe sie schon kurz nach 48 experimentell erprobt –, nur daß der Gedanke der Gegenwehr hier, durch die Wahl des Versuchsobjekts, noch latent bleibt. Aber der Akt selber sowie die Worte, die ihn begleiten, haben etwas bewußt *Revoltierendes:* revoltierend vor allem für die, die in der Schnecke die Figur der eigenen Ohnmacht erblicken mögen. Ihnen gibt der flanierende Tierquäler zu verstehen, daß dem napoleonischen Fortschritt gegenüber nichts so unangebracht und elend ist wie Dankbarkeit, wie Gefügigkeit.

Zurück zu Castille, der wie gesagt unter der Maßgabe seiner Loyalität zum Kaiserreich unbehelligt mit der Ordnungspartei von 1848 und insbesondere mit den Liberalen abrechnen darf: »Jetzt, da edlere Kämpfe ausgefochten werden als die der Straße, da der Gärstoff der Bürgerkriege glücklich beruhigt ist, kann der Geschichtsschreiber ohne Gefahr die Schatten jener hingemordeten Volksmenge beschwören und sie den eigentlich Schuldigen gegenüberstellen, aus denen man bisweilen die Helden einer Woche hat machen wollen.«[76] Nicht nur, daß er die beteiligten Politiker vom ultramontanen Falloux zum Republikaner Cavaignac, von Lamartine zu Victor Hugo einer strengen Kritik unterwirft, er legt auch die von National- und Mobilgarde begangenen Greuel offen und dies mit einer Schonungslosigkeit, die nur noch von Louis Ménards schon lange vor dem Staatsstreich verurteiltem, von Castille übrigens als Quelle zitierten *Prologue d'une Révolution* überboten wird. Sein Verständnis, seine Sympathien für die Juniinsurgenten sind offenkundig, desgleichen sein Abscheu vor den Siegern, der »classe moyenne«, über deren Rage er sagt, daß sie unbeschreiblich gewesen sei.[77] Die sozialen Ursachen für den Aufstand legt er in einem eindrucksvollen Passus dar, den noch V. Marouck in seiner Monographie wiedergeben wird und der die Armut der östlichen mit dem Luxus der westlichen Pariser Bezirke konfrontiert, ohne in die Manier Hiobs des Sozialisten zu verfallen. In der separaten Neuausgabe von 1869 bildet dieser Text den Beginn des dritten Buches, das *Les Barricades à vol d'oiseau (Die Barrikaden aus der Vogelschau)* betitelt ist und »ein Bild von trauriger Größe« des Paris der Junitage dem Leser vor Augen zu stellen verspricht:

»Auf der einen Seite also der Wohlstand, auf der andern das Elend; hier die Arbeit der Hände, dort die des Geistes; der schwarze Anzug und der Arbeiterkittel; das Laster, das einen häßlichen und dasjenige, das einen reizenden Anblick bietet; mit einem Wort: das arme Paris und das reiche Paris, Seite an Seite im gleichen Kreise drehend, an dieselbe Kette geschmiedet und gegen diese Vereinigung anbrüllend.«

Der Überraschungseffekt, wenn man an die Polemik Hiobs denkt, besteht in der Konzentration und der raffinierten Objektivität der Beschreibung: Waren vor 1851 Licht und Schatten in moralischer Hinsicht grell und einseitig verteilt – erinnert sei an jenes einhämmernde Kontrastieren von Lastern und Tugenden in der *Place publique* –, so gilt dies hier nur noch für das Ökonomisch-Topographische: Laster gibt es nunmehr auch in den Arbeitervorstädten und diese, nicht die der Bourgeois, sind es, die häßlich wirken; das wohlhabende Laster hingegen ist »reizend anzuschauen«. Über die unmittelbare Wirkung speziell des Juniteils der

Castilleschen Untersuchung kann man nur spekulieren; fest steht, daß der Autor ihn im Jahr der *Education sentimentale* mit neuem Titel getrennt herausgab, wobei er alle Anspielungen auf die »rächenden Kanonen«[78] des 2. Dezember, die ebensoviele Ergebenheitsadressen an den Kaiser waren, säuberlich ausmerzte[79] und die Diatribe gegen Cavaignac, den »Diktator des Juni«, beträchtlich abmilderte. Daß Castille sich mit seinen Erinnerungen an den Juni und die Massaker ausgerechnet 1869 wieder hervorwagte, kommt nicht von ungefähr. Es ist das Jahr der Götterdämmerung des Zweiten Kaiserreichs, jedermann spürt: *rien ne va plus*, die Wahlen in Paris werden zum Triumph der Opposition, zum Debakel für das Regime, die Arbeiterbewegung erhebt mächtig das Haupt, die Rufe nach der Republik, nach Rückbesinnung auf 1848, werden lauter. Castille nun beläßt es nicht beim Neudruck und Verbessern alter Texte, er kämpft in vorderster Front gegen die Herren im Louvre, diesmal, 20 Jahre nach dem Hiob, unter dem Pseudonym Alceste. Seine zunächst in der Zeitung *L'Universel* veröffentlichten *Lettres de Paris* schlagen ganz anders ein als die Haßgesänge Hiobs des Sozialisten – gewiß nicht nur deshalb, weil sie besser geschrieben sind (Alceste ist beweglich, geistreich, elegant), sondern hauptsächlich wohl, weil sie sich ans liberale Bürgertum wenden, das seines Retters überdrüssig ist und nach Gedankenfreiheit verlangt. In dieser Artikelfolge gesteht Alceste seine revolutionären Jugendtorheiten wiederholt und schnurrig ein – er hatte es unter seinem richtigen Namen schon einmal in den fünfziger Jahren getan[80] –, bezeugt aber nichtsdestominder seine alte Sympathie für die Junikämpfer. Er vergleicht die blutige Repression eines Streiks in der Provinz (La Racamarie) mit der des Juni 48 und tritt irgendwelchen nicht näher bezeichneten und nicht unbedingt nur in regierungstreuen Blättern erschienenen verleumderischen Darstellungen der Juniereignisse entgegen.[81] Der 53. Pariser Brief, auf den 29. Juni datiert, ist aber mehr als nur eine Zurückweisung der reaktionären Versionen der Geschichte: Kritik der Demokraten von 1848 und Kritik des neuen Paris, beides aus der Sicht eines Junikämpfers. Von der Anlage, wenn schon nicht von der Tendenz her, nimmt dieser Brief ein Kapitel des *Insurgé* vorweg, in welchem Vingtras-Vallès sich auf die Suche nach Überlebenden der Junikämpfe begibt. Auch Alceste schildert den Besuch bei einem Veteranen der Junischlacht, wobei er einfließen läßt, dieser habe ihm, der damals noch ein Grünschnabel gewesen sei, bei der Verteidigung des Clos Saint-Lazare das Leben gerettet (was bedeuten würde, daß auch Castille, wie Baudelaire, im Juni gegen die Ordnung gekämpft hätte). Die Behausung des alten Kämpen liegt auf den Höhen der Hauptstadt, »in einem der trostlosesten Viertel des alten Montmartre«[82], senkrecht über dem Eingang jener Steinbrüche, die den Aufständischen als Zufluchtsort in den Tagen nach der Niederlage gedient hatten. Die Beschreibung dieses greisen Getreuen der Republik – »Er hatte etwas vom Priester und vom Soldaten an sich«[83] – sowie die des Innern seiner Hütte haben zwei Überraschungsmomente: die Entdeckung seiner politischen Couleur – es handelt sich um einen untypischen Junikämpfer, einen alten Jakobiner nämlich – und die einer sonderbaren Reliquie in seiner revolutionären Andenkensammlung: Er besitzt die Rückenlehne vom Thronsessel des Bürgerkönigs, auf welcher die goldenen Initialen Louis-Philippes prangen! Noch effektvoller ist dann die simple Erklärung des Alten vom Berge für die Niederlage der Februar-Republik: »*Ein* Wort hat alles verdorben: das Wort Sozialismus.«[84] Mit Hilfe dieses einen Wortes, das eine Erfindung der Reaktionäre gewesen sei, habe man den Republikanern alle erdenklichen Scheußlichkeiten anhängen, die Republik selbst erfolgreich verleumden und schließlich auch zu Fall bringen können: »Und damit hat man die Republik umgebracht. Damit hat man die Freiheit umgebracht und diese vor Luxus strotzende, schreckliche Stadt erbaut!«[85] Die Junimassaker seien nichts anderes gewesen als das böse Resultat einer Sprachverwirrung: »Und das endet mit dem Turmbau zu Babel, (...) mit jener namenlosen Bartholomäusnacht, den Junitagen, in denen die Republikaner aufeinander schossen.«[86] Der Ausklang des Textes besitzt eine entfernte Ähnlichkeit mit dem – 1869 postum veröffentlichten – *Epilogue* für die zweite Auflage der *Fleurs du Mal:* Alceste und sein Lehrmeister blicken von den Höhen auf das vom Gaslicht erleuchtete abendliche Paris hinab, was den Alten zu einer ebenso verächtlichen wie resignierten Gegenüberstellung dieses strahlend neuen und des echten alten Paris, in dessen finsteren Gassen noch der Ruf »Zu den Waffen« und das Grollen der Marseillaise widerhallte, veranlaßt: »Ihr habt die Freiheit nicht mehr? Weshalb beklagt ihr euch? Habt ihr doch eure *Squares*...«[87] Der Besucher, der diese Abrechnung mit der Gegenwart, in der die Verbindung von Revolutionstreue und Zivilisationsfeindlichkeit ins Auge sticht, widerspruchslos mitangehört hat, stiehlt sich beschämt davon.

Alceste-Castille spielt hier ein eher durchsichtiges Doppelspiel: Indem er seinen idealistischen Weisen zum Juniveteranen macht, appelliert er mit diesem Text an eine radikaldemokratische Klientel; doch indem er ihn bald als einen alten Jakobiner sich entpuppen läßt, dem bereits das Adjektiv *social* im Titel von Delescluzes Zeitung (deren Feuilleton Hiob-Castille geleitet hatte) von Anfang an ein Dorn im Auge gewesen war[88], empfiehlt er sich den Gemäßigten, die, wenn überhaupt, erst im Juni 49 oder im Dezember 51 an Aufstand dachten: all jenen, denen die Revolution des Februar genügt hätte und die an der Verhinderung einer sozialen Revolution eifrig, wenn auch vielleicht schlechten Gewissens, beteiligt waren. Wie immer ist Castilles Situation widersprüchlich: Streng genommen kann sein Juniheld gar nicht auf seiten der Insurgenten gefochten haben, denn die Montagne war entschieden gegen den Aufstand. Eher schon hätte Castille einen Legitimisten oder einen Bonapartisten als Juniveteranen auftreten lassen können, denn vereinzelte Vertreter dieser Fraktionen hatten ja wirklich auf den Barrikaden gekämpft. Da es ihm aber darum geht, die radikalsten gesellschaftlichen Energien gegen das hinfällige Kaiserreich zu mobilisieren, montiert Alceste die heterogensten und dem von ihm beschworenen Geist der Junirevolution gänzlich inkommensurablen ideologischen Elemente zu einem Tableau des aufbrechenden Gegen-Paris zusammen. Dieses Trug- und Wunschbild eines zugleich revolutionären und unsozialistischen Paris schien im September 1870 Wirklichkeit zu werden: ein halbes Jahr später schon war es blutige Makulatur.

II. Die (Vogel-)Welt, wie sie ist und wie sie sein sollte: Alphonse Toussenels *Ornithologie passionnelle*

> ... que de dindons sont ici-bas! dindons qui passent pour des cygnes et qui font la roue comme des paons.
>
> Gustave Flaubert an Louise Colet (1853)

Der Traum vom Verschwinden der Elster

Wer den allegorischen Diskurs über das tabuierte Gesellschaftliche und Historische, der nach 1848 im Schwange war, von Grund auf studieren möchte, tut gut daran, neben jenen Autoren, die ihn zu höchster Kunst entwickelten, dem fourieristischen Zoologen Alphonse Toussenel sich zuzuwenden, der ein ebenso bedeutender Humorist und Satiriker wie ein großer Naturforscher und insbesondere Ornithologe gewesen ist. Aber noch aus einem weiteren Grunde verdient es dieser Schriftsteller, dem Vergessen entrissen zu werden, dem er wie so mancher Autor der Nach-Juni-Literatur verfiel: Er verkörpert eine beunruhigende Mischung von zärtlicher Liebe zur Mensch- wie Tierheit einerseits und wütendem Haß auf alles Lebendige andererseits, das er der Gegnerschaft gegen das Geliebte für überführt hält, oder, um es ins Politisch-Ideologische zu übersetzen: sein utopischer Sozialismus geht einher mit einer vehementen Kapitalismuskritik, deren *ultima ratio* nichts anderes ist als ein blinder Haß auf die Juden, was erklärt, weshalb der frühsozialistische Vogelfreund im Vichy-Frankreich als ein Vorläufer des Nationalsozialismus gefeiert werden konnte.

Unsere Lektüre wird sich auf Toussenels dreibändiges Werk *Le Monde des Oiseaux. Ornithologie passionnelle (Die Vogelwelt. Passionelle Ornithologie)* konzentrieren, das zwischen 1853 und 1855 herauskam (Abschnitte daraus waren u. a. bereits in der Zeitung *Le Travail affranchi* erschienen, die Toussenel gemeinsam mit François Vidal im ersten Halbjahr 1849 redigiert hatte[89]). Diesem Werk war 1847 eine Untersuchung über die einheimischen Säugetiere, *Les Mammifères de France (Die Säugetiere Frankreichs)*, vorausgegangen; der Obertitel aller vier Bände – sie bilden ein unvollendet gebliebenes fourieristisches Gegenstück zu *Brehms Tierleben* – lautet bezeichnend genug *L'Esprit des Bêtes (Der Geist der Tiere)*. Das Besondere an Toussenels Tierbeschreibung ist, daß sie, der Doktrin seines Lehrmeisters Fourier gemäß, die Tierwelt als Analogie zur menschlichen begreift und daß sie die von ihr etablierten Tier-Mensch-Analogien ausführlich erläutert, so daß der Text immer zugleich eine naturkundliche und eine gesellschaftskritische, ja geschichtsphilosophische Dimension besitzt.

Diese Eigenart mag ein erstes Zitat veranschaulichen. Sein großes Kapitel über die Elster beginnt Toussenel mit dem Eingeständnis, daß er sich bisweilen danach sehne, wieder ein Kind zu sein, um wie ehedem auf die Bäume klettern, die Nester seiner Erzfeindin ausrauben oder ihrer vermaledeiten Brut den Hals umdrehen zu können. Auch habe er schon mit dem Gedanken gespielt, irgendwo wie alle Welt ein paar Millionen zu scheffeln, um die Öffentlichkeit mit Hilfe fetter Prämien zur Ausrottung dieses Vogels anspornen zu können. Die Elster sei nun einmal seine *bête noire*. Eines Nachts habe ihm geträumt, das allgemeine Wahlrecht seiner Mitbürger habe, »in weisem Ratschlusse«, ihn mit der Oberaufsicht über sämtliche Gewässer und Waldungen Frankreichs betraut und dies »nachdem man Raspail die Leitung des Gesundheitswesens übrtragen hatte... Und während der berühmte Heilkünstler die arme Welt erfolgreich den Klauen der Quacksalber und Giftverschreiber entriß, erwies ich meinerseits dem unglückseligen Wild einen analogen Dienst durch die radikale Ausrottung sämtlichen feindlichen Ungeziefers... Und ich sah meinen Namen in flammenden Lettern auf unzählige Spruchbänder geschrieben, wie er anmutig im Wind flatterte und die Zeitalter überdauerte, vereint mit dem ruhmreichen Datum des Verschwindens der Elster.«[90] Ginge es um die Ausrottung der Elster allein, so wäre das ein merkwürdiger Titel auf die Unsterblichkeit; doch dieser ehrgeizige Träumer will höher hinaus und der Name Raspails (der in späteren Auflagen nur noch als Initiale erscheint[91]) liefert den Schlüssel zum Verständnis des latenten Traumgedankens: Der glorreiche Tag, an dem die Elster vom Erdboden verschwunden wäre, bedeutete die Auslöschung von Blutdaten wie dem des Juni 48, die Elsternvernichtung wäre die Vergeltung für die Niederwerfung der sozialen Republik, deren Kandidat Raspail nach dem 15. Mai hinter Festungsmauern verschwunden und bei den Präsidentschaftswahlen des Dezember 48 einem Charlatan, dem späteren Napoleon III., unterlegen war, welcher »die arme Welt« nicht so bald aus seinen Krallen entlassen sollte. Die bittere Wirklichkeit des allgemeinen Wahlrechts hat demnach den schönen Traum Lügen gestraft: statt Raspail, dessen Photographie noch Prousts Françoise erwerben wird, und Toussenel herrschen der ungenannte Kaiser und – die Elster, deren Vormarsch in seinem Heimatland unaufhaltsam scheint, so daß ihr Todfeind sich anschickt, ins Exil zu gehen: »Trügerischer Traum, grausame Einbildung! Nicht ich habe Frankreich von jenem schmutzigen Ungeziefer befreit, sondern umgekehrt, das Ungeziefer ist es, das mich aus dem Lande verjagt, in dem ich das Licht der Welt erblickte.«[92]

Dieser kleine Text gehört zu einer nach der Niederlage der 48er

Revolution in ganz Europa verbreiteten Gattung, die man *Die Träume der Besiegten*[93] nennen könnte. Seine Besonderheit besteht einmal in seinem unvermuteten Auftauchen in einem fremden Kontext – dem einer vogelkundlichen Untersuchung –, zum andern in der Problematik seiner Stoßrichtung. Wenn die Elster auch in verblümter Weise für das Ende der Republik verantwortlich gemacht wird, so ist sie doch keine bloße Figur bzw. Chiffre, wie die Tiere von Fabeln, politischen Tiergedichten o. ä. es sind. Toussenel haßt nicht nur das, wofür die Elster stehen mag – mehr als fünfzig Seiten später nennt er sie, zusammen mit dem Raben, als *agent provocateur* selbstmörderischer Volksaufstände[94] –, sein ganz ursprünglicher Haß gilt dem Vogel selbst, und gerade die Kindlichkeit seines Hasses – die sich, wie man sehen wird, nicht auf die eine Vogelart beschränkt – verleiht seinen Diatriben einen skurrilen Reiz, etwas täuschend Unschuldiges. Dies um so mehr, als der Haß immer gepaart ist mit einer leidenschaftlichen Liebe zu den Gegentieren, die jeweils als Opfer oder Widersacher der »bösen« Tiere vorgestellt werden.

Toussenel konnte deshalb als der erste demokratisch gesonnene Autor des Zweiten Kaiserreiches in kritischer Absicht auf die Geschichte der Republik von 1848 zurückkommen, weil er es verstand, die wenigen Freiheiten, die Schriftstellern seines Schlages noch verblieben waren – die poetische des Allegorikers und des Analogikers, die Narrenfreiheit des Fourieristen[95] und Tierfreundes – kombinatorisch zu nutzen. Wer wird in einem Buch über die Vogelwelt nach umstürzlerischen Ideen suchen, wer ein solches, durch die eigenwillige Terminologie Fouriers mit ihren klassifikatorischen Manien und ihren nur dem Eingeweihten oder dem Snob willkommenen Neologismen äußerst sperriges, überdies umfangreiches und kostspieliges Opus für staatsgefährlich ansehen? So kann Toussenel es wagen, gleich zu Eingang seines Werkes in einer Vorbemerkung, welcher einige zähe Seiten Errata sowie der süßliche Zueignungsbrief an eine Blumenfreundin namens Henriette L... vorausgehen, rundheraus zu erklären: »Die Geschichte sämtlicher Vögel Frankreichs ist bloß der Vorwand, der offensichtliche Zweck dieses Buches. Sein eigentlicher und geheimer Zweck (...) besteht jedoch darin, folgende beiden revolutionären Thesen herauszuarbeiten: ›Die Herrschaft des Mannes (...) ist die der brutalen Gewalt, des Zwangs, des Betrugs und der Alten, die Herrschaft Satans. (...) Die Herrschaft der Frau dagegen (...) ist

Alphonse Toussenel

die des Rechts und der Freiheit, die Herrschaft der Wahrheit und der Jungen, die Herrschaft Gottes, dessen Ankunft die edlen Herzen täglich herbeiflehen.«[96] Nun hatte der Fourierismus nach 1848 ausgespielt, und seine »revolutionären« Thesen machten niemandem mehr bange, und eben darin liegt die publizistische Chance, die Toussenel entschlossen ergreift. Er übertreibt vermutlich bewußt die Schnurrigkeit Fouriers, verbreitet sich höchst kauzig über die »Formel des Gerfalken«, hinter der sich nichts anderes verbirgt als die fourieristische Grundregel, wonach der Grad der Emanzipation einer Gesellschaft am Grad der Emanzipation der Frau ablesbar sei und behauptet von dieser Formel – »Das Glück der Individuen und der Rang der Gattungen verhalten sich direkt proportional zur Autorität der Frau«[97] –, daß sie sämtliche Weltprobleme zu lösen vermöge. Aufmüpfiger schon klingt die Bemerkung, die Welt würde statt von greisen, gewalttätigen Despoten besser von zarten Frauen regiert werden, zumal sie mit einer bitteren Anspielung auf 1848 gewürzt ist: »Ich wünschte nun, man würde mir sagen, auf wessen Seite die christliche Nächstenliebe und Freigebigkeit zu finden sind: auf der Seite eben jener Alten, die niemals Bedenken tragen, die ganze Welt in Flammen aufgehen zu lassen, wenn es um die Verteidigung ihrer bedrohten Positionen geht, oder auf der Seite jener rührenden Märtyrerinnen, die oftmals sterben, weil sie ihre Unabhängigkeit verlieren, die aber niemals zur Gewalt greifen würden, um Aufständische an ihre Pflichten zu erinnern, da sie nur zu genau wissen, daß die Königin da ihr Recht verloren hat, wo keine Liebe ist.«[98] Bei diesem einen Seitenhieb läßt es der Autor aber nicht bewenden, vielmehr polemisiert er so oft wie nur irgend möglich gegen die Bourgeoisie von 1848 und prangert mit kaustischem Humor deren Verhalten während der kritischen Phasen der Seconde République an. Sogar La Fontaines Fabel von der Grille und der Ameise muß einmal als Prätext für seine antibourgeoise Angriffslust herhalten: Diese Fabel sei, so befindet Toussenel, »ein beklagenswerter Apolog (...), eine kleine Schmeichelei an die Adresse jener philanthropischen Kapitalisten, welche Sparkassen gründen und nichts lieber tun, als, gestützt aufs Beispiel der fleißigen Ameise, dem Volk Moral predigen, besonders dann, wenn dieses Volk Arbeit und Brot von ihnen verlangt«.[99] Eine etwas gewaltsame Aktualisierung, die der Grille, die ja in der Fabel bloß Nahrung und nicht etwa Arbeit verlangt, listig die Forderungen der Juniaufständischen zuschreibt und aus der Ameise, von der La Fontaine bekanntlich betont, sie leihe nicht gern: »La fourmi n'est pas prêteuse, c'est là son moindre défaut«, eine zeitgenössische Sparkassenmagnatin macht.

Doch diese satirische Umdeutung ist das genaue Gegenteil der von Sartre als Hauptcharakteristikum der Nach-Juni-Literatur behaupteten Auflösung der 48er Erfahrung ins Unkenntlich-Zeitlose und Allgemeine: ein bewußt in Kauf genommener Anachronismus, der auf das Hier und Heute abzielt. Gewaltsam wie bei anderen die Verdrängung der unmittelbaren Vergangenheit ist bei Toussenel deren Evokation und kommt doch fast ebenso harmlos daher wie die Literatur der Einverstandenen, mit einem Witz allerdings, der keine Spur von Häme, wohl aber Spuren eines kämpferischen Ingrimms aufweist. Aber der Ingrimm dessen, den Mallarmé nicht zu Unrecht »einen der köstlichsten Humoristen«[100] nannte, hat etwas derart Kauziges, seine Spitzen wirken so verrückt, daß es schon genauen Hinsehens bedarf, um sie nicht für bloße Schrullen zu halten. Ob ihm deswegen behördliche Verfolgungen erspart geblieben sind? Seine gegen Ende des zweiten Bandes eingestreute Bemerkung, daß sein hartnäckiger Einsatz für die Vogelwelt ihn schier ins Gefängnis gebracht hätte: »wegen Aufreizung zum Haß gegen eine Klasse von Mitbürgern«[101], dürfte weder aus der Luft gegriffen noch besonders spaßig gemeint sein. Denn dieser Vogelnarr, dem sowohl Michelet als auch Bachelard eine besondere Zartheit des Empfindens nachrühmen[102] – und wirklich ist es außer seinem Humor die *tendresse*, die den Leser noch heute für Toussenel einzunehmen vermag –, dieser inspirierte Schwärmer hat, im Unterschied zu seinem Lehrer Fourier, etwas von einem Klassenhasser, wenn schon nicht von einem Klassenkämpfer. Sartre hat den neuen bürgerlichen Menschentypus, den das Junitrauma hervorgebracht habe, als einen »Menschen des Hasses« charakterisiert. Toussenel ist beides in einem: ein Mensch der Liebe, nach dem Geschmack des Februar 48 – seine Verehrung für Michelet, für George Sand und Lamartine kommt nicht von ungefähr[103] – *und* ein Mensch des Hasses, wenn auch in einem anderen als in dem von Sartre definierten Sinne. Sein Haß, in anderer Weise diffus als derjenige von Sartres Bourgeois, gibt sich zunächst sowohl als ein zielgerichteter als auch als ein datierter Haß: Toussenel scheint sehr genau zu wissen, wen er haßt und weshalb. Er haßt die Sieger aller Reaktionen seit 1789, die ewigen Feinde des Fortschritts. Diese historische Spezies hat ihr geschlechtliches Urbild im Manne, der von Natur aus zu Gewalttätigkeit und Unterdrückung neigen soll. Daher erblickt Toussenel im Mann den Erzfeind der Freiheit und eigentlich das Prinzip des Bösen, in der Frau hingegen die Verkörperung der Liebe, die Heilsbringerin und der Erlösung. Der im frühsozialistischen Kult der Frau schon angelegte Manichäismus der Geschlechter erhält bei diesem Autor etwas grandios Groteskes dank der Intensität seines Männerhasses, zumal er überall, in Natur und Gesellschaft, seine Entsprechungen sucht und findet. In der Natur sieht er, wie die »Henker-Gattungen«, die alles Böse und Häßliche verkörpern, unablässig die »Opfer-Gattungen« Träger alles Guten und Schönen, verfolgen, und dieselbe Konstellation von blutrünstigen Siegern und unschuldigen Besiegten gewahrt er auch in der Gesellschaft. Aufgrund dieser Analogien kann er die Beschreibung sozialer Übelstände ohne weiteres ins Tierreich übertragen. Doch ist Toussenels Sprache nicht nur Sklavensprache. Die Tiere interessieren ihn auch um ihrer selbst willen, er beobachtet und beschreibt sie aufs gewissenhafteste, obschon er beständig anthropozentrische Phantasien und politische Botschaften in sie hineinprojiziert. Geschieht es einmal, daß er den politischen Hintergedanken über dem wirklichen Vogel vergißt und letzteren in seinem empirischen Verhalten beschreibt, tritt sein poetisches Talent eindrucksvoll in Erscheinung: die entsprechenden Passagen gehören zu seinen besten.[104] Andrerseits besitzen auch die analogischen Überblendungen von Menschen und Tieren ihren Reiz, sie sind denen Grandvilles nicht unebenbürtig, zumindest so lange, wie der Haß noch von einem guten Humor in der Fasson gehalten wird: es finden sich kleine Meisterwerke der Gesellschaftssatire unter ihnen, die womöglich auch einmal stilbildend gewirkt haben.[105]

Elementarübungen im Bestimmen der sozialen Vogelwelt

Beginnen wir mit einer echt Toussenelschen Aussage, die eine Vorstellung dessen zu geben vermag, was der Autor »die Geheimnisse der Klassifikation nach Passionen« nennt, die aber auch Einsicht in die enge Beziehung seiner Zoologie zur Kunst und Literatur von 1848 gewährt. Am Ende seiner vergleichenden Studie über den Geier und die Eule faßt Toussenel die weltgeschichtlich komplementäre Mission des Tag- und des Nachtraubvogels in der folgenden These zusammen: »Es ist der Vogel der Nacht, der Prometheus an den Kaukasus anschmiedet, und der Geier, der ihm die Leber aushackt.«[106] Diese Kontamination zweier Tierembleme mit einer Mythengestalt könnte so oder ähnlich bei vielen engagierten Autoren der Zeit begegnen. Während nun aber in den entsprechenden Tier- oder mythologischen Gedichten der spezifische Stellenwert solcher Figuren unexpliziert bleibt – man denke an Heine, Baudelaire oder Leconte de Lisle –, wird bei dem leidenschaftlichen Ornithologen Toussenel, und darin liegt der Vorzug seiner Texte für die Einübung in die Bildwelt von 1848, Punkt für Punkt erläutert, was sie jeweils bedeuten sollen. In diesem Fall steht Prometheus für den »Genius der emanzipatorischen Arbeit«, ist die Nachteule als Emblem des Klerus und der Geier als Sinnbild des – jüdischen – Wuchers aufzufassen.[107] Mithin enthält das ganze Zitat eine »Geschichtsphilosophie« *in nuce*: die hervorbringenden Klassen werden zu allen Zeiten von Priestern und Geldschneidern ausgebeutet. Ist diese These noch mit Fouriers Ansicht von Barbarei und Zivilisation in Einklang zu bringen, so weicht der Autor des Nach-Juni entschieden von der Doktrin des Meisters ab, indem er statt zur Versöhnung von arm und reich dazu aufruft, die Parasiten unter den Vögeln, die *espèces bourreaux,* samt und sonders vom Erdboden zu vertilgen. Radikaler als selbst Proudhon, den er wiederholt attackiert, verschmäht Toussenel jeden Kompromiß mit den Vertretern der Zirkulationssphäre wie auch mit dem bonapartistischen Regime und wünscht, allerdings in ornithologischen Umschreibungen, eine gewaltsame Befreiung herbei. Prometheus' Martern würden so lange andauern, prophezeit er, bis Herkules auftrete, jener »Befreiungsheld, der die glorifizierte Arbeit verkörpert (...), die mit Hacke, Keule und Kelle bewaffnete Arbeit, die die Ungeheuer niederstreckt (...) und die Städte erbaut«.[108] Welches aber sind die Ungeheuer, die auf ihren Herkules warten? Es sind: die Eule, der Geier und – der Adler. Vom letzteren muß der Autor nicht eigens betonen, daß er das zeitgenössische Frankreich in seinen Fängen hält; ohnehin nutzt er seine Vogelnarrenfreiheit in geradezu halsbrecherischer Weise zu leitmotivisch wiederkehrenden Ausfällen gegen das kaiserliche Wappentier, und es ist unverständlich, wie man ihn für einen Anhänger des Empire hat halten können.[109] Mehrfach gibt übrigens der Verfasser von *Le Monde des Oiseaux* die Überzeugung kund, daß eine vollkommene politisch-soziale Umwälzung unmittelbar bevorstehe[110]; hierin ist er Optimist wie die kämpferischsten unter den Achtundvierzigern.

Versucht man, einen Überblick über Toussenels animalische

Feindbilder zu gewinnen, so bringt man einen ansehnlichen, hierarchisch nicht leicht zu untergliedernden Katalog zusammen: da sind zunächst sämtliche Tag- und Nachtraubvögel mit Ausnahme seines geliebten Falken, sodann Krähen- und Rabenvögel, Elstern und Häher (sie werden unter dem gemeinsamen Namen *Omnivores* rubriziert), ferner gewisse Hühnervögel wie vor allem der Truthahn, aber auch der gemeine Haushahn. Damit nicht genug: so zieht der streitbare Liebhaber der Vogelwelt besonders ungestüm gegen den Kuckuck und, unter den Singvögeln, gegen die Kohlmeise zu Felde, die ihm ein Greuel ist. (Von den Säugetierarten, die er in Acht und Bann erklärt, einmal ganz zu schweigen.) Alle diese gefiederten Bösewichter haben ihren Widerpart in der menschlichen Gesellschaft. So ist die Elster das Emblem des Spitzels, der Eichelhäher das des Zeitungsschmocks, die Eule, wie gesagt, das des Kirchenmannes, die Schleiereule das des Jesuiten usf. Soweit mag das noch beinahe volkstümlich klingen, doch mausert sich die schnurrige Analogie zu einer bissigen Gegenwartssatire, und dies nicht nur durch die Anordnung der einzelnen Typen zu Serien, sondern vor allem dadurch, daß gewisse Vogelarten ganze Fraktionen der bürgerlichen Gesellschaft meinen: die Allesfresser bedeuten die liberalen Berufe, deren Situation in der Zeit um 1848 Sartre so trefflich beschrieben hat, der Truthahn steht für die Ordnungspartei, die Kohlmeise für das Kleinbürgertum usw. Zwar stellt Toussenel die Verhaltensweisen jener Vogelarten dar, als ob es zeitlos-ewige wären, doch zugleich erinnert er stets mehr oder minder verschlüsselt auch an die konkreten geschichtlichen Untaten der Gesellschaftsgruppen oder Parteien, deren Embleme jene jeweils sind. Unaufhörlich umkreisen seine Anspielungen die Schlüsselereignisse von 1848, diejenigen, über die das gerettete neue Frankreich den Mantel des Vergessens breiten will. Das geschieht mit Hilfe von Reizwörtern, deren Tragweite damals jedermann bewußt gewesen sein dürfte: die Besiegten, die Verbannten, die honetten Leute, die Partei der Angst, Assoziation, Recht auf Arbeit, Verleumdung, Anarchist etc., Reizwörter, denen das verfremdete semantische Umfeld einen zusätzlichen, eher komischen Reiz verleiht. Anspielungen auf tatsächliche Geschehnisse, Erwähnungen kritischer Orts- oder Personennamen, verdeutlichen noch das Sprachspiel. An sich ist Toussenels Verfahren der Verschlüsselung ein durchaus übliches, in der Julimonarchie bzw. im Vormärz schon weitgehend entwik-

Louis-Napoléon Bonaparte an der Spitze einer Armee von Truthähnen (Zeitgenössische Karikatur)

keltes; seine Besonderheit besteht nur darin, daß er gegenüber der reinen literarischen Satire das Verwirrspiel mit der eigentlichen und der uneigentlichen Bedeutung eines Tiernamens sehr viel unbedenklicher betreiben kann: denn sein Text ist ja tatsächlich in der Vogelwelt zu Hause und seine Assoziationen vermögen, dank der realen Schwerkraft seiner Vögel, überallhin auszuschwärmen.

Von den Ringeltauben wird berichtet, sie hätten den Jardin du Luxembourg verlassen »seit jenem unglückseligen Tage, an dem der Ausflugsort, welcher der Liebe, dem Studium und der Jugend geweiht war, innerhalb seines Gevierts elende Holzbaracken aufnehmen mußte, dem Tag, an dem die rote Uniformhose in seine einsamen Alleen einbrach und statt kindlicher Jubelrufe das Kommando: ›Legt an! Feuer!‹ ertönte«.[111] Was nur ein Seitenhieb des demokratischen Pazifisten gegen das (napoleonische) Militär zu sein scheint, dürfte in Wirklichkeit eine kaum verhüllte Mahnung an die Schreckenstage – es war üblich, von den Junitagen als von *jours* bzw. *journées néfastes* zu reden – sein, an denen gefangene Aufständische von improvisierten Exekutionskommandos in jenem Park, wie an andern Orten von Paris, zu Hunderten erschossen worden waren. Es haben sich Zeugnisse genug erhalten von der tiefen, wenn nicht gar unauslöschlichen Wirkung, die jene Hinrichtungen auf die Bevölkerung, und selbst auf die, die Cavaignacs Vorgehen billigte, gemacht hatten. So weit ging die Verdrängung wohl kaum, als daß derartige Passagen Mitte der fünfziger Jahre gänzlich unverständlich geworden wären. Indessen wäre es müßig, viel Aufhebens von einer solchen Textstelle zu machen, wenn sie vereinzelt dastünde. Das aber ist gerade nicht der Fall: Toussenels Vogelkunde knüpft allenthalben an die Erfahrungen von 1848 an, sie ist in ihren nicht idyllisch-utopischen, also den unschuldigen Sängern gewidmeten, Partien, eine analogische Geschichtsschreibung der jüngsten französischen Vergangenheit – in Fouriers Terminologie *phase civilisée* geheißen –, welche in den Massakern des Juni 48 ihren wahren Ausdruck findet: »Die Geschichte der Vögel Frankreichs bietet uns, vom Kuckuck angefangen (...), ein einziges erschütterndes Bild entfesselter Kämpfe und gnadenloser Verfolgungen, eine gigantische, unaufhörliche Blutorgie.«[112] Nicht nur die Elster allein, die Mehrzahl der ihm verhaßten Vogelarten werden von Toussenel unter der Hand in eine mehr oder weniger explizite Beziehung zu all den Klassen, Gruppen oder Individuen gesetzt, die er für die Untaten des Sommers 48 verantwortlich macht. So hatte er, schon im ersten Band, über den Truthahn geurteilt: »Der Truthahn ist das Emblem jener großen Partei der Angst, die sich selbst gern im Jargon der Politik die große Partei der Ordnung oder Partei der honetten Leute betitelt. Buffon, der den Truthahn zu einen wackeren Kämpen hat emporstilisieren wollen, belegt seine Meinung mit einem sonderbaren Exempel von Mut: Man habe bisweilen beobachtet, wie ein Trupp Truthähne einen schlafenden Hasen umzingelt und dann versucht habe, ihm mit gezielten Schnabelhieben den Garaus zu machen. Etliche der Helden der großen Partei der Angst sind ihrerseits durchaus fähig zu einer solchen Art von Heldentum«[113], womit er zugleich all jene beliebten Illustrationen der Junitage karikiert, die unter der Überschrift »Traits de courage...« (des Bürgers X., der Nonne Y. etc.) die Heldentaten der Ordnungsleute verherrlichten.

Die Charakteristik des im Französischen sprichwortlich dummen Truthahns ist eine einzige gallige Bourgeoissatire, die immer von neuem auf die Juni-Erfahrung anspielt. Zwei Seiten nach dem Letztzitierten liest man: »Die Geschichte aller Bürgerkriege führt uns vor Augen, daß keine Partei in ihrer Rache so erbarmungslos verfuhr wie die Partei der Angst. Und diese Barbarei ist leicht verständlich: Die Angst ist ein so schändliches Übel, das diejenigen, die sie aushalten mußten, logischerweise versuchen werden, die Zeugen ihrer Schande zu beseitigen.«[114] Und gleich darauf wird der Truthahn neben alle jene Blutsauger gestellt – »öffentliche Vampire, die von der Ungerechtigkeit leben« –, denen alles Neue aus tiefster Seele zuwider sei: und nun verrät eine schiefe Analogie auf komische Weise den umstürzlerischen Hintergedanken: »Ganz besonders ist diesem feigen und jähzornigen Vogel die Farbe rot zuwider; er kann sie weder sehen noch von ihr reden hören, ohne alsbald in Raserei zu geraten.«[115] Zu Beginn des zweiten Bandes kommt der Verfasser nochmals auf die Heimtücke des Truthahns zurück und erinnert dabei an Thiers' skandalöse Formel von der schoflen Menge, die seinerzeit die Legitimation der Massaker nachgereicht hatte.[116] (Auch Baudelaire nimmt diese Formel ironisch auf und wendet sie, in *Recueillement [Sammlung]* gegen die amüsierwütige Gesellschaft des Second Empire selber.[117]) Als den »natürlichen« Verbündeten des Truthahns bezeichnet er dort das großbürgerliche *Journal des Débats*, das für sein Wehgeschrei über die neuen Barbaren bekannt war, auf das u. a. Heine etwa gleichzeitig mit Toussenel in seinen schon mehrfach erwähnten Parodien (cf. Teil I, Stichwort *Barbaren*) so verwirrend ironisch reagierte. Die 1866 erschienene dritte Auflage von *Le Monde des Oiseaux* wird an dieser Stelle noch direkter: »Doch die Geschichte des mutigen Truthahns ist die Geschichte von Thersites, der sich während der Schlacht verkrümelt und seinen Mut erst wiederfindet, wenn es gilt, den Siegern zu Hilfe zu eilen und den Besiegten den Rest zu geben. Und diese Rasse von Elenden ist in den Ländern, die der Bürgerkrieg heimsucht, stark verbreitet.«[118] (In der Beschreibung dieser Sorte Vögel läßt sich unschwer der Père Roque aus der *Education sentimentale* wiedererkennen, in dem Flaubert, ohne daß Sartre sich dessen versehen hätte, die banale Bestialität der Juni-Sieger verkörpert hat.) Im folgenden Satz gibt der Vogelfreund dann noch die letzte Reserve auf und nennt die Dinge beim Namen: »Sie ist es (i. e. die Rasse der Truthähne), die durch die Blutrünstigkeit ihrer Vergeltungsmaßnahmen den Sieg der Ordnungsfreunde im Juni 48 entehrt hat.«[119] Oder doch nicht die letzte Reserve, denn es wäre voreilig, aus dieser Feststellung auf ein grundsätzliches Einverständnis Toussenels mit der Niederschlagung des Aufstandes zu schließen. Vielmehr ist sie ein Zugeständnis, um überhaupt die Massaker erwähnen und die Hauptverantwortlichen bezeichnen zu können. Denn daß der Verfasser für den Aufstand selbst Verständnis aufbrachte, läßt sich aus mehr als einer Textstelle entnehmen. (Er hatte übrigens in der letzten Nummer von *Le Travail affranchi* eine Apologie der Junikämpfer veröffentlicht.[120]) Etwa aus der folgenden über den Dompfaff: »Folglich kann er trotz seinem großen Mut zuweilen eine Klage über die Ungerechtigkeit des Schicksals nicht unterdrücken; und manchmal sieht man ihn sogar, wie er infolge zu langer Arbeitslosigkeit verbittert, verzweifelt, aufgebracht, bloß noch dem Rat seines leeren Magens gehorchend, sich voller Ingrimm ans Zerstören macht«, und damit nicht in Vergessenheit gerät, von wem die Rede ist, vom Gimpel nämlich, dem braven Symbol des ehrlichen Arbeiters, schwingt sich der Gedanke wieder auf die Bäume, fährt der Satz fort: »ans Zerstören der Knospen des Apfelbaums, auf die der Landmann seine Hoffnung setzt. Dann selbst die verdientesten Vögel sind ja aus Fleisch und Blut gemacht, wie wir Menschen auch, und noch dem größten Heiligen platzt irgendwann einmal der Kragen ...«[121] Seine Verurteilung der 48er Reaktion schmuggelt der Autor noch in die idyllischsten Texte ein, z. B. in einen der schönsten, den großen Hymnus auf »den Vogel des lieben Gottes«, die Schwalbe: »Sie führen einen ruchlosen Krieg gegen die Schwalbe oder lassen ihn führen (...), und sie haben die Stirn zu behaupten, sie seien die alleinigen Freunde der Familie, der Ordnung und der Religion.«[122] Was ist das anderes als ein kaum verblümtes Gegenstück zu den wortgewaltigen Anklagen der *Neuen Rheinischen Zeitung* oder des *Peuple Constituant* gegen diejenigen, die das Volk von Paris zusammenkartätscht hatten im Namen des Eigentums, der Religion und der Ordnung? Ein Gegenstück aus den finstersten Jahren des absolutistischen Kaisertums. Toussenel dürfte der erste Franzose nach dem Staatsstreich sein, der in Frankreich selbst – also nicht aus dem Exil – sich offen zum Fürsprecher der Junibesiegten macht – allerdings in einem Vogelbuch. Seine Scheltrede gegen den Hahn – »das schimpfliche Emblem des Hahns, der halb Söldner ist, halb Henker«[123] – ist als eine Abrechnung mit dem Juste-Milieu, dem liberalen Bürgertum, das sämtliche Revolutionen seit 1789 erfolgreich hintertrieben habe[124], anzusehen. Zeiht er, obendrein noch im Schrägdruck, den Würger des Malthusianismus: »*Viele Würger plädieren heute für die Todesstrafe und schwatzen es Malthus nach: daß für das Rotkehlchen kein Platz auf dem Festbankett des Lebens übrig sei; daß die Natur es nun einmal so eingerichtet habe und daß sie, die Würger, gemeinsam mit andern beauftragt seien, die Befehle der Natur auszuführen*«[125], so greift er einen radikalen Kampfruf auf, der selbst nicht sonderlich hellhörige Leser an die Töne des Spätsommers 48 hätte gemahnen sollen. Unmittelbar nach den Junitagen hatte ein Artikel Proudhons, der den Titel *Les Malthusiens* trug, Aufsehen erregt[126]; der Arbeiterdichter V. Rabineau hatte ein Lied gleichen Titels verfaßt, in dem eingangs die Frage gestellt wurde, wer eigentlich die Malthusianer seien: »Ist diese Ente nun rot, weiß oder Régencefarbig, / Frisch befiedert von irgendeinem Tintenkleckser?«[127], um alsbald vor einer Verharmlosung jener keineswegs komischen Vögel zu warnen. Bei Toussenel hat die Wiederaufnahme dieses Leitmotivs der sozialistischen Kritik des Nach-Juni an der Bourgeoisie etwas Grundkomisches eben dadurch, daß es in die wirkliche Vogelwelt transponiert wird; für sich genommen ist das Motiv freilich alles andere als komisch. Es ging in den Monaten nach der Juniniederlage mit der Aufforderung ans Volk einher, wachsam, unversöhnlich zu sein und den Tag der Vergeltung abzuwarten. Die soziale Rachgier, die aus den von Marx in London publizierten *Iambes* Louis Ménards spricht; wird hier deutlich:

Le Peuple est là qui veille; oh fuyez, qu'il oublie
que le sang seul lave le sang.
Pour moi, si j'ai rêvé le sceptre et la puissance,
c'est pour le bonheur de tenir
L'impassible couteau de la sainte vengeance,
et le droit sacré de punir.
(...)
J'irais sur le cadavre épeler les tortures:
au jour de l'expiation.
Œil pour œil, dent pour dent, blessure pour blessure,
l'antique loi du talion.

(Furchtbar und drohend schon ersteht / Das Volk; o flieht hinweg, damit vergessen werde, / Daß Blut nach Blut gen Himmel flieht! /

Wenn jemals ich ersehnt den Herrscherstab der Welten, / So wär' es um das Glück allein, / Das Schwert zu führen, das zu strafen und vergelten, / Die Rachegötter uns verleihn. / (...) Der Leichnam sollte selbst mich lehren alle Qualen; / Denn nach der Sühne Richterspruch / Muß Aug' um Aug' und Zahn um Zahn der Frevler zahlen, / So steht's in der Vergeltung Buch. Üb. A. Strodtmann)[128]

Das gemahnt seltsam an Toussenels Traum von der Ausrottung der Elster oder an jenen Passus, in dem er sich rühmt, dem malthusianischen Würger seine Schandtaten pünktlich heimgezahlt zu haben: »Oft habe ich das Gesetz der Talion auf ihn angewandt, (...) stundenlang hielt ich seinen Jungen die Schneide des Messers an die Kehle, um ihm die der Reue ins Herz eindringen zu lassen; grausam strafte ich ihn da, wo er gesündigt hatte, und ich bereue es nicht. Du wurdest ein Würger, mithin ein Denunziant, ein Spitzel, ein Kindesmörder! Wohlan, so nimm die Folgen deiner Büberei auf dich (...)! Blut ruft nach Blut!«[129] Die Infantilität dieser Rachephantasie des Parteigängers der Besiegten von 48 mag diese selbst reichlich harmlos erscheinen lassen, doch ist ihre Harmlosigkeit ebenso trügerisch wie ihre Extravaganz, denn im Denken Toussenels taucht eine Verbindung auf, die im Sozialismus und Anarchismus bis zur Dreyfus-Affäre häufig anzutreffen ist: die Verbindung von sozialem Erlösungsglauben, Bourgeoishaß und Antisemitismus.[130]

Judenhaß von links. Sartre anhand Toussenels kritisiert

Jean-Paul Sartres Deutung der Junimassaker als eines Sündenfalls der bürgerlichen Gesellschaft, einer »Erbsünde, die 1848 geschehen, aber von jeher begangen ist – eine(r) apriorische(n) Folge der bürgerlichen Praxis«[131], entspricht durchaus der Auffassung des ihm unbekannten fourieristischen Ornithologen Toussenel, der mit zu denen gehört, die bemüht waren, die Verdrängung jenes Ereignisses zu verhindern. Die Verdrängung des Juni 48 führte nach Sartre zur Entwicklung eines neuen Spezies, der *Menschen des Hasses,* deren »objektive Neurose« sich in einer universellen Misanthropie äußern soll. Auf Toussenel ist eine solche Diagnose nicht anwendbar: sein Haß verliert, ohne eigentlich im Sinne Sartres »datiert« zu sein, das Datum des Juni nie aus den Augen; aber man kann nicht behaupten, daß er darum weniger pathologisch wäre, wohl auch nicht weniger repräsentativ. Sartres Erklärung für das Verhalten der Schriftsteller nach 1848 ist so raffiniert wie schematisch: »Indem der Künstler in dieser Epoche den *ehemaligen Bourgeois* in sich leugnet, (...) trifft er sich mit dem Bourgeois, der in sich selbst den Arbeiter von 1848 tyrannisieren will«[132] usw. Es gibt bei Sartre ein implizites Suchen nach dem historisch richtigen Hasser, nach einem Schriftsteller, der die Schuldigen der Massaker von 48 als Klasse zur Rechenschaft gezogen hätte. Da er einen solchen im emphatischen Sinne zeitgemäßen Hasser nicht zu entdecken vermag, versucht es Sartre schließlich mit Leconte de Lisle, von dem er bald feststellen muß, daß sein Haß von Anfang an anachronistisch sei. Die Frage liegt nahe, was aus dem Konzept des Haßmenschen geworden wäre, wenn Sartre im Laufe seiner Spekulationen über die moralische Krankheitsgeschichte des Second Empire auf das Werk Toussenels gestoßen wäre. Träfe zu, was Sartre behauptet: daß der *Mensch des Hasses* das Produkt der Verdrängung der Junimassaker wäre, so müßte umgekehrt gelten: wäre der Juni nicht verdrängt, sondern erinnert und bearbeitet worden, so hätte es nicht zu einer »objektiven Neurose«, zur Ausprägung eines Haßmenschentums kommen müssen. Nun steht in der Gestalt Toussenels ein Typus vor uns, dessen Haßpotential dem seiner vergeßlichen Mitbürger gleichkommt, nur, daß es sich nicht gegen den Menschen und die Natur im allgemeinen richtet, sondern allein auf alle diejenigen Wesen sich konzentriert, die die andern beherrschen oder bedrohen, ein wunderlicher Anti-Darwin, der in den Kampf ums Dasein eingreifen und den schwachen Arten zum Sieg verhelfen will. Zu letzteren rechnet er die Arbeiter und die Bauern, die er in den von Michelet zu Recht gerühmten Abschnitten über die Lerche, die Schwalbe, den Dompfaff und das Rotkehlchen seiner unbedingten Solidarität in ihrem Widerstand gegen die Mächtigen versichert (ein Motiv, das in Baudelaires *Cygne* kritisch reflektiert wird). Toussenel wäre das Muster eines engagierten Autors, der Prototyp des in den finstersten Jahren des neuen Kaiserreichs auf die jüngste Vergangenheit zurückkommenden Schriftstellers, ohne den Makel seines Antisemitismus, an dem zwar Leser wie Michelet, Baudelaire, Vallès oder Mallarmé weiter keinen Anstoß nahmen – zumindest Michelet war selbst ein Antisemit –, über den man aber heute schlechterdings nicht mehr, wie noch Benjamin in den Notizen zum

Passagen-Werk es tat[133], hinwegzusehen vermag. Dieser Pazifist, der für allgemeine Abrüstung, für einseitige Abrüstung Frankreichs ohne jede Vorleistung der anderen Großmächte eintritt[134] –, dieser Vorkämpfer der Frauenbewegung, der seine Zoologie mit dem Satz eröffnet: »Ein einziges Gesetz beherrscht das Universum: das Gesetz der Liebe«[135], dieser frühe Ökologe, der so vehement gegen das protestiert, was heute Umweltverschmutzung heißt, dieser vogelnärrische Don Quichotte hat vor die Erfüllung der Sehnsucht nach Harmonie die Pflicht zur Ausrottung all jener gestellt, die ihr gefährlich werden könnten. Die Folgerungen, die er aus den Erfahrungen der jüngsten Geschichte zieht, sind von schauerlicher Simplizität: wie im Tierreich gibt es auch in der Gesellschaft Ungeziefer und dieses muß in jedem Falle ausgemerzt werden. *Des Bêtes à détruire (Über Tiere, die vernichtet werden müssen)* ist das Schlußkapitel einer späteren Auflage seiner *Mammifères de France* überschrieben[136], und wenn man erst einmal mit seinen Analogien vertraut ist, weiß man, daß obenan auf der Liste dieser Bestien der Bourgeois, der Spitzel und der Jude zu stehen kämen. Seine Einteilung der Welt ist auf infantile Weise militant: Zur Harmonie gehören alle unschuldigen Lebewesen, viele Singvögel, jedoch beileibe nicht alle, Haustiere, Pflanzenfresser, Bauern und Arbeiter; zum Chaos, sei es der Barbarei, sei es der Zivilisation, gehören die Parasiten und das Raubzeug aller Reiche, vom Maulwurf bis hinauf zum Bankier. Hier die Geschöpfe des lieben Gottes, da die reine Satansbrut. Unheimlicherweise bleibt Toussenel der ergötzliche Humorist selbst dann noch, wenn er zum Kreuzzug gegen seine Teufelsbestien aufruft. Wiederholte Versicherungen wie die, daß er, wenn es je zur Abstimmung über die Ausrottung dieser oder jener Schädlingsart kommen sollte, ganz gewiß beidhändig dafür stimmen werde, könnten fast über die Tragweite von Toussenels makabrem Programm hinwegtäuschen und es zum Gegenstand des Amüsements machen. Doch was einmal wie eine harmlose Marotte ausgesehen haben mag, unverbindlich wie Baudelaires gleichgerichtete Notiz die hübsche Verschwörung zwecks Ausrottung der jüdischen Rasse betreffend, erscheint inzwischen in einem ganz anderen Licht. »Eine jede Epoche erträumt sich die folgende«, sagt Michelet. Die »Endlösung« der Nazis spukt schon um die Mitte des letzten Jahrhunderts in den Köpfen.[137] Schon der Juni 48 selbst – und hierin dürfte *ein* Grund seiner Anziehungskraft auf einen Intellektuellen wie

Sartre zu suchen sein – weist atmosphärische Analogien zum Verlauf der Judenverfolgung im Dritten Reich auf, wie Sartre im *Idiot de la famille* es verschiedentlich andeutet: etwa, wenn er die Junimassaker einen mit der Komplizität aller verübten und mit der Billigung aller verschwiegenen sozialen Genozid nennt.[138] Aber gerade dies, daß sie sich als reiner Klassenkampf begreifen läßt, daß der Haß, der in ihr zum Ausbruch kam, in einen verwerflichen – den der bürgerlichen Henker – und einen berechtigten – den der proletarischen Opfer – unterteilt werden kann (und mit dieser Deutung steht Sartre in der marxistischen Tradition), verleiht der Junigeschichte einen welthistorischen Sinn, macht sie zum Paradigma, zum Demonstrationsobjekt eines Denkens, das der Bourgeoisie den Dienst aufkündigen und sich in den des Proletariats stellen will. Sartres Groll gegen Autoren wie Flaubert und Baudelaire beruht darauf, daß diese – so wie er sie versteht – sich zu dem entscheidenden Schritt nicht entschließen konnten, daß sie den Bourgeois zwar weidlich verachtet, aber gegen dessen, in den Junimassakern gipfelnde, Praxis weiter keine Einwände erhoben hätten, daß sie im Gegenteil durch ihre eigene diffuse Misanthropie zu objektiven Verbündeten der herrschenden Klasse geworden seien. Toussenel, nach dem Februar 48 Mitglied der unter dem Vorsitz Louis Blancs im Palais du Luxembourg tagenden Kommission, die die Rechte der Arbeiter in der Republik festlegen wollte, tut diesen Schritt in eigentlich unmißverständlicher Weise, er wäre der ideale Hasser im Sinne Sartres – haßt er doch alle Gruppen, denen eine Mitschuld an der Reaktion von 1848 zukommt: das Großkapital, die Bourgeoisie, das Kleinbürgertum, die Armee, den Klerus, den neuen Empereur –, nur, daß er nicht davon abzubringen ist, die Thesen des Buches fallenzulassen, dem er seine Zelebrität verdankte: *Les Juifs, rois de l'époque (Die Juden, die Könige unseres Zeitalters)* (1844). Dessen letzte Weisheit lag in dem Schlußappell ans Volk, die Schacherjuden bis aufs Blut zu bekriegen: »Tod dem Parasitentum! Krieg den Juden! So lautet die Losung der neuen Revolution!«[139] Der Ornithologe des Zweiten Kaiserreichs führt seinen Feldzug gegen die Juden in seinem von Auflage zu Auflage anschwellenden Kapitel über den Geier fort, stolz auf seinen Fanatismus und ihn für ein Mittel der Erkenntnis ausgebend: »Shylock! Shylock! An meinem Haß erkenne ich dich (...)!«[140] Zwar verteidigt Toussenel die Modernisierung und Verschönerung von Paris unter Hinweis auf die hygienische Funktion des Geiers (das Monopolkapital hat also eine Rolle im göttlichen Heilsplan), doch erinnert er gleichzeitig daran, daß der Geier Shylock der ewige Feind des Volkes und der Hauptverantwortliche aller Gegenrevolutionen sei: »er erdrosselt die Aufständischen mit der Schnur seiner Börse«.[141] Toussenel versucht, der Verdrängung der Junimassaker nicht zuletzt dadurch entgegenzuarbeiten, daß er eine Art Endlösung propagiert, die letztlich eine der Judenfrage ist. Das erklärt, daß er zur Zeit der Dreyfus-Affäre und im Vichy-Frankreich eine gewisse Renaissance erlebte, und sicher ist er nicht zu Unrecht als Pionier des »französischen Nationalsozialismus«, ein Vorläufer selbst Rosenbergs und Hitlers gepriesen worden.[142] Doch eben deshalb verfällt sein Werk einer neuerlichen Verdrängung: Die öffentliche Wißbegierde hinsichtlich der historischen Beziehung zwischen Sozialismus und Faschismus bzw. Antisemitismus hält sich in Grenzen. Daß Michelet, Fourier, Proudhon Antisemiten waren, ist zwar bekannt, aber die Frage, inwieweit der Rassismus ihre Theorie insgesamt tangiert, wurde meines Wissens noch kaum ernstlich behandelt.

Sartre wirft den Schriftstellern nach 1850 vor, sie seien nicht in der gehörigen Weise antibourgeois gewesen und hätten die Bourgeois nur als Spießer, statt als ausbeutende Klasse gehaßt. An Figuren wie Toussenel, wie Hiob-Castille oder Ernest Cœurderoy, der allerdings ein schwärmerischer Verehrer der Juden war, erweist sich, daß auch der engagierte Klassenhaß, selbst der von unten, so unproblematisch nicht ist, daß er, nicht anders als der Haß des Bourgeois gegen den Arbeiter, leicht rassistische Züge trägt und aus einem profunden rassistischen Reservoir gespeist wird, dessen Vorhandensein nicht bei jedermann so sehr ins Auge springt wie beim Verfasser des *Esprit des Bêtes,* der den Eindruck erweckt, als sei sein sozialer Haß nicht etwa durch die Junimassaker bedingt, sondern als habe eine immer schon wache Haßbereitschaft in den Mördern des Juni, nicht anders als in Elstern, Kuckucken, Truthähnen, Meisen, Juden, Engländern oder Arabern – denn auch auf die letzteren ist er nicht gut zu sprechen –, die mehr oder minder beliebigen Objekte für einen ausschweifenden, recht eigentlich blindwütigen, Haß gesucht und gefunden. (Übrigens berichtet er verschiedentlich von grausamen kindlichen Tierquälereien, die er allem Anschein nach als Erwachsener weiterbetrieb, und zeitlebens ist er ein passionierter Jäger gewesen. Bezeichnend, daß in den vielen in seine Bücher eingestreuten

Kindheitserinnerungen nie von seinen Eltern die Rede ist.) Nun ist der Manichäismus keine Privateigenheit gerade dieses Schriftstellers: er charakterisiert die Männer von 1848 insgesamt, unabhängig von ihren politischen Überzeugungen, und dies nicht erst infolge der Junimassaker. Das Wort *Extermination* ist darum das geheime Losungswort der Epoche, das mächtiger wirkt als die hochherzigen Devisen des Februar. Wenn man, wie Sartre, von Menschen des Hasses spricht, sollte man die Definition auf alle die ausdehnen, die bereit sind, einen Teil der Menschheit (den sie als den Urheber alles Bösen ansehen) dem Untergang zu weihen, um ihren besseren Teil zu retten. Da diese Bereitschaft sowohl bei den konservativen als auch bei den revolutionären Kräften der Julimonarchie vorhanden gewesen war, konnte es, in der zugespitzten ökonomischen Situation des Frühsommers 48, zu dem angeblichen Rückfall in finsterste Barbarei kommen. An der kollektiven Verdrängung der Massaker aber, die deren Wiederholung möglich machte, waren auch solche Autoren beteiligt, die das Schweigen über den Juni einzig und allein zu polemischen Zwecken brachen und die, in ihrer berechtigten Empörung über die Handlungsweise der Reaktion, sich selbst, die eigene Partei und das Volk über jegliche Kritik erhaben dünkten, die also die Opfer und ihre Sympathisanten zu etwas Sakrosanktem erklärten. Toussenels Vogelkunde ist ein besonders grelles Beispiel dieser Form demagogischen Agierens für die gute Sache. Es ist, als seien in diesem wunderlichen Vogelfreund die beiden Elemente des 48er Sozialismus vereinigt, die Flaubert in der *Education* auf die gegensätzlichen, aber komplementären Figuren Dussardiers und Sénécals verteilt hat: glühender, naiver Enthusiasmus einerseits, terroristischer Fanatismus andererseits, letzterer allerdings in sehr viel geringerer Dosis. Dank Toussenels schriftstellerischem Temperament ist diese Synthese literarisch reizvoll, und das Entzücken über »den geistreichsten unter den sozialistischen Schriftstellern«[143] (Proudhon) noch immer verständlich. Dennoch kann man heute, gerade als Deutscher, die Vogelutopien dieses fanatischen Wiedergutmachers und charmanten Agitators nicht lesen, ohne zu schaudern.

III. Das Unglück des Wissens: Alexander Herzen

Wie schwer fällt mir zu sehen, was *vor meinen Augen liegt,*

Ludwig Wittgenstein,
Vermischte Bemerkungen (1940)

Der russische Jeremias auf den Barrikaden des Juni

Die vielleicht pathetischsten literarischen Zeugnisse der Wirkung des Blutbades vom Juni 48 stammen aus der Feder eines Russen. Ihr Verfasser, Alexander Herzen, der natürliche Sohn eines reichen Moskauer Adligen und seiner deutschen Geliebten, wurde durch das, was er im Sommer 48 in Paris mitansehen mußte – im Vorjahr war er mit Frau und Kindern dort eingetroffen und hatte sich, bitter enttäuscht vom orleanistischen Juste-Milieu, nach Italien begeben, erst Anfang Mai 48 war er wieder in Paris zurück – in seinem Lebensnerv getroffen. Der Juni bedeutet einen tiefen Einschnitt auch im Werk des damals Sechsunddreißigjährigen, der zu den führenden Köpfen im Kreis der Moskauer Westler gehörte und bei seinen Landsleuten bereits in hohem politisch-literarischen Ansehen stand: Von daher, so wenigstens will es ihm selbst vorkommen, datiert bei ihm ein grundlegender Wandel in seiner Schreibweise und in seiner Einstellung zum Leben und zur Geschichte. Alles, was Herzen nach dem Juni 48 schreibt, steht direkt oder indirekt unter dem Eindruck seines Juni-Erlebnisses, das, da es mit einer privaten Katastrophe einherging, doppelt traumatisch auf ihn wirkte. Während andere europäische Revolutionäre unverzüglich die dialektischen und praktischen Konsequenzen aus der Juniniederlage ziehen, bleibt Herzen lange Zeit außerstande, seine leidenschaftliche Betroffenheit in eine irgendwie kohärente Theorie oder politische Handlungsanweisung zu verwandeln, wie sehr er sich immer darum bemüht. Doch gerade aus diesem Unvermögen, aus seiner manischen Besessenheit von den Bildern und Stimmungen jener Epoche, in der ein welt- und ein lebensgeschichtliches Verhängnis über ihn hereinbrach, entsteht das unverwechselbare Pathos von Herzens 48er Literatur, ergibt sich der Eindruck von Unmittelbarkeit und Authentizität, dank welchem längst vergessene Schrecken noch aus großer historischer Entfernung nachfühlbar werden. Zu einer kühleren Betrachtung der

Dinge gelangt Herzen erst ein Jahr vor seinem Tod in den *Briefen an einen alten Freund* (1869), die man sein theoretisches Testament genannt hat. Ein trockenes, artiges Testament, worin er dem ewigen Empörer Bakunin mit der Ansicht entgegentritt, die Leidenschaft der Zerstörung, die auch ihn einmal gepackt habe: im Juni 48, angesichts der Leichen der Insurgenten und der zerschossenen Fassaden der Faubourgs, bringe die Menschheit niemals entscheidend voran, wahrer gesellschaftlicher Fortschritt sei auf die Dauer nur durch Propaganda und Aufklärung möglich, nicht durch die gewaltsame Bekämpfung der herrschenden Klasse.[144] Doch dieser letzte Juni-Text Herzens besitzt allenfalls noch ein ideologiegeschichtliches Interesse, literarhistorisch gesehen ist er belanglos. Anders die Schriften, auf die wir uns nun konzentrieren wollen und die seinen eigentlichen Beitrag zur Aufarbeitung des Juni darstellen: zum einen die während des Niedergangs der europäischen Revolutionsbewegung entstandenen beiden Bücher, mit welchen er 1850 an die westliche Öffentlichkeit tritt – *Vom anderen Ufer* und die *Briefe aus Italien und Frankreich* –, zum anderen das große Memoirenwerk *Byloe i dumy, (Erlebtes und Gedachtes*[145]), das zwischen 1852 und 1867 geschrieben wurde und von dem uns vor allem der Fünfte Teil, um dessentwillen Herzen das Ganze überhaupt nur in Angriff genommen hatte, beschäftigen soll. Dieser Fünfte Teil nämlich betrifft den Zeitraum von 1847 und 1852, in dem Herzen die Verflochtenheit seiner persönlichen Tragödie mit der politischen Europas zu demonstrieren versucht; er entstand im wesentlichen zwischen 1853 und 1858, wurde aber vollständig, d.h. die persönliche Beichte inbegriffen, erst zu Anfang dieses Jahrhunderts veröffentlicht.

Es ist nicht bloß eine Ironie der Wirkungsgeschichte, sondern gehört zur Geschichte der Verdrängung der Massaker selber, daß Herzen, der wenn nicht bedeutendste, so doch pathetischste Juni-Autor, der neben Tocqueville und Hugo, die ja für die Ordnungspartei Stellung nehmen, wichtigste literarische Augenzeuge der Pariser Vorgänge des Sommers 48, als Juni-Autor niemals auch nur in den Gesichtskreis des französischen Publikums getreten ist. Seine Hauptwerke erschienen zu seinen Lebzeiten nicht in französischer Sprache, erst 1870 und 1871 brachten seine Kinder in Genf eine, in jeder Beziehung stümperhafte, französische Übersetzung der beiden 1850 bei Hoffmann und Campe erschienenen Bücher heraus, die jedoch in Frankreich selbst keinerlei Aufsehen erregte,

Alexander Herzen

obwohl der Zeitpunkt der Herausgabe eine gewisse Resonanz zu garantieren schien.[146] Die erste französische Ausgabe von Herzens Erinnerungen erschien wiederum hundert Jahre später, von 1971 an, wiederum in der welschen Schweiz.[147] Dabei war Herzen im Paris der Zweiten Republik und des Second Empire durchaus kein

Unbekannter gewesen, obwohl er während der Dauer seines Frankreich-Aufenthaltes hauptsächlich mit den dort lebenden russischen Exilanten (Bakunin, Sasanow, Annenkow, Turgenjew) verkehrt und sich nur mit einem Ausländer, dem Deutschen Georg Herwegh, wirklich angefreundet hatte. Doch hatte er an Proudhons Tageszeitung *La Voix du Peuple*, die nur dank seiner Zuwendungen die Kautionshürde hatte nehmen können, mitgearbeitet und die vielbeachtete Polemik gegen den neuen Säulenheiligen der Ordnungspartei in Europa, Donoso Cortés beigesteuert; seine Schriften über die Entwicklung der revolutionären Ideen in Rußland ebenso wie die zu Beginn des Krimkrieges in der *Revue des Deux Mondes* abgedruckten Auszüge aus dem Zweiten Teil seiner Memoiren, in denen er der vier Jahre gedenkt, die er als junger Gegner des zaristischen Regimes in Gefängnis und Verbannung verbracht hatte[148], verschafften ihm auch in Frankreich Anerkennung; man respektierte ihn als den berufenen Sprecher der russischen Revolution im Westen, als Schilderer und Kritiker französischer Zustände dagegen fand er wenig oder gar kein Gehör. Und obwohl die einschlägigen Texte in jüngster Zeit auch dem französischen Publikum zugänglich gemacht worden sind, wird seine Literatur noch immer nicht in den Zusammenhang der Geschichte und der Geistesgeschichte von 1848 einbezogen.

In Deutschland, wo *Vom anderen Ufer* und die *Briefe aus Italien und Frankreich* 1850 im Verlag Heinrich Heines erschienen waren – wobei der Verfasser weder mit seinem Namen noch mit seinem Pseudonym Iscander gezeichnet, sondern bloß seine Nationalität preisgegeben hatte: »Von einem Russen« –, war Herzen mehr Erfolg beschieden; seine beiden Bücher, die trotz ihrem zuweilen unbeholfenen Deutsch den großen Stilisten ahnen lassen[149], stießen auf waches Interesse, und dies nicht nur beim bürgerlichen Publikum. Malwida von Meysenbug, die später die Erzieherin seiner Waisen und seine Übersetzerin werden sollte, erzählt in den *Memoiren einer Idealistin*, daß sie den Anstoß zur Lektüre Herzens einem lesenden Hamburger Arbeiter verdanke, der ihr eines Tages *Vom anderen Ufer* mit der Bemerkung überreicht habe: »Der das geschrieben hat, ist auch einer von den Unseren.«[150] Das Aufsehen, das die beiden Bücher des bis dahin unbekannten Autors damals erregt hatten, war so groß, daß sein Verleger Campe noch Mitte der fünfziger Jahre an Malwida schreiben konnte: »Alles was Sie von Herzen übersetzen, nehme ich unbedingt an, denn er hat sich das Bürgerrecht in der deutschen Literatur erworben.«[151] Aber nach und nach ist Herzen aus dem Bewußtsein der deutschen literarischen Öffentlichkeit verschwunden, obwohl auf Malwidas erste unvollständige Übersetzung der Erinnerungen[152] weitere folgten, von denen die von Otto Buek (1907, ²1931) – die Franz Kafka, von dem die vielleicht prägnanteste Kurzcharakteristik Herzens stammt, gelesen hat[153] –, die vergleichsweise größte Verbreitung fand. Seit 1962 liegt in der DDR die erste vollständige Übersetzung von *Byloe i dumy* mit dem Titel *Mein Leben. Memoiren und Reflexionen* vor, deren auf 1848 bezügliche Abschnitte, mit Ausnahme des *Ein Familiendrama* überschriebenen, Hans Magnus Enzensberger 1977 den Lesern in der Bundesrepublik zugänglich gemacht hat.[154] *Vom anderen Ufer* war bereits 1969 in der Reihe *Passagen* des Rogner & Bernhard Verlags neu herausgebracht worden, wobei der Herausgeber Axel Matthes nicht den Text der deutschen Erstausgabe, sondern den erheblich überarbeiteten und erweiterten der letzten vom Autor selbst besorgten russischen Ausgabe zugrunde gelegt hat.[155] Die *Briefe aus Italien und Frankreich* hingegen harren seit bald 140 Jahren einer deutschen Neuauflage. Zur Erschließung der ursprünglich publizistischen Texte Herzens bedarf es einer gewissen Kenntnis des geschichtlichen Hintergrundes, auf den sie sich beziehen. Die Herzen-Forschung hat das Ihrige getan, diesen Hintergrund zu verwischen, jedenfalls was die Revolution von 1848 anbelangt. Martin Malia wendet in seiner klassischen Herzen-Monographie viel Scharfsinn auf, um Herzen zu widerlegen und nachzuweisen, daß nicht 1848, sondern 1847 das für Herzen entscheidende Jahr gewesen sei: Nicht durch die Erfahrungen des Scheiterns der Revolution, sondern durch den Schock, den das korrupte Paris des Bürgerkönigs Louis-Philippe dem Neueingetroffenen verursacht habe, sei dessen Enthusiasmus für den Westen zusammengebrochen, und alle seine theoretischen Optionen seien als das Ergebnis der Verarbeitung jener ersten Desillusion anzusehen.[156] Diese These, der Isaiah Berlin zustimmt[157], bietet freilich den Vorteil, einer systematischen Verharmlosung von Herzens Gesellschaftskritik Vorschub zu leisten, was offensichtlich auch der Intention Malias entspricht.[158] Gewiß bedeutete die erste Berührung mit Paris bereits eine herbe Enttäuschung für Herzen, gewiß keimten schon infolge dieser ersten Ernüchterung manche der Ideen an ihm auf, mit denen er später hervorgetreten ist, das ändert jedoch nichts an der Tatsache, daß jene Ideen erst durch das Erlebnis der Junitage die Gestalt erhielten, die den Ruf und die europäische Wirkung Herzens begründeten. Wer, um die Geltung von Herzens 48er Literatur anzuzweifeln, behauptet, sie sei im wesentlichen schon ein Jahr früher konzipiert gewesen, macht es sich entschieden zu leicht.

Das Paris des Bürgerkönigtums war für Herzen, der dort nach Zerwürfnissen mit den Moskauer Freunden ein neues Leben zu finden gehofft und der die Stadt mit derselben Ehrfurcht betreten hatte, wie die Lieblingsautoren seiner Jugend Anacharsis Cloots und Heine, eine herbe Enttäuschung. Doch nachdem er ihm bereits den Rücken gekehrt und sich nach Italien begeben hatte, verwandelte sich Paris mit einem Schlag – dem unverhofften der Februarrevolution – wieder in jene heilige Stadt, die er ursprünglich anzutreffen gewähnt hatte und wohin er nun ein zweites Mal aufbrach. Anfang Mai 48 trifft er in Paris ein und muß feststellen, daß die kaum gegründete Republik schon wieder in Bedrängnis ist: in der neugewählten Nationalversammlung drängen sich die Spießbürger der Provinz, in Rouen und Elbeuf ist es zu Massakern an Arbeitern gekommen, die von der Majorität der Volksvertreter gutgeheißen werden. Die erste *journée*, deren Augenzeuge Herzen wird, ist die des 15. Mai. Der Artikel, in dem Herzen diesen Tag beschreibt, hat schon ganz die Stimmung seiner Juni-Texte. Der 15. Mai öffnet ihm die Augen, er sieht die Unversöhnlichkeit von Volk und Bourgeoisie, die Zwangsläufigkeit, mit welcher die Republik auf den Bürgerkrieg zutreibt und die Fatalität einer blutigen Niederlage des Volkes. Wenn man Herzens Datierungen Glauben schenken darf, so hat er diesen Artikel am 10. Juni geschrieben; der Tonfall jedenfalls ist der lähmenden Entsetzens angesichts der hereinbrechenden Katastrophe. Die besondere Eindringlichkeit von Herzens Juni-Literatur rührt daher, daß aus jeder Zeile zugleich das starre Entsetzen wie auch eine unfreiwillige heimliche Komplizität mit dem Verhängnis, gegen das er anzudenken versucht, spricht. Im Gegensatz zu den Führern der revolutionären Bewegung oder zu Autoren wie Heinrich Heine, die stets eine ironische oder kämpferische Distanz bewahren, wenn sie über die Rückschläge und Niederlagen ihrer Partei schreiben, ist Herzen, der durchs zerrissene Paris flanierende Sympathisant der Besiegten, förmlich medusiert von den sich ihm bietenden Bildern des Grauens. Am 27. Juli und am 1. August verfaßt er zwei Texte – *Nach dem Gewitter* –, die einzig dastehen unter den Augenzeugenberichten des Juni. Sie bilden den Mittelpunkt, um den die anderen Abschnitte von *Vom anderen Ufer* angeordnet sind.[159] Bei aller Intensität etwa der Aufzeichnungen Victor Hugos, der Erinnerungen Tocquevilles oder Molènes, erscheinen dort die Eindrücke der Junitage immer bloß als Merkwürdigkeiten, die zwar die Atmosphäre eines ausnehmend kritischen, doch ephemeren historischen Augenblicks, der seinerseits für die Verfasser eine Kuriosität der Weltgeschichte darstellt, kennzeichnet, nicht jedoch die Wahrheit einer Epoche. Für Herzen entwertet, was er damals erlebte, sowohl die Idee von Paris als auch die des Jahrhunderts. Das Blut der Arbeiter, von dem andere nicht viel Aufhebens machen, ist in Herzens Auge ein unaustilgbares Stigma für Paris, für Frankreich, für Europa insgesamt. Die Seiten, auf denen er schildert, wie er am Nachmittag des 23. Juni, als beide Parteien sich auf den Ausbruch der Entscheidungsschlacht vorbereiteten, ein letztes Mal die Stadt durchwandert, zum Hôtel de Ville hinunter, vorbei an Kolonnen finsterer Nationalgardisten und dann über den Pont-Neuf aufs linke Seine-Ufer, wo Arbeiter und Studenten Barrikaden aufwerfen, ihre Fahne aufpflanzen und hinter den Pflastersteinen verborgen die Marseillaise anstimmen, das alles begleitet vom Grollen eines Gewitters, vom Klang der Sturmglocke, »mit dem der betrogene Proletarier noch einmal seine Brüder von der Höhe des Turmes St.-Sulpice zu den Waffen rief«, wie es in der deutschen Version von 1850 heißt[160], gehören zu den eindrucksvollsten der Achtundvierziger- und der Paris-Literatur überhaupt, nicht zuletzt deshalb, weil Herzens eigene Seelenverfassung in den Text eingeht: »Ich hörte den Donner, das Sturmgeläut und konnte mich nicht satt sehen an dem Panorama von Paris – als nähme ich Abschied von ihm. Ich habe Paris in diesem Augenblick heiß geliebt; es war der letzte Tribut an die große Stadt: nach den Junitagen ist sie mir widerwärtig geworden.«[161] Bei Ménard, der gewissenhaft alle ihm bekannt gewordenen Greueltaten der Juni-Bourgeoisie und ihrer Hilfstruppen verzeichnet, findet sich keine Beschreibung, die der vergleichbar wäre, worin Herzen seiner und seiner Freunde Reaktion beim Geräusch der Gewehrsalven gedenkt, die darauf schließen lassen, daß Massaker im Gange sind: »Am Abend des 26. Juni (...) hörten wir regelmäßige Salven in geringen Abständen ... Wir alle blickten einander an, alle hatten grüne Gesichter ... ›Das sind doch Erschießungen‹, sagten wir wie mit *einer* Stimme und wandten uns voneinander ab.«[162] Die Wirkung dieser Prosa beruht darauf, daß ihr Verfasser keine andere Absicht mit ihr verfolgt als die, sich von dem Druck des Erlebten zu befreien, daß er nicht als der Wissende, Richtende, Anklagende, Agitierende auftritt, sondern als ein Verstörter, ja Verzweifelter, ohnmächtig Hassender. Daß er vorausschickt, er sei außerstande, die Junitage zu erklären oder auch nur zu beschreiben, spricht für seine intellektuelle Redlichkeit. Statt für die damals populäre Gattung der lückenlosen Erzählung, des *Récit complet des Evénements,* entscheidet sich Herzen, ähnlich wie später der Romancier Flaubert, für das suggestive Evozieren unvermittelter Erinnerungsfetzen: »Noch *dröhnen* in den Ohren die Schüsse, das Getrappel dahinjagender Kavallerie, der schwere dumpfe Laut der Lafettenräder auf den toten Straßen; in der Erinnerung blitzen Einzelheiten auf: ein Verwundeter auf der Bahre preßt die Hand in die Seite und ein paar Tropfen Blut fließen an ihr nieder; Omnibusse, mit Leichen angefüllt, Gefangene mit gefesselten Händen, Kanonen auf der Place de la Bastille, ein Heerlager an der Porte Saint-Denis, auf den Elysäischen Feldern, und das düstere nächtliche ›Sentinelle, prenez garde à vous!‹ Wie soll man da beschreiben! Das Gehirn ist zu erhitzt, das Blut brennt zu sehr.«[163] Spröde und aller Sentimentalität abhold, stimmt Herzen ein Klagelied auf die »schrecklichen, abscheulichen Junitage« an und bringt den Mut auf, von dem Weinen zu sprechen, das nach diesen Tagen »aus (s)einer Seele gebrochen« sei.[164] Prompt wurde er dafür als ein russischer Jeremias, der auf den Junibarrikaden weine, verspottet[165]: Zeichen dessen, daß die Trauerarbeit, zu der Herzen einlud, von der konservativen Gesellschaft als Zumutung zurückgewiesen wurde. Denn anders als etwa Pierre Dupont, der seine Totenklage über den Juni gleichfalls mit einer Allegorie der besiegten Republik eröffnet – wobei Herzens Porträt der Rachel sehr viel hintergründiger ist als die statisch konventionelle Allegorie des Liedersängers –, fordert Herzen von den Siegern nicht irgendwelche Gesten der Versöhnung, sondern gänzliche Umkehr: »Tut Buße, ihr Herren, tut Buße! Die Stunde des Gerichts über unsere Welt hat geschlagen!«[166] Gleichzeitig aber macht sich dieser Strafprediger des Nach-Juni zum Sprachrohr der besinnungslosen Empörung und ruft mit einem Radikalismus, der an gewisse Texte Proudhons, Baudelaires oder gar Cœurderoys erinnert, nach einer *politique du pire*: »es genügt, daß in diesem entfesselten Taumel von Tollwut, Rache, Zwist, Vergeltung eine Welt zugrunde geht, die den neuen Menschen beengt, (...) und deshalb: Es lebe das Chaos und die Zerstörung! Vive la mort! Und auf den Sieg des Kommenden!«[167] Solche Devisen klingen wie ein Widerhall des Verzweiflungsschreis der Aufständischen selber, sind Solidaritätsbekundung mehr als klares politisches Programm, und im Verlauf seines Nachdenkens über den Juni wird Herzen immer weiter von ihnen abrücken, bis er schließlich in der Absage an Bakunin jede Form von Gewalt und Bilderstürmerei verurteilt und für eine allmähliche Revolution in den Köpfen plädiert: »Nein, große Umwälzungen vollbringt man nicht durch die Entfesselung der schlimmen Leidenschaften (...). Wir bedürfen der Apostel früher als der Vorhutoffiziere und der Sprengpioniere – wir brauchen Apostel, die sich nicht nur an ihre Anhänger, sondern auch an den Gegner wenden (...). Man muß ihnen die Augen öffnen, nicht aber sie ausrotten.«[167a] An den Gegner wendet sich Herzen auch schon um 1848, doch sieht er vorerst noch keine Unvereinbarkeit zwischen der Rolle des Apostels und der des Sprengpioniers. Um die Jahrhundertmitte ist Herzen beides in einem, und außerdem noch – ein Flagellant der Revolution.

»Ein Familiendrama«: Herzens »Education sentimentale«

Herzen hat wiederholt betont, daß die Junitage ihn in seinem tiefsten Wesen getroffen haben; das Blut jener Tage, sagt er einmal, sei ihm in Hirn und Nerven eingedrungen.[168] Doch solange der private Teil seiner 48er Memoiren nicht veröffentlicht war – die postume Publikation erfolgte erst 1919 – mußte seine Lebensbeichte mysteriös bleiben und befremdlich das Geheimnistuerische, womit ihr Autor sich in Andeutungen über ein schreckliches Erlebnis erging, das zu gegebener Zeit enthüllt werden würde. Die vielen Vor- und Nachworte, die Herzen in seine Erinnerungen einschaltet, sind die besten Beispiele seiner Technik der narrativen Vertröstung, die sich im Lauf der Arbeit zusehends perfektioniert, auch deshalb, weil Herzen von einem gewissen Zeitpunkt an seiner Sache sicher ist: das Buch, das er vorher immer nur versprochen hatte, vor allem sich selber, liegt nunmehr wirklich vor ihm. Dieses zuerst als Plan, später als Manuskript gehätschelte Buch, das er dem Leser immer zugleich zeigt und vorenthält – »Die Zeit ist ja nicht mehr weit, wo man nicht nur die ausgelassenen Seiten und Kapitel drucken wird, sondern auch einen ganzen Band, den, der mir am liebsten ist...«[169] – birgt Herzens kostbarste 48er Erfahrung in sich: die Erfahrung einer innigen Correspondance zwischen dem Öffentlichen und dem Privaten. Ursprünglich hatte jener ihm liebste Band sich unmittelbar an die Erzählung der Geschichte der Gegenrevolution von 1848 anschließen und dieser schon durch den Titel klar zugeordnet werden sollen: als *Inside* zur *Outside*. Der Titel *Ein Familiendrama*, für den Herzen sich schließlich entschied, verrät nichts mehr von der Entsprechung zwischen Einzelschicksal und Menschheitsgeschichte, welche ihm in der Doppelkatastrophe des Jahres 1848 offenbart wurde. Nur im Text selbst weist Herzen immer wieder darauf hin, daß zwischen dem, was ihm in seiner Familie widerfuhr und der gleichzeitigen Pariser Geschichte (die ja über das Schicksal Europas entschied) ein zwangsläufiger Zusammenhang besteht.

Herzens *Familiendrama* setzt mit dem Juni 48 ein und endet wenige Monate nach dem Staatsstreich Louis-Bonapartes. Sein äußerer Verlauf ist, kurz resümiert, der folgende: das Auftauchen des Dichters Herwegh im Pariser Hause Herzens, die Entstehung einer Freundschaft zwischen den beiden Männern, eine heimliche Romanze Herweghs mit Herzens Frau Natalie, Zerwürfnis und Versöhnung Alexanders mit Natalie, Hinauswurf des Ehepaars Herwegh aus dem Haus, das Herzen nach seiner Ausweisung in Nizza erworben hatte, Tod von Herzens Mutter und zweitem Sohn bei einem Schiffsunglück, briefliche Duell-Forderung Herweghs an Herzen, Erkrankung und Tod Natalies. Die Zeit der Handlung reicht vom Vorabend des Juni 48 bis zum Mai 52. Orte der Handlung sind Paris, Genf, Zürich, Marseille und Nizza.

Ganz wie in der *Education sentimentale* verlaufen die politischen und die erotischen Unglücksfälle auch bei Herzen verblüffend parallel. Allerdings wird in seinem Fall das Verhältnis von Leben und Geschichte dadurch erheblich kompliziert, daß Herzen nicht nur der Held seines »Dramas« oder Romans ist, sondern auch dessen Autor, ja mehr noch: daß er nicht nur Autor und Held eines »Familiendramas«, sondern zugleich Schilderer und Akteur des parallelen politischen Dramas ist. Wollte man den Vergleich mit der *Education* weiterspinnen, müßte man sagen, Herzen sei zugleich Flaubert und Frédéric wie Barbès und Dussardier, freilich ein Barbès/Dussardier, dessen revolutionäre Tat sich aufs Wort beschränkt. Dadurch erhält die strenge Correspondance des Politischen und des Privaten, deren nachträgliche Darstellung Herzen mit einer so schmerzlichen Genugtuung erfüllt, etwas Undurchsichtiges, zumindest Widersprüchliches; man muß sich fragen, ob hier nicht ein Wille zur Form- und Sinngebung am Werk war, der die Geschehnisse im nachhinein stilisiert, ja poetisiert hat, ob die gleiche ästhetische Verfahrensweise bei Herzen wirklich demselben kritisch-analytischen Zweck dient wie bei Flaubert, oder nicht wenigstens teilweise auch einem uneingestandenermaßen apologetischen. »Die traurige Geschichte, die sich in meinem Hause zugetragen hat, (...) stellt genau (...) den 24. Februar aller Nationen dar«[170], schreibt Herzen schon wenige Monate nach Natalies Tod an einen Freund, und 1855 formuliert er in den Memoiren selbst als allgemeines Gesetz: »Das, was wir auf der großen Bühne der staatspolitischen Ereignisse sehen, wiederholt sich mikroskopisch klein an jedem häuslichen Herd. Die bürgerliche Zersetzung ist bis in die verborgensten Winkel des Einzellebens und der Familie eingedrungen.«[171] Es ist Herzens Absicht, mit dieser seiner Erfahrung schriftstellerisch ernst zu machen und den bürgerlichen Mikrokosmos bis in seine geheimsten Winkel auszuleuchten, aber nicht mit Hilfe der Fiktion, sondern in Form einer Beichte des Selbsterlebten. Gehört zum *Verständnis* von Herzens Memoirenwerk die Einsicht in sein Kompositionsprinzip, mithin in die Unabtrennbarkeit der privaten Teile von den politischen, so hat dessen *Kritik* bei der Überprüfung seiner faktischen Stimmigkeit einzusetzen. Und hier befremdet zunächst die Tatsache, daß, obwohl sich Herzen einer selbstquälerischen Aufrichtigkeits-Disziplin unterwirft, dennoch im unklaren bleibt, was in jener Dreiecksgeschichte zwischen seiner Frau und Herwegh nun eigentlich vorgefallen ist. Obwohl Daten auch in diesem Teil seiner Erinnerungen eine wichtige Rolle spielen, wird hier, einschließlich des »Familiendramas«, in einer so sprunghaften Weise erzählt, daß es selbst bei mehrfacher Lektüre schwerfällt, die Chronologie der Ereignisse zu durchschauen, geschweige denn ihren genauen Hergang. Es bedarf schon eines sehr scharfen Hinsehens, um zu erkennen, wann Herwegh erstmals im Hause des Erzähles, der ihn bereits vor seiner Badener Blamage und vor der Februarrevolution bei Bakunin kennengelernt hatte, auftaucht. Denn nachdem in den *Westlichen Arabesken*, d. h. dem stärker geschichtlichen Teil der Juni-Erinnerungen, andeutungsweise von ihm die Rede gewesen war und er auch in den andern eingeschobenen Kapiteln verschiedentlich als Spukfigur des namenlosen Verräters beschworen worden war, läßt Herzen dann im *Familiendrama* die beiden um den Juni konstellierten Einleitungsabschnitte – *1848* und *Vorzeichen* – vergehen, ohne daß er sich dazu entschlösse, sich Herweghs von neuem zu erinnern. Er tut es schließlich mit einiger Feierlichkeit in dem dritten und letzten Abschnitt des langen ersten Kapitels, der *Fleckfieber* überschrieben ist und in dem Herwegh im Anschluß an den Bericht von einer schweren Krankheit der kleinen Tochter Herzens eingeführt wird, ohne Namensnennung zwar, aber mit einer bemerkenswerten Kennzeichnung seiner künftigen Bedeutung: »In dieser gespannten schweren Zeit der Heimsuchung erschien in unserem Kreise eine Persönlichkeit, die eine Reihe neuer Mißgeschicke mit sich brachte, die im privaten Leben noch mehr Unheil anrichtete, als die schwarzen Junitage im allgemeinen. Diese Persönlichkeit trat rasch an uns heran, drängte sich ein, ehe wir uns dessen versahen ...«[172] Überraschenderweise läßt der Verfasser den mühsam geknüpften Erzählfaden sogleich wieder fallen, um sich, scheinbar unvermittelt, erst einer Szene aus den Junitagen, die doch im Gang der Handlung bereits zurückliegen, zu erinnern, und danach eines Theaterbesuchs, der ebenfalls mit den Junitagen zusammenhängt, denn es geht um eine Aufführung des *Catilina*, in dem Alexandre Dumas den Junikampf mehr schlecht als recht antikisiert hatte.[173] Erst im folgenden Kapitel setzt Herzen neuerlich zu seiner »Erzählung aus der psychischen Pathologie«[174] an, diesmal in einem gänzlich anderen, satirischen Tonfall, und nun gelingt es ihm, sowohl den Namen seines odiosen Widersachers als auch den genauen Moment seines Auftretens preiszugeben: »Einige Tage vor dem 23. Juni 1848 fand ich, als ich abends nach Hause zurückkehrte, in meinem Zimmer eine unbekannte Person vor, die mir trübselig und verlegen entgegenkam.

›Was, Sie sind es?‹, sagte ich lachend und reichte ihm die Hand. ›Wie kann man nur? Sie sind nicht zu erkennen.‹ Das war Herwegh, rasiert, das Haar geschnitten, ohne Schnurrbart, ohne Bart.«[175] Nichts berührt seltsamer als die Enthüllung, daß dieser erste Auftritt des nach seinem Badener Abenteuer von den großen revolutionären Allüren geheilten Lyrikers nicht etwa auf die Zeit unmittelbar nach der Wahl Louis-Bonapartes zum Präsident fiel, wie man es nach dem Vorherigen annehmen mußte, sondern auf die Zeit »fast unmittelbar vor den Junitagen«, wie Herzen jetzt noch einmal wiederholt.[176] Erinnert man sich, daß der Autor betont hatte, Herwegh sei rasch an sie herangetreten, habe sich eingedrängt, ehe sie sich dessen versehen hätten, so liegt eine Erklärung für jene erste irreführende Assoziierung des Fleckfiebers mit dem Unglücksbringer Herwegh auf der Hand: die kleine Tata war erkrankt, *weil* ihre Mutter sich in Herwegh verliebt hatte und zumindest weil die Gefahr eines Zerwürfnisses zwischen ihren Eltern bestand. Womöglich ohne es sich einzugestehen, verwischt der Erzähler ein Kausalverhältnis, indem er es nicht nur als ein zeitliches darstellt, sondern überdies die Reihenfolge noch umkehrt. In Herzens *Familiendrama* geschieht das gleiche, was Flaubert ebenfalls an einem romanesken und historischen Wendepunkt der *Education* geschehen läßt: ein Kind erkrankt auf den Tod, weil seine Mutter einen Fremden liebt, es wird soeben noch einmal gerettet. (Bei Flaubert steht diese Episode am Vorabend der Revolution, bei Herzen ereignet sie sich zehn Monate später, am Vorabend der Präsidentenwahl.) Aber da Herzen Erzähler und Held zugleich ist, droht das Geschehen, wenn es für ihn peinlich wird, zu verschwimmen. Peinlich aber wäre es für ihn, Herwegh mit dem Juni zusammenzubringen, weshalb er bemüht ist, die Erinnerung an den Juni und die an Herwegh so gut es irgend geht auseinanderzuhalten. Denn Herwegh im Juni, das bedeutete die Präsenz eines lächerlichen *coup de foudre* am blutigen Horizont der Geschichte, in den sich Herzen mit der Gebärde des Propheten hineinstellt, Herwegh im Juni, das wäre das Ridiküle mitten im Sublimen, das Feixen und die Häme inmitten von Trauer und Verzweiflung, die Herabwürdigung der »logischen Beichte« aufs Niveau des Melodrams. Um der Gefahr der nachträglichen Diskreditierung seiner Juni-Prosa und des Herabstürzens aus der Stilhöhe der welthistorischen Tragödie zu entgehen – man erinnert sich, daß es damals schon genügte, den Aufstand unmöglich zu machen, indem man behauptete, er sei von schlechten Theaterstücken inspiriert –, korrigiert Herzen die Daten, verschweigt die sehr wahrscheinliche Anwesenheit Herweghs in seinem Haus während der Junitage und verbannt den kompromittierenden Hausfreund, der seinerseits keinerlei Juni-Texte hinterlassen hat, fürs erste an die Schwelle seines *Vom anderen Ufer*, dessen deutsche Erstauflage er mit einem Widmungsbrief *An Georg Herwegh* einleitet: »Von entgegengesetzten Seiten ausgehend, treffen wir in einem Punkte zusammen. Fremd zu Hause fanden wir ein gemeinsames

Terrain in der Fremde.«[177] Nach dem Tod Natalies ändert Herzen seine Strategie gründlich: Zum einen entschließt er sich zu einer fulminanten Konfession, unterbreitet, in einer an Michael Kohlhaas gemahnenden fixen Idee, daß seine Ehre und vor allem die der verstorbenen Gattin wiederhergestellt werden müsse, seinen Fall, der für ihn ausschließlich ein Fall Herwegh ist, den angesehensten Vertretern der Fortschrittspartei in Europa – unter ihnen Proudhon, Michelet, Mazzini, George Sand und selbst Richard Wagner[178] –, worauf er, da die Reaktionen der von ihm Angerufenen insgesamt nicht seinen Wünschen entsprechen, in seinen Memoiren zu einem Akt literarischer Selbstjustiz schreitet, zum andern unterdrückt er in der russischen Auflage von *Vom anderen Ufer* den Einleitungsbrief an Herwegh und widmet das Buch nunmehr seinem Sohn Alexander.[179] Verfolgt man Herzens verzweifeltes Bemühen, mit sich und dem Andenken an Natalie ins reine zu kommen, sieht man, wie er, in dem Bestreben, sich die Vorgeschichte ihres ehelichen Mißgeschicks zurechtzulegen, die Tote nicht nur zu einer Märtyrerin, sondern zu einer Art Schmerzensmutter der Juniopfer, zur allegorischen Figur, emporstilisiert – »Natalies lebhaftes Interesse für das Allgemeine war nicht abgekühlt, im Gegenteil, es war zu einem intensiven Schmerz geworden. Das war die Trübsal einer Schwester, das Wehklagen einer Mutter auf dem traurigen Felde einer soeben geschlagenen Schlacht. Bei ihr war tatsächlich vorhanden, was bei Rachel in ihrer »Marseillaise« nur erlogen war«[180] – wie er dabei unfreiwillig zu erkennen gibt, daß während der Junitage und vermutlich im Zusammenhang mit der Person Herweghs heftige Spannungen zwischen ihm und seiner Frau auftraten, daß diese, unter der Einförmigkeit ihrer Mutterrolle leidend, ihm vorgehalten haben dürfte, er verstünde es, politischen Kummer rasch in schöne Worte zu kleiden und sich aus jeder Trübsal in Literatur zu retten, wohingegen Herwegh, der sich ob seiner Schreibhemmungen bloß noch in »endlosen Klageliedern«[181] erging, einer Frau wie Natalie sich gerade durch seine Schwäche empfahl: dann fällt ein Zwielicht nicht nur auf den Memoirenschreiber Herzen, sondern rückwirkend auch auf den Propheten des *Anderen Ufers.* Der Verdacht, als habe Herzen lange Zeit einen Schmerz aufs Weltgeschichtliche projiziert, der eher häusliche Ursachen hatte, als habe er den Ton authentischen Mitgefühls mit den Besiegten nur deshalb so gut getroffen, weil er seinen Privatkummer für seine

Revolutions-Publizistik exploitierte, ist einzig darum so peinlich, weil Herzen ihm mit allen Mitteln zuvorkommen will. Diese Überschneidung hätte nichts Anrüchiges, wenn Herzen den Mut besäße, sie einzugestehen. Doch vor diesem Schritt schreckt er zurück, weil sein eigener Begriff von revolutionärer Authentizität auf einer säuberlichen Trennung des Politischen vom Privaten besteht. Weil es Sitte war, einen Revolutionär dadurch dem Gelächter preiszugeben, daß man ihm erotische, d. h. unlautere Motive unterstellte – noch Flaubert verfährt so mit seinem Frédéric, den er aus enttäuschter Liebe nach Umsturz rufen und als beglückten Liebhaber mit einem Achselzucken über die Emeute hinweggehen läßt – und weil kein lächerlicherer Freiheitskämpfer vorstellbar ist als ein frisch gehörnter Ehemann, sind der Aufrichtigkeit Herzens historische Grenzen gesetzt.

Mehr noch als in der *Education* muß man in *Byloe i dumy* zwischen den Zeilen lesen, um dem wirklichen Zusammenhang des Politischen und des Persönlichen auf den Grund zu kommen; nur ist es hier nicht, wie bei Flaubert, das bewußt Verschwiegene oder nur Angedeutete, das dem Leser auf die Sprünge hilft, sondern das unfreiwillig Zuviel-Gesagte. Erst in *Ein Familiendrama* berührt Herzen einen Vorfall, den er vorher nie erwähnt hatte: Daß es in den Junitagen einen Augenblick gegeben habe, wo er drauf und dran gewesen sei, sich den Aufständischen anzuschließen, nämlich als an der Barrikade der Place Maubert ein Arbeiter ihm, dem Zuschauer, ein Gewehr habe reichen wollen. Später, fügt er hinzu, habe er es bitter bereut, es nicht ergriffen zu haben. Vor lauter Bemühen, die Gleichzeitigkeit von Revolutions- und Familiendrama zu vertuschen, entschlüpft dem Memoirenschreiber das Geständnis, daß allein die Verzweiflung über Haus und Herd, der Ehekummer ihn dazu hätte bewegen können, auf die Barrikaden zu gehen.[182] Wäre Herzen dem Wink des Arbeiters gefolgt und dann womöglich ums Leben gekommen, so hätte er nicht Flauberts, sondern den Roman seines Freundes Turgenjew antizipiert. Dessen Dimitri Rudin nämlich, der einzige Romanheld der Weltliteratur, der zum Junikämpfer wird und als Junikämpfer fällt, ist nicht etwa, wie man behauptet hat, ein zweiter Bakunin, eher schon ein anderer Herzen, ein als Aufständischer verkleideter »überflüssiger Mensch«, der einer verpfuschten Literatenexistenz mit einer Verzweiflungstat ein Ziel setzt.[183] Nun ließ es Herzen an jenem Junitage vernünftigerweise nicht zum Äußersten kommen und optierte statt dessen für die »Barrikaden der Idee«, gegen die absurde Pointe eines unechten revolutionären Märtyrertodes. Was ihn vor andern intellektuellen Mitkämpfern auszeichnet, ist der moralistische Rigorismus, der keine Lüge duldet und selbst die eigene Partei, ja die eigene Person nicht verschont. Doch gerade weil sich Herzen exponiert wie kaum ein anderer, werden die Widersprüche und Grenzen des Engagements eines (gutsituierten) schreibenden Achtundvierzigers bei ihm auf ebenso drastische wie exemplarische Art deutlich. Zwar kann sich Herzen dank seinem Vermögen den Luxus der »menschlichen Vernunft, der persönlichen Freiheit und der brüderlichen Liebe«[184] gestatten, aber eben deshalb entsteht der Eindruck, als seien diese seine höchsten Glaubensgüter, um derentwillen er im Westen geblieben war, nicht mehr als die Grundbedingungen eines ihm unentbehrlichen Komforts der Freiheit. Mit reichen Mitteln ausgestattet, kann er Proudhons *Voix du Peuple* und später die eigene freie russische Presse – den *Polarstern* und die *Glocke* – ebenso finanzieren wie die geldverlegenen echten und falschen Revolutionäre, die ihn umlagern, allen voran Herwegh, dem er ähnlich oft aushelfen muß wie Frédéric dem sieur Arnoux. Dank dieser Unabhängigkeit, die er angesichts der Finanzunsicherheit der Zweiten Republik durch Investitionen in den Vereinigten Staaten absichert, kann und muß Herzen zeit seines Lebens in der widersprüchlichen Rolle eines Mäzens der demokratischen Bewegung, eines Revolutionsliteraten verharren. Nie mit materieller Not konfrontiert, sieht er keine Veranlassung, die gesellschaftliche Situation vom ökonomischen Standpunkt aus zu analysieren, für ihn ist das Moralische entscheidend. Zwar geißelt er selbst das bloß angelesene Wissen der Romantiker und Liberalen über das Volk, doch vermag er nicht zu verleugnen, daß seine eigene Wissenschaft von der Revolution eine wesentlich literarische ist. Auffällig, sowohl in *Vom anderen Ufer* als auch in *Erlebtes und Gedachtes,* ist die Rolle literarischer Zitate oder Reminiszenzen bei der Erklärung der Zeitgeschichte wie seiner eigenen Biographie: Es ist, als böte die Literatur den Schlüssel zu beidem. Nicht minder auffällig, daß Herzen, wie mehrfach angedeutet, sein eigenes Handeln gewissermaßen literarisiert. Die geistige Situation nach den Junitagen wird mit Hilfe von Gedichten Byrons – *The Dream, Darkness* u. a. – ausgemalt und kommentiert.[185] Lermontow, Puschkin, Leopardi, G. Sand und die Dichter unter seinen russischen Freunden (Koltzow, Ogarjow) sollen, was ihm und Natalie widerfährt, schon vorformuliert haben; eine Jugendlektüre, ein apokrypher französischer Roman *Arminius,* liefert sogar den Code des Sinngebungsprozesses, in dem Herzen rückblickend die geschichtsphilosophische Erklärung seiner Privatmiseren zu erkennen glaubt: der Held jenes Romans wurde, wie er später auch, »zertreten bei der Begegnung zweier Entwicklungslinien der Weltgeschichte«.[186]

Nicht selten entsteht der Eindruck einer Spiralbewegung von der Literatur zum Leben und wieder zur Literatur etc.: so bei der Schilderung der Wirkung jenes *Arminius,* der den Jüngling zunächst zu einer literarischen Nachahmung reizte, dessen Schicksal dann vom Manne nachgelebt wird, ehe der vereinsamte Witwer wieder Literatur aus dem Erlebten macht. Ein andermal erzählt Herzen, wie er, auf dem Tiefpunkt seiner Ehe, seinen alten Roman *Wer ist schuld?* vornimmt und sich gegen den Eindruck wehren muß, er enthalte eine Prophezeiung seines Schicksals: »Bist du etwa ein Kruziferskij, ja – und ist er etwa ein Beltow; wo ist bei ihm die edle Aufrichtigkeit, wo bei mir die weinerliche Selbstverleugnung?«[187] So gestellt erspart ihm die Frage die Einsicht in seine *conduite d'échec,* welche die eigene wie die universelle Katastrophe wenn schon nicht herausgefordert, so doch zumindest insgeheim gutgeheißen hatte. So gern er sich als Skeptiker, als Arzt mit dem Skalpell in der Hand darstellt, bleibt Herzen doch ein unheilbarer Romantiker, den selbst die »häßliche Revolution« nicht zu der nüchternen Sicht der Dinge, deren Notwendigkeit er doch predigt, bringen kann, und schon gar nicht die Romanze Natalies mit Herwegh (die ihrerseits ganz literarisch ist: Natalie liest auf ihrem Sterbebett Leopardi, Herwegh macht sich auf die Nachricht von ihrem Tod an die Lektüre von Ugo Foscolos *Sepolcri*). Weit entfernt, ihn von seiner literarischen Pose abzubringen, bestätigen die Katastrophen Herzen in der Entschlossenheit, ein literaturwürdiges Leben zu führen und dieses selbst wiederum schreibend zu verewigen. Am Ende gelingt es diesem geistigen Bruder von Flauberts Dussardier, der den Jünglingstraum der Freiheit und des Märtyrertums niemals austräumt[188], zum Kruziferskij des Juni zu werden und seine Natalie, die unschwer in der Heldin von *Wer ist schuld,* Ljubow Alexandrowna, zu erkennen war, diesmal zur Mater dolorosa der Republik emporzustilisieren.

»Unsere Zeit (...) ist schwer, aber voll tiefer Lehren. Das vergangene Jahr hat unsere Erziehung vollendet (...) wir sind ärmer, aber auch der Wahrheit näher«[189], schreibt Herzen nach dem 13. Juni 1849, dem kläglichen Aufstandsversuch der Montagne, an dem er wider Willen teilgenommen hatte, aus Paris. In Wirklichkeit gilt auch für seine Erziehung wie für die der Helden Flauberts, daß sie ihn der Wahrheit nicht wesentlich näherbringt, es sei denn, man verstünde unter Wahrheit die Illusionslosigkeit in bezug auf die andern. Herzen ahnt nicht, daß seine so sarkastische Kritik an den Mit-Achtundvierzigern – »Wenn diese Leute vom Schall einer neuen Posaune (...) aufgerufen würden, sie würden, wie die neun schlafenden Jungfrauen, genau den Tag fortsetzen, an dem sie eingeschlafen waren«[190] – auf ihn kaum weniger zutrifft als auf die, über die er sich erhaben dünkt. Bösartig könnte man sagen, er setzte nach jedem Schicksalsschlag seine Literatur gerade dort fort, wo er sie hatte unterbrechen müssen. (Diese Praxis fordert ihrerseits zu Spott heraus, nur wird man dem historischen Phänomen Herzen nicht gerecht, wenn man bloß spottet.) Es komme, was da wolle: Herzen ist entschlossen, sich nicht von der Wirklichkeit ins Handwerk pfuschen zu lassen. Wiederholt steigt ein Zorn in ihm auf, weil sein Leben eine lächerlich-gemeine Wendung zu nehmen droht: sollte es am Ende aufs Niveau des Melodrams absinken? Doch dann treten die anerkanntermaßen »tragischen« Katastrophen ein und verschaffen ihm die bittere Genugtuung, seine Leidensgeschichte vom Makel des literarisch Minderwertigen gereinigt zu sehen. Und da er die Anwesenheit des Trivialen, Spießbürgerlich-Kleinlichen darin gleichwohl nicht ganz verleugnen kann, tröstet er sich mit dem Vorbild des romantischen Dramatikers, mit Shakespeare: »Ja, in dieser Tragödie geht es zu wie bei Shakespeare; unter Klängen, die das Herz zerreißen, unter Stöhnen und Todesseufzern stirbt der letzte göttliche Funke, erlischt das Denken; der Rest ist unflätiges Schimpfen, grobes Lachen und gemeine Gaunerei.«[191] Doch der Trost mit der Literatur ist schwach und Herzens Einstellung zum Schreiben höchst ambivalent. Schon vor 1848, ehe sich die Literatur in Gestalt Lamartines, des Herolds der Februarrevolution, um ihre gesellschaftliche Glaubwürdigkeit brachte, hatte er festgestellt, das Lesen von Romanen rufe eine Exaltation hervor, »die tragische Szenen, Selbstaufopferung und übertrieben edle Taten über alles (...) liebt«[192] – und das in einem Roman. Nach 1848 erscheint ihm die Literatur vollends als ein dürftiger Ersatz der Tat, zu der man die Kraft nicht besaß. In dem Brief, in dem Herzen Carl Vogt mitteilt, daß er seine

Memoiren zu schreiben beabsichtigte, geizt er denn auch nicht mit Selbstanklagen: »Seine Memoiren schreiben (...) heißt, beinahe aufgeben, es heißt, meineidig, schier zum Verräter werden und mit einem literarischen Erfolg die moralische Auflösung zudecken. Ich verachte mich dafür – weshalb aber tue ich es dann trotzdem? Kastraten sind wir, impotente Wüstlinge; statt zu erigieren, begnügen wir uns mit anzüglichem Gerede.«[193] Diese hochtönende Zerknirschung ist bezeichnend für eine ganze Generation verhinderter Revolutionäre. Sie wird noch in Baudelaires Lyrik oder in den Romanen Flauberts, reflektiert und gestaltet, zu erkennen sein. Herzen jedenfalls erscheint als der Prototyp eines Midas von 1848: Was er anfaßt, wird Literatur. Ein Schriftsteller wie Dostojewski hat ihn deswegen bewundert, die Nihilisten der sechziger Jahre sich mit Geringschätzung von ihm abgewandt.[194] Beides hat Herzen verdient: die Hochachtung der hommes de lettres wie das Mißtrauen der politischen Aktivisten.

Philosophie der Revolution

»Ich gebe ein Werk (...) in deutscher Sprache in Druck, das man eine Philosophie der Revolutionen von 1848 nennen könnte«[195], meldet Herzen im Herbst 1849 Proudhon, den er als seinen zweiten Lehrmeister nach Hegel ansieht. Die erste Besonderheit dieser Philosophie besteht in der unsystematischen, persönlichen Form ihrer Darbietung. Aus Malwidas Erinnerungen geht hervor, welchen Eindruck *Vom anderen Ufer* auf einen zeitgenössischen Leser machte. Sie hatte erwartet, erzählt sie, ein neues sozialistisches System zu finden: »Kaum aber hatte ich angefangen zu lesen, so fühlte ich, daß mir hier etwas ganz anderes entgegentrat als eine bloße Theorie. Ein Feuerstrom lebendiger Empfindungen, leidenschaftliche Schmerzen, brennende Liebe, unerbittliche Logik, beißende Satire, kalte Verachtung, unter der sich ein getäuschter Glaube barg, stoische Entsagung und verzweifelter Skeptizismus – das alles brauste mir aus diesem Buch entgegen...«[196] Das im Titel dieser »logischen Beichte« enthaltene Programm erinnert an den Vers der *Internationale*: »Du passé faisons table rase«; im Lichte der Juni-Erfahrung versucht der Autor mit sämtlichen Illusionen von 48 aufzuräumen, und zunächst mit den sozialen und politischen. Er benennt die Klassen, Parteien und Institutionen, die für den Zusammenbruch der Republik verantwortlich seien, wobei er Karikaturen der französischen Bourgeoisie, der Nationalversammlung und der Montagne entwirft, die an Sarkasmus, wenn schon nicht an intellektueller Schärfe, hinter denen von Marx kaum zurückbleiben. Vor allem aber besitzen sie die Anschaulichkeit des Selbsterlebten. Für Herzen haben nicht nur Bourgeoisie und Kleinbürgertum jeden welthistorischen Kredit verspielt, das parlamentarische System selbst hat sich als untauglich erwiesen: »Die Repräsentation ist die Heuchelei, die Monarchie unter der Maske der Republik.«[197] Im Mai und Juni 48 habe das Volk endlich das Recht begriffen, »seine meineidigen Deputierten zum Teufel zu jagen« und mit dieser Erkenntnis »das Zeitalter der repräsentativen Fiktion« abgeschlossen.[198]

In seiner ebenso unerbittlichen wie ausdauernden Kritik der Junisieger stellt die Abrechnung mit jenen, die er bald *die Liberalen*, bald *die Romantiker* nennt, einen Höhepunkt dar: »Der Liberalismus setzte das Volk auf den Thron, ohne ihm weder die Hände noch den Geist frei zu machen, neigte sich vor ihm bis fast zur Erde und war zugleich bemüht, die Macht für sich zu behalten.«[199] Als schließlich das so lange in Büchern, im parlamentarischen Geschwätz, in philanthropischen Sonntagsreden beweihräucherte Volk in Erscheinung getreten sei und nach seinen Rechten gefragt habe, da hätten die Liberalen, verwundert über soviel Dreistigkeit, die Straßen von Paris im Sturm genommen, sie mit Leichen bedeckt und sich vor dem proletarischen *Bruder* hinter den Bajonetten des Belagerungszustandes versteckt, »um die *Zivilisation* und die *Ordnung* zu retten«.[200] Die Kritik der Liberalen geht unmerklich in die der Republikaner und kleinbürgerlichen Demokraten über, die dem Volk ebenfalls nichts als goldene Worte und rote Rosen zu bieten hätten und die, bei allem Reden von Fortschritt und Zukunft, rettungslos dem Gestrigen und Vorgestrigen verfallen seien.

Und nun erfolgt eine kuriose Wendung der Kritik nach innen, die zeigt, daß Herzen nicht umsonst in die Schule des deutschen Idealismus gegangen ist. Da der blaue Terror von 48 den revolutionären von 1793 parodiert und zurückgenommen habe, könne dem Terror der Spießbürger nur *eine* wirksame Antwort gegeben werden: die Einsetzung eines Revolutionstribunals im Innern des politisch entmachteten Subjekts selbst. Es gelte nunmehr, alles Verlogene, Vergangene, Romantische, Schwache in sich selbst aufzuspüren und hinzurichten, denn nur wer sich radikal lossage von allem Alten, sogar von dem, was ihm das Liebste sei, dürfe hoffen, das andere Ufer zu erreichen: »Wer aus der alten Welt in die neue hinübergeht, darf nichts mitnehmen.«[201] So durchzuckt nach dem Gewitter von 1848, angesichts des waffenstarrenden Paris, des Belagerungszustandes und angesichts des Kleinmuts, mit dem die Montagne sich ins Unabänderliche schickt, ein Geistesblitz den Kopf des russischen Hegelschülers, der freilich auch seine Frühsozialisten durchaus studiert hat: Es möge ein jeder Revolutionär in seinem Hirnstübchen den Konvent der Vernunft einberufen! Überdrüssig aller Gemeinplätze von der Menschheitserlösung beschließt Herzen, anstelle der Welt den eigenen Kopf zu retten, – und in ihm die Welt: »Wenn die Menschen endlich, statt die Welt zu retten, sich selbst retten, statt die Menschheit zu befreien, sich selbst befreien möchten – wieviel würden sie zur Rettung der Welt und zur Befreiung des Menschen tun.«[202] Das ist noch immer der von Marx angeprangerte romantische Glaube an die alles bewegende Hirntätigkeit des einzelnen, mit einer deutlichen Tendenz zu einem Stirnerschen Kult des Einzigen. Bei allem Respekt vor dem Volk, aller Verehrung für die Besiegten – ein Respekt und eine Verehrung, die sich in einer eher gemeinplätzigen Weise äußern, ebenso wie die Empfindungen, die er der Frau gegenüber hegt – bringt es Herzen nicht über sich, sich wirklich der revolutionären Bewegung anzuschließen. Zwar predigt er den Sozialismus, den revolutionären Sozialismus sogar, doch besteht er darauf, ein Einzelkämpfer zu bleiben, der seinen ideellen Vernichtungskrieg gegen die in den Tatsachen triumphierenden Kräfte des Alten »auf eigene Faust« und Rechnung führt. Zieht Marx aus der Kompromittierung der dreifarbigen Republik 1850 die berühmte Konsequenz, daß nunmehr die Zeit für eine europäische Revolution reif sei[203], so ist für Herzen, der Europa nach dem Juni verloren gibt, das Juniblut auf der Trikolore bloß ein Anlaß, den geistigen Fouquier-Tinville in sich zur Kompromißlosigkeit anzuhalten.[204] Achten die Redakteure der *Neuen Rheinischen Zeitung* oder Sozialisten wie Moses Hess, der Herzens *Vom anderen Ufer* in seinen *Briefen an Iscander* einer fast Marxschen Kritik unterwirft[205], nach der Junischlacht verstärkt auf die organisatorischen Aktivitäten der Arbeiterklasse selbst, so beklagt Herzen, dem die Arbeiter nur als Leidende präsent sind, vor allem die Untätigkeit der großen Männer der Linken. In Proudhon bewundert er den Geisteshelden, der ganz auf sich gestellt sein Jahrhundert – und nicht zuletzt die »patentierten Revolutionäre« – in die Schranken fordert.[206] Proudhon ist ihm interessanter als das Proletariat, mit ihm fühlt er sich solidarisch, mit ihm wetteifert er insgeheim, außer ihm läßt er in Paris allenfalls noch den greisen Lamennais gelten, wegen des Mutes, mit dem er die Juni-Bourgeoisie öffentlich verfluchte.[207] Daß in dieser Verehrung ein Gutteil Selbstüberhebung enthalten ist, geht aus einer Bemerkung hervor, die dem Russen im letzten Teil seiner Beichte entschlüpft, in dem er das Individuum gegen seine sozialistischen Verächter verteidigt. Dort nennt er sich nämlich einen der »drei Gerechten von Sodom und Gomorrha«[208] – ein Hochmut, der ebensowenig wie die biblische Audrucksweise zu dem Programm passen will, um dessentwillen Herzen eine Sonderstellung unter den revolutionären Autoren von 1848 gebührt: dem Programm einer rückhaltlosen Gewissenserforschung zum Zwecke der Reinigung von allem, was »der alten Welt« angehört. Das Dilemma des schreibenden Ich, das Marthe Robert so treffend mit einem Talmud-Wort umrissen hat: »Wenn ich nicht für mich bin, wer wird es sein? Und wenn ich für mich bin, wer bin ich?«[209], wird bei Herzen durch seinen Anspruch, als Revolutionär zu gelten, noch vergrößert. Um aller Welt zu demonstrieren, wie man das Alte in sich abtötet, spaltet dieser Heautontimoroumenos sich in einen Romantiker und einen Skeptiker und macht dem Romantiker in sich einen gewollt exemplarischen Prozeß, ohne sich eingestehen zu können, daß der angebliche Skeptiker doch stets nur eine Marionette auf den Richtblock legt und daß sein geistiger Terror gegen das böse Alte in sich letztlich in der Federführung des Romantikers verbleibt, der sich bloß, enttäuscht von der Wirklichkeit, in einen »Lyrismus der Ironie und des Hasses«[210], auch des Selbsthasses, geflüchtet hat. Auch wird die unerbittliche Selbstbefragung immer wieder durchkreuzt von dem messianischen Dünkel (den er mit den von ihm so treffsicher verhöhnten Reigenführern der 48er Bewegung gemein hat), dergestalt, daß die Selbstkritik nur zum unbewußten Vorwand der Selbstfeier zu dienen scheint. Das geht so weit, daß Herzen, der doch nicht müde wird, vor dem christlichen Erbe in uns zu warnen, es sich nicht versagen kann, wie so viele andere seiner Zeitgenossen, den neuen Christus zu spielen.[211] Das Gehabe des Propheten wiederum steht in krassem Widerspruch zu dem beinah schon dandyistischen Egotismus, mit dem Herzen rät, »ein unabhängiges Leben auf eigene Weise zu beginnen, das in sich selbst auch dann Rettung finden könnte, wenn die ganze Welt um uns herum unterginge«.[212] Gleichgültig, ob in ihrer solipsistischen, in ihrer messianischen oder in ihrer skeptizistischen Variante: seine Heilsentschlossenheit kontrastiert merkwürdig mit jenen Passagen weinerlicher Selbstanklage, in denen Herzen versichert, daß auch er wie jedermann sonst unheilbar von der Krankheit seines Zeitalters affiziert sei, weshalb er es allenfalls zum theoretischen, nicht aber zum praktisch-endgültigen Bruch mit der Zivilisation bringen könne.

Es entspricht ganz dem Stil der Epoche, daß diese Selbstherabsetzungen meist einen stark erotischen Charakter annehmen und von zwei widersprüchlichen sexuellen Idealvorstellungen geprägt sind: einer der Treue und Reinheit und einer der Virilität. Da für Herzen das erotische Verhalten der Prüfstein des revolutionären ist, liegt sein eheliches Fiasko ihm doppelt schwer auf der Seele: droht es doch, ihn als Mann wie als Revolutionär gleichermaßen zu disqualifizieren. Doch fängt er die mit dieser Erfahrung verbundene Demütigung dadurch auf, daß er in das allgemeine Lamento über das *énervement* seiner Generation einstimmt, daß er sich beeilt, diese als eine »Generation von Kastraten«[213] zu verhöhnen. Weil sie völlig mit der damals üblichen Bildersprache der Freiheit in Einklang steht, kommt Herzen der peinlich auf ihn zurückschlagende Doppelsinn seiner metaphorischen Verhöhnung der Berufsrevolutionäre offenbar gar nicht mehr zu Bewußtsein: »... in trauriger Selbstverblendung, zerfressen von ungezügeltem Ehrgeiz, blieben sie bei den unerwarteten Tagen ihres Triumphes stehen und wollten weder die verwelkten Kränze noch das Hochzeitsgewand ablegen, ungeachtet dessen, daß die Braut sie betrogen hatte.«[214] Wie Beichte und Selbstanalyse wegen seiner Fixierung an romantische Wertvorstellungen immer wieder in Apologie umschlagen, wird nirgends deutlicher als da, wo Herzen sich zum äußersten entschließt: zur Darstellung seines Eheunglücks. Das Resultat dieser Erzählung ist eine Idealisierung nicht nur Natalies, sondern auch seiner selbst, der durch seine Leiden einen früheren Fehltritt mit einem Stubenmädchen gesühnt und bewiesen hat, daß er beider, seiner verlorenen Frau wie der verlorenen Freiheit, nicht unwürdig gewesen war. Während er über den Rivalen Herwegh mit seinem »pseudoschillerschen Stil« und den »melodramatischen Phrasen« Kübel des Spottes ausgießt[215], zitiert er voller Pietät zahlreiche Brief- und Tagebuchpassagen seiner

Natalie, auf die dieselbe Qualifikation zuträfe; unter anderm den Brief, in dem sie sich von Herwegh lossagt, ihm nebenbei seinen »gemein jüdischen Charakter« vorwerfend und ihm versichernd, ihre unglückselige Leidenschaft habe nur als ein neues Piedestal gedient, um ihre Liebe zu Herzen zu erhöhen: »Dieses Piedestal haben Sie mit Schmutz bewerfen wollen.«[216] Die Beschmutzung des Piedestals aber ist für Herzen keine Privatangelegenheit, denn sein Begriff von Revolution und vom Revolutionär impliziert ein romantisches Ideal der Reinheit. In seinem Nachruf auf Mazzini betont er, jener sei während seines ganzen Lebens mit einer einzigen Frau verheiratet gewesen und habe diese Frau nicht einmal betrogen[217]: genug, um Mazzini mit dem Odium revolutionärer Heiligkeit zu umgeben. Für Herzen selbst ist der Juni 48 der Moment, in dem sowohl die Revolution als auch der Revolutionär die Aureole zu verlieren drohen, und seine gesamte philosophische und literarische Anstrengung zielt darauf ab, den Schein der Reinheit zu retten und der Promiskuität des Bösen und des Guten Einhalt zu gebieten. Das ist der letzte Zweck seines geistigen Tribunals: die Täter *in effigie* abzuurteilen und die Opfer entsprechend zu verklären. Die Reihe der einen reicht vom französischen Bourgeois bis zu Herwegh als dem Prototyp europäischer Sittenverderbnis, die der andern vom Pariser Arbeiter bis zu dessen Schutzpatronin Natalie. Und von sich selbst kann Herzen behaupten, daß er, wie Mazzini, die revolutionäre Unschuld niemals verloren habe, denn: »eigentlich erscheint in meinem Leben nur eine einzige weibliche Gestalt«.[218]

Ein Nachspiel des »Familiendramas«, sein späteres Verhältnis mit der Frau seines Busenfreundes, des Dichters Ogarjow, eingegangen während der Arbeit an seiner Beichte, hat Herzen geflissentlich verschwiegen.

Epilog auf Europa

»Diesem Buch haftet ein Geruch von Weltuntergang an, es herrscht in ihm ein Duft von Todesmetaphern, der einen in der Kehle würgt wie der Rauch von Trauerkerzen, die an einem Katafalk brennen«[219], stellte ein Kritiker bei Erscheinen von Proudhons *Confessions d'un Révolutionnaire* fest – eine Charakteristik, die auf zahlreiche Werke der Literatur nach 1848 zutrifft, nicht zuletzt auf die Bücher Herzens, der übrigens ein Diktum

Proudhons zum Motto des Schlußkapitels seines *Vom anderen Ufer* macht: »Nicht Catilina steht vor euren Toren – sondern der Tod.«[220] Doch während Proudhon die siegreichen *classes moyennes* aufrütteln wollte, damit sie sich auf ihre revolutionären Traditionen besännen, verkündet Herzen das nahe Ende der »alten Welt«. Paris und Frankreich hätten die Erwartungen aller Freiheitsfreunde bitter enttäuscht und folglich sei es die erste Pflicht eines Revolutionärs, ihnen den Rücken zu kehren, »Paris und Frankreich gegenüber wieder nüchtern zu werden«[221], wie er an Herwegh, einen unverbesserlichen Paris-Liebhaber, schreibt. Unter den französischen Demokraten sei einzig Proudhon nicht vom christlichen Dualismus, von der romantischen Übernatürlichkeit angekränkelt, alle andern, einschließlich George Sands, Pierre Leroux' und Michelets, gehörten der »alten Welt« an.[222] In seinen Schriften wie in seiner Korrespondenz wandelt Herzen unermüdlich das Thema von dem selbstverschuldeten Niedergang Europas ab, ergeht sich in abschätzigen Äußerungen über die unvorstellbare Sittenverderbnis, die Borniertheit, Kleinlichkeit, Gewalttätigkeit dieses verkommenen Erdteils, der von Bestien beherrscht werde und auf dem allein die Massen um ihrer Not willen noch Mitleid und Respekt verdienten. Zwar hatte sich diese bis zum Ekel gesteigerte Ernüchterung schon angekündigt, als Herzen die Bekanntschaft des orleanistischen Juste-Milieu machte, doch publizistisch wirksam wird sie erst in den Texten des Nach-Juni: erst unter dem Eindruck der Juni-Erfahrung tritt Herzen als »ein Russe«, als ein endgültig vom Glauben an Europa Geheilter, an die westeuropäische Öffentlichkeit. Er greift dabei seinerseits die *große Parallele* auf, die damals zum Topos der geschichtsphilosophischen Ortsbestimmung wurde, doch mit einer mehr geographischen Akzentuierung. Zwar spricht auch er gelegentlich von den proletarischen Barbaren, die das altersschwache Bourgeois-Europa »überrennen« würden, doch mehr als auf das geschlagene und dezimierte Proletariat, das ihn überdies als Wahlvolk bitter enttäuscht, setzt er seine Hoffnung auf Rußland und die russische Landgemeinde als die Urzelle des künftigen Kommunismus. Er beruft sich dabei auf Konservative wie den Marquis de Custine und Donoso Cortés, die in Rußland die Macht erblicken, welche die eigentliche, tödliche Bedrohung der westlichen Zivilisation darstelle, mit dem Unterschied freilich, daß er das, wovor jene warnen – den Verlust des christlichen Glaubens, die Heraufkunft des Kommunismus etc. –, sehnlichst herbeiwünscht oder zumindest herbeizuwünschen vorgibt. Was beim späten Heine mit vielen ironischen Arabesken halb als Denkmöglichkeit, halb als Wahrsagung durchgespielt und -gedichtet wird, das kleidet Jeremias-Herzen in die pathetischeren Formen der Klage, der Anklage, der Beichte, der Bußpredigt oder der Untergangsvision (die ja auch von Heine verwendet werden, aber in ihrem Pathos durchbrochen und aufgelöst bis zur Unkenntlichkeit). Herzen stellt sich damit in die Tradition der Russen, deren sonderbares Schicksal es sei, weiter, schwärzer zu sehen als ihre Nachbarn und zuvörderst in die Nachfolge Karamsins, dessen Bild vom Menschheits-Sisyphus, welcher am Ende der Aufklärung, im Terror der französischen Revolution, seinen Stein zu Tale stürzen läßt, er aktualisiert: Bei ihm ist dem »europäischen Sisyphus« durch den Sturm der Junitage sein Stein nicht nur entglitten, sondern überdies noch in Stücke gebrochen: »der arme Sisyphus schaut und traut seinen Augen nicht; sein Gesicht ist eingefallen, der Schweiß der Müdigkeit hat sich mit Angstschweiß vermischt, (...) er hatte so an Vervollkommnung, an die Menschheit geglaubt, hatte so philosophisch, so klug und gelehrt auf den modernen Menschen gehofft«.[223] Andere in der zeitgenössischen Literatur beliebte Metaphern und Embleme verwendet Herzen, um speziell die Situation Europas zu kennzeichnen: das sinkende Schiff, das untergehende Rom, den Morast und die Sumpfblüte, das Sterbezimmer und die Leiche oder schlicht: das Chaos.

Adieu Europa! Das ist das letzte Wort dieses Propheten, der so erwartungsvoll in den Westen gekommen war und kein leeres Grab, das auf eine Auferstehung hingedeutet hätte, dort fand, sondern nur »eine leere Wiege und eine vom schmerzlichen Kindbett erschöpfte Frau«.[224] Gleichwohl entschließt er sich weder zum Aufbruch nach Übersee, wie so viele enttäuschte Revolutionäre dies taten, noch zur Rückkehr nach Rußland, für die viele seiner Freunde optierten: Er bleibt, um doppelt zu leiden und doppelt zu erkennen – denn Leiden und Erkenntnis sind für ihn ein und dasselbe –, versichert aber, daß er die innerliche Trennung von der »alten Welt« vollzogen habe: »um nichts von dem, was besteht, tut es mir leid, weder um die Gipfelleistung der europäischen Bildung noch um die europäischen Institutionen«.[225] Auch wenn seine Moskauer Freunde oder der kühle, liberale Annenkow das Exaltierte seines neuen antieuropäischen Manichäismus erkannten, auch wenn die Nihilisten der sechziger Jahre ihn schließlich als unverbesserlichen Poeten abtaten – einst war ihr Vordenker Tschernyschewski ein ebenso glühender Bewunderer des Herzen von 1850 gewesen wie Dostojewski –, so dürften Herzens Augenzeugenberichte von der gescheiterten Revolution entscheidend zu einer Abkühlung der Europa-Begeisterung unter der jungen russischen Intelligenz beigetragen haben.

Es verhält sich nicht ganz so, wie Lenin behauptet hat: daß Herzen am Erlebnis der Niederlage von 48 zerbrochen wäre, zumindest nicht literarisch gesehen. Als Jeremias des Juni 48 ist Herzen auch dessen Antäus. Nur solange er in Berührung mit diesem Thema bleibt, bewahrt seine Literatur die Kraft ihres Pathos. Nachdem sein letztes Juni-Kapitel geschrieben ist, eben jenes *Ein Familiendrama,* dessen Niederschrift er so lange vor sich herschob, scheint sein schriftstellerischer Elan ihn zu verlassen. In den Briefen von 1862, die in der französischen Übersetzung *Les Fins et les Commencements* überschrieben sind[226], lamentiert nur noch ein altgewordener Freiheitsfreund über das traurige Schicksal der wenigen Überlebenden der großen Kämpfe. Aber was er über die »Don Quijotes der Revolution« zu sagen weiß, ist blutlos und unüberzeugend, nicht anders als die gleichzeitige Literatur der Wortführer von 1848, über die er sich so bestürzt zeigt. Statt sich mit der Figur des Don Quijote in kritischer Weise zu identifizieren, blickt Herzen sie von außen an und bemängelt, in Unkenntnis der zeitgenössischen Kunst und Literatur, daß noch kein Künstler und kein Fotograf geruht hätten, die melancholischen Züge jener besiegten Titanen, i. e. der Revolutions-Don Quijotes, festzuhalten.[227] In der Behandlung des Don Quijote-Motivs erkennt man noch einmal, weshalb Herzen die Abrechnung mit dem Romantischen nicht gelingt: Er ist gänzlich unfähig, den eigenen Quijotismus zu reflektieren. Die Don Quijotes sind immer die anderen: in dieser seiner heimlichen Prämisse liegt bereits die ganze Fragwürdigkeit seiner Selbstkritik als Revolutionär.[228]

IV. Letzte Worte – Die Lektion aus der Matratzengruft

Das Meer schläft nie.

Elias Canetti, *Masse und Macht*

Der andere Lazarus: Über Heines Spätlyrik

»Jetzt schreiben! Wofür? Wenn die Weltgeschichte den Leuten die Hälse bricht, da ist die Feder überflüssig.«[229] So der begabteste politische Dichter der deutschen 48er Generation, der gewesene Feuilletonredakteur der *Neuen Rheinischen Zeitung*, Georg Weerth, in einem Brief an seinen Lehrmeister Heinrich Heine. Doch ist er trotz seines eigenen Elends – das Jahr 48 markiert den Beginn seiner bald legendären Agonie – wie trotz der Rückschläge der revolutionären Sache weit entfernt von einer derart fatalistischen Einschätzung der Dinge; im Gegenteil, er wendet sich entschieden gegen die Versuchung, in Resignation zu verfallen, und empfiehlt den Verbitterten und Beleidigten die Kunst als Heilmitel:

Wenn man an dir Verrat geübt,
Sei du um so treuer;
Und ist deine Seele zu Tode betrübt,
So greife zur Leier.

Die Saiten klingen! Ein Heldenlied,
Voll Flammen und Gluten!
Da schmilzt der Zorn, und dein Gemüt
Wird süß verbluten.[230]

Der *Romanzero* selbst, dem diese Verse, eine bündige Ars poetica für die Besiegten, vorangestellt sind, wird diese Botschaft insofern modifizieren, als in seiner poetischen Trauerarbeit der Humor, auf welchen weder das Motto noch der Titel noch die Überschriften der drei Zyklen den Leser vorbereiten, von entscheidender Bedeutung ist. Überraschend genug beginnt der Gedichtband mit der Beschreibung eines enormen Gelächters *(Rhampsenit)*, schließt mit einem Feuerwerk blasphemischer Pointen *(Disputation)*, und auch im Nachwort, wo Heine das Publikum von seiner Bekehrung unterrichten wird, bleibt sein Sprachduktus von souveräner Dreistigkeit.

Heine muß nicht, wie so viele Jüngere, resignieren, denn auch im Zusammenbruch verliert er seine Feinde nicht aus dem Visier. Solange er sich seiner Feinde sicher ist, bleibt sein Witz, bleibt seine Aggressivität, die bei ihm identisch zu sein scheint mit dem Antrieb zum Schreiben, erhalten. Die Schriftsteller der Generation Weerths und Baudelaires sahen sich nach dem Debakel von 1848 bis 1851 vor das Dilemma gestellt, daß sowohl ihr Wunschpublikum als auch ihre Feinde außer Reichweite geraten waren und dies gleich in mehrfacher Hinsicht: durch den politischen Gesinnungswandel wie durch die Entmachtung des Kleinbürgertums, durch die allgemeine intellektuelle Lethargie, das Desinteresse an Literatur, durch die Zensur usw. Die privilegierte Situation des späten Heine besteht darin, daß er auch nach 48 noch sein Publikum und seine Feinde hat, daß die polemisch-ironische Kommunikation mit der Gesellschaft in seinem Falle nicht unterbrochen ist, sondern ausnahmsweise intensivierbar, was die Aufgeschlossenheit der letzteren anbelangt. Fast ist man versucht, Heines bekanntes Wort, er sterbe an den Schlägen, die er nicht austeilen könne, im nachhinein zu korrigieren: Weil er es fertigbringt, seine aggressive Spannkraft noch in der ärgsten Misere zu bewahren und, am Boden liegend, gleichwohl auszuteilen, hält sich Heine so lange am Leben. Denn in der Tat, sowohl die Gedichte als auch seine Prosa zeugen zuweilen von einer, freilich immer unter Kontrolle gehaltenen, Euphorie des »Austeilens«. Nichtsdestominder trifft auch das andere zu: daß Heines Angriffswut sich nicht so, wie er es möchte, austoben kann, daß er, wie er im *Lazarus* klagt, sich dazu verdammt sieht, keiner Fliege mehr etwas zuleide tun zu können.[231] Gemeinsam mit dem Motiv des Ungreifbar-Werdens der Feinde tauchen andere auf, die in der Literatur der Jüngeren ohne den bei Heine immer noch spielerischen Einschlag wiederkehren werden: das des Selbsthenkers, das der spleenhaften Weltabkehr, das der Angst vor Wahnsinn und Persönlichkeitsverlust, das der Todessehnsucht.

Auch beim späten Heine ist der Ausgangspunkt seiner Literatur die Koinzidenz der politischen und der privaten Katastrophe, nur daß diese Koinzidenz von vornherein artistisch, aus dem Abstand eines Formwillens beschrieben wird, und das sogar in den Briefen, die ja eher einer unmittelbaren Sphäre der Mitteilung angehören, bei Heine jedoch häufig einen ganz literarischen Tonfall annehmen und wie Fingerübungen des Humoristen wirken (oft finden sich die pointierten Formulierungen der Briefe in den zur Veröffentlichung bestimmten Texten wieder). Damit ist bereits angedeutet, wodurch Heine sich von nahezu der gesamten Nach-48er-Literatur unterscheidet: durch seine Distanz zum Gegenstand, durch ein unbeirrbares Festhalten am Stil, durch die Überzeugung, daß es albern und gefährlich sei, sein »ganzes Herz mit allen seinen Zornbränden ausschütten«[232] zu wollen – und dies mindestens ebensosehr aus ästhetischen wie aus wirkungsstrategischen Gründen. Zugleich aber erweckt dieser Heine den Anschein von Unmittelbarkeit, indem er die Öffentlichkeit in sein Sterbezimmer lädt und sich selbst in der entblößtesten Intimität deren Blicken aussetzt. Niemals ist die Matratzengruft etwas anderes als Bühne, und als Bühne wird sie zum Tribunal, vor das Heine in der Rolle des Lazarus die Sieger der Geschichte zitiert. Indem er sein wirkliches Leiden literarisch ausspielt, verführt Heine sein Publikum bewußt zu einer Verwechslung von Kunst und Wirklichkeit, selbst dann noch, wenn er ausdrücklich daran erinnert, daß das literarische Auftreten seines Ich ein inszeniertes ist, wenn er als Autor, Spieler und Impresario in einer Person von seinem Publikum Abschied nimmt. Das Ergebnis dieser Verführung ist die Einengung des Geltungsbereichs seiner Texte auf die Sphäre der reinen Privatheit: Sie scheinen ganz allein einem erwiesenermaßen hochinteressanten Individuum anzugehören und ihre makabre Pikanterie der Grenzsituation zu verdanken, in der es sich befindet, ihre Wunderlichkeit den Meinungen, die es äußert, ihre Originalität der widersprüchlichen Persönlichkeit ihres Verfassers usw.; kurz, Heine verführt den Leser zu einer Psychologisierung der Lektüre, dazu, daß er die Deutung der Texte ersetzt durchs Rätseln über den Charakter und die Schicksale des Autors, und noch der damals so beliebte Vorwurf der Frivolität oder des Komödiantentums – der in der Folge auch gegen Baudelaire erhoben werden sollte – zeugt davon, daß seine Taktik aufging. Vermutlich war Heines Methode, sich selbst exhibitionistisch mit feilzubieten, die einzig erfolgversprechende, wenn ein Dichter nach 1848 noch Politisches berühren wollte, ohne sein Publikum, sei es durch die Unzweideutigkeit, sei es durch das Esoterische seiner Sprache, zu verprellen bzw. es erst gar nicht zu erreichen. (Die einzige Alternative zu dieser Methode wäre das Exil gewesen.) Ob seine politische Botschaft dann auch verstanden wurde, steht freilich auf einem andern Blatt.

Noch einmal: auch nach dem Zusammenbruch bleibt Heine in jedem seiner Texte ganz Autor und Produzent; zu keinem Zeitpunkt verliert er die Herrschaft über seinen Kunstverstand, auch wenn er es liebt, mit der Idee des Wahnsinns zu spielen, zum einen, weil sie ein Gemeinplatz der Gegenrevolution und sein Schreiben wesentlich ein Spiel mit Gemeinplätzen ist, zum andern, weil er es darauf abgesehen hat, die Vertreter des gesunden Menschenverstandes, gleichgültig, ob sie zur siegreichen Reaktion gehören oder ob sie charakterfeste Republikaner sind, gründlichst zu mystifizieren. Mag, was Heine nach der Junischlacht brieflich äußert: »Ueber die Zeitereignisse sage ich nichts; das ist Universalanarchie, Weltkuddelmuddel, sichtbar gewordener Gotteswahnsinn!«[233], noch von einer vorliterarischen Betroffenheit zeugen und Rückschlüsse auf die Privatmeinung des Schreibers zulassen, so ist eine Bemerkung wie das: »und sonderbar! just in den Tagen des allgemeinen Wahnsinns kam ich selber wieder zur Vernunft!«[234] der *Geständnisse* ganz und gar Literatur und nur als solche, d. h. mit der erforderlichen exegetischen Umsicht, zu genießen. Derartige Aussagen, die Bekehrung und womöglich Zerknirschung signalisieren, sind zuallererst Zeugnisse eines dandyistischen *culte de la différence*, der den überraschenden, ja sprunghaften Duktus der Argumentation und die immer blendende Gestalt der Texte bestimmt. In seinen Pointen kulminiert Heines Weise, gegen den Strich zu denken. Recht verstanden enthält der Witz bei ihm stets einen Appell zur Infragestellung nicht nur von Ideen und Personen, sondern der gesellschaftlichen Verhältnisse selber, deren Ausdruck jene sind. Der ästhetische Supranaturalist Heine macht der Wirklichkeit unentwegt den Prozeß. Paradoxerweise kommt ihm dabei nach 48 seine Hinfälligkeit zustatten, weil sie ihn mehr denn je an seine Einbildungskraft und sein Erinnerungsvermögen verweist, und ihm, zumindest in seinem Exilland Frankreich, eine Art Unantastbarkeit verschafft: die einer moribunden ausländischen Zelebrität. Dank dieser Unantastbarkeit, aber auch dank seiner sich eher noch verfeinernden brillanten Technik des Wechselspiels von Andeutung, Direktwerden und Beschwichtigung, gelingt es Heine, in den Jahren zwischen 1848 und seinem Tod in Paris Texte zu veröffentlichen, die in jener Zeit des Schweigens von einer beispiellosen politischen Kühnheit sind. Zwar wird auch er in der Presse zu mehr Besonnenheit angehalten, zwar wird auch er ermahnt, gewarnt, bedroht, geschurigelt – der *Moniteur* tadelt ihn, weil er sich einbilde, »in seiner Eigenschaft als Hätschelkind des Publikums« sei ihm alles erlaubt[235], die *Revue des Deux Mondes* läßt ihn durch seinen eigenen Übersetzer auffordern, die Regionen des Zweifels und der Ironie zu verlassen, endlich seinen Frieden mit der Gesellschaft zu machen etc.[236] –, doch zum Immoralismus-Prozeß, etwa gegen den *Romanzero* wie in Berlin, läßt das bonapartistische Regime es nicht kommen, zu diesem Mittel greift es erst gegen die einheimischen *Décadents*.

Ob das Aufsehen, das die späten Heine-Texte in Paris erregten, mehr durch ihre literarische Qualität oder durch die Legendenbildung um den »sterbenden Schwan der Rue d'Amsterdam«, oder ob es mehr durch ihre unerhörte Impertinenz zu erklären ist, ist aus dem Echo der Presse nicht klar herauszuhören. Viel deutet darauf hin, daß die Gefährlichkeit gewisser mit sozialpolitischem Zündstoff aufgeladener Passagen zugleich lebhaft empfunden und geflissentlich heruntergespielt wurde: dafür sprechen jene bisweilen bis ins Bedrohliche gesteigerten Vorbehalte der sonst respektvollen Kritik, dafür spricht auch, daß man es sich angelegen sein ließ, über die heikelsten Stellen den Mantel des Schweigens zu breiten. So wurde in der Kritik der *Lutèce* alles Mögliche zur Sprache gebracht, nur nicht die in jeder Hinsicht unzeitgemäße Ankündigung des Autors, daß dem Kommunismus die Zukunft gehöre.[237]

Denen, die entschlossen sind, sie mißzuverstehen, kommen Heines Texte auf halbem Wege entgegen, aber eben nur auf halbem. Dieses Entgegenkommen ist oft nichts anderes als das Zitieren eines Gemeinplatzes, der aber nie unangetastet stehenbleibt, sondern stets ironisiert, abgewandelt und verbessert wird. Die Gemeinplätze, die zwar einen geschichtlichen Stellenwert haben, sich aber gern als ewige Wahrheiten tarnen, sind als historische Gemeinplätze mittlerweile oft genug unkenntlich geworden, während sie, solange sie noch Geltung besaßen, nicht ohne weiteres als Gemeinplätze kenntlich waren. Damit ist eine Schwierigkeit der Deutung Heines bezeichnet, an die eine zweite anknüpft: Heine liebt es, besonders in der Lyrik, den Gemeinplatz, insbesondere die »honette, heuchlerisch gemäßigte, tugendhafte gemeinplätzliche Sprache der Bourgeoisie« (Marx[237a]), bis zur Unkenntlichkeit zu entstellen, so daß der Leser sich buchstäblich zusammenreimen muß, wovon überhaupt die Rede ist, falls er sich nicht mit dem schönen ersten Schein der Gedichte, die sich wie Träume präsentieren oder wie Seifenblasen, zufriedengeben will. Wer erkennt beispielsweise in den Anfangsstrophen der *Babylonischen Sorgen* ohne weiteres eine Travestierung damals gängiger Metaphern des Volkes bzw. der *classes dangereuses* der Revolution?

Mich ruft der Tod – Es wär noch besser,
Müßt ich auf hohem Seegewässer
Verlassen dich, mein Weib, mein Kind,
Wenngleich der tolle Nordpol-Wind
Dort peitscht die Wellen, und aus den Tiefen
Die Ungetüme, die dort schliefen,
Haifisch' und Krokodile kommen
Mit offnem Rachen emporgeschwommen –
Glaub mir, mein Weib, mein Kind, Mathilde,
Nicht so gefährlich ist das wilde,
Erzürnte Meer und der trotzige Wald,
Als unser jetziger Aufenthalt! (etc.)[238]

Die hintergründige Symmetrie dieses Tableau parisien beruht auf dem spielerischen Wörtlichnehmen jener Metaphern, und erst durch die Aufdeckung der Spielregel wird das scheinbar nur private Angst-Gedicht verständlich als ein Zeitgedicht: als Ausdruck eines geheimen Sich-Zurückwünschens ins alte Paris von 1830 und 1848, in dem sehr viel harmlosere Bestien als im Amüsier-Paris Napoleons III. den Ton angaben, als Ausdruck auch eines geheimen Grauens vor diesem »singende(n), springende(n), schöne(n) Paris« der napoleonischen Bourgeoisie, das als der Inbegriff des Unheimlichen (oder soll man sagen: einer neuen Unheimlichkeit, mit der verglichen die altvertraute der aufrührerischen Volksmenge geradezu nostalgische Gefühle weckt?) aufgefaßt wird. In dieser spielerischen Gegenüberstellung alter und neuer Ungeheuer ist eine Erinnerung an den historischen Augenblick enthalten, in welchem diese über jene triumphierten und im Triumph ihre »grimmere, schlimmere« Bestialität unter Beweis stellten: mit der unerwarteten spielerischen Umkehrung der Epitheta – »Viel grimmere, schlimmere Bestien« – unterstreicht Heine, worauf er anspielt: auf die Wut der Vertreter der Zivilisation gegen die Canaille, gegen jene »Ungetüme«, von denen Heine trotz der Niederlage noch behauptet, daß ihnen die Zukunft gehöre und die, wie es im Zueignungsbrief der *Lutetia* heißt, der guten Gesellschaft je nach der historischen Wetterlage entweder als »wahnsinnige Flöhe« oder aber als die »furchtbarsten Krokodile, welche jemals aus dem Schlamm gestiegen«[239], erscheinen. Im Humor, in der Ironie dieses Gedichts wird der mörderische Fanatismus von 1848 aufgehoben, er kehrt wieder auf einem Niveau spielerischer Reflektiertheit. Die simplen, die bestialischen Antithesen, mit denen man sich nicht scheute, auch in der Poesie noch zu operieren – »Aujourd'hui ce Paris énorme est un Eden / Charmant, plein de gourdins et tout constellé d'N; / La vieille hydre Lutèce est morte« (Heute ist dieses riesenhafte Paris ein Eden / Bezaubernd, voller Knüppel und bestirnt mit lauter N's; / Die alte Hydra Lutezia ist tot«), klagt der lyrische Chefankläger des neuen Babylon, der Exilant Victor Hugo[240] – werden von Heine dergestalt verfremdet, daß ihnen Tendenz und Parteilichkeit nicht mehr auf einen Blick anzusehen sind, daß die Lektüre mehr sein muß als bloß das bewundernde Zurkenntnisnehmen eines gereimten Zornausbruchs: geduldige, obgleich keineswegs unlustige, unlistige Entschlüsselung einer Metaphern-Pantomime. Nur im Zusammenhang des metaphorischen Gebärdenspiels des Pariser Lazarus erhält die sonst blaß klingende topische Charakterisierung der auferstandenen Hauptstadt der Welt

> Das singende, springende, schöne Paris,
> Die Hölle der Engel, der Teufel Paradies...[241]

einen tieferen geschichtlichen Sinn, deutet sich an, daß Heine-Lazarus in einer als Spielhölle erfahrenen Gegenwart an den Ernst der Vergangenheit, einer Vergangenheit, aus der die Zukunft ablesbar ist, erinnert, daß er mit seinen Sorgen als Spielverderber auftritt, und das wiederum in einer spielerischen Weise. Spielerisch bleibt er auch darin, daß er die Regeln befolgt, daß er keinen Moment aufhört, sein Publikum zu amüsieren: selbst bei den peinlichsten Erinnerungen, bei den makabersten Voraussagen ist er noch kulinarisch, ist es ein ästhetischer und intellektueller Genuß, ihn zu lesen. Auch läßt er – die Kontroversen der Forschung legen davon ein beredtes Zeugnis ab – dem Leser einen erheblichen Verständnis-Spielraum, selbst wenn er seine ketzerischen Variationen obrigkeitshöriger Gemeinplätze in eigentlich unmißverständlicher Weise durchspielt: für Leser mit rigiden Voreinstellungen ist

Ironie allein bereits Verrätselung genug. Andrerseits behalten sogar gut verständliche, da systematisch entwickelte Metaphern oft noch einen Moment von Unschärfe und Überdeterminiertheit, so daß sie niemals evident werden und immer den Anreiz zur Deutung bewahren. So enthalten die zu Lebzeiten Heines unveröffentlicht gebliebenen *Wanderratten* eine Anspielung auf die altbewährte und im Juni 48 im größten Stil neuerprobte Methode von Regierenden, Hungeremeuten des Volkes mit Kanonen niederzuwerfen:

> Auch nicht Kanonen, viel Hundertpfünder,
> Sie helfen Euch heute, Ihr lieben Kinder![242],

eine Anspielung, die mehr ist als nur die Denunziation verdrängten Unrechts, nämlich dessen Verdichtung in Form einer grotesken Mimesis *und* die spielerische Verheißung des Tages der Vergeltung, der aber nicht, wie etwa bei Louis Ménard, in blutigen Farben ausgemalt wird. Heines »Rachephantasie« besteht nicht in einem Schwelgen in Vorstellungen von pünktlich zurückerstatteter Gewalt, sie verschafft sich Genugtuung im Symbolischen, in der parodistischen Widerlegung einer frömmlerischen Rhetorik. Ménards *Némésis* ist ein schnell veraltertes Dokument der literarischen Agitation des Nach-Juni, das Gedicht Heines, als »Gedächtnistext« (Briegleb), kündigt eine neue Kunst der Erinnerung an, die auf die Erfahrungen von 48 nicht so sehr antwortet, als daß sie diese in ihre Textur selbst integriert. Um den Unterschied zwischen der Redeweise Heines und der eines Ménard oder auch der, im Ton nicht wesentlich anderen, des Hugo der *Châtiments* zu verdeutlichen, sei an Goethes Gegenüberstellung des Propheten und des Poeten in den *Noten und Abhandlungen* des *Divan* erinnert. Dort wird vom Poeten gesagt, er vergeude die ihm verliehene Gabe im Genuß, um Genuß hervorzubringen, er suche mannigfaltig zu sein, sich in Gesinnung und Darstellung grenzenlos zu zeigen, während der Prophet sich der einfachsten Mittel bediene und darum eintönig werden und bleiben müsse, »denn das Mannigfaltige glaubt man nicht, man erkennt es«.[243] Nun mag man einwenden, gerade der späte Heine lege auffällig starken Wert auf die Betonung der Einheit und Unwandelbarkeit seiner Gesinnung, gerade er liebe die Attitüde des Propheten; doch man täusche sich nicht: trotz alledem bleibt Heine wesentlich Poet, denn niemals ordnet er die Poesie – und mit ihr »Genuß«, »Mannigfaltigkeit«, »Erkenntnis« – der Lehre unter, immer wendet er sich ausschließlich an den Verstand und den Kunstverstand, statt an Gefühl und Glaube, und man darf vermuten, daß er gerade um dieser Entscheidung willen – für eine aufklärerische Literatur und gegen eine agitatorische – als politischer Dichter niemals auch nur annähernd so populär wurde wie etwa Victor Hugo oder – einen Moment lang – Pierre Dupont bzw. die Tendenzdichter des Vormärz. Die ungleich größere Komplexität seiner Texte, die sich nicht in formelhaften Antworten auf das Fiasko von 48 erschöpfen, die das Geschehene in andere als nur handlungspragmatische Zusammenhänge, nämlich solche der *longue durée,* einzuordnen suchen, steht zwar ihrer Augenblickswirkung im Wege, bringt es andrerseits jedoch mit sich, daß diese Texte unabhängig von ihrem Anlaß aktuell oder doch zumindest problematisch und genießbar bleiben. Problematisch, bewußt problemgeladen sind auch Heines Zukunftsprognosen, die der sozialromantischen Mode des Prophetisierens in listiger, manchmal sogar in skabröser Weise huldigen: auch in ihnen spricht nicht der Seher, sondern der Denker, der Denkkünstler, der es liebt, Tabus zu durchbrechen und das Unvorstellbare in Form zu bringen. Doch darüber später.

Heines »Erinnerungskunst« ist wesentlich eine Kunst der Anspielung, und selbst ganz unzweideutige Gedichte, wie das gnomische, das den *Lazarus*-Zyklus des *Romanzero* einleitet, enthalten noch Reminiszenzen an gewisse Auseinandersetzungen des Jahres 48, an die Debatten über das Recht auf Arbeit, über die Fragwürdigkeit des bürgerlichen Eigentums, die Möglichkeit einer Eigentumsbildung in den unteren Klassen usw. *Weltlauf* zieht die scheinbar ontologische Bilanz aus den Erfahrungen von 48 in Form eines Sinngedichts, dessen Weisheit freilich nichts anderes ist als die melancholische Variante des Kampfrufs der Juniaufständischen: *»Arbeitend leben oder kämpfend sterben!«*, den es, als seine heimliche Alternative, aus sich hervortreibt:

Hat man viel, so wird man bald
Noch viel mehr dazu bekommen,
Wer nur wenig hat, dem wird
Auch das wenige genommen.

Wenn du aber gar nichts hast,
Ach, so lasse dich begraben –

Denn ein Recht zum Leben, Lump,
Haben nur die etwas haben.[244]

Die Identifikation mit dem Ausbeuter in der Schluß-Pointe, die es nicht bei der Feststellung einer tödlichen Ungleichheit bewenden läßt, sondern dieser noch den Fußtritt hinzufügt, gehorcht derselben Logik wie Baudelaires Prosagedicht *Assommons les Pauvres!*: In der Resignation ist ein satanischer Appell, der sich ankündigt in der Wendung vom »man« zum »du«, enthalten, eine Erinnerung *ex negativo* daran, daß die Habenichtse rein gar nichts zu verlieren haben, nicht einmal das Leben, das diesen Namen nicht verdient. Vom ersten Gedicht an ist die Lazarus-Rede an das Volk gerichtet, das allerdings nicht dadurch zu emanzipieren ist, daß man ihm, wie Victor Hugo, in Christus-Pose gebietet: »Lazarus! Lazarus! Lazarus! / Erhebe dich!«[245] Eine solch plump zweideutige Nötigung ist Heines Sache nicht, auch apostrophiert er das Volk nicht von oben herab, vielmehr spricht er als ein selbst geschlagen am Boden Liegender, der aber als Dichter, als Humorist nicht davon abläßt, gegen die Ordnung der Dinge und Diskurse aufzubegehren, anzuspotten: noch seine Klagelieder beseelt der Humor. Wurden die eisernen Lerchen des Vormärz nach dem Zusammenbruch entweder still oder weinerlich, so bedient sich Heine der damals beliebten und linke Weinerlichkeit verheißenden Figur des Lazarus, des Hiob oder des Jeremias zu einem poetischen Experiment: zur Herstellung eines ganz neuartigen lyrischen Tons durch die Synthese von Pathos, Ironie und Gelächter unter Verwendung des Materials, das die eigene Biographie bereitstellt. Eines Tones, der mittels der Kategorien des Grotesken und des Realismus nur unzureichend zu charakterisieren ist, weil diese keine Idee von dem spezifischen Humor, den raffinierten Untertreibungen, der kunstvollen Unterwanderung jener Poesie durch die Prosa, den in ihrer Kühnheit oft unscheinbaren sprachlichen Verquickungen von Tradiertem und Aktuellem geben.[246] Lazarus-Heine erteilt eine Lektion im poetischen Lamentieren, seine Klagelieder kennen weder Selbstmitleid noch Sentimentalität, sie sind Demonstrationen einer unbezähmbaren Lebendigkeit seines Humors, seines Scharfsinns, seiner Phantasie, Demonstrationen auch von Haltung. Denn dieser sterbende Schwan bleibt aufrecht, geistig ein poetischer Insurgent bis zuletzt, doch fragt er nicht, wie sein emblematisches Gegenstück aus den *Fleurs du Mal*, wann der Blitz aus dem Himmel brechen werde: sein eigener Schwanengesang ist ein Blitzesprühen. (Darin zeigt er sich als Antipode aller Blitzableiter vom Schlage eines Lamartine, welcher ja bei der Untersuchung der Ursachen des Juniaufstandes auf die Frage, ob er mit den Rädelsführern der roten Republikaner konspiriert habe, die Antwort gab, jawohl, er habe konspiriert, aber wie der Blitzableiter mit dem Blitz konspiriere, worüber Heine in einem brillanten Spiel mit der Blitz-Metapher sich lustig macht.[247])

Die Tatsache, daß, wie er in einem Briefe schreibt, »in Bezug auf die Dummheit ... es [nach 48] keine Rheingrenze mehr«[248] gibt, verschafft Heine den kuriosen Vorteil, als Satiriker beinahe nach Belieben zwischen Frankreich und Deutschland hin- und herwechseln zu können, über deutsche Zustände zu klagen und französische zu treffen und umgekehrt. Weil über ganz Europa ein geistiger Belagerungszustand verhängt ist, kann Heine zu und für ganz Europa sprechen, wenn er von der hintersten Provinz spricht; weil die Zeit zurückgedreht wurde, genügt es, wenn er in den Vorworten zu den Neuauflagen seiner Texte wiederholt, was er unter dem Bürgerkönigtum schrieb, um zeitgemäß, ja um prophetisch zu sein. Ist der Spielraum für Parodie und Satire trotz harter Zensur erheblich erweitert durch die Möglichkeit des Rochierens zwischen Vater- und Asylland, so ist er gleichwohl nicht unbegrenzt. Selbst wenn Heine seine imaginäre Szenerie nach Krähwinkel oder nach Hammonia verlegt, wird der Gedanke an Paris bisweilen in so peinlicher Weise aufgerührt, daß von einer Aufnahme der entsprechenden Gedichte in die 1854 bzw. 1855 erschienene Sammlung des *Livre de Lazare* Abstand genommen werden muß: mit dieser Deutlichkeit konnte man in Paris nicht an die »Schreckenstage« der jüngsten Vergangenheit erinnern, auch nicht als deutscher Poet, es sei denn, man hätte es darauf angelegt gehabt, den Fanatismus der Ordnung, der sich einst in, allerdings reimlosen, ungereimten Phrasen wie

> Ausländer, Fremde, sind es meist,
> Die unter uns gesät den Geist
> Der Rebellion ...[249]

kundgegeben hatte – die 48er Presse hatte das sprichwörtliche *Or de l'Etranger* für den Juniaufstand verantwortlich gemacht – neu gegen sich aufzubringen. Und die Tatsache, daß es bald nach dem

Juni Entsprechungen der Pariser Schreckenstage in anderen Städten Europas gab, weil andere Regime das der honetten Republik kopierten, schaffte die besondere Anstößigkeit derartiger Erinnerungen für ein französisches Publikum, das überdies mit dem *état de siège* mehrfach zu tun gehabt hatte, nicht aus der Welt. Das gleichfalls aus dem Inspirationskreis der *Lazarus*-Gedichte stammende *Im Oktober 1849* aus dem *Romanzero* dürfte aus ähnlichen Gründen keinen Eingang in die *Revue des Deux Mondes* gefunden haben; Heine hat es 1855 als Nachtrag zum *Wintermärchen* – also nicht in seinem eigentlichen poetisch-historischen Kontext – in die französische Anthologie seiner Gedichte, *Poèmes et Légendes,* eingeschmuggelt. An diesem Gedicht, das Weerth zu der Bemerkung veranlaßte: »Sie sind krank und sehen nichts mit eigenen Augen und wissen doch Alles«[250], läßt sich beobachten, wie Heine den ausdrücklichen und exklusiven Deutschland-Bezug der Satire durch winzige semantische Signale relativiert, wie sein Text unter der Hand einen französischen Akzent annimmt, wodurch die Menagerie der Sieger auch mit der Wahlheimat Paris in Verbindung gebracht wird:

> ... doch tröste dich, Magyar,
> *Wir andere* haben schlimmre Schmach genossen.
> *Anständge Bestien* sind es doch,
> Die *ganz honett* dich überwunden;
> Doch wir geraten in das Joch
> Von Wölfen, Schweinen und gemeinen Hunden.
>
> Das heult und bellt und grunzt – ich kann
> Ertragen kaum den Duft der Sieger ...[251]

Einen Monat, bevor diese Verse erstmals in französischer Übersetzung erscheinen, wobei Heine noch eine neue Zweideutigkeit hinzufügt: »Cela hurle, grogne et aboie; le rouge me monte au front quand je pense quels animaux sont nos vainqueurs!«[252] (von dieser Zornröte des gedemütigen Dichters war im Original noch nicht die Rede), publiziert Baudelaire die ersten seiner *Fleurs du Mal* in Heines Pariser Haus-Zeitschrift, der *Revue des Deux Mondes,* und verwendet dasselbe Motiv der »monstres glapissants, hurlants, grognants, rampants« in einem moralistisch sich präsentierenden Kontext, in dem der *Ennui* als der eigentliche Triumphator der postrevolutionären Moderne bezeichnet wird. Doch zurück zu Heine. Dessen Europäisierung der Satire mittels einer Französisierung des Zungenschlags wird alsbald brüsk beendet durch die von ihm gern verwendete Figur der Aposiopese, des vorzeitigen Abbrechens eines, der im Begriff steht, sich um Kopf und Kragen zu schreiben:

> Doch still, Poet, das greift dich an –
> Du bist so krank und schweigen wäre klüger.[253]

Der Kunst der Anspielung befleißigt Heine sich aber auch in den Langgedichten, worin er – durch Ausweichen ins Fabelhafte, Exotische, Schnurrige, Legendäre oder Vormalige – seinem erzählerischen Elan die Zügel schießen zu lassen scheint. Selbst diese Texte haben etwas Sprunghaft-Assoziatives, konfrontieren den Leser schlaglichtartig mit Bildern, die mehr oder minder kunstreich entstellte Erinnerungen an jüngst erlebte und frisch verdrängte, aber auch an von neuem geweissagte *Schreckenstage* darstellen. Nicht immer freilich sind diese Bilder so grell wie im *Sklavenschiff*, das, sozialkritische Schauerballade mit scheinbar übertransparenter Aussage, sich gleichwohl als eine Allegorie auf das neue Paris des dritten Napoleon lesen läßt, in dem die Technokraten, um »die Progression der Sterblichkeit« der Ware Arbeitskraft zu verhindern, Sorge tragen, daß das gemeine Volk, notfalls auch wider seinen eigenen Willen, in den Genuß eines Minimum an Hygiene und Unterhaltung gelange (»Der Büttel ist maître des plaisirs, / Und hat mit Peitschenhieben / Die lässigen Tänzer stimuliert, / Zum Frohsinn angetrieben«[254]). Infolge dieser Politik müssen die Haifische, die revolutionären Ungeheuer aus den Tiefen, einstweilen »vor Ungeduld / Sich selber in die Schwänze« beißen. Und wo sie grell sind, wie im *Vitzliputzli*, wo ein exotischer Holocaust von rassenreinen Altchristen mit komischer Grausamkeit ausgemalt wird in Szenen, deren Bezug auf die Aktualität der »alten Welt« noch unterstrichen wird durch die Ankündigung des Azteken-Gottes: »Nach der Heimat meiner Feinde, / Die Europa ist geheißen, / Will ich flüchten, dort beginn ich / Eine neue Karriere«[255], da bleibt ihre Intention doch ein Gegenstand der Konjektur, man muß sie nicht zwangsläufig mit den Revolutionen und Konterrevolutionen seit 1789 in Verbindung bringen, sondern kann auch, wie H. Rüdiger, den sagenhaften Import der Syphilis assoziieren[256], wobei nicht verschwiegen werden soll, daß eine derartige Lesart den möglichen sozialen Gehalt des Textes eskamotiert und daß sie einer Deutungstradition angehört, gegen die bereits Baudelaire in einer Note der *Epaves* sich mit einem massiven: »Möge ihre syphilitische Interpretation ihnen auf dem Gewissen lasten«[257] verwahrt hatte. Die meist biographistische Verharmlosung von Literatur durch die Konzentration aufs Pikante oder auch Skandalöse gestattet sich immer den Luxus, zugleich mit der Geschichte den größeren semantischen Kontext, dem die Texte jeweils angehören, zu ignorieren. Wenn man sich schon über die Signale des Textes selbst hinwegsetzt und außerdem noch außer acht läßt, daß der mexikanische Gott um 1850 mit den Grausamkeiten der jüngsten Geschichte assoziiert wurde – der Fourierist Toussenel spricht von Huitzilipotchli als vom »dieu exterminateur«, der Inkarnation des »Carnage«, einer der sieben lymbischen Geißeln, welche die Zivilisation von der Barbarei geerbt habe[258], genau in dem Sinne, wie das Gedicht des *Romanzero* es beschreibt –, wenn man überdies noch vergißt, daß ja auch *Seuche, Krankheit, Ansteckung* etc. damals bereits als Metaphern verwendet wurden – vielleicht ist die zentrale Metapher des späten Heine, *die Krankheit*, überhaupt *die* Metapher des 19. Jahrhunderts und besonders der Zeit nach 1848, wo sie eine gegenüber der Romantik neue Konkretheit erhält –, dann nimmt man selbst einem Gedicht wie *Vitzliputzli* den kritischen Stachel. Der methodologische Leichtsinn der Interpreten befördert ein Textverständnis, in welchem dem Werk Heines zugleich mit der Stringenz die Substanz genommen ist. Golo Manns Ausspruch, Heine gehöre nur jenen, die ihn lieben[259], gibt eine Vorstellung der trivialisierenden Aneignungspraxis eines noch immer gefürchteten deutschen Aufklärers: man spricht von Liebe, Objektivität oder Wissenschaft, um vorzugsweise Beliebiges demonstrieren zu können. Die, sit venia verbo, spießbürgerlich akademische Heine-Forschung straft Heine für seine Verachtung des Spießbürgers und der Universitäten, indem sie der List seiner Argumentation, der »List des Silbenfalls« wie der des Reims und der Form schlechthin, den reinen Hohn ihrer Grobschlächtigkeit oder, was auf dasselbe hinausläuft, ihrer Schöngeisterei entgegensetzt. »Was ist in der Kunst das Höchste? Das, was auch in allen andern Manifestationen des Lebens das Höchste ist: die selbstbewußte Freiheit des Geistes«[260]: aber dieses Höchste der Heineschen Kunst, die selbstbewußte

Freiheit des Geistes, ist es ja gerade, die gewisse Anhänger Heines erschreckt. Und so kommen jene sattsam bekannten, erst in jüngster Zeit revidierten Deutungen zustande, die wirken wie pedantische Beherzigungen des – ironischen – Rates der *Citronia*:

> Unterdes – wer ihn versteht,
> Einen Meister nie verrät –
> Wißt Ihr doch, daß jede Kunst
> Ist am Ende blauer Dunst.[261]

»Eine höllische Reklame«: Heines letzte Pariser Annoncen

Die Nachgeschichte von 1848 bietet das klassische Beispiel dafür, daß in Zeiten politischer Depression, nach dem Wegfall kurz- oder langfristiger sozialer Perspektiven durch das Scheitern revolutionärer Bewegungen und begünstigt durch flankierende administrative Maßnahmen zur Gängelung des Kultur-, Lehr- und Wissenschaftsbetriebes, eine Stimmung des Überdrusses an jeglicher Gedanken- und Phantasietätigkeit sich ausbreitet, eine Stimmung, die in wunderlichen »intellektuellen« Moden ihren Niederschlag zu finden pflegt: im Kult platter Diesseitigkeit, im Pochen auf den gesunden Menschenverstand, im Fanatismus der Rechtgläubigkeit, in mystischem Schwärmertum, im zynischen Indifferentismus gegen jede geistige und politische Moral etc. – Attitüden, die allesamt dazu dienen, wirklich ernstzunehmende neue Ideen möglichst schon im Keime zu ersticken. Heines Spätwerk, und besonders seine letzte Prosa, reagiert auf diesen reaktionären Widerwillen gegen kritisches Denken mit ironischem Entgegenkommen. Er präsentiert sich als ein vom Hegelianismus und Frühsozialismus Geheilter, der seine hedonistischen Neigungen aufgegeben, zu seinem Gott zurückgefunden und überdies allen Feinden Amnestie erteilt habe (womit er, wenn es denn zuträfe, der unversöhnlichen Ordnungspartei in Europa ein beschämendes Beispiel gäbe). Sein Nachwort zum *Romanzero* ist die erste einer Reihe verblüffender Ergebenheits- oder besser: Schicksalsergebenheits-Adressen, mit deren Hilfe die überempfindliche Kritik und Zensur wenn schon nicht entwaffnet, so doch wenigstens weitgehend neutralisiert werden soll. Im Gegensatz zu anderen engagierten Autoren gelingt es Heine nicht nur, sich nicht von seinem bisherigen Publikum abschneiden zu lassen, sondern sogar ein neues französisch-europäisches Publikum für sich zu erobern, wobei sogar die großbürgerliche *Revue des Deux Mondes* nicht nur zu einer Konsolidierung seiner Position, sondern überdies zu einer strahlenden Auferstehung seines Werkes im Paris des Second Empire beiträgt. Das ist um so erstaunlicher, als diese vergleichsweise harmlose historisch-politische Analysen wie die eines Hippolyte Castille systematisch totgeschwiegen hatte. Die Texte des Lazarus der Matratzengruft jedoch werden mit großer Bereitwilligkeit abgedruckt und propagiert; nach dem Februar wird Heine zum Hätschelkind dieser Revue, die im Zeitraum zwischen dem Sommer 48 und seinem Tod neun Beiträge von ihm sowie mehrere Artikel und Rezensionen über ihn publiziert und ihm 1854 und 1855 zum aufsehenerregenden Erfolg seiner *Aveux d'un Poète,* des *Livre de Lazare* und der *Lutèce* (letzteres durch eine ausführliche Besprechung) verhilft.

Die strategische Meisterschaft der späten Vorreden und Selbsterläuterungen Heines beruht einerseits auf der virtuos ironischen Verknüpfung der Erörterung seiner theologischen Bekehrung mit dem Motiv seiner politischen Gesinnungstreue, andererseits auf der nicht minder virtuosen Verbindung einer für damalige literarische Verhältnisse unvorstellbar dreisten politischen Prognose – daß dem Kommunismus die Zukunft gehöre – mit dem Eingeständnis eines persönlichen Grauens des Künstlers vor eben jener Entwicklung, die er so hartnäckig vorhersagt. In allen diesen Texten klingen die Motive und Thesen der dreißiger und besonders der vierziger Jahre wieder an – sie sind neue Variationen über alte Heinesche Themen –, nur ist die Tonart der veränderten Situation angepaßt. War einst Gesinnung Trumpf, so ist es nunmehr Frömmelei, weshalb Heine parodistisch einfällt in den Chor der Gottesfürchtigen und sich redlich bemüht zeigt, dem Geschmack des Tages zu willfahren und, statt Verfluchungen gegen die Weltordnung auszustoßen, »Gelinde zu flennen, zu beten«, wie eines der Spätgedichte es verräterisch genug formuliert.[262] Heine gibt sich zerknirscht ob seiner einstigen philosophischen Jugendtorheiten, distanziert sich von seinen ehemaligen Weggenossen, versteigt sich dazu, »nicht bloß dem guten Ruge, sondern auch meinem noch viel verstockteren Freunde Marx« wie all den »gottlosen Selbstgöttern« der Hegelschen Linken (Feuerbach, Bruno Bauer u. a.) die Bibel »zur erbaulichen Beherzigung« zu empfehlen.[263] Ja, in den *Geständnissen,* in welche Heine den fraglichen Passus aus der Vorrede zur zweiten Auflage von *Zur Geschichte der Religion und Philosophie in Deutschland* – »Geschrieben zu Paris, im Wonnemond 1852«[264], mithin kurz nach Louis-Bonapartes Staatsstreich – einfügt, treibt er den Übermut des Pseudo-Konvertiten bis zu einer jesuitischen Ehrenrettung des Jesuitenordens, als der eigentlichen Pflanzschule der Revolution[264a], bis zur wollüstig barocken Ausmalung der kindischen Phantasie, er, Heine, hätte in der katholischen Kirche Karriere gemacht, sei schließlich zum Papst gewählt worden und habe der Aufgabe, mit einem »unerschütterlichen sazerdotalen Ernste (...) vom Lateran herab der ganzen Christenheit den jährlichen Segen« zu erteilen, sich bravourös entledigt.[265] Die schon von Börne konstatierte Ehrlichkeit in Heines Verstellung[266] bewirkt, daß solche »Geständnisse« letztlich immer kenntlich bleiben als tollkühne Travestierungen einer Schreibweise, deren Pathos – von Freiheit, sozialer Gerechtigkeit, Vernunft und Schönheit – sich niemals verleugnet. Wie Diderot in die Artikel seiner *Encyclopédie* selbst einschreibt, wie man sie zu lesen und zu benutzen habe, streut auch Heine zu wiederholten Malen mehr oder minder explizite hermeneutische Gebrauchsanweisungen in seine Texte ein, geht sogar – im französischen Vorwort zur *Lutetia* – bis zur umständlichen Erläuterung seiner Verfahrensweise. Daß diese Texte dennoch selten verstanden wurden, liegt daran, daß zu ihrem vollen Verständnis außer einem hohen Grad an Aufmerksamkeit die Bereitschaft und die Fähigkeit, zum Komplizen des Autors zu werden, erforderlich ist. Bei gravitätischen Geistern beispielsweise wird die Komplizenschaft zwangsläufig eine eingebildete bleiben – eine exegetische Fatalität, für die es, in allen konservativen Lagern, so viele Belege gibt, daß es unbillig wäre, einen besonders Eingebildeten hier namentlich herauszustreichen.

In den zuerst in französischer Fassung veröffentlichten *Geständnissen* (*RDM*, 15. IX. 1854) hat Heine gleichsam den Gipfelpunkt seiner neuen Frömmigkeit erklommen, wohingegen in der zu seinen Lebzeiten nur auf Französisch publizierten *Préface* zur Übersetzung der *Lutetia* – sie trägt das Datum des 30. III. 1855 – der Bekehrte in den Hintergrund tritt und der unverbesserliche Ästhet, als der er sich bereits in den *Aveux* zu erkennen gibt, sich nach vorn spielt. Damit sind die zwei Themenkreuze in Heines Spätwerk benannt, die für die größte Verwirrung unter seinem Publikum – dem zeitgenössischen wie dem der Nach- und Fachwelt – gesorgt haben. Auf der einen Seite verquickt Heine das Thema der Neuerweckung seines »religiösen Gefühls« mit dem seiner politischen Unbelehr- bzw. -bekehrbarkeit – und das in der hinterhältigsten Weise, man denke nur an das: »Was mich betrifft, so kann ich mich in der Politik keines sonderlichen Fortschritts rühmen; ich verharrte bei denselben demokratischen Prinzipien, denen meine früheste Jugend huldigte und für die ich seitdem immer flammender erglühte. In der Theologie hingegen muß ich mich des Rückschreitens beschuldigen, indem ich, was ich bereits oben gestanden, zu dem alten Aberglauben, zu einem persönlichen Gotte, zurückkehrte«[267] aus dem Nachwort zum *Romanzero* –, auf der anderen Seite verklammert er 1854 und 1855 die Botschaft von der unvermeidlichen Emanzipation des Volkes, vom notwendigen Triumph dessen, was er Kommunismus nennt – sein Kommunismus-Begriff, weniger unscharf als der seines Publikums, ist parodistisch an dessen Ängsten orientiert –, mit Bekundungen der Verachtung für die Anhänger der Republik und des Grauens vor den neuen Barbaren. Dank dieser zwiefachen Doppelstrategie kann Heine, wenn man die Ironie und die jeweilige Umkehrung seiner Rede außer acht läßt, in der Tat als eine vertrauenswürdige Persönlichkeit erscheinen, die sich zur Bibel, zu ihrem Gott, ihrer Volksverachtung, ihrer bürgerlich katholischen Ehe bekennt – es fehlt bloß noch das Bekenntnis zum Eigentum, aber selbst das läßt sich mit gutem Willen aus den *Geständnissen* herauslesen –, dank ihr diskreditiert der Tribun Heine sich weit genug, um dem Künstler bei einem argwöhnischen Publikum Gehör zu verschaffen: und diesen Kredit nutzt er für die sprunghaftesten Ausfälle und Prognosen, aber auch für eine geharnischte Kritik am Idealismus und an der Doppelzüngigkeit von 1848, einer Kritik, die gegenüber derjenigen eines Alexander Herzen – welche ihm höchstwahrscheinlich zu Gesicht gekommen ist, ohne ihn sonderlich zu beeindrucken[268] – den Vorzug der größeren Entschiedenheit und Wirklichkeitsnähe sowie den eines, durch das Fehlen jeder Sentimentalität und die Allgegenwart des Humors beglaubigten, authentischen Skeptizismus besitzt. Doch bereits in den »frommen« Passagen, falls man sie überhaupt von den blasphemischen abtrennen kann, sind kritische Töne vernehmbar, selbst in ihnen geht Heine regelmäßig bis hart an die Grenze des für die religiöse und öffentliche Moral Erträglichen, wenn nicht gar darüber hinaus. So wenn er, zwei Sakramente auf einen Streich profanierend, die katholische Ehe anpreist, weil sie der Gattin durch die Möglichkeit der Beichte den Fehltritt erleichtere und den häuslichen Frieden erhalte, oder wenn er, die Rhetorik der 48er ironisch überflügelnd, behauptet, es gäbe »wahrhaftig keinen Sozialismus, der terroristischer wäre als unser Herr und Heiland«.[269] Heines Bibelverständnis ist 1854 nicht anders als am Vorabend der Julirevolution ein praktisch-emanzipatorisches; besonders im Alten Testament sucht er jetzt die Bestätigung sowohl seiner Skepsis als auch seiner Freiheitsliebe und den Moses deutet er nicht nur als einen *Martyr de la Liberté*[270], einen frühen Republikaner, sondern als einen Kommunisten *avant la lettre*, lange vor Jesus: »et déjà Moïse donnait, lui aussi, dans le communisme«[271], heißt es in der unverstümmelten Buchfassung der *Aveux*, während in der *Revue des Deux Mondes* statt von Kommunismus nur von »réformes sociales«[272] die Rede war. In der Gesetzgebung des Moses erblickt Heine eine vorweggenommene Kritik des bürgerlichen Eigentums, und den Codex Iuris, das Fundament der modernen Rechtssprechung, etikettiert er, in geheuchelter Scherzhaftigkeit, als »die Bibel des Teufels«[273], was an die spielerische Versformel gemahnt, die er in den *Babylonischen Sorgen* für das neue Paris findet.

Begegnete die Kritik im deutschsprachigen Raum den Frömmigkeitsbeteuerungen Heines mit Mißtrauen – *Das nennt man »bekehrt«*, empörte sich z. B. die *Wiener Kirchenzeitung* schon über den Verfasser des *Romanzero*[274] –, einem Mißtrauen, das ebensosehr dem Juden wie dem Artisten und dem Aufklärer galt[275], so waren eminente katholische Kritiker in Paris wie Barbey d'Aurevilly oder Pontmartin willens, Heines Hinwendung zur Bibel und zum persönlichen Gott als das Versprechen seiner bevorstehenden Heimkehr in den Schoß der Kirche und als ernstgemeinte Absage an die Philosophie des »Anti-Christ« Hegel aufzufassen. Großzügig übergeht Barbey, wenn er den Autor der *Aveux* zu seiner vermeintlichen Apostasie beglückwünscht[276], die Tatsache, daß dieser die Bibel nicht allein nach wie vor als das Grundbuch der neuen Freiheitsreligion liest, sondern daß die Reklame, die er der Bibel macht, selbst eine im konservativen Verstande »höllische«, da Teil seiner »höllischen Reklame« für den Kommunismus ist. (Heinrich Mann zitiert einmal ein Wort Gides, das, in allerdings ganz unheinisch sentimentaler Weise, offen ausspricht, was Heine, der sich freilich ans Alte Testament hält, der es auch nicht nötig hat, Jesus gegen Marx auszuspielen, nur insinuieren kann: »Zum Kommunismus bin ich nicht durch Marx gekommen, das Evangelium hat mich hingeführt.«[277]) Keineswegs hat Heine die Hoffnung auf eine Gotteswerdung des Menschen durch die Entfaltung des Denkens ernsthaft aufgegeben. Denn der blendenden These von der krankheitsbedingten Abdankung des selbstherrlichen Hegel-Schülers widersprechen etliche gezielte Bemerkungen, bei denen der bußfertige Autor der *Aveux,* als meisterhafter Simulant einer neuen Undurchsichtigkeit, sich den Anschein gibt, als ob sie ihm unwillkürlich entschlüpften: etwa die, daß die Schlange der Genesis »schon sechstausend Jahre vor Hegels Geburt die ganze Hegelsche Philosophie vortrug«[278], oder jene andere, die er zwar scheinheilig verwirft, ohne sie sich darum aber ganz zu versagen: »Gott verzeih mir die Sünde, manchmal wollte es mich bedünken, als sei dieser mosaische Gott nur der zurückgestrahlte Lichtglanz des Moses selbst, dem er so ähnlich sieht.«[279] Dieses freiwillige Wegzensieren von Gedanken, die gleichwohl nicht unausgesprochen bleiben, ist kennzeichnend für Heines Methode; die zeitgenössische deutsche Kritik hat darauf, wie gesagt, empfindlicher reagiert als die französische, ja man gewinnt beim Studium der Pariser Rezensionen den Eindruck, als habe im damaligen Frankreich eine Bereitschaft bestanden, sich von Heine düpieren zu lassen, als habe jede der konservativen Parteien sich von einem so brillanten Autor einen Vorteil versprochen und sei darauf bedacht gewesen, ihn als Bundesgenossen für sich zu reklamieren. Und tatsächlich förderten Heines Texte derartige Reaktionen, vorausgesetzt, man nahm zwar die Verspottungen des jeweiligen politischen Gegners mit wacher Schadenfreude zur Kenntnis, übersah aber den Hohn gegen die eigene Partei. Fest steht, daß die einzige politische Bewegung, der Heine nicht nur vor der Februarrevolution, sondern auch noch in den fünfziger Jahren – und da eher verstärkt – echte Zukunftsaussichten bescheinigt, diejenige ist, der er den (im Jahr 1848 endgültig zum Schrecken gewordenen) Namen »Kommunismus« gibt. Diesen, so wie er es 1854/55 tut, in Paris aussprechen heißt das Junigespenst, *le spectre rouge,* beschwören. Heines diabolische Geschicklichkeit bei dieser Beschwörung der Besiegten besteht nun darin, daß er zum einen beteuert, ihn selbst erfülle der bloße Gedanke an den Kommunismus mit Abscheu und Grauen, und dabei einige jener Argumente gegen die Feinde der Zivilisation, die dem Bourgeois so geläufig waren – die Presse pflegte sie in den Schreckenstagen von 48 ausführlicher herunterzudeklinieren – in parodistischem Ton wiederaufbereitet, daß er zum andern entweder nur von überwundenen französischen oder von gegenwärtigen deutschen Zuständen redet, als stünde die soziale Revolution für ihn in Frankreich nicht länger zur Debatte. Präsentiert Heine in den *Geständnissen* den Kommunismus als ein fast ausschließlich deutsches Phänomen – »diese Partei ist zu dieser Stunde unstreitig eine der mächtigsten jenseits des Rheines«[280] – und die französische Fassung geht noch weiter, spricht von der stärksten Partei und präzisiert das Lob der Anführer dieser »Unglaubens-Armee, die in doktrineller Beziehung ganz vorzüglich einexerziert ist«[281] durch den Zusatz: »Les chefs les plus ou moins occultes . . . sont de grands logiciens dont les plus forts sont sortis de l'école de Hegel, et ils sont sans nul doute les têtes les plus capables et les caractères les plus énergiques de l'Allemagne. Ces docteurs en révolution et leurs disciples impitoyablement déterminés sont les seuls hommes en Allemagne, qui aient vie, et c'est à eux qu'appartient l'avenir«[282], stellt überdies wie nebenbei die deutschen Kommunisten über die »niveleurs et égalitaires des autres pays« und insbesondere über die Chartisten: »Les chartistes anglais sont seulement poussés par la faim et non par une idée . . ., affamés, ils sont forts; repus, ils tomberont à terre comme des sangsues«[283] –, so wagt er sich in dem Vorwort zur *Lutetia* noch weiter in der »höllischen Reklame«, indem er nicht allein die Strategie seines ironischen Werbefeldzugs detailliert erläutert, sondern noch die nationale Eingrenzung seiner Prognose fallenläßt bzw. reichlich spät wiederaufnimmt, um bloß noch den ästhetischen Vorbehalt gegen ein künftiges Kommunistenregiment anzumelden – in einer letztlich durchsichtigen Ironie, die mit alten Gemeinplätzen und Vorurteilen spielt, welche die Aristokratie der Bourgeoisie, gegen die sie ursprünglich gerichtet gewesen waren, vererbt hatte.

Man hat übersehen, daß der Scherz über den notdürftig mit »Krautkrämer« übersetzten *Epicier*, der seinen Gedichtband zum Tütendrehen verwendet, ein von Heine für die eigenen Bedürfnisse abgewandelter ursprünglicher Aristokraten-Scherz ist. Die neben *La Caricature* und *Le Charivari* bissigste satirische Zeitschrift der Julimonarchie, *La Mode*, ein Organ der Legitimisten, in welchem unermüdlich das Banausentum des Juste-Milieu und seines Monarchen angeprangert wurde, hatte 1833 einen Dialog veröffentlicht, in dem der Epicier[284] bei seinem Hausblatt, *Le Constitutionnel,* vorstellig wird, um sein Abonnement aufzukündigen. *Le Constitutionnel* will den Kündigungsgrund wissen und vermutet das Nächstliegende, daß das Literaturblatt dem Spießer wider den Strich gehe, allen Zugeständnissen an dessen Borniertheit zum Trotz: »Ist es etwa meine Literatur, die Dir Anlaß zur Klage gibt? Hab ich nicht alles getan, um sie mit großer Kunstfertigkeit auf Deine notwendigerweise beschränkte Intelligenz abzustimmen? Antworte, Krämer, findest Du mich zu geistreich, zu gelehrt?«, worauf der Krämer erwidert: »O nein! das ist es nicht; was Ihren Geist betrifft, so entspricht er recht genau sowohl meinen persönlichen Ansprüchen wie den Bedürfnissen meines Ladens. Beispielsweise passen in Ihre Feuilletons gerade zwei Unzen Gewürze hinein, was äußerst bequem ist, erspart es mir doch das Abwiegen der verschiedenen Artikel.«[285] Wenn nun Heine 1855 den Epicier des Kommunismus – ein nicht einmal sehr utopisches Konstrukt! – sein *Buch der Lieder* zu Tüten verwenden läßt, »um Kaffee oder Schnupftabak darin zu schütten für die alten Weiber der Zukunft«[286], dann treibt er ein höchst suggestives Gedankenspiel mit dem Problem der Verbesserungsfähigkeit des Bourgeois (zwar ist es unabänderlich, daß er ein Philister bleiben muß, aber vielleicht entdeckt er einmal ein Herz für die Armen, vorausgesetzt, daß es möglich sein wird, Geschäfte mit ihnen zu machen), erinnert aber auch an das Ärgernis, daß der real existierende Krautkrämer während des Vierteljahrhunderts, seitdem er in Frankreich an der Macht war, noch nicht einen einzigen Gedanken an das populärste unter Heines Büchern, den Gedichtband, dem eine gewisse Massenwirkung in Deutschland beschieden war, verschwendet hat: ein Wink mit dem Zaunpfahl, den die Redaktion der *Revue des Deux Mondes* vielleicht verstand, denn kurze Zeit nach Heines Tod druckte sie eine erste Auswahl von Übersetzungen aus dem *Livre des Chants* ab.[287] So aufgefaßt, würde diese Préface die »höllische Reklame« für den Kommunismus[288] mit einer Selbstanzeige verbinden, die Eigenwerbung und Selbstdenunziation in einem ist, aber immer in ironischer Schwebe gehalten.

Gegen Ende seiner Ehrenrettung der künftigen Krämer erneuert Heine die aus der 48er und besonders der unmittelbaren Nach-Juni-Literatur bekannten feierlichen Verfluchungen der ›alten Welt‹: »Elle est depuis longtemps jugée, condamnée, cette vieille société. Que justice se fasse. Qu'il soit brisé, ce vieux monde, où l'innocence a péri, où l'égoïsme a prospéré, où l'homme a été exploité par l'homme! Qu'ils soient détruits de fond en comble, ces sépulcres blanchis, où résidaient le mensonge et l'iniquité! Et béni soit l'épicier qui un jour confectionnera avec mes poésies des cornets où il versera du café et du tabac pour les pauvres bonnes vieilles qui, dans notre monde actuel de l'injustice, ont peut-être dû se passer d'un pareil agrément – *fiat justitia, pereat mundus!«* [289] In diesem Anathem sind noch deutliche Spuren von der militanten Betroffenheit eines Herzen – die Nähe dieser Passage zum Schluß des Juni-Teils des *Vom anderen Ufer* ist frappierend –, ja vom Fanatismus eines Castille oder eines Cœurderoy zu entdecken, Spuren dessen also, was die *Retrospektive Aufklärung* der *Lutetia* »eine schmierige Mordbrandliteratur« nennt [290], mit dem Unterschied, daß »die Stimme der Logik«, auf die sich Herzen, und »die Stimme des Hasses«, auf die Castille und Cœurderoy sich berufen, bei Heine jeweils von einer übergeordneten Instanz kontrolliert werden, die in seiner Schreibweise sich als Ironie und als Selbstironie äußert. Denn gerade weil Heine die Dialektik der Argumente und Gefühle, die für oder wider die Emanzipation des Proletariats sprechen, so säuberlich entfaltet, gerade weil er dem Publikum ironisch zugesteht, seine, den eigenen Interessen und Instinkten widersprechende, Option für den Kommunismus gehe auf eine möglicherweise teuflische Einflüsterung zurück – wobei er ein altes Motiv anklingen läßt: daß der Teufel der Vertreter der Logik sei (im Gegensatz zu Christus als dem des Glaubens) [291] –, weil er scherzhaft hinzusetzt, er verliere, indem er dem Teufel, dem großen Logiker, Gehör schenke, schier den Verstand, stellt er eine, nicht nur taktische, Luzidität unter Beweis, demonstriert er einmal mehr seine Fähigkeit, die Vorurteile seiner Klasse und seines Berufsstandes kalten Blutes zu analysieren und sie angesichts der Erfordernisse der gesellschaftlichen Lage zu revidieren. Was Heine allerdings als geschichtliche Zwangsläufigkeit ausgibt, dürfte jedoch eher einer Konsequenz des eigenen sozialen Gewissens entsprechen: einer humanistischen Logik, keiner abstrakt logischen. Und genau an dieser Stelle hakt der in gewissem Betracht unvoreingenommenste zeitgenössische Leser der *Préface*, der einzige, der sich nicht hinters Licht führen läßt und der im *Journal des Débats* Punkt für Punkt nachweist, daß des bekehrten Heine vorrevolutionäre Sympathien für den Kommunismus in dem Text des März 1855 in ebenso alarmierender wie amüsanter Weise neu bekräftigt werden, an dieser Stelle hakt Cuvillier-Fleury ein: »Wir wüßten gern, welches denn jene beiden Stimmen sind, die Heinrich Heine zu den finstern Abgründen des Kommunismus hingetrieben haben und noch immer treiben. (Es folgt das Zitat über die Stimme der Logik.) Mithin ist es die Logik viel mehr als seine Krankheit, die Heinrich Heine um den Schlaf brachte. Ah! Poet, gebrauch dieses Wort *Logik* besser nicht! ... und versuche niemals, Deinen Sophismus damit zu rechtfertigen oder deine Gefühle und Ideen damit zu erklären! ... Und doch will Heinrich Heine uns einreden, die Logik habe ihn zum Kommunisten werden lassen. Ich aber behaupte: Seine überspannte Einbildungskraft war es, die ihm den eitlen Traum vom Unmöglichen vorgaukelte!«[292] Anders als die spätere Literaturwissenschaft, die Heines Sympathien ängstlich zu vertuschen bemüht ist, die sich an seine ironischen Vorbehalte wie an einen Strohhalm anklammert, als entscheide das Votum eines Klassikers über Gedeih oder Verderb eines Gesellschaftssystems, kennt Cuvillieur-Fleury keine ideologische Prüderie: schlicht und schonungslos schält er den häretischen Kern aus Heines Text heraus, empfiehlt ihn *en passant* der Obhut der Gerichte – wir folgen Heine, heißt es bei ihm, *»claudo pede,* fast wie die Justiz, über die er sich lustig macht, indem er seine Narrenkappe schüttelt!«[293] – und bekämpft im übrigen seine Argumente mit der rüden Gradlinigkeit, um derentwillen dieser Liberale als einer der gefürchtetsten Kritiker galt: »Reden wir also nicht länger von Logik. Reden wir lieber von Essen, Trinken und Schlafen ... Die Logik hat mit den materialistischen Halluzinationen, die Herrn Heine in goldene Traumgefilde entrücken, rein gar nichts zu schaffen ...«[294] Es ist die artistische Vermitteltheit, die Form, in der er den Stab über die alte Welt bricht, die Heine von dem »Jeremias der Junibarrikaden« Herzen oder von Hiob-Castille unterscheidet und die selbst einen Cuvillier-Fleury zu brummiger Nachsicht veranlaßt. Wohlweislich hütet sich Heine, Paris allzu deutlich ins Spiel zu bringen: Wenn er von der zweiten teuflischen Stimme spricht, die ihn wider Willen für den Kommunismus einnehme, »celle de la haine«[295], nimmt er dem Geständnis dadurch die Spitze, daß er den Feind, den er mit den Kommunisten gemein haben will, nicht in Frankreich ausmacht, sondern einzig und allein in Deutschland: die Teutomanen. (Dabei hätte es nahegelegen, an den Bourgeois als an die gemeinsame *bête noire* des Künstlers und des Arbeiters zu denken.) Auf diese Finte fällt sogar der sonst so aufmerksame Rezensent des *Journal des Débats* herein: »Das ist ein Streit unter Deutschen (*une querelle d'Allemand*, i. e. einer, bei dem mit gezinkten Karten gespielt wird); hier mischen wir uns nicht ein«[296], entscheidet er, ohne zu bemerken oder bemerken zu wollen, daß Heine gerade mit seiner Berufung auf die Stimme des Hasses an die radikalste Literatur des Nach-Juni anknüpft und vorexerziert, wie sie auf einer ästhetisch und gedanklich höheren Stufe fortzusetzen sei.

Wenn Heine schließlich den Topos vom Zertreten der Kröte, der uns schon in Castilles Baudelaire-Anekdote begegnet ist, einführt – »C'est par un simple coup de pied que le géant les écrasera ainsi qu'on écrase un crapaud«[297] –, so in ausschließlich transrhenanischer Hinsicht und als wolle er den Franzosen bedeuten: »Keine Angst, nicht euch wird der Kommunismus zermalmen, sondern nur die Deutschnationalen, die ja auch euch ans Leder wollen!« Nach dieser Vorsichtsmaßnahme gewinnen die Attacken gegen die neumodische religiöse Heuchelei wieder an Allgemeinheit, werden die Kommunisten bei aller ihnen in ironischem Tone angekreideten Gottlosigkeit als die wahren Verwirklicher des Evangeliums gepriesen, wird der Sieg der Deutschtümelei auf den Aufstieg der »grande réaction européenne«[298] kurz nach dem Februar 48 zurückgeführt. Infolgedessen ist Heines Fazit: »Hurlez toujours! le jour viendra où le fatal coup de pied vous écrasera«[299] nur scheinbar *à la cantonade* gesprochen, in Wirklichkeit handelt es sich um eine Wahrsagung, die der makabre Komödiant dem *europäischen* Publikum ins Gesicht schleudert, ehe er sich, wie ein Wolf, der Kreide gefressen hat, mit sanfter Stimme von seinem »cher lecteur« verabschiedet. (Im deutschen Entwurf des Vorwortes treibt er die Heuchelei soweit, den Segen Gottes auf dessen Haupt herabzuflehen.[300]) Welcher französische Schriftsteller der Epoche wäre *in puncto* Insolenz und kristalliner Heuchelei mit dem Heine der *Aveux* und der *Préface de Lutèce* zu vergleichen? Allenfalls der, freilich überaus verschrobene fourieristische Verfasser von *Le Monde des Oiseaux*, und natürlich Baudelaire, der ja schon in der Widmung *Aux Bourgeois* wie in der Polizisten-Epoche seines *Salon de 1846* den Tonfall des späten Heine vorwegzunehmen scheint[301], ohne die Erfahrung der Junimassaker, die dann in die Texte der Reifezeit eingeht: angefangen von dem Einleitungsgedicht der *Fleurs du Mal*, bis hin zu einem der letzten Texte des *Spleen de Paris*, *Assommons les*

Pauvres! Bei späteren Generationen – zunächst der Generation Rimbauds und Lautréamonts – wird dann die geschichtsphilosophische Substanz der Leser-Apostrophen verlorengehen, der satanische Gestus, wie in den *Chants de Maldoror*, zum Selbstzweck werden: Sie bringen die ebenso vehementen wie diffusen Publikumsbeschimpfungen der Romantik zu neuen Ehren.

Gegen Ende des Second Empire, 1868, als die Erinnerung an die Massaker des Juni 48 im Bewußtsein der französischen Öffentlichkeit neu aufzuleben begann, gaben die Herausgeber der Werke Heines einem Teil des Bandes *Allemands et Français* den gewiß absichtlich irreführenden Titel *Les Journées de Juin*, als bezöge sich der entsprechende Auszug aus den *Französischen Zuständen* auf das Jahr 48, und nur sehr diskret verrät ein Untertitel zu Textbeginn, daß vom Juni 1832 die Rede ist.[302] In Wahrheit spielt das Datum des Juni 48 im Werk Heines als solches weiter keine Rolle, und wäre nicht das große Gespräch mit Kalisch überliefert, in dem Heine seine Bekehrung als eine Folge der Junimetzeleien darstellt – »Ich bin in Passy gelegen, als meine böse Krankheit anfing. Während ich mich krampfhaft auf dem Lager wälzte, wurde draußen der entsetzliche Junikampf gekämpft. Der Kanonendonner zerriß mein Ohr. Ich hörte das Geschrei der Sterbenden; ich sah den Tod mit seiner unbarmherzigen Sense die Pariser Jugend hinmähen. In solchen gräßlichen Augenblicken reicht der Pantheismus nicht aus; da muß man an einen persönlichen Gott, an eine Fortdauer jenseits des Grabes glauben«[303] –, es gäbe keinen Hinweis darauf, daß auch für Heine dieses Datum einen historischen Einschnitt bedeutet. Denn während die im vorigen behandelten Autoren in beinahe magischer Weise an das Junidatum fixiert zu sein scheinen, behandelt Heine es mit auffälliger Diskretion, macht es nahezu unsichtbar; und in den *Geständnissen* datiert er, Michael Werner hat darauf hingewiesen[304], seine Bekehrung sachte auf den Februar 48, als auf das zugleich offiziellere und harmlosere Geschichtsdatum, zurück. Vorher, im Nachwort zum *Romanzero*, hatte er seinen im Mai 48 erfolgten pathetischen Abschied von den alten Heidengöttern, von der Venus von Milo im Louvre ausführlich geschildert. Und dennoch könnte man, das Wort Marxens aus der *Neuen Rheinischen Zeitung* abwandelnd, fragen, ob die Seele der Junirevolution nicht die Seele der Texte des – auch nach 48 noch ein Freibeuter gebliebenen – Pariser Lazarus Heine gewesen ist? Die Antwort gewisser zeitgenössischer

Kritiker der *Aveux* und der *Lutèce* würde zumindest zeigen, daß eine solche Frage ganz unberechtigt nicht ist. »Als erster hat er auf den Tisch, worauf die schwarze Suppe der Zukunft angerichtet wird, Blumen der Poesie gestreut, als erster alle jene widerwärtig materialistischen Lehren, welche am Ende auf die soziale Republik hinauslaufen, in die heiteren Sphären der Phantasie gehoben«[305], urteilt, in einem der Ironie Heines durchaus kongenialen Bilde (von »den Wassersuppen der Zukunft« etc.), Cuvillier-Fleury, und der anonyme Rezensent der *Bibliothèque universelle de Genève* zeigt sich gleichfalls auf der Höhe des Heineschen Humors und gesellt den Verfasser der *Lutèce* den Barbaren zu, die Paris bedrohen: »Den Hunnen hat unsere Zivilisation geschmeidig gemacht; er ist nicht blindwütig, aber im Herzen ein Wilder geblieben; er lebt in Paris, er liebt dies Paris, aber er führt sich hier wie ein Eroberer auf«, um schließlich auszurufen: »Rundheraus gesagt: er kommt uns vor wie der Totengräber der französischen Gesellschaft; er hebt deren Grab aus ... und notfalls würde er ein bißchen nachhelfen, damit sie auch wirklich stirbt.«[306]

Die Besonderheit der Prosa Heines besteht darin, daß er vor wie nach dem Juni 48 im wesentlichen das gleiche prophezeit, nur oft in spiegelbildlicher Umkehrung[307]: den schließlichen Sieg der sozialen Bewegung, die im Sommer 48 fürs erste zum Stehen gebracht wurde, und daß er diese Voraussagen in artistisch-spielerischer, die Gemeinplätze der *classes moyennes* parodistisch umkehrender Weise trifft. Kennzeichnend für seine Denkspiele ist die Art, wie er das tabuierte Junidatum dann doch zweimal in seine Pariser Texte – und nur in diese – einschmuggelt. Einmal in das Vorwort der ersten französischen Sammlung seiner Gedichte, die, vom *Atta Troll* bis zum *Livre de Lazare*, einigen politischen Zündstoff enthält und worin er sich als ein reuiger Tribun präsentiert, der in den Märztagen 1848 – »tandis qu'autour de nous vociféraient toutes les passions politiques et s'écroulait le vieux monde avec un fracas épouvantable« – gemeinsam mit seinem Freunde Nerval, dem »doux Gérard«, dem unschuldigen Geschäft des Gedichtemachens oblag: »Plongés comme nous étions dans nos discussions esthétiques et même idylliques, nous n'entendîmes pas les cris de la fameuse femme aux grandes mamelles qui parcourait alors les rues de Paris en hurlant son chant: ›Des lampions! des lampions!‹ la Marseillaise de la révolution de février, de malencontreuse mémoire«[308], um am Ende nach eben der frommen Abschiedsformel, die ursprünglich für die *Préface de Lutèce* vorgesehen war – »Je te salue, cher lecteur, et je prie Dieu qu'il t'ait dans sa sainte et digne garde«[309] – den Text mit einem »Paris, ce 25 juin 1855«, einer unscheinbaren Erinnerung an den siebten Jahrestag des bürgerlichen Junisieges, ausklingen zu lassen. Daß eine solche Datierung kein Zufallsprodukt ist, dafür spricht ein Brief Herzens an den italienischen Revolutionär Saffi vom selben 25. Juni 1855, der mit einem Gedanken an den »Schwarzen Jahrestag der einzigen kolossalen und bedeutenden Schlacht seit 1793« beginnt.[310] Dafür spricht vor allem, um bei Heine selbst zu bleiben, eine vielsagende Korrektur, die er bei der Einrichtung der französischen Ausgabe der *Lutetia* vornimmt: in dem Artikel des Anhangs über *Kommunismus, Philosophie und Klerisei* kompensiert Heine die freiwillige Aufopferung des Titels dadurch, daß er das Datum jenes Textes verbessert und aus dem »Paris, 15. Juni 1843« ein »Paris, 25 juin 1843« macht[311], wodurch dieser prophetische Text in eine mehr oder minder geheime Konstellation mit den Junitagen 48 tritt: er ist zugleich deren Voraussage wie ein Rückblick auf sie, aber auch die Voraussage ihrer Wiederholung. Rückblick und Voraussage in einem sind viele seiner späten Texte, ob er sie nun in Prosa oder in Versen *(Vitzliputzli, Die Wanderratten)* verfaßt: immer geht es um ein »Erinnern, Wiederholen, Durcharbeiten« der jüngsten Geschichte, als Vorschule einer neuen Emanzipationsbewegung. Noch die Texte aus der Verzweiflungszeit unmittelbar nach dem Zusammenbruch von 1848 enthalten mehr als die bloße Verzweiflung, bezwecken eine Katharsis der Revolution oder, wie Heine selbst es ausdrückt, die Herbeiführung einer »Krisis der moralischen Heilung«[312] bei seinem *alter ego*, dem Lazarus Volk. Wenn Heine seinem Verleger anvertraut, die *Lutetia* enthalte »einen geistigen Schatz für die Erwecker des politischen Lebens in Deutschland«[313], so verrät er das geheime Programm seines Spätwerks, das jedoch keineswegs auf Deutschland allein zugeschnitten ist. *Réveil de la Vie Politique* hat er den Einleitungstext des neu komponierten zweiten Bandes der Neuauflage von *De l'Allemagne* (1855) überschrieben: ein ebenso fulminantes wie ironisches Stück Prosa, aus dem die Erinnerung an die euphorische Weltuntergangsstimmung der Julitage 1830 und des Februar 48 raketengleich aufsteigt und das eine fabelartige Aufklärung über die Nutznießer jener gescheiterten Revolutionen – die »gemeinen Hunde« des Tagesgedichts *Im Oktober 1849*, an welches dieser

Text ebenso anknüpft wie an andere zentrale Gedichte des *Lazarus*-Komplexes, wie an *Babylonische Sorgen* oder an *Enfant perdu* – mit der Evokation eines Spaziergangs durchs besiegte Paris verbindet. Gewiß: das Paris, das der Erzähler an der Seite des Tendenz-Studenten durchquert, ist das Auguste Barbiers, Grandvilles und des jungen Daumier, das Paris der finanzaristokratischen Reaktion, die dem braven Hund Médor, dem Emblem des Volkes der Julitage, sehr bald das Fell über die Ohren zog, doch mit seinen Rückblenden meint Heine immer auch Gegenwart und Zukunft erhellen zu können: »Je n'aime pas à prophétiser, et je crois qu'il vaut mieux relater le passé, dans lequel se reflète l'avenir.«[314] Seine Erinnerungskunst ist ein wesentlicher Bestandteil seines Werbens für den Kommunismus, denn nach seiner unumstößlichen Überzeugung sind die Besiegten von gestern die Sieger von morgen. Darin liegt die nicht wegzudeutelnde »Gedanken-Einheit« seines Spätwerks. Diese Sachverhalte nüchtern beschreiben heißt nicht unbedingt, mit Heine in allen Punkten einer Meinung sein. Im übrigen berechtigen Heines infernalische Pointen für einen kaum existierenden Kommunismus, die zuallererst Pointen gegen die konkrete gesellschaftliche Wirklichkeit seiner Zeit sind, nicht zu der Folgerung, er würde sich darum ohne weiteres zum Propagandisten des real existierenden Kommunismus eignen. Es liegt in der Logik seines Schreibens, daß er diesen von seiner Kritik so wenig verschont hätte wie die historischen Nachfolger der Reaktion von 1848. Seine »höllische Propaganda« für den Kommunismus gilt so lange, wie dieser als die Hölle erscheint, in der die alte Welt brennen wird.

V. Leseanweisungen für den Text der Moderne: Charles Baudelaire

> Ich bin das 19. Jahrhundert und habe noch ganz anderen Leuten vorgegriffen.
>
> Walter Benjamin, *Hörmodelle*

Der sorgfältig ausgeklügelte Aufbau der *Fleurs du Mal*, ihre schon von Barbey d'Aurevilly namhaft gemachte »architecture secrète«, ist oftmals, doch nie zufriedenstellend, kommentiert worden. Ein wichtiges, für sich allein bislang kaum gewürdigtes Element jener architektonischen Konzeption bildet das, was man die strategische Einfassung des poetischen Baus nennen könnte, also das Ensemble all der Texte, die den Leser auf die Lektüre der Baudelaireschen Gedichte vorbereiten. Frappierend ist allein schon die Vielzahl jener Texte, die sich direkt an den Leser wenden, und das selbst auf dem Hintergrund des vorwortfreudigen 19. Jahrhunderts: Nicht einmal Victor Hugo oder Heinrich Heine haben sich so intensiv auf den Leser eingelassen. Schon die erste Ausgabe der *Fleurs du Mal* von 1857 enthält auffallend viele solcher Leseanweisungen: außer dem Titel selbst sind dies vornehmlich das Motto, die Widmung an Théophile Gautier, das Einleitungsgedicht *Au Lecteur* wie auch Vorbemerkungen und Fußnoten. In späteren Auflagen bzw. Nachträgen fallen einige dieser Texte weg, andere Anmerkungen zu einzelnen Gedichten sowie das *Epigraphe pour un livre condamné* kommen statt dessen hinzu.[315] Auch trug Baudelaire sich mit der Absicht, den Neuausgaben der *Fleurs du Mal* ein Vorwort in Prosa vorauszuschicken und sie mit einem gereimten *Epilogue*, einer zwiespältigen Liebeserklärung an Paris als den Ort und Schauplatz seines Dichtens, zu beschließen. Dieser *Epilogue*, als Gegenstück zu *Au Lecteur*, poetische Bilanz und rückwirkende Leseanweisung blieb im Stadium des Entwurfs und kann daher nur kommentiert, nicht interpretiert werden.[316]

Zum Komplex der Leseanweisungen gehört überdies all das, was man mit Gérard Genette die *allographes* nennen könnte: die verschiedenen Ankündigungen des Lyrikbandes seit 1845, Vorbemerkungen von dritter Seite, die meist vom Autor selbst eingegeben sein dürften, die *Articles justificatifs (Rechtfertigungsartikel)*, also Rezensionen namhafter Kritiker, die Baudelaire für den Prozeß in einer Broschüre vereinigte und in 100 Exemplaren drucken ließ, die Frontispize und Titelblattentwürfe für die Zweite Auflage und die *Épaves (Strandgut)*, schließlich auch die *Notes et documents pour mon avocat (Anmerkungen und Materialien für meinen Anwalt)*, von denen allerdings nur die Anmerkungen sich erhalten haben.[317] In diesen Komplex lassen sich ferner die hermeneutischen Fingerzeige, die in einzelnen Gedichten enthalten sind, einbeziehen: so jenes »für mich wird alles Allegorie« des *Cygne*[318], und selbstverständlich auch die im Anhang mancher Ausgaben zusammengestellten Äußerungen in Briefen und Tagebüchern über Entstehung, Intention und Bedeutung der *Fleurs du Mal*. Der

Status dieser Textsorten ist jedoch ein grundsätzlich anderer als der der ausdrücklich für die Öffentlichkeit bestimmten Leseanweisungen: Es sind gewissermaßen Privatmeinungen des Autors zu seinem Werk, nicht integrale Bestandteile von dessen Planungs- und Konstruktionszusammenhang; das für Baudelaires Texte wesentliche strategische Moment tritt in ihnen zurück, abgesehen von wenigen Ausnahmen wie den Bittbriefen an hochgestellte Persönlichkeiten des Second Empire.

Nach diesem kurzen Aufriß dürfte bereits deutlich geworden sein, daß die strategische Absicherung seines Gedichtbandes nicht nur niemals abgeschlossen worden ist, sondern daß sie Baudelaire womöglich noch mehr beschäftigt hat als die interne Anordnung der Gedichte selbst. *Grosso modo* lassen sich zwei Stadien der Konzeption unterscheiden: das der prophylaktischen Leseanweisungen und das der apologetischen. Doch auch andere Klassifizierungen sind denkbar; so könnte man unterscheiden 1. zwischen tatsächlich veröffentlichten und nur projektierten Texten, 2. zwischen solchen, die ins Korpus der *Fleurs du Mal* Eingang fanden und andern, die nicht aufgenommen wurden, 3. zwischen Texten, die konstant beibehalten werden, und solchen, die fallengelassen werden oder später hinzukommen, 4. zwischen Texten, die in Frankreich und solchen, die, als Exilliteratur gleichsam, in Belgien publiziert werden, 5. zwischen Texten von eigener und solchen von dritter Hand, 6. zwischen Originaltext einerseits, Zitat oder Emblem andererseits usw. Gegen Ende seines Lebens beabsichtigte Baudelaire, eine Geschichte der *Fleurs du Mal* zu verfassen: sie hätte den letzten der hier zu untersuchenden Texte gebildet.[319] Die Annahme liegt nahe, daß ein Abschnitt dieser leider ungeschriebenen Geschichte Baudelaires Bemühungen um das Verständnis seines Publikums nachgezeichnet hätte, was wiederum kaum ohne neuerliche Mystifikationen vonstatten gegangen wäre. In Ermangelung einer solchen Darstellung will ich im folgenden versuchen, die Geschichte der strategischen Texte in chronologischer Folge und aus der Distanz des Kritikers zu kommentieren.

Ankündigungen und Titel

Bekanntlich ist der von Hippolyte Babou gefundene Titel *Les Fleurs du Mal* relativ spät, 1855, erstmals verwendet worden. Ursprünglich, noch unter dem Bürgerkönig, hatte der junge Baudelaire-Dufaÿs seinen Lyrikband unter dem Titel *Les Lesbiennes* angekündigt[320]; nach der Februarrevolution hatte er wiederholt das baldige Erscheinen einer Sammlung *Les Limbes* anzeigen lassen, wobei sowohl der Titel selbst bedeutsam schien – zu dieser Zeit legte er die Vermutung nahe, daß es sich um Gedichte mit sozialistischer Tendenz handeln müsse[321] –, als auch die den Titel konkretisierenden Annoncen. So lautete die erste erhaltene Ankündigung vom November 1848: »Michel Lévy, Verleger, rue Neuve-Vivienne, *Limbus,* Gedichte von Charles Baudelaire. Das Buch erscheint am 24. Februar 1849 in Paris und Leipzig.«[322] Der Zusatz verdeutlicht den Anspruch des Titels, er verheißt das Erscheinen einer Poesie der europäischen Revolutionen – pünktlich zum Jahrestag ihres Ausbruchs. Baudelaire, der notorisch Verspätete, der in dieser heillosen Verspätung berufene Sprecher seiner Generation (ein Schlüsselwort seines Werkes: *trop tard!* [zu spät!] bringt die Erfahrung der Achtundvierziger auf den Punkt) hat hier einmal mehr die Illusion unterhalten, seine Dichtung werde termingerecht auf der politischen Bühne erscheinen. Doch statt zum ersten Geburtstag der Republik erscheinen die *Limbes* gut zwei Jahre später zum dreißigsten ihres Verfassers, und das auch nur als Kostprobe: elf Gedichte im Feuilleton einer reaktionären Tageszeitung, mit der folgenden Publikumsvertröstung versehen: »Diese Stücke sind dem Band *Limbus* von Charles Baudelaire entnommen, der demnächst bei Michel Lévy, rue Vivienne, erscheinen soll, und der bestimmt ist, die Geschichte der geistigen Unruhen der modernen Jugend nachzuzeichnen.«[323] Einige Monate zuvor hatte eine andere Annonce versprochen, die *Limbes* würden »die Unruhen und die Traurigkeiten der modernen Jugend darstellen«[324] – eine Variante, der zweierlei zu entnehmen ist: zum einen, daß die Vorgänge, die Baudelaire poetisch zu reflektieren verspricht, im Frühjahr 1851, ein gutes halbes Jahr vor dem Coup d'Etat, bereits von ihm als historisch aufgefaßt oder doch ausgegeben werden, zum andern, daß seine dichterische Ambition einen zusehends epischeren Einschlag erhält und sich verstärkt, wie schon der *Salon de 1846,* am Programm des Romanciers Balzac ausrichtet.[325] Jahre später wird dann aus der Werbeformel »les agitations et les mélancolies« der Titel des Eröffnungszyklus der *Fleurs du Mal: Spleen et Idéal.* In dessen lakonischem Singular sind die Emotionen der 48er Jugend gleichsam gefroren, aus ihm spricht die erstarrte Unruhe, die Benjamin zufolge für Baudelaires Lebensbild kennzeichnend ist.

Zurück zur Chronologie. Zwischen 1845 und 1851 hatte Baudelaire wenigstens einmal jährlich das Erscheinen seines Gedichtbandes in Aussicht gestellt. Nach dem Staatsstreich sieht er schlechte Zeiten für die Lyrik voraus, drosselt die poetische Produktion oder zumindest die Publikation seiner Gedichte drastisch. Er macht sich als Übersetzer Poes einen Namen und tritt überhaupt erst im Sommer 1855, zur Zeit der Pariser Weltausstellung, wieder als Lyriker an die Öffentlichkeit: diesmal in der angesehensten Zeitschrift des 19. Jahrhunderts, der *Revue des Deux Mondes*, wobei er erstmals den Titel verwendet, der zum Inbegriff moderner Dichtung werden sollte: *Les Fleurs du Mal.* Zwar legt er jetzt ein knappes Fünftel des künftigen Gedichtbandes auf einmal vor, trotzdem verzichtet er auf eine Selbstanzeige und überläßt es der Redaktion der Zeitschrift, eine auf seine Gedichte vorbereitende Notiz zu verfassen. Diese – Apologie, Empfehlung und Zurechtweisung in einem und deutlicher kritisch noch als die entsprechenden Heine-Einleitungstexte von Taillandier u. a. – ist gewiß ein Markstein in der Geschichte der *Fleurs du Mal*, zeugt sie doch von der tiefen Ambivalenz der Mittlerinstanzen, auf die Baudelaire sich einzustellen hatte, vom halb faszinierten, halb skandalisierten Erschrecken vor der Gewalttätigkeit (»violence«) dieser neuen poetischen Sprache. Da sie jedoch nicht von Baudelaire selbst verfaßt worden ist, besitzt sie hier nur ein indirektes Interesse.[326] Anders verhält es sich mit jener Textdreiheit, mit welcher der Dichter selbst, bereits in der Vorauspublikation der *Revue des Deux Mondes*, die Initiation des Lesers betreiben will und die in der Buchausgabe nur noch um die Widmung an Gautier erweitert wird: die Rede ist vom Titel, vom Motto sowie vom Schwellengedicht *Au Lecteur.*

Der Titel *Les Fleurs du Mal* hat die Zeitgenossen von Anfang an frappiert und man darf wohl ohne Übertreibung behaupten, dies viel stärker, als es dem Autor anfangs lieb sein konnte. Der Prozeß, bei dem Anklage und Verteidigung gerade aus dem Titel die Schuld oder Unschuld des Dichters herauslesen wollten, ist das für diesen wohl leidigste Ergebnis seiner Wirkung. Wiederholt hat Baudelaire, namentlich im Hinblick auf die gegen ihn erhobene Anklage und seine Verurteilung, betont, der Titel stelle ein klares Programm dar, tatsächlich aber ist er alles andere als eindeutig oder über jeden Verdacht erhaben. In seinem Gnadengesuch an die Kaiserin versichert der Verurteilte: »Zu meinem Unglück bin ich wegen eines Gedichtbandes *Les Fleurs du mal* verurteilt worden, wobei die entsetzliche Offenheit meines Titels mich nicht hinlänglich hat schützen können«[327] – der pikant satanische Beigeschmack des Oxymorons »entsetzliche Offenheit« dürfte der literarisch unbedarften Eugénie, falls sie das Schreiben je zu Gesicht bekam, entgangen sein. Vor dem Prozeß hatte er an den Minister Fould geschrieben, er schmeichle sich, »ein Buch hervorgebracht zu haben, aus dem nichts anderes spricht, als das Erschrecken und der Abscheu vor dem Bösen«.[328] Der Titel ist der Ausgangspunkt einer wechselseitigen Verfolgungsjagd zwischen den Ordnungshütern der imperialen Gesellschaft und einem ihrer bösesten Kritiker: ein »geheimnisvoller Titel«, ein »Titel mit Knalleffekt«, ein »Wortspiel-Titel«, wie Baudelaire selbst sagt.[329] Das Wortspiel ist in der Tat hintergründig, dank der paradoxen Verbindung der beiden Substantive, die der Logik der Zeit, welche geradezu gebieterisch nach *Blumen des Guten* verlangte[330], Hohn sprach, wie auch durch die Doppel-, ja Vieldeutigkeit jedes einzelnen Substantivs. In konträrer Weise auslegbar ist bereits die Blumenmetapher, von der nicht feststeht, ob sie die *Schönheit* oder die *Auswüchse* des Bösen meint; auch lassen sich die Blumen als rhetorische Figuren verstehen, so daß an eine Rhetorik oder Poetik des Bösen zu denken wäre. Dies zweite Hauptwort des Titels, *le Mal,* ist womöglich noch schillernder als die Blumen selbst: gewiß wird es in deutscher Übersetzung nicht zu Unrecht mit »das Böse« wiedergegeben, doch geht damit die Konnotation des Kranken und Krankhaften verloren. Baudelaires Titel ist so konzipiert, daß er dem Satz des Widerspruchs entgeht: er verspricht zugleich die Perhorreszierung des Bösen wie dessen Verklärung.[331] Zwischen dem Pathos eines Juvenal und dem eines Sade hält er mysteriös die Schwebe. Erschwerend kommt hinzu, daß ein in sich widersprüchlicher Gebrauch des Begriffs *le Mal* ihm zugrunde liegen dürfte; es sei daran erinnert, daß die Suche nach den »Wurzeln des Übels« zu den *idées fixes* der Epoche gehörte, wobei es vom jeweiligen ideologischen Standort des Betrachters abhing, wen er als den Verursacher bzw. den Träger und Überträger des Übels ansah (cf. I, *Le Mal*). Der Titel verheißt eine in die heikelsten Streitfragen des Zeitalters eingreifende Poesie, und so nimmt es nicht Wunder, daß *Les Fleurs du Mal* der erste Lyrikband seit der Restauration ist, der vor Gericht zitiert und verurteilt wurde. Vielleicht haben nur zwei Formeln mehr Skandal verursacht als dieser Titel: das »Eigentum ist Diebstahl« und das »Gott, das ist das Böse« des von Baudelaire während der Zweiten Republik heftig bewunderten Proudhon. Vor dessen deftig agitatorischen Paradoxen hat Baudelaires Titel den Vorzug der poetischen Offenheit voraus: anders als etwa die Proudhon – aber auch Swift – sehr viel nähere Empfehlung des *Assommons les Pauvres!* enthält er keinerlei Handlungsanweisung, ja es ist nicht einmal sicher, ob ihm überhaupt etwas Anklägerisches innewohnt. Bei aller Aggressivität: der Titel allein, der in roten Lettern auf der Erstausgabe von Poulet-Malassis prangte, denunziert niemanden. Lautstark wie er ist, hüllt er sich doch in den Mantel des Geheimnisses.

Exkurs über den Prozeß gegen die »Fleurs du Mal«

Die Reaktion der Behörden, für die der Inhalt des Gedichtbandes offenbar ähnlich vieldeutig blieb wie der Titel, bestand in der vorsorglichen Anklageerhebung gegen diesen Meister des Verblümens. Die Anklage legt Zeugnis ab von einem höchst beschränkten Verständnis des Baudelaireschen Programms. Die Presse als verlängerter Arm des Innenministeriums[332], wie auch der Staatsanwalt konzentrieren sich auf den Aspekt des Titels, der politisch gesehen der unverfänglichste ist. Ob es sich dabei um Großmut, Borniertheit oder Berechnung handelt: man übersieht weitgehend die sozialkritischen Implikationen dieser Lyrik. Angeklagt wegen »Beleidigung der religiösen Moral« und »Beleidigung der öffentlichen Moral« wird Baudelaire schließlich als Pornograph, als »Realist« verurteilt. Unbeschadet ihrer zugestandenermaßen rein ästhetischen Absichten führten diese Sittengemälde, zumindest passagenweise, zu einer »Aufreizung der Sinne durch einen groben, das Schamgefühl beleidigenden Realismus«.[333] Baudelaire, der durch eigene und durch Flauberts Erfahrungen hätte vorgewarnt sein sollen[334], scheint von dem Tiefschlag der imperialen Justiz unvorbereitet getroffen zu sein und geradezu gedemütigt vom Mißverständnis, dessen Opfer er wurde.[335] Ist es eine Ehre, von diesem Regime vor Gericht zitiert und verurteilt zu werden, so bedeutet doch die Begründung, die Baudelaire nicht den Rang eines politischen Gegners oder eines poetischen Verschwörers zuerkennt, sondern ihn als bloßen Schmutzfinken hinstellt, eine

Schmach, die der Dandy zu verschmerzen Mühe hat. Es hätte keine bessere Verharmlosung dieser Poesie geben können als ihre Festlegung aufs Schlüpfrige oder Obszöne: so droht die ausdauernde Arbeit des Verdichtens kollektiver geschichtlicher Erfahrung für einen Moment im Skandal zu verpuffen. Statt als literarisch-politischer Märtyrer aus dem Prozeß hervorzugehen, wird der Autor der *Fleurs du Mal* dank behördlicher Schläue oder authentischer Prüderie nunmehr bloß anrüchig: bei der Unzucht ertappt wie der Dichter von *Perte d'Auréole (Verlust des Heiligenscheins)*. Auch die *Articles Justificatifs* von vier namhaften Kritikern und Baudelaires einleitende Betonung der »glühenden Spiritualität«[336] seines Buches vermag den Makel nicht sogleich von ihm zu nehmen. Zwar tragen diese Zeugnisse dazu bei, eine andere Aufnahme der Gedichte in Gang zu bringen als diejenige, die mit dem Eklat der Verurteilung beginnt, andrerseits aber wirken sie wegen ihres apologetischen Eifers in ähnlichem Sinne wie das Urteil: indem sie die ästhetische Qualität dieser Lyrik unterstreichen, kaschieren sie die gesellschaftskritisch-analytische. Dulamon deutet an, hier werde der herrschenden Fortschrittstümelei entgegengetreten, beeilt sich aber, wie vor ihm Thierry, die Exklusivität des Titels, die keine Massenwirkung befürchten lasse, hervorzuheben: »... nie haben Mauern oder Eisengitter Dieben einen Einbruch in ein Grundstück ähnlich unmöglich gemacht wie der düstere Titel dieses Gedichtbandes die reinen und ahnungslosen Gemüter am Eintritt in diesen Text hindert«.[336a] Einzig bei Barbey d'Aurevilly wird die Tragweite der poetischen Neuerung Baudelaires, freilich in gleichnishafter Rede, aber doch in kongenialer Pointierung, formuliert: »Sein jüngstes Buch ist ein Drama ohne Namen, das er, stellvertretend für alle, alleine aufführt. (...) Dieser tiefsinnige Träumer (...) hat sich die Frage gestellt, (...) was wohl aus der Dichtung würde, wenn sie aus dem Haupt etwa eines Caligula oder eines Heliogabal hervorginge: und so erblühten die *Fleurs du Mal* – jene ungeheuerlichen Blumen – zu unser aller Belehrung und Demütigung.«[337] Der ultramontane Barbey, der die Junimassaker guthieß, hat verstanden, daß in den *Fleurs du Mal* der Dichter sich dem gesellschaftlichen Gesamtsubjekt subsistuiert, welches, ein neuer Caligula oder Heliogabal, die Bedingungen von Kunst durch seine Praxis grundlegend umgewälzt hat, daß diese neue Poesie der Grausamkeit auf die Grausamkeit jener Praxis reagiert. Er hat auch erkannt, welch unschätzbare Dienste die christliche Terminologie Baudelaire bei seinem Vorgehen zu leisten vermag, die ihm erlaubt, die Politik in die Theologie zu integrieren, so wie andrerseits die Doktrin des *l'art pour l'art* ihm gestattet, die Poesie zu etwas Autonomem, ideologisch-moralisch Unantastbarem zu erklären. In dem vielzitierten Brief an Ancelle vom Februar 1866 gesteht Baudelaire selbst ausdrücklich ein, daß sein Ästhetizismus auf Verstellung beruht[338], was, auf seine Leseanweisungen bezogen, bedeutet, daß er infolge des Prozesses deren Tenor abzuändern sich bewogen fühlte: aus Fingerzeigen und Andeutungen werden nach 1857 Mystifikationen und Satanismen. Mit provozierend dandyistischem Gestus findet Baudelaire sich damit ab, daß die zeitgenössische Sottise ihn vor allem zu einem verurteilt hat: unverstanden zu bleiben.

Motti

Nicht eben ausgiebig ist die zweite Leseanweisung von 1855 bzw. 1857 von der Forschung gewürdigt worden. Die kritischen Ausgaben äußern sich aus unerfindlichen Gründen nicht über den Stellenwert des Zitats aus Agrippa d'Aubignés *Tragiques*.[339] Weil der Barockdichter bei Baudelaire weiter keine Rolle spielt? Weil das Motto in der zweiten Auflage wegfiel? Obwohl gerade das einer Erklärung bedurft hätte! Nichtssagend ist dieses Motto jedenfalls nicht; eher schon ist es zu reich an Bedeutung und einem bestimmten Baudelaire-Verständnis wohl auch unwillkommen.

> On dit qu'il faut couler les execrables choses
> Dans le puits de l'oubli et au sepulchre encloses,
> Et que par les escrits le mal resuscité
> Infectera les mœurs de la postérité;
> Mais le vice n'a point pour mère la science,
> Et la vertu n'est pas fille de l'ignorance.[340]

Es ist offensichtlich, daß das Motto aus dem 2. Buch der *Tragiques* den Titel *Les Fleurs du Mal* zugleich erläutert und rechtfertigt. Es verheißt nicht nur die Wiedererweckung eines offenbar verdrängten Bösen, es suggeriert darüber hinaus *per analogiam*, von welchem »Bösen« in dem Gedichtband die Rede sein wird: So wie d'Aubignés Epos die während der Religionskriege verübten Verbrechen allen Einschüchterungsversuchen der Machthaber zum

Trotz wiederaufleben läßt, wollen die *Fleurs du Mal* die nach 1848 und 1851 hergestellte Friedhofsruhe stören. Gewisse Scheußlichkeiten, von denen es heißt, man müsse sie verschweigen und vergessen, sollen zur Sprache gebracht werden, um sowohl die Sittlichkeit als auch das Bewußtsein der Mit- und Nachwelt zu befördern. (Ein eigentlich aufklärerisches Programm, das der Titel, aber mehr noch das Einleitungsgedicht dahingehend präzisiert, daß »die häßlichen Niederungen, die grauenhaften Kadaver«[341] bei dem modernen Dichter nicht allein in der Außenwelt zu suchen sind, sondern ihre Correspondances in der Gesellschaftsseele besitzen.) Wer sich solchermaßen in die Nachfolge des Dichters der *Tragiques* stellt, scheint an eigene Bartholomäusnächte rühren und verhindern zu wollen, daß sie in den Brunnen des Vergessens versenkt werden. Als jüngste Entsprechung der Bartholomäusnacht galt einem Feind des neuen Kaiserreichs wie Victor Hugo der blutige Staatsstreich vom Dezember 1851. Die *Châtiments* sind eine ebenso leidenschaftliche wie virtuose Reim-Schimpfkanonade gegen den Zwergen-Napoleon, der die großen Eroberungen des Onkels durch heimische Massaker zu kopieren suche:

> Cet histrion, qu'on cingle à grands coups de lanière,
> A le crime pour seul talent;
> Les Saint-Barthélémy vont mieux à sa manière
> Qu'Aboukir et que Friedland.

(Dieser Komödiant, den man mit Gurtriemen gut durchpeitschen sollte, / Hat nur ein Talent: das zum Verbrechen; / Bartholomäusnächte entsprechen seinem Stil mehr / Als Aboukir oder Friedland.)[342]

Vertreter der revolutionären Linken wie Joseph Déjacque u. a. haben wiederholt daran erinnert, daß die verschiedenen Fraktionen der Dezember-Proskribierten zwar lautstark dafür sorgten, daß die Missetaten des Louis-Napoléon nicht in Vergessenheit gerieten, dabei aber klammheimlich an der Verdrängung der ungleich blutigeren Junirepression, an der sie nicht selten aktiv beteiligt gewesen waren, mitwirkten.[343] Von Titel und Motto allein ist noch nicht abzulesen, ob die *Fleurs du Mal* sich eher auf das heikle Staatsstreichdatum oder auf das tabuierte Junidatum beziehen. In jedem Fall ist es ein Trauma der jüngsten Vergangenheit, dessen

Aufklärung in Aussicht gestellt wird und insofern stellt das Motto eine Explikation der Ankündigungen der *Limbes* von 1850/51 dar, die sich seinerzeit freilich nicht schon auf den Staatsstreich beziehen konnten. Jedoch ließ es sich aber von Anfang an auch als eine allgemein moralistische Absichtserklärung auffassen, wie es etwa Baudelaires Verteidiger tat, dem natürlich daran gelegen sein mußte, einer politischen Lektüre durch eine frömmlerische vorzubeugen.[344]

Vollständig ignoriert, so daß sie nicht einmal Eingang in die kritischen Ausgaben der *Fleurs du Mal* fand, blieb eine Vorschlagsliste mit lateinischen Motti, welche Baudelaire für eine geplante *édition définitive* vermutlich im Juli 1861 seinem Verleger unterbreitete.[345] Diese, bei flüchtiger Betrachtung recht dunklen, in einer historisch-politischen Perspektive jedoch unschwer zu erhellenden, Motti sollten den verschiedenen Zyklen der *Fleurs du Mal* vorangestellt werden. Die meisten von ihnen knüpfen, in der Verfremdung des Lateinischen, an die Bildersprache von 1848 an. So war für den Schlußzyklus *La Mort* das Motto »Morte libertati provisuerunt« (»Durch den Tod haben sie für die/ihre Freiheit gesorgt«) vorgesehen, was an den Ruf »La Liberté ou la Mort« anklingt. Den vertrackt republikanischen Charakter der Devise sollte ein Emblem versinnbildlichen, das Baudelaire wie folgt beschreibt: »Ein Totenkopf, mit den Attributen der Freiheit und der phrygischen Mütze angetan.«[346] Motto und Vignette hätten den Zyklus *La Mort* in eine postrevolutionäre Beleuchtung getaucht, noch suggestiver, als das inzwischen preisgegebene d'Aubigné-Motto es für den ganzen Band getan hatte. Aber auch Motti wie »Ad solem dolorosa« (»In ihrem Schmerz strebt sie zur Sonne«), »Pendent opera interrupta« (»Die Werke bleiben unterbrochen stehen«), »Deceptus errore viarum« (»Getäuscht durch irreführende Wege«) verweisen in mehr oder minder sibyllinischer Sprache auf die Geschichte der gescheiterten Revolution: Das erste evoziert die Allegorie der Republik, die, im Schmerz der Niederlage, zur Sonne der Freiheit emporstrebt; das zweite wirkt wie ein Auftrag, das Werk des Februar zu vollenden; das dritte erinnert an die Abwege, auf die Frankreich nach 1848 geraten ist. Zumindest den Eingeweihten dürften solche Abbreviaturen verständlich gewesen sein; dafür jedenfalls spricht ein Verbesserungsvorschlag von Poulet-Malassis, einem alten Faubourien, der das für die *Tableaux parisiens* vorgesehene »Pendent opera interrupta« durch ein noch lakonischeres »Erecta modo erepta« (»Kaum gebaut, schon zerstört«), das die kurze Lebensdauer der republikanischen Utopie betont hätte, ersetzen wollte.[347]

Die Widmung

Die ursprüngliche Version der Widmung war auf Anraten Gautiers selbst verworfen worden; in ihr wurde mit einer barocken Bescheidenheitsformel versichert, »diese kränklichen Blumen« hätten Gautiers Schutzherrschaft eigentlich nicht verdient: »Ich weiß, daß es das Böse in den ätherischen Gefilden der wahren Poesie nicht gibt, so wenig wie das Gute, und daß dies elende Wörterbuch der Melancholie und des Verbrechens die Reaktionen der Moral ebenso sehr bestätigt wie der Gotteslästerer die Religion.«[348] In einem Brief teilt Baudelaire seinem Verleger mit, Gautier habe ihm klargemacht, »daß eine Widmung kein Glaubensbekenntnis sein dürfe, welchem im übrigen der Fehler anhafte, den Blick auf die heikle Seite des Bandes zu lenken und es somit zu denunzieren«.[349] Die in dieser Fassung so ungeschickt eingestandene (und der vor Gericht behaupteten kraß entgegengesetzte) blasphemische Intention des Buches wird Baudelaire in späteren Texten in einer neuen, sehr viel souveräneren Doppeldeutigkeit hervorkehren: so in den Versen des *Épigraphe pour un livre condamné,* welche die Absolvierung der Rhetorikklasse des Satans zur Voraussetzung einer jeden *Fleurs du Mal*-Lektüre erklären, oder in der dandyistischen Bemerkung eines Vorwortentwurfs: »Es erschien mir reizvoll, (...) die *Schönheit* des Bösen hervorzukehren.«[350]

Aus der verkürzten endgültigen Version der Widmung ist also der Stachel entfernt, die grelle Antithese von Gautiers und Baudelaires Poesie auf ein »DEM MAKELLOSEN DICHTER/DIESE KRÄNKLICHEN BLUMEN« reduziert, was ernstlich als ein Ausdruck der »TIEFSTEN DEMUT« gelten kann, die ein sich – auch typographisch – klein machender »C. B.« dem Freund und Meister THÉOPHILE GAUTIER versichert. Das Auffälligste an dieser Widmung, mehr noch als das Spiel der Groß- und Kleindrucktypen, das er Poe abgeschaut hat – insofern stellt die Widmung eine versteckte Hommage an das Idol Poe dar – ist aber die für den in sprachlichen Dingen so peinlich genauen Dichter schier unverständliche Fehlleistung im Herzen des Gautier-Lobes, jenes

»AU PARFAIT MAGICIEN ÈS LANGUE FRANÇAISE«, das später verschämt in *»ÈS LETTRES FRANÇAISES«* umgewandelt wurde. Der üble Schnitzer bietet eine unfreiwillige Lesehilfe, indem er dies Lob der reinen Schönheit leicht unglaubwürdig aussehen läßt. Im übrigen bereitet die Huldigung das Terrain für eine Argumentation vor, welche die Geschichte der Rezeption der *Fleurs du Mal* ebenso wesentlich beeinflussen sollte wie der Prozeß, in dem sie zu Entlastungszwecken aufgegriffen wurde: die Argumentation mit der Realitätsferne dieser Gedichte, die, um es mit einer Formulierung aus der ersten Fassung zu sagen, in »die ätherischen Regionen der wahren Poesie« gehören sollten. Von allen Dichtern, die als Schutzpatron für Baudelaire in Frage kamen, war Gautier gewiß der unverdächtigste.[351] Diesem makellosen Poeten huldigen – in der Erstfassung hatte Baudelaire noch dessen nicht ganz so unschuldiges Frühwerk als Huldigungsgrund genannt[352] – hieß, der eigenen Dichtung ein Entlastungszeugnis auszustellen, es sei denn, die Hommage war, wie in der ersten Fassung überdeutlich, mit einer Distanzierung verknüpft. Aber auch aus der gereinigten Fassung haben etliche Kritiker noch etwas Ironisches herausgehört, sie als Verstellung empfunden. (Es gibt kaum eine Widmung Baudelaires an *literarische* Zeitgenossen, die nicht ein Moment an Verstellung enthielte, und Ross Chambers spricht treffend von der »perversité des dédicaces baudelairiennes« sowie von deren »pratique oppositionnelle«.[353]) Doch die Heuchelei dieser Widmung gilt weniger dem Adressaten selbst, den Baudelaire aufrichtig, wenngleich nicht uneingeschränkt verehrte, als der Öffentlichkeit: Wird doch, im Gegensatz zur Erstfassung der Widmung, scheinbar zurückgenommen, was Titel und Motto versprachen. Lassen letztere vom Inhalt des Buches das Schlimmste befürchten, so sorgt die Widmung einen Moment lang für die Illusion, daß dieser demütige Jünger Gautiers es gar so arg nicht werde zu treiben wagen, ehe dann im einleitenden Gedicht der Bruch mit dem Publikum, spektakulär genug, vollzogen wird.

Indessen: unwahrhaftig ist die Widmung nicht, strebt Baudelaire doch im Ernst die poetische Meisterschaft, den magischen Umgang mit der Literatur an, welchen er Gautier nachrühmt. Liest man Titel, Motto und Widmung im Kontext, liegt die Annahme nahe, daß Baudelaires Programm ein doppeltes sei: Seine Gedichte sollen zu einer kritischen Ortsbestimmung der nachrevolutionären Moderne beitragen und dennoch dem Stilideal reiner Kunst genügen. Nimmt man den Antibonapartisten Hugo als den Exponenten der einen, den beim Regime gut angeschriebenen Gautier als den der anderen Hauptrichtung der avanciertesten Lyrik des damaligen Frankreich, so kann man Baudelaire in der Mitte ansiedeln: in dem Vorspann hat er seine Bestrebung zu erkennen gegeben, beide Poetiken, die artistische und die satirische, in einem dialektischen Sinn aufzuheben; und zwar dadurch, daß er die Reflexion sowohl über die poetische Sprache als auch über die gesellschaftliche Moral sehr viel unerbittlicher, sehr viel radikaler vorantreibt als seine literarischen Vorbilder.

Ein Wort noch anläßlich der ironisch wirkenden Abwandlung des Titels in der Widmung. In einem von Gautiers *Salons* kann man auf eine bemerkenswerte Beobachtung über die wenigen Spuren stoßen, die der Juni 48 in der zeitgenössischen Kunst hinterlassen hat: »Jene furchtbaren, katastrophalen Junitage haben schließlich zwei Meisterwerke hervorgebracht: Leleux' *Losungswort* und Meissoniers *Barrikade.* Auf diesem Berg von Pflastersteinen und Leichen hat die Kunst zwei Blumen zum Erblühen gebracht, traurige, geknickte, blutrot gefärbte Blumen: Sie werden alles sein, was übrigbleibt von jener entsetzlichen Hekatombe.«[354] Diese Anerkennung der Werke Leleux' und Meissoniers enthält eine bewußte und eine unfreiwillige Prophezeiung: der bewußten zufolge wird die Wirkung der Junimassaker keine weitreichende sein, sie hat sich bereits in zwei meisterhaften Gemälden erschöpft; allein, die Metapher, die Gautier verwendet, um diese beiden Meisterwerke zu charakterisieren, klingt wie eine Prophezeiung jener »fleurs maladives«, die Baudelaire ihm acht Jahre später zueignen wird, die ebenfalls und immer noch aus dem blutgetränkten Boden der Hauptstadt der Revolution wie der Gegenrevolution entsprungen sind, jenem Boden »Où toute énormité fleurit comme une fleur« (»Wo jedwede Enormität wie eine Blume blüht«).[355]

»Au Lecteur«

Das Einleitungsgedicht bildet den Übergang von den Voraustexten zum eigentlichen Gedichtband selbst, das Praktisch-Werden der Initiation des Lesers in Form einer Einübung in Sprache und Ton dieser Lyrik. Erstmals stehen Dichter und Leser einander Aug in Auge gegenüber, läßt jener *ton de confessionnal* sich vernehmen, der nach Jules Laforgue zu den großen Neuerungen Baudelaires gehört und der beides in einem ist: Geständnis wie Mystifikation. Das Gedicht läßt im unklaren, ob hier nur private Sünden gebeichtet werden, oder ob nicht vielmehr die Intimität eines verstockten Kollektivs ausgebreitet wird, dem der Autor als Dichter, Katechet und Therapeut in einer Person sich mehr aufzwingt als anempfiehlt. Wenn Baudelaire sich unmittelbar ans Publikum wendet, wird die Leseanweisung leicht zur Provokation, die den Leser vor die Wahl stellt: das Buch zu verwerfen oder in es einzudringen, Gegner oder Komplize zu werden. Doch die Komplizität mit einer solchen Literatur ist kein reines Vergnügen, das Eindringen in sie setzt ein Sie-in-sich-Eindringen-Lassen voraus. Und dies nicht bloß in einem allgemein-hermeneutischen Sinne: Chambers spricht von der »symbolic violence« als einer »response to repressive violence« in *Au Lecteur.*[356] Nun ist freilich die repressive Gewalt, gegen die Baudelaire mit seiner poetisch-symbolischen angeht, nicht die nackte des napoleonischen Despotismus – das wäre zu einfach! –, es ist die von einem im einzelnen wie in der Gesellschaft wirkenden *esprit de perversité* ausgeübte Gewalt, welche die Wißbegierde, die Vernunft, die sittliche Heilsentschlossenheit von Renaissance und Aufklärung zu zerstören droht und die Menschheit dem Untergang weiht. Bedeutete für die Aufklärung und noch für Hegel die Langeweile eine Schubkraft des Fortschritts – »Der Leichtsinn wie die Langeweile, die im Bestehenden einreißen, die unbestimmte Ahnung eines Unbekannten sind Vorboten, daß etwas Anderes im Anzug ist. Dies allmähliche Zerbröckeln ... wird durch den Aufgang unterbrochen, der, ein Blitz, in einem Male das Gebilde der neuen Welt hinstellt«, heißt es in der Vorrede zur *Phänomenologie des Geistes*[357] –, so erscheint nach den Junimassakern, und in deutlicher Anspielung auf sie (Verse 24–28), der Ennui als der Hauptagent der Zerstörung der Wahrheit und des Lebens. Dieser Ennui, die Allegorie des Zeitalters, ist zugleich der Inbegriff des heuchlerischen Lesers, der in seinen Tagträumen sich all den Greueltaten hingibt, von denen sein Gedächtnis nichts mehr weiß. Den Leser denunziert Baudelaire nicht allein als den »Ungeneigtesten«, wie Benjamin schreibt[358], sondern als den gänzlich Unfähigen, aber gerade um dieser Unfähigkeit willen zum Schlimmsten Fähigen. Die Banalität seines Alltags ist nichts anderes als ein nicht restlos unbewußtes, aber gründlich verleugnetes Fortsetzen vergangener Blutgerichte und ein stumpfsinniges Ausbrüten künftiger. So ist diese Adresse an den Leser eine unerbittliche Analyse der bürgerlichen Gesellschaft des Nach-Juni, welche sowohl die Banalität des Bösen entdeckt – »Der Mensch ist eine vollständige Menagerie«, notiert Hebbel im September 1848 in sein Tagebuch[359] – als auch die grundsätzliche Wahrscheinlichkeit der Wiederholung von Katastrophen wie den gerade durchlebten konstatiert. Und insofern als *Au Lecteur* keinen Unterschied zwischen realen und nur phantasierten Verbrechen macht, darf man wohl von einer Katastrophe in Permanenz sprechen, als welche Baudelaire die Moderne erfährt: ein langes Herumwirbeln der Menschheit in einem Teufelskreis, das früher oder später in der Hölle enden wird. Mehr noch als das d'Aubigné-Motto, an welches es anknüpft, ist dies Gedicht zugleich Leseanweisung für den Lyrikband wie für den geschichtlich-gesellschaftlichen Kontext, in welchem Baudelaires »Blumen« gediehen: eine Leseanweisung, die nicht nur bis zur Commune, sondern auch nach zwei Weltkriegen, nach Auschwitz und Hiroshima noch ihre Aktualität bewahrte. Prognose und Beschwörung in einem, scheint *Au Lecteur* – ähnlich wie *Le Voyage*, das seit der 2. Auflage die *Fleurs du Mal* beschließt, oder das Projekt gebliebene Prosagedicht *La fin du Monde* – Benjamins Wort zu bestätigen, daß der Wille Josuas, den Weltlauf zu unterbrechen, der tiefste Wille in Baudelaire gewesen sei, auch wenn Baudelaire selbst einen solchen Willen dandyistisch in Abrede stellt.[360] Seine historische Skepsis, sein Pessimismus wird nie zur Resignation; Trauer und Melancholie enthalten bei ihm stets etwas Kämpferisches, einen Glutkern des Utopischen.[361] Vor allem aber ist er, bei allen »agitations« und »mélancolies« von einer in der Literatur des 19. Jahrhunderts vielleicht einzigartigen Luzidität: keiner dürfte wie Baudelaire die Fähigkeit zum Erfassen des gesellschaftlich Neuen mit der Fähigkeit zur Selbstanalyse verbunden haben. Von diesem Doppeltalent zeugt bereits *Au Lecteur.* Denn in das Bild der dem Ennui verfallenen postrevolutionären Öffentlichkeit ist das des Dichters eingeschrieben: Dieser ist nicht, wie es *Bénédiction* altmodisch genug postulieren wird, das Opfer einer pervertierten Gesellschaft, die strahlende Gegenfigur seines heuchlerischen Bruders, des Lesers; er krankt gleichfalls an dem Übel, das er dem Leser entdecken muß und das um so gefährlicher ist, als es keine wirklichen Schmerzen verursacht: Die Impotenz des Künstlers ist die Correspondance der Leere des Zeitalters. Mit beidem aber findet Baudelaire sich nicht ab: Er fordert das Übel wie das Böse heraus, indem er, vom ersten Gedicht der *Fleurs du Mal* an, das einschlägt, was Benjamin den »Passionsweg der Impotenz« genannt hat.[362] Dabei versucht er, den Ausfall des Leidens durch eine möglichst schmerzhafte Vergegenwärtigung des Übels wettzumachen. Wo der Appell ans Gedächtnis verhallt, versucht er es mit einer Schocktherapie und attackiert seinen Leser gewaltsam. Zeitlebens hat Baudelaire der Überzeugung gehuldigt, daß man Individuen wie ganzen Gesellschaftsgruppen die Vernunft einbleuen könne, ja müsse: und das Publikum ist das bevorzugte Opfer seines »Démon de combat«.[363] Gleichwohl glaubt dieser exzentrische Verfechter des Guten nicht ernstlich an eine heilsame Wirkung seiner Brutalität auf den Leser, der gegen jede Attacke gefeit ist: Dummheit, Hohlheit, Indifferenz, Heuchelei, Sentimentalität – seine Schwächen machen ihn unverletzlich. Die Denunziation des einen Lesers aber bedeutet einen Appell an einen anderen, der sich mit dem Dichter-Angreifer gegen den Angegriffenen identifiziert, weil er selbst unter dem hier beschriebenen Weltzustand leidet. Das *Épigraphe* der posthumen 3. Auflage wird die, hier nur erst implizite, Aufspaltung des Publikums in ein spießbürgerlich-saturiertes und ein antibourgeois-unzufriedenes deutlich entfalten:

Lecteur paisible et bucolique,
Sobre et naïf homme de bien,
Jette ce livre saturnien,
Orgiaque et mélancolique.

Si tu n'as fait ta rhétorique
Chez Satan, le rusé doyen,
Jette! tu n'y comprendrais rien,
Ou tu me croirais hystérique.

Mais si, sans se laisser charmer,
Ton œil sait plonger dans les gouffres,
Lis-moi, pour apprendre à m'aimer;

Ame curieuse qui souffres
Et va cherchant ton paradis,
Plains-moi! ... sinon, je te maudis!

(Friedfertiger und bukolischer Leser / Nüchterner und naiver Biedermann, / Wirf dies saturnische Buch / Dies orgiastische und melancholische Buch, wirf es fort. // Wenn du deine Rhetorikklasse nicht / Bei Satan absolviert hast, dem gerissenen Dekan, / Wirf es fort! Du verstündest doch nichts davon, / Oder du hieltest mich für hysterisch. // Doch wenn dein Auge, ohne sich bezaubern zu lassen, / In die Abgründe hinabzutauchen vermag, / So lies mich, damit du mich lieben lernst; // Neugieriges Herz, du, das im Leid / Unterwegs bist auf der Suche nach deinem Paradies, / Bemitleide mich! ... sonst verfluche ich dich!)

Diese Differenzierung vereinfacht aber das Bild des unverständigen Lesers, der nunmehr – wer weiß, aus welchen Gründen? – nicht mehr als ein einzelner vorgestellt wird, dem eine, wenn auch uneingestandene, Vertrautheit mit dem Bösen nachgesagt werden kann. Denn daß der Biedermann bei seinem analytischen Ehrgeiz gepackt und zu gemeinsamer Seelen- und Gewissenserforschung aufgestachelt werden sollte, wer mag daran schon glauben!

Bleibt hervorzuheben, daß der Angriff auf den gelangweilten Leser, der, wie die Zeit selbst, zum »Schwarzen Mörder des Lebens und der Kunst« *(Un Fantôme)* zu werden droht, in besonders auffälliger Weise mit der Evokation des im Revolutionsjahr 1848 aufgetretenen Risses zwischen politischem Schein und gesellschaftlicher Wirklichkeit, Fraternitätsheuchelei und repressivem Terror, verquickt ist, und daß dieser Schluß in der Paris-Apostrophe, welche als *Épilogue* zur 2. Auflage vorgesehen war, sein exaktes Gegenstück gefunden hätte:

> ... Tes reines de Théâtre aux voix enchanteresses,
> Tes tocsins, tes canons, orchestre assourdissant,
> Tes magiques pavés dressés en forteresses,
> Tes petits orateurs, aux enflures baroques
> Prêchant l'amour, et puis tes égouts pleins de sang,
> S'engouffrant dans l'Enfer comme des Orénoques,
> Tes sages, tes bouffons neufs aux vieilles défroques.

(Deine Theaterköniginnen mit den betörenden Stimmen, / Deine Sturmglocken, deine Kanonen, ein betäubendes Orchester, / Deine magischen Pflastersteine, aufgetürmt zu Festungen, / Deine kleinen Redner mit ihrem barocken Schwulst, / Welche die Liebe predigen, und dann deine Rinnsteine voller Blut, / Die wie ein Orinoko in die Hölle sich ergießen, / Deine Weisen, deine neuen Hanswürste im alten Plunder.)

Die dem Ennui bzw. dem Leser eingangs der *Fleurs du Mal* zugeschriebenen Exterminationsgelüste korrespondieren aufs engste mit der »Lust aufs Unendliche« der Hauptstadt des 19. Jahrhunderts, »die überall, selbst im Bösen, sich zeigt« (*Épilogue,* II) und die in den Aufständen und Revolutionen ebenso sich manifestierte wie in der hyperbolischen Versöhnungsrhetorik und den Strömen von Blut, welche im Anschluß an soviel Liebestrunkenheit flossen. Beim Studium der Pathologie der Großstadt und ihrer Bewohner, das zum »schmerzlichen Programm« sowohl der *Fleurs du Mal* als auch des *Spleen de Paris* gehört, taucht unweigerlich, und meistens unscheinbar wie in *Mademoiselle Bistouri,* eine Reminiszenz an die Junimassaker auf: als käme ihnen in Baudelaires Augen eine besondere Bedeutung für die Anamnese des »Mal«, des Übels, zu.[364] »Wo Erfahrung im strikten Sinn obwaltet, treten im Gedächtnis gewisse Inhalte der individuellen Vergangenheit mit solchen der kollektiven in Konjunktion.«[365] Die poetische Erfahrung, welche schon *Au Lecteur* herstellen will, verschmilzt Daten der individuellen wie der kollektiven Vergangenheit mit solchen einer Gegenwart, der des Second Empire, die ihre Ursprünge vergessen will, um an ihre Ewigkeit glauben zu können. *Au Lecteur* demonstriert, wie die Trunkenheit des Februar, die Erbitterung des Dezember und der Wahnsinn des Juni in eine Beziehung zu setzen sind zu den gewöhnlichen Perversionen der Subjekte, welche die Metropole bevölkern.

Révolte-Notiz und Verwandtes

Die vom Autor selbst brieflich als »détestable«[366] bezeichnete Vorbemerkung zum Révolte-Zyklus ist in jüngster Zeit so ausgiebig analysiert worden, daß hier nicht näher auf sie eingegangen werden muß. K. Biermann hat die Frage aufgeworfen, ob die ideologische Unschuldsbeteuerung dieser Notice nicht eigentlich eine Selbstbezichtigung sei, da sie den Leser des entpolitisierten Bürgertums von 1857 »auf die Möglichkeit einer politisch-kritischen Lektüre (...) überhaupt erst aufmerksam« mache.[367] Es dürfte die Eigenart nicht nur dieser Notiz, sondern aller einschlägigen Texte Baudelaires sein, daß sie zugleich eine Unschuldsmiene aufsetzen und Böses befürchten lassen: ihre dreist zur Schau gestellte Unschuld hat allemal etwas höchst Suspektes. Immer geben sie augenzwinkernd zu verstehen, sie hätten ein Geheimnis, man müsse sie nur recht drehen und wenden, um es herauszufinden. Auf den Gestus dieser Texte läßt sich anwenden, was Simmel an der Koketterie beobachtet: »... das Versagen, Sich-Entziehen ist hier mit dem Aufmerksam-Machen, Sich-Darbeiten, in einen unteilbaren Akt verschmolzen«.[368] Baudelaire selbst spricht gelegentlich von der »violente bouffonnerie« seiner Publikumsadressen.[369]

Die höchstwahrscheinlich vom Dichter selbst redigierten *Notes de l'éditeur,* Minierläuterungen zu einzelnen Gedichten der *Épaves* (Erstveröffentlichung Bruxelles 1866), weisen eine starke Ähnlichkeit mit der Révolte-Notiz auf.[370] Auch hier werden törichte, schmutzige und böswillige Auslegungen von Zeitungskritikern und, im Falle eines der neuabgedruckten *Pièces condamnées,* die »interprétation syphilitique« der Richter[371] sarkastisch dementiert durch seltsam wohlgesonnen klingende Gegendeutungen, welche in der lakonischen Versicherung gipfeln, der Poet habe am Ende doch zu Gott gefunden: »An dieser Stelle wendet der Verfasser der *Fleurs du Mal* sich dem Ewigen Leben zu. So mußte es ja enden. Man beachte, daß er, wie alle frisch Bekehrten, sich überaus streng und fanatisch gebärdet.«[372] Mit dieser impertinent lässigen Kurzfassung der Konvertitenprosa des späten Heine wird um Verständnis dafür geworben, daß der Verfasser von *L'Imprévu (Das Unvorhergesehene)* die Welt des Lesers in seinem Gedicht buchstäblich vom Teufel holen läßt, welchem er, an den Schluß von *Au Lecteur* anküpfend, die Verse in den Mund legt:

Avez-vous donc pu croire, hypocrites surpris,
Qu'on se moque du maître, et qu'avec lui l'on triche,
Et qu'il soit naturel de recevoir deux prix,
D'aller au Ciel et d'être riche?

(Wie konntet ihr nur glauben, überraschte Heuchler, / Daß man sich über den Meister lustig macht und ihn übers Ohr haut, / Und daß es natürlich ist, zwei Auszeichnungen zu erhalten: / In den Himmel zu kommen und reich zu sein?)

Zum Verständnis der besonderen Dreistigkeit der in den *Épaves* enthaltenen Leseanweisungen muß man sich vergegenwärtigen, daß Baudelaire hier, von belgischem Boden aus, bewußt als Vertreter der proskribierten Literatur auftritt. Die Revanche der imperialen Justiz ließ nicht auf sich warten, und nur der Tod ersparte dem Autor der *Fleurs du Mal* einen zweiten Prozeß: 1868 wurde sein Verleger zu einer empfindlichen Freiheitsstrafe und zu einer hohen Geldbuße verurteilt.

Projets de Préface

Vor dem Untersuchungsrichter habe er ausgesagt, sein einziges Unrecht habe darin bestanden, »auf das Verständnis der Allgemeinheit zu zählen und kein Vorwort zu schreiben, in dem ich meine literarischen Grundsätze erläutert hätte«.[373] Diesen Fehler hat er niemals mehr gutgemacht, blieben doch die Vorworte zur 2. und 3. Auflage im Entwurfsstadium stecken und das beinahe zwangsläufig, denn sie thematisieren die Aporien der Verständigung zwischen Dichter und Publikum. Mehr denn je kehrt Baudelaire hier den Dandy heraus, der mit seiner Botschaft, falls er denn noch eine hat, allein bleiben will, der sich von der Öffentlichkeit des neuen Paris, dem Zentrum der »bêtise universelle« nichts mehr erwartet. »Kann man sich einen Dandy vorstellen, der zum Volke redet, es sei denn, es zu verhöhnen?« heißt es in *Mon cœur mis à nu*.[374] Hier nun spricht ein »leidenschaftlicher Liebhaber des schönen Stils«[375] in höhnischer Absicht zum Volk seiner kleinbürgerlich-liberalen Leser, dessen politische Moral samt ihren literarischen Konsequenzen ihm ein Greuel ist. Aber der ideologische Gegner ist in diesen Texten nicht so klar bezeichnet wie in früheren; manchmal scheint es, als wolle der Dandy seine Publikumsbeschimpfung auf alle Gesellschaftsschichten ausdehnen. Frühere Anbiederungsversuche bei den Demokraten werden mit schroffer Feierlichkeit widerrufen: »Denn ich selbst habe, den löblichsten Anstrengungen zum Trotz, dem Wunsch, meinen Zeitgenossen zu gefallen, nicht immer widerstehen können, was aus einigen Stellen hervorgeht, wo ich manch niedrige Schmeichelei an die Adresse der Demokratie wie eine Schminke aufgetragen habe – und sogar ein paar Zoten, dazu bestimmt, daß man mir die Traurigkeit meines Gegenstands nachsehe. Doch da die Herren Journalisten sich als undankbar erwiesen, habe ich, so gut es eben ging, die Spuren jener Ausrutscher zu tilgen versucht.«[376] Man kann nur raten, welche Texte oder Passagen hier gemeint sind. Gewiß aber dürften Leseanweisungen wie das Motto d'Aubignés und die Révolte-Notiz, die ja tatsächlich in der 2. Auflage wegfielen, zu ihnen zu zählen sein. Die Ablehnung seiner Dichtung durch Rechte wie Linke mußte ihn in einer Überzeugung bestätigen, die er, gegen die »dumme und wütende Reaktion« des Nach-Juni wie gegen die Partei Hiob-Castilles gewendet, bereits 1851 geäußert hatte: daß ein »Parallelismus der Dummheit« besteht zwischen den antagonistischen ideologischen Interessengruppen, der sich u.a. darin zeigt, daß Konservative wie Sozialisten die Kunst gleichermaßen aufs Moralisieren festlegen, um sie in den Dienst der eigenen guten Sache stellen zu wollen.[377] In seiner Provokationslust setzt dieser späte Baudelaire sich wiederholt dem Mißverständnis aus, als wolle er nunmehr mit dem Kaiserreich sich verständigen, etwa wenn er den Demokraten droht, er werde seine Methode nächstens dadurch erproben, daß er das ihm Fremdeste verherrlichen werde: die »Wollust der Devotion« wie den »Rausch des Heldenruhms«.[378] Vor allem aber spricht er in diesen Entwürfen als Artist: über *das Machen* von Lyrik, über Stil, Reim, Prosodie, Satzbewegung, Ausdrucksmöglichkeiten und Nuancenreichtum der Poesie etc. Der Allusionismus der früheren Leseanweisungen – auch der der Anmerkungen zu den *Épaves* – fehlt hier; Baudelaire bemüht sich um kein neues oppositionelles Publikum mehr, er wendet sich nur an die *happy few,* die zugleich die *few unhappy* sind: an die nichtintegrierte literarisch-intellektuelle Elite seines Landes. »Wer Bescheid weiß, fühlt, was ich meine, und für die, die weder verstehen können noch wollen, könnte ich einen Berg von Erklärungen anhäufen: es bliebe doch umsonst.«[379] Wie in dem Widmungsbrief an die mysteriöse J. G. F., der den *Paradis artificiels* vorangestellt ist und von dem Baudelaire notiert: »Ich wünsche, daß diese Widmung unverständlich bleibt«[380], haftet der bald blasiert oder gar barsch, bald tief melancholisch klingenden Publikumsmüdigkeit Baudelaires ein sonderbares Pathos an, das mit ihrem latenten Satanismus zusammenhängen dürfte. Die Vorworte nach 1860 entsagen dem Anspruch auf brennende Aktualität oder tragen ihn bloß noch spielerisch vor, wie der Widmungstext des *Spleen de Paris* mittels der Schlangenmetapher es tut.[381] Oft erwecken sie den Anschein, als sollten sie den Text, den sie einleiten, gleichsam ins Totenreich, als Herolde des Verfassers, vorausschicken: »Was mich betrifft, kann ich der bestehenden Welt so wenig Geschmack abgewinnen, daß ich Lust hätte – ähnlich wie jene feinfühlenden und unbeschäftigten Frauen, von denen es heißt, sie schickten ihre Vertraulichkeiten mit der Post an erfundene Freunde –, bloß noch für die Toten zu schreiben.«[382] Seine provozierende Preisgabe der Aktualität bringt Baudelaire aber eine Aktualität ein, die unabhängig ist von bloßen Ereignissen: indem er darauf verzichtet, das Böse zu datieren, wird Baudelaire zu dem Phänomenologen und Analytiker der Moderne, als welcher er, mit einiger Verspätung, erkannt und anerkannt worden ist. Seine Vision der Moderne verdankt sich nicht zuletzt dem Verzicht auf die Attitüde des Visionärs (wie auf die des Rebellen oder des Paria) zugunsten der, schon bei Poe und Heine anzutreffenden, Zurschaustellung einer großstädtischen Reizbarkeit. Daß die »Hystérie« seiner »Muse des Derniers jours«[383] eine neue Schreibweise hervorzubringen vermag, welche die Schocks und Fährnisse des weltstädtischen Lebens zum Anlaß nimmt, das historisch und gesellschaftlich Verdrängte heraufzubeschwören, diesen Nachweis anzutreten bleibt dem spätesten Baudelaire, dem der *Tableaux Parisiens* und des *Spleen de Paris,* vorbehalten. Diese, auf den ersten Blick nicht selten unscheinbaren Prosagedichte markieren nicht nur eine künstlich gesteuerte Wiederkehr des Verdrängten, sie bedeuten darüber hinaus die Wiederauferstehung sowohl der Poesie als auch der Philosophie der Revolution, an der Proudhon, Herzen, Heine, Marx und der junge Baudelaire selber gearbeitet hatten, und dies in einer neuen, buchstäblich fragwürdigen Gestalt: als die Tagträume eines düsteren Einzelgängers, der, dem neuen napoleonischen Paris zutiefst entfremdet, im Gewühl der Menge der unwiederbringlich verlorenen Vergangenheit habhaft zu werden sucht,

> Charme profond, magique, dont nous grise
> Dans le présent le passé restauré!
> (*Un Fantôme,* II)

(Tiefer, magischer Zauber, mit dem uns berauscht / In der Gegenwart die wiederhergestellte Vergangenheit!)

Die Melancholie des einsamen Flaneurs bewirkt das Aufflammen von Visionen eines insurrektionellen Paris mitten in Glanz und Finsternis des Zweiten Kaiserreichs, von Visionen freilich, denen die romantische Naivität der 48er verloren ging und die ihre eigene Negation in sich tragen.

VI. Aufklärerischer Wahnsinn: Über drei Prosagedichte des *Spleen de Paris*

Kranksein ist lehrreich...

Friedrich Nietzsche, *Zur Genealogie der Moral*

Ironisches Spiel mit dem Bösen

Den drei im folgenden zu kommentierenden Prosagedichten des *Spleen de Paris – Le Mauvais Vitrier (Der schlechte Glaser), Assommons les Pauvres! (Nieder mit den Armen!)* und *Le Gâteau (Der Kuchen)* – ist zunächst das gemein, daß sie Erfahrungen schildern, die einen deutlich fiktiven und theoretisch-experimentellen Charakter haben, und daß sie jene Erfahrungen für wirkliche, vom »Ich« der Texte selbst erlebte Begebenheiten ausgeben. Alle drei bieten höchst befremdliche Ansichten dessen, was Baudelaire das »Heldentum des modernen Lebens« oder allgemein »la modernité« nennt; diese Ansichten werden jeweils mit fremden – mehr oder minder schlechten – Texten, deren mehr oder minder satanische Widerlegung sie bezwecken, in Zusammenhang gebracht. Der Text reagiert also auf Lektüren, die sich ihrerseits auf einen gemeinsamen Nenner bringen lassen: Allen geht es um Grundprobleme der Politik, um die »soziale Frage«, die sie in sentimentaler Weise aufgreifen und optimistisch als lösbar, wo nicht als virtuell bereits gelöst darstellen. Baudelaire tritt in und mit seinem *Spleen de Paris* einer politischen Philosophie entgegen, die dort am massivsten gepredigt wurde, wo er seine eigenen Prosagedichte in den sechziger Jahren mit mäßigem Erfolg zu lancieren versuchte: in der Tagespresse. Der Widmungsbrief an Arsène Houssaye jedoch zeigt im ironischen Herunterspielen von Absicht und Tragweite dieser neuen Sorte von Texten, daß Baudelaire seit seiner Verurteilung dazugelernt hat. Er posaunt seine Absicht, der Verdrängung des »Mal« sich widersetzen zu wollen, nicht mehr in die Welt hinaus, sondern versichert beflissen, daß es ihm auf den Komfort auch des Lesers ankomme. Und wenn er seinen Traum vom »Wunder einer poetischen Prosa« eingesteht, die »musikalisch ohne Rhythmus und ohne Reim wäre, biegsam und schroff genug, um sich den lyrischen Bewegungen der Seele, den Wellenlinien der Träumerei wie den plötzlichen Stößen des Bewußtseins

Zorn und Melancholie bei Daumier: *Die Emigranten von 1848* (Basrelief)

anzupassen«[384], dann scheint dieses Ideal verschwommen und unverbindlich genug, um ihm einen Platz im Feuilleton zu sichern. Nur die Metapher für die Struktur des Textensembles, die der Schlange, ist eine spielerische Warnung und Reminiszenz an frühere Leseanweisungen. Die einzelnen Segmente der Schlange machen allerdings bald deutlich, daß der melancholische Einzelgänger der *Petits poèmes en prose* das Programm der *Fleurs du Mal* so konsequent wie radikal fortführt, wobei er nicht selten den Part nicht nur des *advocatus diaboli,* sondern des Teufels selbst oder eines Besessenen übernimmt. Doch ist Baudelaires Satanismus kein Zynismus[385], der mit den Mächtigen paktieren oder alles gleichgültig dem Untergang weihen würde; sein Satanismus ist noch nicht einmal, was man angesichts der Betonung seiner Einsamkeit, seines Andersseins und seines Dandyismus vermutet hat, ein Beharren auf der souveränen Subjektivität, eine Technik, »Außeralltäglichkeit blasiert ins Offensive zu wenden und (diese) mit provokativen Mitteln zu demonstrieren«, wie es Jürgen Habermas, seinerseits leicht sarkastisch, formuliert hat.[386] Baudelaires Satanismus ist zuallererst eine Antwort auf den zeitgenössischen Diskurs des guten Gewissens, auf den unbewußten Zynismus, die treuherzige Verlogenheit der »guten Menschen«, die er nicht minder entschlossen bekämpft als Nietzsche, allerdings in einem entscheidend anderen Sinne: Baudelaire wird niemals zum Immoralisten, der eine Lanze für das Böse bräche. Der Sataniker Baudelaire steht Freud näher als Nietzsche, welcher gesagt hat, der Mensch brauche das Böse in sich nur zu erkennen und anzuerkennen, um es zu überwinden.[387] Weit entfernt davon, das Böse wie Zarathustra für »des Menschen beste Kraft«[388] anzusehen, warnt Baudelaire dringend und unermüdlich vor der »aufgeklärten« Verharmlosung des Bösen. Dabei beruft er sich, wie ein halbes Jahrhundert nach ihm Freud, sowohl auf individualpsychologische Beobachtungen wie auf zeitgeschichtliche Erfahrungen.[389] Das Irreführende des Baudelaireschen Satanismus besteht darin, daß er sich den Anschein gibt, als wolle er das Böse mit dem Bösen bekämpfen, den Teufel mit dem Beelzebub austreiben. Die demonstrative Bosheit mancher seiner Gedichte ist jedoch keineswegs für eine Modernität im Sinne Nietzsches oder Batailles zu reklamieren, mit dessen puerilen Kategorien des »Heterogenen« oder des »Unmöglichen« Baudelaires Ruf nach dem Neuen zu Unrecht in Zusammenhang gebracht wird.[390] Wenn Baudelaires Gestalten das Böse tun, geschieht das nicht, wie bei Bataille, aus reiner Lust an der Übertretung und erotischem Mystizismus, sondern als gezielter Protest gegen das banale Böse des bürgerlichen Alltags wie als Erinnerung daran. Zwar sieht es oft so aus, als ob bloß der Dandy sich selbst und den eigenen Zynismus in Szene setzen wolle. In den drei Texten, die uns hier beschäftigen sollen, werden aus nichtigem Anlaß ein Arbeiter mißhandelt und um seine Ware gebracht, ein alter Landstreicher halbtot geschlagen, und in *Le Gâteau*, wo nicht das erzählende Ich selbst sich an den kleinen Leuten vergreift, zerfleischen sich diese untereinander. Die Tendenz solcher Texte scheint nachgerade nicht eben volksfreundlich oder wohlwollend zu sein, und somit in Sartres Bild von der misanthropen Verfassung der Literatur nach 1850, welche diejenige der Gesellschaft nur widerspiegele bzw. vorwegnehme, gut hineinzupassen. *Assommons les Pauvres!* – War das nicht die geheime Losung des Monopolkapitalismus, die Baudelaire zu seiner eigenen machte? So fragen kann nur, wer den Kontext sowohl der Gedichte selbst wie den der zeitgenössischen Publizistik nicht weiter beachtet. Man hat sich zu vergegenwärtigen, wie unerhört Texte wie die hier ausgewählten damals waren und noch heute wären, wenn jemand etwas dergleichen im Zeitungsfeuilleton unterbringen wollte. So unerhört war der neue Ton des *Spleen de Paris*, daß die Redakteure sich bemüßigt fühlten, die schrillsten dieser Texte gar nicht erst zu publizieren und die Leser sich in hellen Scharen gegen jegliche Fortsetzung der Publikation aussprachen, weshalb die *Petits poèmes en prose* als Gedichtsammlung erst 1869 veröffentlicht wurden. Nie zuvor war ein Lyriker gegen das *proton pseudos* der Presse – empfindsame Urbanität, unabhängige Berichterstattung bei prinzipieller Komplizität mit den bestehenden Verhältnissen – rigoroser vorgegangen. Diese Texte sind Attentate auf die Moral der Medien, aber sie sind mehr als das: Denkanstöße und vermittelte Handlungsanweisungen für die Opfer und Düpierten des modernen Fortschritts. Und weil er, um wenigstens theoretisch die Chance zu wahren, seine Adressaten zu erreichen, keinesfalls als Demagoge, Tribun, als Nachfolger oder Rivale der Blanqui, Proudhon, Raspail oder auch der Borel, Barbier, Pierre Dupont, der Sue, Lamennais, Hugo, Heine und *tutti quanti* auftreten darf, gebärdet sich ihr Verfasser statt als Antreiber als ein Getriebener, als Bourgeois- und nicht als Volksverhetzer.

Gewalt als Kunststück im »Mauvais Vitrier« und in »Assommons les Pauvres!«

Wie Baudelaire wohlfeile Sozialweinerlichkeit kritisiert, mag ein Vergleich seines *Mauvais Vitrier* mit dem *Chanson du Vitrier* Arsène Houssayes verdeutlichen. Der Mann, dem der *Spleen de Paris* insgesamt zugeeignet ist, eine schillernde Größe des zeitgenössischen Literaturbetriebs – ebenso erfolgreich als Theaterdirektor, als Zeitungs- und Zeitschriftenherausgeber wie als Börsen- und Grundstücksspekulant, verunglückter Kandidat für ein Abgeordnetenmandat der Republik und 1851 mit fliegenden Fahnen zum kleinen Napoleon übergelaufen, für den er die Hymne *L'Empire, c'est la Paix* dichtete – hatte, wie Baudelaire im Widmungsbrief schreibt, »versucht, den durchdringenden Schrei des *Glasers* in ein *Chanson* zu übersetzen, und in lyrischer Prosa all jene trostlosen Ideen auszudrücken, welche dieser Schrei durch den dichten Dunst der Straße hindurch bis zu den Dachstuben hinaufschickt«.[391] Doch ist Baudelaires freie Wiedergabe seiner Vorlage schon mehr eine Fingerübung und Ankündigung des eigenen Textes denn eine getreue Würdigung des fremden. Als typischer Zeitungsschreiber und Vertreter derer, die Marx »die ideologischen Kretins der Bourgeoisie«[392] nennt, macht Houssaye die Sentimentalität zur Grundlage seines Textes, so daß Baudelaire sein Vorbild zunächst einmal vom Herzen auf die Füße stellen muß. Wo der Philantrop überfließt vor Mitleid mit dem Handwerker, der, weil die Kundschaft ausbleibt, die Mäuler der im Elendsquartier auf ihn wartenden Seinen nicht stopfen kann, zeigt der Sataniker sich von empörender Unempfindlichkeit gegen das harte Los des Proleten; wo der Feuilletonist dem Armen das Wort erteilt, damit er sein Elend aufs ergreifendste schildere[393], gesteht sein Kritiker dem Titelhelden und *Mauvais Vitrier* nur einen stummen, überdies wenig ehrenhaften Part zu. Wo Houssayes Glaser seine Scheiben selbst zerbricht, weil er zu schwach ist, nach dem Glas Wein, das der Bürger ihm spendiert, sich noch auf den Beinen zu halten, zerschmeißt Baudelaires Ich-Erzähler die »gesamte armselige Hausiererware« mittels eines Blumentopfs, eines an sich biedermeierlichen Requisits, das er von der Höhe seiner Dachwohnung auf den Ärmsten hinabschleudert. Allerdings ist auch die Situation des Dichters selbst bei Baudelaire eine entschieden andere: Die Viertel der Armen sind für ihn keine Sage mehr, von der man mit Schauder sich erzählen läßt; er hat selbst mit ihnen Bekanntschaft machen müssen. Dem deklassierten Autor ist das Bedürfnis nach proletarischer Schauerromantik fremd. Die humanitäre Literatur der Presse, für welche Houssayes Text noch in seiner absoluten Fadheit beispielhaft ist, erinnert an das Elend der Elenden, indem sie zugleich die entschuldigt, die im Geruch stehen, davon zu profitieren. Statt zur Abschaffung der Misère lädt sie zu Gesten der Menschlichkeit ein, die die Armen mit ihrem Los und der Gesellschaft versöhnen sollen: Zwar kehrt Houssayes Glaser vom gemeinsamen Wirtshausbesuch mit leeren Händen zurück und doch, so wird uns versichert, war die verlustreiche Begegnung mit dem Dichter für ihn lohnend, nicht etwa, »weil er auf Nächstenliebe gestoßen war, sondern weil die Brüderlichkeit mit ihm angestoßen hatte«.[394] Dieser bieder heuchlerischen Version einer »herrschaftsfreien Kommunikation« zwischen dem empfindsamen Bürger und dem christusähnlichen Proleten stellt Baudelaire im *Spleen de Paris* ein Kommunikations- und Verhaltensmodell entgegen, das nur als Kommentar zum süßlich philanthropischen Urtext des Jahrhunderts zu verstehen ist. Was Baudelaire im *Mauvais Vitrier* – aber auch in *Assommons les Pauvres!*, in *Le Gâteau* und anderen Prosagedichten – unternimmt, ist die Bloßlegung der öffentlichen Moral in Form einer Selbstdenunziation. Der Gestus der Herzensentblößung dient bei ihm ebenso der

Selbstdarstellung und -behauptung des Außenseiters wie der Exhibition des Innenlebens der Mitläufer und Normalverbraucher. Sein Satanismus mystifiziert und provoziert das Publikum in einem: er provoziert, weil er eine intransigente Andersartigkeit darstellt, die brutal gegen den Code der Mitmenschlichkeit bzw. der Fraternité verstößt, und er mystifiziert, indem er diese Alterität als eine – sei es gewollt dandyistische, sei es unfreiwillig pathologische – Abweichung von der Norm präsentiert, und nicht etwa als die logische Antwort auf eine nirgends beim Namen genannte gesellschaftliche Praxis. Im *Mauvais Vitrier* wie in *Assommons les Pauvres!* erklärt Baudelaire das Handeln seiner Ich-Erzähler ironisch als das von Exzentrikern, lenkt bewußt die Aufmerksamkeit auf den pathologischen Aspekt ihres Tuns, als sei er der allein interessante. Doch daß es ihm nicht um eine bloße Psychopathologie von Städtebewohnern zu tun ist, geht daraus hervor, daß er medizinisch-psychiatrische Erklärungen für jene gefährlichen Temperamentsausbrüche sarkastisch von sich weist. Nicht krankhaft seien solche spontanen Ausfälle, sondern satanisch. Und als satanische geben sie Modelle einer »Plötzlichkeit« ab, einer Plötzlichkeit jedoch, die nicht nur intellektuelle und ästhetische, sondern auch politische Implikationen hat: Baudelaires satanische Plötzlichkeit ist der Modus der fiktiven Umsetzung theoretischer Ahnungen oder Intuitionen in eine Praxis, die auf vertrackte Weise *au service de la Révolution* ist.[395] Wenn der Erzähler im *Mauvais Vitrier* sich zeitweise den Anschein gibt, er schäme sich dafür, das gefügige Werkzeug dämonischer Mächte abgeben zu müssen, »die... uns ihre absonderlichsten Launen verwirklichen lassen«[396], bekennt er sich im vorletzten Gedicht des *Spleen de Paris* aufreizend selbstbewußt zu seinem Dämon, der den des Sokrates noch darin übertreffe, daß er nicht bloß ein negativer Ratgeber sei, sondern darüber hinaus ein zum Handeln anspornender. »Der arme Sokrates besaß bloß einen verbietenden Dämon, der meinige dagegen ist ein großer Jasager, der meinige ist ein Dämon der Tat, ein Dämon des Kampfes.«[397] (Folglich wäre sein Dämon denjenigen, welche die Konservativen in die Umstürzler des Revolutionsjahrs 1848 hineinprojizierten, artverwandter als dem des Sokrates.) Auch fällt die Bewertung des Vorgehens gegen den Glaser vorsichtiger aus als die des Handstreichs gegen den Bettler. Der erste Übergriff scheint buchstäblich einer bösen Laune entsprungen, der aberwitzige Akt eines labilen, »destruktiven« Charakters, den zu bereuen den Erzähler nur sein Stolz hindert. Die Exekution des Bettlers hingegen ist das vorläufige Ergebnis spontaner Theoriebildung im Widerspruch gegen schlechte politische Theorien, die sich alsbald als eine Maßnahme der Revolutionspropädeutik herausstellt, den Nachweis der Richtigkeit jener vom Dämon eingeflüsterten Idee erbringt und deren Propagierung rechtfertigt.[398] Gleichwohl besteht kein Widerspruch zwischen dem *Mauvais Vitrier* und *Assommons les Pauvres!*, wie auch kein Widerspruch zwischen diesen beiden satanischen Tendenzgedichten und andern Texten des *Spleen de Paris* besteht, wo die tiefe Parteilichkeit des Dichters, sein Mitgefühl mit den Erniedrigten und Beleidigten keiner umständlichen Entschlüsselung bedarf. Angesichts des grausamen Exempels, das der Ich-Erzähler an dem schlechten Glaser statuiert, übersieht man leicht, daß hier nicht einfach ein intellektueller Dandy an einem Angehörigen der Unterschichten sich vergeht, sondern daß der Dichter als Armer und somit als wahrhaft berufener Volksvertreter sich auflehnt gegen die Zumutung einer unendlichen Reproduktion der freudlosen Prosa der *condition ouvrière*, die in gewisser Hinsicht seine eigene ist. Daß er sich dabei, in Ermangelung der nicht ohne weiteres greifbaren wirklichen Verantwortlichen, am Falschen vergreift, ist ein zweitrangiges, keineswegs verschwiegenes Problem des Textes. Der Glaser wird als ein armer Teufel und nicht etwa als ein Schuldiger dargestellt; er selbst ist nichts anderes als der Auslöser einer im Erzähler lange schon gärenden Unzufriedenheit mit den Verhältnissen, die dem Glaser, in seiner Eigenschaft als berufsmäßiger Kitter und Instandsetzer, eines Morgens unverhofft angelastet und (in seiner Ware) zerschmettert werden. Der Vergleich des beim Bersten seiner Glasscheiben entstehenden Lärms mit dem Zerspringen eines Kristallpalasts, in welchen der Blitz eingeschlagen hätte, verrät, worauf die Phantasien des Erzählers von einer *»action d'éclat«* insgeheim abzielen: auf repräsentative Bauwerke der angeblich so schönen Welt des neuen Paris, jene Tempel des Konsums etwa, die auf den Weltausstellungen oder – in kleinerem Format – auf den großen Boulevards zu bewundern waren. Der Schriftsteller, ein symbolischer Attentäter, vergreift sich am neuen Paris, indem er die ewige Wiederkehr der gleichen Schäbigkeit, wie sie in den Vorstädten sich ereignet, anprangert. Er protestiert mit dem strategischen Schrei: *»La vie en beau! la vie en beau!«* gegen die strategische Verschönerung von Paris wie auch gegen die

Schönheit, die den Begüterten das Leben versüßt. (Letztere wird in *Les Yeux des Pauvres* mit bitter genüßlicher Ironie beschrieben.) Doch darf Baudelaires Ruf nach einem Leben in Schönheit nicht als der nach einer Beteiligung der ärmeren Schichten am kapitalistischen Luxus mißverstanden werden. Er will diese Welt nicht verbessern, er will eine andere. Aber von der geforderten anderen Welt glaubt er zu wissen, daß sie vorderhand nicht anders zu haben sei denn als Wunschvorstellung, als Entwurf. Für ihn als Künstler ist die einzige Weise, der Utopie des schönen, des besseren Lebens – eine Utopie, in der sich tatsächlich das Schöne mit dem Wahren und Guten verschränkt – eine Art Wirklichkeit zu verleihen, der Text. Der Text ist der natürliche Ort der Utopie, aber es gehört zu seinem Wesen, daß er über sich selbst hinausweist auf die wahre Wirklichkeit, die der Praxis.

Die Anekdote von der Bestrafung des Glasers lebt nicht zuletzt aus der Spannung zwischen der Empirie der Alltäglichkeit, von der sie das Moment des Meskinen und Lächerlich-Vergeblichen festhält und der alle Fesseln sprengenden, sublimen Aggressivität der poetischen Träumerei, der Spannung also zwischen dem seltsam verfremdeten Pariser Genrebild des seinen Blumentopf in die Tiefe stoßenden Dachkammerpoeten und der Halluzination vom zerspringenden Kristallpalast. Der Gestus des Erzählers ist eine prosaische Variante des Schwanengestus, eine wahnsinnige Insurrektion ohne die Schönheit der metaphysischen Aufwärtsbewegung. Doch das stumme Begehren des weißen Vogels ist letztlich mit dem lauten des vom Dämon beflügelten Dichter-Erzählers identisch: beide rufen nach dem befreienden Blitzschlag, der die vorhandene Welt reinigen und in eine schöne, lebenswerte verwandeln würde. Nur daß es im *Mauvais Vitrier* nicht bei der stummen Gebärde bleibt: der Erzähler schreitet zur Tat und der Blitz schlägt wirklich ein. Trotzdem ist auch dem Prosagedicht so gut wie dem *Cygne* ein Wissen um die Vergeblichkeit solcher wahnsinniger Gesten, hier »plaisanteries nerveuses« genannt, eingeschrieben – was aber wiederum nicht heißt, diese Gedichte zeugten von einer Bereitschaft zur Resignation. Vielmehr trifft das Gegenteil zu. Baudelaire ist sich darüber im klaren, daß seine poetischen Aggressionen den Lauf der Dinge kaum beeinflussen können, daß seine Text-Blitze und Raketen an der Wirklichkeit abprallen. Gleichwohl fährt er fort, Blitze zu schleudern und Raketen abzufeuern: nicht, um die Realität selbst zu versengen, sondern um Sachverhalte zu treffen und die Vorstellungskraft des Publikums zu frappieren. Seine Texte sind das Wetterleuchten der Freiheit am publizistisch-politischen Horizont einer Zeit, die schon geneigt war, sich für eine Posthistoire zu halten, sich also aufzugeben. Sie enthalten sowohl Ermunterungen wie Warnungen. Warnungen an die mit dem *status quo* Einverstandenen vor dem ewig und überall schwelenden Feuer irgendeines »Wahnsinns«, der verheerende Folgen haben kann, Ermunterung an die Umgetriebenen, die Träumer und Schüchternen, daß ihnen plötzlich ungeahnte Kräfte zufließen könnten, und Warnungen an dieselben, sofern sie sich der Illusion hingeben wollten, ihren Augenblicksrevolten werde Dauer beschieden sein. Die Selbstkritik wird freilich vom letzten Satz des *Mauvais Vitrier* relativiert, der das unendliche Glück der Revolte als Entschädigung nicht nur für ein Leben im Elend, sondern darüber hinaus für »die Ewigkeit der Verdammnis« feiert. Auf diese Weise erklärt Baudelaire die Insubordination des neurotischen Großstädters zur modernen Form des Faustschen Teufelspakts, ein Motiv, das *Assommons les Pauvres!* aufnimmt. So wie im *Vitrier* Fausts »Werd ich zum Augenblicke sagen...« wird dort sein geistiges Vermächtnis, jenes

> Ja! diesem Sinne bin ich ganz ergeben,
> Das ist der Weisheit letzter Schluß:
> Nur der verdient sich Freiheit wie das Leben,
> Der täglich sie erobern muß!

abgewandelt, auf den geschichtlich jüngsten Stand gebracht und in die Tat umgesetzt. Darum wird Banvilles Kennzeichnung Baudelaires als eines »Goethe en colère« diesem eher gerecht als vergleichbare Formeln von Jules Vallès – »Boileau hystérique«, »fanfaron d'immortalité« –, von Bert Brecht – »katilinarische Existenz«, »Dolchstoß in den Rücken Blanquis« – oder von Jürgen Habermas, dem Baudelaire als »der Experte für das flüchtige Pläsier des Augenblicks, aus dem das Neue hervorquillt«[399] erscheint. Solche Fehleinschätzungen beruhen auf der Verkennung des besonderen Appellcharakters von Baudelaires Gedichten, welche sich, mit einem dämonischen Unterton, an die Kräfte nicht des Rausches, sondern des Widerstands, des geistigen und des tätigen Widerstands wenden. Das buchstäblich schlagendste Beispiel dieses Appellcharakters ist *Assommons les Pauvres!* Doch das Experiment, das hier durchgeführt wird, zeichnet sich bereits im *Mauvais Vitrier* als denkbar ab. Dessen Erzähler, selbst eine Randexistenz, vermag urplötzlich, dank einer neuerlichen Kränkung, zu ungeahnter Energie sich aufzuschwingen: Und nun rüttelt der sonst so Apathische an den Grundfesten der bürgerlichen Ordnung wie Kafkas Hungerkünstler beim Erscheinen der Photographien an den Gitterstäben seines Käfigs. Die Prämisse beider Prosagedichte ist dieselbe: daß der Leidensdruck der Wirklichkeit nur intensiv genug sein muß, um selbst bei den Schwächsten noch Reserven der Empörung freizusetzen, die ihre Lage – und die Wirklichkeit – schlagartig verändern können. Der spätere Text vollzieht jedoch die Wendung vom extravagant Anekdotischen ins Philosophische sehr viel deutlicher. Nun sind nicht mehr exzentrische Träumer oder Bohemiens die Referenzpersonen, sondern Sokrates zum einen und die Theoretiker des Sozialismus wie des Konservativismus zum andern. Auch geht es nicht mehr allein um die Genugtuung, die dem isolierten einzelnen ein, wie immer auch sinnloser, Akt der Revolte zu gewähren vermag, sondern prinzipiell um die Frage, wie aus scheinbar ewigen Besiegten freie Menschen werden können, und damit auch um das Problem der revolutionären Inaktivität der durch den Aderlaß von 48 geschwächten, durch die philanthropische Sozialpolitik Napoleons III. womöglich noch verweichlichten französischen Arbeiterklasse. Auch hier geschieht eine Demonstration der »Theorie«, einem Baudelaireschen Darstellungsprinzip entsprechend, in grotesker Verkürzung, trickfilmartiger Geschwindigkeit. Der Bettler, an sich ein erbarmungswürdiger, sprachloser Greis, wird von dem leidenschaftlichen Liebhaber schlechter Lektüre, der sich zwei Wochen lang »mit sämtlichen Elukubrationen sämtlicher Unternehmer der öffentlichen Wohlfahrt«[400] auseinandergesetzt hatte, halbtot geschlagen. Dann aber geschieht das Unerwartete, dem Erzähler von seinem Dämon jedoch als logische Folge seines Experiments Vorausgesagte: Das »uralte Knochengestell« richtet sich auf und zahlt dem Angreifer seine Brutalitäten nicht nur nach dem Gesetz der Talion, sondern doppelt heim. Der malträtierte Erzähler erklärt daraufhin hochbefriedigt die Diskussion für beendet und bietet dem Auferstandenen, indem er ihn als »mon égal« behandelt, die Hälfte seines Geldes an. Man kann darin eine böse Version des 1848 vielbeschworenen Lazarus-Wunders sehen, demzufolge ein Dichter-Christus den Lazarus Volk zu neuem Leben erwecken sollte: eine Parabel ohne Kitsch und

Erbaulichkeit, ein Wunder, das die reine Logik vollbracht hätte. Gewisse Aspekte der Marxschen Theorie von der Emanzipation des Proletariats sind hier als satanische Parabel formuliert. Freilich tritt die poetische Theorie nicht als Wissenschaft und als Doxa auf, sondern als Paradox, als Denkspiel, Provokation oder, wie Heine sagen würde, als Schnurrpfeiferei. Ihr Unernst, ihr ostentatives Schwelgen in der Ironie wie im Stil ist es, was diese Theorie sowohl mißverständlich als auch genießbar macht.

»Le Gâteau« oder Die Sprache des Hungers

Das Prosagedicht *Le Gâteau* nimmt im *Spleen de Paris* eine Sonderstellung ein, denn hier gibt sich der Flaneur als Naturfreund, als einsamer Wanderer, der seine Melancholie mit bewährten, Rousseauschen Mitteln kurieren zu wollen scheint und zu diesem Behufe der sprichwörtlichen Erhabenheit der Bergwelt sich überantwortet. Stellenweise gemahnt denn auch die Schilderung des Aufstiegs an gewisse romantische Naturtexte, die *Nouvelle Héloïse* zumal, in welchen die Ekstase dessen gepriesen wird, dem es gelingt, dem verderbten Flachland der Zivilisation zu entfliehen und in ein Reich der Schönheit und Unschuld zu gelangen. Anders als Rousseau, Chateaubriand oder Senancour beeilt Baudelaire sich jedoch, auf Schatten über der Naturidylle hinzuweisen und vor allem darauf, daß seine beginnende Hochstimmung sich einem Aussetzen des Gedächtnisses verdankt. Für Baudelaire ist kein Naturgenuß mehr möglich ohne die Bereitschaft, das eigene Wissen um die Verfassung der Welt hintanzustellen. Die Katharsis der Natur wird allein dem noch zuteil, der willens ist – und sei es wider besseres Wissen –, mit dem Zeitgeist sich auszusöhnen und so leichtgläubig zu werden wie ein Zeitungsleser. Infolgedessen kommt die Erzählung von der flüchtigen Anfälligkeit für das Glück des Touristen einem Bekenntnis gleich: »Kurzum, ich fühlte mich, dank der begeisternden Schönheit um mich her, in völligem Einverständnis mit mir selbst und dem Universum; ja ich glaube, daß ich in meiner vollkommenen Glückseligkeit und meinem gänzlichen Vergessen alles Bösen der Erde dahin gekommen war, die Zeitungen, die da behaupten, der Mensch sei von Natur aus gut, nicht mehr ganz so lächerlich zu finden ...«[401] Genau an dieser Stelle kippt der Text um, stellt sich das gesamte romantische Exordium als bloßer Vorwand für die eigentliche Demonstration heraus, die den Hauptteil des Gedichts in Anspruch nimmt, und auf die der Titel in nicht zu erratender Diskretion vorausdeutet. Der Moment, wo der banalsten Versuchung des Touristen: die Welt für schön zu erklären, erfolgreich widerstanden wird, wo die unzeitgemäße Naturfrömmigkeit in ein Gefühl umschlägt, das dem Subjekt wie der Realität angemessener ist, ist der Moment, wo der Hunger sich meldet. Dafür findet Baudelaire eine großartige Formulierung, die an sich schon eine Kritik des Idealismus enthält. Der letztzitierte Satz fährt fort: »... nicht mehr ganz so lächerlich zu finden, als die unheilbare Materie von neuem ihren Tribut forderte und ich daran dachte, die Folgen des so langwierigen Aufstiegs, Müdigkeit und Hunger, zu beseitigen.«[402] Die Erinnerung an die Macht der Materie, für die es zu Beginn von *Assommons les Pauvres!* ein bedenkenswertes Gegenstück gibt, löst die Handlung des Textes aus, die letztendlich eine Vision des Hungers darstellt. Die Szene vom Kampf zweier Wichte um ein Stückchen Brot, das sie Kuchen nennen, erinnert in ihrem grotesken, halluzinativen Charakter sowohl an das Duell zwischen Dichter und Bettler in *Assommons les Pauvres!* als auch an die *Sept Vieillards* aus den *Tableaux Parisiens*, in denen derselbe Mensch nicht nur doppelt, sondern siebenfach auftritt, ohne daß seine Wiederkehr gleichnishaft zu deuten wäre. Demgegenüber wird diese Naturvision des Menschen nicht als ein Anfall von Umnachtung, sondern als Parabel kenntlich, läuft die Verstörung auf eine Erkenntnis, eine Moral hinaus, auch wenn diese nicht ausdrücklich ausgesprochen wird. Anders als in den *Sept Vieillards* wird der Wahnsinn hier vermieden, weil der Erzähler – dank seinem eigenen Geschenk, der Scheibe Brot – ein Unterscheidungskriterium besitzt, das ihm hilft, die zwei ursprünglich gleichen Homunkuli auseinanderzuhalten. Da nur der erste beschenkt wurde, der zweite aber leer ausging, sind die beiden kleinen Wilden zu zwei antagonistischen Typen geworden: zum »rechtmäßigen Eigentümer« und zum »Usurpator«. Der sich zwischen diesen beiden entspinnende Zweikampf ist keineswegs, wie Jean Starobinski es um seiner Parallele zur neunten von Rousseaus *Rêveries du Promeneur solitaire* willen annimmt, als eine Balgerei von Kindern aufzufassen, noch hat der Text etwas mit Baudelaires Theorie der Kindheit und der Erbsünde zu tun.[403] Vielmehr handelt es sich um eine bewußt surnaturalistische Variante, um eine Phantasmagorie archaischer Bruder- wie zeitgenössischer Klassenkämpfe. Der vermeintliche Akt der Großmut steht am Anfang des Zerwürfnisses zwischen den beiden Brüdern; ohne es zu wollen, handelt der Tourist wie der Gott Kains und Abels, der den einen bevorzugt, den andern leer ausgehen läßt.[404] Dadurch, und nicht etwa durch ein im Menschen von Anbeginn an schlummerndes Böses, kommt es zu jenem »wahrhaft brudermörderischen Krieg«, der am Ende kopfschüttelnd zur Kenntnis genommen, aber in seiner Genese nicht recht verstanden wird. Die Begriffsstutzigkeit des teilnehmenden Beobachters und Erzählers sollte freilich den Leser selbst stutzig machen. Mit seiner Schlußfeststellung: »Es gibt also ein herrliches Land, wo das Brot *Kuchen* heißt und ein so seltener Leckerbissen ist, daß es genügt, um einen wahrhaft brudermörderischen Krieg zu entfesseln!«[405] täuscht jener noch immer die Distanz zu dem Verdrängten vor, das doch soeben in Form der Halluzination in ihm aufgestiegen ist. Verschwiegen wird, daß dieser negativen Utopie eine konkrete Wirklichkeit entspricht, eine Wirklichkeit, die gemeinhin nicht über den Wolken anzutreffen ist, sondern in den Niederungen der Städte. Kommt Baudelaire dem evasionslüsternen Leser einmal so weit entgegen, daß er ihn dorthin entführt, wo andere sich sechstausend Fuß jenseits von Gut und Böse wähnen, so bittet er dort erst recht die böse Geschichte, den Alptraum der Junikämpfe, zum Stelldichein; er zwingt den Leser, der auf ein erhebendes Naturschauspiel, ein feierliches Panorama gefaßt ist, »den widerspenstigen Schädel ... über die ungeheuerlichen Abgründe des Elends der Gesellschaft« zu beugen, so wie er es dem Hugo der *Misérables* nachrühmt.[406] Nur daß er seine Erzählung statt als breites Epos als Parodie sowohl der Zeitungsanekdote als auch des »combat épique«[407], vor allem aber als satanisches Rätsel anlegt.

Gérard de Nerval hatte kurz vor seinem Selbstmord, 1855 in einem der Wahnsinnsprotokolle seiner *Aurélia*, eine Vision geschildert, in deren Verlauf er auf einer Anhöhe über einer ungenannten Großstadt, in einer Art idealisiertem Montmartre, auf Vertreter einer weißgewandeten Urbevölkerung von Handwerkern stößt. Sie scheinen einer großen proletarischen Urfamilie anzugehören, welche dem Anbranden der Zivilisationsfluten jahrhundertelang erfolgreich widerstanden und die ursprüngliche Reinheit und Einfachheit bewahrt hatte.[408] Solche authentischen Wahnsinnsbilder dürften dem Publikumsgeschmack kommensurabler gewesen sein als die bösen Visionen des Spleens. Denn

Nervals Aufzeichnungen legen ein spätromantisches Heimweh nach dem verlorenen Paradies und der zärtlichsten Brüderlichkeit offen. Der *doux Gérard,* wie Nerval von seinen Freunden genannt wurde, weiß nichts von Gewalt und Haß der Gegenwart. Baudelaires *Gâteau* hingegen macht dem Traum vom verlorenen Paradies wie dem von der Brüderlichkeit, den die Zeitungen ja unverrückbar weitergeträumt wissen wollten, brüsk ein Ende durch den erst lakonischen, dann phantastischen Hinweis auf die »unheilbare Materie« und ihre unersättlich mörderischen Forderungen. Dabei entstellt der Grundeinfall seines Textes, die Namensverwechslung von Brot und Kuchen, gewisse Schlagworte der Republikaner von 1848 zugleich zur Unkenntlichkeit und zu besserer Kenntlichkeit. Soweit ich sehe, hat noch kein Leser dieses Prosagedicht mit dem damals berühmten *Chant du Pain* Pierre Duponts assoziiert, dessen Refrain, lakonisch genug, lautete:

On n'arrête pas le murmure
Du peuple, quand il dit: J'ai faim!
Car c'est le cri de la nature:
Il faut du pain![409]

(Man bringt es nicht zum Schweigen, das murrende / Volk, das da sagt: Mich hungert. / Denn dies ist der Schrei der Natur: / Brot muß her!)

Einem solchen Naturlaut plebejischer Poesie, den ein Bourgeois nach dem Juni 48 gewiß nicht mehr zu goutieren willens war, mischt Duponts Kamerad und Kritiker eine gute Dosis satanischer Rhetorik bei, sowohl, um ihn zum Kunstlaut zu veredeln, als auch, um zu verhindern, daß der mittlerweile »friedfertige und bukolische«, jeglichen Feldgeschreis überdrüssige Leser sogleich Verrat wittere und die simpelste Form der Zensur ausübe: das Abschalten.

Es ist nicht das geringste Kunststück des Autors des *Spleen de Paris,* daß es ihm gelingt, die zentralen gesellschaftlichen Aporien der Moderne in verfremdeter Perspektive neu zu problematisieren. Was seine, leichtfertig wirkende, Berufung auf den Schutzpatron der Renaissance wie der Aufklärung, auf Sokrates, als legitim erscheinen läßt, ist die Tatsache, daß er ähnlich wie sein antikes Vorbild ein Geburtshelfer der Wahrheit zu werden bestrebt ist und auch von der Erkenntnis des eigenen Nicht-Wissens ausgeht. Daß in seine Mäeutik ein satanisch verzweifelter oder pathologisch aggressiver Zug kommt, daß er sie nur als einsame Pantomime symbolisch aufführt, ist ihm oft zum Vorwurf gemacht worden. Doch seit 1850 und seit die Massenmedien das Denken der Öffentlichkeit prägen, tendiert die Zahl derer, die einen Gesprächspartner für einen modernen Sokrates abgeben können, gegen null. Die Bereitschaft, das eigene Wissen rückhaltlos in Frage zu stellen und gleichwohl die Regeln der Vernunft einzuhalten, ist rapide zurückgegangen.[410] Dem großen Publikum, das sich, Baudelaire zufolge, durch seine »ivresse d'ignorance et de matière« auszeichnet[411], ist seiner Überzeugung nach nur mit List oder durch eine gewaltsame Überrumpelung beizukommen. Baudelaires Sprunghaftigkeit im Umgang mit jenem darf nicht dazu verleiten, seine eigenen Texte für sprunghaft, improvisiert und ungereimt zu halten. Niemand war ausdauernder, geduldiger im Denken und im Schreiben als dieser scheinbare Hedonist des Augenblicks. Sein ganzes Dichten und Trachten geht dahin, das, was dem Konformisten, dem Doktrinär wie dem Theoretiker, jedem auf seine Weise, selbstverständlich dünkt, was man als trivial abhakt oder als Dogma voraussetzt, mit neuem Blick sehen zu lernen. Das Neue, was er sucht, ist nicht zuletzt jener neue Blick auf das Allbekannte, denn der ist die erste Voraussetzung zur Überwindung des Alten. Der Preis, den er für seine Technik der Wahrheitssuche durch die Neufassung der großen Gemeinplätze der Zeit zu zahlen hat, ist die Mißverständlichkeit. Die Rezeption der für diese Technik bezeichnenden Prosagedichte hat erwiesen, daß dieser Sokrates des Feuilletons sich allseits verdächtig machte. Suspekt wurde er selbst denen, deren Sache seine Gedanken- und Formexperimente letztendlich hätten befördern können, wenn man nur frei genug gewesen wäre, sie vorurteilslos zu prüfen.

Anstatt den ideologischen Diskursen seiner Zeit, dem, was er die »Großmutterrezepte« von 48 nennt, sich anzuschließen oder ihnen einen eigenen hinzuzufügen, überblendet Baudelaire jene Diskurse mit einer »Action«, die ironisch auf sie Bezug nimmt, gleichwohl aber, um verständlich zu werden, ein neuerliches und aufmerksames Hinsehen und Hinhören erheischt. Anstatt, in *Le Gâteau,* beredt das Elend zu schildern und nach Brot für die Armen zu rufen, arrangiert Baudelaire die soziale Frage als eine hochkonzentrierte *Tale of the Grotesque and Arabesque,* in der die philanthropischen Epinalbilder der Elenden kaum wiederzuerkennen sind, wo der Hunger zum Kuriosum wird und die Gewalt zum Lachen reizt. Mißtrauisch, ja allergisch gegen Thesen und Parolen, gegen jede Form bloßen Meinens, ersinnt er phantastische, abstrus wirkende Handlungen, um verkrustete Denkstrukturen aufzubrechen, um die Fruchtlosigkeit politischer Debatten zu überwinden. Doch obwohl er schöne Worte durch häßliche Taten ersetzt, ist die Pointe von *Le Gâteau* eine sprachliche, in paradoxer Weise volkssprachliche: die unvermutete Entdeckung des Gipfelstürmers, daß die kleinen Wilden sein billiges Brot mit dem Titel »Kuchen« beehren. Verschwiegen wird, daß es einen historischen Präzedenzfall für eine solche Verwechslung gibt: den wohl unfreiwilligen Scherz der Marie-Antoinette, die angesichts des demonstrierenden Volkes ausgerufen haben soll, wenn den Leuten das Brot ausgegangen sei, dann sollten sie doch einfach Brioche essen. Baudelaires ebenso einfacher wie genialer Kunstgriff besteht darin, die revolutionäre Anekdote zu Ende zu dichten, seinen Leser, gleichsam auf den Spuren des allerhöchsten Ausrutschers, mit der Nase gegen die Sprachbarrieren stoßen zu lassen, welche die Welt der Satten, der *repus*, von derjenigen trennt, wo Hunger herrscht. War es seit Eugène Sues *Mystères de Paris* Mode, dem Volk aufs Maul zu schauen und das Publikum mit saftigen Beispielen aus dem Jargon der Gosse, Argotausdrücken also, zu ergötzen, so zeigt sich der Autor des *Spleen de Paris* auch in dieser Beziehung als der Antipode der feuilleton-romanhaften Weitschweifigkeit, als der er sich im Widmungsbrief an Houssaye präsentiert. Nicht nur, daß er der Mode des Argot mit der Erwähnung eines nicht weiter spezifizierten »superbe juron patois«, den einer der Kämpfer ausgestoßen habe, elliptisch seine Reverenz erweist, versteigt er sich dahin, als einziges Exemplum aus dem Wörterbuch der Untermenschen ausgerechnet ein Wort zu zitieren, das eher der Sphäre mondäner Verzärtelung und Genäschigkeit angehört, der parfümierten Welt der Salons und Konditoreien. Jenes Wort aber läßt der Erzähler seine Kobolde nicht in seiner vertrauten Bedeutung verwenden, sondern gleichbedeutend mit unserem, ihnen offenbar unbekannten, Wort »Brot«. Und nunmehr, das ist die zweite *trouvaille* des Gedichts, werden die dramatischen Konsequenzen des radikalen Bedeutungswandels des Wortes »Kuchen«, das vom Antonym zum Synonym des Wortes »Brot« wurde, szenisch vor Augen geführt.

Vermögen Demonstrationen wie diese das leidige Thema des

Fortbestandes der sozialen Ungleichheit und entwürdigender materieller Verhältnisse jemandem, der im Wohlstand lebt, vermögen sie ihm politische Dichtung überhaupt wieder genießbar zu machen, ohne darum im Brechtschen Sinn kulinarisch zu werden? Taugen derartige Prosagedichte dazu, den intellektuellen Appetit einer saturierten Leserschaft anzuregen? Wie dem auch sei! Die Logik dieser Texte hat etwas Zwingendes, und die von *Le Gâteau* stellt den Schlüssel zum Verständnis sowohl der Sprache der beiden Bergbewohner als auch ihres Handelns bereit: Es ist die den Erzähler geradezu phantastisch anmutende Anspruchslosigkeit, die eine erzählerisch verkappte Not ist. Die Anekdote hätte wenig Sinn, wenn sie es beim verblüfften Registrieren des pejorativen Bedeutungswandels des Worts »Kuchen« bewenden ließe, wenn letzteres nicht das Stichwort für den Schaukampf abgäbe, welcher alsbald zwischen den beiden Zwillingsgestalten sich entspinnt. In ihm scheint ein mehr als nur befremdliches, nämlich barbarisches Sozialverhalten auf: das von Menschen, die gänzlich unzugänglich sind für die Sprache der Vernunft oder gar die Forderungen der Brüderlichkeit, die einzig der »unheilbaren Materie« gehorchen, welche sie zu rohester Gewalttat hinreißt. Sagte ich anfangs, die Gabe des Brotes stifte einen radikalen Unterschied zwischen den zwei Wilden, so ist hinzuzufügen, daß diese sich doch auch gleich bleiben, da der »rechtmäßige Besitzer« des Brotes erst gar nicht dazu kommt, seinen Besitz zu genießen und seinen Hunger zu stillen. Für den Ausbruch der Gewalt gibt es also drei Erklärungen, eine Haupt- und zwei Nebenerklärungen: 1. den Hunger, insofern als es sich bei beiden Kampfhähnen um Hungerleider handelt, 2. den sprichwörtlichen Neid der Besitzlosen (bei dem zu kurz gekommenen Angreifer) und 3. die Erbitterung des Beraubten. Doch wären die beiden Zusatzerklärungen möglicherweise hinfällig ohne den Hunger, der beide Kämpfer zur Raserei bringt. (Ob es zu der bösen Schlägerei auch gekommen wäre, wenn der Kuchen den Beteiligten tatsächlich nicht mehr als ein bloßer Lekkerbissen bedeutet hätte, das ist eine, über die Fragestellung des Textes hinausführende, Luxusspekulation.) Dem Gedicht selbst geht es allein um das Verhältnis der zivilisierten Welt zu der hungrigen der »neuen Barbaren«, um die schadenfrohe Darstellung dessen, wessen die eine von der andern sich zu versehen habe. *Le Gâteau* ist eine, der Süßlichkeit liberaler Rhetorik Hohn sprechende, heimliche Apologie des Juniaufstandes – eine Apologie mit prophetischem Unterton –, in gewisser Hinsicht derjenigen verwandt, die Baudelaire knapp anderthalb Jahrzehnte früher, für die erste und einzige von ihm redigierte Nummer des *Représentant de l'Indre* verfaßt hatte. Damals hatte der kurzfristige Redakteur des Provinzblattes die »goldenen Worte« der Provisorischen Regierung für den Ausbruch der Insurrektion verantwortlich gemacht und dem Volk des Juni die Parole zugeschrieben: »Ich lebe von Brot und nicht von historischer Poesie.«[412] Der Autor des *Spleen de Paris* ist indiskret genug, den Glanz des Second Empire durch die Erinnerung an den Juni sowohl wie an die Allgegenwart der Armut zu überschatten und überdies zu insinuieren, daß man das Volk nach wie vor mit Worten abspeisen wolle. Wenn Baudelaire die Journale angreift, welche die natürliche Güte des Menschen predigen, dann deshalb, weil jene die Funktion der Demagogen übernommen haben, die 1848 die Tugend dekretieren wollten. Nach der Aufhebung des Cavaignacschen Belagerungszustandes hatte der junge Sympathisant Proudhons geraten, auf das Volk zu horchen, das »in seiner zynischen und lehrreichen Art zu spotten« die Regierenden tadelte, welche einerseits die Todesstrafe für politische Verbrechen abschaffen und andrerseits das Recht auf Arbeit verweigern wollten.[413] Da unter dem permanenten Belagerungszustand Napoleons III. derartige Argumente undenkbar sind, entwirft Baudelaire nunmehr seine, teils mehr empirischen, teils ganz phantastischen, Visionen des Volkes, in welchen die Anspielungs- und Verfremdungstechnik etwa der Heineschen Sklavensprache noch verfeinert ist. »Im hungrigen Magen Eingang finden / Nur Suppenlogik mit Knödelgründen«, reimt Heine in seiner beißend ironischen Ausstellung der durch Worte nicht zu besänftigenden Angriffswut der »radikale(n) Rotte(n)«. Der latente Gedanke von *Le Gâteau* ist dem der *Wanderratten* eher noch verwandter als dem von Baudelaires 48er Prosa, insofern als die poetischen Texte an die Wurzeln des Übels rühren: Solange die Besitztümer ungleich verteilt sind, solange es Menschen, Klassen, Völker gibt, die Not leiden, besteht die Gefahr einer plötzlichen Wiederkehr der Gewalt, eines Ausbruchs des Revolutionsvulkans. Wobei es gleichgültig ist, ob die Hungrigen, welche die Gewalt in die Zentren der Zivilisation tragen, dort schon von jeher angesiedelt sind, oder ob sie wirklich aus jenen »herrlichen Ländern« einfallen, in denen der Bürger Erholung und Naturgenuß zu suchen pflegt.

Die phantastische Offenbarung, die dem Ich-Erzähler dieses

Prosagedichts zuteil wird – daß Brot zu Kuchen und harmlose Knirpse zu blutrünstigen Bestien werden können –, diese Offenbarung bewirkt, daß seine eigene Verwandlung vom Außenseiter zum Menschen guten Willens und gutgläubigen Abnehmer der frohen Botschaften der Presse auf halbem Wege steckenbleibt. Eine solche Metamorphose war ja während seines Weges zu den Gipfeln in vollem Gang. Im Maße wie der Bergtourist, in dem man eine, auf täuschend natürlichem Wege herbeigeführte, allegorische Gestalt des Aufsteigers, des Karrieristen erblicken darf, im Maße also wie dieser Aufsteiger höherkommt, wird er unempfindlicher für die Wirklichkeit und deren »passions vulgaires«, neigt er der Weltanschauung derer zu, die über grob sinnliche Begierden erhaben sind, die sich wie selbstverständlich in den höheren und allerhöchsten Regionen aufhalten. Erst im nachhinein wird dieses Über-den-Dingen-Schweben als Selbstbetrug kenntlich, die glückhafte Allversöhnung als bürgerlicher Höhenrausch. Was aber das gänzliche »Abheben« verhindert, was den eingebildeten Übermenschen buchstäblich auf den Boden der Tatsachen zurückholt, das ist der Hunger: und zunächst sein eigener. Ohne den Hunger wäre es zu jener ernüchternden Vision der einander bis aufs Blut befehdenden kleinen Wilden nicht gekommen. Auf der andern Seite ist der Hunger des Touristen nicht so beschaffen, daß er ihm gänzlich die gute Laune verdürbe. Mit Mundvorrat ausreichend versehen, ja, ähnlich wie das Liebespaar eines andern Prosagedichts, *Les Yeux des Pauvres,* eine Art Überfluß genießend, vermag er das Schauspiel des Hungers der anderen wie etwas Kurioses zu verfolgen. Die niedliche Vision ist auch ein Ausdruck dafür, daß er in seiner Verzückung den Sinn für die Proportionen verloren hat und sich, den Armen gegenüber, als geradezu gottähnlich fühlt. Ihr wirklich elementarer Hunger tangiert ihn nicht, er berührt ihn zunächst eher komisch, solange jedenfalls bis ihre elementare Gewalt ihm das Lachen verschlägt.

Was die Kritik des bürgerlichen Bewußtseins anbelangt, kann man in diesem Prosagedicht das genaue Gegenstück zu Flauberts großer realistisch epischer Darstellung des Juni 48 in der *Education sentimentale* erblicken, auf die im letzten Kapitel einzugehen sein wird. Auch die Idylle von Fontainebleau führt einen Pariser Bürger vor, der in der erhabenen Natur Zuflucht vor dem Ernst der Wirklichkeit sucht. Hier wie dort kommt es zum brüsken Erwachen aus dem Traum der Zeit- und Weltentrücktheit, wird der selige

Schwärmer unsanft an das soziale Geschehen erinnert, das im Roman jedoch nicht in phantastischer Weise verfremdet, vielmehr in jeder Beziehung exakt situiert ist. Aber gerade der Verzicht auf konkrete soziologische und historische Anknüpfungspunkte und Orientierungsdaten, die visionäre Präsentation einer verniedlichten »guerre parfaitement fratricide« verrät den grundsätzlicheren Charakter des Prosagedichts. Der Leser, der den »unendlichen Faden der Intrige«[414] der *Education* nicht aus dem Auge verliert, kann schließlich wenigstens theoretisch entdecken, daß Flaubert den Juni 48 implizit als den Moment des 19. Jahrhunderts darstellt, den die vom Alb der Revolution befreite bürgerliche Gesellschaft auskosten, zu dem sie ihr »Verweile doch!« hat sprechen wollen. Baudelaires Prosagedicht ist dagegen ungleich übersichtlicher. Nichts von labyrinthischer Struktur und infolgedessen auch kein Ariadnefaden der Intrige; und selbst der Einfühlung in einen Helden bedarf es nicht. Doch ist im ersten der beiden Denkbilder, aus denen *Le Gâteau* sich zusammensetzt, die Flaubertsche Kritik der Bürgermentalität, bürgerlichen Natur- und Selbstgenusses, bereits aufgehoben. Während Flauberts Blick fast magisch fixiert bleibt an Glanz und Elend der Bürgerwelt, seiner Innenwelt zumal, taucht derjenige Baudelaires in die Abgründe und Tabuzonen der Gesellschaft hinab: dorthin, wo das nackte Elend herrscht. Doch nicht etwa, um sentimentale, melodramatische oder auch nur realistische Bilder ans Licht zu fördern. Sein visionärer Lakonismus stellt Anschauungsmaterial für eine Gesellschaftstheorie bzw. eine Geschichtsphilosophie bereit, derzufolge soziale Konflikte solange nicht auf vernünftigem Wege beizulegen sein werden, wie die materiellen Voraussetzungen für eine Verständigung zwischen den Menschen nicht geschaffen sind. Im Unterschied zu den teleologischen Denkern seiner Zeit beschränkt Baudelaire sich jedoch darauf, auf seine Weise gegen die Fortdauer der krassen sozialen Ungleichheit zu protestieren und das Publikum daran zu erinnern, daß der Dämon des Terrors und der Revolution keineswegs ein für allemal ausgetrieben worden ist. Womöglich hängt die besondere Haltbarkeit seiner Texte gerade damit zusammen: daß ihnen das fehlt, was man einmal »die geschichtliche Perspektive« nannte. Zu unversöhnlich, um wie George Sand, Hugo oder selbst Proudhon der Bourgeoisie, zu skeptisch, um »den Armen« Aussichten auf eine bessere Zukunft zu machen, beschränkt Baudelaire sich darauf, mit seinen Texten gegen die Welt, wie sie ist, zu protestieren und die in jedem Leiden – dem individuellen sowohl wie dem kollektiven – immer und überall schlummernde Kraft zum Widerstand, zur Empörung heraufzurufen.

Diese angeblich unter satanischem oder pathologischem Einfluß entstandenen Prosagedichte zeichnen sich durch die klassische Stringenz ihrer Argumentation aus. Womit sie sich der bloßen Zeitungslektüre ebenso widersetzen wie der postmodern dekonstruktivistischen, deren Hermeneutik sich mit der Praxis des Journalismus insofern berührt, als sie gleichfalls auf der Beliebigkeit des Textsinns beruht.[415] Baudelaires – und in anderer Weise Flauberts – peinliche Genauigkeit in sprachlichen Dingen, seine Idiosynkrasie gegen Gemeinplätze, sein Kult des richtigen Ausdrucks, des Stils schlechthin, läßt sich als Antwort auf eine der wesentlichen Erfahrungen seiner Generation begreifen: daß Aufklärung zur Phrase verkommen war und die Sprache der Vernunft und Menschlichkeit zur reinen Heuchelei. Eine Erfahrung, die im Lichte des Massenbetrugs von 1848 jeder Blick in die Journale aufs neue zu bestätigen vermochte.[416]

Als Künstler hält Baudelaire an Grammatik und Vernunft, am »Paradigma der Verständigung« (Habermas) fest, bleibt er, bei aller Freude an Ironie und Mystifikation, auf äußerste Präzision des Gedankens und auf Überzeugungskraft der Argumente bedacht. Als Gesellschaftskritiker dagegen stellt er jenes Paradigma nachdrücklich und provozierend in Frage, insofern als er der verstockten Bourgeoisie beides abspricht: Verständigungsfähigkeit und Verständigungsbereitschaft. »Wenn der Geist die Materie bewegen könnte«[417], heißt es in *Assommons les Pauvres!*, so genügte schon der Blick eines Bettlers, um für soziale Gerechtigkeit zu sorgen. Was heißt das anderes, als daß der Appell an die Vernunft und die gute Natur derer, die einen Alleinvertretungsanspruch in Sachen Menschlichkeit erheben, vergeblich sein muß, weil deren Vernunft durch ihre unmittelbaren materiellen Interessen gleichsam vernebelt ist? Umgekehrt erinnert *Le Gâteau* daran, daß die Armen ihrerseits für Vernunftgründe nicht unbedingt zugänglich sind. Die Voraussetzung für das Gelingen einer Kommunikation zwischen den Menschen ist die Abschaffung der Armut als des ersten Symptoms gesellschaftlicher Ungleichheit. Doch jene Voraussetzung scheint ohne die Anwendung von Gewalt nicht geschaffen werden zu können, wie aus der Lektion von *Assommons les*

Pauvres! hervorgeht. Ungewiß bleibt, ob dieses symbolische Vorexerzieren emanzipatorischer Gewalt mehr einer gewaltsamen Absage an die Ideologien von 48, an die »belle langue de mon siècle« gleichkommt[418], oder ob hier uneingeschränkt Gewalt als Rezept zur Befreiung empfohlen werden soll. Gegen letztere Deutung spricht die Beobachtung des Erzählers von *Le Gâteau*: daß alle beiden Kampfhähne am Ende leer ausgehen und ihr Streit ihnen nichts als blutige Köpfe eingebracht hat. Dagegen spricht ferner die Wahl seiner Publikationsorgane. Wenn Baudelaire in so demonstrativer Form Verständnis aufbringt für die Sprache der Gewalt, ja wenn er die Hungrigen und die Frustrierten förmlich zur Gewalt herausfordert, dann tut er das im Hinblick auf sein bürgerliches Publikum und nicht etwa hinter dessen Rücken. Trotzdem bleibt der Eindruck dieser Texte ein zweideutiger, januskopfiger. Dort, wo sie die Bourgeois ansprechen, scheinen sie Drohung und Warnung zugleich. Sie warnen vor der Euphorie der Macht, davor, die eigene Kraft zu über- und die der andern zu unterschätzen. Und als Warnung sind sie satanische Erinnerung an die Notwendigkeit der Kommunikation, deren Problematik sie zugleich betonen. Wo sie sich, wie symbolisch und vermittelt auch immer, ans »Volk« wenden, sind sie dandyistischer Appell, wenn schon nicht zur Gewalt, so doch zur Selbstwehr, dazu, weder Zwang noch schöne Worte noch Tatsachen oder Sachzwänge wehrlos hinzunehmen.

Kann es verwundern, daß der *Spleen de Paris,* dieser einzigartige Versuch einer Unterwanderung des Feuilletons, beim Publikum Befremden auslöste? Zu dicht, zu subtil, zu explosiv waren diese poetischen Paradoxe über die Fragwürdigkeit der aufgeklärten Umgangssprache und die Plausibilität der Gewalt, als daß sie irgendjemanden zu der Anstrengung des Begriffs hätten motivieren können, die nötig gewesen wäre, um die provozierende Grundthese dieser Texte zu widerlegen, daß es schlechterdings kaum möglich sei, sich einem andern verständlich zu machen.[419]

Baudelaires satanische Theoreme waren noch nicht lange erschienen, da erlebte Paris im Mai 1871 die blutigere Wiederholung der Ereignisse, die den Ausgangspunkt seiner Überlegungen gebildet hatten. Wieder einmal hatten die kleinen Leute es gewagt, sich zur Wehr zu setzen, auf eine Umverteilung des Kuchens zu drängen. Und erneut raffte sich die Klasse der rechtmäßigen Besitzer auf, um »das Palladium des sittlichen Staats, das Eigentum« (Heine) zu retten und die plebejischen Himmelsstürmer der Commune mit Waffengewalt zur Räson zu bringen. Der Satanismus der Praxis überführt den der Theorie der durchschlagenden historischen Wirkungslosigkeit. Ein bürgerlicher Staatsmann und vornehmster Theoretiker des Eigentums, der Wicht Thiers, übernimmt die Rolle des affirmativen Dämons, und nicht ein Dichter, sondern die Armee, setzt das Losungswort, mit den Armen kurzen Prozeß zu machen, gewissenhaft in die Tat um. Die Geschichte der Commune bestätigt aufs grausamste den Pessimismus Baudelaires hinsichtlich der Möglichkeit einer Verständigung sowohl zwischen den Klassen als auch zwischen dem Autor und seinem Publikum. Andrerseits widerlegt sie zumindest in Frankreich jede Hoffnung auf revolutionäre Gewaltanwendung. So steht Baudelaires Text als ein vergeblicher, ironischer Kommentar zur Geschichte da und die Geschichte ihrerseits als ironischer Epilog zu Baudelaires Texten.

VII. Kritik des reinen Konsums – Flauberts besondere Ursachenforschung zu den Junimassakern

> Malheur à ceux qui préfèrent la marchandise à la vie.
>
> Joseph Ferrari, *Les Philosophes salariés*

Es war nicht das schlechteste Argument, das Maître Sénard bei der Verteidigung des Verfassers der *Madame Bovary* ins Treffen führte: daß sein Mandant nicht nur einer hochangesehenen Familie entstamme und eine seriöse akademische Ausbildung genossen habe, sondern auch »mores multorum vidit et urbes« – so, poetisch, Sénard –, daß er sich in der Welt umgetan und von 1848 bis 1851 im Orient auf seinen Schriftstellerberuf vorbereitet habe.[420] In Wahrheit hatte Flaubert jene Reise erst im Oktober 49 angetreten und war überdies bereits im Sommer 51 wieder zurückgewesen. Anders, als Sénard es suggeriert, hat er also die kritischen Momente der Republik im Lande selbst miterlebt: bei Ausbruch der Revolution war er nach Paris geeilt, und auch den Staatsstreich Louis-Bonapartes hat er in der Hauptstadt erlebt, nur während der Junitage hatte er sich, von Privatsorgen geplagt, mit Mutter und Nichte in einen Badeort zurückgezogen.[421] Doch im Unterschied zu den meisten seiner Altersgenossen hat Flaubert sich anscheinend weder von der Begeisterung des Februar noch von der Empörung des Juni oder des Dezember anstecken lassen. Die weltgeschichtlichen Vorgänge, deren Zeuge er wird, genießt er als ein Liebhaber des Pittoresken, seinen Eindruck von den Kanonaden des Dezember faßt er in einem lakonischen: »c'était coquet« zusammen.[422] Die *Blague*, nicht die Gewalt, scheint seine eigentliche Versuchung in jenen Tagen gewesen zu sein; in den Kampf einzugreifen, wie der ihm literarisch so verwandte Baudelaire, wäre ihm wohl nie in den Sinn gekommen – mit der Feder nicht und mit der Waffe schon gar nicht. Was ihn auf die Straße treibt, ist die Neugier des Flaneurs und Artisten, von der Baudelaire 1846 zu verstehen gegeben hatte, in welch dubioser Weise sie mit der Ordnungsmacht sympathisiere. Wenn sein Anwalt den Flaneur von 48 und 51 verschweigt und Flaubert zum Bildungsreisenden, zum Republikflüchtling stilisiert, so entzieht er der Anklage von vornherein den Boden. Denn wie soll ein Mann mit einem so herrlichen revolutionären Alibi, einem Alibi, das sich über die gesamte Dauer der Seconde République erstreckt, eine Gefahr für die Öffentlichkeit darstellen?

Bei einem Blick auf Flauberts Biographie entsteht leicht der Eindruck, als ob Sénards Darstellung dem Geist der Lebenspraxis seines Mandanten durchaus gerecht würde: Ob dieser verreist oder daheimbleibt, er ist immer bestrebt, aus dem bloßen Hier und Jetzt in eine schönere Welt zu entkommen. Wie er auf die Massaker von Rouen reagiert, wissen wir nicht. Fest steht, daß er kurz danach mit der Niederschrift seiner *Tentation de Saint Antoine* beginnt, an der er vom Mai 48 bis zum September 49 arbeitet. Schon das Motto dieser ersten *Tentation*: »Messieurs les démons, / Laissez-moi donc!« (»Dämonen, meine Herren! / Nicht an mir zerren!«) klingt wie eine Beschwörung angesichts des Taumels, von dem die alte Welt ergriffen ward, als mache Flaubert aus der Abwehr der durch die Zeitgeschichte freigesetzten Kräfte geradezu die Existenzbedingung seiner Kunst. Aus der Kakophonie des Bösen, die auf Flauberts Heiligen eindröhnt, sind etliche Anklänge an die ideologischen Debatten von 48 herauszuhören, so wie in der dritten Fassung der *Tentation* die Echos der Commune widerhallen. Doch dieses diffuse Zitieren ist das Gegenteil der analytischen Arbeit, die der Autor der *Bovary* und der *Education sentimentale* leisten wird. Der Roman, der Flauberts Ruhm begründete – nicht zuletzt deshalb, weil er ihm einen Prozeß einbrachte –, läßt sich als eine Vorgeschichte der Reaktion von 1848 lesen. *Mœurs de Province (Provinzsitten)*, dieser Untertitel ist ein Programm: die Provinz, die hier aufgespießt wird und an der die heimliche Pariserin und romantische Rebellin Emma zugrundegeht, ist dieselbe, die Anno 48 das revolutionäre Paris zur Strecke brachte. Es ist eine derjenigen Flauberts würdige geschichtliche Ironie, daß diese Brandmarkung des provinziellen Ungeistes ausgerechnet Marie-Antoine-Jules Sénard den Freispruch und die Veröffentlichung verdankt; jenem Sénard, der im Juni 48 als Präsident der konstituierenden Nationalversammlung, »in welcher ganz Frankreich zu Gericht über das Pariser Proletariat« saß[423], seine Kollegen zu Besonnenheit angehalten hatte[424], der erst die Militärdiktatur Cavaignacs lanciert und sich dann, als deren Innenminister, ausgezeichnet hatte. Und dem schließlich, wie Cavaignac selbst, vom Parlament bestätigt worden war, daß er sich während der Junitage ums Vaterland verdient gemacht hatte. Sénard, dem Flaubert schließlich die *Bovary* zueignete, darf als würdigster Vertreter jener voltairianischen Bourgeoisie gelten, die am Ende seines Romans in der Person des Apothekers Homais triumphiert, so wie Homais seinerseits der Blutsverwandte des Père Roque ist, des friedliebenden, eigentumsfanatischen Provinzspießers, den Flaubert in der *Education* zur Verkörperung der Junimassacreurs macht.[425] Es wäre keine satirische Übertreibung gewesen, wenn Flaubert auch Roque, wie Homais am Ende der *Bovary*, mit dem Verdienstkreuz hätte auszeichnen lassen[426], doch bedurfte es einer solchen Zusatzpointe nicht, um das Publikum des Kaiserreichs in Harnisch zu bringen.[427]

Politisch minder heikel, aber vom historischen wie vom ästhetischen Gesichtspunkt aus betrachtet weitaus problematischer als das Porträt des simplen Bourgeois, der zum beinahe kaltblütigen Mörder wird – »Erklären, wie aus dem friedlichsten Bourgeois ein Menschenfresser wird«, notiert Flaubert in seinem Manuskript über Roque[428] –, ist die Beantwortung der Frage nach der Mitschuld derer, die nicht aktiv an der Repression von 48 beteiligt waren. Genau gesehen gilt der gesamte Roman der Beantwortung dieser Frage; ist es doch im Hinblick auf sie, daß Flaubert mit bewundernswerter analytischer und kombinatorischer Geduld den Werdegang eines jungen Mannes entwickelt, dessen Verhalten während des republikanischen Zwischenspiels einige Ähnlichkeit mit dem seines Erfinders aufweist, zumindest was die weitgehende, mit Schau- und Reiselust verbundene, revolutionäre Inaktivität anbelangt. Sein Antiheld Frédéric Moreau sticht von der reaktionären Junibourgeoisie, so wie die Beobachter der Zeit, wie die *Education* selbst sie schildert, angenehm ab: nichts von deren Fanatismus, von Streberei, Hartherzigkeit, Borniertheit etc. Frédéric scheint ein Bourgeois nur durch sein Vermögen, seinem Wesen nach ist er ein Künstler oder doch wenigstens ein Ästhet, der den Kopf voller Flausen hat – nicht zufällig ist er der Namensvetter von Hégésippe Moreau, einem Idol der romantischen Boheme – und der über weite Strecken des Romans den Leser dazu bringt, sich mit ihm zu identifizieren oder wenigstens eine nachsichtige Langmut für ihn zu empfinden. Das darf jedoch nicht darüber hinwegtäuschen, daß die *Education* gerade mit ihm als dem Prototyp des romantischen Achtundvierzigers besonders streng ins Gericht geht. Verglichen mit Frédéric sind die Handlungsträger der Geschichte – von den Revolutionären Sénécal und Dussardier über den Republikaner Arnoux bis hin zu dem Kapitalisten Dambreuse – bloße Randfiguren, die Flaubert gleichsam mit der linken Hand erledigt. Frédéric verkörpert die Illusionen von 48 auf dem Gebiet, wo sie am unschuldigsten scheinen: *in eroticis.* Mit seiner Leidenschaft für Mme Arnoux ist allenfalls die seines Freundes Dussardier für die Freiheit und die Republik vergleichbar; doch wirkt Frédérics Passion ungleich gebrochener, problematischer noch als die des wackeren Handlungsgehilfen. Denn die Wahl eines unerreichbaren Liebesobjekts bedeutet bei ihm einen Vorwand zum Hinausschieben des Moments, an dem er Farbe bekennen muß. Solange er nach seiner großen Liebe sich verzehrt, verbleibt er im Stande der Unschuld des Noch-Nicht. Einem bösen Zufall und nicht der Logik seines Charakters scheint es zu verdanken, daß die endliche Eroberung Mme Arnoux' in letzter Sekunde scheitert – eine Szene, die sich später mehrfach wiederholen wird –, und ein anderer Zufall, der zunächst wie krasse Willkür des Romanciers sich ausnehmen mag, will, daß dies Scheitern mit dem Ausbruch der Februarrevolution zusammenfällt. Spätestens im Dritten Teil, der den Zeitraum zwischen Februar 48 und Bonapartes Staatsstreich umfaßt, sollte deutlich sein, daß der Wahnsinn des Zufalls in diesem Roman Methode hat, obschon die Kritik von den Anfängen bis zu Sartre oder Erich Köhler oft genug unfähig und unwillens war, aus jener Methode klug zu werden.[429] Zur Zeit der Abfassung dieses Dritten Teils klagt Flaubert über die Schwierigkeit, erfundene Personen in das reale historische Geschehen einzupassen, seinem Frédéric ein ähnliches Interesse zu verleihen wie einem Lamartine.[430] Gegen diese Schwierigkeit ankämpfend brachte er es dahin, den intimen Zusammenhang zwischen Zeitgeschichte und Einzelschicksal nicht nur wahrzunehmen, sondern ihn in einer bis dahin unerhörten Weise in der Romanstruktur selbst transparent werden zu lassen, wo denn die Zufälle nichts anderes sind als aberwitzige Pointen, in denen die teuflische Entsprechung der Logik von individuellem und gesamtgesellschaftlichem Handeln mit halluzinatorischer Deutlichkeit aufscheint. Und da er nicht, wie Herzen, unmittelbar das eigene Leben beschreibt, sondern das eines fiktiven anderen und idealtypischen Figuranten der Geschichte, vermag Flaubert in seiner Analyse die *impassibilité* zu wahren, die dem Russen besonders dann abgeht, wenn er auf den sentimentalen Kern seines 48er Syndroms zu sprechen kommt: die Dreiecksbeziehung zwischen ihm, Natalie und Herwegh. Trotz einer grundsätzlichen Bereitschaft zur Selbstkritik stilisiert Herzen sich und mehr noch seine Gattin zum Opfer der Katastrophe von 48, während Flaubert unerbittlich den Beweis für die Mitschuld seines jungen Mannes erbringt, indem er dessen Seele bis in ihre verborgensten Winkel ausleuchtet. Frédérics Sentimentalität ist nicht von der Aufdringlichkeit derjenigen, die einen aus den Texten und Bildern des Februar anspringt; trefflich verträgt sie sich mit der Skepsis und dem Geschmack des Gebildeten, zeitweise auch mit der Berechnung des Ehrgeizigen oder dem Zynismus des Blagueurs. Verkörpert Dussardier die einfache, volkstümliche Sentimentalität von 1848, die der Epinalbilder, so Frédéric die komplex bürgerliche: die eine ist bloß illusionär, die andere ein Abgrund von unbewußter Heuchelei. Frédérics Schwärmerei entspricht eine Indifferenz, die an die Charakteristik des Ennui zu Beginn der *Fleurs du Mal* denken läßt: »Ah! Da werden ein paar Bourgeois entzweigeschlagen, bemerkte Frédéric seelenruhig, denn es gibt Situationen, in denen noch der am wenigsten grausame Mensch den andern derart fernsteht, daß er dem Untergang des Menschengeschlechts ohne jedes Herzklopfen zusehen könnte.«[431] In derartige Situationen begibt dieser so harmlose Held sich freilich oft genug; und immer, wenn er im Liebesglück schwelgen möchte, befällt ihn eine derartig mörderische

Gleichgültigkeit, eine Schadenfreude, die letztlich der Menschheit insgesamt gilt, so als würde die eigene Lust erst richtig wahr durch das Verderben aller anderen. Der Genuß geht bei ihm einher mit der Bereitschaft, alles zu verraten, was ihm heilig ist: seien es nun geliebte Menschen oder hohe Ideale. Die äußerste Konsequenz seines Wankelmuts: die Perfidie, wird just am Abend vor dem Ausbruch der Revolution erstmals sichtbar, als er die Kokotte in das für die ausgebliebene Mme Arnoux vorbereitete Liebesnest führt und seinen Abfall wie eine Rache genießt. Doch nach seinem »raffinement de haine« vergießt er heimliche Reuetränen, die aber nicht lange nachwirken. Im Wirbel des Tuileriensturms, dem er wie einem phantastischen Schauspiel zusieht, geht er durch ein Wechselbad von Gefühlen, bis schließlich auch ihn, im Anschluß an die Begegnung mit dem Volkshelden Dussardier, einem Spartacus von 48, die allgemeine Hochstimmung übermächtigt, die zu der Gleichgültigkeit des Vorabends im schneidendsten Kontrast steht: »Der Magnetismus der begeisterten Menge hatte ihn ergriffen. Wollüstig sog er die gewittrige Luft, die stark nach Pulverdampf roch, in die Nüstern. Dabei erschauderte er unter einer ihn überströmenden unendlichen Liebe, einer einmaligen, allumfassenden Rührung. Es war, als schlüge das Herz der ganzen Menschheit in seiner Brust.« Unter dem Eindruck dieser Stimmung vollbringt er seine erste und einzige revolutionäre Tat: Er schreibt seine Eindrücke »en style lyrique« für ein Provinzblatt nieder.

Baudelaires Satanismus mit seinen sprunghaften Ausfällen zielt unmittelbar aufs Publikum, den »hypocrite lecteur« ab; Flaubert hingegen konzentriert seine ganze Boshaftigkeit auf seine Figuren, die er im Geflecht seiner Intrigen sich verstricken läßt, dergestalt, daß ihre Schuld zugleich mit ihrer Dummheit offenbar wird. Nirgends ist dieses teuflisch raffinierte Enttarnen seines Helden so weit getrieben wie in der Beschreibung des Ausflugs nach Fontainebleau, worin sämtliche wesentlichen Motive nicht nur des Revolutionsteils, sondern des ganzen Romans zusammenklingen. In ironischer Umkehrung des Geschichtsverlaufs erhebt Flaubert den Juni und nicht den Februar zum sentimentalen Höhepunkt und macht dafür den Februar statt des Juni zum revolutionär-aktionistischen, denn das Geschehen der *schönen* Revolution wird geschildert, das der *häßlichen* dagegen wird abwechselnd verdeckt und evoziert; aber nie sieht man die Insurgenten in Aktion. Dieses Verdecken und Beschwören geschieht zunächst mittels der Träumereien jenes Zufallspaares, das als Liebespaar genauso alt ist wie die Revolution und das sich gerade noch rechtzeitig auf eine verspätete Reise begeben hat, die ihm erlaubt, eine Art Honigmond zu genießen und zu vergessen, daß der »Honigmond der Republik«[432] in Paris zum Hohn geworden ist. Wie die Handschriften zeigen, ist Flaubert bei der Komposition dieses Juniteils mit besonderer Sorgfalt verfahren. Aus den Entwürfen erhellt, daß dessen Bedeutung zunächst auch äußerlich hervorgehoben werden sollte: daß er ursprünglich den Dritten Teil, als III,1, hätte eröffnen, daß er dann ein eigenes Kapitel, III,2, hätte bilden sollen, bis Flaubert sich schließlich dafür entschied, die Junitage in das große Revolutionskapitel III,1 zu integrieren.[433] Somit beginnt dieses mit Frédérics Erwachen am Morgen des 24. Februar und endet mit dem »Ich bin doch zu empfindsam« des appetitlosen Roque am Abend nach seinem Gefangenenmord. Zwar erlegt Flaubert sich in der Endfassung eine größere Diskretion bei der Darstellung der Junimetzeleien auf; die Grausamkeiten der Nationalgarde, von denen die Manuskripte noch einige Beispiele verzeichnen, sind schließlich in der einen Tat des Père Roque zusammengefaßt. Trotzdem ist mit dieser neuen Anordnung ein wahrhaft ungeheurer Bogen von der einen Privatheit zur anderen geschlagen, von der des Nationalgardisten und enragierten Hausbesitzers zu derjenigen dessen, der sein möglicher Schwiegersohn ist und der einstweilen noch sein Glück auf Mietbasis verwirklicht.

Nun ist der Text voll solcher suggestiver Correspondances, und nicht die einzelnen Bilder für sich ergeben den Sinn des Ganzen, sondern deren integraler Zusammenhang. Nur wer flüchtig hinsieht, kann zu dem Schluß kommen, es bestünde eine genaue Entsprechung zwischen Flauberts Kritik an den linken Republikanern und seiner Kritik an der Bourgeoisreaktion von 48, und die Beschreibung der Junitage sei das exakte Gegenstück zu der des Februar, wie das Dîner bei den Dambreuse das Pendant der Schilderung des revolutionären Club de l'Intelligence sei. Solche Deutungsklischees sind eher von der Brief- als von der Romanlektüre inspiriert; und jede »ausgewogene« Lektüre stützt sich unweigerlich auf Briefstellen wie die bis zum Überdruß zitierte, worin Flaubert aus dem Haß auf den Bourgeois die erste Bedingung der Tugend macht, um erklärend hinzuzufügen: »Wenn ich ›Bourgeois‹ sage, denke ich an die Bourgeois im Arbeitskittel so gut wie an die Bourgeois im Frack.«[434] Nun ist aber die *Education* mehr als nur die Illustration einer jener sozialen Unmutsäußerungen, wie sie dem Briefschreiber Flaubert oft unterlaufen, und ihre »haine du Bourgeois« gibt sich mit pauschalen Parallelen nicht zufrieden. Schon in den Entwürfen ist das Gleichgewicht der Kritik trügerisch, denn die »Dummheiten der Republikaner« im Frühjahr 48 sind nicht umstandslos der »Blutgier der Bourgeois« des Sommers gleichzustellen[435], ganz abgesehen davon, daß die Republikaner, die Flaubert verhöhnt, Kleinbürger sind und nur ausnahmsweise Proletarier bei ihm auftreten. Denn über die Beurteilung der Gesellschaftskritik der *Education* entscheidet in erster Linie die Darstellung von Frédérics und seiner Freunde Werdegang. Nicht das Volk wird im Februar Gegenstand der Beschreibung, sondern dieser Bourgeoisjüngling, dem es erhaben erscheint und dessen Begleiter nur der lebende Ausdruck seiner eigenen Ambivalenz ist, wenn er bemerkt, daß das souveräne Volk übel rieche und ihn anwidere. (Ähnlich wie Heine und Baudelaire, aber nicht als ironisches Geständnis, führt Flaubert die Ambivalenzen der Gebildeten gegen das zu emanzipierende Volk der Reflexion zu, Ambivalenzen, die, wie er dann zeigt, als unreflektierte, der Revolution zum Verhängnis werden.[436]) Der Roman vollzieht den Gang der Geschichte nach, indem er sich detektivisch an die Fersen der Menschen heftet, die sie gemacht haben, und da die Geschichte von 48 nur beiläufig eine der Revolution und wesentlich eine des Scheiterns ist, gerät das Volk nur da in den Blick, wo es den Weg der bürgerlichen und kleinbürgerlichen Antihelden von 48 kreuzt.

Die Spur der Hauptfigur jedenfalls verliert sich während der Junitage in der Idylle, so als habe der Autor ihr ein einwandfreies Alibi ausstellen wollen, wie ihm selbst seinerzeit eines von Sénard bescheinigt worden war. Doch fassen wir die Motive ihrer Abwesenheit ins Auge, so erscheinen sie nicht als die lautersten. Der Ekel vorm Volk hat auch Frédéric mittlerweile ergriffen, woran sein blamabler Auftritt in Sénécals Club, von dem er sich ein Abgeordnetenmandat erhofft hatte, nicht unbeteiligt ist, doch auch vor den Bourgeois ekelt er sich nach wie vor: »Nun hatte er die Gesellschaft der Nationalgardisten zu erdulden!« Die entsprechende Szene, die zunächst nur mit den Karikaturen zu rivalisieren scheint, die Daumier von der Bürgerwehr anfertigte, ist doppelt hintergründig dadurch, daß sie, am Vorabend der Juniinsurrektion, die von Castille so eindringlich geschilderte Mordstimmung des »Il faut en finir!« einfängt, aber in einer lächerlich unprophetischen Art – der Fanatismus dieser Spießer wirkt nur töricht und keinesfalls so, als ob er sich je in Taten würde austoben können – und daß sie aus dieser den Helden anödenden Gereiztheit eine, gleichfalls lächerliche, Mordphantasie des eifersüchtigen Liebhabers hervorgehen läßt: Als Arnoux, für den Frédéric den Wachdienst versieht, vorzeitig von Rosanette zurückkehrt und neben seinem Freunde einschläft, drängt sich diesem die Idee auf, des doppelten Nebenbuhlers dadurch sich zu entledigen, daß er, mit der Zehenspitze, einen Schuß aus Arnoux' Gewehr sich lösen läßt. »Alsbald begann eine endlose Flucht von Bildern. Er sah sich mit IHR, des Nachts, in einer Postkutsche; sodann an einem Sommerabend am Ufer eines Flusses, unterm Schein einer Lampe zu Hause, in ihrem gemeinsamen Heim. In Gedanken verweilte er sogar bei Haushaltsrechnungen, traf häusliche Anordnungen, versunken wie er war in den Anblick seines Glücks, das er mit Händen zu greifen vermeinte. Es war so leicht zu verwirklichen, es brauchte nur der Hahn des Gewehrs einzuschnappen!« Diese Phantasien, die ihrerseits an frühere anknüpfen, scheinen in ihrer hoffnungslosen Übertriebenheit die Gewähr dafür zu bieten, daß es in einer solchen Existenz niemals ernst werden könne, daß hier immer nur mit dem Feuer gespielt werde.

Und selbst dann, wenn die Wirklichkeit ein todernstes Aussehen annimmt, verwandelt sie unter dem Blick des musischen Menschen und Bürgers Frédéric sich in Schein: Die Toten der Revolution wirken nicht wie echte Tote, die Demonstrationen ausgehungerter Arbeitsloser erscheinen als »ein überaus komisches Schauspiel«, das zerbombte Paris sieht aus wie eine imposante Theaterkulisse. Ihn einen Träumer nennen, hieße, vom Zeittypischen dieses Charakters abstrahieren. Er ist kein Träumer, dazu besitzt er ein zu klares Bewußtsein vom Wert des Geldes, eher schon ist er ein Tourist. Der Traum etwa, den er in Fontainebleau mit Rosanette sich erfüllt, ist ein Surrogat des kurz zuvor auf Wachtposten an der Place du Carrousel letztmals geträumten, und diese ersatzweise Wunscherfüllung ist authentischer Tourismus.[437] Das Glück dieses Juni-Vergnügungsreisenden kann kaum treffender gekennzeichnet werden als mit dem Ausruf, den er selbst vor Pellerins Allegorie der Republik – einem auf der Lokomotive den Urwald durchquerenden Christus – tat: »Welch ein Kitsch!« Flaubert verleiht seinem Helden genügend Geschmack, um die Geschmacklosigkeit der anderen zu erkennen, aber zu wenig Kraft, um sich nicht selbst grober Geschmacklosigkeiten schuldig zu machen. Das Glück, das Frédéric in Fontainebleau auskostet, ist schlimmer als eine Geschmacklosigkeit; seine Darstellung durch den Romancier allerdings kann darüber hinwegtäuschen, denn dessen Kunst und List besteht darin, im Sinnieren seines Helden beim Besuch der Sehenswürdigkeiten von Fontainebleau, des ehrwürdigen Renaissance-Schlosses wie des Waldes mit seinen uralten Bäumen und prähistorischen Fundstätten, noch etwas vom Pathos der Utopien des Irdischen Paradieses, von welchem ja der Tourismus lebt, festzuhalten, seinem Frédéric einen Rest Künstlermelancholie, romantischer Naturinnigkeit zu belassen, damit die Sentimentalität neben der Geschichte, die sie verleugnet, nicht gar zu läppisch wirke. An einem der frühromantischen Liebhaber des Waldes von Fontainebleau, Senancour, dem Verfasser des *Oberman,* hatte George Sand beobachtet, daß ein Spleen seine Liebe beständig durchkreuze und eine Sehnsucht nach dem Besseren ihn daran hindere, in Fontainebleau glücklich zu sein, von wo er sich fortwünscht in die schönere Bergwelt der Schweizer Alpen.[438] Frédéric, ein Nachfahre der Romantik, der anders als René oder Oberman, nicht in die Wälder flüchtet, um allein zu sein, empfindet, ohne daß er an ihr litte, diese Unruhe zeit seines Lebens: Sie ist es, die ihn dazu prädestiniert, in der Frivolität der Konsumwelt aufzugehen. Sein Fontainebleau-Abenteuer, bei dessen Wiedergabe Flaubert abwechselnd das Chateaubriandsche Ornat des Stils bemüht und die Inkohärenz der Empfindungen der Liebenden mit peinlicher Genauigkeit protokolliert, ist die Erfüllung jener Bestimmung, die sich schon andeutete, als der Jüngling auf dem nagelneuen Dampfschiff, der *Ville de Montereau,* seine Roman-Lebensreise antrat. So sehr Frédéric sich auch, mit Flauberts Hilfe, anstrengt, dem Schauspiel, das die ewige Natur selbst ihm nunmehr bietet, gerecht zu werden, so schlecht kann er verhehlen, daß sein Tiefsinn nicht minder verlogen ist als seine Liebe. Wenn diese pathetisch-seichte Idylle dennoch eine moralische, allegorische, ja, im Danteschen Sinne, anagogische Dimension besitzt, dann liegt das nicht an der heroischen Naturbeschreibung als solcher, sondern an den ironischen Lichtern, die Flaubert ihr immer wieder aufsetzt, an allem, was die klassische und kosmische Stimmung stört – unvermutetes Auftauchen mißliebiger Erinnerungen an die Zivilisation und deren Elend – und mehr noch an der ironischen Gesamtkonstellation, in welcher sie steht. Es heißt diese Ironie banalisieren, sie auf das Niveau der Sensibilität des Helden selbst herabdrücken, wenn man behauptet, das Felsenmeer von Fontainebleau lasse die politischen Revolutionen als »dérisoires« erscheinen.[439] Gerade ein solches Wunschdenken wird ja in der *Education* als die Heuchelei eines entlarvt, der ein Interesse an der Bagatellisierung dessen besitzt, was die Aufgabe des Tages ist und der notfalls an die Ewigkeit appelliert, um die eigene Gegenwart entwerten zu können: »Ah! Sieh da, der Aufruhr! rief Frédéric im Tone mitleidiger Herablassung, denn diese ganze Unruhe kam ihm angesichts ihrer Liebe und der ewigen Natur erbärmlich vor.«[440] Das Ausspielen ferner Welten gegen die eigene läuft allemal auf die Rechtfertigung des Unrechts hinaus, das hier und jetzt geschieht. Und so hat die Entrücktheit des Helden etwas Empörendes, erscheint seine lebenslange Flucht in schöne Bilder als kriminell. Durch den Kunstgriff der Einbettung der Idylle in das Pariser Blutbad wirken Frédérics Meditationen über »l'éternelle misère de tout«, seine Ruinennostalgie, seine Erinnerungen an Diane de Poitiers und andere illustre Gäste des Schlosses, wirkt alles, was ihm einfällt, ähnlich deplaziert wie das Liebeswerben des Junkers Rodolphe auf dem Markt von Yonville; und in der Tat verhält sich das Empfinden des Liebhabers Frédéric zum Handeln des Nationalgardisten Roque ähnlich komplementär wie die libertinen Reden Rodolphes zu den staatstreuen des Conseiller Lieuvain. Mit dem Unterschied, daß der Ausflug nach Fontainebleau mehr ist als bloß eine Satire bürgerlicher Bêtise. Aus dem Abgrund von Lüge, der unter den impressionistischen weltgeschichtlichen Betrachtungen des musischen Menschen sich auftut, steigt, als ironische Phantasmagorie, eine Bildwelt auf, die wie die Übersetzung der gleichzeitigen Pariser Vorgänge ins Urweltlich-Mythische wirkt. In dieser Metamorphose aber wird die häßliche Revolution doch noch genießbar: »Da waren knorrige, ungeheure Eichen, die sich krampfhaft vom Boden emporstreckten, sich gegenseitig umschlungen hielten und einander (...) mit ihren bloßen Armen Zeichen der Verzweiflung machten, wilde Drohungen, wie eine Gruppe im Zorn erstarrter Titanen.«[441] Manche dieser Ansichten des Waldes und der Felsen erinnern seltsam an die Beschreibung der mächtigen Barrikade der Place de la Bastille in den *Misérables*; wenn auch die Liebenden selbst nie von dem Gedanken gestreift werden, daß sie dabei sind, das Rohmaterial der Revolutionen zu bestaunen.

Denn, wie ein zeitgenössischer Baedeker vermerkt, liefert das Urgestein von Fontainebleau »einen erheblichen Theil des Materials für das Pariser Straßenpflaster«.[442] Hugo behilft sich ganz explizit mit Natur- und Urweltmetaphern, um eine Anschauung vom Furor der Kanaille des Juni zu geben: »Dieser gigantische Wust, den der Aufruhr angeschwemmt hatte, versinnbildlichte dem Denker ein Ossa auf Pelion sämtlicher Revolutionen (...). Brächte der Ozean Deiche hervor, gerade so würde er sie bauen. Die tobende Flutwelle hatte ihre Spuren auf diesem formlosen Wirrwarr hinterlassen. Welche Flutwelle? Die der Menge. Es war, als würde man ihres zu Stein gewordenen Brüllens ansichtig.«[443] Die Metaphern in Flauberts Text besitzen den Vorzug, daß sie für eine unhistorische, träumerisch schweifende Lektüre so gut sich eignen wie für eine unrührselig auf den geschichtlichen Kontext gerichtete; wie der Held kann auch der Leser in die Tiefe der Weltzeitalter, in ein ewiges Anderswo des Sinnes sich zurückziehen und die reine Unverbindlichkeit seines Verständnisses noch für das Höhere ausgeben; wie der Held kann auch er die vielen Warnsignale und Mahnungen, mit denen der Ernst der Wirklichkeit sich in Erinnerung bringt, ignorieren, ohne Gefahr zu laufen, daß der Autor ihn unmittelbar Lügen strafen würde. (Sollte zutreffen, was Du Camp berichtet, daß Flaubert 1871 vor den Trümmern der Tuilerien zu ihm gesagt habe, wenn man nur seine *Education* recht verstanden hätte, so wäre diese Katastrophe vermieden worden, dann hätte Flaubert selbst, in jenem Augenblick wenigstens, an eine geschichtliche Bestrafung des schlechten Lesers geglaubt.) Sein Text selbst jedenfalls erweckt durchweg den Anschein, als ob er Leser wie Autor ausklammere und den Helden mit sich und seinen Situationen alleinlasse – im Unterschied zu Baudelaire oder gar Lautréamont, die den Leser beständig in der Furcht des Autors halten. In Wirklichkeit verliert Flaubert weder den Helden, noch den Leser, noch sich selbst als Autor je aus dem Auge und die Unnachsichtigkeit, mit der er den ersteren sich verrennen und verstricken läßt, ist eine demonstrative Strenge gegen sich wie gegen den Leser, der Held das *tertium comparationis* beider.

Die Fontainebleau-Episode erhält ihre Bedeutung aus der Spannung zwischen dem geradezu unendlichen Bedeutungsreichtum sowohl des Ortes, an dem, als auch der Tage, während der sie vonstatten geht, und der trostlosen Bedeutungsarmut im Charakter derer, die sie erleben. Um diese Spannung und damit die

Bedeutung des Textes zu ermessen, hätte der Leser im Grunde die Arbeit des Autors nachzuvollziehen und nicht nur in das komplizierte System des Textes, sondern auch in den *genius loci* und den Geist der Zeit einzudringen, sich mithin sowohl nach Fontainebleau als auch in den Juni 48 zu begeben. Natürlich bedeutet *Nachvollziehen* nicht, eine Arbeit zu leisten, wie Alberto Cento sie versucht hat, und sämtliche von Flaubert bei Abfassung der *Education* benutzten Quellen aufzuspüren.[444] Vielmehr hilft für eine zugleich poetische und pertinente Lektüre dieses Textes die Erstellung einer eigenen Dokumentation, in welcher Ruskins *Praeterita*, die eine Fontainebleau-Akmé ganz eigener Art beschreiben, ebenso ihren Platz hätten wie die Reiseführer des Mannes, der den Wald überhaupt erst touristisch erschloß, C. F. Denecourt, wie die Photoserien von Gustave Le Gray oder die Gemälde der Schule von Barbizon, aber auch die Juni-Literatur, die wir hier ans Licht gefördert haben. Liest man etwa in Ruskins Lebenserinnerungen die Erzählung jenes für ihn epochemachenden Augenblicks im Jahr 1842, da er auf einem öden Fuhrweg im Wald von Fontainebleau plötzlich das Wesen der Naturschönheit entdeckt, so versteht man besser die Eigentümlichkeit der von Flaubert beschriebenen blinden Rezeptivität des Touristen. »Was wirklich im Wald von Fontainebleau geschehen sein könnte«, schreibt Wolfgang Kemp, »begreift man wohl nur, wenn man ganz stark die Tatsache, daß Ruskin die Situation zeichnend erlebt, bewertet.«[445] Aber auch eine andere Tatsache, auf die Ruskin selbst humorig hinweist, sollte man nicht übersehen: daß seine Illumination am Unscheinbaren gewonnen wurde und nicht an den Sehenswürdigkeiten: »How I had managed to get into that utterly dull cart-road, when there were sandstone rocks to be sought for, the Fates (...) only know; but I was never fortunate enough to find at Fontainebleau any of the sublimities which I hear vaunted by French artists. And to-day I missed rocks, palace and fountain all alike, and found myself lying on the bank of a cart-road in the sand, with no prospect whatever but that small aspen tree against the blue sky.«[446] Frédéric hingegen hat keinerlei Schwierigkeiten im Auffinden der »sublimities«; er muß nur das Besichtigungsprogramm einhalten, wessen er sich pünktlich entledigt, mit dem Resultat, daß er um keinen Deut klüger ist und allenfalls um ein paar schöne Stunden reicher. Zur Beurteilung der Bedeutung dieser Episode empfiehlt es sich wie gesagt, einen von Denecourts Führern durch Schloß und Wald von Fontainebleau zu konsultieren. Der 16. Auflage von 1856 ist zu entnehmen, daß der Eindruck, der bei der Lektüre der *Education* entsteht – als sei die Glanzzeit des Schlosses mit Louis-Philippe, dem letzten König der Franzosen, endgültig vorüber gewesen und als sei die Posthistoire dort bereits angebrochen –, zwar der Wirklichkeit der Zweiten Republik gemäß wird, nicht aber der des Second Empire, das dieses an napoleonischen Erinnerungen reiche Schloß[447] zu einer seiner Sommerresidenzen machte. Dergestalt, daß die rückwärtsgewandte Begehrlichkeit des ahnungslosen Schloßbesuchers Frédéric außer durch die Logik der Romanintrige und speziell die Gleichzeitigkeit der Greuel des Juni auch noch durch gewisse Bilder in Frage gestellt wird, die zwischen der Zeit der Erzählung und dem Zeitpunkt der Publikation zu lokalisieren sind und die ein Leser von 1869 mit dem Ort der Handlung verbinden konnte. Verlängerte man die Reihe all der Personen, »die sich in diesen Räumen bewegt hatten: Karl V., die Valois, Henri Quatre, Peter der Große, Jean-Jacques Rousseau und die ›schönen, tränenreichen Damen aus den vordersten Logen‹, Voltaire, Napoleon, Pius VIII., Louis-Philippe« in die zeitgenössische Gegenwart des Kaiserreichs hinein, so stieß man unweigerlich auf Badinguet, dessen Präsenz in Fontainebleau durch mehrere Bilder verewigt worden war, die vor dem geistigen Auge eines meditativen Lesers zu Ende der sechziger Jahre durchaus neben dem Bilderwust, in dem der Held sich zu verlieren beliebt, hätten auftauchen können: man denke an eines der wenigen großen Historiengemälde des Second Empire, Gérômes Darstellung der *Réception des Ambassadeurs Siamois au Palais de Fontainebleau (Empfang der siamesischen Gesandten im Schloß von Fontainebleau)* (1865), worin die Arroganz des französischen Kolonialreichs zugleich verherrlicht und verniedlicht wird – der Raum dieses Bildes ist derselbe, in dem Frédéric versucht, seine Liebe zu Mme Arnoux mittels Diane de Poitiers' auf die Maréchale zu übertragen – oder an eine berühmte Photographie des Hofes, der auf der Treppe, die vom Schloß in den Park hinabführt, Aufstellung genommen und um einen Nachen sich versammelt hat, in welchem Napoléon III. und sein Söhnchen sitzen. Die Aufnahme dieser 45 Persönlichkeiten, in der man ein lächerlich mondänes Gegenbild zu Courbets *Enterrement d'Ornans (Begräbnis von Ornans)* sehen kann – hier imperiale Pose, dort demokratische Allegorie, hier schon konventionelle Photographie, dort ein Versuch revolutionärer Malerei (die Opposition ließe sich fortführen) –, hat zum Fontainebleau-Besuch des Flaubertschen Helden die besondere Beziehung, daß auch sie das Datum der Junimassaker erinnert und verdrängt: sie entstand am 24. Juni 1860.[448] Keine Frage, daß diese leicht- und stumpfsinnige Gesellschaft, von der er sich in der Folge durch eigene Dummheit ausschließt, Frédéric sehr viel verwandter ist als die ideale der Renaissance, in die er sich vergeblich zurückzuträumen versucht. Wenn die Figur Frédérics, des Versagers, gleichwohl die überlebt hat, die nach dem Staatsstreich an die glanzvolle Tradition des Feudalismus anknüpften, wenn der fiktive Besuch des Romanhelden zum Ereignis in der Geschichte Fontainebleaus geworden ist, so liegt das daran, daß die Unwahrheit, die er verkörpert, eine zutiefst zeitgemäße, moderne Unwahrheit ist und daß sein Erfinder sie implizit und in ihrem Zusammenhang mit der Moderne analysiert.

Der Ausflug nach Fontainebleau demonstriert die Widersprüchlichkeit touristischen Erlebens, die Dialektik von Versenkungsbereitschaft und Leichtfertigkeit angesichts des säkular oder exotisch Sehenswürdigen. Von den Kaffeehäusern des neuen Kaiserreichs heißt es an einer Stelle des *Spleen de Paris*, in ihren Räumlichkeiten werde die gesamte Geschichte und die gesamte Mythologie der Völlerei dienstbar gemacht.[449] Mit dem Tourismus verhält es sich ähnlich: Er macht die Welt zum Paradies, worin der Vergnügungsreisende den Glauben an die bessere Menschennatur, die eigene zumal, die er im täglichen Existenzkampf abstreifen zu müssen glaubte, wiedererlangt, weil ein grenzenloses Wohlwollen ihn beseelt, von dem selbst die Ärmsten der Armen nicht ausgenommen sind. Dies aber ist die Voraussetzung zur Einlösung der Utopie des unschuldigen Verzehrs. Der Tourist darf von allen Früchten genießen, nur nicht vom Baum der Erkenntnis.

Erscheint bei Baudelaire die touristische Unschuld als ein Irrtum, den die Pantomime eines häßlichen Bruderkampfes korrigiert, und dies in der Perspektive einer Geschichtsphilosophie, die, wie er gelegentlich der *Histoire de la raison d'Etat* Joseph Ferraris schreibt, von der »Notwendigkeit des Antagonismus« ausgeht und für die Geschichte die Formel »Es ist (...) die ewige Harmonie im ewigen Streit«[450] findet, so dient Flauberts Konfrontation Fontainebleaus mit den Massakern des Juni, in der eine Geschichtsphilosophie angebracht ist: als *trompe-l'œil*, primär der genauen Bestimmung der historischen Mitschuld des Unschuldigen, da Unbeteiligten. Frédérics Unschuld wird kaum glaubhafter dadurch, daß Sexualität wie Geld und Politik aus der Idylle ausgeblendet sind – im Gegensatz zur *Bovary* präludiert die Besichtigungsszene hier nicht der Ausschweifung, darf der Leser durch einen Blick ins Kutscheninnere sich davon überzeugen, daß die ruhige Trunkenheit der verliebten Waldrundfahrer nichts gemein hat mit jenem Lokomotionsfuror, der die hermetisch verschlossene Kutsche des ersten Romans zum *contenant* eines schlechterdings nicht nachweisbaren, obschon fast handgreiflich pornographischen *contenu* werden ließ – und daß der Liebhaber und seine Geliebte sich aufführen wie Kinder, die, anspruchslos in ihren Vergnügungen, bereit sind, an allem ihr Ergötzen zu finden. Das freie Aufatmen, ein ironisches Leitmotiv der *Education,* beruht auch hier auf Betrug und Selbstbetrug, nicht anders als in der Februarszene im Tuileriengarten oder, nach der Rückkehr aus Fontainebleau, am Abend des Dîners, im Garten des Hôtel Dambreuse, wo Frédéric sich endlich am Ziel seiner Wünsche und in seiner wahren Umgebung angekommen glaubt. An diesem Betrug hat alles teil: der Frieden ihres Hotels, die Bildungsreminiszenzen im Château, der vielfältig abgestufte Naturgenuß im Wald, der gute Appetit im Landhaus, der zwischen der Geliebten und der Landschaft hin und herwandernde Blick, das Schäkern und die Herzensergießungen. Der gemeinsame Nenner all dieser Genüsse: der Kitsch, ist mehr als bloß ein Indiz des Unauthentischen. Dieses Paar, welches sich in den Stand der Unschuld zurückgemogelt hat, welches das Pathos der Kindheit aufbietet, um eine Vertrauensseligkeit herzustellen, wird noch am heiteren Orte von den eigenen Lebenslügen eingeholt. Mag er dem Ernst der Wirklichkeit noch so beflissen aus dem Wege gehen, mag er noch so krampfhaft den Stolz eines freieren Lebens, die Überlegenheit über die Wechselfälle einer trivialen Gegenwart sich einreden, mag er dabei den letzten Dingen nachsinnen oder aufs Belangloseste verfallen, auf »tausend Albernheiten« – der Held steht schließlich doch dem gegenüber, wovor er so hartnäckig die Augen verschloß; sei es, daß das Neckische: »Wir sind nicht immer artig gewest! Sind mit seiner Frau in die Heia gegangen!« Rosanettes ihn an den Verrat seines Ideals erinnert, den er prompt mit einem Meineid besiegelt, sei es, daß die Zeitungsnachricht von Dussardiers Verwundung ihn an seine Pflichten gegen das Vaterland gemahnt, was bezeichnenderweise zu einem Entrüstungsausbruch über die pflichtvergessene Geliebte – »Soviel Gleichgültigkeit gegen das Unglück des Vaterlands hatte etwas kleinlich Bourgeoises« –, doch immerhin zur überstürzten Heimreise führt.

»Bourgeois« sind immer nur die anderen: Die Selbstgerechtigkeit des Helden wirkt in ihrer Verblendung mitunter beinahe lachhaft. Sie unterscheidet sich von der der anderen Mitbourgeois und -kleinbürger des Romans – der eines Roque, der eines Deslauriers oder Sénécal – nur durch sporadische sentimentale Anwandlungen zur Besserung, die jedesmal mit einem Rückfall ins alte Lotterleben enden.[451] Solche Verhaltensweisen werden vom Erzähler mit sarkastischer Kürze notiert: »Seine Liebe lastete plötzlich auf ihm wie ein Verbrechen. Eine Stunde lang schmollten sie miteinander.« Gegen Ende des dritten Kapitels von Teil III, als Frédéric, zwei Jahre sind seit dem Juni vergangen, zum Geliebten der Gattin des »capitaliste« Dambreuse aufgestiegen ist und beste Aussichten besitzt, selbst einer zu werden, läßt Flaubert ihn auf die Gründe des Scheiterns von 1848 zurückkommen. Derselbe dünkelhafte Hochmut, mit dem er sich im Februar über das Juste-Milieu, im Juni über den Aufruhr ausließ, prägt auch diesmal wieder sein Urteil: »Es fehlte der zündende Funke! Ihr wart einfach nur Kleinbürger und die besten unter euch – Pedanten!« Kein Gedanke daran, daß er selbst zu denen gehören könnte, über die er so pharisäisch sich erhebt! Der sich über die Phrasen von 48 mokiert, hat selbst kaum je etwas anderes hervorgebracht, und noch seine Kritik der Phrase ist eine phrasenhafte, nur nach dem Geschmack des Tages neu frisiert.

Flaubert entdecke überall nur Bêtise, bei Bürgern wie bei Arbeitern, hat Sartre unter Berufung auf die oben zitierte Briefstelle getadelt. Das ist wiederum selbst bloß ein kritisches Vorurteil, das ein Entscheidendes unberücksichtigt läßt: daß in der *Education* unterschieden werden muß zwischen Opfern und Komplizen der Phrase. Den ersteren fehlt, wie Dussardier (und in gewisser Weise auch schon Emma Bovary), die Möglichkeit, aus Eigenem vom Despotismus der Phrase sich zu befreien – die Revolution allein beendet diesen Despotismus jedenfalls nicht. In ihrer Gutgläubigkeit sind sie der Phrase ausgeliefert und bemerken ihre Irrtümer erst, als es zu spät ist; die anderen aber, die Gebildeten, die es besser wissen müßten, können zwar ein Interesse an der Änderung der bestehenden Verhältnisse haben, aber die Phrase als solche mag keiner, auch der Unzufriedenste nicht, verabschieden: ist sie doch das Unterpfand der Herrschaft, die sie selber erstreben. Wenn die einen der Phrase aufsitzen, hat das gewiß auch einen komischen Aspekt – den die Szene im revolutionären Club hervorkehrt –, doch wird an der Vita Dussardiers, des ebenso integren wie einfältigen 48er Helden und Märtyrers deutlich, was es heißen kann, der Phrase zum Opfer zu fallen. Hingegen besitzen die eigentlichen Phrasenmacher des Romans, die ungestümen Widersacher des Bürgerkönigtums, die am Ende sich ausnahmslos zur reaktionären Phrase bekehrt haben, keinerlei Entschuldigung dafür, daß die Revolution von 1848 als eine der schönen Worte in die Geschichte eingegangen ist.

Nicht immer muß die Phrase, dieser Ausdruck der Unterordnung des Denkens unter den Komfort, so verräterisch sein wie die berühmte aus Thiers' Schrift über das Eigentum, die Flaubert, ohne Quellenangabe, einem Industriellen auf dem Dîner Dambreuse in den Mund legt: »Selbst der Löwe würde, wenn er nur reden könnte, versichern, er gehöre zur Klasse der Eigentümer!«[452] Auch Frédérics Meditationen in Fontainebleau lassen sich mit Flaubert als ein seiner selbst nicht bewußter Eigentumsfanatismus verstehen. Zwar erfolgt hier die Berufung auf die Natur nicht in eindeutig apologetischer Absicht, doch spätestens durch den Verlauf der Romanhandlung wird klar, daß dieser Einzelgänger, der so viel auf seine Differenz von den Bourgeois sich zugute hält, der die ewige Natur aufsucht, um Welten zwischen sich und die bewegte Wirklichkeit zu legen, daß dieser in eine »Konfusion von Bildern« eintauchende falsche Liebende ein stiller Teilhaber der Interessen der Ordnungspartei ist: Nach der blutigen Wiederherstellung des sozialen Friedens läßt er sich nicht nur gern gefallen, daß die Dambreuse und de Grémonville ihn zu seiner politischen Abstinenz beglückwünschen, sondern auch, daß die Partei ihn, der doch einen so tiefen Widerwillen gegen die »scheußliche Sprache« und die »Unredlichkeit« ihrer Führer hegt, für ihre Zwecke einspannt und ihn zum Merkur der Rue de Poitiers ernennt, der die Ausgaben für das kostspielige Mietkabriolett überdies aus eigener Tasche bestreiten muß. Die Phrasen, die Frédéric hervorbringt, stehen auf einem höheren Niveau als die der Spießer, als Pellerins Gemälde, als die Prosa Hussonnets oder die Klischees, mit denen die kleinen Leute sich behelfen – so erinnern seine

Heldenmut eines jungen Mobilgardisten, eine 48er Lithographie, die Flaubert auf seine Art illustriert

Waldesphantasien an gewisse von Dorés Illustrationen zur *Divina Commedia*, die in den sechziger Jahren dank dem, was Konrad Farner die »Reiseführer-Kunst« des industrialisierten Romantikers nennt, zu einem Lieblingsbuch der europäischen Bourgeoisie wurde[453] – aber die bloße Tatsache, daß er Geschmack besitzt, feit diesen Helden keineswegs gegen den Kitsch, der ein Ausfluß seiner eigenen Unredlichkeit ist. Fontainebleau, als der Höhepunkt dieser *mauvaise foi*, läßt sich als eine nicht enden wollende Orgie des Kitsches an, eines Kitsches freilich, der dem Habitus dieses Bürgers entspricht und der deshalb nicht ohne weiteres als solcher kenntlich wird. Diese Orgie wird von den zwischen dem Bildungsbürger und der Proletariertochter regelmäßig auftauchenden Verständnisschwierigkeiten zugleich gestört und befeuert; was sie schließlich beendet, ist die Nachricht von Dussardiers Verwundung, hinter der man nicht auf Anhieb eine andere Variante des Kitsches erkennt. Erst nachdem Frédéric schließlich am Morgen des 26. Juni in der Mansarde seines Freundes angekommen ist und die Vatnaz erzählt hat, wie Dussardier am Samstag vorher auf eine Barrikade der Rue Lafayette gesprungen war, um einem Knaben die Trikolore zu entreißen, wird für den Leser deutlich, daß auch diese Aktion mehr dem Kitsch als der Wirklichkeit angehört. Nicht daß Dussardiers Tat unmittelbar der *mauvaise foi* entspränge wie die Reden seines Freundes – im Gegenteil, sie ist nur aus einem Übermaß an *bonne foi* zu erklären. Obwohl im Brennpunkt des Geschehens stehend, ist auch Dussardier im Juni anderswo: im Februar, wo es die Republik, die er nun verteidigen will, vielleicht einmal gegeben hat. Indem er denen Gehör schenkt, die behaupten, daß die honette Republik die wirkliche sei, indem er den Phrasen mehr traut als dem Augenschein und eine durch und durch anachronistische Heldentat vollbringt, trägt er unfreiwillig zu einer neuen Mythenbildung bei, derzufolge die Verteidiger der Ordnung die Sachwalter des schönen Februarvolkes sein sollen. Erst als er die eigene Tat von der Presse gefeiert sieht, ahnt dieser Gutmütige das Ausmaß seiner Verblendung. Da Dussardier glauben muß, um handeln zu können, wird er zum Märtyrer der Republik wie zum Opfer seiner Mentoren, und die stupende Konstellation des Romanendes, wo er von dem einstigen Lehrmeister, dem zum Bonapartismus übergelaufenen Junideportierten Sénécal, mit dem Bajonett niedergestoßen wird, ist die äußerste Konsequenz des Vorausgegangenen: Die Haltung, in der

der tote Dussardier vor dem Café Tortoni liegt, verdeutlicht Flauberts Antwort auf das Epinalbild vom *Christ révolutionnaire.*[454]

»Ich arbeite gerade an drei Seiten, die den von der Nationalgarde im Juni 1848 verübten Scheußlichkeiten gewidmet sind und mit denen ich mich den Bourgeois angelegentlich zu empfehlen denke. Ich stoße sie mit der Nase in ihre Schande, so gut ich nur kann«[455], schreibt Flaubert im September 1868 an George Sand, die ja ihrerseits schon im Vorwort zu *Cadio* das Schweigen über jene Schändlichkeiten gebrochen hatte. Aber kein Schriftsteller des Second Empire ist in seinen Erinnerungen an die Junimassaker gleich weit gegangen wie der Autor der *Education,* der, statt es dabei bewenden zu lassen, wie Pierre Leroux, George Sand oder Jules Vallès, Fakten zu berichten oder Schreckensbilder heraufzubeschwören, einen exemplarischen Mordfall in seiner Entstehung detailliert aufrollt, den Leser ins Innere eines typischen Junimörders versetzt, so wie er ihn vorher ins Innere eines düpierten Ordnungsverteidigers und in das eines abseits Stehenden versetzte. Mehr noch: Die Äußerung gegenüber G. Sand zeigt, daß Flaubert bei der Niederschrift jener drei Seiten den Père Roque bzw. die, für welche er stellvertretend ist, als implizite Leser unmittelbar zu treffen gedachte. Doch die Beschreibung der Mordszene im Tuileriengarten ist nur ein Teil von Flauberts literarischer Strafaktion gegen die Juni-Bourgeoisie, die im folgenden, der Soiree Dambreuse gewidmeten, Kapitel mit kalter Wut vorangetrieben wird. Der Nationalgardist Roque selbst, von seinen »fatigues militaires« sichtlich erholt, diesmal an der Tafel sich tapfer schlagend, dient als Übergang von dem blutigen zum kulinarisch-satirischen Juni-Teil des Romans. Bei aller Süffisanz über die republikanische Brüderlichkeit erweist sich Roque als ungleich zurückhaltender als andere Gäste, denen es nicht vergönnt war, ihre Affekte wirklich abzuführen, und die noch immer von Massenexekutionen oder zumindest davon träumen, sie dürften Proudhon eigenhändig erwürgen. Zu derart kruden Taten und Phantasien scheint das Dichten und Trachten Frédérics nicht recht passen zu wollen, auch wenn Flaubert es immer wieder einzurichten weiß, daß der sensible Moreau in die Nähe des brutalen Roque gerät. Zwar gehört die Mordszene unter der Galerie au bord de l'eau zu den wenigen des Romans, in denen der Held nicht selbst auftritt, doch ist es nicht nur Louise, die im nachhinein die Verbindung dieser Szene mit Frédéric herstellt. Der von ihrem Vater begangene Mord gemahnt sonderbar an das Gelüst, das ihr Freund kurz vorher und praktisch an gleicher Stelle empfunden hatte.[456] Die Tat des Père Roque ist eine unverhoffte Einlösung der Phantasie Frédérics und zugleich eine Konkretisierung des stupiden Murrens der andern Nationalgardisten, des »Man muß ein Ende machen!«, über das Frédéric seinerzeit verständnislos hinweggegangen war. Verhindert in der ersten Szene das Erwachen eines Dritten die blutige Lösung eines privaten Ödipuskonflikts, so führt die zweite Szene einen Mord vor, der eben deshalb möglich wurde, weil er mit Billigung aller geschieht: statt der Eroberung der Frau eines andern die »légitime défense« der Eigentümer. Von ihnen präzisiert Flaubert ausdrücklich, sie hätten »im allgemeinen kein Erbarmen« gekannt. Sein anschließender Kommentar über das Gleichgewicht zwischen dem »Fanatismus der Interessen« und der »Raserei des Mangels« scheint dennoch die Vertreter der Ausgewogenheitsprämisse zu bestätigen; einer von ihnen, M. Wetherill, stellt dann auch mit einem Unterton von Verwunderung fest, daß Flaubert an dieser Stelle nur der von der Nationalgarde und nicht auch der von den Aufständischen begangenen Untaten gedenke[457], wobei er allerdings zwei Dinge übersieht: daß die Rubrik »Greueltaten der Aufständischen«, die sich ja tatsächlich einmal in Flauberts Exzerpten findet, nicht Fakten, sondern eindeutig die von der Presse in Umlauf gesetzten Greuelmärchen enthält[458], und daß Flaubert jene Rubrik sehr wohl verwertet, in der Unterhaltung der Gäste des Bankiers nämlich, deren Bereitwilligkeit, solchen Gerüchten Glauben zu schenken, er ironisch unterstreicht: »Auf der Seite der Aufständischen kämpften sage und schreibe dreiundzwanzigtausend Zuchthäusler! Man zweifelte keinen Moment daran, daß sie die Nahrungsmittel vergifteten, Mobilgardisten zersägten, daß die Aufschriften ihrer Fahnen zum Plündern aufforderten wie zur Brandstiftung.«

Nach dem ausführlichen Studium der Quellen gelangt Flaubert, der keinerlei Sympathien für die Sozialisten empfindet, dahin, die Verantwortung für die Greuel des Juni so gut wie ausschließlich den Siegern anzulasten: nur diese erscheinen in der *Education* als Handelnde oder als Feiernde.[459] Und da der Aufstand selbst ausgeblendet ist, ist die (an Géricaults *Radeau de la Méduse* erinnernde) Beschreibung der 900 Eingeschlossenen der Galerie *au bord de l'eau* die einzige, in der die Junikämpfer erscheinen. Deren Symbolfigur ist nicht etwa Sénécal, der einmal erwähnt wird – ursprünglich hatte Flaubert erwogen, Dussardier als Insurgenten auf den Barrikaden des Juni fallen zu lassen –, es ist der namenlose blonde Jüngling, der nach Brot schreit und dem Roque mit Blei antwortet. Diese letzte filmisch brutale Einstellung: das Antlitz des Hungers, von einer Bourgeoiskugel zerfetzt, ist gleichsam die Idee des Juni, auf ein Bild gebracht. Es war vorbereitet worden durch den Kontrast der Beschreibung des opulenten Mahles, mit dem die Nationalgardisten Arnoux und Moreau bei Parly von den unterschiedlichen Strapazen ihrer Nachtwache sich erholen und der anschließenden Schilderung der Demonstrationen der *Clubs du Désespoir*, es wird abgerundet durch weitere Eßszenen, insbesondere das wollüstig ausgemalte kulinarische Stilleben der Festtafel bei Dambreuse, wo Flaubert mit Sarkasmen nicht geizt.

Die Soiree Dambreuse erinnert, in ihrer doppelten Kontrastwirkung zur Szene im Tuilerienkeller und zur idyllischen Frugalität der von Frédéric und Rosanette im Dorfgasthaus an der Seine eingenommenen Mahlzeit, an die Satiren Daumiers, der unmittelbar nach dem Juni mit diskretem Pathos die Orgien der Sieger und daneben natürlich nicht das Martyrium der Aufständischen, wohl aber die Not der überlebenden Arbeiterbevölkerung evoziert hatte.[460] Zwanzig Jahre nach den Ereignissen atmet Flauberts Darstellung nicht mehr die Trauer, die aus den Nach-Juni-Blättern Daumiers spricht, dafür ist ihre karikaturistische Schärfe ätzender geworden, wobei zu bedenken ist, daß Daumier unter dem Belagerungszustand auf die Massaker nicht einmal hätte anspielen können. (Auch stand der *Charivari*, in dem seine Karikaturen erschienen, voll hinter Cavaignac.) Erst dem Romancier von 1868 gelingt, was der geniale Chefankläger des Juste-Milieu nicht in Angriff nehmen konnte, was Hiob-Castille und der Baudelaire der *Révolte*-Gedichte demagogisch verkürzten, was für Außenstehende wie Heine und Herzen keine vordringliche Aufgabe der Kritik war: die lückenlose, oder doch lückenlos wirkende, Präsentation der Motive und Verhaltensweisen der gesellschaftlichen Fraktionen, die für die Massaker von 48 verantwortlich zeichnen, und das in ihrer generationenmäßigen Abstufung. Um dieses Gelingens willen, an dem auch die Wahl des Genres Anteil hat – die Karikatur ist, wie die Poesie, suggestiv, der Roman eher systematisch –, wird Flaubert zum historischen Fortsetzer Daumiers, über den Baudelaire geschrieben hatte, niemand habe den Bourgeois so geliebt wie er, »à la manière des artistes«.[461] Jedoch ist den Bour-

Daumiers Karikaturen der Junisieger (3): *Die Geschäftsträger*, eine Karikatur, die an dem Tag erschien, an dem bei Flaubert die Junisieger ihr Fest feiern, am 3. Juli 1848

geois-Porträts der *Education* die Daumiersche Bonhomie abhanden gekommen, ihre Grausamkeit entspricht der des Gegenstandes, sie verhält sich mimetisch zu dem Charakter des je zu Porträtierenden, sie bespitzelt den Bourgeois nicht nur, sie schlüpft in ihn hinein. Mit dem Blick Daumiers lassen die Dambreuse oder Roque sich aufspießen, aber den Heimlichkeiten eines empfindsamen Bourgeois wie Frédéric Moreau ist nur analytisch beizukommen, nicht physiognomisch.

In einem seiner letzten Artikel für die *Augsburger Zeitung* hat Heine als Kommentator der Februarrevolution implizit auf eine erotisch-ästhetisch-politische Konstellation hingewiesen, welcher Schlüsselcharakter für das Verständnis sowohl des Scheiterns als auch, und zuallererst, des Kitsches von 1848 zukommt. Vom Wortführer des Februar, Lamartine, redend, bemerkt Heine, in dessen Dichtungen sei ihm schon immer »jener Spiritualismus, jene sogenannte platonische Liebe, die schon in den Kanzonen und Sonetten seines Ahnherrn Petrarca mich unleidlich anwiderte, und die ich all mein Lebtag in Reim und Prosa befehdete«, fatal gewesen, um dann mit gewollter Gutgläubigkeit fortzufahren: »Erst als ich die politischen Reden Lamartines vernahm, jauchzte ihm meine wahlverwandte Gesinnung entgegen; hier gefiel mir seine bessere Ähnlichkeit mit Messer Francesco, der nicht bloß der Anbeter Lauras, sondern auch der Freund Rienzis war und für die ewige Sonne der Freiheit ebenso schwärmerisch glühte wie für die Augen (...) der schönen Provençalin.«[462] Frédéric und seine Freunde sind entmystifizierte erotisch-politische Doppelschwärmer; ihrem Petrarkismus entspricht allemal eine tiefe Duplizität. Sogar Dussardier, die scheinbare Ausnahmefigur, verfällt der Vatnaz wie Frédéric der Maréchale, nur daß er, wie gesagt, der Reaktion bloß aufsitzt, wo alle anderen sich ihr andienen. Und immer, selbst in den ätherischsten Momenten, spielt das Geld eine Rolle, ohne daß der Schwärmer dessen gewahr würde: Als Frédéric auf Wachdienst sich ausmalt, wie er nach Arnoux' Ende mit seiner Witwe auf Hochzeitsreise ginge, gerät er unwillkürlich ins Rechnen; in der dann tatsächlich verwirklichten Ersatz-Idylle lauscht er geduldig der Erzählung von Rosanettes Erstprostitution, womit er die eigene vorbereitet; und noch in der pathetischen Abschiedsszene ist das Geld auf tückische Weise präsent, trügerisch poetisiert, wie in der Episode vom mißglückten Bordellbesuch, mit der die *Education* abbricht. Tatsächlich ist dieses Jugenderlebnis das Beste am Leben des Helden, denn hier wohnt noch eine Unschuld im Scheitern.

Flauberts Befürchtung, das Publikum werde sich für seinen Frédéric nicht in gleichem Maße erwärmen können wie für einen Lamartine, die bloße Romanfigur werde neben den markanten

Daumier: Arbeitslose Tagelöhner, vom Tagelohn eines Volksvertreters träumend, August 1849 *(Du kennst doch den dicken Abgeordneten von gegenüber mit seiner täglichen Diät von 25 Francs! Nun gut, heut morgen lese ich in der Zeitung, man habe ihn mit einer Kommission betraut. Da eine Kommission gewöhnlich 75 Centimes einbringt, die Antwort nicht eingerechnet, wird er also heut 25 Francs und 15 Sous verdient haben ... der Glückspilz!)*

Akteuren der 48er Revolution nicht bestehen[463], hat sich als unbegründet erwiesen: Lamartine ist – Poesie inklusive – längst vergessen, Frédéric Moreau unvermindert lebendig. Das liegt nicht unbedingt an einer größeren Lebendigkeit der erdichteten Figur gegenüber dem in der Politik sich versuchenden Dichter, eher wohl an einem grundsätzlich anderen Verhältnis von Verborgenheit und Transparenz in den Handlungsmotiven des historischen und des fiktiven Antihelden. Dem Gestus etwa, mit dem Heine im *Waterloo-Fragment* Lamartines Aussage vor Quentin-Bauchards Untersuchungsausschuß – die ihn von dem Verdacht reinigen sollte, er sei ein Mitverursacher des Juniaufstandes gewesen – kommentiert, ist zu entnehmen, daß jener »falsche Bruder« ein für allemal das Gesicht verloren hat[464], und dies nicht nur in den Augen der Republikaner. Daß Frédéric ein solcher Gesichtsverlust erspart bleibt, liegt zum einen an der anderen Öffentlichkeit und den anderen Untersuchungsmethoden des Romans, speziell des Flaubertschen, der ja niemanden mit eindeutig engagierten Absichten vor das Tribunal der Geschichte zitiert, der seine Intention, Licht in das dunkelste Kapitel der jüngsten Geschichte zu bringen, nirgends programmatisch formuliert, zum andern daran, daß Frédérics Charakterlosigkeit für diejenige des unverdächtigsten Teils der Öffentlichkeit selber steht, jener unbescholtenen Privatleute, die nicht einmal in Gedanken am Aufstand oder an der Repression beteiligt waren. Zwar läßt auch Flaubert seinen Frédéric kompromittierende Dinge tun und sagen, doch stellt er es letztlich dem Leser anheim, wie er ihn beurteilt, und da die Mehrzahl der Leser und Kritiker bis heute fortfahren, der Sentimentalität des Helden mehr zu trauen als der Ironie des Autors, liegt es nahe zu vermuten, daß Frédéric solange eine gesellschaftliche Aktualität behält, wie er Leser findet, die auf ihn hereinfallen.

Die *Education sentimentale* registriert die Auswirkungen – die individuell biographischen wie die gesellschaftlich historischen – einer pathologischen Verfassung, welche mit der Entfaltung der Industriegesellschaft eine neue Qualität annahm. Fourier hatte diese Verfassung, in seiner grandiosen Unterschätzung der Tücken des Trieblebens, zu einer der Grundleidenschaften des Menschen erklärt und sie auf den Namen *la Variante* oder *la Papillonne* (die *Abwechslungs-* oder *Schmetterlings-Leidenschaft*) getauft. Im Abwechslungsbedürfnis erblickt der Frühsozialist eine Wegbereiterin der Harmonie. Die ironische Erfüllung dieser Prognose bietet die moderne Konsumgesellschaft, als deren romantischer Vorreiter Flauberts Held angesehen werden kann. Leidet er doch an dem von der neuen Liebeswelt des Konsums verbreiteten Wahn, sich alles auf einmal leisten, herausnehmen zu können. Das Korrelat der Entgrenzung des Wunschlebens, die das Versprechen der Warenwelt – die mühelose, widerspruchsfreie Abrufbarkeit des Nächsten wie des Fernsten – bewirkt: die Erschlaffung der Wunsch- und Denkenergie, tritt an Frédéric gleichfalls deutlich genug zutage. Im Zeitalter des Dampfschiffs, der Eisenbahn, des Telegraphen und der Photographie, da Zeit und Raum so gut wie überwunden sind, scheint die Jagd nach dem Glück keinen nennenswerten Kraftaufwand mehr zu erfordern: Das Glück wird dem Verbraucher frei Haus geliefert, oder er läßt, als Tourist, sich zu ihm hinbefördern. In jedem Falle scheint das Glück für den einzelnen so gewiß wie der Fortschritt für alle. Die Februarrevolution, jene ungeheuerliche momentane Beschleunigung der sozialen Bewegung, bestätigt nur diesen Optimismus. Pellerins Gemälde zeigt, daß sie als die gleichsam selbstverständliche politische Entsprechung der industriellen aufgefaßt wurde: Als verfüge auch die Weltgeschichte plötzlich über Lokomotiven, die die Menschheit in Blitzesschnelle in ein Reich der Brüderlichkeit versetzen könnten. Und Hugos Diktum über die Presse als »die ungeheuere und heilige Lokomotive des Fortschritts«[465] ist ein primärer, unmanipulierter Beleg für den Kitsch, der sich ergab, wenn Schriftsteller von der Euphorie der Geschwindigkeit sich anstecken ließen.

In Flauberts Juni-Idylle wird deutlich, wie fragwürdig die Glücks- und Freiheitsmomente sind, die dem entfesselten Verbraucher zuteil werden. Er frißt schöne Bilder wie die Eisenbahn Kilometer, doch je schneller das Schöne, das die Welt zu bieten hat, genossen wird – und Frédéric konsumiert an einem verlängerten Wochenende ganze Äonen sinnerfüllter Zeichen –, desto schaler ist das Glück, auch das melancholische, das ein solch panoramatischer Genuß abwirft. Die Schalheit verrät sich in den Gemeinplätzen und Klischees, mit welchen der Tourist sein Glück gleichsam quittiert, im Kitsch, der eine Lauterkeit und Tiefe der Erfahrung vortäuscht, die einem Empfinden, das von Raum und Zeit wie von allen Widersprüchen der gesellschaftlichen Logik absieht, notwendig verschlossen bleiben muß. »Doch der Mensch ist nicht dazu geschaffen, das Unendliche hinunterzuschlucken«[466], konstatiert Flaubert nach einem Besuch der Pariser Weltausstellung von 1867: bewußt unempfindlich gegen die Utopie des grenzenlosen Verzehrs, welche sein Held, ohne es selbst zu merken, im Juni 48 gegen die häßliche Wirklichkeit ausspielt. Frédérics Blick hat die Tiefendimension verloren, er ist von der Unstete und Verschwommenheit, die man damals dem Blick aus dem Fenster des Eisenbahnabteils zuschrieb: »Seine Träumerei und sein Blick verloren sich an einen verschwommenen Horizont.«[467] Dem zerstreuten Blick entspricht das unscharfe Denken dessen, der ein für allemal beschlossen hat, daß eine Verständigung zwischen den Menschen nicht möglich ist: »denn mitten in den intimsten Vertraulichkeiten bleibt stets ein Vorbehalt, aus falscher Scham, Zartgefühl oder Mitleid. Man entdeckt Abgründe und Schmutzigkeiten im andern oder bei sich selbst, die einen stocken lassen. Übrigens würde man, das spürt man deutlich, ohnehin nicht verstanden werden; es ist schwer, etwas genau auszudrücken, was immer es auch sein mag.« Nur für den Helden selbst bleibt es ein Geheimnis, weshalb er so bereitwillig mit der Unmöglichkeit von Kommunikation sich abfindet, wieso er Kitsch, Halbwahrheiten, Lügen bewußt in Kauf nimmt. Denn daß er ein Interesse an der Aufrechterhaltung der Illusionen über sich selbst und die eigene Rolle besitzt, liegt auf der Hand. So ist der Kitsch des Touristen, dessen Darstellung in der Fontainebleau-Idylle wie ein Fremdkörper in dem Textteil steht, der den Ereignissen des Sommers 48 gewidmet ist, in Wirklichkeit ein integraler Bestandteil des Ensembles der Repression: das fehlende Glied im Schuldzusammenhang der Massaker. An ihnen waren nicht nur die schäumenden Besitzer wie Roque, die Kapitalisten wie Dambreuse und Fumichon, die Karrieristen wie Martinon, an ihnen waren in gleichem Maße die reinen Toren des Konsums wie unser Frédéric beteiligt. Diese Erkenntnis Flauberts, die aus der Komposition seiner *Education* ablesbar ist, steht am Ende einer jahrelangen analytischen Arbeit, zu welcher es all jener Qualitäten bedurfte, deren Fehlen das Scheitern nicht nur des Helden, sondern auch der 48er Generation insgesamt erklärt (in dem Roman selbst, versteht sich): es bedurfte der Kraft des unerbittlichen, auch selbstkritischen Hinsehens, des Recherchierens und Kombinierens, der Versenkung in abgründige Zusammenhänge wie der Konzentration auf banale Einzelheiten, es bedurfte nicht zuletzt jenes Kults des Stils und des *mot juste*, der den Eremiten von Croisset zu einer Art Heiligen der modernen Romanliteratur werden ließ. Schivelbusch spricht einmal, anläßlich Ruskins und Flauberts Abneigung gegen die Eisenbahn, von deren »kulturkritischem Protest gegen die Geschwindigkeit«.[468] Bei Flaubert manifestiert sich dieser Protest in erster Linie in einer

Schreib- und Arbeitsweise, die nicht nur den Erfordernissen der *littérature industrielle* radikal widerspricht – Flaubert hielt sich viel darauf zugute, nie auch nur eine Zeile für die Zeitung geschrieben zu haben –, sondern ihrerseits dazu dient, das Ausmaß der Katastrophe zu fixieren, das die Gewöhnung an rasche Bedürfnisbefriedigung bei den jungen Bürgern, die eigentlich ausersehen waren, von der Jahrhundertmitte an eine geschichtliche Rolle zu spielen, über die französische Gesellschaft als Ganzes gebracht hat. Die Tatsache, daß der Konsument am Ende der *Education* leer, aber auch straffrei ausgeht, daß er den Höhepunkt seines Daseins, die Junitage in Fontainebleau, vergessen hat und einen früheren Augenblick zu seinem schönsten erhebt, an dem er statt vor der Wahrheit der Geschichte nur erst vor der kruden Wirklichkeit des Sexuallebens davongelaufen war, schafft die Einsicht nicht aus der Welt, die aus der Lektüre der Idylle zwischen Frédéric und Rosanette für den konsequent aufmerkenden Leser sich ergibt: daß die Massaker der einen das genaue Komplement des Glücks der anderen bilden. Wenn es im Juni irgendeine Ewigkeit gab, dann die jener Beziehung. Entscheidend beteiligt am Zustandekommen einer solchen Erkenntnis ist Flauberts poetischer Blick für die *Correspondances,* der ihn Baudelaire so verwandt macht, und seine mehr als bloß positivistische, nämlich gleichfalls ganz poetische, Detailbesessenheit. Wie beides zusammenwirkt, davon erhält den anschaulichsten Begriff, wer Flauberts Materialarbeit, seine Dokumentation, mit dem fertigen Text vergleicht. Das Exzerpt selbst besitzt bei ihm oft schon die ironische Poesie, die den Roman erfüllt, in dem es womöglich gar nicht mehr erscheint: doch seine volle Leuchtkraft erhält es erst im Lichte des Romans. So wirkt bereits die Beschreibung eines Modestiches, der am 25. Juni 1848 erschien, in ihrer andeutungsweisen satirisch-melancholischen Luzidität wie ein Stück *Education sentimentale,* wie die Abbreviatur der Idylle von Fontainebleau: »Der Stich in der Ausgabe vom 25. Juni zeigt eine junge Dame, deren behandschuhte Finger eine Margerite entblättern. Sie trägt ein weißes Kleid und einen orangeroten Shawl; ein junger Mann in rötlichweißen Hosen, schwarzem Gehrock und blauer Krawatte beugt sich von hinten über sie.«[469] Den Kitsch als soziales Phänomen agnosziert und ihm das Datum des Juni 48 eingebrannt zu haben, ist nicht das geringste Verdienst der Flaubertschen Literatur.[470]

Als Überleitungsfigur von der Pariser Moderne zu unserer Gegenwart bietet sich Jules Michelet an, jener »somnambule Geschichtsschreiber«, wie Heine ihn nennt[471], der nicht nur als der ideale Schilderer des Mittelalters, sondern auch als der berufene Lehrer der somnambulen Jugend von 1848 gelten darf. Auch Michelet hatte ein apartes Juni- und ein einzigartiges Fontainebleau-Erlebnis, die zwar nicht zeitlich zusammenfielen, aber durch ein und dieselbe Frauengestalt miteinander verklammert waren. Wie Flauberts Frédéric, der sein Schüler hätte sein können, hatte auch er vor dem Grauen des Bürgerkriegs beim zarten Geschlecht Zuflucht gefunden; allerdings war die Frau, die er sich zur Retterin ausersehen hatte, von einwandfreiem Lebenswandel. Abgesehen von ihrer Jugend hat Athenaïs Mialaret nichts mit Frédérics Rosanette gemein, vielmehr ist sie tugendhaft wie Marie Arnoux, ein romantisches Geschöpf, ganz dazu berufen, ihren Verehrer, der ihr Vater sein könnte und im Frühjahr 1849 ihr Gatte wird, gegen den Haß zu feien, der nach dem Blutbad des Sommers 48 in den Herzen schwelt. So jedenfalls sieht Michelet es selber. »In der Liebe hatte ich ein wundervolles Alibi gefunden. Zum größten Teil verdanke ich das der teuren und bezaubernden Frau, die mir während jener finsteren Krise der Welt den Anblick der Welt ersparte, indem sie mich in ihrem Schoße barg«[472], notiert er ein Jahr nach den Juniereignissen. Die Verbindung erwies sich vor allem geistig als fruchtbar, gemäß der romantischen Überzeugung, daß außerordentliche Gefühle erhabene Werke hervorbringen.[473] Bereits Anfang 1849 hält Michelet am Collège de France Vorlesungen über Liebe und Erziehung, 1849/50 spricht er über Volksbildung und die Frau; und seine gesamte, ungemein reiche, weitere Produktion steht unter dem Stern Athenaïs, der, wenn es nach ihm ginge, der gefallenen Welt den Weg zur Erlösung weisen sollte. (Wobei seiner neuen Liebesreligion eine gute Dosis Antisemitismus beigemischt bleibt.) Das aufschlußreichste unter Michelets die Gestalt der Gattin umkreisenden Büchern, sein *Journal*, gibt, trotz aller nachträglichen Eingriffe durch die verwitwete Athenaïs, eine Ahnung von dem Terror der Anbetung, der in dieser seltsam romantischen Ehe geherrscht haben muß. Des frenetischen Gatten höchstes Glück – ein Glück, das er sich bald mit Schmeicheleien, bald mit massiven Drohungen zu verschaffen suchte – scheint weniger im Beischlaf als in der verzückten Kontemplation der Körperausscheidungen seiner kühlen jungen Frau bestanden zu haben: ihres Urins, ihres

Kots, besonders aber ihres Regelbluts. In Fontainebleau, wo das Paar häufig zur Sommerfrische weilte, scheinen jene Glücksmomente des mystischen Voyeurs sich ins Ekstatische gesteigert zu haben. Das *Journal* gedenkt der entsprechenden Erlebnisse mit Pietät, zelebriert dankbar die »großen Jahrestage von Fontainebleau«.

Michelet reist nach Fontainebleau mit dem festen Vorsatz, ins Geheimnis der Frau wie der Natur einzudringen, sich und sein Werk von jenem Zwillingsgeheimnis durchdringen zu lassen und dadurch das Urübel seiner Epoche an der Wurzel zu packen: die rastlose, leere Unruhe, *l'énervation de la papillonne*.[474] Nach jahrelangen, inbrünstigen Bemühungen geht seine Leitidee – die er kurioserweise für »einen echten Juni-Gedanken« hält[475] – im Spätsommer 1857 in Erfüllung, an dem Tag, an welchem er die Einleitung zu seinem Buch über das Insekt fertigstellt: »Worüber wir uns am 5. September 1850 in Fontainebleau geeinigt hatten, das geschah am 8. September 1857 in Fontainebleau«[476], vermerkt er noch am selben Tag, rätselhaft genug, im *Journal.* Der Einleitung zu *L'Insecte*, die ihrerseits auf das denkwürdige Ereignis anspielt, dessen Datum sie verewigt, ist zu entnehmen, daß die Frau und die Natur als die beiden Grundpfeiler seines Fontainebleau-Kults Michelet zum Innewerden seiner eigenen Sendung verholfen haben, einer Sendung, deren emblematische Figur das Insekt ist: die Biene, die Ameise, die der allgemeinen Auflösung entgegenwirken, die Zeit und den Tod in beharrlicher Arbeit überwinden soll.

Das Erscheinungsjahr der *Education* ist zugleich das Jahr, in dem Michelet seine monumentale *Histoire de France* mit der Publikation der großen *Préface* vollendet. Auf sein Lebenswerk zurückblickend, würdigt er einmal mehr die tiefe Bedeutung der Erleuchtung von Fontainebleau: »Habe träumerisch dem großen Jahrestag von Fontainebleau nachgesonnen, seiner großen Fruchtbarkeit für mich, aber auch für sie. Was für Arbeiten wurden seither unternommen! Eine ganze Literatur entstand aus jenem Gewitter des 8. September, jener intimen Intimität ...«[477] Verwundert da noch die Empörung, die sich seiner bemächtigt, als er Flauberts *Education* zu lesen bekommt? Muß es ihm doch vorkommen, als habe Flaubert es darauf angelegt, sein eigenes Fontainebleau-Erlebnis in den Schmutz zu ziehen, die eigene Natur- und Liebesekstase aufs grausamste zu parodieren! Die Darstellung der »Emeuten von

1848« schon irritiert ihn als »sehr kalt«. Aber deren Verquickung mit Fontainebleau empfindet er als unerträglich: »Er (Frédéric) besucht Fontainebleau! gemeinsam mit einer Dirne!«[478] Doch revanchiert er sich für das Sakrileg des Autors der *Education* mit einem zotigen Kommentar zu jener Szene, die Kafka mit dem Ende der fünf Bücher Moses vergleichen wird[479]: »Das Ideal, Madame Arnoux, will sich ihm hingeben: Sie ist 1867 fünfundvierzig(?), hat aber weißes Haar. Zwanzig Jahre früher überrascht er sie, am Boden kauernd, beim Veilchenpflücken. (Du hättest ihr doch wenigstens den A... gev...?)«[480] Michelets Häme verrät, daß der Flaubert der Juni-Idylle den Nervpunkt der romantischen Empfindsamkeit getroffen hat. Trotz einer teilweisen Übereinstimmung zwischen dem Historiker und dem Romancier, was die Diagnose des Krebsschadens der Epoche anbelangt, divergieren Michelet und Flaubert doch grundsätzlich in der Beurteilung der Therapie. Kritik und Analyse sind Michelet zuwider; seine Panazee ist »die Liebe«, die in der Krise des Juni 48 sein »wundervolles Alibi« gewesen war. Was Michelet, und nicht nur ihm, nach 1848 vorschwebt, ist ein neuer *discours amoureux,* der die gefallene Welt reinigen soll. Aber gerade die Erziehung des Herzens, die Michelet, von seiner Leidenschaft beflügelt, der zerrissenen Nation zudenkt, gerade sie wird von Flaubert zum Inbegriff der Aporien von 1848 erhoben! Nicht nur, daß Flaubert keinerlei erotisches Alibi mehr gelten läßt, er geht sogar so weit, den Liebesschwulst als die ideologische Begleitmusik der Repression zu bezeichnen und auf die gänzliche Widersinnigkeit von bürgerlicher Liebe zu befinden. Worin er sich mit Baudelaire trifft, der ja seinerseits nicht müde wird, die tiefe Wahlverwandtschaft von romantischer Sentimentalität und rabiatestem Konservativismus zu betonen, daran zu erinnern, wie die großen Losungsworte an der Realität zuschanden wurden:

> Tes petits orateurs, aux enflures baroques
> Prêchant l'amour, et puis tes égouts pleins de sang...

»Fourier oder Flaubert?« ist ein bezeichnender Abschnitt in Roland Barthes' Selbstdarstellung überschrieben, in dem der vielleicht brillanteste Literaturkritiker seit Benjamin den Verfasser der *Education sentimentale* mit der gleichen Verachtung straft wie seinerzeit der von ihm – wie von Georges Bataille – hochgeschätzte erotische Denker Michelet es getan hatte.[481] Dies Ausspielen des Eudämonikers und Apologeten des Geldes, und nicht etwa des großen Satirikers Fourier gegen den skeptischen Deuter des Scheiterns von 1848 kommt, ob Barthes sich dessen bewußt war oder nicht, einer Absage an die Überlieferung der kritischen Moderne gleich. An der Politik hatte Barthes in seinem Essay über Fourier bemängelt, ihr Eklektizismus schlösse *eine* Sprache aus: die des Wunsches, des *désir*.[482] Im Sinne seiner strikten Alternative des Politischen und des Privaten rühmt Barthes Fourier denn auch als den Erfinder einer *utopie domestique*. Über die Problematik seines antipolitischen Wunschprogramms setzt er sich souverän hinweg. Barthes verschweigt, daß dem Lauschen auf die Sprache des Wunsches – und letztlich heißt das immer des eigenen – die fatale Tendenz zum Überhören aller nicht wunschgemäßen Erinnerungen innewohnt, die Neigung zum Ausblenden von geschichtlicher Erfahrung, sozialem Gewissen, begrifflicher Vernunft. Der Preis, den er und alle ähnlich orientierten Vertreter einer sich als heterodox verstehenden Avantgarde des Konformismus dafür zu entrichten haben, daß sie sich taub stellen gegen alles, was nicht Wunschsprache, Wunschdenken ist, ist der (unfreiwillige) Kitsch. Jener Kitsch, den einst die Autoren der Pariser Moderne – man muß beinahe befürchten vergeblich – als eine der gemeinsten Blumen des Bösen beschrieben haben.

Anmerkungen

Einleitung

1 »Ce qui complète et couronne Paris, c'est qu'il est littéraire.« (Zit. nach V. Hugo, *Paris*, Paris o. J., S. 67.) Dieser poetische Werbespruch, der für den *Paris-Guide*, einen touristischen Leitfaden durch die Stadt der Weltausstellung von 1867 – das Todesjahr Baudelaires und das Erscheinungsjahr des *Kapitals* – verfaßt wurde, meldet einen recht anachronistisch wirkenden Anspruch an: daß Literatur mit den Erzeugnissen von Wissenschaft und Industrie nicht nur konkurrieren, sondern daß sie den Luxus der Warenwelt sogar gleichsam nobilitieren solle – ohne Einbuße an Qualität oder Glaubwürdigkeit. Das Festhalten an der Fiktion einer, wenn schon nicht heilen, so doch heilbaren Welt wie an der Idee einer providentiellen Sendung der Literatur ist es, was Hugo zum aufreizenden Antipoden der literarischen Moderne macht.

2 K. Marx zit. nach *MEW* Bd. 5, S. 134. In ähnlichem Sinn formuliert der Leitartikel der einzigen Nummer des *Représentant de l'Indre*, für die der, nach den Junitagen in die Provinz ausgewichene Baudelaire als Chefredakteur verantwortlich zeichnet, unter Berufung auf den Bürger Proudhon: »Ce n'est point l'or, mais les paroles dorées qui ont créé tant de crimes (...). Tant de promesses, tant de coups de fusil! Vous avez décrété l'émancipation absolue et le bonheur immédiat: allons, vite, à l'œuvre, ou je vous tue! L'insurrection était légitime, comme l'assassinat.« Der Satanismus dieser Argumentation verrät unverkennbar Baudelaire als den Autor. (C. B., *Œuvres complètes*, Bd. II, S. 1062.)

3 In der *Education sentimentale* ist es ironischerweise der Ränkeschmied der Ordnungspartei, der Bankier Dambreuse, der mit diesem Wort aus Volkes Munde seinem Ressentiment gegen den »Sozialisten« Lamartine Ausdruck verleiht. (G. Flaubert, *Œuvres*, éd. Thibaudet/Dumesnil, Bd. II, S. 394.)

4 Vgl. R. Barthes, *Le degré zéro de l'écriture suivi de Nouveaux essais critiques*, Paris 1972, S. 41 ff. Der Aufsatz *Histoire ou littérature?*, in dem Geschichte und Literatur zwei auseinandergedrifteten Kontinenten verglichen werden, die kein Wegener je wieder zusammenbringen könne, markiert die Rücknahme der früheren Position. (In: R. B., *Sur Racine*, Paris 1963, S. 137 ff.)

5 Vgl. J.-P. Sartre, *L'Idiot de la famille*, t. 3, Paris 1972, S. 401 u. passim.

6 Bezeichnenderweise sind die wichtigsten historiographischen Arbeiten der Nachkriegszeit über die Reaktion des Juni 1848 amerikanischen Ursprungs (Amann, de Luna, Price, Tilly, Traugott u. a.). Aber auch diese Historiker ignorieren, wie die Literaturhistoriker, die Existenz

einer Juni-Literatur. Eine Anthologie dieser hier vorzustellenden, von mir aufgefundenen Texte soll in Bälde unter dem Titel *Die verdrängte Revolution – Juni 1848* herauskommen.
Die sozial- und kulturgeschichtliche Bedeutung der Zäsur des Juni 48 ist in den Büchern von T. J. Clark, *The absolute Bourgeois*, London 1973, R. Sennett, *The Fall of Public Man*, New York 1977 und F. Gasnault, *Guingettes et lorettes*, Paris 1986 eindrucksvoll herausgestellt worden.

7 W. Benjamin, *Das Passagen-Werk*, Frankfurt/M. 1982, S. 425. Das Fragment J 60 a, I erläutert die berühmte These 22 des *Zentralpark*, an Baudelaires Dichtung sei noch nichts veraltet, was die Schwierigkeit ihrer Deutung ausmache, indem es die ungebrochene Aktualität dieser Lyrik aus dem Weiterwirken der historischen Erfahrung ableitet, die die Generation Baudelaires und Marxens geprägt hat: der des Juni 1848.

8 Das noch immer verbreitete konformistisch-nivellierende Flaubert-Verständnis ist mit einem Zitat Sartres zu resümieren: »Et quand Flaubert, beaucoup plus tard, reviendra sur la Révolution de Février, dans *L'Education sentimentale*, ce sera pour donner tort à tout le monde.« (*Op. cit.*, t. 3, S. 303. Vgl. ebd., S. 448 ff. u. meine Gegen-Lektüre der *Education*: *Zum gesellschaftlichen Standort der Neurose-Kunst*; in: T. König [Hg.], *Sartres Flaubert lesen*, Reinbek bei Hamburg 1980, S. 149–190.) Sartres Einstellung zur *Education* ist seit seiner ersten Lektüre vom Dezember 1939 die gleiche geblieben; der Roman ist ihm zutiefst unsympathisch, (cf. *Les carnets de la drôle de guerre*, Paris 1983, S. 128 ff.)

9 1852 konstatiert Baudelaire in seiner ersten Poe-Studie eine »transformation des mœurs, qui a fait du monde lettré une classe à part« und die für den außergewöhnlichen Alkohol- und Tabakkonsum der neuen Literatur verantwortlich sei. (Œ C Bd. II, S. 272.) Aus derselben Zeit datieren die Bemühungen der Boheme um Champfleury, Murger, Baudelaire, mit Hilfe eines eigenen Publikationsorgans die ihnen auferlegte Isolierung zu durchbrechen und sich als literarische Opposition zu profilieren. H. Castille spricht in einem bedeutsamen Brief an einen eventuellen Mäzen von dem »projet d'un journal *des déclassés*«. (Unterstreichung im Text, der in Pichois' Kommentar zum Projekt des *Hibou Philosophe*, C. B., Œ C Bd. II, S. 1103 f. abgedruckt ist.) Bedeutend für die Entwicklung von Strategien des schreibenden Reagierens auf die Maßnahmen zur Eliminierung oppositioneller Schriftsteller *(amendement Riancey)* sind die Texte Nervals, die Ross Chambers in *Mélancolie et Opposition* (Paris 1987) im Kontext der *Débuts du modernisme en France* gleichrangig neben den bekannteren von Baudelaire und Flaubert kommentiert hat: *Angélique* bzw. *Les Faux Saulniers, Les Nuits d'Octobre, Aurélia* u. a.

Wie sehr die Literatur, namentlich die der Bohème, durch ihr politisches Engagement der bürgerlichen Öffentlichkeit verdächtig geworden war, mag die Bemerkung eines Freundes von Vallès verdeutlichen: »La littérature: Les familles bourgeoises d'alors frémissaient en entendant prononcer ce mot terrible.« (Ch. L. Chassin, *Félicien, Souvenirs d'un Étudiant de 48*, Paris 1904, S. 159.) Ein Zitat, aus dem einem die ganze »Sumpfluft der fünfziger Jahre« entgegenschlägt, von welcher Nietzsche sagt, sie habe seine Kindheit geprägt und ihn gegen jedes Muckertum gefeit. Jene Sumpfluft aber, die Nietzsche für etwas spezifisch Deutsches hält, war nach 1848 in ganz Europa verbreitet, gut möglich, daß sie in Deutschland noch stickiger war als in Paris. (Vgl. F. Nietzsche, *Werke in drei Bänden*, Hg. K. Schlechta, München 1955, Bd. 3, S. 1090.)

10 »Hattet ihr unsere Artikel über die *Junirevolution* nicht gelesen, und *war die Seele der Junirevolution nicht die Seele unserer Zeitung*?« (Unterstreichung K. Marx, *Die standrechtliche Beseitigung der »Neuen Rheinischen Zeitung«*; in: *MEW* Bd. 6, S. 505.)

11 F. Nietzsche, a. a. O., S. 1091.

12 Die Geschichte der französischen Moderne in ihrer Filiation von Flaubert und Baudelaire zu Mallarmé, Lautréamont, Rimbaud etc. weist, was die analytische Schärfe und das Gewicht ihrer Gesellschaftskritik angeht, gewiß keinen Fortschritt auf, eher das Gegenteil, wobei vielleicht nur Proust eine Ausnahme macht. Baudelaire selber hat an einer, wenig beachteten, Stelle von *Pauvre Belgique*, anhand von Mallarmés *Le Phénomène futur* die romantische Abstraktheit von dessen Zeitdiagnosen exemplarisch dargetan. (Vgl. Œ C II, S. 831.) Von spätromantisch flamboyanter Antibürgerlichkeit sind auch die, im Jahr der *Education sentimentale* erschienenen *Chants de Maldoror*, wofür gewiß nicht nur die Jugend ihres Verfassers, sondern auch die Tatsache ausschlaggebend war, daß für den 1846 in Montevideo geborenen und erst 1867 nach Paris gekommenen Isidore Ducasse die Erfahrungen von 1848 verloren waren. Rimbaud und Lautréamont sind zwei Meteore, die zu früh erloschen, als daß sie die Nachfolge Baudelaires, zu der ihr Talent – und, im Falle Rimbauds, auch das Erlebnis der Commune – sie prädestinierte, wirklich hätten antreten können.

13 Nachdem R. Gottschall den strategischen Sinn des neu angelegten Boulevard de Sébastopol, der darin liege, die Rue Saint-Jacques, »die unheimlichste Straße des jenseitigen Paris, die blutigste Walstatt der Juniinsurrection«, zu neutralisieren, ausführlich erörtert hat, wendet er sich dem damals noch neuen, nach Deutung verlangenden Denkmal zu: »Die von Alphaud und Davioud 1860 aus Stein und Bronze errichtete Statue Saint-Michel, in deren Mitte sich ein von Duret gemeißelter Sanct-Michael erhebt, welcher den Dämon daniederwirft, hat hier an der Schwelle des rebellischen jenseitigen Stadtviertels seine nicht miß-

zuverstehende Bedeutung. Der Erzengel würde sich einer leichtverzeihlichen Täuschung hingeben, wenn er glaubte, seiner hohen Stellung unter den himmlischen Erzämtern, seiner paradiesischen Herrlichkeit und seinen etwas verschollenen Siegen über den bösen Feind diese ehrenvolle Auszeichnung zu verdanken; wenn er glaubte, um seiner selbst gemeißelt worden zu sein. So gut wird es heutzutage keinem Heiligen mehr in Paris; das Kaiserthum absorbirt alle legendarische Herrlichkeit. Dieser Sanct-Michael symbolisirt nur das *second empire*, das den Dämon der Revolution überwunden hat; *avis au lecteur* für die Rue Saint-Jacques und das Quartier latin, die ihr Bild in der zu Boden geworfenen höllischen Bestie wiedererkennen mögen.« (*Das neue Paris*, in: R. G., *Porträts und Studien*, Bd. 3, Leipzig 1871, S. 71f., über den Juniaufstand und dessen Verdrängung, S. 67f.) Das Zitat ist seinerseits ein *avis au lecteur*, wie die allegorisierende Kunst und Literatur des Second Empire zu entschlüsseln sei.

14 Cf. H. R. Jauß *Zur Frage der Struktureinheit älterer und moderner Lyrik*; in: *Germanisch-Romanische Monatsschrift* 10/1960, S. 231ff. und P. de Man, *Blindness and Insight*, Minneapolis [2]1983.

Erster Teil

Eine Krise der Zeichen: Zur Semantik des Juni 1848 und ihrer Kritik durch die literarische Moderne

1 *MEW* Bd. 5, S. 118. Zur Vervollständigung der Nachweise der Quellentexte: vgl. Bibliographie.
2 Ebd., S. 116.
3 Ebd., S. 140f.
4 *Le Mois*, 31. VI. 1848, S. 245, Sp. 1.
5 Proudhon, *Carnets*, Bd. 3, S. 65.
6 *Le Constitutionnel*, 25. VI. 1848, S. 1.
7 C. Schmitt, *Donoso Cortés in gesamteuropäischer Interpretation*, Köln 1950, S. 113.
8 Donoso Cortés, *Œuvres* (éd. L. Veuillot), Bd. 1, S. 316.
9 A. Meißner, *Revolutionäre Studien aus Paris*, Bd. 1, S. 51.
10 Tocqueville, *Souvenirs*, S. 212.
11 V. Hugo, *Les Misérables*, Bd. 2, S. 407.
12 Ebd., S. 408.
13 Erckmann – Chatrian, *Histoire d'un homme du peuple*, S. 374.
14 G. Tomasi di Lampedusa, *Der Leopard*, München 1961, S. 42.
15 F. Pardigon, *Episodes des Journées de Juin*, S. 16.

16 Ebd., S. 6.
17 Zur Geschichte dieses Topos: P. Michel, *Un mythe romantique: Les Barbares (1789–1848)*, Lyon 1981.
18 *Le Constitutionnel*, 26. VI. 1848, S. 1; vgl. Michel, S. 231 ff.
19 Vgl. *MEW* Bd. 5, S. 138 ff.
20 *Revue des Deux Mondes* (künftig abgekürzt: *RDM*), 1. VII. 1848, S. 125 und passim.
21 *Frankfurter Journal*, 3. VII. 1848, 1. Beilage.
22 Balzac, *Correspondance*, Bd. 5, S. 321.
23 Lamartine, in: *Le Conseiller du Peuple*, Juni 1849, zit. nach: P. Michel, op. cit., S. 305; vgl. ebd. IIIe Partie, Kap. IV.
24 Musset, *Correspondance*, S. 244. Neben *Barbaren* und *Vandalen* stehen *Araber* und *Beduinen*. Da die französische Armee sich damals hauptsächlich in Algerien betätigte, lag der Vergleich der Proleten des Juni mit den »arabes inhumains« doppelt nahe: »Grausamkeiten, würdig der Beduinen«, hätten erstere verübt, plappert der Korrespondent des *Frankfurter Journals* seinen Pariser Kollegen in der Nummer vom 30. Juni nach (vgl. S. 2). Die Verherrlichung der bei den Straßenkämpfen gefallenen Afrika-Generäle machte den Vergleich vollends zur Mode. In den Umkreis des Barbaren-Topos gehört ferner der der *Bilderstürmer*, welcher ebenfalls ausgiebig bemüht wird.
25 Zit. nach Blanqui, *Manuscrits philosophiques*, Bibliothèque Nationale, NAF 95 87, f° 105.
26 Berlioz, *Correspondance générale*, Bd. III, S. 563.
27 Mérimée, *Correspondance générale*, Bd. V, S. 336.
28 Ebd., S. 352.
29 Ebd., S. 355.
30 C. Schmitt, op. cit., S. 110.
31 Proudhon, *Correspondance*, Bd. II, S. 337.
32 Baudelaire, *Correspondance*, Bd. I, S. 152.
33 Herzen, *Lettres de France et d'Italie (1847–1852)*, S. 263.
34 Ebd., S. 262.
35 E. Pottier, *Œuvres Complètes*, S. 55. Vgl. auch *Les bêtes féroces*, datiert 1881 (S. 144) und *La chasse aux rats*, datiert »Paris 1880« (S. 138).
36 G. Sand, *Correspondance*, Bd. VIII, S. 417.
37 Zit. nach *Le Pamphlet du Pauvre*, S. 197.
38 Ebd., S. 195 f.
39 Zit. nach L. Poliakov, *Histoire de l'antisémitisme*, Paris 1981, Bd. 2, S. 209. Proudhon bezichtigt die Juden, sie hätten in ganz Europa die Bourgeoisie nach ihrem Bilde geformt (ebd., S. 207). Zum Antisemitismus Fouriers und seiner Schule, ebd., S. 203 ff. Poliakov weist überdies auf die Verbindung von Antisemitismus und Antifeminismus bei Proudhon hin (S. 210 f.).
40 Baudelaire, *Œuvres Complètes* (= *Œ*), Bd. I, S. 706.

41 Vgl. dazu meine *Pariser Bilder 1*, bes. Kap. III, IV und VI.

42 Belinski, *Brief an W. P. Botkin (1847)*, in: *Ausgewählte philosophische Schriften*, S. 563 f.

43 Zit. nach *MEW* Bd. 5, S. 139 von Engels. Dieser selbst schreibt, im Juni habe die Ordnungspartei die Losung ausgegeben, die Arbeiter »seien eine Bande Räuber, die man niederschießen müsse wie die Tiere des Waldes«, woran er den Vorwurf der Barbarei gegen die Bourgeoisie anschließt (ebd., S. 128).

44 V. Hugo, *Choses Vues 1847–1848*, S. 346.

45 Tocqueville, *Souvenirs*, S. 249.

46 Prarond/Le Vavasseur, *Dix mois de révolution*, S. 71.

47 Vgl. die Redensart von den *chenilles de l'arbre de la liberté*, die sich z. B. bei A. Dalès findet: »Nos bras qui brisaient les bastilles, / En renversant la royauté, / De l'arbre de la liberté / N'ont pu détruire les chenilles«, heißt es in seinem Chanson *Les Pontons de la République* (*Le Pamphlet du Pauvre*, S. 182).

48 Hugo, *Les Misérables*, Bd. 2, S. 412 u. 414.

49 Besonders, wenn von Löwen, Eseln, Ochsen, Hunden, Pferden etc. die Rede ist. In dieser Tradition steht auch ein Gutteil der zeitgenössischen Satire und Karikatur, so das Marxsche Aperçu, die Montagne habe »unter der erborgten Konvents-Löwenhaut das angeborene kleinbürgerliche Kalbsfell« verraten (*MEW* 7, 57). Der Tiervergleich hat meist dann Fabelcharakter, wenn es um die eher harmlosen Dummheiten der Politik und der Politiker, um die »parlamentarische Komödie« geht, wohingehen die fanatische Bestialisierung da einsetzt, wo Klassenkonflikte ausgetragen werden.
Eine symbolische Objekt-Bestialisierung findet sich bei Vallès: Er vergleicht die nach der Junischlacht abtransportierten Kanonen mit Hunden, die von der Jagd ausruhen (*Œuvres*, Bd. I, S. 1131).

50 Die Ironie der *Wanderratten* ist ungleich witziger als das schon erwähnte didaktische Lied Pottiers *La chasse aux rats*, das freilich dem, der Heines Poem in einem konservativen Sinne auffassen möchte, eine historische Korrekturbrille aufsetzen kann. Eine andere bietet das folgende Musterbeispiel reaktionärer Bildersprache, das sich unter dem Datum des 23. Juni 1848 in Wallons *La Presse de 1848* findet (S. 88, Sp. 1 f.): »Voyez-vous dans le lointain cette tourbe qui grouille et se tord sous la débauche du socialisme; ce sont les barbares qui s'avancent (...) comme les vers s'abattent sur un cadavre pour le dépecer, ainsi font-ils de la société. Ils s'insinuent de tous côtés. A qui la tête! à qui le cœur! Les fonctions vitales en sont rongées de toutes parts, les intestins en sont remplis, et bientôt de ce corps social si grand, si riche et si beau, il ne restera plus qu'un hideux squelette.«
Aus diesem ideologisch-poetischen Rohmaterial gestalten Heine und Baudelaire ihre kritischen Gedichte, wobei bei letzterem außer an

Abel et Caïn etwa an *Au Lecteur* und *Une Charogne* zu denken wäre.

51 Vgl. meine Lektüre der *Babylonischen Sorgen* in *Mythologie Parisienne* (*Paris au XIXe Siècle: aspects d'un mythe littéraire*, Lyon 1984, S. 81–92) und *Heines Paris nach 1848* (in: Lüsebrink/Riesz (Hg.), *Feindbild und Faszination*, Frankfurt 1984, S. 39–54). Daß es sich bei den Heineschen Meerungeheuern um Reminiszenzen an ideologische Stereotypen handelt, mag ein weiteres Zitat eines Junizeugen verdeutlichen: »Tous les monstres qui restent au fond de la mer dans les lois de l'équilibre, reviennent au-dessus quand cet équilibre est rompu«, schreibt X. Doudan am 16. Juli 1848 in einem Brief (*Lettres*, Bd. II, S. 245).

52 So nicht nur in der Baudelaire- und Heine-Forschung, auch etwa in P. Lidskys *Les Ecrivains contre la Commune*, Paris 1970, in dem Bestialisierungs-Zitate aus der Zeit der Commune versammelt sind (S. 154ff.), ohne daß deren Verbindung mit der Literatur des Juni 48 hergestellt oder deren ironische Entstellung durch gewisse Autoren gesehen würde.

53 *L'Education sentimentale*, in: *Œuvres*, Bd. II, S. 368.

54 C. Schmitt, op. cit., S. 102.

55 Fast immer verrät die Intellektuellen-Hoffnung auf die Barbaren eine starke Ambivalenz gegen das Proletariat, nicht nur bei Ozanam. Über diesen, vgl. P. Michel, *Civilisation chrétienne et barbare dans l'œuvre d'Ozanam*, in: *Civilisation Chrétienne. Approche historique d'une idéologie*, Lyon 1980, S. 267ff.

56 E. Renan, *Œuvres complètes*, Bd. IX, S. 1101, vgl. S. 1095f.

57 A. Herzen, *Vom anderen Ufer*, München 1969, S. 102, vgl. S. 164.

58 F. de Boullaye, *Les Journées de Juin*, S. 17.

59 Bei der Feier des Junisiegs im Hause des Bankiers Dambreuse präsentiert ein Mitglied der Boheme eine selbstverfaßte Broschüre *L'Hydre*, »défendant les intérêts d'un cercle réactionnaire« (Flaubert, *Œuvres*, Bd. II, S. 377). Wallon (op. cit., S. 80) bezeichnet den Journalismus als Hydra, um die Deportation aller Mitarbeiter der revolutionären Blätter des Juni 48 zu fordern.

60 Positiv gewendet galt die Revolution als Erneuerung des Christentums und Christus als der erste Sansculotte.

61 Job le Socialiste, *La Place Publique*, S. 46 (vgl. über Castille, Teil II, Kap. I).

62 Herzen, *Vom anderen Ufer*, S. 89.

63 Heine, *Sämtliche Schriften*, Bd. 5, S. 231f.

64 Und nicht nur Heine macht sich über die Spekulationen bezüglich der sexuellen Lizenz der Radikalen lustig, entsprechende Passagen finden sich im *Kommunistischen Manifest* und, mit Blick auf die Juniinsurgenten, in den *Fleurs du Mal* und der *Education sentimentale*, um nur die klassischen Texte der Zeit zu nennen.

65 Mérimée, *Correspondance générale*, Bd. V, S. 339.
66 De Molènes, *La Garde Mobile*, in: *RDM* 1. III. 1849, S. 431.
67 C. Dügge, *L'Emeute et les Martyrs*, S. 37.
68 »Pour moi, l'horrible combat qui a ensanglanté les pavés de la capitale, a été la lutte (...) du bien contre le mal.« *Journal d'un Bourgeois de Lyon en 1848*, S. 136.
69 Flaubert, *Œuvres*, Bd. II, S. 374.
70 Zit. nach Flaubert, *Œuvres complètes*, Club de l'Honnête homme, Bd. 3, Paris 1971, S. 437.
71 C. Menche de Loisne, *Influence de la littérature française de 1830 à 1850 sur l'esprit public et sur les mœurs*, besonders S. 157f., S. 204 und die *Conclusion*.
72 Vgl. Thiers' *De la Propriété*, besonders das *Du Mal dans le monde* überschriebene Kapitel (S. 341 ff.).
73 Tocqueville, *Souvenirs*, S. 241.
74 G. Sand, *Œuvres autobiographiques*, Bd. II, S. 1215. An dieser Stelle spricht Sand nicht von *le Mal*, sonder von den *maux communs*, womit sie das krankhafte Moment betont und das moralische hintanstellt.
75 Proudhon, *Les Confessions d'un Révolutionnaire*, S. 169.
76 C. Guerre, *Le Droit au Travail*, Strophe 4, in: *Le Pamphlet du Pauvre*, S. 184.
77 Heine, *Sämtl. Schriften*, Bd. 6/I, S. 468.
78 Cabet, *Insurrection du 23 juin, ses causes, son caractère et ses suites...*, S. 58.
79 Herzen, *Vom anderen Ufer*, S. 101.
80 J.-P. Gérôme, *Le Vrai Socialisme*, S. 10.
81 *MEW* Bd. 5, S. 132.
82 Ebd., S. 137.
83 *MEW* Bd. 17, S. 348f. und 357.
84 Michelet, *Œuvres complètes*, Bd. XVI, S. 94.
85 Vgl. auch L. Ménard, *Le Verbe. Simboliqe crétiene*, in: *Poèmes et Rèveries d'un Paien mistiqe*, S. 243 ff.
86 A. Stahr, *Zwei Monate in Paris*, Bd. 2, S. 201 f.
87 Dumas in: *Le Mois*, S. 363.
88 Vgl. etwa Déjacques Chanson *La Femme de l'Insurgé*, in: S. Seiler, *Das Complot vom 13. Juni 1849*, S. 93 f.
89 A. Dalès, *Les Pontons de la République*, in: *Le Pamphlet du Pauvre*, S. 182.
90 G. Leroy, *Les Soldats du Désespoir*, in: *Le Pamphlet du Pauvre*, S. 88.
91 L. Ménard, *Adrastée*, in: *Poèmes et Rèveries*, S. 249ff.; vgl. ebd., S. 117, den poetischen Nekrolog auf die Junikämpfer, *Gloria Victis*, mit dem Vers: »Martirs, dormez en pais, votre cause était sainte.«
92 C. Gille, *Les Tombeaux de Juin*, in: *Le Pamphlet du Pauvre*, S. 141.

93 L. Pujol, *Prophétie des Jours Sanglants*, BN Lb[54] 393.
94 Herzen, *Briefe aus Italien und Frankreich 1848–1849*, S. 140.
95 Beachtenswert sind in diesem Zusammenhang auch die Schlußverse von *Spleen III*: »Et dans ces bains de sang qui des Romains nous viennent, / Et dont sur leurs vieux jours les puissants se souviennent, / Il n'a su réchauffer ce cadavre hébété / Où coûle au lieu de sang l'eau verte du Léthé«, die eine ganze Dialektik von reaktionärer Verdrängung und Erinnerung anspielungsweise mit den Junimassakern verbinden, sowie die Verse 93/94 aus *Le Voyage*, die sich nicht in erster Linie, wie Benjamin vermutet, auf das Second Empire beziehen: »Le bourreau qui jouit, le martyr qui sanglote; / La fête qu'assaisonne et parfume le sang.«
96 *MEW* Bd. 7, S. 34.
97 A. Delaire, *Le Chant des Martyrs de Juin*, in: *Le Pamphlet du Pauvre*, S. 180 f.
98 Proudhon, *Les Confessions d'un Révolutionnaire*, S. 168.
99 Proudhon, *Carnets*, Bd. 3, S. 66.
100 A. Esquiros, *Histoire des Martyrs de la Liberté*, S. 175 ff. u. 181 ff. Esquiros nennt Galilei »un lâche martyr«, Giordano Bruno gilt ihm als »Socialiste avant le Socialisme«.
101 Die Formulierung stammt von dem Bewunderer Proudhons A. Meißner, *Revolutionäre Studien aus Paris*, Bd. I, S. 12.
102 Nach dem Fall Wiens im Herbst 1848 adoptieren die französischen Linken eine Zeitlang Robert Blum als Schutzheiligen; sein Name steht für die anonymen Juni-Märtyrer: so in Duponts *Chants des Transportés* oder in *La Place Publique* des Job le Socialiste (s. u. Teil II, Kap. I).
103 So lautet der schon zitierte Titel eines großen Gedichts von C. Dügge.
104 Die lithographischen Porträts der offiziellen Juniopfer sind für gewöhnlich *Martyrs morts pour l'Ordre et la République* o. ä. überschrieben, vgl. N. Villa, Hg., *Un siècle d'Histoire de France par l'Estampe, 1770–1870*, Collection de Vinck, Inventaire analytique, Bd. VII: *La République de 1848 et le Second Empire*, Paris 1955, S. 335–450.
105 Bibliothèque Nationale, Cabinet des Estampes, Collection de Vinck, vol. 118, feuille 14 729.
106 Vgl. seinen Brief an Henriette vom 1. VII. 1848, *Œuvres complètes*, Bd. IX, S. 1087 f. und ebd. seinen Erinnerungstext *Ma Sœur Henriette*.
107 Heine, *Im Oktober 1849*.
108 Vgl. Teil II, Kap. VII. Gleichzeitig mokiert sich der Verfasser der *Education* über den Märtyrerkult von 48. Das wird überdeutlich in der Beschreibung des *Club de l'Intelligence*: »Plusieurs voulaient des in-

demnités comme anciens martyrs de la police« (a. a. O., S. 332); einer der dort eingebrachten Anträge verlangt die Errichtung eines Denkmals »à la mémoire des martyrs de Thermidor« (S. 334).

109 C. Schmitt, op. cit., S. 107.

110 V. Hugo, *Œuvres complètes, t. VII/2 (1843–1852)*, éd. J. Massin, S. 748–752.

111 Dumas bringt das im *Mois* vom 31. VII. 1848 auf die Formel: »Nous oublions Dieu, Dieu nous oublie« (S. 294). Die Konsequenz dieser Attitüde ist die *Loi Falloux*, die im Mai 1850 verabschiedet wird.

112 L. Ménard, *Prologue d'une Révolution*, S. 196.

113 In den Kontext dieser Religionskritik gehört auch Proudhons »Dieu, c'est le mal« oder Herzens Bemerkung über den inkarnierten Bourgeois Thiers, er habe »pour unique Dieu le capital et n'en connaît point d'autre.« (*Lettres de France et d'Italie*, S. 264.)

114 Reboul, *Vers composés dans une des journées de juin 1848*; zit. nach: E. Crépet, Hg., *Les Poètes Français*, Bd. IV, S. 223.

115 Heine, *Briefe 1842–1849*, Säkularausgabe Bd. 22, S. 287.

116 P. Dupont, *Chants et Poésies*, S. 162ff.

117 G. Leroy, *Les Soldats du Désespoir*, zit. nach: *Le Pamphlet du Pauvre*, S. 88.

118 C. Gille, *Le Salaire*, ebd., S. 142. Ménard erinnert an den Ausspruch, den Lamennais im Juni zu einigen Volksvertretern tat: »Il y a un Dieu qui vous demandera compte de tant de sang!« (*Prologue d'une Révolution*, S. 213.)

119 G. Sand, *Correspondance*, Bd. VIII, S. 526.

120 Zu diesem Komplex F. P. Bowman, *Le Christ romantique*, Genève 1973 u. W. Fietkau, *Schwanengesang auf 1848*, Reinbek 1978, S. 380ff. Eine auf die Literatur von 1848 zugeschnittene systematische Untersuchung steht noch aus.

121 Flaubert, *Œuvres*, Bd. II, S. 335. Vgl. was C. Pécquer 1842 schreibt: »car Jésus-Christ est à mettre au premier rang, même parmi les fauteurs du communisme le plus absolu.« (Zit. nach J. Dubois, *Le vocabulaire politique et social en France de 1869 à 1872*, Paris 1962, S. 268.)

122 G. Sand, *Correspondance*, Bd. VIII, S. 513.

123 Baudelaire, Œ C Bd. II, S. 552. Vgl. die Variante zu Beginn der *Paradis artificiels*, Œ C Bd. I, S. 381.

124 Baudelaire beschreibt in seinem Daumier gewidmeten Text eine anonyme, gegen Franck-Carré gerichtete, Karikatur, die ihrerseits stark an einen Passus aus Blanquis Protest gegen die Massacres de Rouen erinnert, vgl. Œ C Bd. II, S. 551f. und Blanqui, *Textes Choisis*, S. 120.

125 Heine, *Sämtl. Schriften*, Bd. 4, S. 606. Bei Gille wird Paris selbst zum Christus, an den die Aufforderung ergeht, »tous ces marchands« aus

dem Tempel zu jagen (vgl. *Le Pamphlet du Pauvre*, S. 124). Und Proudhon bezeichnet seine Parlamentskollegen als Händler im Tempel, die mit der Republik Wucher trieben (*Correspondance*, Bd. II, S. 118).

126 V. Meunier, *Jésus-Christ devant les conseils de guerre*, S. 45.

127 P. Dupont, *Le Chant des Transportés*, in: *Chants et Poésies*, S. 38. Zwar dient hier die Berufung auf Jesus dazu, das Vorgehen Pius' IX. und Louis Bonapartes gegen die Römische Republik anzuprangern, doch drückt sich in diesen Versen Duponts grundsätzliche Politik des friedlichen Ausgleichs aus, welche Baudelaire in beiden Essays über den Freund als naiv kritisiert, wobei er den Refrain des *Chants des Nations*: »Le glaive brisera le glaive / Et du combat naîtra l'amour« anführt, um zu zeigen, in welch schüchterner Weise Dupont ein einziges Mal bereit sei, den Nutzen des »esprit de destruction« einzuräumen (vgl. Œ C Bd. II, S. 33 u. 172).

128 L. Ménard, *Iambes*, in: *Neue Rheinische Zeitung, Politisch-ökonomische Revue*, 4. Heft, April 1850, S. 179. Bei der »loi suprême«, von der in dieser Schlußstrophe der *Iambes* die Rede ist, handelt es sich um die Talion.

129 Thiers, *De la Propriété*, S. 348f.

130 Ebd., S. 347.

131 An die Stelle der Figur Christi können auch Prometheus, Sokrates u. a. treten (vgl. P. Bénichou. *Le Temps des Prophètes*, Paris 1977).

132 Vgl. J. Dubois, *op. cit.*, Stichwörter »Socialisme«, »Socialiste« (S. 124ff.) u. »Communisme«, »Communiste« (S. 126ff.).

133 Vgl. *Pariser Bilder 1*, Kap. VI.

134 Lachambeaudie, *Fables*, S. 460. Aus diesem Lied, das die Kommunisten als neue Christen feiert, geht hervor, daß 1848 kein Unterschied zwischen »communistes« und »anarchistes« gemacht wird und daß sein Verfasser seinerseits nicht zwischen »socialistes« und »anarchistes« unterscheidet. In diesem Lied dürfte die Hauptursache von Lachambeaudies Verhaftung im Juni zu suchen sein.

135 *Neue Rheinische Zeitung*, 6. VII. 1848.

136 Flaubert, *op. cit.*, S. 349.

137 *L'Education sentimentale*, Club de l'honnête Homme, S. 439.

138 Tocqueville, *Souvenirs*, S. 238.

139 D. Stern, *Lettres républicaines*, S. 9.

140 *MEW* Bd. 7, S. 37.

141 »La Sociale«, i. e. »la République démocratique et sociale«, welche den Sozialismus inthronisiert hätte: das war die Forderung der Aufständischen, eine noch recht diffuse Forderung, deren Bedeutung durch die Lehren der Niederlage konkretisiert werden sollte (vgl. J. Dubois, *Le Vocabulaire* ..., S. 125).

142 Tocqueville, *Souvenirs*, S. 223.

143 Dr Lélut, *Traité de l'Egalité*, S. 9.

144 Proudhon, zit. nach Vermorel, *Les hommes de 1848*, S. 312. Vor dem Untersuchungsausschuß definiert Proudhon den Sozialismus, vage genug, als »un besoin général d'amélioration«, doch entspricht diese Vagheit dem Selbstverständnis vieler 48er Sozialisten (vgl. *Rapport de la Commission d'Enquête sur l'Insurrection*..., 5e Supplément du *National* du 25. VIII. 1848, S. 147).

145 Proudhon, *Les Confessions d'un Révolutionnaire*, S. 168. Unter Utopisten versteht Proudhon 1848 die Anhänger Fouriers, Cabets und Louis Blancs. Während des Bürgerkönigtums hatte er Saint-Simonisten und Fourieristen als »utopistes« verspottet (vgl. Dubois, *Le Vocabulaire*..., S. 79 u. 441).

146 Hugo, *Choses Vues 1847–1848*, S. 351. 1844 hat Proudhon festgestellt: »Le Socialisme n'a pas encore conscience de lui-même: aujourd'hui il s'appelle Communisme.« (Zit. nach Dubois, S. 268; zu Proudhons Verständnis des Sozialismus als einer politischen Ökonomie, ebd., S. 125.)

147 Für Blanqui siehe besonders den Brief an Maillard, in: *Textes choisis*, S. 127ff.

148 Vgl. *RDM*, 1. VII. 1848, S. 120, *Chronique de la Quinzaine*: »Nous écrivons (...) l'esprit frappé comme au sortir d'un rêve épouvantable (...). Quatre jours durant, quatre jours longs comme des siècles d'angoisses, le sang a coulé dans nos rues.«

149 A. Granier de Cassagnac, *Histoire de la chute de Louis-Philippe, de la République de 1848 et du rétablissement de l'Empire (1847–1855)*, Bd. I, S. 409.

150 *MEW* Bd. 5, S. 136 u. Bd. 7, S. 31.

151 *MEW* Bd. 7, S. 21.

152 Herzen, *Vom anderen Ufer*, S. 92.

153 Herzen, *Briefe aus Italien und Frankreich*, S. 149ff.

154 Sand, *Correspondance*, Bd. VIII, S. 527.

155 *Le Reniement de Saint Pierre*, auf das Benjamin am Ende seines *Das Paris des Second Empire bei Baudelaire* sich mit der Feststellung bezieht: »Blanquis Tat ist die Schwester von Baudelaires Traum gewesen. Beide sind ineinander verschlungen. Es sind die ineinander verschlungenen Hände auf einem Stein, unter dem Napoleon III. die Hoffnungen der Junikämpfer begraben hatte.« (*C. B.*, S. 100.) Benjamins Bild ist der Poesie Baudelaires um so kongenialer, als es auch noch den Geist eines zentralen Verses des *Cygne* in sich aufgenommen hat: »Et mes chers souvenirs sont plus lourds que des rocs«, der ja gegen die kaiserliche Verdrängungsarchitektur protestierte. Anzumerken bleibt, daß im *Reniement*, wie in Heines *Wintermärchen*, über den Träumer Jesus gespottet wird.

156 Dubois (op. cit., S. 406) gibt kurioserweise nur Beispiele eines republikanischen Gebrauchs von »Rêveur«, keines reaktionären.

157 D. Stern, *Lettres républicaines*, S. 11.
158 Hugo, *Choses Vues*, S. 336.
159 In: *Journal d'un Bourgeois de Lyon en 1848*, S. 136. Hingegen spricht er von seinen »beaux rêves de républicain«, auf deren Verwirklichung er nunmehr zu verzichten bereit sei (S. 137).
160 *Les Litanies de Satan*. Auch Formulierungen wie »cœur qui brûle, / Prends garde à tes grands appétits« oder das »le cœur plein de son beau lac natal« des *Cygne* verweisen auf das visionär-utopische Wesen der revolutionären Bewegung von 48.
161 Baudelaire, *Œ C* Bd. I, S. 679.
162 Heine, *Sämtl. Schriften*, Bd. 6/I, S. 478.
163 *Les Cahiers de Sainte-Beuve*, S. 107.
164 Berlioz, *Correspondance générale*, Bd. III, S. 563 u. Mérimée, *Correspondance générale*, Bd. V, S. 336ff.
165 L. Blanc, *Zur Geschichte der Februar-Revolution*, S. 151.
166 Du Camp, *Souvenirs de l'année 1848*, S. 284.
167 Prarond/Le Vavasseur, *Dix Mois de révolution*, S. 79.
168 L. Festeau, *Le Rameau de la Paix*, BN 14 846 (loses Blatt).
169 Dupont gibt in seinem Juni-Lied zu verstehen, daß es der Hunger war, der das Volk zum Wahnsinn trieb (*Chants et Poésies*, S. 164).
170 Ähnlich, nur sentenziös deutlich, Nadaud in *Léonard, maçon de la Creuse*, der den Aufstand als bonapartistisch versteht: »C'était évidemment la misère, qui ne manque jamais à la longue de troubler l'esprit de l'homme et de le pousser à toutes les extrémités« etc. (S. 241).
171 Victorine B..., *Souvenirs d'une morte vivante*, S. 25.
172 Hugo, *Les Misérables*, Bd. 2, S. 407.
173 Balleydier, *Histoire de la garde mobile*, S. VI.
174 Cabet, *Insurrection du 23 Juin...*, S. 56.
175 Flaubert, *BN NAF* 17 611 f° 46.
176 Flaubert, *Œuvres*, Bd. II, S. 368.
177 Renan, *Œuvres complètes*, Bd. IX, S. 1098.
178 Sand, *Correspondance*, Bd. VIII, S. 579.
179 Sand, *La Daniella*, Bd. I, S. 10ff.
180 Herzen, *Vom anderen Ufer*, S. 83.
181 Ebd., S. 85ff.
182 Ebd., S. 94.
183 Michelet, *Journal*, Bd. I, S. 693f.
184 Mérimée, *Correspondance générale*, Bd. V, S. 362.
185 A. Eude-Dugaillon, *Les Montagnards. Satires politiques 1848–1849*, S. 82.
186 Vgl. H. Stenzels Lektüre dieses Gedichts unter dem Titel *Frankreich 1850*; in: K. Lindemann (Hg.), *europaLyrik. 1775–heute*, Paderborn/München/Wien/Zürich o. J., S. 181ff.

187 Vgl. oben »Heilige und Märtyrer«, Anmerkung 164.
188 Zit. nach: *Le Pamphlet du Pauvre*, S. 86.
189 Vgl. unten Teil II. Kap. IV sowie meine schon erwähnte Lektüre dieses Gedichts.
190 Heine, *Sämtl. Schriften*, Bd. 6/I, S. 657.
191 Mérimée, *Correspondance générale*, Bd. V, S. 338.
192 *Les Cahiers de Sainte-Beuve*, S. 107.
193 Mérimée, *op. cit.*, S. 335.
194 Heine, *Sämtl. Schriften*, Bd. 6/I, S. 468.
195 Freiligraths *Werke*, S. 127.
196 Herzen, Briefe *An einen alten Freund*; in: *Ausgewählte philosophische Schriften*, S. 608.
197 Herzen, *Sobranie sočienenij i 30 ti tomah*, Bd. 23: *Pis'ma 1847–1850 godov*, S. 79–92.
198 Bakunin, *Gesammelte Werke*, Bd. I, S. 49f.
199 Vgl. Heines politische Fabeln wie *Die Wahl-Esel, Kobes I.* sowie das *Waterloo-Fragment*.
200 Proudhon, *Les Confessions d'un Révolutionnaire*, S. 169.
201 G. Lefrançais, *Souvenirs d'un Révolutionnaire*, S. 76.
202 Sartre, *L'Idiot de la famille*, Bd. 3, S. 401 N. 1.
203 *MEW* Bd. 7, S. 31.
204 *MEW* Bd. 5, S. 127f., S. 120 u. 129.
205 Herzen, *Vom anderen Ufer*, S. 84.
206 Herzen, *Briefe aus Italien...*, S. 139ff.
207 Herzen, *Vom anderen Ufer*, S. 104.
208 Bakunin, *Gesammelte Werke*, Bd. II, S. 262.
209 Bakunin, *Staatlichkeit und Anarchie*, S. 110f., vgl. auch S. 343f.
210 Proudhon, *Carnets*, Bd. 3, S. 66.
211 *Les Malthusiens* erschienen am 10. VIII. 1848 im *Représentant du Peuple* und wurde später in Proudhons *Idées Révolutionnaires* aufgenommen; vgl. Rabineaus Chanson gleichen Titels (in: *Le Pamphlet du Pauvre*, S. 194ff.) und die Broschüren von Job le Socialiste.
212 *Les Barricades de l'Ordre*; in: Le Charivari, 28. VI. 1848, S. 1.
213 Renan, *Œuvres complètes*, Bd. IX, S. 1094f.
214 Flaubert, *Correspondance*, 5e Série, S. 257.
215 Bakunin, *Staatlichkeit und Anarchie*, S. 346.
216 Benjamin, *C.B.*, S. 180 (*Zentralpark*, 36).
217 Heine, *Sämtl. Schriften*, Bd. 6/I, S. 219.
218 *MEW* Bd. 7, S. 37f.
219 Herzen, *Vom anderen Ufer*, S. 104.
220 Ebd., S. 149.
221 Ebd., S. 91. (Ähnlich Dostojewski im *Versuch über den Bourgeois*, der einen Bourgeois mit deutlich kleinbürgerlichen Zügen zeichnet.)
222 Ebd., S. 101. Heine urteilt im *Wintermärchen* über die Franzosen:

»Sie werden Philister ganz wie wir / Und treiben es endlich noch ärger« (Cap. V, V. 69 f.).

223 Flaubert, *Œuvres*, Bd. II, S. 377.

224 Ebd.

225 Ebd., S. 400. Am Ende des Romans heißt es vom Helden, er lebe, nachdem er zwei Drittel seines Vermögens durchgebracht habe, als Kleinbürger.

226 Renan, *op. cit.*, S. 1097.

227 Ménard, zit. nach G. Cogniot (Hg.), *La Lyre d'Airain*, S. 90.

228 Gille, *Les Tombeaux de Juin*; in: *Le Pamphlet du Pauvre*, S. 141.

229 Dazu die klassische Untersuchung von L. Chevalier, *Classes laborieuses et classes dangereuses pendant la première moitié du XIX*[e] *siècle*, Paris 1959. Für den Juni verweise ich auf die Kommentare der *RDM* als auf leicht zugängliches Anschauungsmaterial.

230 Lamartine, *Histoire de la Révolution de 1848*, Livre 15e.

231 Hugo, *Choses Vues*, S. 336 f.

232 Hugo, *Les Misérables*, Bd. 2, S. 407 ff. Selbst Tocqueville benutzt das Klischee vom guten und vom bösen Volk in seiner pikanten Antithese des versoffenen Portiers, der ihm ans Leben will, und des vorbildlichen Dieners, der im Juni seine knappe Freizeit dazu nutzt, sich für die Ordnung zu schlagen.

233 Meißner, *Revolutionäre Studien* ..., Bd. II, S. 123 f.

234 Daumier, D. 1780, abgebildet in *Pariser Bilder 1*, S. 149. Vgl. auch T. J. Clark, *Image of the People*, London 1973.

235 Sand, *Journal de Novembre-Décembre 1851*; in: *Œuvres autobiographiques*, Bd. II, S. 1208 ff.

236 Herzen, *Vom anderen Ufer*, S. 95 ff. u. 130 f., *Briefe aus Italien* ..., S. 138 f.

237 Etex, *Souvenirs d'un Artiste*, S. 217. Der Maler erzählt, wie ein Insurgent ihn während der Kämpfe in seine Kammer mitnimmt, um ihm die kranke Frau und die hungernden Kinder zu zeigen: »Je vidai mes poches et m'enfuis ... «

238 Engels über die *Kölnische Zeitung*: »Dieses merkwürdige Blatt verwandelt den Kampf zwischen zwei Klassen in den Kampf zwischen den Honetten und den Spitzbuben! Braves Blatt! Als wenn diese Epitheta von den zwei Klassen nicht wechselseitig zurückgeschleudert würden.« (*MEW* 5, 140.)

239 *MEW* Bd. 5, S. 135.

240 Ebd., Bd. 7, S. 31.

241 Tocqueville, *Souvenirs*, besonders S. 212.

242 L. v. Stein, *Geschichte der sozialen Bewegung in Frankreich von 1789 bis auf unsere Tage*, Bd. 3, bes. S. 351 ff.

243 Gille, *Les Tombeaux de Juin*; in: *Le Pamphlet du Pauvre*, S. 141. A. Delaire kündigt eine neue Jacquerie als Rache für die Juniniederlage

an, deren Schlachtruf: »Guerre à la Bourgeoisie!« lauten werde. (*Les Euménides*, S. 5.)

244 *L'Aimable Faubourien. Journal de la Canaille*, n° 4, du 11 au 15 juin 1848, S. 1.

245 Mérimée, *op. cit.*, Bd. V, S. 345.

246 Sainte-Beuve, *Correspondance générale*, Bd. VII, S. 308 u. S. 300.

247 Balzac, *Correspondance*, Bd. 5, S. 321.

248 Ponsard, *Lettres à la Duchesse Decazes*; in: *La Revue de Paris*, Juin 1901, S. 822.

249 P. Chasles, *De la Guerre sociale*; in: *RDM*, 1. VIII. 1848, S. 348ff.

250 *MEW* Bd. 7, S. 33.

251 Donoso Cortés, *Œuvres*, Bd. I, S. 437.

252 So die These von Proudhons *Idée générale de la Révolution au XIXe Siècle* (1851).

253 Von einer »Conspiration de subalternes (...) Explosion de guerre servile et non de guerre civile« spricht Lamartine (*Histoire de la Révolution de 1848*, Bd. II, S. 312).

254 »L'insurrection ne fut pas (...) une lutte politique (...), mais un combat de classe, une sorte de guerre servile.« (*Souvenirs*, S. 212f.)

255 *MEW* Bd. 5, S. 134.

256 *MEW* Bd. 7, S. 21.

257 Vgl. Dubois, *Le Vocabulaire...*, S. 308.

258 Proudhon, *Carnets*, Bd. 3, S. 67.

259 Déjacque zit. nach Seiler *op. cit.*, S. 95f.

260 Blanqui, *Critique sociale*, Bd. II, S. 96f.

261 Der Fourierist Toussenel (s. u. Teil II, Kap. II) hatte in seinem antikapitalistischen Werk *Les Juifs, rois de l'époque* Kain als »le type de votre société« bezeichnet (zit. nach Larousse, *Grand Dictionnaire Universel du XIXe Siècle*, Bd. 3, S. 85, Sp. 2, Article ›Caïn‹).

262 A. Esquiros, *Les Martyrs de la Liberté*, S. II.

263 Eliphas Lévi, *Le Testament de la Liberté*, S. 16, S. 87f.

264 H. Castille, *Les Ambitieux*, Bd. IV, S. 140.

265 Dumas in *Le Mois*, 2. Jg., 1849, S. 27.

266 *RDM*, 1. VII. 1848, S. 120.

267 *MEW* Bd. 6, S. 148.

268 Donoso Cortés, *Discurso pronunciado en el congreso el 4 de enero de 1849*; in: *Obras de Don Juan Donoso Cortés*, Bd. III, Madrid 1854, S. 260 (frz. Ausg. Bd. I, S. 316). Vgl. Herzens Angriff auf das »Brüderlichkeitsgeschwätz« der Liberalen in *Vom anderen Ufer* (S. 96f.). Auffälligerweise spielt die Brüderlichkeit bei Heine eine untergeordnete Rolle. Von der republikanischen Trias scheint ihn am meisten die Freiheit zu interessieren. Wenn er Lamartine als »falsche(n) Bruder« verhöhnt, so spottet er über die Brüderlichkeit von 48 insgesamt. (*Sämtl. Schriften*, 6/I, 509.)

269 Flaubert, *Œuvres*, Bd. II, S. 373.

270 Von Deslauriers heißt es einmal: »Comme il prêchait la fraternité aux conservateurs et le respect des lois aux socialistes ...« (S. 398). Sénécal dekretiert, lange vor Ausbruch der Revolution, daß »le sentiment de la fraternité se trouvait entretenu par les fêtes« (S. 169).

271 Sand, *Œuvres autobiographiques*, Bd. II, S. 1214ff.

272 Vgl. C. Beslay, *Mes Souvenirs. 1830–1848–1870*, S. 194.

273 Renan, *op. cit.*, Bd. IX, S. 1095.

274 Dostojewski, *Winterliche Aufzeichnungen über sommerliche Eindrücke*, S. 44ff.

275 Sand, *La Daniella*, Bd. I, S. 11.

276 *RDM*, 15. VII. 1848, S. 274.

277 Tocqueville, *Souvenirs*, S. 225.

278 Hugo, *Les Misérables*, Bd. 2, S. 409.

279 *MEW* Bd. 5, S. 129.

280 Ebd., S. 127. Marx stellt fest, »der ganze Haß der Bourgeoisie« habe sich im Frühsommer 48 auf die Nationalwerkstätten gewälzt (*MEW* 7, 27).

281 Gille, *Le Salaire*; in: *Le Pamphlet du Pauvre*, S. 142f.

282 Herzen, *Vom anderen Ufer*, S. 84.

283 Renan, *a. a. O.*, S. 1097.

284 Ebd., S. 1082.

285 Flaubert, *Œuvres*, Bd. II, S. 368. Vgl. auch die Stelle über den Haß des Bankiers gegen sämtliche »socialistes« (S. 349f.) und die über Dussardiers späte Erkenntnis der Antipathie der Junisieger gegen die Republik (S. 367).

286 Zit. nach *Le Pamphlet du Pauvre*, S. 180.

287 Ebd., S. 88.

288 Sainte-Beuve, *Correspondance générale*, Bd. VII, S. 299f.

289 Siehe den Schluß von Erckmann – Chatrians *Histoire d'un homme du peuple*, der eine Juni-Fortsetzung in Aussicht stellt, die nie erschienen ist.

290 Vgl. Heine, *Sämtl. Schriften*, Bd. 5, S. 225 bzw. 233 und das Heine-Kapitel des Teils II.

291 Dupont, *Chants et Poésies*, S. 163ff. Festeau behauptet zur Feier Monseigneur Affres: »La haine expire à l'aspect d'un cyprès« *(Le Rameau de la Paix)*.

292 Prarond/Le Vavasseur, *op. cit.*, S. 232.

293 P. Meurice, *Paris*, S. 138.

294 Sand, *Œuvres autobiographiques*, Bd. II, S. 1218.

295 S. Engländer, *Geschichte der französischen Arbeiter-Assoziationen*, Bd. II, S. 284f.

296 Sainte-Beuve, *Correspondance générale*, Bd. VII, S. 306.

297 Ebd., S. 308.

298 *Les Cahiers de Sainte-Beuve*, S. 107.
299 *RDM*, 1. VII. 1848, S. 125.
300 Casles in *RDM*, 1. VIII. 1848, S. 356.
301 Renan, *op. cit.*, Bd. IX, S. 1088f.
302 Herzen, *Vom anderen Ufer*, S. 163.
303 A. Caunes, *Le Massacre de Juin...*, S. 4.
304 N. Truquin, *Mémoires et aventures d'un prolétaire à travers la révolution*, S. 83.
305 Sand, *Correspondance*, Bd. VIII, S. 527 Ähnlich Michelet in seinem *Journal*.
306 Flaubert, *Œuvres*, Bd. II, S. 353 u. 362 (s. u. Teil II, Kap. II).
307 A. Lacaussade, zit. nach E. Crépet (Hg.), *Les Poètes Français*, Bd. IV, S. 527.
308 Hugo, *Œuvres complètes*, éd. J. Massin, Bd. VII/2, S. 750.
309 De Molènes, *a. a. O.*, S. 436.
310 Gilland, *Les Conteurs Ouvriers*, S. 359f.
311 Z. B. Duponts *Mon Bien-Aimé* in *Chants et Poésies*, S. 39f.
312 Lacaussade, *a. a. O.*, S. 527.
313 Prarond/Le Vavasseur, *op. cit.*, S. 225.
314 *Le Mois*, 1. Jg., 1848, S. 244, Sp. 1.
315 Zit. nach R. Bellet, *Rue de Paris et Tableau de Paris...*; in: *Paris au XIXe Siècle*, op. cit., S. 142.
316 Ganz entsetzlich ungesund...; in: *Sämtl. Schriften*, Bd. 6/I, S. 330f.
317 Ménard, *Poèmes et Rèveries*, S. 290.
318 *Neue Rheinische Zeitung*, 30. VI. 1848.
319 *MEW* Bd. 5, S. 127.
320 Ebd., S. 128.
321 Ebd., S. 139.
321 a Baudelaire, *Œ C*, Bd. II, S. 1052.
322 Renan, *a. a. O.*, S. 1085.
323 Cabet, *Insurrection du 23 Juin...*, S. 54.
324 F. Lewald, *Erinnerungen aus dem Jahre 1848*, Bd. II, S. 106.
325 Gille, *Le Salaire*, a. a. O., S. 143.
326 E. Pottier, *Œuvres complètes*, S. 56.
327 Proudhon, *Le 15 juillet*; zit. nach *Les Confessions d'un Révolutionnaire*, S. 382.
328 Herzen, *Vom anderen Ufer*, Hamburg 1850, S. 120.
329 *Vom anderen Ufer*, S. 90. (G. Sand wendet sich 1851 in ihrem Tagebuch gegen die Erwägung der Möglichkeit, der Tiers Etat könne exterminiert werden, wobei sie eine Meinung vertritt, die schon Belinski als Leser von Herzens *Briefen aus der Avenue Marigny* vorgebracht hatte: daß es absurd sei, die Bourgeoisie ausrotten zu wollen.)
330 Blanqui, *Textes choisis*, S. 127.

331 Blanqui, *Manuscrits philosophiques* NAF 9587 f° 101.
332 V. Marouck, *Juin 1848*, S. 72.
333 Flaubert, *Œuvres*, Bd. II, S. 315.
334 Castille, *Les Ambitieux*, Folio-Ausgabe, S. 13, Sp. 3.
335 Flaubert, *a. a. O.*, S. 447.
336 X. Doudan, *Lettres*, Bd. II, S. 557.
337 Baudelaire, *Œ C* Bd. I, S. 366f.
338 Herzen, *Vom anderen Ufer*, S. 124.
339 Ebd., S. 106.
340 *MEW* Bd. 6, S. 505.
341 *La République Sociale*; in: *Le Pamphlet du Pauvre*, S. 197.
342 Meißner, *Revolutionäre Studien...*, Bd. I, S. 70.
343 Proudhon, *Idée générale de la Révolution...*, S. 25.
344 *Le Charivari*, 29. VI. 1848.
345 *Frankfurter Journal*, 1. VII. 1848.
346 Herzen, *Vom anderen Ufer*, S. 92.
347 Renan, *a. a. O.*, S. 1096.
348 Amiel, *Journal Intime*, Bd. 1, S. 300.
349 v. Stein, *op. cit.*, Bd. 3, S. 344.
350 Hugo, *Œuvres politiques complètes*, S. 48f. Nach Hugo fällt den Arbeitern von Paris die Aufgabe zu, das ins Werk zu setzen, was die Pariser Denker an Großem ersinnen.
351 Mérimée, *op. cit.*, S. 337.
352 Ebd., S. 343.
353 Sainte-Beuve, *Correspondance générale*, Bd. VII, S. 306.
354 Sie kehren erst zurück, als der starke Mann, der Ruhe und Ordnung gewährleistet, da ist: Cavaignac und nach ihm Louis-Bonaparte.
355 Sand, *Correspondance*, Bd. VIII, S. 551. Nach der Bourgeois-Demonstration am 16. April hatte sie geschrieben, Paris habe sich benommen wie ihr Provinznest La Châtre (S. 441).
356 Siehe Teil II, Kap. III.
357 Herzen, *Vom anderen Ufer*, S. 90.
358 Ebd., S. 83.
359 Heine, *Sämtl. Schriften*, Bd. 6/I, S. 102.
360 Heine, *Säkularausgabe. Briefe*, Bd. 22, S. 287.
361 Heine, *Sämtl. Schriften*, Bd. 6/I, S. 141.
362 Berlioz, *op. cit.*, Bd. III, S. 557.
363 Renan, *op. cit.*, Bd. IX, S. 1090f.
364 Prarond/Le Vavasseur, *op. cit.*, S. 80.
365 Die fraglichen Texte trugen Sand und Flaubert heftige Anfeindungen, nicht nur aus der Provinz, ein (s. u. Teil II, Kap. VII).
366 F. v. Raumer, *Briefe aus Frankfurt und Paris 1848–1849*, Bd. I, S. 317. Das Zitat fährt fort: »Ich habe hier das Gefühl als könne sie zerfallen wie einst Rom.«

367 Castille, *Histoire de la Seconde République française*, Bd. III, S. 148 ff. (der Passus bildet dann den Anfang des Livre III der *Massacres de Juin 1848*).
368 Meißner, *Revolutionäre Studien* ..., Bd. I, S. 71 ff.
369 *MEW* Bd. 5, S. 134.
370 Vgl. Teil II, Kap. V.
371 *MEW* Bd. 5, S. 465 f.
372 So H. Derville, *Paris nouveau*, S. 12.
373 Vgl. meine *Mythologie parisienne*, op. cit.
374 Herzen, *Mein Leben*, Bd. 2, S. 411.
375 Vgl. *Erinnerung aus Krähwinkels Schreckenstagen* in *Gedichte 1853 und 1854*.
376 Dostojewski, *Winterliche Aufzeichnungen* ..., S. 41.
377 Dumas in *Le Mois*, 1. Jg., 1848, S. 256.
378 *Neue Rheinische Zeitung*, 3. VII. 1848.
379 Baudelaire, Œ C I, S. 667.
380 Balleydier, *op. cit.*, S. 51.
381 Hugo, *Œuvres politiques complètes*, S. 49.
382 Hugo, *Œuvres complètes*, Bd. VII/2, S. 749.
383 Vgl. Hugos *Ce que le Poète se disait en 1848* aus *Les Châtiments*.
384 F. de la Boullaye, *Les Quatre Journées*, S. 11 ff.
385 Dügge, *op. cit.*, S. 46.
386 Sainte-Beuve, *Correspondance générale*, Bd. VII, S. 327.
387 So der Beginn von Duponts *Les Journées de Juin, in: Chants et poésies*, S. 162 f.
388 Meißner, *Revolutionäre Studien* ..., Bd. I, S. 68 f. Dazu die Verse 37–40 des *Cygne* und ein analoges Bild aus dem Epilog des Dramas *Paris* von P. Meurice (*op. cit.*, S. 139).
389 Mérimée, *op. cit.*, S. 343.
390 Herzen, *Lettres de France* ..., S. 261.
391 Amiel, *Journal Intime*, Bd. I, S. 300.
392 Renan, *op. cit.*, S. 1082 f.
393 Ebd., S. 1098.
394 Meißner, *op. cit.*, Bd. I, S. 70.
395 Ebd., S. 63 u. 73.
396 Erckmann-Chatrian, *Maître Gaspard Fix*, S. 163.
397 Brecht, *Stücke*, Bd. X, Frankfurt/M. 1962, S. 438.
398 Meißner, *op. cit.*, Bd. I, S. 65 f.
399 *MEW* Bd. 6, S. 149.
400 Ebd., S. 150.
401 Zahlreiche Texte bezeugen, daß Robert Blum, gerade im Zusammenhang mit dem Andenken an den Juni 48, nach seiner Erschießung eine Kultfigur der Pariser Linken war. So der Dialog der Junitoten bei Job le Socialiste (s. u. Teil II, Kap. I) oder Duponts *Chant des Etudiants*,

dessen Refrain lautet: »Et montrons, s'il le faut, nos poitrines aux balles, / Comme a fait Robert Blum (bis), le glorieux martyr!« (*Chants et Poésies*, S. 61 ff.)

402 Eine solche Strategie der Unterlaufung der Zensur ist bei zahllosen Schriftstellern, selbst bei dem eher naiven Pierre Dupont, zu beobachten.

403 Freiligraths *Gedichte*, *op. cit.*, S. 130.

404 Ebd.

405 Sand, *Correspondance*, Bd. VIII, S. 527.

406 Vgl. Abb. S. 77.

407 *Journal d'un Bourgeois de Lyon...*, S. 128.

408 *Neue Rheinische Zeitung*, 30. VI. 1848.

409 Zit. nach *Le Pamphlet du Pauvre*, S. 139.

410 Herzen, *Vom anderen Ufer*, S. 119.

411 Ebd., S. 120.

412 *Les affiches rouges*, S. 253.

413 Meißner, *op. cit.*, Bd. I, S. 116 ff.

414 *MEW* Bd. 7, S. 30.

415 Ebd., S. 33.

416 Ebd., S. 31.

417 *Constitution de 1848*, Collection de Vinck, 78 C 90 139, Abb. S. 109.

418 Festeau, *La République en danger*; in: *Le Pamphlet du Pauvre*, S. 65 f.

419 Ménard, *Prologue d'une Révolution*, S. 225.

420 Herzen, *Vom anderen Ufer*, S. 162.

421 Vgl. D. O., *Liberté, Liberté chérie. Zur Problematik der erotischen Freiheitsallegorie*, in: P. v. Becker (Hg.), *Georg Büchner. Dantons Tod...*, Frankfurt 1980, S. 91 ff. sowie *Art-Névrose*; in: *Akzente* 2/1980, S. 113 ff.

422 *Les Journées de Juin*; in: *Chants et Poésies*, S. 165.

423 Dalès, in: *Le Pamphlet du Pauvre*, S. 182 f.

424 Rabineau; in: *ebd.*, S. 196 f.

425 Michelet, *Œuvres complètes*, Bd. XVI, S. 94.

426 *MEW* Bd. 5, S. 119 f.

427 *Le Constitutionnel*, 24. VI. 1848.

428 Hugo, *Choses Vues 1848–1849*, S. 346.

429 Dügge, *op. cit.*, S. 38. Drastische Entsprechungen von Schillers »Da werden Weiber zu Hyänen«, die uns heute besonders aus der reaktionären Propaganda gegen die Commune geläufig sind (Frankfurter Autorenkollektiv, *Die politische Lithographie im Kampf um die Pariser Kommune*, Ausstellungskatalog Württembergischer Kunstverein, Stuttgart 1976, Einheit III,4) begegnen bereits in Literatur und Lithographie der Deuxième République.

430 Dügge, S. 10.

431 Mérimée, *op. cit.*, S. 336.

432 Vgl. Collection de Vinck, *op. cit.*, 69 B 48 150 *Victorine Charlemagne*, 52 C 74 45 *Dévouement de la magnanime Sœur Rosalie* und 14.603 bis 14.608.

433 Zit. nach S. Seiler, *op. cit.*, S. 93. Déjacques Moritat geht auf ein *fait divers* zurück, das Engländer als Pointe ans Ende des Juni-Teils seiner *Geschichte der französischen Arbeiter-Assoziationen* (Bd. II, S. 346 f.) setzt: »und diese kleine Thatsache, als Epilog zu dieser fürchterlichen Episode, mag auf Menschen den Eindruck eines einzigen Blutstropfens machen, der plötzlich bemerkt wird, und der auf einen vorgefallenen Mord schließen läßt«.

434 Leroy, in: *Le Pamphlet du Pauvre*, S. 88.

435 Ménard, *Iambes*, Version der *Neuen Rheinischen Zeitung*. Vgl. andere Evokationen der heroischen bzw. von den Siegern geschändeten Frauen und Töchter der Aufständischen in weiteren Juni-Gedichten Ménards (*Prologue d'une Révolution*, S. 195 u. 240).

436 Marouck, *Juin 1848*, S. 107. Das erinnert an eine berühmte Stelle aus den *Letzten Tagen der Menschheit*, in der zwei Wiener Maderln einander und der Menge verkünden, welche feindlichen Innereien ihre Liebhaber aus dem Krieg mitzubringen versprochen haben (Akt I, 1. Szene).

437 Ebd., S. 70 f.

438 Daumier D. 1769, *Le Charivari*, 4. VIII. 1848. Im Unterschied zu dem Blatt, in dem seine Karikaturen erschienen, sympathisiert Daumier ganz offensichtlich mit den Juniinsurgenten.
Es entbehrt nicht einer vertrackten Ironie, daß Frédéric Moreau, der verhinderte Februar-Revolutionär, als Neokonservativer auf dem Dîner des Bankiers Dambreuse für die Ehescheidung eintritt, um die Gattin des Bankiers zu verführen.

439 Vgl. etwa C. Rentmeisters Abrechnung mit Daumiers Frauen-Serien; in: *Honoré Daumier und die ungelösten Probleme der bürgerlichen Gesellschaft*. Ausstellungskatalog Berlin/Stuttgart 1974/75.

440 A. Comte, *Correspondance générale et confessions*, Bd. 4, S. 156 ff.

441 Herzen, *Mein Leben*, Bd. 2, S. 286.

442 Vgl. Herzen über den untrüglichen Instinkt des Volkes und der Frauen für die Wahrheit (*Lettres de France* ..., S. 277) und, zum Gesamtkomplex, das Herzen-Kapitel des 2. Teils.

443 Vgl. Renans *Lettres de Famille* (a. a. O.) und seine Erinnerungen *Ma Sœur Henriette*.

444 Renan, *Œuvres complètes*, Bd. IX, S. 1087.

445 Vgl. *ebd.*, S. 1101 f.

446 Ebd., S. 1106.

447 *Neue Rheinische Zeitung*, 1. VII. 1848.

448 *MEW* Bd. 7, S. 39. (Über politische Aktivitäten der Frauen, ebd., S. 46, 58, 75).

449 Ein Lied der Ciolina *Une Mére de Juin 1848* ist im *Pamphlet du Pauvre* abgedruckt (S. 178f.). Lose Blätter mit Texten der Marie Latouche enthält die Sammlung de Vinck der BN Cotes 14 850 *Une Sœur des Transportés au Général* Cavaignac und 14 857 *Le Diable et l'Amnistie*. Vgl. ebd. 14 852 *La Fiancée du Proscrit.*

450 Dumas, in *Le Mois*, 2. Jg., 1849, S. 28.

451 Daniel Stern, *Lettres républicaines*, XVIII, S. 10.

452 Der Verriß Amélie Bosquets erschien am 11. u. 18. XII. 1869 in *Le Droit des Femmes*.

453 *L'Education sentimentale*, Club de l'honnête Homme, Annexe, S. 436.

454 Ménard, *Prologue d'une Révolution*, S. 223f.

455 Cabet, *Insurrection du 23 Juin* ..., S. 17f.

456 *MEW* Bd. 5, S. 433.

457 *MEW* Bd. 7, S. 39, 46, 58.

458 Dumas, in *Le Mois*, 2. Jg., 1849, S. 18.

459 E. Gervaise, *Le Conciergerie ou Protestation d'un détenu*, S. 38.

460 H. Boucher, *Souvenirs d'un Parisien pendant la Seconde République*, S. 85.

461 *Les Tombeaux de Juin*; in: *Le Pamphlet du Pauvre*, S. 140.

462 *Les Chansonniers populaires au Peuple*, ebd., S. 174.

463 Flaubert, *Œuvres*, Bd. II, S. 370.

464 Nach den Junitagen notiert Hugo: »O philosophes, penseurs, poètes, écrivains, amis du peuple et de l'humanité (aber nicht der Kanaille), artilleurs de l'intelligence, à vos pièces!« (*Choses Vues*, S. 347.) Das hat ganz den Tenor des Appells von Cavaignac.

465 Herzen, *Lettres de France* ..., S. 261.

466 Ménard, zit. nach *La Lyre d'Airain*, S. 90.

467 Job le Socialiste, *La Place Publique*, S. 45 (s.u. Teil II, Kap. I).

468 Vgl. F. Pardigon, *Episodes des Journées de Juin*, S. 135ff.

469 L. Gallois, *Histoire de la Révolution de 1848*, Bd. III, S. 203.

470 Pardigon, *op. cit.*, S. 157.

471 *Le Pamphlet du Pauvre*, S. 191 N. 1.

472 Delaire, *Les Euménides*, S. 2.

473 Fontane, *Sämtliche Werke*, Bd. 5, München 1966, S. 27.

474 Tomasi di Lampedusa, *Der Leopard*, München 1961, S. 42.

475 Pardigon, *op. cit.*, S. 211.

476 Flaubert, *Œuvres*, Bd. II, S. 171. Diese frühe Äußerung des Vertreters der Boheme erscheint im nachhinein als eine Erklärung für deren 48er Apostasien.

477 Tocqueville, *Souvenirs*, S. 204.

478 Hugo, *Les Misérables*, Bd. 2, S. 409.

479 Hugo, *Lettres à Juliette Drouet*, S. 111.

480 In dieser Einschätzung stimme ich mit W. Fietkau überein, der den

Cygne gleichfalls als Kritik an Hugo wertet, allerdings auch, worin ich ihm nicht ganz folgen kann, ein implizites Gelächter über den Marx des *Achtzehnten Brumaire des Louis Bonaparte* aus ihm herauszuhören glaubt. Als Dokument aufrichtiger Hugo-Verehrung verstehen hingegen K. Biermann (in *Lendemains* 6/1977, S. 91 ff.) und H. Stenzel (in *RZLG* 4/1978, S. 464 ff.) das Gedicht, womit sie dessen kritisches Potential auf das Niveau bloßen 48er Esprits herabsetzen.

481 Hugo, *Œuvres politiques complètes*, S. 257.

482 De Molènes, in *RDM*, 1. III. 1849, S. 443.

483 Renan, *op. cit.*, S. 1097. Auch S. Engländer, ein anderer Augenzeuge des Juni, betont wiederholt das Unvergeßliche jener Ereignisse: »Der Anblick von Paris während dieser vier Tage bot Eindrücke, die man nie aus der Seele bringen kann, wenn man sie einmal gehabt hat.« (*Op. cit.*, Bd. II, S. 295, vgl. ebd., S. 307 u. passim.)

484 Herzen, *Vom anderen Ufer*, S. 84 (später als Selbstzitat in *Mein Leben*, Bd. 2, S. 284).

485 Péguy, in *Prologue d'une Révolution*, S. III.

486 Marouck, *op. cit.*, S. 72.

487 R. Luxemburg, *Gesammelte Werke*, Bd. 2, Berlin, ^{2}1974, S. 32 f. und Bd. 3, Berlin, ^{2}1978, S. 181.

488 *MEW* Bd. 7, S. 67.

489 Blanqui, *Textes choisis*, S. 125.

490 *Ebd.*, S. 127.

491 Ebd., S. 152.

492 Blanqui, *Manuscrits philosophiques*, NAF 9587, f 101. Die Rede ist von E. Pelletan, der auch eine von Baudelaires *bêtes noires* war.

493 Vallès, *Fouettez-le!*, in: *La Rue*, 12. IV. 1870. (Den Hinweis verdanke ich R. Bellet.)

494 Marouck, *op. cit.*, S. 164.

495 Flaubert, *Œuvres*, Bd. II, S. 317.

496 Ménard, *Prologue d'une Révolution*, S. 153. In einem der letzten Romane, die der Juniereignisse 1848 gedenken, in J. Naurouzes *Fils de Bourgeois* von 1899, kommt jener Anekdote eine zentrale Bedeutung zu (Paris 1910, S. 279).

497 Hugo, *Les Misérables*, Bd. 2, S. 410.

498 Wie vor ihm z. B. H. Moreau in einem berühmten *Chant funèbre: Les 5 et 6 Juin 1832*, dessen Refrain – »Hélas! pour foudroyer trois fleurs / Fallait-il donc trois jours d'orage?« – implizit und ironisch in Baudelaires *Cygne* aufgenommen wird, und, nach dem Debakel der Commune, Verlaine in seinem, allerdings für die rote Republik plädierenden, furios antibourgeoisen Gedicht *Des Morts* (abgedruckt in *La Lyre d'Airain*, S. 37 ff. u. 131 ff.).

499 Sand, *Cadio*, S. III.

500 In seinen ebenfalls 1869 unter dem Pseudonym Alceste publizierten

Lettres de Paris zieht Castille mehrfach Parallelen zwischen dem Juni 69 – blutige Emeuten in Paris, Ermordungen streikender Arbeiter in Ricamarie – und dem Juni 48 (besonders S. 237ff.).

501 Vallès, *Œuvres*, Bd. I, S. 102. Erstpublikation 15. II. 1857 in *Le Présent*.

502 *Ebd.* Vermutlich hatte Vallès sich dennoch bereits zu weit vorgewagt, ist doch dieser Artikel sein letzter in jener Revue (S. 1229).

503 Abgedruckt in Heine, *Sämtl. Schriften*, Bd. 6/I, S. 519ff. Es mag Zufall sein, daß die ersten *Fleurs du Mal* im selben Monat, dem Juni 1855, in der *RDM* erschienen, daß deren Buchausgabe am 21. Juni 1857 ausgeliefert wurde. Sicher ist, daß Baudelaires Bewußtsein für die Bedeutung der Daten ebenso stark ausgeprägt ist wie das Heines, Herzens oder Flauberts.

504 Vallès, *Les Poètes Nouveaux*, in: *Œuvres*, Bd. I, S. 414ff. Zu Beginn dieses Artikels stellt Vallès fest, daß durch die jüngst vollzogene Liberalisierung Frankreichs man wieder »halblaut« von Freiheit zu reden wage. In der Kritik selbst kehren etliche der hier vorgestellten Bilder des 48er Diskurses wieder: Exilierte, Besiegte, verbrannte Städte, Märtyrer, Exterminateure, der rächende Jesus etc. (S. 426f.).

505 Meißner, *Revolutionäre Studien* ..., Bd. I, S. 126f.

506 Gille, zit. nach *Le Pamphlet du Pauvre*, S. 141.

507 Blanqui, *Œuvres complètes*, Bd. 1, S. 222 (*Toast de L.-A. Blanqui au banquet des travailleurs socialistes*, 3. XII. 1848). Im selben Text heißt es von den Junibesiegten, sie hätten »den Kelch bis zur Neige geleert« und von den Toten des Juni, sie seien »pauvres Lazares tombés sous les balles dans la grande chasse aux guenilles«.

508 Herzen, *Vom anderen Ufer*, Hamburg 1850, 2 Seiten, unpaginierte Zwischentitel.

509 Herzen, *Lettres de France* ..., S. 270.

510 Pardigon, *op.cit.*, S. 67.

511 *MEW* Bd. 8, S. 560.

512 Ménard, *Prologue d'une Révolution*, S. 276. Ich habe nicht klären können, ob der Name der »Cahiers de Juin« sich auf den Juni 48 bezieht oder nicht. Jedenfalls spielt Péguy im Vorwort zum *Prologue* mit einer solchen Beziehung: »ce cahier est un cahier de juin 1848« (S. VIII).

513 Dupin, *Bien-être et Concorde*, S. 128.

514 Thiers, *De la Propriété*, S. 341.

515 Dupin, *op. cit.*, S. 9.

516 Cousin, *Justice et Charité*, S. 5.

517 Lélut, *Traité de l'Egalité*, Blanqui hat sich ausdrücklich über diese »tartine« mokiert (*Critique Sociale*, Bd. II, S. 203), während Baudelaire in *Assommons les Pauvres* des »subtil Lélut« im Zusammenhang mit dessen psychologischer Einschätzung des Sokrates als eines Wahnsinnigen gedenkt, was jedoch einen Spott über den Antisoziali-

sten und Vordenker der Ordnung einschließen dürfte (s. u., Teil II, Kap. VI).

518 *Traité de l'Egalité*, S. 7ff.

519 *Ebd.*, S. 8.

520 Vallès, *Œuvres*, Bd. I, S. 812.

521 Engländer, *op. cit.*, Bd. II, S. 331.

522 *Ebd.*

523 Vgl. meine Lektüre des Cygne, *op. cit.*, S. 576ff. und Fietkaus *Schwanengesang*, der das Gedicht auf den Dezember 1851 bezogen wissen möchte.

524 Benjamin, *Das Passagen-Werk*, S. 1056.

525 Améd-Bouis, *Evénements de Paris pendant les journées de Juin. Lettre à Messieurs les Rédacteurs du Vigilant*, Paris 1848.

526 *Ebd.*, S. 3f.

527 Benjamin, *Angelus Novus*, S. 261.

528 De Molènes, *La Garde Mobile*, a. a. O.. S. 444.

529 Vgl. *Les Misérables*, Bd. 2, S. 413. Die Stelle ist bezeichnend für diese verdrängende Erinnerung, die genau erst da wird, wo sie das Belanglose betrifft. Über den Verlust des Zusammenhang und die impressionistische Erinnerung vgl. auch *Vom anderen Ufer*, S. 82.

530 Flaubert, *Œuvres*, Bd. II, S. 336.

531 Tocqueville, *Souvenirs*, S. 231.

532 Vgl. die Beschreibung von Meissoniers *La Barricade* in der *Ästhetik des Widerstands*, Bd. 2, S. 40.

533 *RDM*, 1. VII. 1848, S. 120.

534 Renan, *op. cit.*, S. 1084.

535 So *RDM*, a. a. O., oder Meißner, *Revolutionäre Studien...*, Bd. I, S. 158.

536 So z. B. Ménard, *Prologue d'une Révolution*, S. 213.

537 Delaire etwa prophezeit wie gesagt eine neue Jacquerie gegen die Bourgeois.

538 Renan, *op. cit.*, S. 1084.

539 Herzen, *Briefe aus Italien...*, S. 139ff.

540 Lefrançais, *op. cit.*, S. 56.

541 Blanqui, *Textes choisis*, S. 119ff.

542 Zit. nach G. Riat, *Gustave Courbet. Peintre*, Paris 1906, S. 50 (vgl. auch Ménard, *Prologue...*, S. 213).

543 T. J. Clark, *Image of the people*, S. 49.

544 Hugo, *Œuvres poétiques*, Bd. II, S. 186 u. S. 206.

545 Die Kontinuität der Analogien wird begünstigt durch einige der Akteure: so weist Blanqui auf die Präsenz des 28. Linienregiments, »ce sinistre héros du faubourg de Vaise en 1834«, während der Massaker von Rouen hin (*Textes choisis*, S. 119). Und als der ewige Anstifter von Bartholomäusnächten gilt Thiers, der 1832 und 1834

Innenminister war und 1848 zum *spiritus rector* der Ordnungspartei wurde.

546 *MEW* Bd. 5, S. 118.

547 *Ebd.*, S. 119.

548 Zit. nach Proudhon, *Les Confessions d'un Révolutionnaire*, S. 382. Der entsprechende Artikel erschien im *Représentant du Peuple*, 8. VII. 1848 (vgl. Ménard, *Prologue* ..., S. 216).

549 Vgl. Teil II, Kap. VII.

550 *MEW* Bd. 5, S. 124.

551 Sainte-Beuve, *Correspondance générale*, t. VII, S. 306.

552 *MEW* Bd. 5, S. 121.

553 *RDM*, 1. II. 1848, S. 119, Herzen, *Lettres de France* ..., S. 271.

554 Vgl. *Pariser Bilder 1*, passim.

555 *MEW* Bd. 7, S. 63.

556 *MEW* Bd. 8, S. 115.

557 *MEW* Bd. 5, S. 116.

558 *Ebd.*, S. 141.

559 Ebd., S. 159.

560 Fietkau nimmt diese Metaphern allzu wörtlich, nicht zuletzt deshalb, weil er nicht in Rechnung stellt, wie banal sie zu jener Zeit waren (*op. cit.*, S. 189 ff.).

561 De la Boullaye, *op. cit.*, S. 8.

562 Proudhon, *Les Confessions* ..., S. 149.

563 Mérimée, *op. cit.*, S. 342.

564 Proudhon, *Les Confessions* ..., S. 166.

565 Zit. nach Proudhon, *Idées révolutionnaires*, S. 96.

566 Herzen, *Vom anderen Ufer*, S. 116.

567 Ménard, *Prologue* ..., S. 226.

568 Daniel Stern, *Lettres républicaines*, S. 6.

568 a *MEW* Bd. 5, S. 457.

569 Pardigon, *op. cit.*, S. 157. J. Cassou zufolge ist »Dante le modèle constant de ces hommes de 48. Ils sont pleins de son langage et de ses épisodes« (zit. nach W. B., *Das Passagen-Werk*, S. 483). Aber schon Balzac hatte sich auf Dante bezogen, wenn er die »Hölle Paris« zu schildern unternahm (cf. Einleitung zu *La Fille aux yeux d'or*).

570 Mérimée, *op. cit.*, S. 345.

571 Musset, *Correspondance (1827–1857)*, S. 245 ff.

572 Die Rolle von »Comtes ›Education sentimentale‹« für die Konstitution der Soziologie beleuchtet W. Lepenies in *Die drei Kulturen. Soziologie zwischen Literatur und Wissenschaft*, München 1985, S. 23 ff.

573 Heine, *Briefe*, Säkularausgabe, Bd. 22, S. 284.

574 Vgl. die Interpretationsskizzen zu *A une Passante* und zu *Le Vampire* in meinem Artikel *Art-Névrose*.

575 Pardigon, *op. cit.*, S. 118.

576 *Neue Rheinische Zeitung*, 18. XI. 1848.
577 Flaubert, *Carnet 19* der Vorstudien zur *Education*, zit. nach *L'Education sentimentale*, éd. C. Gothot-Mersch, Paris 1985, S. 7.
578 Herzen, *Mein Leben*, Bd. 2, S. 299f.
579 J. Laforgue, *Mélanges posthumes*, Paris 1903, S. 111.

Zweiter Teil

Literatur über ein verdrängtes Trauma des 19. Jahrhunderts

1 Ein Widmungsexemplar des *Fleurs du Mal*, das die Inschrift trägt: »à mon ami Hippolyte Castille Ch. Baudelaire«, ist erhalten geblieben.
1a Vgl. Flaubert, *Correspondance*, ed. J. Bruneau, Bd. II, S. 323, 326 u. passim.
2 Butor, *Histoire extraordinaire*, Paris 1961, S. 35. Übrigens ist der Name Castilles in Baudelaires Brief stets unterstrichen.
3 *Larousse du XIX*[e] *siècle*, Bd. III, S. 525. Nicht erwähnt werden im Larousse die Pamphlete von Job le Socialiste, die den Ausgangspunkt dieses Kapitels bilden.
4 Zuerst in der Zeitung *L'Universel*, dann in einer, offenbar vielverkauften, Buchausgabe erschienen. Der Ergänzungsband XVI des *Larousse* äußert sich in 15 Spalten (!) voller Enthusiasmus über die Briefe Alcestes, der nach der Commune seine Kritik fortsetzte und die Royalisten scharf attackierte.
5 Vgl. Baudelaire *Causeries du Tintamarre*, in: Œ II, S. 1013f. sowie den auf Castille bezüglichen Passus aus *Les Drames et les romans honnêtes*, in: ebd., S. 41f.
6 Durch einen Numerierungsfehler (es gibt kein 4. Kapitel) werden zehn Kapitel angegeben.
7 Im folgenden werden sowohl für *Le Dernier Banquet* als auch für *La Place publique* die Seitenzahlen der Buchausgabe den Zitaten in Klammern nachgestellt.
8 *La Révolution démocratique et sociale*, 11-II-1849, S. 4, Sp. 1. Im folgenden *Rév. dém. et soc.* abgekürzt.
9 *Rév. dém. et soc.* 13-II-1849, S. 1, Sp. 1. Zwei Tage nach der Erstankündigung beginnt der Vorabdruck.
10 Auch das ein Klischee der sozialromantischen Literatur. A. Meißner gibt in der *Geschichte meines Lebens* (Bd. 1, S. 240ff.) die Mitschrift einer Michelet-Vorlesung aus der letzten Zeit des Bürgerkönigtums, in der es regelrecht ausgewalzt wird.
11 Vgl. Alceste, *Lettres de Paris* (1869), S. 166ff. Das Abenteuer dürfte sich nach dem 13. Juni 1849 ereignet haben, als auch die *Rév. dém. et soc.* ihr Erscheinen einstellen mußte. Vieles spricht dafür, daß es der

Anblick des Abtransports der Verurteilten des Prozesses von Bourges im April 49 gewesen ist, der den Anstoß zu Castilles Gesinnungswandel gab. Am gleichen Tag noch schreibt er den Artikel *Un dernier mot*, mit dem er sich als Redakteur des Literatur- und Theaterteils von den Lesern der *Rév. dém. et soc.* verabschiedet: einen demoralisierten Artikel, aus dem der Schock jenes Erlebnisses spricht (9. u. 10-IV-1849, S. 1, *Revue des Théâtres*). 1869 kommt er auf diese Szene zurück, wobei er die Passivität des Volkes, das nichts unternimmt, um Barbès zu befreien, betont und hinzufügt: »Je vis de mes yeux ce sinistre tableau et mon cœur se serra.« (*Lettres de Paris*, S. 156)

12 *La Rév. dém. et soc.* 22-I-1849, S. 2, Sp. 1, *Revue des Théâtres*.

13 Ein anderes Motiv von *Le Crépuscule du Soir*, das der Agonie des Armen, findet sich bei Hiob-Castille in dem Abschnitt *L'Hôpital* (S. 30).

14 »Son âme reste inébranlable comme un roc au milieu des tempêtes de la vie.« (S. 49) Nach 1851 wird Castille die dandyistische Attitüde stärker betonen.

15 Vgl. besonders Kap. VI, *La Garde Nationale et le Moi*.

16 Bezeichnend, daß die Panazee des 48er Sozialismus, das Recht auf Arbeit, bei Baudelaire außer in den Zeitungsartikeln von 1848 weiter keine Rolle spielt.

17 Ebd., S. 33. Der Text enthält zahlreiche antisemitische Ausfälle, z. B. S. 38 u. S. 63.

18 Mit diesem Satz schließt sehr wirkungsvoll der erste Teil des Abdrucks in der *Rév. dém. et soc.* am 6. III. 1849.

19 Vgl. Kap. VII des ersten Bändchens von Sues *Berger de Kravan*.

20 *La Rév. dém. et soc.* 10. III. 1849, S. 1.

21 Der Inspiration nach am verwandtesten ist diesem Traum-Dialog das damals sehr beliebte Chanson Gustave Leroys *Les Soldats du Désespoir*.

22 M. Nettlau, *Der Vorfrühling der Anarchie*, Berlin 1925, Kap. XXIV, S. 207 ff. Nettlau hat auch die zweibändige Werkausgabe von Stock (Paris 1910) herausgegeben und eingeleitet.

23 A. Herzen, *Mein Leben*, Bd. III, S. 73. Herzen ist derart beeindruckt von Cœurderoys Ungestüm, daß er dessen neuerlichen Antwortbrief ungekürzt in seine Memoiren aufnimmt (S. 74 ff.). Sein eigener Brief an Cœurderoy ist in der Werkauswahl des letzteren *Hurrah! ou La Révolution par les Cosaques*, Paris 1977, nachzulesen.

24 Zit. nach *Hurrah!*, S. 179.

25 Ebd., S. 180.

26 Ebd., S. 181.

27 Ebd., S. 389 f. Cœurderoy spielt dabei sowohl mit der alten Angst vor den »barbares du Nord« als auch mit den Ängsten, die sich aus dem Krim-Konflikt ergaben, der ja ein begrenzter bleiben sollte .

28 *Jours d'Exil*, zit. nach E. C., *Pour la Révolution*, Paris 1972, S. 130.

Cœurderoy stieß erst nach dem Juni zur äußersten Linken und wurde führendes Mitglied eines linksradikalen Studentenbundes. Er ist überzeugt, daß die Bourgeoisie mit Gewalt besiegt werden müsse, daß aber das Proletariat durch die Juniniederlage entscheidend geschwächt und unfähig zum Widerstand sei.

29 Ebd., S. 152.

30 Ebd., S. 162.

31 Zit. nach *Hurrah!*, S. 434.

32 Zit. nach *Pour la Révolution*, S. 121. Nettlau, der C. besonnener als später einige Vertreter der Pariser Studentenbewegung rehabilitieren will, merkt an, seine so originellen Ideen seien »einigen exzentrischen Gedankengängen gegenüber, die ihm eigen sind, ganz übersehen« worden (*Vorfrühling*, S. 207). Dagegen ist einzuwenden, daß jenes Exzentrische weder von C's Doktrin noch von der Pathologie der äußersten Linken nach 1848 ganz zu trennen ist, so wenig wie C's lebenslange Angst vor dem Wahnsinn und sein Freitod ganz von seinen Ideen ablösbar sind.

33 Das einzige Exemplar der BN (Y^2 1470) enthält nicht den vollständigen Abdruck des Romans: der 3. Teil fehlt ganz, der 4. Teil ist sehr viel kürzer als in der vierbändigen Buchausgabe. Möglicherweise ist der Roman erst 1852 zu seiner ganzen Länge gediehen.

34 *La Rév. dém. et soc.* 8-I-1849, S. 1, Sp. 1 ff.

35 Ebd.

36 Vgl. Ausg. 1852, Bd. I, S. 293: »Voyez les animaux« etc. – eine brillante Thiers-Parodie, sowie die im Nachstehenden zitierten Anspielungen.

37 Kap. II des 1. Teiles.

38 Ausg. 1851. Der Satz fällt in der Ausgabe von 1852 fort (S. 11, Sp. 1). Im Jahr darauf fallen auch die Betrachtungen über das Ächzen der »vieux rouages de la mécanique sociale« (ebd.) fort.

39 Ebd. und Ausg. 1852, I, 290 f. Das Ganze klingt an Heines berühmten Lutetia-Artikel über die »große Kamelfrage« (LVII, 5. Mai 1843) an.

40 S. 11, Sp. 2 bzw. Bd. I, S. 292.

41 S. 11, Sp. 3 bzw. Bd. I, S. 300.

42 »Oui, laissez monter le flot, plus le danger sera grand, plus la gloire sera éclatante«, S. 12, Sp. 1 bzw. Bd. I, S. 303.

43 S. 12, Sp. 1 = Bd. I, S. 304.

44 S. 12, Sp. 1.

45 Ebd., Sp. 2.

46 Ebd.

47 Ebd. Der Autor unterbricht sich dann mit der Bemerkung: »Mais laissons aux démons vengeurs de l'histoire le soin de remuer les cendres du vainqueur de juin 1832, et revenons à notre récit.« – Blouet,

ein Mitarbeiter von Proudhons *Peuple*, war Castille hierin vorausgegangen, cf. K. P. Walter, *Le roman-feuilleton et les révolutions de 1848 et 1871*; in: *Richesse du roman populaire*, éd. R. Guise et H. J. Neuschäfer, S. 63 f.

48 S. 13, Sp. 1.

49 Ebd., Sp. 3.

50 Ebd. Was später über einen Hausbesitzer gesagt wird, erinnert an die Handlungsweise von Flauberts Père Roque, die allerdings nicht im Irrealis steht: »Il aimait passionnément, cruellement sa famille. Pour sa famille, il eût certainement coupé la gorge à la moitié du genre humain.« (S. 21, Sp. 3) Ein Motiv, das in Erckmann-Chatrians *Maître Gaspard Fix* zum Bestandteil der Romanhandlung wird.

51 S. 14, Sp. 2; vgl. Bd. I, S. 332, wo der Passus erheblich gekürzt ist.

52 Bd. IV, S. 266. Die Version von 1851 bricht früher ab.

53 Vgl. Baudelaires bereits erwähnten Essay *Les Drames et les romans honnêtes*, Œ II, S. 41 f.

54 Bd. IV, S. 344.

55 Ebd., S. 344 f.

56 Ebd., S. 347.

57 Ebd., S. 351.

58 Die generationsbedingte Unterschiedlichkeit der Intensität der Juni-Erfahrung bringt George Sand, ein wenig grobschlächtig, zu Beginn ihres Romans *Daniella* zur Sprache, wobei sie aber die eigentliche 48er Generation, die Altersgenossen von Marx, Engels, Baudelaire und Flaubert, nicht berücksichtigt.

59 Zit. nach Sue, *Les Mystères du Peuple*, Paris 1977, Bd. I, S. V.

60 Vgl. Hugos Gedicht *Ce que le poète se disait en 1848*. (*Les Châtiments*, IV, 2)

61 *Lettres de Paris*, 1869, S. 109.

62 Heine, *Sämtl. Schriften*, Bd. 5, S. 233.

63 Vgl. *Les hommes et les mœurs*, S. 98 f.

64 Vgl. etwa *Histoire de la Seconde République française*, Bd. I, S. 55 ff.

65 Es gibt aber in beiden Serien Bändchen, die aus der Reihe fallen: Monographien über historische Figuren, ausländische Potentaten u. a.

66 *Les hommes et les mœurs*, S. 291.

67 Ebd., S. 66.

68 Anzeige der *Limbes* von 1850, vgl. unten Teil II, V *Baudelaires Leseanweisungen*.

69 *Histoire de la Sec. Rép.*, Bd. II, S. 402. Ursprünglich erschien Castilles Brief in *La Presse* vom 20. VI. 1854, S. 3, Sp. 3–6.

70 Im *Vin de l'Assassin*, Baudelaires erstem Nach-Juni-Gedicht, hatte der Mörder ausgerufen: »Le chariot aux lourdes roues / (...) / Le wagon

enragé peut bien // Écraser ma tête coupable / Ou me couper par le milieu,/ Je m'en moque comme de Dieu« etc.

71 *Hist. de la Sec. Rép.*, Bd. II, S. 403.

72 »N'allez-vous pas frapper sur des malheureux et des proscrits?«, muß Castille sich von seinem liberalen Kritiker fragen lassen (zit. nach *Hist. de la Sec. Rép.*, II, 415).

73 Ebd., S. 403. Auffällig die trügerische Nähe dieser Argumentation zu der aus Baudelaires Artikel vom Oktober 1848, dessen Tendenz die entgegengesetzte ist, cf. *Œ* I, 1062.

74 W. Benjamin, *Das Passagen-Werk, Ges. Schriften*, Bd. V/2, S. 936.

75 Hugo, *Œuvres poétiques*, éd. P. Albouy, Bd. II, S. 194f.

76 *Hist. de la Sec. Rép.*, Bd. III, S. 92.

77 Ebd., S. 222.

78 *Les Massacres de Juin 1848*, S. 74.

79 So entfielen 1869 die einschlägigen Äußerungen auf S. 92 und S. 220 des 3. Bandes der *Histoire* von 1855.

80 In: *La Presse et le Journalisme depuis 1848* hatte er, ohne sie mit Titeln zu zitieren – das Geheimnis seines sozialistischen Pseudonyms hat er wohl nie gelüftet – die Literatur seiner radikalen Periode lakonisch als »quelle littérature!« abgetan (S. 11).

81 »Les fantômes sanglants évoqués avec affectation dans des récits pleins de mensonges, à propos de l'anniversaire des fatales journées de juin, me remettent en mémoire quelques-uns de ces témoins des luttes de la liberté.« (*Lettres de Paris*, S. 279)

82 Ebd., S. 280.

83 Ebd.

84 Ebd., S. 281.

85 Ebd., S. 283.

86 Ebd., S. 285.

87 Ebd., S. 286.

88 »Quand j'ai vu Delescluze (...) mettre en tête de sa feuille La Révolution démocratique et *sociale*, je me suis dit: »Allons, bon! lui aussi! Voilà le gâchis qui commence.« (S. 283) Ob das schon 1848 Hiob-Castilles geheime Gedanken gewesen sind? Das Gewaltsame seines kurzen Sozialismus-Abenteuers spricht für eine solche Vermutung.

89 *Le Travail affranchi. Journal des associations des travailleurs* erschien zwischen dem 7. I. 1849 und dem 17. VI. 1849, mußte nach dem 13. Juni 49 ihr Erscheinen einstellen. Andere Texte des Werkes waren noch vor der Februarrevolution in der *Démocratie pacifique* und der *Presse* erschienen.

90 *Le Monde des Oiseaux*, Bd. III, Paris 1855, S. 64. (Soweit nicht anders angegeben, wird aus der 1. Auflage zitiert.)

91 Cf. 4. Auflage, Bd. III, Paris 1884, S. 137. (Von den späteren Auflagen des Werkes, die jeweils stark überarbeitet wurden, scheinen Beleg-

exemplare nur unvollständig in der Bibliothèque Impériale bzw. Nationale deponiert worden zu sein, zumindest sind Katalog und Bestände der BN lückenhaft.)

92 1855, Bd. III, S. 64.

93 Dieser Gattung sind Leroys *Les Soldats du Désespoir*, Hiob-Castilles *Dialogue des Morts de Juin* ebenso zuzurechnen wie gewisse Gedichte des *Romanzero* und der *Fleurs du Mal*.

94 *Le Monde des Oiseaux*, Bd. III, S. 206.

95 Toussenel plädiert für die Verrücktheit, den *écart absolu* Fouriers, so wie Baudelaire für die Trunkenheit plädiert. Er beruft sich dabei auf einen Ausspruch Mirabeaus: »Le peu de sagesse que possède le monde lui a été donné par les fous.« (*MdO*, I, 80)

96 *MdO*, I, 1. In den späteren Auflagen ist dieser Satz weggefallen.

97 Ebd., I, 39.

98 Ebd., I, 71.

99 Ebd., I, 62.

100 Zit. nach *Passagen-Werk*, V/1, S. 122. Toussenels Witz erinnert an den seines Lehrers Fourier. Ein noch immer aktuelles Beispiel seiner satirischen Verve und zugleich ein lakonischer Kommentar zu Karikaturen à la Daumier: »Quand un pays consent à se laisser représenter ou gouverner par des hommes très-laids, c'est un signe qu'il a perdu le sentiment du beau physique et qu'il ne tardera pas à perdre celui du beau moral.« (*MdO*, I, 86)

101 Ebd., II, 309.

102 Cf. Michelet *L'Oiseau*, Paris 1856, S. XLIV, G. Bachelard, *La Poétique de l'Espace*, Paris [4]1981, S. 96.

103 Bezeichnenderweise hat Michelet, der Toussenels Bewunderung dankbar erwidert, dessen Hang zum Gehässigen ganz übersehen oder verharmlost: als eine ihm selbst fremde Jagdleidenschaft. Er widersprach seinem sozialen und politischen Versöhnungswillen, der ihn auch über die Junimassaker hinweggehen ließ. Sein eigener Antisemitismus ist behaglicher.

104 Michelet stört sich an Toussenels Behauptung, die Vogelwelt sei ihm nur ein Vorwand, um über die Menschen zu sprechen, damit habe der Autor sich selbst Unrecht getan: »Nombre de pages, au contraire, prouvent suffisamment, qu'à part toute analogie, il a aimé, observé l'oiseau en lui-même (...). Tel oiseau, par Toussenel, est maintenant et restera à jamais une personne.« (*L'Oiseau*, S. VIII)

105 Michelet vermerkt die Nähe zu Grandville eher tadelnd (S. XLIII); Benjamin interessiert sie im Zusammenhang seiner Reflexionen über die Mode. Er irrt jedoch, wenn er im französischen Exposé des *Passagen-Werks* behauptet, Toussenels Zoologie stelle die Tierwelt unter das Zepter der Mode. Ebensowenig trifft zu, was er über Toussenels Bild der Frau schreibt: »Il considère la femme comme le médiateur

entre l'homme et les animaux. Elle est en quelque sorte le décorateur du monde animal (...).« (S. 66) Zwar ist die Frau eine Mittlerin zum Tierreich, aber in einem ungleich erhabeneren, heilsgeschichtlichen Sinne. Benjamins Toussenel-Lektüre war offenbar zu flüchtig, als daß sie die komplexen Beziehungen seines Analogien-Systems genau hätte erfassen können.

106 *MdO*, III, 300.

107 Cf. III, 234ff. und 250.

108 III, 256. Das erinnert beinahe wörtlich an die Weissagung über den heilsbringenden Arbeiter Noël Toussaint am Ende der *Ambitieux*.

109 Ein Beispiel für Toussenels Einstellung zum Empire: »Mais l'aristocratie guerrière et fainéante qui vit de l'exploitation de la race vaincue, n'a qu'un moyen de garder son autorité usurpée, qui est de faire la guerre à l'extérieur et d'armer une certaine portion de ses serfs pour tenir la masse en respect (...).« (*MdO*, III 167) An gleicher Stelle sagt Toussenel den Staatsbankrott voraus. Es handelt sich um eine jener Passagen, an denen sich die politische Analogie soweit verselbständigt, daß der vogelkundliche Schleier mehr als nur gelüftet ist: in Luft aufgelöst.

110 Cf. II, 3: »le moment même de l'histoire de la volatilité où nous sommes est celui qui correspond à la phase critique de l'humanité que nous traversons à cette heure ... heure unique marquée dans les âges pour la fin du chaos et l'ère de la transfiguration sociale; heure solenelle, où les tourbillons font silence dans l'attente des graves événements qui se préparent, où les voiles des temples se déchirent de haut en bas et où les guéridons parlent (...)«, sowie III, 198: »le sort qui attend l'Aigle est de mourir de faim sur un monceau de cadavres«.

111 I, 26. Das Kapitel über die Ringeltauben war, erheblich ausführlicher und politisch expliziter, in *Le Travail affranchi* vom 27. Mai 1849 erschienen. In der Buchausgabe, die jenen Erstdruck verschweigt, fehlen polemische Sätze wie der folgende: »Beaux oiseaux bleus, un peu de patience encore; car voici que la religion d'amour gagne et proclame la fin du règne des haineux et l'abolition du pantalon garance (...) attendez que nous en ayons fini avec un tas de souverains rebelles qui ont osé lever l'étendard de l'insurrection contre leurs peuples, et qui sont cause que les pioupious occupent encore dans les jardins publics les allées réservées aux couples amoureux.« (S. 6, Sp. 2, *Courrier de la Semaine*)

112 III, 1.

113 I, 455.

114 I, 457.

115 Ebd.

116 II, 7.

117 »Pendant que des mortels la multitude vile, / Sous le fouet du Plaisir,

ce bourreau sans merci, / Va cueillir des remords dans la fête servile (...).«

118 *MdO*, 3e édition, entièrement revue et augmentée, Bd. II, Paris 1866, S. 8.

119 Ebd.

120 Der Artikel trug die Überschrift *Des Idées socialistes depuis Socrate jusqu'à nos jours*; der Passus über die Juniinsurrektion bildete dessen Abschluß und provokativen Höhepunkt. Darin hieß es: »(...) si bien que les plus nécessiteux et les plus humiliés de l'aumône, reconnaissant l'impossibilité *de vivre en travaillant*, demandèrent de rage *à mourir en combattant*. (...) Les travailleurs de Paris ne furent pas plus heureux en 1848 que leurs frères de l'atelier de Lyon en 1831, triste preuve que le terrible enseignement de la première insurrection lyonnaise n'a profité à personne. Cependant (...) mitrailler n'est pas répondre.« (*Le Travail affranchi*, 17. VI. 49, S. 3 Sp. 2)

121 *MdO*, II, 97.

122 II, 312. In der 3. Auflage von 1866 ersetzt der Vf. das unbestimmte Personalpronomen *ils* durch ein: »Oh! ces conservateurs.« (Bd. II, S. 520)

123 I, 452.

124 Cf. I, 451.

125 III, 79.

126 Erstmals im *Représentant du Peuple* vom 10. VIII. 1848.

127 Zit. nach *Le Pamphlet du Peuple*, a. a. O., S. 194.

128 Zit. nach *La Lyre d'Airain*, a. a. O., S. 90. Eine abgemilderte Fassung veröffentlichte Ménard später unter dem Titel *Adrastée* (*Poèmes et Rèveries d'un Paien mistiqe*, Paris 1895, S. 249 ff.).

129 *MdO*, III, 84.

130 Dazu L. Poliakov, *Histoire de l'antisémitisme*, Paris [3]1981, Bd. II, S. 185 ff. (Poliakov weist auch auf die häufige Verbindung von Antisemitismus und Misogynie hin, für die Proudhon ein berühmtes Beispiel ist, Toussenel hingegen ist, mehr noch als Fourier, zugleich Antisemit und Frauenverehrer.) E. Silberner, *The Anti-Semitic Tradition in Modern Socialism*, Jerusalem 1953 und *Sozialisten zur Judenfrage*, Berlin 1962, G. Lichtheim, *Socialism and the Jews*; in: *Dissent*, July-August 1968, S. 314–342. Lichtheim nennt Toussenel »the pioneer of a literature which linked the medieval image of the Jew as usurer to the populism of a society suddenly plunged into the maelstrom of early capitalism ... T. may be described as an anti-semite who also happened to be a socialist« (S. 320), womit er dem Autor des *Esprit des Bêtes* sicherlich Unrecht tut. Übrigens wird in diesem Blickwinkel Toussenel immer nur mit seinem Erstlingswerk *Les Juifs, rois de l'époque* zitiert, nie mit seinem zoologischen Hauptwerk, das die Autoren wohl auch kaum gelesen haben dürften.

131 Sartre, *L'Idiot de la famille*, Bd. III, S. 401.

132 Ebd., S. 306f.

133 Cf. Benjamins Toussenel-Exzerpte im *Passagen-Werk*, besonders S. 257ff. Aus dem einschlägigen Kapitel in Edouard Drumonts *Les Héros et les Pitres* hält Benjamin nur das Lob des Stilisten, nicht hingegen das des Antisemiten Toussenel fest, das doch einen ungleich breiteren Raum einnimmt.

134 Demzufolge Lamartine 1848 hätte mit gutem Beispiel vorangehen müssen und die Abschaffung des Krieges dekretieren, die Armee auflösen müssen: »Car ce jour-là... le territoire français, désarmé de toute baionnette, eût été déclaré terre sainte et inviolable par l'acclamation unanime des peuples, dont l'admiration, l'estime et la gratitude l'eussent protégé plus sûrement que tous les engins exterminateurs inventé par le démon du carnage. Et pas une autre armée n'eût pu tenir sur le sol d'Europe après la disparition de la française (...) et mort l'instrument d'oppression, morte l'oppression elle-même (...) et les haines nationales éteintes, plus de raison de se garder chez soi, plus de prétexte à subvention de guerre et *para bellum*; plus d'impôts etc.« (*MdO*, II, 147f.) Auf die makabre Aktualität dieses Textes muß nicht eigens hingewiesen werden.

135 *L'Esprit des Bêtes. Mammifères de France*, Paris 1847, S. 3.

136 *L'Esprit des Bêtes*, 4e édition, Paris 1884, S. 451ff. Die Liste der auszurottenden Säugetiere reicht dort von der Ratte bis zum Igel und alle werden als Embleme menschlicher »Schädlinge« gefaßt.

137 Proudhon, bei dem der Antisemitismus nicht Bestandteil der Doktrin ist, notiert im Dezember 1847 in den *Carnets*: »Le Juif est l'ennemi du genre humain. Il faut renvoyer cette race en Asie, ou l'exterminer.« (Bd. II, Paris 1961, S. 338) Er sagt von sich, er hasse das, was das Volk des Mittelalters instinktiv gehaßt habe, nach reiflicher Überlegung und unwiderruflich.

138 Cf. *L'Idiot de la famille*, Bd. III, S. 238, 338, 381 und passim, sowie Sartres Kommentar zu einem Romanentwurf Flauberts – *Monsieur le Préfet* –, der auch auf die Darstellung der Junitage in der *Education* anwendbar wäre (ebd., 631f.).

139 *Les Juifs, rois de l'époque*, Paris ^{2}1847, Bd. II, S. 290. Es ist dies das einzige Werk Toussenels, das (mit dem Untertitel *Ein politisches Lesebuch für das Volk*), wenn auch nur auszugsweise, ins Deutsche übersetzt worden ist: *Das Königthum der Juden in Frankreich*, Erfurt 1851.

140 *MdO*, III, 250.

141 Ebd., S. 255. Da er den Juni in diesem Kontext nicht nennen darf, macht T. die Juden für die Niederschlagung der Revolution in Ungarn 1849 verantwortlich (S. 251).

142 Cf. L. Thomas, *Les Précurseurs. Alphonse Toussenel, Socialiste national antisémite (1803–1885)*, Paris 1941. Eine Textprobe: »J'avais lu Gobineau, j'avais lu Toussenel et je les savais si proches de la doctrine

professée par Adolf Hitler, Alfred Rosenberg et leurs amis, que je m'étonnais de l'ignorance de mes compatriotes.« (S. 9) Der Vf. grenzt sich vom mondänen Antisemitismus eines Drumont ab und preist den methodischen, sozialistischen Antisemitismus des Vogelkundlers, der »sans haine vulgaire« sei: »Il n'est antijuif (...) que parce qu'il voit dans les Juifs les pires oppresseurs du peuple.« (S. 11 ff.) Cf. auch die Studie P. Bénichous, *Sur quelques sources françaises de l'antisémitisme*, in: Commentaire 1/1978, S. 67ff.
Sartre scheint die Tragweite des Antisemitismus im französischen 19. Jh. zu unterschätzen: »Il s'agit encore (...) d'un réflexe défensif d'une collectivité active qui refuse d'assimiler (...) les nouveaux membres que la Révolution de 1789 lui a donnés.« (*Idiot*, III, 570f. N. 1)

143 Zit. nach Proudhons *Confessions d'un Révolutionnaire*, a.a.O., S. 97, wo Proudhon *Les Juifs, rois de l'époque* empfiehlt.

144 Vgl. *Briefe an einen alten Freund*; in: A. H., *Ausgew. philos. Schriften*, Moskau, Verlag für fremdsprachl. Literatur, 1949, S. 599ff. Die in der russischen Gesamtausgabe enthaltenen russisch geschriebenen Briefe Herzens werden im folgenden nicht berücksichtigt, da ich des Russischen leider nicht mächtig bin. Aus der Herzen-Literatur ist jedoch zu entnehmen, daß sie gegenüber den deutschen und französischen Texten des Autors nichts wesentlich Neues enthalten dürften.

145 Die erste vollständige deutsche Übersetzung von Hertha v. Schulz hat den Titel *Erlebtes und Gedachtes*, der hier weiter verwendet werden wird, leider abgewandelt: *Mein Leben. Memoiren und Reflexionen*, Berlin 1962, 3 Bde.

146 *De l'Autre Rive* erschien 1870 in Genf, herausgegeben von Herzens Sohn Alexander, die *Lettres de France et d'Italie (1847–1852)*, übersetzt von Mme N. H. (vermutlich Natalie Herzen) erschienen im Jahr darauf. Beide Ausgaben sind gegenüber den deutschen von 1850 stark verändert, einige Texte sind weggelassen, andere wurden neu aufgenommen. In den *Lettres de France et d'Italie* wird die politische Entwicklung Frankreichs bis zum Coup d'Etat verfolgt. Aus dem umfangreichen Artikel, den der *Larousse du XIX*[e] *Siècle* 1873 Herzen widmet, spricht eine gewisse Zurückhaltung gerade diesen beiden Texten gegenüber.

147 A. H., *Passé et Méditations*, Hg. Daria Olivier, Lausanne 1974–1979, 4 Bde. (Auch die Neuauflage von *De l'Autre Rive* erschien in Genf: 1980 bei Slatkine.)

148 *Les Années de Prison et d'Exil d'un Ecrivain Russe*; in: *RDM* 1. IX. 1854, S. 857–899. Diesem Text hatte Herzens Übersetzer H. Delaveau einen Essay vorausgeschickt, in dem Herzens revolutionäres Engagement heruntergespielt und er für seine Mäßigung belobigt wurde: *Le Roman contemporain en Russie. M. Alexandre Herzen*; in: *RDM* 1. VII. 1854, S. 316–342.

149 Herzen hatte diese Texte dem deutschen Demokraten F. Kapp diktiert. Zur Wirkungsgeschichte E. Meissner, *Alexander Herzen in Deutschland*, Berlin 1963.

150 M. v. Meysenbug, *Memoiren einer Idealistin*, Berlin 1917, Bd. I, S. 316.

151 Ebd., Bd. II, S. 16f. Campe hatte zwischenzeitlich noch *Über die Entwicklung der revolutionären Ideen in Rußland* (1851) und *Rußlands soziale Zustände* (1854) verlegt. Außerdem war 1851 in Leipzig eine Übersetzung von *Wer ist schuld?* erschienen.

152 *Aus den Memoiren eines Russen*, Hamburg 1855/56, 4 Bde. Die Erinnerungen an 1848 sind in dieser Ausgabe noch nicht enthalten.

153 Kafka trägt am 23. Dezember 1914 folgendes in sein Tagebuch ein: »Ein paar Seiten ›Londoner Nebel‹ aus Herzen gelesen. Wußte gar nicht, um was es sich handelt, und doch tritt der ganze unbewußte Mensch heraus, entschlossen, selbstquälerisch, sich beherrschend und wieder vergehend.« (F. K., *Tagebücher 1910–1923*, Frankfurt 1983, S. 328.)

154 A. H., *Die gescheiterte Revolution. Denkwürdigkeiten aus dem 19. Jahrhundert*, ausgewählt von H. M. Enzensberger, Frankfurt 1977.

155 *Vom anderen Ufer*, Hg. A. Matthes, München 1969. Im folgenden wird, soweit nicht ausdrücklich anders angegeben, nach dieser auf den russischen Text von 1858 zurückgehenden Neuübersetzung Alfred Kurellas zitiert. (Kurellas Übersetzung ist zwar geschmeidiger als der deutsche Text von 1850, klingt aber bisweilen etwas anachronistisch modernisiert und wohl auch zu frei.)

156 M. Malia, *Alexander Herzen and the Birth of Russian Socialism. 1812–1855*, Cambridge Mass. 1961, cf. Ch. XIX, *The Crucial Year. 1847*.

157 In seinem Esay über Herzens Erinnerungen. Kennzeichnend für die mangelnde Präzision von Berlins Lektüre ist ein Versehen in dem reichlich allgemeinen Satz, mit dem die Meriten von Herzens 48er Literatur gewürdigt werden: »His first-hand description of the events of 1848–9, in particular of the drowning in blood of the *July revolt* (!) in Paris, is a masterpiece of ›committed‹ historical and sociological writing.« (I. B., *Against the Current, Essays in the History of Ideas*, London 1979.) In den deutschen Übersetzungen – München 1969 als Einleitung zu *Vom anderen Ufer* (S. 20) und Frankfurt 1982 in dem Band *Wider das Geläufige* (S. 302) – wird dieser Lapsus, der gewissermaßen eine ferne Nachwirkung der Verdrängung des Juni darstellt, getreu übernommen. Nicht anders als Fontanes Stechlin verwechselt der geschätzte Ideenhistoriker Juni 1848 und Juli 1830!

158 Malia bezeichnet Herzens Attacken gegen die Bourgeoisie pauschal als Kindereien und diskreditiert mit viel Witz dessen politisches Pathos.

159 In der Ausgabe von 1850 wird das schon durch die Abfolge der Texte

deutlich: *Nach dem Gewitter* ist ziemlich genau in der Mitte des Buches plaziert. 1858 rückt dieser Abschnitt dann nach vorn, jetzt ordnet Herzen seine Texte chronologisch erzählend an.

160 *Vom anderen Ufer*, Hamburg 1850, S. 112.

161 *Vom anderen Ufer*, München 1969, S. 83; vgl. die Passagen über Herzens Ankunft in Paris im März 1847 (*Briefe aus Italien und Frankreich*, S. 110ff.) und über das Paris des 15. Mai 1848 (ebd., S. 92ff.), sowie das Stimmungsbild vom 20. November 1848, dem Tag der feierlichen Proklamation der Verfassung, in *Vom anderen Ufer*, S. 106ff.

162 Ebd., S. 84.

163 Ebd., S. 82f.

164 Ebd., S. 81.

165 Herzen empfand diesen Spottnamen, den der österreichische *Lloyd* ihm verliehen hatte, als Auszeichnung, vgl. *Lettres de France et d'Italie*, S. 308 und den unmittelbar nach Erscheinen der fraglichen Rezension verfaßten Brief an Herwegh vom 14. IV. 1850 (XXIV, S. 22, die Korrespondenz Herzens wird zitiert nach der russischen Werkausgabe, Moskau 1954–1965, die sämtliche Briefe in den Originalsprachen wiedergibt).

166 *Vom anderen Ufer*, S. 102.

167 Ebd., S. 90. 1850 hatte Herzen »das Chaos und die Extermination« hochleben lassen (S. 120).

167a *An einen alten Freund*, a.a.O., S. 618.

168 Vgl. *Passé et Méditations*, Bd. I, Lausanne 1974, S. 21 (Vorwort von D. Olivier).

169 *Mein Leben*, Bd. II, S. 7f., datiert »Genf, den 29. Juli 1866«; vgl. das Nachwort des 3. Teils *An die russischen Brüder* vom 2. November 1852, Bd. I, S. 517, aus dem er wörtliche Passagen in den *Westlichen Arabesken* (Bd. II, S. 28) übernimmt.

170 An Vogt 21. XI. 1852 (XXIV, S. 361).

171 *Mein Leben*, Bd. II, S. 161.

172 Ebd., S. 299f.

173 Vgl. ebd., S. 301.

174 Ebd., S. 304.

175 Ebd.

176 Ebd., S. 305.

177 *Vom anderen Ufer*, 1850, S. 107.

178 An Wagner etwa schreibt er: »Socialiste et révolutionnaire, je me suis adressé à la seule puissance que je connaisse. J'ai eu le courage, l'audace de porter cette affaire à la connaissance de nos amis de la démocratie.« (XXIV, S. 296)

179 Vgl. *Vom anderen Ufer*, S. 41f. Malwida schildert die feierliche Übergabe des Buches am Neujahrstage des Jahres 1855 (*Memoiren einer Idealistin*, Bd. I, S. 428ff.).

180 *Mein Leben*, Bd. II, S. 286. Diese Aussage korrigiert nachträglich den Passus aus *Vom anderen Ufer*, der Rachels Interpretation der Marseillaise würdigt (S. 81 f.).
181 Vgl. ebd., S. 321.
182 Vgl. ebd., S. 293 f.
183 Das Paradox Turgenjews: Sein *Rudin* ist der einzige Roman der Weltliteratur, dessen Held auf den Junibarrikaden stirbt; nur, daß dieser Tod rein gar nichts mit dem Juniaufstand zu tun hat, es sei denn, daß er die Sage bestätigt, das Ausland und asoziale Elemente hätten entscheidenden Anteil an ihm gehabt. Auch wurde der fragliche Epilog nachträglich angefügt: eine aufgesetzte historische Pointe.
184 Vgl. *Vom anderen Ufer*, S. 42.
185 Vgl. ebd., S. 85 u. S. 167 f., *Mein Leben*, Bd. II, S. 31 u. S. 145 ff.
186 *Mein Leben*, Bd. II, S. 302 f.
187 Ebd., S. 328.
188 Wie Dussardier hatte er als Jüngling geschworen, ein politisches Unrecht zu rächen, wie Dussardier war er diesem Schwur treu geblieben. Auch sehnt er sich, wie Dussardier, nach der *großen Liebe*, ja er tritt, wie Flauberts Held, dem napoleonischen Agenten mit dem Ruf »Vive la République!« in den Weg, der ihn, den feinen Herrn, im Juni allerdings nicht das Leben kostet. (*Mein Leben*, II, 31)
189 *Briefe aus Italien und Frankreich*, S. 183. Vgl. auch *Mein Leben*, Bd. II, S. 144.
190 *Mein Leben*, Bd. II, S. 144.
191 Ebd., S. 337.
192 *Wer ist schuldig?*, Berlin/Weimar 1976, S. 35.
193 An Vogt, 21. XI. 1852 (XXIV, S. 361).
194 Vgl. das bereits erwähnte Vorwort D. Oliviers in der französischen Ausgabe von *Passé et Méditations*, S. 27. Später spricht auch Dostojewski mit einiger Distanz über Herzen, den »gentilhomme russe et citoyen du monde«, nur seine Bewunderung über *Vom anderen Ufer* bleibt ungebrochen, vgl. *Tagebuch eines Schriftstellers*, München 1963, S. 16 ff.
195 An Proudhon (XXIII, S. 176).
196 *Memoiren einer Idealistin*, Bd. I, S. 318.
197 *Briefe aus Italien...*, S. 194.
198 Ebd., S. 212.
199 *Vom anderen Ufer*, S. 130.
200 Ebd., S. 95 f.
201 Ebd., S. 87.
202 Ebd., S. 175.
203 *MEW* 7, S. 34.
204 *Vom anderen Ufer*, S. 88 f.
205 Diese Briefe, die ursprünglich bei Hoffmann und Campe hätten er-

scheinen sollen und damals ungedruckt blieben, sind enthalten in der von E. Silberner besorgten Ausgabe des Briefwechsels von Moses Hess, 'S-Gravenhage 1959.

206 Über Herzens Proudhon-Bewunderung vgl. *Vom anderen Ufer*, S. 180, *Briefe aus Italien...*, S. 181, *Mein Leben*, Bd. II, S. 231ff.

207 Vgl. *Vom anderen Ufer*, S. 89f., *Mein Leben*, Bd. II, S. 231.

208 *Vom anderen Ufer*, S. 179.

209 Vgl. M. Robert, *Livre de Lectures*, Paris 1977, S. 77 und die Kritik derselben Autorin an Herzens Unterschätzung der Irrationalität in den eigenen Entscheidungsprozessen; in: *La Vérité littéraire*, Paris 1981, S. 95ff.

210 Vgl. die *Lettres de France et d'Italie*, wo Herzen den Berufsrevolutionären vorwirft, diesen Lyrismus nicht ertragen zu können (S. 282).

211 *Vom anderen Ufer*, S. 94: »Das ist die Frage eines Wahnsinnigen, werden viele sagen. Christus hat sie mit anderen Worten gestellt.«

212 Ebd., S. 189.

213 Ebd., S. 162, vgl. den Brief an Herwegh vom 30. IV. 1850: »*O secolo incapace!* Point d'érection, point d'éjaculation (...) nous sommes tous, tutti quanti, touchés par la corruption.« (XXIV, S. 41)

214 *Mein Leben*, Bd. II, S. 143.

215 Ebd., S. 361 u. passim.

216 Ebd., S. 368.

217 Vgl. *Les Fins et les Commencements*; in: *Essais critiques*, Moscou 1977, S. 365.

218 *Mein Leben*, Bd. I, S. 230; vgl. den Brief an Haug vom 4. III. 1852: »Une seule femme a joué un rôle dans ma vie.« (XXIV, S. 243)

219 Cuvillier-Fleury im *Journal des Débats* vom 11. XI. 1849; zit. nach D. Halévys Einleitung zur Ausgabe der *Confessions d'un Révolutionnaire*, Paris 1929, S. 52.

220 *Vom anderen Ufer*, S. 170.

221 An Herwegh, 24. VI. 1850 (XXIV, S. 68).

222 *Briefe aus Italien...*, S. 180; vgl. den Brief an Proudhon vom September 1849 (XXIII, S. 175).

223 *Vom anderen Ufer*, S. 165; vgl. ebd. das Karamsin-Zitat aus der Vorbemerkung S. 44.

224 *Lettres de France et d'Italie*, S. 304.

225 *Vom anderen Ufer*, S. 47; vgl. ebd. S. 99f. über die »Zivilisation der Minderheit«.

226 In *Essays critiques*, a.a.O.S. 348–399.

227 Ebd., S. 365ff. Bei Daumier wird Don Quijote während der Jahre des Second Empire zu einer Schlüsselfigur, bei Baudelaire und Flaubert lebt er in den verschiedensten Gestalten wieder auf.

228 In der 2. Republik kannte Herzen nur Spott für die Don Quijotes der

Bergpartei, vgl. *Vom anderen Ufer*, S. 92. In seinen Erinnerungen bezeichnet er sogar einmal alle Franzosen – er neigt zu nationalen Pauschalurteilen – als Don Quijotes (Bd. II, S. 240).

229 Brief vom 10. VI. 1851, zit. nach *Heine Säkularausgabe (HSA)* Bd. 26, *Briefe an Heine 1842–1851*, S. 293.

230 Zit. nach B VI/1, S. 10.

231 Vgl. *Gedichte 1853 und 1854, Zum Lazarus, 2*; in: B VI/1, S. 202.

232 Vgl. B V, S. 229.

233 *HSA* Bd. 22, S. 287.

234 B VI/1, S. 475.

235 Zit. nach B V, S. 978.

236 Vgl. *RDM* 1. XI. 1854, S. 538 u. 15. X. 1851, S. 339. Diese Einführungstexte erinnern an die redaktionelle Notiz, die dem Erstdruck der 18 *Fleurs du Mal* vom 1. VI. 1855 vorangestellt ist: immer ermuntert die *RDM* das Genie, doch den Pfad der Tugend einzuschlagen.

237 Vgl. *RDM* 15. III. 1855, S. 1320ff. u. die Textbeispiele in B V, S. 978ff. Der Rezensent der *RDM* hebt zwar den prophetischen Instinkt des Dichters hervor, doch nur, um zu rühmen, daß er die Februarrevolution u. die kurze Dauer der Republik vorhergesagt habe. Allerdings muß berücksichtigt werden, daß die Rezension noch vor Erscheinen der frz. Ausgabe herauskam u. de Mars folglich an der Préface selbst noch nicht hatte Anstoß nehmen können. Anders der Rezensent des *Journal des Débats*, von dem noch ausführlich zu reden sein wird.

237a *MEW* 8, S. 164.

238 Zit. nach B VI/1, S. 193.

239 Vgl. B V, S. 228f.

240 Zit. nach P. Citron, *La Poésie de Paris*, Bd. 2, S. 282; vgl. das gesamte Kap. XXIV über Hugo nach 1852, S. 267ff.

241 B VI/1, S. 194.

242 Ebd., S. 307.

243 Zit. nach *Gedenkausgabe der Werke, Briefe und Gespräche*, Hg. E. Beutler, Zürich u. Stuttgart 1949, Bd. 3, S. 432.

244 B VI/1, S. 105.

245 Hugo, *Œuvres Poétiques*, Bd. 2, S. 47.

246 Vgl. W. Preisendanz, *Heinrich Heine. Werkstruktur und Epochenbezüge*, München 1973, der im Kommentar zum Lazarus-Zyklus in kategorielle Schwierigkeiten gerät (S. 124ff.) und, was den historischen Gehalt dieser Lyrik anbelangt, merkwürdig abstrakt bleibt. Treffender hingegen seine Beobachtung, in ihr sei der »Zynismus ... als eine Form der Redlichkeit zu verstehen« (S. 118).

247 Im *Waterloo-Fragment*; vgl. B VI/1, S. 508f.

248 An Kolb, 13. I. 1852, *HSA* Bd. 23, S. 180f.

249 B VI/1, S. 230f.

250 *HSA* Bd. 26, S. 288 (Brief vom 12. VI. 1851).

251 B VI/1, S. 118 (Hervorhebungen von mir, D. O.).
252 *HSA* Bd. 13, S. 198.
253 B VI/1, S. 118.
254 Ebd., S. 198. Der Zusammenhang des *Sklavenschiff* – bekanntlich führt Paris ein Schiff im Wappen – mit dem unmittelbar vorhergehenden *Babylonische Sorgen* dürfte an dieser Strophe am deutlichsten werden: *Das Sklavenschiff* zeigt die Nachtseite der *fête impériale*, das Pariser Leben der Ausgebeuteten.
255 Ebd., S. 74.
256 *Vitzliputzli im Exil. Untersuchungen zur Literatur als Geschichte*; in: *Festschrift für Benno von Wiese*, Berlin 1973, S. 307–324.
257 Baudelaire, *Œuvres complètes*, Bd. 1, S. 157.
258 Toussenel, *Tristia. Histoire des Misères et des Fléaux de la Chasse en France*, Paris 1863, S. 397f.
259 Zit. nach J. Hermand, *Streitobjekt Heine*, Frankfurt/M. 1975, S. 32.
260 B V, S. 438.
261 B VI/1, S. 316.
262 Das schon erwähnte *Es hatte mein Haupt die schwarze Frau* aus dem *Lazarus*-Zyklus der *Gedichte 1853 und 1854* (B VI/1, S. 202).
263 Vgl. B III, 510 u. VI/1, S. 479.
264 B III, S. 513.
264a B VI/1, S. 493f.
265 Ebd., S. 497.
266 Dazu M. Walser, *Heines Tränen*, Düsseldorf 1981.
267 B VI/1, 184.
268 Campe hatte Heine im Frühjahr 1851 ein Paket mit den neuesten Verlagsproduktionen zugeschickt, in dem die beiden Titel des anonymen Russen, die Heine ja besonders interessieren mußten, kaum gefehlt haben dürften. Heine bedankt sich am 21. IV. 1851 für diese Sendung: »Das sind also die Blüthen und Blumen Ihres Verlags während den letzten Jahren! Ich möchte Ihnen dringendst rathen, diese Bücher auch in vollständiger Sammlung nach London zu schicken, um dort bei der großen Universal-Ausstellung als ein Muster-Verlag deutscher Zunge bewundert zu werden!« (*HSA* Bd. 23, S. 95; womöglich gilt die letzte Pointe speziell dem holprigen Deutsch der Bücher Herzens.) Heines Urteil über diese Produktion ist offensichtlich durch seinen, zu diesem Zeitpunkt besonders lebhaften, Groll gegen seinen Verleger mitbeeinflußt. Dennoch ist nicht auszuschließen, daß er den Herzen von *Vom anderen Ufer* in späteren Texten zu verbessern trachtet, wobei es sich aber bei den fraglichen Stellen nicht unbedingt um Reminiszenzen handeln muß: möglicherweise sind die vergleichbaren Passagen jeweils nur Variationen von Gemeinplätzen. Immerhin verdient die Nähe jenes berühmten Passus aus den *Ge-*

ständnissen über die leichtsinnigen Esprit-Forts, die in einer vornehmen Coterie-Sprache über Atheismus reden (B VI/1, S. 466f.), zu Herzens Antithese der neuen Barbaren und der linken Intellektuellen (»Sie sind es ja, die vor Hunger und Kälte sterben, die über unserm Haupt und unter unsern Füßen in den Mansarden und in den Kellern murren, während wir au premier ›zu Waffelkeks Champagner trinken‹, über Sozialismus reden«, *Vom anderen Ufer*, S. 103) vermerkt zu werden. Heine ersetzt den bohrenden und leicht verbohrten Ernst solchen Philosophierens durch einen spielerischen.
Der einzige Mitautor des Hauses Campe, für den Heine nach 1848 Reklame macht, ist, soweit ich sehe, »der famose Weitling«.

269 B VI/1, S. 490. Bezeichnend hier die frz. Varianten. In der Buchfassung von 1855 heißt es: »Jamais, non jamais il n'y a eu de socialiste plus audacieux que notre maître et seigneur Jésus-Christ« (*De l'Allemagne*, Bd. II, S. 316); die *RDM* hatte den Terminus »socialiste« durch den konzilianteren »réformateur« ersetzt (15. IX. 1854, S. 1194). In der Übersetzung der Helgolandbriefe aus der *Börne-Denkschrift*, die unter der Überschrift *Réveil de la Vie Politique* diesen zweiten Band einleitet, wird Christus noch im Geiste der Julirevolution von 1830 als Märtyrer seines »libéralisme généreux« vorgestellt (ebd., S. 13).

270 Vgl. das 2. Kap. des gleichnamigen Buchs von Esquiros, a.a.O., S. 5–15.

271 *De l'Allemagne*, Bd. II, S. 316.

272 *RDM* 1854, S. 1194. Auch die deutsche Fassung ist vorsichtiger: »und bereits Moses war ein solcher Sozialist« (B VI/1, S. 487).

273 B VI/1, S. 487. Bereits in einem Artikel der *Lutetia* vom 17. IX. 1842 wird über die Kommunisten gesagt, was hier von Moses behauptet wird: sie wollten das Eigentum nicht abschaffen, sondern nur neu definieren. Diese »Wahrheit« läßt Heine sich dort von einem kommunistischen Freund »gestehen« (B V, S. 422).

274 Zit. nach B VI/2, S. 26.

275 Vgl. in den bei B VI/2, S. 156ff. wiedergegebenen Pressestimmen Formulierungen wie: »mit echt semitischer Spürkraft hat er auf das Mitgefühl des Publikums einen Wechsel gezogen« oder: »seine Sucht, sich mit Juden und Judengenossen zu beschäftigen« etc.

276 In einer Rezension vom Frühjahr 1855, die später einem Heine-Essay einverleibt wurde; in: *Les Œuvres et les Hommes. Littérature Étrangère*, Paris 1890, S. 153ff. Dort schreibt Barbey u. a.: »ceci est net et vaut rupture... Henri Heine brûle ce qu'il a adoré, mais il n'adore pas encore tout ce qu'il a brûlé. Nous voulons croire, même dans l'intérêt de son génie, qu'il adorera.« (S. 167).

277 H. Mann, *Ein Zeitalter wird besichtigt*, Berlin 1947, S. 413. Gides Zitat mag Heines Scherz verdeutlichen: »Von der Freiheitsliebe Israels... will ich gar nicht reden, um die Bibel nicht zu kompromittieren

bei den jetzigen Gewalthabern.« (B VI/1, S. 487) Über Heines Bibellektüre und den »Freiheitsbegriff als zentralen Begriff des Judentums«, vgl. die frühe Arbeit Leo Löwenthals *Judentum und deutscher Geist*; in: L. L., *Schriften 4*, Frankfurt 1984, S. 20ff.

278 B VI/1, S. 479 bzw. III, S. 510. Freilich sagt Heine nicht platt, daß er es mit der Schlange halte, er mokiert sich nicht nur über Gott und seine »kolossale Spaßmacherei«, sondern auch über den Teufel, den »Blaustrumpf ohne Füße«.

279 B VI/1, S. 480.

280 Ebd., S. 471.

281 Ebd.

282 *De l'Allemagne*, Bd. II, S. 291f.

283 Ebd. Auffällig, daß eben diese Antithese von den bloß vom Hunger getriebenen Chartisten und den logischen Kommunisten im Jahr 1842 eine von Engländern *und Franzosen* gewesen war (B V, S. 420), ferner, daß die Franzosen mitsamt ihren sozialistischen, anarchistischen und kommunistischen Theoretikern in dem Text von 1854 keine Erwähnung mehr finden. Gewiß spielten auch taktische Gründe dabei eine Rolle, vermutlich aber haben die Erfahrungen des Juni 48 und der Folgezeit Heines Glauben an die revolutionäre Potenz der französischen Arbeiterbewegung einen entscheidenden Stoß versetzt.
Die zeitgenössische deutsche Kritik hat Heines Reklame für den Kommunismus, aus ihrer Sicht nicht einmal zu Unrecht, als anachronistisch abtun wollen. Dabei unterlief dem Besprecher der *Augsburger Zeitung* ein kurioses Versehen: »Er unterhält uns noch von Arnold Ruge, Bruno Bauer, Marx und Weitling. Wer sind diese Herren? Wer ist Ruge, wer ist Bauer, wer ist Weitling? Kein Mensch spricht mehr von ihnen, kein Deutscher wenigstens ...« (zit. nach B VI/2, S. 157). In seinem Hohn vergißt der Mitarbeiter der *AZ* ausgerechnet, dem Manne nachzufragen, dessen Namen zum Synonym der von Heine propagierten Bewegung werden sollte und den Heine spielerisch verharmlosend als den verstocktesten von allen vorgestellt hatte, den Namen des Dr. Marx.

284 Zum Stichwort ÉPICIER im Sinne von »Homme à idées bourgeoises, étroites, communes, dépourvues d'élévation« gibt der *Grand Larousse du XIX*[e] *Siècle* einen aristokratisch-artistisch klingenden Beispiel-Satz aus dem Baudelaire-Kreis: »L'humanité se divise en ÉPICIERS et en hommes.« (P. d'Anglemond) Dem *Larousse* ist die Redensart: »*Être bon pour l'épicier*, Se dit d'un ouvrage que personne ne lit, et dont on ne peut retirer d'autre profit que de le vendre comme vieux papier« als semantischer Ausgangspunkt von Heines Scherz zu entnehmen (Bd. VII, S. 696, Sp. 4). Auf der in ihr angesprochenen Gepflogenheit beruht ein vergleichbares Bonmot Stendhals in den *Souvenirs d'Égotisme*: »Si ce livre est ennuyeux, au bout de deux ans il

enveloppera le beurre chez l'épicier.« (*Œuvres Intimes*, Paris 1955, S. 1448) Der Witz Heines und der Zeitschrift *La Mode* geht umgekehrt davon aus, daß dem Épicier eine jede Literatur langweilig ist, vor allem die gute.

285 *Le Constitutionnel et l'Épicier*; in: *La Mode*, 5. X. 1833, S. 18 ff. Über die Bedeutung des *Constitutionnel* für die antibourgeoise Karikatur und Satire des Bürgerkönigtums, vgl. *Pariser Bilder 1*, S. 88 ff. u. passim.

286 B V, S. 232.

287 *RDM*, 15. XI. 1856, S. 466–471. Diese Reklame der Préface wird noch verstärkt durch eine Nebenbemerkung der *Retrospektiven Aufklärung*, derzufolge der frühverstorbene Erbprinz des Hauses Orléans, Ferdinand-Philippe, die tragische Ausnahmefigur des Justemilieu, sich sehr um den Dichter des *Buchs der Lieder*, das er »im Original las«, bemüht hatte (B V, S. 477).

288 Die pointierte Formel »eine höllische Reklame«, die Heine einem Freund in den Mund legt, dessen Identität er nicht preisgibt – sie würde so gut zu Marx passen wie zu Heine selber –, wird in der frz. Fassung banalisiert zu einem »bonne réclame«, wodurch der Satanismus von Heines Werben aus dem Gesichtsfeld des Lesers verschwindet (B V, S. 231 u. 223).

289 B V, S. 225.

290 Ebd., S. 462.

291 Vgl. B III, S. 677 f. Dort heißt es u. a.: »Der Teufel glaubt nicht, ... er macht Gebrauch von der Vernunft! Dieses ist nun freilich etwas Entsetzliches, und mit Recht hat die römisch-katholisch-apostolische Kirche das Selbstdenken als Teufelei verdammt ... «

292 Zit. nach A. Cuvillier-Fleury, *Dernières Études historiques et littéraires*, Bd. 2, Paris 1859, S. 296. Der Artikel selbst war zuerst am 15. IV. 1855, zwei Wochen nach Abschluß von Heines Préface, im *Journal des Débats* erschienen.

293 Ebd., S. 300.

294 Ebd., S. 298.

295 B V, S. 225.

296 Cuvillier-Fleury, a. a. O., S. 296. Freilich ist dieses ostentative Desinteresse an der »Stimme des Hasses« ebenso vieldeutig wie die Redensart »querelle d'Allemand« in diesem Kontext, die, im übertragenen Sinne, sowohl einen unbegründeten als auch einen Streit, in dem mit gezinkten Karten gespielt wird, meinen kann.

297 B VI/1, S. 225.

298 Ebd., S. 226.

299 Ebd.

300 Vgl. B VI/1, S. 227 u. 231. Der humoristische Gegensatz zwischen frommem Gestus und subversiver Aussage, der Heines späte Vorre-

den kennzeichnet, läßt sich durch eine Metapher aus einem Vorreden-Entwurf zu den *Reisebildern* verdeutlichen: Heine spricht dort vom »giftige(n) Unkraut, das im Buche fortwuchert und in dem die Jugend sich nächtlich tummeln möge«, wohingegen er, der Autor, andachtsvoll seine Hände falte, »wie alte Sünder tun, wenn ihnen nichts andres übrig bleibt wie die Reue und Entsagung« (B II, S. 684).

301 Vgl. *Pariser Bilder 1*, Kap. IV/2 u. VI/1.

302 *Allemands et Français*, Paris 1868, S. 177–222.

303 H. H. Houben, *Begegnungen mit Heine. Berichte der Zeitgenossen 1847–1856*, (Hg.) M. Werner, Hamburg 1973, S. 155.

304 *Heine und die frz. Revolution von 1848*; in: *Heinrich Heine 1797–1856*, Trier 1981, S. 183.

305 Cuvillier-Fleury, a. a. O., S. 292.

306 Zit. nach B VI/2, S. 698 (vgl. dort das ungekürzte Zitat).

307 So ist etwa das Geständnis seines Autodafés, des zerknirschten Verbrennens seines Hegel-Manuskripts, die spiegelbildliche Entsprechung dessen, was Heine in den *Elementargeistern* von Hinrich Kitzler erzählt, der ein Buch, das die Vortrefflichkeit des Christentums bewies, aus ängstlichem Eifer den Flammen überliefert hätte (B III, S. 679 ff.).

308 Zit. nach *HSA* Bd. 13, S. 11. Diese Formulierungen erinnern an die der Notiz, die Nerval selbst in der *RDM*, vom 15. VII. 1848 seiner Übertragung einiger Gedichte aus *Die Nordsee* vorausgeschickt hatte: »Dans un moment où l'Europe est en feu, il y a peut-être quelque courage à s'occuper de simple poésie ... « (vgl. ebd., S. 93 ff.).

309 Ebd., S. 13. Der deutsche Vorreden-Entwurf der *Lutetia* changiert in diesem Schlußsatz heuchlerisch ins Französische hinüber: »Und nun, teurer Leser, hab' ich so viel als möglich Dich in den Stand gesetzt, die Gewissenhaftigkeit und die Gedanken-Einheit dieses Buches zu beurteilen; ich grüße Dich mit Freundlichkeit, und sur ce, je prie Dieu qu'il t'ait en sa sainte et digne garde!« (B V, S. 234)

310 A. Herzen, Sobranie sočieneniji i 30 ti tomah, Vol. 25, Moskva 1961, S. 272. (Wenn Herzen in seinem Brief vom 25. Juni den 24. als das große Datum bezeichnet, so weil er mehr des Kampfes der Pariser Arbeiter gedenken will als des Sieges der Bourgeoisie.)

311 *Lutèce. Lettres sur la Vie politique, artistique et sociale de la France*, Paris 1855, S. 365; vgl. B V, S. 496.

312 B V, S. 191.

313 An Campe, 18. VI. 1854, zit. nach *HSA* Bd. 23, S. 351.

314 *De l'Allemagne*, Bd. II, S. 3. Der zitierte Satz fehlt in der deutschen Fassung (abgedruckt in B III, S. 146 ff.).

315 Vor allem ein Dutzend Fußnoten zu den *Épaves*. Das *Épigraphe* erschien zu Lebzeiten Baudelaires nur in Zeitschriften und 1866 im *Parnasse contemporain*.

316 H. Nöding hat das in einer teilweise ungenauen Studie *Das Blut im Rinnstein*; in: P. Brockmeier/H. H. Wetzel (Hg.), *Französische Literatur in Einzeldarstellungen*, Bd. 2: *Von Stendhal bis Zola*, Stuttgart 1983, S. 123ff. unternommen.

317 I, S. 193ff., 1184f.

318 Vgl. P. Bürger, *Literaturwissenschaft heute*; in: J. Habermas (Hg.), *Stichworte zur »Geistigen Situation der Zeit«*, Frankfurt 1979, Bd. 2, S. 790f., der diesen Vers vergaß, als er sich gegen angeblich allegorisierende Baudelaire-Deutungen aussprach.

319 Vgl. Œ I, S. 685 u. S. 1495, N. 3, wo zwei andere Titel projektiert sind: *Les Fleurs du mal jugées par l'auteur lui-même* und *Biographie des Fleurs du mal*.

320 Vgl. Œ I, S. 792.

321 Dazu ausführlich H. Stenzel, *Der historische Ort Baudelaires*, Freiburg 1980, S. 137ff.

322 Zit. nach Edition Crépet/Blin/Pichois der *FM*, S. 535. In diesem Zusammenhang muß darauf hingewiesen werden, daß das Verlagshaus Michel Lévy Frères zwischen 1848 und 1851 etliche Buchtitel herausgab, die den Ereignissen des Juni 1848 galten: Erlebnisberichte, Gedichte, Dramen u.a. und daß diese Produktion gesinnungsmäßig keineswegs einheitlich war.

323 Zit. nach Œ I, S. 807. Die Gedichte erschienen am 9. IV. 1851 im *Messager de l'Assemblée*, zu dessen Lesern Marx und Blanqui gehörten.

324 *Le Magasin des familles*, Juni 1850, vgl. Œ I, S. 793.

325 Aus einem Brief an die Mutter vom 30. VIII. 1851 geht hervor, daß B. sich mit der Absicht trug, sich als Dramatiker, Romancier und Historiker zu betätigen, sobald sein Gedichtband erschienen sei (*Corr. I*, S. 178).

326 Vgl. Œ I, S. 108. Baudelaires Reaktion auf jene »petite note, bizarre et paternelle« kommt einem, vermutlich erheuchelten, literarischen Besserungsversprechen gleich (*Corr. I*, S. 314).

327 *Corr. I*, S. 432.

328 Ebd., S. 416.

329 Vgl. B's Briefe an Poulet-Malassis vom März 1857: »J'aime les titres mystérieux ou les titres pétards« (*Corr. I*, S. 378) sowie: »Ensuite, je crois qu'il serait bon de mettre *Fleurs* en italiques, – en capitales penchées, puisque c'est un titre-calembour.« (S. 382) Bekanntlich ist es dann zu einer typographischen Kennzeichnung des Wortspielcharakters des Titels nicht gekommen.

330 Symptomatisch in dieser Hinsicht ist der Brief Vignys an den Akademie-Kandidaten Baudelaire: »... j'ai besoin de vous dire combien de ces *Fleurs du mal* sont pour moi des Fleurs du bien et me charment; combien aussi je vous trouve injuste envers ce bouquet (...) pour lui

avoir donné ce titre indigne de lui, et combien je vous en veux de l'air empoisonné quelquefois par je ne sais quelles émanations du cimetière d'Hamlet.« (Zit. nach *FM*-Ausgabe Crépet/Blin, S. 271.) Auch der republikanische Vf. des B. gewidmeten Artikels des *Grand Larousse du XIXe Siècle* nimmt an dem Titel Anstoß: »Cet immense paradoxe lyrique, (...) ce bouquet de fleurs nauséabondes«, geht bis zur persönlichen Invektive: »cette fleur a aujourd'hui quarante-cinq ans sonnés«, um seine Würdigung dieses dubiosen Zeitgenossen mit dem Stoßseufzer zu schließen: »espérons les *Fleurs du bien*« (Bd. 2, S. 384, Sp. 2f.). Zu bedenken ist auch, daß gerade nach dem Juni 48 eine Moralisierung der Literatur eingeleitet wurde, gegen die B. 1851 schärfstens protestiert hat in *Les Drames et les Romans honnêtes*.

331 Vgl. die programmatische Formulierung des 1. Vorwortentwurfs: »extraire la beauté du Mal«.

332 Zur Geschichte des Prozesses C. Pichois; in: Œ I, S. 1176 ff. sowie J. Pommier, *Autour de l'édition originale des Fleurs du Mal*, Genève ²1968 u. K. Heitmann, *Der Immoralismus-Prozeß gegen die französische Literatur im 19. Jahrhundert*, Bad Homburg etc. 1970.

333 Zit. nach Œ I, S. 1182.

334 In der *Revue des Deux Mondes* war die 5. Strophe von *Au Lecteur* – »Ainsi qu'un débauché pauvre« – der internen Zensur zum Opfer gefallen. Der Prozeß gegen die *Madame Bovary* hatte zwar mit einen Freispruch geendet, doch nur, weil Flaubert über beste Beziehungen verfügte, so war einer der Protagonisten des Juni 48, Sénard, sein Verteidiger. Wenn dieser Paladin der honetten Bourgeoisie für einen Autor bürgte, so wog das schwerer als jedes moralische Bedenken, das gegen die Liederlichkeit Emmas und ihres Erfinders ins Treffen geführt werden konnte (s. u. Teil II, Kap. VII).

335 Vgl. *Journaux Intimes*: »Histoire des *Fleurs du mal*, humiliation par le malentendu, et mon procès.« (Œ I, S. 685) Von einem »malentendu fort bizarre«, das seinerzeit die Verstümmelung seines Buchs zur Folge gehabt habe, spricht gelassen der letzte Vorwortentwurf (Œ I, S. 184).

336 Ebd., S. 193.

336a Zit. nach Œ I, S. 1189.

337 Ebd., S. 1193.

338 Vgl. *Corr. II*, S. 610.

339 A. Adam sagt nichts darüber, worin er Crépet/Blin folgt. Pichois mutmaßt nur, B. sei durch einen Zeitungsartikel auf den damals wenig bekannten Dichter hingewiesen worden (Œ I, S. 808). Das ist um so unwahrscheinlicher, als B. von den Romantikern, die d'Aubigné wiederentdeckt hatten, sein Interesse für die Renaissance-Dichter geerbt hatte.

340 Es handelt sich um die Verse 1083–1088 des 2. Buches *Princes*, in: d'Aubigné, *Œuvres*, éd. H. Weber, Paris 1969, S. 79.

341 *Les Tragiques*, Livre II, v. 6, in: ebd., S. 54.

342 V. Hugo, *Œuvres poétiques*, Bd. 2, S. 186; vgl. ebd., S. 206: »La saint-Barthélémy s'achève en mardi-gras.«

343 Vgl. Déjacques Gedicht *Prononcé sur la Tombe d'un Proscrit le 24 Juin 1852*; in: J. D., *Utopie der Barrikaden*, S. 68 ff.

344 Chaix d'Est-Ange beginnt sein, später ausuferndes, Plädoyer konzentriert: mit einer Kommentierung von Titel, Motto und Einleitungsgedicht. Über das Motto sagt er mit unverbindlichem Tiefblick: »là est toute la pensée du livre, c'est un second titre (...), plus explicite que le premier« (Œ I, S. 1211).

345 *Corr. II*,, S. 179 f.

346 Ebd., sämtliche Motti auf S. 179.

347 Ebd., S. 738 N. 3. Die Motti erinnern an das Bild des Vogel Strauß auf dem Titelblatt der *Epaves*, dem folgende Erklärung des Verlegers (!) beigegeben ist: »L'autruche en camée, qui avale un fer à cheval, (...) est l'emblême de la Vertu, se faisant un devoir de se nourrir des aliments les plus révoltants: ›VIRTUS DURISSIMA COQUIT.‹ (Œ I, S. 812 f.) So wie dieses letztere Motto seinerseits an den Schlußvers des *Épilogue*: »Tu m'as donné ta boue et j'en ai fait de l'or«, eine letzte Explikation des Titels, denken läßt.

348 Œ I, S. 187.

349 *Corr. I*, S. 380.

350 Œ I, S. 181.

351 Dazu Pichois, in: Œ I, S. 829. Ein anderer möglicher Schutzpatron, der die *Fleurs du Mal* gewiß tiefer beeinflußt hatte als Gautier: Sainte-Beuve, brachte B. kein gesteigertes Wohlwollen entgegen. B.'s Notizen in einem Exemplar der Gedichte Sainte-Beuves, die gewisse Texte mit der Bemerkung »Explication des *Fl. du Mal*« versehen, stellen auch eine Leseanweisung dar, wenn auch eine persönliche und stark abgekürzte (Œ II, S. 245 f.).

352 »Mais j'ai voulu (...) rendre un hommage profond à l'auteur d'*Albertus*, de *La Comédie de la Mort* et d'*Espana*, au poète impeccable ... « (Œ I, S. 187). Gautiers Gedichte, die allein von den Artisten geschätzt wurden, irritierten bereits ob ihrer »tableaux lascifs«.

353 R. Chambers: *Baudelaire et la Pratique de la Dédicace*; in: *Saggi e ricerche di Letteratura Francese*, Vol. XXIV-1985, S. 135 f., cf. ders. *Mélancolie et Opposition*, ch. V.

354 Th. Gautier, *Salon de 1849*, zit. nach T. Clark, *The Absolute Bourgeois*, S. 191. Die weiter unten zitierten Verse des *Épilogue* erinnern nicht nur an das im Jahr 1848 Gesehene, sondern auch an die Bilder der Kunst, die jene Denkwürdigkeiten festhielten. So gesehen, sind etliche von B.'s Versen Variationen über die Themen der *Liberté sur les Barricades* von Delacroix, der *Barricade* Meissoniers oder der *Emeute* Daumiers.

355 *Épilogue*, in: Œ I, S. 191.

356 R. Chambers, *Poetry in the Asiatic Mode: Baudelaire's »Au Lecteur«*; erscheint 1988 in *Yale French Studies* und *Mélancolie et Opposition*, ch. V.

357 Zit. nach J. Habermas, *Der philosophische Diskurs der Moderne*, Frankfurt 1985, S. 15. Für die Ennui-Konzeption der Aufklärung sei auf Helvétius, *De l'Esprit*, Discours III, chap. 5 »Des forces qui agissent sur notre âme«, verwiesen. Kafka bringt die konträre Auffassung der Langeweile, welche die Moderne kennzeichnet, auf den Punkt, wenn er sie »diese Einbruchsstelle aller bösen Geister« (*Briefe 1902–1924*, Frankfurt 1975, S. 342) nennt, was stärker noch als an *Au Lecteur* an das Prosagedicht *Le Joueur généreux* gemahnt.

358 Benjamin, *C.B.*, S. 104.

359 F. Hebbel, *Tagebücher* Bd. 3, S. 314 (Säkular-Ausgabe, Berlin 1913).

360 Vgl. ebd., S. 163. Der letzte, mit dem Satz »Le monde va finir« einsetzende, Text der *Fusées* (Œ I, S. 665 ff.) wird allgemein als erster Entwurf jenes Prosagedichts *La fin du Monde* angesehen. In ihm wird der Wille zum Eingreifen in dandystischem Tonfall geleugnet. Das Bild, in dem das geschieht, ist das genaue Gegenbild zu dem des Ennui am Ende von *Au Lecteur*: »Perdu dans ce vilain monde, coudoyé par les foules, je suis comme un homme lassé dont l'œil ne voit en arrière, dans les années profondes, que désabusement et amertume, et devant lui qu'un orage où rien de neuf n'est contenu (...). Le soir où cet homme a volé à la destinée quelques heures de plaisir (...), il se dit en contemplant la fumée de son cigare: Que m'importe où vont toutes ces consciences?« (667)

361 Bezeichnend die Variante am Ende des *Fusées*-Textes: »Cependant, je laisserai ces pages, – parce que je veux dater ma colère/tristesse« (Œ I, S. 667); aber auch die Formel aus der Erstfassung der Widmung: »ce misérable dictionnaire de mélancolie et de crime« oder das: »mais rien dans ma mélancolie/N'a bougé!« des *Cygne* und das plötzliche Auflodern der Entschlußkraft in manchen Prosagedichten.

362 Vgl. *Passagen-Werk*, S. 420 f.: »Es sind triftige, geschichtliche Umstände, die den von Baudelaire beschrittenen Passionsweg der Impotenz zu einem von der Gesellschaft vorgezeichneten machen ... «

363 Auch *Assommons les Pauvres!*, dem diese Formel entlehnt ist, ist ja in erster Linie ein Überfall auf den heuchlerischen Leser, der nichts mehr wissen will vom Brudermord des Juni 48 und der mit philanthropischer Sanftmut dem Vorwurf begegnet, er beute die Armen aus.

364 In *Mademoiselle Bistouri* wird nicht nur, worauf O. Sahlberg hinweist, an der unscheinbaren Schlüsselstelle des Gedichts der Opfer der Junimassaker gedacht, sondern Baudelaire assoziiert die Attacken der Presse gegen seine *Fleurs du Mal* in verschlüsselter Form mit der

Hetzkampagne gegen die Juniinsurgenten, die dazu führte, daß man sogar noch die Verwundeten aus den Hospitälern holte, um sie den Kriegsgerichten zu übergeben: Die Äußerung, von der Mlle Bistouri behauptet, der Arzt Z. habe sie über den Kollegen X. getan: »Ce monstre qui porte sur son visage la noirceur de son âme!« hatte ja einmal Baudelaire selbst gegolten und der Schluß des 4. Vorwortentwurfs für die *FM* bezeugt, wie sehr sie ihn getroffen hatte (*Œ* I, S. 186, vgl. auch *Corr. I*, 346). Schlimmer als ein Dieb oder ein Galeerensträfling fühlte er sich behandelt; aber eben diese Behandlung hatte, mit denselben Infamien, die honette Presse im Sommer 48 den Arbeitern angedeihen lassen, die sich gegen Entlassung und Verschickung zur Wehr setzten. Insofern kommt die anschließende Erinnerung an einen andern Arzt K., »celui qui dénonçait au gouvernement les insurgés qu'il soignait à son hôpital«, nicht von ungefähr, zumal wenn man bedenkt, daß Baudelaire sehr gut auch schon im Juni 48 hätte denunziert werden können: als einer, der zu den Waffen gegriffen hatte. Es verdient erwähnt zu werden, daß in allen Erinnerungen dieser Zeit, die ich konsultiert habe, allein des Mutes der Ärzte gedacht wird, und nur solche Fälle zitiert werden, wo die Mediziner es ablehnten, den Soldaten oder Polizisten Auskunft über die von ihnen behandelten Verwundeten zu erteilen.

365 Benjamin, *C.B.*, S. 107.

366 *Corr. I*, S. 399.

367 K. Biermann: *Baudelaire als »théologien de la populace«*; in: *französisch heute* 10/1979, S. 182.

368 G. Simmel, *Philosophische Kultur*, Potsdam ^{3}1923, S. 108.

369 *Corr. II*, S. 98: »Il y a une préface en prose d'une violente bouffonnerie. J'hésite à l'imprimer, et cependant je ne me rassasierai jamais d'insulter la France.«

370 Vgl. *Œ* I, S. 149ff. u. 812f.

371 Es handelt sich um die Note zu *A celle qui est trop gaie*: »Les juges ont cru découvrir un sens à la fois sanguinaire et obscène dans les deux dernières stances. La gravité du Recueil excluait de pareilles *plaisanteries*. Mais *venin* signifiant spleen ou mélancolie, était une idée trop simple pour les criminalistes.
Que leur interprétation syphilitique leur reste sur la conscience.« (*Œ* I, S. 157) In den *Épaves* finden sich mehrere solcher sarkastischer Symbolentschlüsselungen. Von einem »sens sanguinaire« ist übrigens weder in der Anklage noch im Urteil in Betreff dieses Gedichts die Rede.

372 *Œ* I, S. 171.

373 Ebd., S. 194.

374 Ebd., S. 684.

375 Ebd., S. 181.

376 Ebd., S. 184. Im vorausgehenden Entwurf ist nur die Rede von »quelques ordures pour plaire à MM. les journalistes« (183).

377 Vgl. den, eine Woche vor dem Coup d'Etat erschienenen, Artikel über *Les Drames et les romans honnêtes* (Œ II, S. 38 ff.).

378 Œ I, S. 184.

379 Ebd., S. 182.

380 Ebd., S. 1373 N. 2.

381 Dort wird der Text der Prosagedichte einer Schlange verglichen: man könne ihn bequem zerstückeln und segmentweise genießen. Anders als im Titel des Lyrikbandes wird hier ans Giftige nicht erinnert, sondern der Hoffnung Ausdruck verliehen, »que quelques-uns de ces tronçons seront assez vivants pour vous plaire et vous amuser« (Œ I, S. 275). Überhaupt setzt die Schlangenmetapher dieser Widmung sich erst allmählich zusammen: durch das Ausspinnen der Idee der Teilbarkeit, Zerstückelbarkeit des fortlaufenden Textes.

382 Œ I, S. 399 f. Ein verwandter Passus findet sich im letzten Vorwortentwurf der *FM*, in dem es u. a. heißt: »J'ai mes nerfs, j'ai mes vapeurs. J'aspire à un repos absolu et à une nuit continue.« (S. 185 f.)

383 Vgl. Œ I, S. 184. Das Thema der »hystérie« tritt nach 1860 zusehends mehr in den Vordergrund. *Le mauvais Vitrier* ist der Text, worin ausdrücklich ein Bezug zwischen »esprit de mystification«, »hystérie« und »satanisme« hergestellt und der medizinische Terminus »humeur hystérique« gegenüber dem theologischen »humeur satanique« als der oberflächlichere eingestuft wird. Diese diagnostische Einschätzung widerspricht nicht dem oben über die allmähliche Preisgabe der satanischen Attitüde Gesagten.

384 Œ I, S. 275. »Quel est celui de nous qui n'a pas (...) rêvé le miracle d'une prose poétique, musicale sans rythme et sans rime, assez souple et assez heurtée pour s'adapter aux mouvements lyriques de l'âme, aux ondulations de la rêverie, aux soubresauts de la conscience?« Diese Beschreibung hat eine eigentümliche Nähe zu Hegels Definition des lyrischen Kunstwerks: »Der Stoff des lyrischen Gedichts nämlich ist (...) die subjektive innere Bewegung des Dichters, deren Gleichmäßigkeit oder Wechsel, Unruhe oder Ruhe, stilles Hinfließen oder strudelnderes Fluten und Springen sich nun auch als zeitliche Bewegung der Wortklänge (...) äußern muß.« (*Ästhetik*, ed. Bassenge, Bd. 2, S. 492) Hegels Naturmetaphern fangen bei Baudelaire unter dem Einfluß großstädtischen Erlebens an, sich in Krankheitsmetaphern zu verwandeln.

385 Auch wenn man, wie K. H. Bohrer, für eine literaturgeschichtliche Rehabilitierung des Zynismus plädiert, sollte man der spießbürgerlichen Legende von Baudelaires – und Heines – Zynismus mißtrauen und terminologisch sauber zwischen Ironie/Satanismus einerseits und Zynismus andrerseits unterscheiden. (Cf. Bohrer, *Nach der Natur.*

Ansicht einer Moderne jenseits der Utopie; in: *Merkur* 8/87, S. 631 ff.) Ironie und Satanismus gehen stets von einem möglichen Konsens über das, was Gut und Böse ist, aus, während der Zynismus diesen Konsens verweigert und für das Böse optiert.

386 J. Habermas, *Der philosophische Diskurs der Moderne*, S. 19.

387 Vgl. den Schluß des 2. Buchs von *Morgenröte*, der in dem Satz gipfelt: »Wenn der Mensch sich nicht mehr für böse hält, hört er auf, es zu sein!« (Werke, ed. Schlechta, Bd. 1, S. 1117) Man halte neben diesen *Ausblick in die Ferne* überschriebenen Text Baudelaires *Le Gâteau*! Um den Unterschied zwischen den beiden Bewunderern Wagners auf eine Formel zu bringen: Der eine schreibt für die *Vaincus*, der andere für *die Herren der Erde*.

388 Nietzsche, *Werke*, Bd. 3, S. 524; vgl. ebd., S. 433.

389 Freud insistiert darauf, daß das Böse nicht auszurotten sei; er glaubt jedoch an die Umwandlungsfähigkeit eigensüchtiger Triebe in soziale. (Cf. *Zeitgemäßes über Krieg und Tod*; in: *Ges. Werke*, X, 324 ff. sowie *Vorlesungen zur Einführung in die Psychoanalyse*, ebd. XI, 147 ff.) Freud hält aber dafür, daß diese Umwandlung nur selten dauerhaft gelinge und es »ungleich mehr Kulturheuchler als wirklich kulturelle Menschen« gebe. In dieser Skepsis wird er von Baudelaire gewiß noch übertroffen.

390 Der Umstand, daß Bataille in seinem zusammengeschusterten, »tumultuarischen« Essayband *La Littérature et le Mal* sich auf Baudelaire beruft, darf nicht dazu verleiten, in ihm einen geistigen Nachfahren Baudelaires oder gar seinen Testamentsvollstrecker zu sehen. Bezeichnend für Batailles Baudelaire-Verständnis: ihm scheint das Œuvre in dem fallengelassenen Dramenprojekt des *Ivrogne* zu gipfeln. Warum? Weil dort eine Leichenschändung vorkommen sollte! (Zur geistesgeschichtlichen Situierung Batailles vgl. Habermas, *Der philosophische Diskurs der Moderne*, Kap. VIII, S. 248–278.)

391 Œ I, S. 276. »Vous-même, mon cher ami, n'avez-vous pas tenté de traduire en une *chanson* le cri strident du *Vitrier*, et d'exprimer dans une prose lyrique toutes les désolantes suggestions que ce cri envoie jusqu'aux mansardes, à travers les hautes brumes de la rue?«

392 *MEW* Bd. 5, S. 112.

393 Houssayes *Chanson du Vitrier*, 1849 verfaßt, erschien 1850 in einer noch republikanischen, 1857 in einer imperialen Variante im Rahmen seiner Gedichte. Letztere Fassung ist im Anhang der Pléiade-Ausgabe Baudelaire (I, 1309 ff.) nachzulesen. Übersehen wurde bislang eine Bühnenfassung, in der der Ich-Erzähler des Prosagedichts durch eine Dame ersetzt wird. Diese drohte, auf Abwege zu geraten und wird durch ihr Mitleid mit dem Glaser, dem sie ihre Börse schenkt, auf den Pfad der Tugend zurückgeführt. In einer Fußnote vermerkt Houssaye den großen Erfolg der Aufführung, die eine Wohltätigkeitsveranstal-

tung zugunsten der Bevölkerung eines Pariser Arbeiterviertels war: »Le lendemain de la représentation le beau monde du parterre de ce théâtre de princes a répandu dix mille francs sur les douleurs de la montagne Sainte-Geneviève. Ce sont les plus beaux droits d'auteur que je toucherai jamais.« (In: A.H., *Le Violon de Franjolé*, Paris ^{6}1859, S. 270.)

394 Cf. Œ I, S. 1311. »Il retourna à sa femme et à ses enfants, un peu moins triste que le matin, – non point parce qu'il avait rencontré la charité, mais parce que la fraternité avait trinqué avec lui.«

395 Vgl. K.H. Bohrer, *Plötzlichkeit. Zum Augenblick des ästhetischen Scheins*, Frankfurt 1981, bes. S. 126ff. u. 147ff. Obwohl für Bohrer Baudelaire und Nietzsche, an dem er seinen Plötzlichkeits-Begriff demonstriert, unvergleichbare Größen darstellen, hielte ich eine Gegenüberstellung beider, gerade in der Bohrerschen Perspektive, für erhellend. Insgleichen eine zwischen Baudelaires kalkuliertem und Nietzsches nicht immer unter Kontrolle gehaltenem Wahnsinn. Den echten Wahnsinn, auf den Nietzsche sich Bohrer zufolge einläßt, hat Baudelaire, »dieser bizarre Dreiviertels-Narr« und angebliche *décadent*, der von robuster geistiger Gesundheit war, gefürchtet und gemieden wie die Pest.

396 Œ I, S. 286. »Qui (...) nous font accomplir, à notre insu, leurs plus absurdes volontés.« Im zweiten Abschnitt des Gedichts hieß es, weder Ärzte noch Moralisten vermöchten zu erklären, »d'où vient si subitement une si folle énergie à ces âmes paresseuses et voluptueuses, et comment, incapables d'accomplir les choses les plus simples et les plus nécessaires, elles trouvent à une certaine minute un courage de luxe pour exécuter les actes les plus absurdes et même les plus dangereux« (ebd., 285). Die Tragweite solcher Sätze wird deutlicher, wenn man an das »La Révolution a été faite par des voluptueux« der Glossen zu *Les Liaisons dangereuses* oder die Bemerkungen über den Zusammenhang von demokratischer und syphilitischer Infizierung in *Pauvre Belgique* denkt (cf. Œ II, S. 68 u. 961).

397 Œ I, S. 358. »Ce pauvre Socrate n'avait qu'un Démon prohibiteur; le mien est un grand affirmateur, le mien est un Démon d'action, un Démon de combat.«

398 Der Baudelaire von *Assommons*... geht einen Schritt weiter als der Heine etwa des Vorworts zu *Lutetia*. Nicht genug, daß er den Einflüsterungen des Dämons ein Ohr leiht, setzt er sie alsbald in die – freilich imaginäre – Tat um. Andrerseits geht er nicht so weit, seine satanische Instruktion für den Aufstand noch ideologisch einzuordnen und das Schibboleth »Kommunismus« an die Wand zu malen. Die Gründe hierfür sind gewiß keine nur strategischen. Der dandyistische Geburtshelfer der revolutionären *Armen*bewegung will vom Kommunismus nichts wissen. Was wiederum nicht heißt, daß er im-

stande gewesen wäre, der Arbeiterbewegung in den Rücken zu fallen.

399 Habermas, *op. cit.*, S. 19. Was Habermas entgeht, ist Baudelaires Pathos des Eingedenkens, des Wunden-Aufreißens, um dessentwillen er, ähnlich wie sein heutiger Kritiker im »Historikerstreit«, sich die Anfeindungen der honetten Leute zuzog.

400 *Œ* I, S. 357. »Toutes les élucubrations de tous ces entrepreneurs de bonheur public ... «

401 Ebd., S. 297. »Bref, je me sentais, grâce à l'enthousiasmante beauté dont j'étais environné, en parfaite paix avec moi-même et avec l'univers; je crois même que, dans ma parfaite béatitude et dans mon total oubli de tout le mal terrestre, j'en étais venu à ne plus trouver si ridicules les journaux qui prétendent que l'homme est né bon ... «

402 Ebd., S. 298. » ... quand la matière incurable renouvelant ses exigences, je songeai à réparer la fatigue et à soulager l'appétit causés par une si longue ascension.«

403 Cf. J. Starobinski, *Sur Rousseau et Baudelaire. Le dédommagement et l'irréparable*; in: *Le lieu et la formule. Hommage à Marc Eigeldinger*, Neuchâtel 1978, p. 45–59. Sehr viel frappierender ist die Ähnlichkeit der kleinen Wilden mit gewissen, auf den Wanst des Plutus tätowierten Vertretern der »misère universelle«, die ein anderer Text des *Spleen de Paris* beschreibt: »Il y avait (...) de petits gnomes difformes, maigres, dont les yeux suppliants réclamaient l'aumône mieux encore que leurs mains tremblantes.« (*Le Tentations*; in: *Œ* I, 309)

404 Weil er diese erzählerische List Baudelaires übersieht, gelangt Starobinski zu einem theologischen Verständnis des Textes statt zu einem gesellschaftskritischen, sowie zu der für fromme Begüterte gewiß angenehmen Moral: »Baudelaire, qui croit à la charité (et non au socialisme) exprime ici sa crainte la plus angoissante: que l'homme ne soit ainsi fait que même l'acte le plus charitable ne soit peine perdue, vain effort pour faire communier des créatures avares, qui s'entre-détruiront plutôt que de partager le pain.« (a. a. O., S. 58)

405 *Œ* I, S. 299. »Il y a donc un pays superbe où le pain s'appelle du *gâteau*, friandise si rare qu'elle suffit pour engendrer une guerre parfaitement fratricide!«

406 *Œ* II, S. 218. »Nous voulons simplement rendre justice au merveilleux talent avec lequel le poète s'empare de l'attention publique et la courbe, comme la tête récalcitrante d'un écolier paresseux, vers les gouffres prodigieux de la misère sociale.« Wie so oft in seiner Literaturkritik, beschreibt Baudelaire auch hier die eigene Umgangsweise mit seinem Publikum.

407 Cf. Starobinski, a. a. O., S. 56.

408 Nerval, *Œuvres*, t. I, éd. Béguin/Richer, Paris 1960, S. 369–372 (*Aurélia*, V).

409 *Chants et Chansons de Pierre Dupont*, t. I, Paris 1852, S. 179ff.

410 Die wichtige Kritik der Jugend des Second Empire, mit welcher Baudelaires Einleitung zu Cladels *Martyrs Ridicules* einsetzt, gipfelt in der Verhöhnung jener jungen Abonnenten des Journals *Le Siècle* »qui *aspirent à faire le bonheur du* peuple«, ganz wie die Republikaner des Februar 48 also. In diesen Kreaturen des liberalen Zeitungswesens erblickt Baudelaire die Totengräber der Vernunft. In seinem Abscheu vor ihnen läßt er sich zu einer seiner seltenen Geschichtsprognosen hinreißen: »au train dont nous marchons vers les ténèbres, il y a lieu d'espérer qu'en l'an 1900 nous serons plongés dans le noir absolu.« (Œ II, 182f.). Dieser Passus gehört ebenso in den Zusammenhang unserer Prosagedichte wie die berühmte Aufzeichnung aus *Fusées, Le monde va finir*, die selbst ein ausformuliertes Prosagedicht darstellt (cf. Œ I, 665–667).

411 Vgl. die große Publikumsschmähung am Ende des Gautier-Essays (Œ II, 127f.), einer von vielen Ausfällen gegen die »société absolumment usée, – pire qu'usée, – abrutie et goulue« der zweiten Jahrhunderthälfte (ebd., 80).

412 »Ce n'est point l'or, mais les paroles dorées qui ont créé tant de crimes, tant de malheurs, et tant de larmes! L'insurrection était gratuite; le crime était gratuit. (...) Je ne vis pas de poésie historique, mais de pain.« So der Verfasser des Artikels *Actuellement*, in dem man Baudelaire wiedererkannt hat (Œ II, 1062). Derselbe Baudelaire hatte Anfang Juni in der *Tribune nationale* vor den Manövern der Konservativen gewarnt und vorausgesagt, daß sie auf den Bürgerkrieg hinausliefen, »à la plus épouvantable guerre d'extermination dont l'histoire aura jamais à enregistrer le sanglant souvenir!« (Ebd., 1052)

413 »Que dit aujourd'hui le peuple parisien, dans sa cynique et instructive raillerie: Ils ont aboli la peine de mort, parce qu'ils ne savaient pas organiser le travail! – Et il pourrait ajouter, ce peuple trompé: Jetez à bas les guillotines, mais ne dressez pas les chômages!« (Ebd., 1061)

414 Vgl. den Widmungstext des *Spleen de Paris*: »Nous pouvons couper où nous voulons, moi ma rêverie, vous le manuscrit, le lecteur sa lecture; car je ne suspends pas la volonté rétive de celui-ci au fil interminable d'une intrigue superflue.« (Œ I, 275)

415 Vgl. Habermas, op. cit., Kap. VII, insbesondere den *Exkurs zur Einebnung des Gattungsunterschiedes zwischen Philosophie und Literatur*, S. 219ff. sowie Enzensbergers Analysen der Kompositionsweise der BILD-Zeitung.

416 Man vergleiche die berühmten Aufzeichnungen über 1848 und über den Inhalt der Zeitungen aus *Mon cœur mis à nu* (V, Œ I, 679 u. XLIV, 705f.). In der Erinnerung an 1848 wie beim Blick in die Tageszeitung ist Baudelaire frappiert von den Zeichen der *perversité humaine*.

417 »Comme j'allais entrer dans un cabaret, un mendiant me tendit son

chapeau, avec un de ces regards inoubliables qui culbuteraient les trônes, si l'esprit remuait la matière ... « (Œ I, 358)

418 Baudelaire widmet seiner feierlichen Absage an die von der Presse propagierte Sprache seines Jahrhunderts ein eigenes Prosagedicht: *La Solitude* überschrieben.

419 Vgl. besonders den Schluß von *Les Yeux des Pauvres*: »Tant il est difficile de s'entendre, mon cher ange, et tant la pensée est incommunicable, même entre gens qui s'aiment!« (Œ I, 319) Bemerkenswert, daß die Verständnisschwierigkeiten immer da auftreten, wo das Los der Armen vergegenwärtigt wird.

420 Vgl. *Œuvres*, éd. A. Thibaudet/R. Dumesnil, Bd. I, Paris 1951, S. 669.

421 Für den Februar 48 vgl. Du Camp *Souvenirs de l'année 1848*, S. 51 ff. Für den Juni vgl. Flauberts *Correspondance*, éd. J. Bruneau, Bd. I, Paris 1973, S. 499 f., für den Dezember 51 vgl. *Correspondance*, éd. J. Bruneau, Bd. II, Paris 1980, S. 28. (Die Correspondance der sechziger und siebziger Jahre wird nach der Conard-Ausgabe zitiert, da die entsprechenden Bände der Pléiade-Ausgabe noch nicht vorliegen.)

422 *Correspondance*, Bd. II, S. 28.

423 *MEW* Bd. 7, S. 30. (Die Formulierung stammt von Marx.)

424 Was Friedrich Engels nicht ganz grundlos zur Heuchelei erklärte, vgl. *MEW* Bd. 5, S. 129. Daß Engels' Mißtrauen nicht von ungefähr kommt, erhellt aus der Vergegenwärtigung von Sénards Rolle bei der Repression des Aufstands von Rouen. Die Härte, die er dort als Staatsanwalt an der Seite des berüchtigten Franck-Carré bewiesen hatte, trug ihm nach dem 15. Mai das Amt eines Präsidenten der Nationalversammlung ein. L. Ménard berichtet von der Eröffnungssitzung der Nationalversammlung, auf der Barbès an die »tueries de la garde nationale de Rouen« erinnerte und Sénard dagegen die Zurückhaltung der Nationalgarde rühmte und fügt hinzu: »Il était réservé à cet homme de glorifier tous les massacres.« (*Prologue d'une Révolution*, S. 94 f.)

425 In Herzens Autobiographie ist eine Erzählung von Pierre Leroux wiedergegeben, derzufolge Sénard selbst vor dem Fanatismus der Nationalgardisten, die die Gefangenen in den Kellern der Tuilerien zu bewachen hatten, erschrocken sei und diesem mit der Drohung, er wolle, wenn diese Scheußlichkeiten nicht aufhörten, statt des Präsidentenstuhls in der Kammer einen Platz hinter den Barrikaden einnehmen, Einhalt zu gebieten versucht habe (*Mein Leben*, Bd. 2, S. 26).

426 Vallès stellt im *Insurgé* einen ehemaligen Verteidiger der Ordnung vor, der sich seines im Juni erworbenen Verdienstkreuzes schämt: ein intellektueller Dussardier (Paris 1970, S. 61). Noch weiter war A. Ranc in einem im *Nain Jaune* publizierten Artikel *Les Fusilleurs* (15. IX. 1867,

S. 4) gegangen, der G. Sands Vorwort zu *Cadio* kommentiert und mit den Worten schließt: »Quand je passe à côté d'un homme qui porte à sa boutonnière le rouge ruban de juin, il me semble voir sur l'habit noir les éclaboussures du sang des fusillés.« Woraus man schließen kann, daß solche Ordensträger des Juni 48 noch gegen Ende des Second Empire zum Straßenbild der Hauptstadt gehörten. Bedenkt man, daß Ranc für diesen Artikel wegen »les excitations les plus violentes à la haine et au mépris d'une classe de citoyens désignée par la triple qualifications de *gardes nationaux*, de *bourgeois* et de *gens bien élevés*« zu vier Monaten Gefängnis und einer Geldbuße von 500 Francs verurteilt wurde (*Le Nain Jaune*, 13. X. 1867, S. 1), so ermißt man das Risiko, das Flaubert mit der Szene vom Caveau des Tuileries einging.

427 »Je sais que les bourgeois de Rouen sont furieux contre moi, à cause du père Roque et du cancan des Tuileries. Ils trouvent qu'on devrait empêcher de publier des livres comme ça (textuel), que je donne la main aux Rouges, que je suis bien capable d'attiser les passions révolutionnaires, etc!«, schreibt Flaubert Anfang Dezember 1869 an G. Sand (*Correspondance*, 6e Série, Paris 1930, S. 96). Nun hatten die Bourgeois von Rouen besondere Gründe, empfindlich zu sein, denn der Juni erinnerte auch an ihre eigenen Massaker vom April, doch dürfte ihre Reaktion von der der Provinz und selbst der Hauptstadt nicht wesentlich abgestochen haben.

428 Vgl. das Manuskript der *Education* in der BN NAF 607 f° 108 v°. Die Erklärung jener Verwandlung des Bourgeois in einen Menschenfresser ist übrigens von langer Hand vorbereitet: seit Roques – nicht sein Namen allein ist ominös – erstem Auftreten im Roman, wo es heißt, er kam von einem Inspektionsgang seiner »pièges à loup, dans son jardin, au bord de l'eau« (S. 48) zurück – ein poetischer Vorausverweis auf die Bestialisierung der angeblichen Feinde des Eigentums, deren Abschluß der Mord in der galerie au bord de l'eau bildet. Flauberts Arrangement dieser Mordszene, von der Ménard, Pardigon, Castille, Herzen u. a. berichten, insistiert ironisch auf dem grausamen Wörtlichnehmen der Forderung der Aufständischen »Du pain ou du plomb« durch die Verteidiger der Ordnung.

429 Ein frühes Beispiel einer pauschalen Verwerfung des Textsinnes findet sich in der *Revue des Deux Mondes*, die die systematische Koinzidenz der entscheidenden Romanperipetien mit den geschichtlichen Katastrophen zwar hervorhebt, aber nur um zu befinden: »Que signifient ces combinaisons? A les considérer en elles-mêmes, je suis persuadé qu'elles ne signifient absolument rien; mais je suis persuadé en même temps qu'elles sont laborieusement préparées pour avoir l'air de signifier quelque chose. Ne rien dire et paraître profond, raconter des vétilles et prendre les allures de l'histoire, tel est ici le grand art. (...) s'il y a un dessein dans cet arrangement, ce ne peut être que le dessein

de confondre les grandes choses et les petites, les sérieuses et les ridicules, afin d'établir sur cette promiscuité la doctrine du mépris universel.« (*RDM*, 15. XII. 1869, S. 999) Kurioserweise findet sich eine ähnlich sinnzerstörende und in dem Vorwurf des misanthropischen Schreibens gipfelnde Lektüre auch und noch immer bei Sartre, der doch mit dem liberalen Saint-René Taillandier sonst nicht eben viel gemein hat. Vgl. auch E. Köhlers Thesen über die Rolle des Zufalls in der *Education* in *Der literarische Zufall, das Mögliche und die Notwendigkeit,* München 1973.

430 »Quant à ton vieux géant, il a commencé aujourd'hui le premier chapitre de sa troisième partie, mais j'ai bien du mal à emboîter mes personnages dans les événements politiques de 48. J'ai peur que les fonds ne dévorent les premiers plans; c'est là le défaut du genre historique. Les personnages de l'histoire sont plus intéressants que ceux de la fiction surtout quand ceux-là ont des passions modérées; on s'intéresse moins à Frédéric qu'à Lamartine. Et puis, quoi choisir parmi les faits réels?« (*Correspondance*, 5e Série, Paris 1929, S. 363)

431 Daß der Privatmann Flaubert zur sozialzynischen Blague ebenso fähig war wie sein Held, zeigt eine briefliche Äußerung über die blutige Repression der Arbeiterrevolte von Sainte-Etienne, datiert 19. Juni 1869: »A Saint-Etienne, près de Lyon, il y a eu révolte des ouvriers mineurs et on a cassé quelques prolétaires.« (*Correspondance*, 6e Série, S. 27)

432 So ist das 35. Kapitel von Herzens *Mein Leben* überschrieben, das den April und Mai 1848 zum Gegenstand hat. Die Überschrift dürfte einer stehenden Redensart entsprechen.

433 Vgl. A. Herschberg-Pierrot, *Le Travail des Stéréotypes dans les Brouillons de la ›Prise des Tuileries‹*; in: *Histoire et Langage dans »L'Education sentimentale«*, Paris 1981, S. 44 N. 8.

434 *Correspondance*, 5e Série, S. 300. (Die Möglichkeit, daß Flaubert mit dieser Bemerkung auf eine Verbürgerlichung der Arbeiterklasse abzielt, ist – soweit ich weiß – noch nicht in Betracht gezogen worden.)

435 NAF 511 f° 105 v.

436 Vgl. die berühmte Stelle aus Heines *Geständnissen*: »ich würde meine Hand waschen, wenn mich das souveräne Volk mit seinem Händedruck beehrt hätte« (*Sämtl. Schriften*, Bd. 6/I, S. 468) und Baudelaires *Assommons les Pauvres!*

437 Vgl. meinen Aufsatz *Der Tourist. Zu Struktur und Bedeutung der Idylle von Fontainebleau…*; in: *Erzählforschung. Ein Symposion*, (Hg.) E. Lämmert, Stuttgart 1982, S. 490ff. Dieses Kapitel knüpft an jenen Text an. Ergänzend hinzugefügt sei ein Zitat aus einer zeitgenössischen Physiologie, die unter den Beweggründen des Touristen außer *satiété* und *ennui* die Irritation über soziale Unruhen anführt: »Mille

incidents divers vous poussent loin de la patrie; souvent d'abord c'est la patrie elle-même, lorsque (...) l'émeute y souffle violemment les révolutions; il ne manque pas alors de philosophes qui deviennent touristes.« (*Les Français peints par eux-mêmes*, Bd. 3, Paris o.J., S. 162)

438 Zit. nach *Promenades dans Fontainebleau, sa Forêt, ses Villages*, (Hg.) B. Champigneulle, Paris 1965, S. 200.

439 Vgl. C. Gothot-Mersch, *La Production du Sens chez Flaubert*, Colloque de Cerisy, Paris 1975, Diskussionsbeitrag V. Bromberts im Anschluß an sein Exposé, S. 77. Allgemein ist festzustellen, daß die meisten Kommentare zur Fontainebleau-Episode die sentimentale Natursicht, die Flaubert an seinem Helden kritisiert, reproduzieren.

440 In den Entwürfen ist Flauberts Kritik an Frédéric expliziter: »Ah! tiens l'émeute, disait Frédéric, trouvant l'agitation sanglante de la capitale misérable, bête, éphémère, insignifiante à côté de leur passion (amour) profonde et de la nature éternelle«; in einer Variante wird die *agitation* gar »misérable comme un grouillement de fourmis« genannt. NAF 17 607 151 v°. Im Gegensatz zum Helden der *Education* betont Senancour die Bedrohtheit dieser Natur.

441 Wie im *Cygne* der *Fleurs du Mal* erscheint hier die Insurrektion als Natur-Pantomime. Daß eine solche Wahrnehmung nicht den Dichtern vorbehalten war, geht aus den Fremdenführern des Sylvain von Fontainebleau Denecourt hervor, in denen die Namen verzeichnet sind, die dieser den schönsten seiner Bäume verlieh: Eine der kolossalen Eichen taufte er auf den Namen *Spartacus*. (*L'Indicateur de Fontainebleau*, 16e éd., Fontainebleau/Paris o.J., S. 102)

442 K. Baedeker, *Paris, Rouen, Havre, Dieppe, Boulogne... Handbuch für Reisende*, Coblenz 1860, S. 211. Die unterbliebene Assoziation hätte um so näher gelegen, als die Liebenden auf ihrem Spaziergang ins Felsenmeer einem Trupp Steinbrecher begegnen.
Aus dem Baedeker geht hervor, daß ein Tourist im Paris von 1860 noch zahlreiche Örtlichkeiten fand, in denen er an die *Junischlacht* erinnert wurde: rue du Faubourg St-Antoine (S. 44), Porte St-Denis (S. 46), Père-Lachaise mit dem Denkmal für die Juniopfer der Ordnung (S. 118), Pantheon (S. 150); an die Orte der *Massaker* erinnerte der Reiseführer nicht, dies blieb der Literatur vorbehalten.

443 Hugo, *Les Misérables*, op. cit., Bd. 2, S. 410.

444 A. Cento, *Il realismo documentario nell' ›Education sentimentale‹*, Napoli 1967.

445 W. Kemp, *John Ruskin, 1819–1900. Leben und Werk*, München 1983, S. 119.

446 J. Ruskin, *Praeterita. Outlines of scenes and thoughts perhaps worthy of memory in my past life*, Orpington Kent 1886, Bd. II, S. 134f.

447 Denecourt geht in seiner Schmeichelei des neuen Herren so weit, nicht etwa die Unterzeichnung der Abdankungsurkunde durch den großen Napoleon und seinen Abschied von der Truppe, sondern die im November 1810 erfolgte Taufe des kleinen Neffen als das denkwürdigste Ereignis in der Geschichte des Schlosses zu feiern. Vgl. Denecourt, *Le Palais et la Forêt de Fontainebleau. Guide historique et descriptif, Fontainebleau,* o.J. ([11]1856), S. 39ff.

448 Abgebildet in: P. Miquel, *Le Second Empire*, Paris 1979, S. 64f. (»Trésors de la Photographie«).

449 Baudelaire, *Œ* I, S. 318.

450 Baudelaire, *Corr. II*, S. 86f.

451 Keine bessere Veranschaulichung des »Nos péchés sont têtus, nos repentirs sont lâches« etc. aus *Au Lecteur* als der Werdegang des Helden der *Education*. In seinem Manuskript hatte Flaubert ausdrücklich von der »indifférence suprême« Frédérics in den Junitagen gesprochen: diese wird im Text zwar noch beschrieben, aber nicht mehr benannt, was die Ironie eher verstärkt, doch dem Leser mehr Deutungsarbeit auferlegt (*NAF* 17 607, f° 158).

452 Vgl. Thiers, *De la Propriété*, Paris 1848, S. 29. Die Zeit der Abfassung der *Education* fällt mit dem politischen Wiederaufstieg Thiers' zusammen, den Flaubert mit wachsendem Mißbehagen verfolgt. Bei Lektüre seiner Briefe entsteht der Eindruck, daß auch sein Bourgeoishaß, ähnlich wie der Daumiers oder Herzens etwa, ihn an die Gestalt Thiers' fixiert, in welchem er den Bourgeois schlechthin erblickt. Die Beschreibung der Soirée bei Dambreuse war zunächst als eine Abrechnung mit Thiers konzipiert (*Corr*, 5e Série, S. 345 und passim). Vgl. auch die Opposition Thiers-Leroux in der *Education* selber (S. 394).

453 K. Farner, *Gustave Doré, der industrialisierte Romantiker*, München 1975, S. 151ff. Farner spricht von Dorés Dante als von einem »Baedeker für die komplizierte Reise von der Hölle zum Himmel« und setzt hinzu: »Die Flucht zu Dante und mit Dante, sie ist ein Traumbild der Bürger«, nicht anders, so läßt sich ergänzen, als die Flucht in die Natur und mit der Natur, in die Renaissance und mit ihr, die Flauberts Held vorexerziert.

454 Die weitere Konsequenz: Sénécals Beförderung für die beim Staatsstreich erwiesenen Henkersdienste, muß Flaubert sich versagen, er läßt ihn klugerweise verschwinden (S. 454), doch an seiner Statt bringt ein anderer erschreckender Zeitgenosse, Martinon, es zum Sénateur.

Wetherills These, Dussardier kopiere bewußt heroische Vorbilder (Classiques Garnier, 1984, S. 483, N. 571), wird dem Wesen der Figur nicht gerecht, die Verkörperung der Illusionen von 48, da, wo sie am schönsten sind, zu sein.

455 *Corr* 5e Série, S. 407f.

456 Flaubert läßt Frédéric die Place du Caroussel am Morgen des 26. Juni, kurz bevor dieser Zeuge des Jubels wird, den der Einmarsch der Mobilgarde unter den Bourgeois auslöst, ahnungs- und erinnerungslos überqueren. Obwohl der Ort eine Erinnerung sowohl an die beinahe fatale Nachtwache mit Arnoux und an die Idylle von Fontainebleau nahelegt, kommt es zu keiner Szene des Eingedenkens, denn im Gegensatz zum Ich des *Cygne* verfügt der Held der *Education* über kein fruchtbares Gedächtnis, eher über ein dissoziatives.

457 Wetherill, op. cit., S. 493, N. 672. Umgekehrt wie Flaubert bezeichnet Du Camp die von der *Nationalgarde* begangenen Scheußlichkeiten als Gerüchte, »bourdes ridicules«, wobei er mit keinem Wort auf die Darstellung der *Education* eingeht (*Souvenirs de l'année 1848*, op. cit., S. 298).

458 Zit. nach *L'Education sentimentale*, Club de l'Honnête Homme, Paris 1971, S. 436.

459 Nicht einmal in *Salammbô*, die mit ihren Massakerszenen die Junitage des Jahres 48 ins Exotisch-Antike transponiert, herrscht eine Ausgewogenheit in der Grausamkeit. Dort sind die von den Barbaren verübten Scheußlichkeiten nur eine Repressalie für die von den Karthagern zuvor an ihnen begangenen, wie Flaubert in dem Antwortschreiben an seinen Kritiker Sainte-Beuve, worin er auch den Juni 48 erwähnt, betont: »et vous vous étonnez que les barbares qui sont vaincus, désespérés, enragés, ne leur rendent pas la pareille, n'en fassent pas autant une fois et cette fois-là seulement!« (Œ I, S. 1036) Das kommt einer Diskulpation der Besiegten des Juni gleich, so will mir scheinen.

460 Als Illustration der Gasterei im Hôtel Dambreuse läßt sich das Blatt *Des Chargés d'Affaires* (D. 1689) auffassen, das am 3. VII. 1848 im *Charivari* erschien. Vgl. auch D. 1939 u. D. 1699.

461 Baudelaire, Œ II, S. 555. Im selben Essay verleiht Baudelaire seinem Bedauern darüber Ausdruck, daß die Schärfe der politischen Karikaturen aus der Zeit der orleanistischen Repressionen nach 1848 verlorengegangen sei. Er erinnert in diesem Zusammenhang an die »malheureux massacres de Rouen«, die die einzige ihm bekannt gewordene Karikatur hervorgebracht hätten, welche denen des jungen Daumier an die Seite zu stellen sei. Diese bei ihm ausführlich beschriebene Karikatur ist bislang, soweit ich sehe, noch nicht identifiziert worden. Sie findet sich, ohne Bezugnahme auf den Text Baudelaires, in Peter A. Amanns *Revolution and Mass democracy*, Princeton 1975, S. 193.

462 Heine, Bd. 5, S. 211.

463 Vgl. *Corr* 5ᵉ Série, S. 363.

464 Heine, Bd. 6/I, S. 509.

465 Zit. nach Larousse, *Grand Dictionnaire Universel du XIX*ᵉ *Siècle*, Bd. 10, S. 610, Sp. 2 (Artikel »Locomotive«).

466 *Corr* 5e Série, S. 299.
467 Vgl. zu der Änderung des Blickes W. Schivelbusch, *Geschichte der Eisenbahnreise*, München 1977, bes. Kap. IV und D. Sternberger, *Panorama*, Hamburg ²1946, S. 55.
468 Schivelbusch, a. a. O., S. 57 N.
469 Zit. nach der Edition des Club de l'Honnête Homme der *Education*, op. cit., S. 448.
470 In seinem letzten Roman wird Flaubert noch einmal auf die Ereignisse des Jahrs 48 zurückkommen, nicht so sehr, um ihre Genese zu analysieren, als um ihren farcenhaften Charakter herauszustellen. Deshalb betont er in den Juni-Passagen besonders das lächerliche Heldentum der Bürgerwehr von Chavignolles. Von den Massakern schweigt er hier: keine Szene, die der des Mordes im Tuileriengarten entspräche. Eine Gestalt wie Frédéric begegnet in *Bouvard et Pécuchet* auch nicht mehr; aber sein geschichtlich relevantester Charakterzug, die Unbeständigkeit, kehrt im Dilettantismus des grotesken Autodidaktenpärchens wieder. Dieses muß an der Wissenschaft verzweifeln, weniger weil diese an sich Anlaß zur Verzweiflung böte, als weil es intellektuellen Tourismus betreibt und von seinen Exkursionen in die verschiedenen Sachgebiete allemal mit leeren Händen zurückkommt. Neu an den Juni-Seiten von *Bouvard et Pécuchet* ist die Einführung einer Insurgentenfigur, des ländlichen Proletariers Gorju, der sich, wie Sénécal, vom Junikämpfer zum bonapartistischen Agenten entwickelt. Die Tatsache, daß Flaubert in der *Education* den Aufstand anonym und gleichsam gesichtslos läßt, während er ihn 1880 mit der abstoßenden Gestalt Gorjus verbindet, deutet auf eine Blickverschiebung des Autors hin, die mit seinem eigenen Schrecken während der Commune zusammenhängen dürfte.
Ein knappes Jahrzehnt später hat Fontane in *Quitt* einen Communard eingeführt, der schon 48 – Fontane schreibt irrtümlich 1849 – die Junischlacht mitgemacht hatte: dieser, Monsieur L'Hermite, Bastler und Konspirateur, ist mit großer Sympathie gezeichnet (*Sämtl. Werke*, Bd. 1, München 1962, bes. S. 356ff.). Demgegenüber stattet Flaubert, der nicht so weit ab vom Schuß war, den Junikämpfer mit den Zügen aus, die der Bourgeoisaffekt den Kommunarden verlieh. Dennoch ist auch in *Bouvard et Pécuchet* die Satire der Bourgeois entschiedener als die Abwehr des Peuple und, die Beschreibung der Hetzjagd auf streunende Insurgenten bildet das elliptische Gegenstück zu der der *Grande Peur* in der *Education*. Wohlversorgt und wohlbehütet im Schoß seiner Familie, auf Brotschriftstellerei nicht angewiesen, geht Flaubert in seinem Haß auf den Bourgeois niemals so weit wie die *écrivains déclassés* – Castille, Baudelaire, Vallès oder selbst Heine –, sich mit den Besiegten zu identifizieren.
471 Heine, *Sämtl. Schriften*, Bd. 5, S. 490.

472 Michelet, *Journal*, t. II, Paris 1962, S. 54f. (20. VI. 1849).

473 Cf. das Credo Frédéric Moreaus zu Beginn der *Education*: »L'amour est la pâture et comme l'atmosphère du génie. Les émotions extraordinaires produisent les œuvres sublimes.« (Flaubert, *Œuvres*, Bd. II, S. 48)

474 Ebd., S. 352 (6. IX. 1857). Cf. den Hymnus auf Fontainebleau der Einleitung von *L'Insecte*, besonders S. XXXIII: »Lieu admirable pour guérir de la grande maladie du jour, la mobilité, la vaine agitation« etc.

475 *Journal*, t. II, S. 352.

476 Ebd. (8. IX. 1857).

477 *Journal*, t. IV, Paris 1976, S. 165 (8. IX. 1869). Das Gedenken an jenen »grand anniversaire de Fontainebleau« bekundet Michelet regelmäßig in seinem Tagebuch.

478 Ebd., S. 182 (20. XI. 1869).

479 Cf. Kafka, *Tagebücher 1910–1923*, S. 399 (19. X. 1921) sowie die *Briefe an Felice*, Frankfurt 1982, S. 252 (16. I. 1913) und Kafkas Äußerungen in jenen Briefen über die Bedeutung der *Education sentimentale* für seine eigene Entwicklung (ebd., S. 95f. u. S. 155f.).

480 Michelet, *Journal*, t. IV, S. 182.

481 *Roland Barthes par Roland Barthes*, Paris 1975, S. 96. In derselben Reihe des Seuil-Verlags *Ecrivains de toujours*, in der diese neuartige Autobiographie erschien, hatte Barthes Michelet eine Monographie gewidmet.

482 R. Barthes, *Sade, Fourier, Loyola*, Paris 1971: »Fourier a choisi le Domestique contre le Politique, il a édifié une utopie domestique (...) la politique n'est elle pas: *tous les langages moins un*, celui du Désir?« (S. 90)

Literatur

I. Primärtexte, Quellen, Dokumente

a) Zeitungen und Zeitschriften

L'Aimable Faubourien. Journal de la Canaille
Le Charivari
Le Constitutionnel
La Démocratie pacifique
Der Demokrat, Mainz
Frankfurter Journal
Freie Zeitung, Wiesbaden
Gazette des Tribunaux
The Illustrated London News
Le Journal des Débats
Le Messager de l'Assemblée
La Mode
Le Mois
Le Moniteur universel
Le National
Neue Rheinische Zeitung
Neue Rheinische Zeitung. Politisch-ökonomische Revue
Le Peuple constituant
La Presse
La Réforme
Le Représentant de l'Indre
Le Représentant du Peuple
La Révolution démocratique et sociale
Le Révolutionnaire
La Revue comique
La Revue des Deux Mondes
Le Siècle
Le Travail affranchi
La Voix du Peuple
La vraie République

b) Bücher, Artikel, Manuskripte

Achard, A.: *Souvenirs personnels d'Émeutes et de Révolutions*, Paris 1872

Adamov, A. (Hg.): *La Commune de Paris. 18 Mars – 28 Mai 1871 Anthologie*, Paris 1959

Les Affiches rouges, Curiosités révolutionnaires, Paris 1851
Alboize/Elie, Ch.: *Fastes des Gardes Nationales de France*, Paris 1850, 2 Bde.
Almanach Républicain pour 1849 par les Citoyens P. J. de Béranger, Louis Blanc ... G. Sand, Paris o. J. (1849)
Amed-Bouis: *Événements de Paris pendant les journées de juin 1848. Lettre à messieurs les rédacteurs du »Vigilant« (Journal américain) par Amed-Bouis (américain)*, Paris 1848
Amiel, H.-F.: *Journal Intime, t. I: 1839–1851*, éd. Ph. M. Monnier, Genève 1976
Annenkov, P. V.: *The Extraordinary Decade. Literary Memoirs (Zamačatel'noe desjatiletie. 1838–1848)*, éd. A. P. Mendel, Ann Arbor, Mi. 1968
Arago, J.: *Histoire de Paris, ses révolutions, ses gouvernements et ses événements de 1841 à 1852*, t. II, Paris 1856
Arnoul, A.: *La France en l'année 1848*, Paris 1862
B..., Victorine: *Souvenirs d'une morte vivante*, Paris 1976
Baedeker, K.: *Paris, Rouen, Havre, Dieppe, Boulogne ... Handbuch für Reisende*, Coblenz 1860
Baillet, E. (Hg.): *Chansons de Charles Gille réunies pour la première fois par Eugène Baillet*, Paris 1893
Bakunin, M.: *Gesammelte Werke*, Bd. 3, Berlin 1924
– *Œuvres*, Paris 1895
– *Staatlichkeit und Anarchie und andere Schriften*, (Hg.) H. Stuke, Frankfurt/M.-Berlin-Wien 1972
Balleydier, A.: *Histoire de la Garde mobile depuis les barricades de février. Anecdotes, bons mots ... état nominatif des officiers de chaque bataillon, liste des morts et blessés dans les journées de juin*, Paris 1848
Balzac, H. de: *Correspondance, t. V 1845–1850*, éd. R. Pierrot, Paris 1969
– *Lettres à Madame Hanska, t. IV Mai 1847–1848*, éd. R. Pierrot, Paris 1971
– *Œuvres diverses, t. III 1836–1848*, éd. M. Bouteron, Paris 1940
Banville, T. de: *Paris et le Nouveau Louvre. Ode*, Paris 1857
Barbey d'Aurevilly, J.-A.: *Correspondance générale, t. II (1845–1850)*, Paris 1982
– *Les Œuvres et les Hommes, Littérature étrangère*, Paris 1890
– *Les Œuvres et les Hommes, Les Poètes*, Paris 1889
– *Premiers Articles (1834–1852)*, éd. A. Hirsch/J. Petit, Paris 1973
Barbier, A.: *Souvenirs personnels et Silhouettes contemporaines*, Paris 1883
Les Barricades de juin 1848; récit des événements des 23, 24, 25 et 26 juin, d'après les journaux les mieux renseignés et les documents les plus authentiques, dédié aux gardes nationales de province, Paris o. J. (1848)
Barrot, O.: *Mémoires posthumes de Odilon Barrot*, t. II, Paris 1875

Baudelaire, C.: *Œuvres complètes*, éd. C. Pichois, Paris 1976, 2 Bde.
– *Correspondance*, éd. C. Pichois, Paris 1973, 2 Bde.
– *Baudelaire en 1848. La Tribune Nationale*, éd. J. Mouquet/W. T. Bandy, Paris 1946
– *Baudelaire devant ses contemporains*, éd. W. T. Bandy/C. Pichois, Paris 1957
– Bazancourt, Baron de: *Le Montagnard ou Les Deux Républiques 1793–1848*; in: L'Assemblée Nationale 1850/51
Beauvoir, R. de: *Le Touriste*; in: *Les Français peints par eux-mêmes*, t. II, Paris o. J., S. 161–176
Belinski, W. G.: *Ausgewählte philosophische Schriften*, Moskau 1950
Béranger, P.-J. de: *Chansons de P.-J. de Béranger*, Paris 1856
– *Correspondance*, t. III, Paris o. J. (1898)
Berlioz, H.: *Correspondance générale, t. III 1842–1850*, éd. P. Citron, Paris 1978
Berthet, E.: *La Malédiction de Paris*, Paris 1852
Beslay, C.: *1830–1848–1870: mes souvenirs*, Paris 1873
Blanqui, A.: *Des classes ouvrières en France pendant l'année 1848*, Paris 1849
Blanqui, L.-A.: *Critique sociale*, Paris 1885, 2 Bde.
– *Écrits sur la Révolution. Œuvres complètes 1*, éd. A. Münster, Paris 1977
– *L'Éternité par les astres. Hypothèse astronomique*, Paris 1872
– *Manuscrits philosophiques*, BN Paris NAF 95 87
– *Textes choisis*, éd. V. P. Volguine, Paris 1955
Bonde, Baroness: *Paris in '48: Letters from a Resident Describing the Events of the Revolution*, New York 1903
Boucher, H.: *Souvenirs d'un Parisien pendant la Seconde République (1830–1852)*, Paris 1908
Bouton, V.: *Profils révolutionnaires, par un crayon rouge*, Paris 1848–49
Boyeldieu d'Auvigny, L.: *Deux ménages d'ouvriers*, Paris 1852
Bragelonne, A. de: *80 heures de guerre civile. Histoire illustrée des Journées de Juin 1848*, Paris o. J. (1848)
Brochon, P. (Hg.): *Le Pamphlet du Pauvre (1834–1851). Du Socialisme utopique à la Révolution de 1848*, Paris 1957
– *Eugène Pottier inédit*; in: Plein Chant 4/1979, S. 65–96
Burckhardt, J.: *Weltgeschichtliche Betrachtungen*, Leipzig o. J.
Cabet, E.: *Insurrection du 23 juin, ses causes, son caractère et ses suites, expliquée par la marche et les fautes de la révolution du 24 février, par le citoyen Cabet ...*, Paris 1848
Les Cancans de la République en Juin 1848, Lyon o. J. (1848)
Castagnary, J. A.: *Salons 1857–1879*, Paris 1892, 2 Bde.
Castille, H.: *Les Ambitieux*, Paris 1851
– *Les Ambitieux*, Paris 1852–53, 4 Bde.

– *Le dernier Banquet de la Bourgeoisie* par Job le Socialiste, Paris 1849
– *Le général Cavaignac*, Paris 1856
– *Le général Changarnier*, Paris 1857
– *Histoire de la Seconde République française*, Paris 1854–56, 4 Bde.
– *Les Hommes et les Mœurs en France sous le règne de Louis-Philippe*, Paris 1851
– *Les journaux et les journalistes depuis 1848 jusqu'à aujourd'hui*, Paris 1858
– *Ledru-Rollin*, Paris 1856
– *Lettres de Paris* par Alceste, Paris 1869, 2 Bde.
– *Les Massacres de Juin 1848*, Paris 1869
– *La Place Publique* par JOB LE SOCIALISTE, Paris 1849
– *M. Thiers*, Paris 1857
– *Victor Hugo*, Paris 1857
– *Louis Blanc*, Paris 1856
– *L.-A. Blanqui*, Paris 1857
– *Lamennais*, Paris 1857
Caunes, A.: *Le Massacre de Juin, ou le Tombeau de la liberté, par le citoyen Auguste Caunes ... 3e lampion républicain*, Paris o.J. (1848)
Causes des journées de juin par un garde mobile, Paris 1848
Caussidière: *Mémoires de Caussidière, Ex-Préfet de la Police*, Paris 1849, 2 Bde.
Cavaignac, E.: *Discours de M. le général Cavaignac, président du Conseil des Ministres, chef du pouvoir exécutif dans la discussion sur les explications relatives aux événements de juin*, Paris 1848 (Extrait du Moniteur universel du 26 novembre 1848)
Challamel, A.: *Histoire-musée de la République française depuis l'Assemblée des Notables jusqu'à l'Empire*, Paris 31857
Champfleury, J.: *Souvenirs et portraits de jeunesse*, Paris 1872
– *Œuvres posthumes, Salons 1846–1851*, Paris 1894
Chasles, P.: *De la Guerre sociale*; in: *RDM* 1. VIII. 1848, S. 348 ff.
Chassin, C.-L.: *Félicien. Souvenirs d'un étudiant de 48*, Paris 1904
Chatelain, E.: *Les Exilées de 1871*, Paris 1886
Chenu, A.: *Les Montagnards de 1848 Encore quatre nouveaux chapitres précédés d'une Réponse à Caussidière et autres démocs-socs*, Paris 1850
Chevalier, M.: *Lettres sur l'Organisation du Travail, ou Études sur les Principales Causes de la Misère ...*, Paris 1848
Chopin, F.: *Korespondencja Fryderyka Chopina*, Bd. II, (Hg.) B. E. Sydow, Warszawa 1955
Choury, M. (Hg.): *Les Poètes de la Commune*, Paris 1970
Clairville/Cordier: *Un Petit de la Mobile. Comédie-Vaudeville en deux Actes. Représentée pour la première fois à Paris, sur le théâtre des Variétés, le 7 Août 1848*, Paris 1848
Cœurderoy, E.: *Œuvres*, éd. M. Nettlau, Paris 1910

– *Hurrah!!!! ou la Révolution par les Cosaques*, Londres 1854
– *Jours d'Exil*, Londres 1854, 2 Bde.
– *De la Révolution dans l'Homme et dans la Société*, Bruxelles 1852
Cogniot, G. (Hg.): *La Lyre d'Airain. Poésie populaire et démocratique (1815–1918)*, Paris 1964
Comte, Au.: *Correspondance générale et confessions, t. IV 1846–1848*, éd. De Berredo Carneiro/P. Arnaud, Paris 1981
– *Catéchisme positiviste*, Paris 1852
– *Discours sur l'ensemble du positivisme*, Paris 1848
– *Système de politique positive*, Paris 1851–54, 4 Bde.
Considérant, V.: *MM. Considérant et Proudhon jugés par eux-mêmes*, Paris 1849
– *Le Socialisme devant le Vieux Monde ou Le Vivant devant les Morts*, Paris 1848
Constant, Abbé A.-L. (Éliphas Lévi): *Le Livre des larmes, ou le Christ consolateur*, Paris 1854
– *Le Testament de la liberté*, Genève 1980 (Slatkine Reprints)
Corbon, A.: *Le Secret du peuple de Paris* , Paris 1863
Corlieu, Dr A.: *Les Journées de Juin 1848 (Souvenirs personnels) par le Dr A. Corlieu*, Château-Thierry 1888
Gustave Courbet (1819–1877). Grand Palais 30. IX. 1977–2. I. 1978
– *La vie et l'œuvre de Gustave Courbet, Catalogue raisonné, t. I: 1819–1865 Peintures*, éd. R. Fernier, Lausanne-Paris 1977
Cousin, V.: *Justice et Charité*, Paris 1848 (Petits traités de l'Académie des Sciences morales et politiques)
Crépet, Eu. (Hg.): *Les Poètes français,* t. IV, Paris 1862
Cuvillier-Fleury, A.-A.: *Dernières études historiques et littéraires*, Paris 1859, 2 Bde.
– *Historiens, poètes et romanciers*, Paris 1863, 2 Bde.
– *Journal et Correspondance Intimes* de Cuviller-Fleury, publiés par E. Bertin, *t. II 1832–1851*, Paris 1903
– *Nouvelles études historiques et littéraires*, Paris 1855
– *Portraits politiques et révolutionnaires*, Paris 1851
Daumier, H.: Das graphische Werk, in: L. Delteil (Hg.): *Le peintre-graveur illustré*, t. XX–XXIX, New York 1969 (Da Capo Press)
– *L'opera pittorica completa di Daumier*, Milano 1971
– *Daumier raconté par lui-même et par ses amis*, Paris 1945
David d'Angers, P.-J.: *Les Carnets de David D'Angers*, t. II, Paris 1958
Déjacque, J.: Gedichte ... in: S. Seiler, *Das Complot vom 13. Juni 1849 ...*, s. u. Seiler
– *Les Lazaréennes. Fables et Poésies Sociales*, Paris 1851
– *Utopie der Barrikaden*, Berlin 1980 (Bibliothek der Utopien)
Delaire, A.: *Les Euménides. Satire politique et sociale par le citoyen Adrien Delaire. Ouvrier ébéniste, détenu de juin 1848*, Paris o. J. (1849)

Delaveau, H.: *Le Roman contemporain en Russie. M. Alexandre Herzen*; in: *RDM* 1. VII. 1854, S. 316–342
Delescluze, Ch.: *De Paris à Cayenne. Journal d'un Transporté*, Paris 1869
Delord, T.: *Histoire illustrée du Second Empire*, Paris o. J., 3 Bde.
Delvau, A.: *Histoire de la Révolution de Février*, t. I, Paris 1850
– (Hg.) *Les Murailles révolutionnaires. Collection complète des professions de foi, affiches, décrets, bulletins de la République, fac-similés de signatures. Recueillis et mis en ordre par A. Delvau*, Paris 1851, 2 Bde.
Denecourt: *Le Palais et la Forêt de Fontainebleau. Guide historique et descriptif*, Fontainebleau o. J. (^{11}1856)
Derniers événements de Paris (23, 24, 25, et 26 juin 1848) racontés à la France républicaine par un officier d'état-major, Paris 1848
Derville, H.: *Paris nouveau, poésie ... suivie de La Piocheuse à Vapeur*, Paris 1857
Desbordes-Valmore, M.: *Correspondance intime de Marceline Desbordes-Valmore, t. II 1840–1857*, éd. B. Rivière, Paris 1896
Donoso Cortés, D. J.: *Obras de Don Juan Donoso Cortés*, t. III, Madrid 1854
– *Ensayo sobre el Catolicismo, el Liberalismo y el Socialismo, considerado en sus principios fundamentales*, Madrid ^{3}1880
– *Œuvres*, t. I–III, éd. L. Veuillot, Paris 1858/59
Doré, G.: *Das graphische Werk*, München 1975, 2 Bde.
Dostojewski, F. M.: *Tagebuch eines Schriftstellers (Dnevnik pisatelja)*, München 1963
– *Winterliche Aufzeichnungen über sommerliche Eindrücke (Zimnie zametki o letnich vpecatlenijach)*, Reinbek bei Hamburg 1962
Doudan, X.: *Lettres*, t. II, Paris ^{2}1879
Du Camp, M.: *Les Chants modernes*, Paris 1855
– *Les Convulsions de Paris*, Paris 1878–80, 4 Bde.
– *Paris. Ses organes, ses fonctions et sa vie dans la seconde moitié du XIXe siècle*, Paris 1879, 6 Bde.
– *Souvenirs de l'Année 1848*, Paris 1876
– *Souvenirs littéraires*, Paris 1882/83, 2 Bde.
Dügge, Ch.: *L'Émeute et les Martyrs*, Paris 1848
Dumas, A.: *L'Insurrection de Juin*; in: Le Mois, 7e et 8e n^{os}, juillet 1848
Dumas, A./Maquet, Au.: *Catilina, drame en 5 actes et 7 tableaux, par MM. Alexandre Dumas et Auguste Maquet...* (Paris, Théâtre Historique, 14 octobre 1848), Paris o. J.
Dupin, Ch.: *Abolition de la misère et du prolétariat*, Paris 1849
– *Bien-être et concorde des classes du peuple français*, Paris 1848 (Petits traités de l'Académie des Sciences morales et politiques)
Dupont, P.: *Chants et Chansons*, Paris 1852–54, 4 Bde.
– *Chants et Poésies*, Paris ^{7}1875

Dusolier, A.: *Nos gens de lettres. Leur caractère et leurs œuvres*, Paris 1864
Engels, F.: *Von Paris nach Bern*; in: *MEW* Bd. 5, S. 463 ff.
– *Die französische Arbeiterklasse und die Präsidentenwahl*; in: *MEW* Bd. 6, S. 557 ff.
– *Proudhon*; in: *MEW* Bd. 6, S. 562 ff.
– *Einleitung zu »Die Klassenkämpfe in Frankreich 1848 bis 1850« von Karl Marx (Ausgabe 1895)*; in: *MEW* Bd. 7, S. 511 ff.
– *Revolution und Konterrevolution in Deutschland*; in: *MEW* Bd. 8 s. u. K. Marx
Engländer, S.: *Geschichte der französischen Arbeiter-Associationen*, Hamburg 1864, 4 Bde.
Episodes des barricades de juin 1848, Paris 1848
Episodes des journées de juin 1848, 23–26 juin (Signé: Ceur Gal Lacapelle) Nancy 1910
Erckmann-Chatrian: *Histoire d'un homme du peuple*, Paris 1865
– *Maître Gaspard Fix. Histoire d'un Conservateur*, Paris 1963
Esquiros, A.: *Histoire des Martyrs de la Liberté*, Paris 1851
Etex, A.: *Les Souvenirs d'un Artiste*, Paris 1877
Eude-Dugaillon, Au.: *Les Montagnardes*, Paris 1850
Faits inédits des événements de juin à Paris par un détenu politique échappé aux persécutions, Liège 1848
Falloux, F.-A. Comte de: *Mémoires d'un Royaliste*, Paris 1925
Faure, A./Rancière, J. (Hg.): *La parole ouvrière 1830/1851*, Textes rassemblés et présentés par A. Faure et J. Rancière, Paris 1976
Ferrari, G.: *Filosofia della Revoluzione*, Londra 1851, 2 Bde.
– *Machiavel juge des Révolutions de notre temps*, Paris 1849
– *Histoire de la raison d'Etat*, Paris 1860
– *Les philosophes salariés*, Paris 1849 (Neuauflage Paris 1983)
Flaubert, G.: *Œuvres*, éd. A. Thibaudet/R. Dumesnil, Paris 1951, 2 Bde.
– *Correspondance*. Nouvelle édition augmentée, Séries 3e à 6e et Supplément 1864–1871, Paris 1927–54, 4 Bde.
– *Correspondance, t. I (1830–1851)* u. *II (juillet 1851–décembre 1858)*, éd. J. Bruneau, Paris 1973–80
– *Bouvard et Pécuchet*, éd. C. Gothot-Mersch, Paris 1979
– *L'Education sentimentale*, Paris 1869, 2 Bde.
– éd. R. Dumesnil, Paris 1942, 2 Bde.
– éd. M. Bardèche; in: Œuvres complètes de G. F., t. III, Paris 1971
– éd. P. M. Wetherill, Paris 1984
– éd. C. Gothot-Mersch, Paris 1985
– *L'Education sentimentale* ... Ms. autographe avec des ratures et des corrections d'auteur, Bibliothèque Historique de la Ville de Paris
– Brouillons et scénarios de *L'Educations sentimentale*, Bibliothèque Nationale, N.A.F. 17599–17611

Gustave Flaubert-George Sand: *Correspondance*, éd. A. Jacobs, Paris 1981

Fontainebleau. Hommage à C.F. Denecourt. Paysages, Légendes, Souvenirs, Fantaisies par Charles Asselineau – Philibert Audebrand – Théodore de Banville – Baudelaire ... Watripon, Paris 1855

Fontane, Th.: *Quitt!*; in: *Sämtliche Werke*, Bd. 1, München 1962

– *Der Stechlin*; in: Ebd., Bd. 5, München 1966

Forster, C. v.: *Die Rückkehr zur Ordnung. Vom Königthum zum Kaiserthum*, Berlin 1856

La Garde mobile. Journées de Juin, Paris 1848

Garnier-Pagès, L. A.: *Histoire de la Révolution de 1848*, Paris 1877

Gautier, Th.: *L'Art moderne*, Paris 1856

– *Les Beaux-Arts en Europe, 1855*, Paris 1855

– *Émaux et Camées*, Paris 1853

– *Portraits et Souvenirs littéraires*, Paris 1875

Gérôme, J.-P.: *Le vrai Socialisme*, Paris 1851

Gervaise, E.: *La Conciergerie ou protestation d'un détenu, Épisode de Juin, par le citoyen Ernest Gervaise*, Paris 1848

Gilland, J.-P.: *Les Conteurs ouvriers, dédiés aux enfants des classes laborieuses... Avec une préface de George Sand*, Paris 1849

Girardin, É. de: *Journal d'un journaliste au secret*, Paris, juillet 1848

Godart, J. (Hg.): *Journal d'un Bourgeois de Lyon en 1848*, Paris 1924

Gossez, A.-M. (Hg.): *Mémoires de l'ouvrier François Leblanc*, Paris ^{2}1924

Gottschall, R.: *Paris unter dem zweiten Kaiserreich. Culturbilder, 2 Theile*; in: R. G., *Porträts und Studien*, Bde. 3 u. 4, Leipzig 1871

Granier de Cassagnac, A.: *Histoire de la chute de Louis-Philippe, de la République de 1848 et du rétablissement de l'Empire (1847–1855)*, Paris 1857, 2 Bde.

Hatin, Eu.: *Bibliographie historique et critique de la presse périodique française*, Paris 1866

– *Histoire politique et littéraire de la presse en France*, Paris 1858–61, 8 Bde.

Haussmann: *Mémoires du Baron Haussmann. Grands Travaux de Paris*, Paris 1979, 2 Bde.

Heine, H.: *Sämtliche Schriften*, (Hg.) K. Briegleb, München 1968–1976, 6 Bde.

– *Säkularausgabe*, Bd. 22 *Briefe 1842–1851* u. 23 *Briefe 1850–1856*, Berlin/Paris 1972 u. 1975

– *Allemands et Français*, Paris 1868

– *Lutèce. Lettres sur la Vie Politique, Artistique et Sociale de la France*, Paris 1855

– *Œuvres de Henri Heine. De l'Allemagne. Nouvelle édition, Entièrement revue et considérablement augmentée*, Paris 1855, 2 Bde.

– *Reisebilder – Tableaux de Voyage – Nouvelle Édition...*, Paris 1856, 2 Bde.
– *Poèmes et Légendes*, Paris 1855
– *Begegnungen mit Heine. Berichte der Zeitgenossen*, Bd. 2, 1847–1856, (Hg.) M. Werner, Hamburg 1973
– *Säkularausgabe*, Bd. 26 *Briefe an Heine 1842–1851* u. 27 *Briefe an Heine 1852–1856*, Berlin-Paris 1975 u. 1976
Herbert, L.: *Aus Frankreich. Federzeichnungen aus dem Frankreich Napoleons III.*, *Leipzig 1861*
Herwegh, M. (Hg.): *Au Printemps des Dieux. Correspondance inédite de la Comtesse Marie d'Agoult et du poète Georges Herwegh*, Paris 1929
Herzen, A. (Gercen, A. I.): *Sobranie sočienenij i 30 ti tomah*, Moskva 1954–65
– *Ausgewählte philosophische Schriften*, Moskau 1949
– *Vom anderen Ufer*, Hamburg 1850
– éd. A. Matthes (aus dem Russischen v. A. Kurella), München 1969 (Reihe »Passagen«)
– *Briefe aus Italien und Frankreich 1848–1849*, Hamburg 1850
– *Essais critiques*, Moscou 1977
– *Die gescheiterte Revolution. Denkwürdigkeiten aus dem 19. Jahrhundert*, ausgewählt v. H. M. Enzensberger, Frankfurt/M. 1977
– *Lettres de France et d'Italie (1847–1852)*, Genève 1871
– *Mein Leben. Memoiren und Reflexionen (Byloe i dumy)*, Hg. E. Reißner, Berlin 1962, 3 Bde. (frz. Ausgabe *Passé et Méditations*, éd. D. Olivier, Lausanne 1974–79, 4 Bde.)
– *Wer ist schuldig? (Kto vinovat?)*, Berlin u. Weimar 1976
Hess, M.: *Briefwechsel*, (Hg.) E. Silberner, 'S-Gravenhage 1959
Histoire anecdotique de l'insurrection qui a ensanglanté Paris le 23, 24, 25 et 26 juin 1848..., Paris 1848
Histoire complète anecdotique de l'insurrection de Paris des 23, 24, 25 et 26 juin 1848, Paris 1848
Histoire de l'insurrection qui a ensanglanté Paris le 23, 24, 25 et 26 juin 1848, Paris 1848
Histoire des généraux morts et blessés dans les combats de l'insurrection du mois de Juin, Paris 1848
Histoire des journées de juin, Paris 1848
Houssaye, A.: *Poésies Complètes*, Paris 1850
– *Les Confessions. Souvenirs d'un demi-siècle*, Paris 1883, 4 Bde.
Hugo, V.: *Œuvres complètes, t. VII (1843–1852)*, éd. J. Massin, Paris 1968
– *Œuvres poétiques, t. II Les Châtiments, Les Contemplations*, éd. P. Albouy, Paris 1967
– *Œuvres politiques complètes, Œuvres diverses*, éd. F. Bouvet, Paris 1964

– *Choses Vues, 1847–1848*, éd. H. Juin, Paris 1972
– *Les Misérables*, éd. M.-F. Guyard, Paris 1963, 2 Bde.
Ingres d'après une Correspondance inédite, éd. Boyer d'Agen, Paris 1909
Janin, J.: *Lettres à sa femme*, éd. Mergia-Bourdeix, t. I, Paris 1973
Joly, M.: *Dialogue aux enfers entre Machiavel et Montesquieu ou La Politique de Machiavel au XIXe siècle par un contemporain*, Paris 1948
Journées illustrées de la Révolution de 1848. Récit historique de tous les événements accomplis depuis le 22 février jusqu'au 24 décembre 1848 ... accompagnés de 600 gravures sur tous les événements de cette époque ..., Paris o. J. (1849)
Journées de Juin 1848 écrites devant et derrière les barricades par des témoins oculaires ..., Paris o. J. (1848)
Junius: *Le Citoyen Proudhon devant l'Assemblée Nationale. Compte-rendu de la séance du 31 juillet*, Paris 1848
Kierkegaard, S.: *Die Tagebücher*, Bde. 3–5, Köln 1968–74
La Boullaye, F. de: *Les Quatre Journées. Juin 1848*, Paris 1848
Lacambre, Dr C.: *Évasion des prisons du conseil de guerre. Épisode de juin 1848*, Bruxelles 1865
Lachambeaudie, P.: *Fables de P. Lachambeaudie précédées d'une introduction par Pierre Leroux*, Paris 1851
Lacombe, F.: *Études sur les socialistes. Le socialisme dans le passé, le socialisme dans le présent, le socialisme dans l'avenir*, Paris 1850
– *Histoire de la Bourgeoisie de Paris, t. III La Bourgeoisie en lutte avec le Prolétariat*, Paris o. J. (1851)
Lacordaire, le R. P. H.-D.: *Conférences de Notre-Dame de Paris, t. III Années 1848–1849–1850*, Paris 1848
Laffort, L.: *Médecins devant la Révolution de 1848*, Paris 1849
Lagrange, Ch.: *Discours du citoyen Charles Lagrange sur l'amnistie*, Paris 1849
La Hodde, L. de: *Histoire des sociétés secrètes et du parti républicain de 1830 à 1848 (Louis-Philippe et la Révolution de Février)*, Paris 1850
La Madelène, J. de: *L'État de Siège*, Avignon 1849
Lamartine, A. de: *Histoire de la Révolution de 1848*, Leipzig 1849. 2 Bde.
– *Trois mois au pouvoir*, Paris 1848
Larousse, P.: *Grand Dictionnaire Universel du XIXe Siècle*, Paris 1866–78, 15 Bde. u. 2 Suppl.-Bde.
La Varenne, Ch. de: *Les Rouges peints par eux-mêmes*, Paris 1850
Leconte de Lisle, Ch.-M.-R.: *Articles, Préfaces, Discours*, éd. E. Pich, Paris 1971
– *Poésies complètes*, Paris 1858
Lecouturier, H.: *Paris incompatible avec la République. Plan d'un nouveau Paris où les Révolutions seront impossibles*, Paris 1848
Lefrançais, G.: *Souvenirs d'un Révolutionnaire*, éd. J. Cerny, Paris 1972

Leiris, Eu.: *Jours de Juin*; in: Les Temps modernes, 1. IV. 1946, S. 1281–1294
Lélut, Dr L.-F.: *De la santé du peuple*, Paris 1849
– *Traité de l'Égalité*, Paris 1849 (Suite aux petits traités publiés par l'Académie des Sciences Morales et Politiques)
Leroux, P.: *De l'Égalité*, Paris 1848
– *La Grève de Samarez. Poème Philosophique*, Paris 1863, 2 Bde.
– *De la Ploutocratie*, Paris 1848
– *Projet d'une Constitution Démocratique et Sociale*, Paris 1848
Lettre des insurgés déportés au Gal Cavaignac, chef du pouvoir exécutif, Belle-Isle en mer, août 1848
Le Vavasseur, G.: *Poésies complètes, Édition entièrement revue et corrigée*, Paris 1888–89, 4 Bde.
Lewald, F.: *Erinnerungen aus dem Jahre 1848*, Braunschweig 1850, 2 Bde.
Lissagaray, P.-O.: *Histoire de la Commune de 1871*, Paris 1972
Liste générale des insurgés de juin renvoyés devant les conseils de guerre par les commissions militaires jusqu'à la date du 5 août 1848, o. O., o. J. (Paris 1848)
Liste des personnes tuées ou blessées dans les quatre journées de l'insurrection de juin 1848. Document historique, Paris o. J. (1848)
Magen, H.: *Histoire du Second Empire (1848–1870)*, Bordeaux o. J.
Mangino, Don F.: *Un diplomatico mexicano en Paris (1848–1851)*, Mexico 1948 (Archivo Historico Diplomatico Mexicano, Segunda Serie, Numero 6)
Marouck, V.: *Juin 1848. Grandes dates du Socialisme*, Paris 1880
Le Martyr de Paris, almanach du Bon Pasteur, année 1849, rédigé par L. C. ..., Paris o. J.
Marx, K.: *Die Klassenkämpfe in Frankreich 1848 bis 1850*; in: *MEW* Bd. 7
– *Rezensionen aus der »Neuen Rheinischen Zeitung. Polit-ökonomische Revue«*; in: *MEW* Bd. 7
– *Der achtzehnte Brumaire des Louis Bonaparte*; in: *MEW* Bd. 8
– *Der Bürgerkrieg in Frankreich*; in: *MEW* Bd. 17
Marx, K./Engels, F.: *Artikel aus der »Neuen Rheinischen Zeitung«*; in: *MEW* Bd. 5 u. 6
Mazade, Ch. de: *De la Démocratie en Littérature*; in: *RDM* 1. II. 1850, S. 901–922
Meißner, A.: *Dichtungen*, 3. Bd., *Gedichte*, Berlin 1884
– *Geschichte meines Lebens*, Wien-Teschen 1884, 2 Bde.
– *Im Jahr des Heils 1848*, Leipzig o. J.
– *Revolutionäre Studien aus Paris (1849)*, Frankfurt/M. 1849, 2 Bde.
Ménard, L.: *Lettres inédites de Louis Ménard*, éd. H. Peyre, Paris 1932
– *Poèmes*, Paris 1855
– *Poèmes et Rèveries d'un Paien mistiqe*, Paris 1895

– *Prologue d'une Révolution*, Paris o.J. (1906) (Cahier de Juin de la 5e Série)
Menche de Loisne, C.: *Influence de la littérature française de 1830 à 1850 sur l'esprit public et sur les mœurs*, Bruxelles 1853
Mendez, Th. A., décoré de juillet: *La deuxième légion pendant les journées de juin 1848*, Paris 1848
Mérimée, P.: *Correspondance générale, t. V 1847–1849*, éd. M. Parturier, Paris 1946
Merruau, Ch.: *Souvenirs de l'Hôtel de Ville 1848–1852 ...*, Paris 1875
Meunier, V.: *Jésus-Christ devant les Conseils de Guerre*, Paris ³1849
Meurice, P.: *Paris. Drame historique en cinq actes. En prose*, Paris 1855
Meysenbug, M. v.: *Memoiren einer Idealistin*, Berlin 1917, 2 Bde.
Michelet, J.: *Œuvres complètes, t. XVI 1851–1854*, éd. P. Viallaneix, Paris 1980
– *Journal*, éd. P. Viallaneix/C. Digeon, Paris 1959–1976, 4 Bde.
– *L'Oiseau*, Paris 1856
Mill, J. St.: *The Earlier Letters of John Stuart Mill, 1812–1848*, éd. F. E. Mineka, Toronto 1963
– *La Révolution de 1848 et ses détracteurs*, Paris 1875
Molènes, P. de: *La Garde Mobile*; in: *RDM* 1. XI. 1849, S. 417–445
Montégut, E.: *Essais sur l'Époque Actuelle. Libres Opinions morales et historiques*, Paris 1858
– *La Poésie et les Poètes populaires*; in: *RDM* 15. VI. 1851, S. 1136–1152
Muret, Th.: *L'Histoire par le Théâtre 1789–1851. 3e Série: Le Gouvernement de 1830. La Seconde République*, Paris 1865
Musset, A. de: *Correspondance (1827–1857)*, Paris 1907
Nadar, ed. L. Vitali, Torino 1973
– *Quand j'étais photographe*, Paris 1900
Nadaud, M.: *Léonard, maçon de la Creuze*, Paris 1977 (Actes et mémoires du peuple)
Napoléon III.: *Œuvres de Napoléon III., t. II De l'extinction du paupérisme*, Paris 1856
– *Histoire de Jules César*, Paris 1865–1866, 3 Bde.
Nerval, G. de: *Œuvres*, t. I, éd. Béguin/Richer, Paris 1960
Normanby, K. G. Marquis de: *Une année de Révolution, d'après un journal tenu à Paris en 1848*, Paris 1858, 2 Bde.
Ozanam, F.: *Œuvres complètes de A. F. Ozanam*, t. VII, Paris 1855
Pagès-Duport, M. A.: *Les journées de Juin. Récit complet des événements des 23, 24, 25, 26 et des jours suivants*, Paris-Lyon 1848
Pardigon, F.: *Épisodes des journées de juin 1848*, Londres-Bruxelles 1852
Pécqueur, C.: *Le Salut du Peuple. Journal de la Science Sociale. 1849–1850*, Paris 1850
Pichois, C. (Hg.): *Lettres à Baudelaire*, Neuchâtel 1973 (Etudes Baudelairiennes, t. IV/V)

Pièces diverses sur les événements de la Révolution de 1848. Journées de Février à Juin, BHVP 33 371
Pisacane, C.: *Saggio sulla rivoluzione*, Milano 1860
Poètes illustres de la Pologne au XIXe siècle. Dernière Série. Th. Lenartowicz, S. Krasinski, J. Slowaçki, J. Kraszweski, Nice-Paris 1881
Ponsard, F.: *Lettres à la Duchesse Decazes*; in: *La Revue de Paris*, juin 1901, S. 821 ff.
Pontmartin, A. de: *La Poésie française en 1861*; in: *RDM* 1. XII. 1861, S. 700–717
Pottier, Eu.: *Œuvres complètes*, éd. P. Brochon, Paris 1966
Poulot, D.: *Le Sublime, ou le travailleur comme il est en 1870 et ce qu'il peut être*, Paris ³1887
Poumiès de la Siboutie, Dr: *Souvenirs d'un Médecin de Paris*, Paris 1910
Prarond, E.: *De quelques écrivains nouveaux*, Paris 1852
Prarond, E./Le Vavasseur, G.: *Dix mois de Révolution. Sylves politiques*, Paris 1851
Précis des événements de Paris pendant l'insurrection des 23, 24, 25 et 26 juin 1848; avec des détails intéressants sur la mort de Monseigneur Affre, Paris 1848
Le Prophète républicain, almanach du peuple (année 1849) par L.Cxxx, auteur du Bon Pasteur..., Paris o. J.
Proudhon, P.-J.: *Carnets de P.-J. Proudhon, t. 3 1848–1850*, Paris 1968
– *Les Confessions d'un Révolutionnaire*; in: *Œuvres complètes*, éd. C. Bouglé/H. Moysset, Paris 1929
– *Correspondance de P.-J. Proudhon*, t. II, Paris 1875
– *Idée générale de la Révolution au XIXe siècle (Choix d'études sur la pratique révolutionnaire et industrielle)*, Paris 1851
– *La Révolution sociale démontrée par le Coup d'État du 2 Décembre*, Paris ⁶1852
Pujol, L.: *Fables populaires suivies d'une Satyre sur la Propriété*, Londres-Bruxelles 1855
– *Prophétie de Jours Sanglants*, Paris o. J. (1848)
– *Le Triomphe du Peuple ou La République Française. Poésie. Dédiée au Citoyen Lamartine, Ministre des Affaires Étrangères, Paris 1848*
Quentin-Bauchard, P.: *La Crise Sociale de 1848: Les Origines de la Révolution de Février*, Paris 1920
– *Études et Souvenirs sur la Deuxième République et le Second Empire* (1848–1870), Paris 1901
Quinet, E.: *Les Esclaves, poème dramatique*, Paris 1855
Rapport de la Commission d'Enquête sur l'insurrection du 23 juin et sur les événements du 15 mai 1848, Paris 1848, 3 Bde.
Rapport sur la conduite de la 8ème compagnie pendant les journées de juin 1848 précédée d'une lettre à M. le commandant Cottu par M. Germer Baillière, Paris o. J.

Raspail, F.-V.: *La lunette du donjon de Vincennes. Almanach démocratique et social de l'Ami du Peuple pour 1849 par Raspail*, Paris 1848
Raumer, F. v.: *Briefe aus Frankfurt und Paris*, Leipzig 1849, 2 Bde.
Reboul, J.: *Les Traditionnelles, nouvelles poésies*, Paris 1857
Recueil de Chansons 2 BN Ye 1785 (311–500)
Recueil politique de Chansons, Complaintes et Fables, composé par Ch. R. comte de Montesson (1849–1851), Le Mans 1911
Regnault, É.: *Histoire du Gouvernement Provisoire*, Paris 1850
Rémusat, Ch. de: *Mémoires de ma Vie: Les dernières années de la Monarchie; la Révolution de 1848; la Seconde République (1841–1851)*, Paris 1962
Renan, E.: *Œuvres complètes*, éd. H. Psichari, t. IX, Paris o. J. (1960)
– *L'Avenir de la Science. Pensées de 1848*, Paris o. J. (1890)
Renouvier, Ch.: *Manuel républicain de l'homme et du citoyen*, Paris 1848
Rethel, A.: *Alfred Rethels Briefe*, Berlin 1912
Reybaud, L.: *Jérôme Paturot à la Recherche de la meilleure des Républiques*, Paris 1848, 4 Bde.
Riehl, W. H.: *Die Naturgeschichte des Volkes als Grundlage einer deutschen Social-Politik*. Bd. 2 *Die bürgerliche Gesellschaft*, Stuttgart ^{8}1885
Rogeard, M. A.: *Les propos de Labienus*, Londres 1865
Romieu: *Le spectre rouge de 1852*, Paris ^{3}1851
Rosenkranz, K.: *Ästhetik des Häßlichen*, Königsberg 1853
Rude, M.: *Confidences d'un Journaliste*, Paris 1876
Rush, R.: *Occasional Productions. Political, diplomatic, and miscellaneous. Including, among others, a glance at the court and government of Louis Philippe and the French Revolution of 1848*, Philadelphia 1860
Ruskin, J.: *Praeterita. Outlines of scenes and thoughts perhaps worthy of memory in my past life*, Vol. II, Orpington (Kent) 1886
Sainte-Beuve, Ch.-Au. de: *Les Cahiers de Sainte-Beuve*, éd. J. Troubat, Paris 1876
– *Causeries du Lundi*, t. IV, Paris 1859
– *Correspondance générale, t. VII 1847–1849*, éd. J. Bonnerot, Paris-Toulouse 1957
– *P.-J. Proudhon, sa vie et sa correspondance*, Paris 1872
– *Mes poisons*, Paris 1965
– *Souvenirs et Indiscrétions*, Paris 1872
Sand, G.: *Œuvres autobiographiques*, t. II, éd. G. Lubin, Paris 1971
– *Cadio*, Paris 1868
– *Correspondance, t. VIII (juillet 1847–décembre 1848)*, éd. G. Lubin, Paris 1971
– *La Daniella*, Paris 1857, 2 Bde.
– *Questions politiques et sociales*, Paris 1879

– *Souvenirs de 1848*, Paris 1880
Sanglante insurrection des 23, 24, 25 et 26 juin 1848 ou Narration exacte et authentique de tous les événements qui viennent de s'accomplir pendant ces quatre journées avec le plan d'attaque et de défense des insurgés et le nom des chefs et principaux membres. 5ème édition..., Paris 1849
Seiler, S.: *Das Complot vom 13. Juni 1849 oder der letzte Sieg der Bourgeoisie in Frankreich. Ein Beitrag zur Geschichte der Gegenwart*, Hamburg 1850
Senior, N. W.: *Journals kept in France and Italy from 1848 to 1852. With a sketch of the Revolution of 1848* By the late Nassau William Senior, London 1871, 2 Bde.
Stahr, A.: *Zwei Monate in Paris*, Oldenburg 1851, 2 Bde.
Stein, L. v.: *Das Königtum, die Republik und die Souveränität der französischen Gesellschaft seit der Februarrevolution 1848*, Darmstadt 1959 (*Geschichte der sozialen Bewegung in Frankreich von 1789 bis auf unsere Tage*, Bd. 3)
Stern, D. (D'Agoult, M.): *Histoire de la Révolution des 1848*, Paris 1850–1851, 3 Bde.
– ³1869, 1 Bd.
– *Lettres républicaines*, Paris 1848
Sudre, A.: *Histoire du Communisme ou Réfutation historique des utopies socialistes*, Paris 1850
Sue, Eu.: *Le Berger de Kravan ou Entretiens socialistes et démocratiques sur la République, les Prétendants et la prochaine Présidence*, Paris 1848
– *Le Berger de Kravan, II, Sur les petits livres des messieurs de l'Académie des sciences morales et politiques et sur les prochaines élections*, Paris 1849
– *Les mystères du peuple ou Histoire d'une famille de prolétaires à travers les âges, Préface de F. Mitterand*, Paris 1977, 2 Bde.
Taillandier, S.-R.: *Le Roman Misanthropique – M. Gustave Flaubert. L'Education sentimentale*, in: *RDM* 15. XII. 1869, S. 987–1004
Texier, E.: *Tableau de Paris*, Paris 1852, 2 Bde.
Thiers, A.: *De la Propriété*, Paris 1848
Thomas, A.: *Les Ouvriers de Paris*, in: *La Patrie* 1848
Thomas, É.: *Histoire des ateliers nationaux*, Paris 1848
Thoré, Th.: *Liberté*, Bruxelles 1850
Tocqueville, A. de: *Souvenirs*, éd. J.-P. Mayer, Paris 1978
Toussenel, A.: *L'Esprit des Bêtes. Zoologie Passionnelle. Mammifères de France*, Paris 1847
– *Quatrième édition, revue et corrigée, Paris 1884*
– *L'Esprit des Bêtes. Le Monde des Oiseaux. Ornithologie Passionnelle*, Paris 1853–1855, 3 Bde.
– Deuxième édition, revue et corrigée, Paris 1859
– Troisième édition, entièrement revue et augmentée, Paris 1864–1866

– Quatrième édition, entièrement revue et augmentée, Paris 1872–1884
– *Les Juifs, rois de l'époque, Paris 1845*
– *Travail et fainéantise*, Paris 1849
– *Tristia. Histoire des Misères et des Fléaux de la Chasse en France*, Paris 1863
Truquin, N.: *Mémoires et Aventures d'un Prolétaire à travers la Révolution*, Paris 1888
Tubole, A. C. (Blouet): *Le Mont Saint-Michel*, in: Le Peuple 1849
Turgenjew, I. S.: *Lettres Inédites de Tourguenev à Pauline Viardot et à sa Famille*, éd. H. Granjard et A. Zviguilsky, Lausanne 1972
– *Rudin*; in: *Gesammelte Werke*, Bd. II, Berlin 1952
Underberg, E. (Hg.): *Die Dichtung der ersten deutschen Revolution 1848–1849*, Leipzig 1930 (Deutsche Literatur in Entwicklungsreihen, Reihe Politische Dichtung, Bd. 5)
Vallès, J.: *Œuvres, t. I 1857–1870*, éd. R. Bellet, Paris 1975
– *L'Insurgé*, Paris 1970
– *La Rue*, éd. L. Scheler/P. Pillu, Paris 1969
Varnhagen v. Ense , K. A.: *Journal einer Revolution, Tagesblätter 1848/49*, Nördlingen 1986
Vermorel, A.: *Les Hommes de 1848*, Paris ³1869
– *Les Hommes de 1851. Histoire de la présidence et du rétablissement de l'Empire*, Paris ²1869
– *Les Vampires, Pamphlet Électoral*, Paris 1869
Véron, Dʳ: *Mémoires d'un Bourgeois de Paris*, t. V, Paris 1857
Veuillot, L.: *L'Esclave Vindex (Dialogue)*, Paris 1849
– *Les odeurs de Paris*, Paris-Londres-New York o. J.
Villa, N. (Hg.): *Un siècle d'Histoire de France par l'Estampe, 1770–1870*, Collection de Vinck, Inventaire analytique, t. VII: *La République de 1848 et le Second Empire*, Paris 1955
Vinçard: *Les chants du travailleur*, Paris 1849
La Voix du Peuple ou Les Républicaines de 1848. Recueil des Chants Populaires, Démocratiques et Sociaux publiés depuis la Révolution de Février, Paris o. J. (1848)
La Voix du Peuple ou Les Républicaines de 1849. Chants Populaires, Démocratiques et Sociaux. Faisant suite Aux Républicaines de 1848, Paris o. J. (1850)
Viollet, A.: *Récit fidèle et complet des journées de juin 1848*, Paris 1848
Wallon, J.: *La Presse de 1848 ou Revue critique des journaux publiés à Paris depuis la Révolution de Février jusqu'à la fin de décembre*, Paris 1849
Weerth, G.: *Sämtliche Werke in fünf Bänden*, Bd. 5 *Briefe*, Berlin 1957
Weill, A.: *Zehn Monate Volksherrschaft vom 24. Februar bis zum 10. Dezember 1848*, Frankfurt/M. 1857
Weiss, J.-J.: *La Littérature brutale*; in: *Revue contemporaine*, janvier 1858, S. 144–185

Weitling: *Garantien der Harmonie und Freiheit*, Hg. B. Kaufhold, Berlin 1955
Wronski, H.: *Dernier Appel aux Hommes Supérieurs de tous les Pays, pour mettre Fin au sinistre Désordre Révolutionnaire du Monde Civilisé...* par l'Auteur de la Réforme du Savoir Humain, Paris, En Juin – 1849
Zola, Eu.: *Causerie*; in: *La Tribune*, 28. XI. 1869
– *Les Romanciers naturalistes*, Paris 1881

II. Sekundärliteratur

a) Zur Literatur-, Kunst- und Geistesgeschichte

Adorno, Th. W.: *Versuch über Wagner*; in: *Gesammelte Schriften*, Bd. 13, Frankfurt/M. 1971
Albrecht, J.: *Honoré Daumier*, Reinbek bei Hamburg 1984
Altenhofer, N.: *Die Bilder der Revolution. Literarische Totenbeschwörung 1789–1848*; in: *Wien und Europa zwischen den Revolutionen (1789–1848), 15. Wiener Europagespräch*, Wien-München 1978
Aron, J.-P.: *Le Mangeur du XIXe siècle*, Paris 1974
Baroli, M.: *Le Train dans la littérature française*, Thèse Doctorat, Paris-Sorbonne, 1963
– (Hg.) *Lignes et Lettres. Anthologie littéraire du chemin de fer*, Paris 1978
Bartelt, F.: *Entstehung und zeitgenössische Aufnahme des ›Romancero‹ von Heinrich Heine. Studien im Zusammenhang einer historisch-kritischen Edition*, Diss. Kiel 1973
Barthes, R.: *Le degré zéro de l'écriture*, Paris 1953
– *Histoire ou littérature*; in: *Sur Racine*, Paris 1963
– *Michelet*, Paris 1954
Bataille, G.: *Manet*, Genève-Paris-New York 1955
– *La littérature et le mal*, Paris 1957
Bellet, R.: *Jules Vallès Journaliste du Second Empire, de la Commune de Paris et de la IIIe République (1857–1885)*, Paris 1977
Bem, J.: *Clefs pour ›L'Éducation sentimentale‹*, Paris-Tübingen 1981
Bénichou, P.: *Sur quelques sources françaises de l'antisémitisme*; in: Commentaire 1/78, S. 67ff.
– *Le temps des prophètes*, Paris 1977
Benjamin, W.: *Angelus Novus, Ausgewählte Schriften 2*, Frankfurt/M. 1966
– *Briefe*, (Hg.) G. Scholem u. Th. W. Adorno, Frankfurt/M. 1966, 2 Bde.
– *Charles Baudelaire. Ein Lyriker im Zeitalter des Hochkapitalismus*, (Hg.) R. Tiedemann, Frankfurt/M. [3]1974
– *Gesammelte Schriften, Bd. V.1/V.2, Das Passagen-Werk*, (Hg.) R. Tiedemann, Frankfurt/M. 1982, 2 Bde.
Benoit-Guyot, G.: *La Vie et l'Œuvre d'Erckmann-Chatrian*, Paris 1963

Berlin, I.: *Russische Denker*, Frankfurt/M. 1981 (Europäische Bibliothek, [Hg.] H. Ritter, Bd. 6)
– *Wider das Geläufige. Aufsätze zur Ideengeschichte*, Frankfurt/M. 1981 (Europäische Bibliothek, [Hg.] H. Ritter, Bd. 10)
Biermann, K.: *Baudelaire als théologien de la populace*; in: französisch heute 10/79, S. 179–191
– *Literarisch politische Avantgarde in Frankreich: 1830–1870. Hugo, Sand, Baudelaire u.a.*, Stuttgart-Berlin-Köln-Mainz 1982
Bohrer, K.H.: *Plötzlichkeit. Zum Augenblick des ästhetischen Scheins*, Frankfurt/M. 1981
Borie, J.: *Le célibataire français*, Paris 1976
Bory, J.-L.: *Eugène Sue – Le Roi du Roman Populaire*, Paris 1962
Bowman, F.P.: *Le Christ romantique*, Genève 1973
Briegleb, K.: *Opfer Heine? Versuche über Schriftzüge der Revolution*, Frankfurt/M. 1986
Butor, M.: *Histoire extraordinaire. Essai sur un rêve de Baudelaire*, Paris 1961
Cajueiro-Roggero, M.A.: *Dîner chez les Dambreuse: »La Réaction commençante«*; in: *Histoire et Langage dans ›L'Éducation sentimentale‹ de Flaubert*, Paris 1981, S. 63–76
– *La Représentation de l'Histoire dans ›L'Éducation sentimentale‹*, Thèse 3e Cycle, Université de Paris VIII-Vincennes, Paris 1979, 265 p.
Carlut, Ch.: *A concordance to Flaubert's L'Éducation sentimentale*, New York-London 1978, 2 Bde.
Cento, A.: *Il realismo documentario nell' Education sentimentale*, Napoli 1967
Chambers, R.: *Baudelaire et la Pratique de la Dédicace*; in: *Saggi e Ricerche di Letteratura Francese*, vol. XXIV/1985, S. 121–140
– *Baudelaire's Street Poetry*; in: *Nineteenth Century French Studies*, vol. 13, number 4, summer 1985, S. 244–259
– *Mélancolie et Opposition, Les débuts du modernisme en France*, Paris 1987
Champigneulle, B. (Hg.): *Promenades dans Fontainebleau, sa Forêt, ses Villages*, Paris 1965
Chaunu, P.: *Eugène Sue et la Seconde République*, Paris 1948 (Collection du Centenaire de la Révolution de 1848)
Citron, P.: *La Poésie de Paris dans la littérature française de Rousseau à Baudelaire*, Paris 1961, 2 Bde.
Clark, T.J.: *The Absolute Bourgeois, Artists and Politics in France 1848–1851*, London 1973
– *Image of the People, Gustave Flaubert and the 1848 Revolution*, London 1973
– *The Painting of Modern Life. Paris in the Art of Manet and his Followers*, London 1985

Coblence, F.: *Le Dandysme et la Question de l'Identité*, Thèse de Doctorat Université de Paris X-Nanterre, Paris 1985, 525 p.
Czyba, L.: *La femme dans les roman de Flaubert. Mythe et Idéologie*, Lyon 1983
Drost, W.: *Baudelaire between Marx, Sade and Satan*; in: *Baudelaire, Mallarmé, Valéry. New Essays in Honour of Lloyd Austin*, Cambridge 1982, S. 38–57
– (Hg.) *Fortschrittsglaube und Dekadenzbewußtsein im Europa des 19. Jahrhunderts. Literatur – Kunst – Kulturgeschichte*, Heidelberg 1986
Drumont, É.: *Les Héros et les Pitres*, Paris 1900
Duchet, C. (Hg.): *Manuel d'Histoire Littéraire de la France, t. V 1848–1917*, Paris 1977
Engler, W. (Hg.): *Der französische Roman im 19. Jahrhundert*, Darmstadt 1976 (Wege der Forschung)
Enzensberger, H. M.: *Einzelheiten I, Bewußtseins-Industrie*, Frankfurt/M. 1964
Estève, E.: *Leconte de Lisle. L'homme et l'œuvre*, Paris o. J.
Europe, Revue Mensuelle, n° 26/février 1948 et 30/juin 1948
Farner, K.: *Gustave Doré, der industrialisierte Romantiker*, München 1975
Fietkau, W.: *Schwanengesang auf 1848... Ein Rendezvous am Louvre: Baudelaire, Marx, Proudhon und Victor Hugo*, Reinbek bei Hamburg 1978
Freund, G.: *Photographie und Gesellschaft*, Reinbek bei Hamburg 1979
Geffroy, G.: *Charles Méryon*, Paris 1926
Genette, G. (Hg.): *Travail de Flaubert*, Paris 1983
Goebel-Schilling, G.: *›Poésie‹ et ›littérature‹ chez Baudelaire et Mallarmé. Analyse du changement d'un concept*; in: *Romantisme* 39/1983, S. 73–83
– *Le Signe du Cygne. Zur negativen Poetik Mallarmés*; in: *lendemains* 6/1977, S. 111–124
Gothot-Mersch, C. (Hg.): *La Production du Sens chez Flaubert, Colloque de Cerisy*, Paris 1975
Grandjard, H.: *I. Tourguenev et les courants politiques et sociaux de son temps*, Paris 1954
Grana, C.: *Bohemia versus Bourgeois. French society and the french man of letters in the nineteenth century*, New York-London 1964
Gréard, O.: *Meissonier. His Life and Art*, London 1897
Habermas, J.: *Die Neue Unübersichtlichkeit. Kleine Politische Schriften V*, Frankfurt/M. 1985
– *Der philosophische Diskurs der Moderne*, Frankfurt/M. 1985
Halbwachs, M.: *Das kollektive Gedächtnis*, Frankfurt/M. 1985
Hambly, P. S./Lloyd, R. H.: *Quelques poèmes oubliés de Louis Ménard*; in: *Bulletin des Études Parnassiennes* IV/décembre 1982, S. 1–37

Heine in Paris. 1831–1856, Hg. J. A. Kruse/M. Werner, Düsseldorf 1981
Herding, K. (Hg.): *Realismus als Widerspruch. Die Wirklichkeit in Courbets Malerei*, Frankfurt/M. 1978
Hermand, J.: *Streitobjekt Heine*, Frankfurt/M. 1975
Herrmann, H.: *Studien über Heines Romanzero*, Berlin 1906
Herschberg-Pierrot, A.: *La fonction du cliché chez Flaubert: la stéréotypie flaubertienne*, Thèse pour le Doctorat de 3ème cycle, Université de Paris III, 1981, 549 p.
– *Le Travail des Stéréotypes dans les Brouillons de la ›Prise des Tuileries‹*; in: *Histoire et Langage dans L'Éducation sentimentale*, Paris 1981, S. 43–61
Jovy, E.: *Jules de la Madelène*, Vitry-le-François 1920
Kemp, W.: *John Ruskin. Leben und Werk*, München 1983
Klotz, V.: *Die erzählte Stadt. Ein Sujet als Herausforderung des Romans von Lesage bis Döblin*, München 1967
Köhler, E.: *Der literarische Zufall, das Mögliche und die Notwendigkeit*, München 1973
Kracauer, S.: *Jacques Offenbach und das Paris seiner Zeit*, Zürich 1962
Labry, R.: *Alexandre Ivanovic Herzen, 1812–1870: Essai sur la formation et le développement de ses idées*, Paris 1928
Laforgue, J.: *Mélanges posthumes*, Paris 1903
Larkin, O.: *Daumier, man of his time*, London 1967
Lepenies, W.: *Die Drei Kulturen. Soziologie zwischen Literatur und Wissenschaft*, München 1985
Lidsky, P.: *Les Écrivains contre la Commune*, Paris 1970
Löwenthal, L.: *Judentum und deutscher Geist*; in: L. L., *Schriften 4*, Frankfurt/M. 1984
Maintenant, n° 9–10/2e trimestre 1948
Malia, M.: *Alexander Herzen and the Birth of Russian Socialism 1812–1855*, Cambridge, Mass., 1961
Michel, P.: *Civilisation chrétienne et barbare dans l'œuvre d'Ozanam*; in: *Civilisation Chrétienne. Approche historique d'une idéologie*, Lyon 1980
– *Un mythe romantique: Les Barbares (1789–1848)*, Lyon 1981
Nathan, M.: *Les Ciel des Fouriéristes. Habitants des étoiles et réincarnations de l'âme*, Lyon 1981
Neuschäfer, H. J.: *Populärromane im 19. Jahrhundert*, München 1976
– et alii: *Der französische Feuilletonroman*, Darmstadt 1986
Nies, F.: *Poesie in prosaischer Welt. Untersuchungen zum Prosagedicht bei Aloysius Bertrand und Baudelaire*, Heidelberg 1964
Nöding, H.: *Das Blut im Rinnstein*; in: Brockmeier, P./Wetzel, H. (Hg.), *Französische Literatur in Einzeldarstellungen, Bd. 2: Von Stendhal bis Zola*, Stuttgart 1983
Noethlich, W.: *Heines letzte Gedichte. Vorarbeiten zu einer historisch-kritischen Ausgabe*, Diss. Köln 1963, Düsseldort 1963

Oehler, D.: *Art-Névrose. Soziopsychoanalyse einer gescheiterten Revolution bei Flaubert und Baudelaire*; in: *Akzente* 2/1980, S. 113–130
– *L'Échec de 1848*; in: *L'ARC 79 ›Flaubert‹*, S. 58–68
– *Zum gesellschaftlichen Standort der Neurose-Kunst...*; in: König, T. (Hg.), *Sartres Flaubert lesen*, Reinbek bei Hamburg 1980, S. 149–190
–: *Heines Genauigkeit*; in: *Diskussion Deutsch*, 35/1977, S. 250–271
– *Heines Paris nach 1848*; in: Lüsebrink, H. J./Riesz, J. (Hg.), *Feindbild und Faszination: Vermittlerfiguren und Wahrnehmungsprozesse in den deutsch-französischen Kulturbeziehungen (1789–1983)*, Frankfurt/M.-Berlin-München 1984, S. 39–54
– *Liberté, Liberté chérie. Zur Problematik der erotischen Freiheitsallegorie*; in: Becker, P. v. (Hg.), *Georg Büchner Dantons Tod... Ein Theater-Lesebuch*, Frankfurt/M. 1980, S. 91–105
– *Mythologie Parisienne. Lecture d'un Poème de Heine*; in: *Paris au XIX*e *siècle. Aspects d'un mythe littéraire*, Lyon 1984, S. 81–92
– *Pariser Bilder 1 (1830–1848). Antibourgeoise Ästhetik bei Baudelaire, Daumier und Heine*, Frankfurt/M. 1979
– *Über einige Paris-Motive im Arbeiterlied nach dem Juni 1848*; in: *Lendemains* 35/1984, S. 32–42
– *Der Tourist. Zu Struktur und Bedeutung der Idylle von Fontainebleau in der ›Education sentimentale‹*; in: Lämmert, E. (Hg.), *Erzählforschung: Ein Kolloquium*, Stuttgart 1982, S. 490–505 (Germanistische Symposien der DFG, Berichtbände, Bd. IV)
Peyre, H.: *Louis Ménard*, New Haven 1932
Pich, E.: *Leconte de Lisle et sa Création Poétique. Poèmes Antiques et Poèmes Barbares (1852–1874)*, Thèse Université de Paris IV, décembre 1973, Lille 1974
Pichois, C.: *Philarète Chasles et la vie littéraire au temps du romantisme*, Paris 1965, 2 Bde.
– *Littérature et Progrès. Vitesse et Vision du monde*, Neuchâtel 1973
– *Le Romantisme II, 1843–1869*, Paris 1979 (=Littérature Française, éd. Cl. Pichois, t. 13)
Die politische Lithographie im Kampf um die Pariser Kommune, Ausstellungskatalog Württembergischer Kunstverein, Stuttgart 1976
Pommier, J.: *Les Écrivains devant la Révolution de 1848. Lamartine, Hugo, Lamennais, George Sand, Michelet, Béranger*, Paris 1948 (Collection du Centenaire de la Révolution de 1848)
Préfecture de Paris: *Les plaques commémoratives des rues de Paris*, éd. M. Hénocq, Paris 1984
Preisendanz, W.: *Heinrich Heine. Werkstruktur und Epochenbezüge*, München 1973
Reissner, E.: *Alexander Herzen in Deutschland*, Berlin 1963
Riat, G.: *Gustave Courbet. Peintre*, Paris 1906
Robert, M.: *En haine du roman, étude sur Flaubert*, Paris 1982

– *Livre de lectures*, Paris 1977
– *La Vérité littéraire*, Paris 1981
Sahlberg, O. (Hg.): *Baudelaire 1848: Gedichte der Revolution*, Berlin 1977
– *Baudelaire und seine Muse auf dem Weg zur Revolution*, Frankfurt/M. 1980
Sartre, J.-P.: *L'Idiot de la famille. Gustave Flaubert de 1821 à 1857*, Paris 1971–1972, 3 Bde.
– *Les carnets de la drôle de guerre*, Paris 1983
Schmitt, C.: *Donoso Cortés in gesamteuropäischer Interpretation*, Köln 1950
Schulz-Buschhaus, U.: *Zeugma und zeugmatische Erfahrung in Flauberts L'Éducation sentimentale*; in: *Zeitschrift für Französische Sprache u. Literatur* 1/1985, S. 26–40
Stamelmann, R.: *The Shroud of Allegory: Death, Mourning and Melancholy in Baudelaire's Work*; in: *Texas Studies in Literature and Language* 25/3 (Fall 1983), S. 390–409
Starobinski, J.: *Portrait de l'artiste en saltimbanque*, Paris 1983
– *Sur Rousseau et Baudelaire*, in: *Le lieu et la formule. Hommage à Marc Eigeldinger*, Neuchâtel 1978, S. 45–59
Stenzel, H.: *Frankreich 1850...*; in: Lindemann, K. (Hg.), *europaLyrik 1775–heute*, Paderborn-München-Wien-Zürich 1982, S. 181ff.
– *Der historische Ort Baudelaires*, München 1980
Sternberger, D.: *Panorama oder Ansichten vom 19. Jahrhundert*, Hamburg ²1946
Thoma, H.: *Die öffentliche Muse: Studien zur Versdichtung und zum Lied in Frankreich (1815–1851)*, München 1986
Thomas, L.: *Les Précurseurs. Alphonse Toussenel, Socialiste national antisémite (1803–1885)*, Paris 1941
Vargas Llosa, M.: *Die ewige Orgie. Flaubert und Madame Bovary*, Reinbek bei Hamburg 1975
Walser, M.: *Heines Tränen*, Düsseldorf 1981
Walter, K.-P.: *Le roman-feuilleton et les révolutions de 1848 et 1871*; in: R. Guise/H.-J. Neuschäfer, *Richesses du Roman Populaire*, Actes du colloque international de Pont-à-Mousson, 1983, S. 55–69
Werner, M.: *Heine und die französische Revolution von 1848*; in: *Heinrich Heine 1797–1856. Internationaler Veranstaltungszyklus zum 125. Todesjahr 1981 bei Eröffnung des Studienzentrums Karl-Marx-Haus Trier*, Trier 1981
Wetherill, P.M. (Hg.): *L'Éducation sentimentale. Images et documents*, Paris 1985
Yarrow, P.J.: *La pensée politique et religieuse de Barbey d'Aurevilly*, Paris 1961

b) Zur Geschichte, Sozialgeschichte, Politischen Theorie etc.

Abensour, M.: *Pierre Leroux et l'utopie socialiste*; in: *Les Cahiers de Marxologie*, Paris 1972, Série 5, n° 15, S. 2201–2245
– *L'utopie socialiste: une nouvelle alliance de la politique et de la religion*; in: *Le temps de la réflexion II*, Paris 1981, S. 61–112
Actes du Congrès historique du Centenaire de la Révolution de 1848, Paris 1948
Agulhon, P.: *1848 ou l'apprentissage de la République*, Paris 1973 (Nouv. histoire de la France contemporaine, t. VIII)
– *Marianne au Combat. L'imagerie et la Symbolique Républicaines de 1789 à 1880*, Paris 1979
– *Les Quarante-huitards*, Paris 1975
Amann, P. H.: *Revolution and Mass Democracy: the Paris Club Movement in 1848*, Princeton, N.J., 1975
Angrand, P.: *Étienne Cabet et la république de 1848*, Paris 1948 (Coll. du Centenaire de la Révolution de 1848)
Bauchard, P.: *Les événements de juin 1848 vus par »La Presse« »Le Siècle«, »Le Peuple constituant« et »Le Représentant du Peuple«*, 20 Masch.-S. BN PER. Z. 2100
Bellanger, C./Godechot, J. et alii: *Histoire générale de la Presse française, t. II de 1815 à 1871*, Paris 1969
Bellet, R.: *Presse et Journalisme sous le Second Empire*, Paris 1967 (Coll. Kiosque)
Bernstein, E.: *Wie eine Revolution zugrunde ging*, Stuttgart 1921
Bernstein, E.: *Zur Geschichte und Theorie des Socialismus. Gesammelte Abhandlungen*, Berlin 1901
Bibliothèque Nationale. La Révolution de 1848. Exposition organisée par le Comité National du Centenaire, Paris 1948
Bourgin, G./Terrier, M.: *1848*, Paris 1948 (Bibliothèque du Centenaire de 1848)
Bouteiller, P.: *La Révolution Française de 1848 vue par les Hongrois*, Paris 1949 (Coll. Franco-Hongroise, 1)
Cassou, J.: *Le quarante-huitard*, Paris 1948 (Coll. du Centenaire de la Révolution de 1848)
Chevalier, L.: *Classes laborieuses et classes dangereuses pendant la première moitié du XIXe siècle*, Paris 1959
Claudin, F.: *Marx, Engels et la Révolution de 1848*, Paris 1980
Corbin, A.: *Le miasme et la jonquille. L'odorat et l'imaginaire social XVIIIe–XIXe siècles*, Paris 1982
Cornu, A.: *Karl Marx et la Révolution de 1848*, Paris 1948 (Coll. du Centenaire de la Révolution de 1848)
Dansette, A.: *Du 2 décembre au 4 septembre. Le Second Empire*, Paris 1972

– *Louis-Napoléon à la conquête du pouvoir*, Paris ²1974
Dautry, J.: *Histoire de la République de 1848 en France*, Paris 1948
Dayot, A.: *Journées Révolutionnaires 1830–1848*, Paris o. J. (1897)
De Luna, F. A.: *The French Republic under Cavaignac*, Princeton, N. J., 1969
1848. Le livre du Centenaire. Ouvrage publié sous la direction de Ch. Moulin, Paris 1948
Dolléans, E./Puech, J. L.: *Proudhon et la Révolution de 1848*, Paris 1948 (Coll. du Centenaire de la Révolution de 1848)
Dominique, P.: *Les Journées de Juin*, Paris 1966
Dommanget, M.: *Auguste Blanqui et la révolution de 1848*, Paris-La Haye 1972
– *Victor Considérant, sa vie, son œuvre*, Paris 1929
Droz, J. (Hg.): *Histoire générale du Socialisme, t. I des origines à 1875*, Paris 1972
Dubech, L./d'Espézel, P.: *Histoire de Paris*, Paris 1926, 2 Bde.
Dubois, J.: *Le vocabulaire politique et social en France de 1869 à 1872*, Paris 1962
Duby, G. (Hg.): *Histoire de la France urbaine, t. IV La ville de l'âge industriel. Le cycle haussmannien*, Paris 1983
Duveau, G.: *Raspail*, Paris 1948 (Coll. du Centenaire de la Révolution de 1848)
Gaillard, J.: *Paris 1852–1870*, Paris 1977
Gasnault, Fr.: *Guingettes et Lorettes. Bals publics et danse sociale à Paris entre 1830 et 1870*, Paris 1986
Geffroy, G.: *L'Enfermé, éd. revue et augmentée*, Paris 1926, 2 Bde.
Girard, L.: *La Garde Nationale, 1814–1871*, Paris 1964
– (Hg.) *Nouvelle histoire de Paris, t. IX La Deuxième République et le Second Empire 1848–1870*, Paris 1981
Godechot, J.: *Les Révolutions de 1848 en Europe*, Paris 1971 (Le mémorial des siècles)
Gossez, R.: *Les Ouvriers de Paris. I: L'Organisation 1848–1851*, Paris 1966 (Bibliothèque de la Révolution de 1848, tome XXIV)
Guillemin, H.: *La Tragédie de Quarante-huit*, Paris 1948
Gurvitch, G.: *Proudhon, sa vie, son œuvre*, Paris 1967
Häusler, W.: *Von der Massenarmut zur Arbeiterbewegung. Demokratie und soziale Frage in der Wiener Revolution von 1848*, Wien-München 1979
Héritier, L.: *Geschichte der französischen Revolution von 1848 und der Zweiten Republik in volksthümlicher Darstellung*, Stuttgart o. J. (1897/98)
Hillairet, J.: *Dictionnaire historique des rues de Paris*, Paris ⁷1963, 2 Bde. u. Erg.-Bd.
Ikor, R.: *L'Insurrection ouvrière de Juin 1848 ou La Première Commune*, Paris 1936 (Episodes et Vies Révolutionnaires, nouv. série)

Jennings, L. C.: *France and Europe in 1848*, Oxford 1973
Labry, R.: *Herzen et Proudhon*, Paris 1928
La Gorce, P. de: *Histoire de la Seconde République française*, Paris 1904
Lebey, A.: *Louis-Napoléon Bonaparte et la Révolution de 1848*, Paris 1907
Le Goff, J.: *Du silence à la parole. Droit du Travail-Société-Etat (1830–1985)*, Quimper 1985
Lenin, W. I.: *Woher kamen und ›kommen‹, klassenmäßig gesehen, die Cavaignac?*; in: *Werke Bd. 25*, Berlin 1960, S. 83 ff.
Lichtheim, G.: *Socialism and the Jews*; in: *Dissent*, July-August 1968, S. 314–342
Lhomme, J.: *La Grande bourgeoisie au pouvoir, 1830–1880*, Paris 1960
Luxemburg, R.: *In revolutionärer Stunde: Was weiter?*; in: *Gesammelte Werke, Bd. 2*, Berlin ²1974, S. 32 ff.
– *Karl Marx*; in: Ebd., Bd. 3, Berlin ²1978, S. 180 ff.
Maitron, J.: *Dictionnaire biographique du mouvement ouvrier français. Première partie: 1789–1864*, Paris 1964–1966, 3 Bde.
Mayer, Arno J.: *The Persistance of the Old Regime. Europe from 1848 to the Great War*, New York 1981
Mc Kay, D. C.: *The national workshops: A Study in the French Revolution of 1848*, Cambridge, Mass., 1933
Merriman, J. M.: *The Agony of the Republic. The Repression of the Left in Revolutionary France 1848–1852*, New Haven-London 1978
Mervaud, M.: *Herzen et Proudhon*; in: *Cahiers du Monde Russe et Soviétique XII*/1971, nᵒˢ 1–2, S. 110–188 et nᵒ 3, S. 307–315
Miquel, P.: *Le Second Empire*, Paris 1979 (Trésors de la Photographie)
Molinier, S.: *Blanqui*, Paris 1948 (Coll. du Centenaire de la Révolution de 1848)
Molok, A. I.: *Le Problème de l'insurrection de juin 1848*; in: *Questions d'Histoire* 2, nᵒ 12/1952, S. 58–100
Nettlau, M.: *Der Vorfrühling der Anarchie. Ihre Entwicklung von den Anfängen bis zum Jahre 1864*, Berlin 1925
Noel, B.: *Dictionnaire de la Commune*, Paris 1971
Nora, P. (Hg.): *Les lieux de mémoire, t. I La République*, Paris 1984
Pierrard, P.: *1848... Les pauvres, l'évangile et la révolution*, Paris 1977
– *L'Église et les Ouvriers en France (1840–1940)*, Paris 1984
Plessis, A.: *De la fête impériale au mur des fédérés, 1851–1871*, Paris 1973 (Nouv. histoire de la France contemporain, t. IX)
Poliakov, L.: *Histoire de l'antisémitisme*, t. II, Paris ³1981
Ponteil, F.: *»1848«*, Paris 1955
Pouthas, Ch. H.: *Démocraties et capitalisme (1848–1860)*, Paris ³1961
Price, R.: *The French Second Republic: A Social History*, Ithaca, N.Y., 1972
– (Hg.) *1848 in France*, Ithaca, N.Y., 1975

– (Hg.) *Revolution and Reaction: 1848 and the Second French Republic*, New York 1975
Rémond, R.: *Lamennais et la Démocratie*, Paris 1948 (Coll. du Centenaire de la Révolution de 1848)
Renard, G.: *La République de 1848 (1848–1852)*, t. IX *de Histoire Socialiste (1789–1900)*, éd. J. Jaurès, Paris 1907
La Revue Socialiste, nos 17–18, janv.-févr. 1848
Robertson, Pr.: *Revolutions of 1848: A Social History*, Princeton, N.J., 1967
Schivelbusch, W.: *Geschichte der Eisenbahnreise. Zur Industrialisierung von Raum und Zeit im 19. Jahrhundert*, München 1977
Schmidt, Ch.: *Des ateliers nationaux aux barricades de juin*, Paris 1948 (Coll. du Centenaire de la Révolution de 1848)
– *Les Journées de Juin 1848*, Paris 1926
Seignobos, Ch.: *La Révolution de 1848; Le Second Empire (1848–1859)*, t. VI de Lavisse, E. (Hg.), *Histoire de la France contemporaine depuis la révolution jusqu'à la paix de 1919*, Paris 1921
Sewell, W. H.: *Corporations Républicaines: The Revolutionary Idiom of Parisian Workers in 1848*; in: *Comparative Studies in Society and History*, April 1979, S. 195–203
– *Work and Revolution in France: The Language of Labor from the Old Regime to 1848*, Cambridge 1980
Silberner, E.: *The Anti-Semitic Tradition in modern Socialism*, Jerusalem 1953
Soria, G.: *Grande Histoire de la Commune*, Paris 1970, 4 Bde.
Tersen, É.: *Quarante-huit*, Paris 1975
Thomas, A.: *Le Second Empire*, t. X de *Histoire Socialiste (1789–1900)*, éd. J. Jaurès, Paris o. J.
Thomas, É.: *Les Femmes en 1848*, Paris 1948 (Coll. du Centenaire de la Révolution de 1848)
Thompson, E. P.: *Die Entstehung der englischen Arbeiterklasse*, Frankfurt/M. 1987
Tilly, Ch./Lynn, H. L.: *The People of June, 1848*; in: Prince, R. (Hg.), *Revolution and Reaction* ..., S. 170–209
Traugott, M.: *Armies of the Poor. Determinants of Working-Class Participation in the Parisian Insurrection of June 1848*, Princeton, N.J., 1985
Veblen, Th.: *Theorie der feinen Leute. Eine ökonomische Untersuchung der Institutionen*, München 1981
Venturi, F.: *Il populismo russo*, Milano 1952
Vidalenc, J.: *La Province et les Journées de Juin*; in: *Études d'histoire moderne et contemporaine* 2/1948, S. 83–144
Wright, D. G.: *Revolution and terror in France, 1789–1895*, London 1974
Zeldin, Th.: *France 1848–1945*, Oxford 1973, 2 Bde.

III. Sonstige Literatur

Aubigné, Th. A. de: *Œuvres*, éd. H. Weber, Paris 1969

Bachelard, G.: *La Poétique de l'espace*, Paris [4]1981

Brecht, B.: *Die Tage der Commune*; in: *Stücke X*, Frankfurt/M. 1962

Cassou, J.: *Les Massacres de Paris. Roman*, Paris 1935

Goethe, J. W. v.: *Gedenkausgabe der Werke, Briefe und Gespräche*, (Hg.) E. Beutler, Bd. 3, Zürich/Stuttgart 1949

Hebbel, F.: *Tagebücher*, Bd. 3; in: Säkular-Ausgabe, Berlin 1913

Hegel, G.W.F.: *Ästhetik*, (Hg.) F. Bassenge, Berlin/Weimar 1965, 2 Bde.

Kafka, F.: *Briefe 1902–1924*, Frankfurt/M. 1975

– *Tagebücher 1910–1923*, Frankfurt/M. 1983

Kraus, K.: *Die letzten Tage der Menschheit*, Wien/Leipzig [2]1922

Mann, H.: *Ein Zeitalter wird besichtigt*, Berlin 1947

Naurouze, J.: *Fils de Bourgeois*, Paris [2]1914

Nietzsche, F.: *Werke in drei Bänden*, (Hg.) K. Schlechta, München 1955

Simmel, G.: *Philosophische Kultur*, Potsdam [3]1923

Tomasi di Lampedusa, G.: *Il Gattopardo*, Milano 1959

Weiss, P.: *Die Ästhetik des Widerstands. Roman*, Frankfurt/M. 1975–1981, 3 Bde.

IV. Nachtrag

Acton, E.: *Alexander Herzen and the role of the intellectual Revolutionary*, Cambridge-London-New York-Melbourne, 1979

Audebrand, Ph.: *Souvenirs de la tribune des journalistes, 1848–1852*, Paris 1867

Berjean/Borie: *Calomnies de la presse réactionnaire sur l'insurrection de juin, relevé exact des mensonges, dénonciations et insinuations de ces journaux, avec le démenti authentique ou officiel de chaque fait*, Paris 1848

Gastineau, B.: *La vie en chemin de fer*, Paris 1861

Hobsbawm, E.: *The Age of Revolution, Europe from 1789 to 1848*, New York 1969

– *The Age of Capital, 1848–1975*, New York 1975

Joubert, J.: *J. Senard, de la défense de Flaubert à la défense de la République. 1800–1885*, Paris 1985

Kaiser Napoleon III. und seine Herrschaft. Pariser Betrachtungen von einem Nicht-Diplomaten, Dresden o. J.

Langer, W. C.: *Political and social upheaval 1832–1952*, New York 1959

Lucas, A.: *Les Clubs et les Clubistes*, Paris 1851

Mitchell, D. G.: *The battle summer. Being Transcripts from personal observations during the year 1848*, New York 1850

Procès des insurgés du 23, 24, 25 et 26 juin 1848 devant les conseils de guerre

de la première division militaire. Publié par des sténographes de l'Assemblée Nationale, Paris 1848
Proudhon, P.-J.: *Idées révolutionnaires*, Paris 1849
Ranc, A.: *Les Fusilleurs*; in: *Le Nain Jaune*, 13. X. 1867
Rieger, D.: *Diogenes als Lumpensammler. Materialien zu einer Gestalt der französischen Literatur des 19. Jahrhunderts,* München 1982
Sennett, R.: *Verfall und Ende des öffentlichen Lebens. Die Tyrannei der Intimität*, Frankfurt/M. 1983
Thoré-Bürger peint par lui-même. Lettres et notes intimes, Paris o. J. (1900)
Vapereau, L.-G. (Hg.): *Dictionnaire universel des contemporains*, Paris 1858

Abbildungsnachweise

S. 24, 43, 77, 97, 103, 109, 138, 155, 291, 330: © (Photos) Bibliothèque Nationale, Paris
S. 100: Aus: *Marx-Engels-Werke*, Bd. 5; Dietz Verlag, Berlin/DDR 1971
S. 139: Musée du Louvre; Photo: Musées Nationaux, Paris

edition suhrkamp
Eine Auswahl

Abelshauser: Wirtschaftsgeschichte der Bundesrepublik Deutschland (1945-1980). NHB. es 1241
Abendroth: Ein Leben in der Arbeiterbewegung. es 820
Achebe: Okonkwo oder Das Alte stürzt. es 1138
Adam/Moodley: Südafrika. es 1369
Adorno: Eingriffe. Neun kritische Modelle. es 10
– Gesellschaftstheorie und Kulturkritik. es 772
– Jargon der Eigentlichkeit. Zur deutschen Ideologie. es 91
– Kritik. Kleine Schriften zur Gesellschaft. es 469
– Ohne Leitbild. Parva Aesthetica. es 201
– Stichworte.
Kritische Modelle 2. es 347
– Zur Metakritik der Erkenntnistheorie. es 590
Das Afrika der Afrikaner. Gesellschaft und Kultur Afrikas. Hg. von R. Jestel. es 1039
Anderson: Die Entstehung des absolutistischen Staates. es 950
– Von der Antike zum Feudalismus. es 922
Andréa: M.D. es 1364
Arbeitslosigkeit in der Arbeitsgesellschaft. es 1212
Aus der Zeit der Verzweiflung. Zur Genese und Aktualität des Hexenbildes. es 840
Bachtin: Die Ästhetik des Wortes. es 967
Barthes: Elemente der Semiologie. es 1171
– Kritik und Wahrheit. es 218
– Leçon/Lektion. es 1030
– Literatur oder Geschichte. es 303
– Michelet. es 1206
– Mythen des Alltags. es 92
– Das Reich der Zeichen. es 1077
– Die Sprache der Mode. es 1318
Beck: Risikogesellschaft. es 1365
Jürgen Becker: Ränder. es 351
– Umgebungen. es 722
Beckett: Fin de partie. Endspiel. es 96
– Flötentöne. es 1098
– Mal vu, mal dit. Schlecht gesehen, schlecht gesagt. es 1119
Samuel Beckett inszeniert Glückliche Tage. es 849
Benjamin: Aufklärung für Kinder. es 1317
– Briefe. 2 Bde. es 930
– Das Kunstwerk im Zeitalter seiner technischen Reproduzierbarkeit. es 28
– Moskauer Tagebuch. es 1020
– Das Passagen-Werk. 2 Bde. es 1200
– Über Kinder, Jugend und Erziehung. es 391
– Versuche über Brecht. es 172
– Zur Kritik der Gewalt und andere Aufsätze. es 103
Bernhard: Die Billigesser. es 1006
– Ein Fest für Boris. es 440
– Prosa. es 213
– Ungenach. Erzählung. es 279
– Watten. Ein Nachlaß. es 353
Bertaux: Hölderlin und die Französische Revolution. es 344
Biesheuvel: Schrei aus dem Souterrain. es 1179

3/1/6.87

Blick übers Meer. Chinesische Erzählungen aus Taiwan. es 1129
Bloch: Kampf, nicht Krieg. Politische Schriften 1917-1919. es 1167
Boal: Theater der Unterdrückten. es 987
Böhme: Prolegomena zu einer Sozial- und Wirtschaftsgeschichte Deutschlands. es 253
Böni: Alvier. Erzählungen. es 1146
Bohrer: Plötzlichkeit. es 1058
Bond: Gesammelte Stücke 1/2. es 1340
Bottroper Protokolle, aufgezeichnet von Erika Runge. es 271
Botzenhart: Reform, Restauration, Krise. Deutschland 1789-1847. NHB. es 1252
Bovenschen: Die imaginierte Weiblichkeit. es 921
Brandão: Kein Land wie dieses. es 1236
Brasch: Engel aus Eisen. es 1049
Braun: Berichte von Hinze und Kunze. es 1169
Brecht: Der aufhaltsame Aufstieg des Arturo Ui. es 144
– Aufstieg und Fall der Stadt Mahagonny. es 21
– Ausgewählte Gedichte. es 86
– Baal. Drei Fassungen. es 170
– Baal. Der böse Baal der asoziale. es 248
– Das Badener Lehrstück. Die Rundköpfe. Die Ausnahme. es 817
– Der Brotladen. Ein Stückfragment. es 339
– Buckower Elegien. es 1397
– Die Dreigroschenoper. es 229
– Einakter und Fragmente. es 449
– Furcht und Elend des Dritten Reiches. es 392
– Gesammelte Gedichte. 4 Bde. es 835 – es 838
– Gedichte und Lieder aus Stükken. es 9
– Die Geschäfte des Herrn Julius Caesar. es 332
– Die Gesichte der Simone Machard. es 369
– Die Gewehre der Frau Carrar. es 219
– Der gute Mensch von Sezuan. es 73
– Die heilige Johanna der Schlachthöfe. es 113
– Herr Puntila und sein Knecht Matti. Volksstück. es 105
– Im Dickicht der Städte. es 246
– Der Jasager und Der Neinsager. es 171
– Der kaukasische Kreidekreis. es 31
– Kuhle Wampe. es 362
– Leben des Galilei. es 1
– Leben Eduards des Zweiten von England. es 245
– Mann ist Mann. es 259
– Die Maßnahme. es 415
– Mutter Courage und ihre Kinder. es 49
– Die Mutter. es 200
– Gesammelte Prosa. 4 Bde. es 182 – es 185
– Schweyk im zweiten Weltkrieg. es 132
– Stücke. Bearbeitungen. 2 Bde. es 788/789
– Die Tage der Commune. es 169
– Tagebücher 1920-1922. Autobiographische Aufzeichnungen 1920-1954. es 979
– Trommeln in der Nacht. es 490
– Der Tui-Roman. es 603

3/2/6.87

- Über den Beruf des Schauspielers. es 384
- Über die bildenden Künste. es 691
- Über experimentelles Theater. es 377
- Über Lyrik. es 70
- Über Politik auf dem Theater. es 465
- Über Politik und Kunst. es 442
- Über Realismus. es 485
- Das Verhör des Lukullus. Hörspiel. es 740

Brecht-Journal. es 1191
Brecht-Journal 2. es 1396
Brunkhorst: Der Intellektuelle im Lande der Mandarine. es 1403
Buch: Der Herbst des großen Kommunikators. es 1344
- Waldspaziergang. es 1412

Bürger: Theorie der Avantgarde. es 727
Buro/Grobe: Vietnam! Vietnam? es 1197
Celan: Ausgewählte Gedichte. Zwei Reden. es 262
Cortázar: Letzte Runde. es 1140
- Reise um den Tag in 80 Welten. es 1045

Deleuze/Guattari: Kafka. Für eine kleine Literatur. es 807
Deleuze/Parnet: Dialoge. es 666
Derrida: Die Stimme und das Phänomen. es 945
Determinanten der westdeutschen Restauration 1945-1949. Von H.-U. Huster u. a. es 575
Ditlevsen: Gesichter. es 1165
- Sucht. Erinnerungen. es 1009
- Wilhelms Zimmer. es 1076

Takeo Doi: Amae. Freiheit in Geborgenheit. es 1128
Dorst: Toller. es 294
Dubiel: Was ist Neokonservatismus? es 1313
Duerr: Satyricon. Essays und Interviews. es 1346
- Traumzeit: es 1345

Duras: Sommer 1980. es 1205
Duras/Porte: Die Orte der Marguerite Duras. es 1080
Eco: Zeichen. es 895
Eich: Botschaften des Regens. Gedichte. es 48
Elias: Humana conditio. es 1384
Enzensberger: Blindenschrift. es 217
- Deutschland, Deutschland unter anderm. es 203
- Einzelheiten I. Bewußtseins-Industrie. es 63
- Einzelheiten II. Poesie und Politik. es 87
- Die Furie des Verschwindens. Gedichte. es 1066
- Landessprache. Gedichte. es 304
- Palaver. Politische Überlegungen (1967-1973). es 696
- Das Verhör von Habana. es 553
- Der Weg ins Freie. Fünf Lebensläufe. es 759

Esser: Gewerkschaften in der Krise. es 1131
Faszination der Gewalt. Friedensanalysen 17. es 1141
Feminismus. Hg. v. Luise F. Pusch. es 1192
Feyerabend: Erkenntnis für freie Menschen. es 1011
- Wissenschaft als Kunst. es 1231

Foucault: Psychologie und Geisteskrankheit. es 272
Fragment und Totalität. Hg. v. Dällenbach und Hart Nibbrig. es 1107
Frank: Der kommende Gott. es 1142

– Die Unhintergehbarkeit von Individualität. es 1377
– Was ist Neostrukturalismus? es 1203
Frauen in der Kunst. 2 Bde. es 952
Frevert: Frauen-Geschichte. NHB. es 1284
Frisch: Biedermann und die Brandstifter. es 41
– Die Chinesische Mauer. es 65
– Don Juan oder Die Liebe zur Geometrie. es 4
– Frühe Stücke. es 154
– Graf Öderland. es 32
Gerhard: Verhältnisse und Verhinderungen. es 933
Geyer: Deutsche Rüstungspolitik (1860-1980). NHB. es 1246
Goetz: Hirn. Krieg. 2 Bde. es 1320
Goffman: Asyle. es 678
– Geschlecht und Werbung. es 1085
Gorz: Der Verräter. es 988
Gröner: Ein rasend hingehauchtes Herbsteslicht. Bergeller Gedichte. es 1371
Habermas: Eine Art Schadensabwicklung. es 1453
– Legitimationsprobleme im Spätkapitalismus. es 623
– Die Neue Unübersichtlichkeit. es 1321
– Technik und Wissenschaft als Ideologie. es 287
Hänny: Zürich, Anfang September. es 1079
Handke: Die Innenwelt der Außenwelt der Innenwelt. es 307
– Kaspar. es 322
– Phantasien der Wiederholung. es 1168
– Publikumsbeschimpfung. es 177
– Der Ritt über den Bodensee. es 509
– Wind und Meer. Vier Hörspiele. es 431
Hawkes: Travestie. es 1326
Heimann: Soziale Theorie des Kapitalismus. es 1052
Henrich: Konzepte. es 1400
Hentschel: Geschichte der deutschen Sozialpolitik (1880-1980). NHB. es 1247
Hesse: Tractat vom Steppenwolf. es 84
Die Hexen der Neuzeit. Hg. von C. Honegger. es 743
Hilfe + Handel = Frieden? Friedensanalysen 15. es 1097
Hobsbawm: Industrie und Empire 1/2. es 315/316
Imperialismus und strukturelle Gewalt. Hg. von D. Senghaas. es 563
Irigaray: Speculum. es 946
Jahoda/Lazarsfeld/Zeisel: Die Arbeitslosen von Marienthal. es 769
Jakobson: Kindersprache, Aphasie und allgemeine Lautgesetze. es 330
Jasper: Die gescheiterte Zähmung. NHB. es 1270
Jauß: Literaturgeschichte als Provokation. es 418
Johnson: Der 5. Kanal. es 1336
– Begleitumstände. Frankfurter Vorlesungen. es 1019
– Karsch, und andere Prosa. es 59
Jones: Frauen, die töten. es 1350
Joyce: Werkausgabe in 6 Bdn. es 1434 – es 1439
Bd. 1 Dubliner. es 1434
Bd. 2 Stephen der Held. es 1435
Bd. 3 Ulysses. es 1100
Bd. 4 Kleine Schriften. es 1437

3/4/6.87

Bd. 5 Gesammelte Gedichte. Anna Livia Plurabelle. es 1438
Bd. 6 Finnegans Wake. Englischsprachige Ausgabe. es 1439
Hans Wollschläger liest »Ulysses«. es 1105
Mat. zu Joyces »Ein Porträt des Künstlers als junger Mann«. Hg. von K. Reichert und F. Senn. es 776
Kantowsky: Indien. es 1424
Kapitalistische Weltökonomie. Hg. von D. Senghaas. es 980
Marx: Die ethnologischen Exzerpthefte. es 800
Kenner: Ulysses. es 1104
Kindheit in Europa. Hg. von H. Hengst. es 1209
Kipphardt: In der Sache J. Robert Oppenheimer. es 64
Kirchhof: Body-Building. es 1005
Kluge: Gelegenheitsarbeit einer Sklavin. es 733
– Lernprozesse mit tödlichem Ausgang. es 665
– Neue Geschichten. Hefte 1-18. es 819
– Schlachtbeschreibung. es 1193
Kluge: Die deutsche Revolution 1918/1919. NHB. es 1262
Kolbe: Abschiede und andere Liebesgedichte. es 1178
– Hineingeboren. Gedichte 1975-1979. es 1110
Konrád: Antipolitik. es 1293
Kriegsursachen. Friedensanalysen 21. es 1238
Krippendorff: Staat und Krieg. es 1305
Kristeva: Die Revolution der poetischen Sprache. es 949
Kroetz: Bauern sterben. es 1388
– Frühe Prosa/Frühe Stücke. es 1172
– Furcht und Hoffnung der BRD. es 1291
– Mensch Meier. es 753
– Nicht Fisch nicht Fleisch. es 1094
– Oberösterreich. es 707
– Stallerhof. es 586
– Heimarbeit. es 473
Krolow: Ausgewählte Gedichte. es 24
Laederach: Fahles Ende kleiner Begierden. es 1075
Lefebvre: Einführung in die Modernität. es 831
Lehnert: Sozialdemokratie zwischen Protestbewegung und Regierungspartei 1848 bis 1983. NHB. es 1248
Lem: Dialoge. es 1013
Hermann Lenz: Leben und Schreiben. Frankfurter Vorlesungen. es 1425
Leroi-Gourhan: Die Religionen der Vorgeschichte. es 1073
Lessenich: »Nun bin ich die niemals müde junge Hirschfrau oder der Ajilie-Mann«. es 1308
Leutenegger: Lebewohl, Gute Reise. es 1001
– Das verlorene Monument. es 1315
Lévi-Strauss: Das Ende des Totemismus. es 128
– Mythos und Bedeutung. es 1027
Die Listen der Mode. Hg. von S. Bovenschen. es 338
Literatur und Politik in der Volksrepublik China. Hg. von R. G. Wagner. es 1151
Löwenthal: Mitmachen wollte ich nie. es 1014
Logik des Herzens. Hg. von G. Kahle. es 1042

3/5/6.87

Lohn: Liebe. Zum Wert der Frauenarbeit. Hg. von A. Schwarzer. es 1225
Lukács: Gelebtes Denken. es 1088
Maeffert: Bruchstellen. es 1387
Männersachen. Hg. von H.-U. Müller-Schwefe. es 717
Mandel: Marxistische Wirtschaftstheorie 1/2. es 595/596
– Der Spätkapitalismus. es 521
Marcus: Umkehrung der Moral. es 903
Marcuse: Ideen zu einer kritischen Theorie der Gesellschaft. es 300
– Konterrevolution und Revolte. es 591
– Kultur und Gesellschaft 1. es 101
– Kultur und Gesellschaft 2. es 135
– Versuch über die Befreiung. es 329
– Zeit-Messungen. es 770
Gespräche mit Herbert Marcuse. es 938
Mattenklott: Blindgänger. es 1343
Hans Mayer: Anmerkungen zu Brecht. es 143
– Gelebte Literatur. Frankfurter Vorlesungen. es 1427
– Versuche über die Oper. es 1050
Mayröcker: Magische Blätter. es 1202
– Magische Blätter II. es 1421
McKeown: Die Bedeutung der Medizin. es 1109
Medienmacht im Nord-Süd-Konflikt: Friedensanalysen 18. es 1166
Christian Meier: Die Ohnmacht des allmächtigen Dictators Caesar. es 1038
Menninghaus: Paul Celan. es 1026
– Schwellenkunde. es 1349
Menzel/Senghaas: Europas Entwicklung und die Dritte Welt. es 1393
Milosz: Zeichen im Dunkel. es 995
Mitscherlich: Freiheit und Unfreiheit in der Krankheit. es 505
– Krankheit als Konflikt 1. es 164
– Krankheit als Konflikt 2. es 237
– Die Unwirtlichkeit unserer Städte. es 123
Mitterauer: Sozialgeschichte der Jugend. NHB. es 1278
Moderne chinesische Erzählungen. 2 Bde. es 1010
Möller: Vernunft und Kritik. NHB. es 1269
Moser: Eine fast normale Familie. es 1223
– Der Psychoanalytiker als sprechende Attrappe. es 1404
– Romane als Krankengeschichten. es 1304
Muschg: Literatur als Therapie? es 1065
Die Museen des Wahnsinns und die Zukunft der Psychiatrie. es 1032
Mythos ohne Illusion. Mit Beiträgen von J.-P. Vernant u.a. es 1220
Mythos und Moderne. Hg. von K.H. Bohrer. es 1144
Nakane: Die Struktur der japanischen Gesellschaft. es 1204
Nathan: Ideologie, Sexualität und Neurose. es 975
Der Neger vom Dienst. Afrikanische Erzählungen. Hg. von R. Jestel. es 1028

3/6/6.87

Die neue Friedensbewegung. Friedensanalysen 16. es 1143
Ngũgĩ wa Thing'o: Verborgene Schicksale. es 1111
Nizon: Am Schreiben gehen. Frankfurter Vorlesungen. es 1328
Oehler: Pariser Bilder I. es 725
Oppenheim: Husch, husch, der schönste Vokal entleert sich. es 1232
Paetzke: Andersdenkende in Ungarn. es 1379
Paley: Ungeheure Veränderungen in letzter Minute. es 1208
Paz: Der menschenfreundliche Menschenfresser. es 1064
– Suche nach einer Mitte. es 1008
– Zwiesprache. es 1290
Peripherer Kapitalismus. Hg. von D. Senghaas. es 652
Petri: Zur Hoffnung verkommen. es 1360
Pinget: Apokryph. es 1139
Piven/Cloward: Aufstand der Armen. es 1184
Politik der Armut. Hg. von S. Leibfried und F. Tennstedt. es 1233
Populismus und Aufklärung. Hg. von H. Dubiel. es 1376
Powell: Edisto. es 1332
Psychoanalyse der weiblichen Sexualität. Hg. von J. Chasseguet-Smirgel. es 697
Pusch: Das Deutsche als Männersprache. es 1217
Raimbault: Kinder sprechen vom Tod. es 993
Darcy Ribeiro: Unterentwicklung, Kultur und Zivilisation. es 1018
João Ubaldo Ribeiro: Sargento Getúlio. es 1183
Rodinson: Die Araber. es 1051
Roth: Das Ganze ein Stück. es 1399
– Die einzige Geschichte. es 1368
– Krötenbrunnen. es 1319
Rötzer: Denken, das an der Zeit ist. es 1406
Rubinstein: Immer verliebt. es 1337
– Nichts zu verlieren und dennoch Angst. es 1022
– Sterben. es 1433
Rühmkorf: agar agar - zaurzaurim. es 1307
Russell: Probleme der Philosophie. es 207
– Wege zur Freiheit. es 447
Schindel: Ohneland. Gedichte. es 1372
Schlaffer: Der Bürger als Held. es 624
Schleef: Die Bande. es 1127
Schönhoven: Die deutschen Gewerkschaften. NHB. es 1287
Schrift und Materie der Geschichte. Hg. von C. Honegger. es 814
Schröder: Die Revolutionen Englands im 17. Jahrhundert. NHB. es 1279
Schubert: Die internationale Verschuldung. es 1347
Das Schwinden der Sinne. Hg. von D. Kamper und C. Wulf. es 1188
Sechehaye: Tagebuch einer Schizophrenen. es 613
Senghaas: Von Europa lernen. es 1134
– Weltwirtschaftsordnung und Entwicklungspolitik. es 856
– Die Zukunft Europas. es 1339
Simmel: Schriften zur Philosophie und Soziologie der Geschlechter. es 1333
Sinclair: Der Fremde. es 1007

3/7/6.87

3/8/6.87

– Die Verfolgung und Ermordung Jean Paul Marats. es 68
Peter Weiss im Gespräch. Hg. von R. Gerlach und M. Richter. es 1303
Wellershoff: Die Auflösung des Kunstbegriffs. es 848
Die Wiederkehr des Körpers. Hg. von D. Kamper und Ch. Wulf. es 1132
Winkler: Die Verschleppung. es 1177
Wippermann: Europäischer Faschismus im Vergleich (1922-1982). NHB. es 1245
Wirz: Sklaverei und kapitalistisches Weltsystem. NHB. es 1256
Wissenschaft im Dritten Reich. Hg. von P. Lundgreen. es 1306
Wittgenstein: Tractatus logico-philosophicus. es 12
Wünsche: Der Volksschullehrer Ludwig Wittgenstein. es 1299
Zimmermann: Vom Nutzen der Literatur. es 885
Ziviler Ungehorsam im Rechtsstaat. Hg. von P. Glotz. es 1214

3/9/6.87